제2판

주주총회실무

임재연 · 김춘

박영사

제2판 머리말

본서의 초판이 발간되고 나서 법조실무가 및 기업실무가들로부터 주주총회에 관한 이론과 실무를 매우 충실하게 다룬 문헌이라고 분에 넘치는 호평을 받았고, 이에 힘입어 이번에 제2판을 내게 되었다.

본서의 목적은 초판 머리말에서 상세히 밝혔으므로 제2판의 특징에 대해서만 언급하자면, 초판 발간 후 여러 가지 실무상의 문제를 추가할 필요성이 생겼고, 전자투표제도와 전자증권제도가 본격적으로 정착함에 따라 많은 보완이 필요하게 되었다. 한편으로는 초판의 체제에 다소 부적절한 면이 있었기에 제2판에서는 전체 구성도 대폭 변경하였다. 이에 따라 초판과 비교해보면 체제와 내용면에서 전체적으로 많은 변경과 보완이 이루어졌다.

초판과 마찬가지로 제2판에서도 공저자 중 임재연 변호사는 전체적인 본문 작성을 담당하고, 김춘 박사는 본문의 상당 부분을 수정·보완하는 작업과 각종 그림·표·양식 등을 담당했다.

서문을 빌어서, 원고 내용을 전반적으로 검토하고 부록으로 수록된 각종 서식을 준비해준 허진용 변호사(법무법인 율촌), 각종 양식과 자료를 인용하고 활용할 수 있도록 동의해준 한국상장회사협의회, 본서의 기획 이후 지속적으로 많은 관심을 보여 주신 박영사 조성호 이사님, 편집을 해주신 김선민 이사님 등 관여하신 모든 분들에게 감사드린다.

2020년 4월
공저자 씀

머 리 말

상법상 회사형태의 공동기업으로는 합명회사·합자회사·주식회사·유한책임회사·유한회사 등이 있는데, 우리나라에서는 그 중에서도 주식회사가 대부분을 차지한다. 법인세를 납부하는 회사 중 약 95%가 주식회사이고, 상장회사 주주의 수가 경제활동인구 중 약 20%에 해당하는데, 여기에 주식회사의 임직원들까지 포함한다면 우리 사회 구성원의 대다수가 주식회사와 직·간접적인 관계를 맺으면서 살아가고 있다.

이러한 주식회사에서 주주들이 모여 회사의 영업성과를 평가하여 그 이익을 배분하고, 회사의 업무를 집행할 이사·감사를 선임하며, 회사의 기본적 조직에 관한 규칙인 정관을 변경하는 등 중요한 의사결정을 하는 기관이 주주총회이다.

상법은 주주총회가 제 기능을 다할 수 있도록 그 운영과 관련하여, 주주총회의 소집권자, 소집절차, 소집지, 의장의 의사진행, 총회 결의사항, 결의방법 및 결의요건, 결의하자 관련 소송 등 많은 규정을 두고 있다. 또한 최근에는 정보화기술의 발전을 반영하여 상법과 기타 관련 법률에서 전자주주명부, 전자투표, 전자적 방법에 의한 의결권대리행사 권유 등에 대한 제도를 도입하였다.

주주총회가 실제로 원만하고 효율적으로 진행되어 개최한 목적을 달성하려면 주주총회를 주재하는 의장이나 총회에 참석하는 주주들 모두 이러한 제도와 규정을 정확하게 이해하고 있어야 한다. 특히, 주주총회 개최 준비작업부터 후속조치까지의 실무를 담당하는 임직원들은 보다 전문적인 지식을 갖출 필요가 있다.

본서는 주주총회 진행자인 실무담당 임직원들과 주주총회 참석자인 주주들 모두에게 도움을 주기 위하여, 주주총회제도에 관하여 전반적인 설명 외에, 제도와 절차를 이해하기 쉽도록 많은 그림과 표(구조도·절차도·일정표), 단계별로 필요한 각종 양식을 삽입하였다. 그 외에 한국상장회사협의회의 "상장회사 표준주주총회 운영규정"과 "상장회사 주주총회 시나리오 예시" 자료를 부록으로 수록하였다. 또한 관련 판례·규정·유권해석·사례 등을 최대한 소개하였으며, 주주총회에 관련한 분쟁에서 법원에 제출하는 각종 소장·신청서·답변서 등 서식을 포함시킴으로써 임직원들 및 주주들뿐 아니라 법조실무가에게도 도움이 되도록 하였다.

본서는 30년 이상 법조계와 학계에서 주주총회 관련 법률자문 및 소송업무를 수행해온 법조실무가와, 20년 이상 상장회사 주주총회에 관하여 실무지원을 맡아온 실무전문가가 그 동안의 지식과 경험을 토대로 만든 결과물이다. 구체적으로, 공동저자 중 임재연 변호사는 주주총회제도에 관한 전반적인 설명을 하는 본문 초안을 만들고, 김춘 박사는 현장에 익숙한 실무전문가 입장에서 초안의 내용을 검토 · 보완하고 60여 개에 이르는 각종 그림 · 표 · 양식 등을 준비했다.

서문을 빌어, 주주총회 관련 각종 분쟁절차상 필요한 소장 · 신청서 · 답변서 등의 서식을 준비해준 허진용 변호사(법무법인 율촌), 각종 양식과 자료를 인용하고 활용할 수 있도록 동의해준 한국상장회사협의회, 본서의 기획 이후 지속적으로 많은 관심을 보여 주신 박영사 조성호 이사님, 많은 그림 · 표 · 양식 · 서식 등으로 인하여 편집과정에서 고생을 많이 하신 김선민 부장님 등 관여하신 모든 분들에게 감사드린다.

2018년 1월
공저자 씀

차   례

제1장   주주총회의 의의와 권한

제2장   주주 및 주주의 의결권

제3장 주주명부

제4장　주주총회의 소집

제5장 주주총회 개최 및 개최 후의 사무

제6장 특별결의와 주식매수청구권

제7장　주주총회 주요 보고 · 결의사항

제8장 종류주주총회

법령약어표

상법	− 상법은 별도로 표시 안함 −
상법 시행령	令
주식회사등의 외부감사에 관한 법률	外監法
주식회사등의 외부감사에 관한 법률 시행령	外監令
상업등기법	商登法
상업등기규칙	商登則
민법	民法
자본시장과 금융투자업에 관한 법률	資法
자본시장과 금융투자업에 관한 법률 시행령	資令
자본시장과 금융투자업에 관한 법률 시행규칙	資則
민사소송법	民訴法
민사소송규칙	民訴則
민사집행법	民執法
비송사건절차법	非訟法

※ 괄호 안에서 법령과 조항을 표시할 때, 제○조의 "제"는 표시하지 않고, 항은 동그라미 숫자로, 호는 아라비아숫자로 표시했다(예: 제100조제1항제1호 → 100조①1). 항이 없고 호만 있는 경우에는 제○호라고 표시했다(예: 제100조제1호 → 100조 제1호).

참고문헌

권기범	현대회사법론 제7판, 삼영사, 2017	권기범
김건식 외 2인	회사법 개정판3판, 박영사, 2019	김건식 외 2인
김교창	주주총회의 운영 제3개정판, 육법사, 2010	김교창
김정호	회사법 제5판, 법문사, 2019	김정호
송옥렬	상법강의 제9판, 홍문사, 2019	송옥렬
이기수·최병규	회사법 제11판, 박영사, 2019	이·최
이철송	회사법강의 제27판, 박영사, 2019	이철송
임재연	회사법 I, II 개정7판, 박영사, 2020	임재연
임재연	자본시장법 2020년판, 박영사, 2020	임재연(자본)
정동윤	상법(상) 제6판, 법문사, 2012	정동윤
정찬형	상법강의(상) 제22판, 박영사, 2019	정찬형

제 1 장

주주총회의 의의와 권한

I. 주주총회의 의의

주주총회는 주주로 구성되는 주식회사의 '기관'이라는 의미와 함께, 주주들의 의사결정 등 권한행사를 위하여 개최한 구체적인 '회의체'라는 의미를 가진다.

1. 주주 전원으로 구성

주주총회는 주주로 구성되는 필요적 상설기관으로서, 이사나 감사는 주주총회에 출석하더라도 주주총회의 구성원이 아니고, 주주 아닌 자가 의장이 될 수는 있지만 그렇다고 하여 주주총회의 구성원이 되는 것은 아니다. 의결권 없는 주주라 하더라도, 무의결권이라는 것이 항구적인 것이 아니므로 주주인 이상 주주총회의 구성원으로 보아야 한다.

2. 최고의사결정기관

주주총회는 주주로 구성되어 상법과 정관에 규정된 사항에 한하여 의결하는 의사결정기관이며, 이사회의 구성원인 이사와 감사기관인 감사의 선임과 해임, 정관의 변경, 중요재산의 처분, 합병, 해산 등과 같이 중요한 사항에 대한 결정을 할 수 있는 권한을 가진다는 의미에서 주식회사의 최고의사결정기관이다.

3. 상설기관 여부

과거에 주주총회는 회의체로서 상설기관이 아니라 정기적 또는 필요에 따라 소집되어 개최되는 회의체기관이므로 임의기관이라는 견해도 있었지만, 현재는 주주총회는 추상적·관념적인 권한보유자인 동시에, 구체적·현실적인 권한행사 방법으로서의 회의 자체이고, 전자의 의미에서는 필요적 상설기관이라는 견해가 통설이다.

II. 주주총회의 권한

1. 서   설

주주총회는 상법 또는 정관에 정하는 사항에 한하여 결의할 수 있다(361조). 그러나 상법이 아닌 다른 법률, 예컨대 「채무자회생 및 파산에 관한 법률」 제35조제2항에서 주주총회결의를 요하도록 하는 경우는 당연히 주주총회 결의사항이 된다. 한편, 한국거래소 유가증권시장상장규정 제7조제3항(동 시행세칙 6조①1)에서 회사가 자진 상장폐지를 신청하는 경우 주주총회 특별결의의 방법으로 상장폐지를 결의한 주주총회 의사록 사본을 첨부하도록 하고 있다.

이상과 같이 주주총회는 법률, 정관, 또는 약관(거래소 규정)에서 정하는 사항을 결의할 수 있다. 나아가 법률, 정관, 또는 정관에서 정하는 사항이 아니라도 주주총회에서 결의할 수 있지만, 이러한 결의에 대하여는 상법상 주주총회 관련 규정이 적용되지 않는다.

2. 결의의 분류

주주총회결의는 그 결의요건에 따라, ⅰ) 출석한 주주의 의결권의 과반수와 발행주식총수의 4분의 1 이상의 수로써 하는 보통결의(368조①), ⅱ) 출석한 주주의 의결권의 3분의 2 이상의 수와 발행주식총수의 3분의 1 이상의 수로써 하는 특별결의(434조), ⅲ) 총주주의 동의가 필요한 경우의 특수결의(400조①) 등으로 분류된다.

주주총회 결의사항 일람

	결의사항(관련조문)
보통결의	이사·감사의 선임(382조①, 409조①)
	이사·감사에 대한 보수의 결정(388조, 415조)
	감사위원의 선·해임(자산 1천억원 이상 상장회사의 경우)(542조의12①)
	청산인의 선·해임과 보수의 결정(531조, 539조①, 542조②, 388조)
	재무제표의 승인(정관에 다른 정함이 없는 경우)(449조①, 533조①, 534조⑤)
	이익배당, 주식배당(462조②, 462조의2①)
	이사·감사의 책임해제에 관한 다른 내용의 결의(450조)
	검사인의 선임(366조③, 367조, 542조②)
	청산종결의 승인(540조①)
	총회의 연기 또는 속행의 결정(372조①)
	결손의 보전을 위한 자본금의 감소(438조②)
	법정준비금의 감소(461조의2)
특별결의	정관 변경(433조, 434조)
	영업의 전부 또는 중요한 일부의 양도, 영업 전부의 임대 또는 경영위임, 타인과 영업의 손익 전부를 같이하는 계약, 기타 이에 준하는 계약의 체결·변경·해약, 회사 영업에 중대한 영향을 미치는 다른 회사 영업 전부·일부양수(374조)
	사후설립(375조)
	이사·감사의 해임(385조①, 415조)
	결손의 보전 목적 이외의 자본금의 감소(438조①)
	주식의 할인발행(417조①, 資法 165의8①)
	주주 외의 자에게 전환사채 발행시 발행가능 전환사채의 액, 전환조건, 전환으로 발행할 주식 내용, 전환청구기간에 관한 정관의 정함이 없는 때(513조③)
	주주 외의 자에게 신주인수권부사채 발행시 발행가능 신주인수권부사채의 액, 신주인수권 내용, 신주인수권행사 기간에 관한 정관의 정함이 없는 때(516조의2④)
	주주 이외의 자에게 이익참가부사채를 발행하는 경우 발행할 수 있는 이익참가부사채의 가액, 이익배당 참가 내용에 관하여 정관에 정함이 없는 때(令 21조②)
	회사의 해산 또는 계속(518조, 519조, 520조의2④)
	신설합병의 경우 설립위원의 선임(175조)
	합병계약서, 주식교환(이전)계약서, 분할계획서·분할합병계약서의 승인(522조, 360조의3, 360조의16, 530조의3)
	주식매수선택권의 부여(340조의2)
특수결의	이사 등의 회사에 대한 책임 면제(400조, 324조, 415조, 542조②)
	주식회사의 유한회사로의 조직변경(604조①)

3. 주주총회 권한의 위임

주주총회는 주식회사의 최고의사결정기관이므로, 상법 또는 정관에 주주총회의 권한으로 규정된 사항은 반드시 주주총회결의를 요하고, 정관의 규정 또는 주주총회결의로도 타기관에 위임하지 못한다[서울고등법원 2007. 3. 8. 선고 2006나 66885 판결(상장회사의 상근감사와 관련하여 주주총회에서 상근 여부를 정하지 않고 감사를 선임한 후 이사회가 상근 여부를 결정하도록 하는 것은 부적법하고 반드시 주주총회결의에 의하여 상근 여부를 결정하여야 한다는 취지이다)]. 따라서 이사 또는 감사의 선임권한을 이사회나 대표이사에게 위임하는 주주총회결의는 무효이다. 특별법에 의하여 결의의 효력발생요건으로 행정기관의 승인을 받도록 하는 것은 가능하다. 다만, 신주발행이나 대표이사 선임과 같이 상법이 이사회의 권한으로 규정하면서도 명문으로 주주총회의 권한으로 유보할 수 있음을 정한 사항을 정관에서 주주총회 결의사항으로 정한 경우에는 정관변경과 같은 결의요건인 주주총회 특별결의에 따라 이사회에 위임할 수 있다고 본다.

Ⅲ. 주식회사 기관의 구성과 기관 간의 관계

1. 기관의 구성 개관

주식회사의 기관으로는, ⅰ) 주주 전원으로 구성되고, 이사·감사의 선임·해임, 정관변경, 중요재산의 처분, 합병, 해산 등과 같이 상법이 규정하는 중요한 사항에 대한 최고의사결정기관인 주주총회, ⅱ) 회사의 업무집행에 관한 의사결정과 집행임원의 선임·해임에 대한 권한을 가지는 이사회, ⅲ) 대외적으로 회사를 대표하고 대내적으로 업무를 집행하며 통상의 업무에 대한 경영판단을 하는 대표이사·집행임원, ⅳ) 감사기관인 감사·감사위원회 등이 있다.

이사회는 회의체기관이므로 업무집행에 관한 의사결정을 하는 것에 그치고, 구체적인 업무집행은 대표이사가 한다는 이유로 이사회를 의사결정기관으로 부르기도 한다. 그러나 상법 제393조제1항은 "중요한 자산의 처분 및 양도, 대규모 재산의 차입, 지배인의 선임 또는 해임과 지점의 설치·이전 또는 폐지 등 회사의

━━ 주식회사의 기관 구성

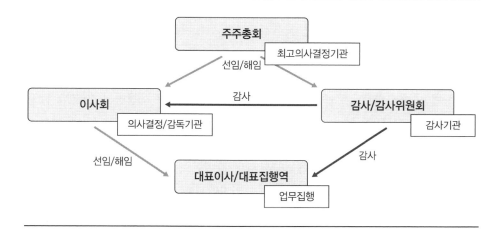

업무집행은 이사회의 결의로 한다."고 규정하므로, 이사회의 결의 자체가 이사회의 업무집행방법이다.

2. 의사결정기관

　주주총회는 주식회사의 최고의사결정기관이므로, 상법에 주주총회의 권한으로 규정된 사항은 반드시 주주총회결의를 요하고, 정관의 규정 또는 주주총회결의로도 다른 기관에 위임하지 못한다. 상법은 기본적으로 이사회중심주의를 채택하여 주주총회의 권한사항 외에는 이사회가 결정하도록 한다. 특히 중요한 자산의 처분 및 양도, 대규모 재산의 차입, 지배인의 선임 또는 해임과 지점의 설치·이전 또는 폐지 등 회사의 업무집행은 이사회결의로 한다(393조①). 그리고 이사회의 주주총회 소집권에 관한 규정은 강행규정이므로 상법에 의하여 소집권이 부여되는 외에는 정관의 규정으로도 이사회의 소집권을 배제할 수 없다.

3. 업무집행기관

　주식회사의 업무집행기관은 이사회·대표이사(집행임원을 설치한 회사는 집행임원)이다. 대표이사 또는 집행임원은 이사회의 결정에 따라 대내적인 업무집행권과 대외적인 회사대표권을 행사한다. 다만, 예외적으로 소규모회사가 1인 또는 2인의 이사만을 두는 경우(383조①), 이사회에 관한 규정에서 "이사회"를 "주주총회"로 보거나(383조④), 일부 규정을 적용하지 않는다(383조⑤). 그리고 각 이사(정관에 따라 대표이사를 정한 경우에는 그 대표이사)가 회사를 대표하고, 이사회의 일부 기능을 담당한다(383조⑥).

상법은 이사회중심주의를 채택하였으나, 근래에는 회사경영의 전문화가 심화됨에 따라 이사회의 기능이 저하되고 회사경영이 대표이사를 중심으로 이루어지는 현상이 강해지는 경향을 보이고 있다. 특히 이사회의 감독기능이 저하됨에 따라 외환위기 이후 구 증권거래법상 주권상장법인의 경우 사외이사를 의무적으로 선임하도록 하였다. 나아가 2003년 증권거래법개정시 이사 총수의 과반수의 사외이사를 두도록 함에 따라 대부분의 상장회사가 이사의 수를 축소하였다. 이에 따라 경영임원 또는 집행임원의 명칭으로 주주총회가 아닌 이사회가 선임하거나 대표이사가 임명한 비등기이사가 종래의 등기이사의 업무를 수행하는 사례가 일반화되었다. 결국 2011년 개정상법에 따라 주식회사는 선택에 의하여 대표이사에 갈음하여 집행임원을 둘 수 있게 되었다. 집행임원설치회사에서는 업무집행기관인 집행임원과 업무감독기관인 이사회가 분리되어, 집행임원이 업무를 집행하고 이사회는 이에 대한 감독을 하되 필요한 경우에는 회사의 중요한 사항에 대한 의사결정을 한다.

4. 감사기관

전통적인 주식회사의 권한 분배를 보면, 주주총회는 회사의 기본적 사항에 대한 의사결정을 하고, 이사회 및 대표이사는 업무집행에 관한 의사결정과 결정사항의 집행 및 회사의 대표행위를 하고, 감사 또는 감사위원회는 감사기관의 역할을 한다. 회사의 감사는 업무감사와 회계감사로 구분된다. 감사도 주식회사의 필요적 상설기관이므로, 자본금총액이 10억원 미만인 소규모회사가 아닌 한 정관에 의하여도 감사를 배제할 수 없지만, 감사위원회와 감사를 동시에 둘 수 없고 택일하여야 한다(자산총액 2조원 이상인 상장회사는 감사위원회가 의무화).

5. 주주총회와 이사회 간의 관계

(1) 상법상 허용규정이 있는 경우

상법이 이사회의 권한사항 중 정관에 의하여 주주총회의 권한으로 할 수 있음을 규정한 사항은 정관의 규정에 의하여 주주총회의 권한으로 할 수 있다. 대표이사의 선임(389조①), 신주발행사항의 결정(416조), 준비금의 자본금 전입(461조①), 전환사채의 발행(513조②) 등의 규정이 그 예이다.

(2) 상법상 허용규정이 없이 정관에서 규정하는 경우

상법 제393조제1항은 "회사의 업무집행은 이사회의 결의로 한다."고 규정하는데, 회사의 업무집행에 관한 이사회의 권한을 상법상 개별적인 허용규정 없이 정관에 의하여 주주총회의 권한으로 정할 수 있는지에 관하여는 논란이 있다.

소수의 주주들로 구성된 주식회사의 경우에는 대부분의 의사결정사항이 주주의 이익과 직접적으로 관련된 사항일 것이라는 점과, 미국 회사법상의 폐쇄회사의 법리가 도입되지 아니한 점을 고려하면, 주식회사의 소유와 경영의 분리 이념에 반하는 면이 있기는 하지만, 현행 법제 하에서는 원칙적으로 상법상 명문의 규정이 없더라도 정관에 의하여 이사회의 권한사항을 주주총회의 권한사항으로 정할 수 있다고 해석하는 것이 타당하다. 판례도 방론으로 "이사와 회사 사이의 이익상반거래에 대한 승인은 주주 전원의 동의가 있다거나 그 승인이 정관에 주주총회의 권한사항으로 정해져 있다는 등의 특별한 사정이 없는 한 이사회의 전결사항이라 할 것"이라고 판시한 바 있다(대법원 2007. 5. 10. 선고 2005다4291 판결). 다만, 기관권한분배의 기본이념을 포함하여 주식회사의 본질에 반하지 않는 범위 내에서만 가능하다고 보아야 할 것이다. 대표적으로 이사회의 주주총회 소집권은 기관권한분배의 기본이념상 주주총회의 권한으로 할 수 없다.

(3) 주주 전원의 동의

상법상 개별적인 허용규정 없이 주주 전원의 동의에 의하여 이사회의 결의를 주주총회의 결의로 갈음할 수 있는지에 관하여 대법원은 "회사의 채무부담행위가 상법 제398조 소정의 이사의 자기거래에 해당하여 이사회의 승인을 요한다고 할

지라도, 위 규정의 취지가 회사 및 주주에게 예기치 못한 손해를 끼치는 것을 방지함에 있다고 할 것이므로, 그 채무부담행위에 대하여 사전에 주주 전원의 동의가 있었다면 회사는 이사회의 승인이 없었음을 이유로 그 책임을 회피할 수 없다.”라고 판시함으로써 이사회의 승인을 주주 전원의 동의로 갈음할 수 있다는 입장이다[대법원 2007. 5. 10. 선고 2005다4284 판결; 대법원 2007. 5. 10. 선고 2005다4291 판결; 대법원 2002. 7. 12. 선고 2002다20544 판결(위 대법원 2007. 5. 10. 선고 2005다4291 판결도 같은 취지로 판시하였다)]. 그렇다면 1인회사의 1인주주는 단독으로 자기거래를 승인할 수 있다고 해석되므로 근로자와 회사채권자 등과 같은 이해관계자의 이익을 해할 우려가 있다는 문제점은 부인할 수 없다. 특히, 1인주주인 이사 자신이 회사와 거래하는 경우에는 특별이해관계 있는 이사로서 이사회에서 의결권을 행사할 수 없으므로, 1인주주인 이사 자신이 거래를 하는 경우에는 단독으로 자기거래를 승인할 수 없다고 보아야 할 것이다.

Ⅳ. 주주총회(회의) 개최 절차

▬ 주주총회 개최 절차 및 일정표

순서	일정	내 용	대상처
1	D−16	기준일설정 이사회 결의	
2	D−15	기준일설정 공고(기준일 2주 전까지)	신문사/홈페이지
3	D	기준일(권리주주 확정일)	
4	D+9	주주총회 소집 이사회 결의	
5	D+10	주주총회 소집통지/공고(주총 2주 전까지)	신문사/전자공시시스템
6	D+25	주주총회 개최	
7	D+28	의사록 작성 및 등기(주총일부터 2주 이내)	법원

회사는 법령, 정관 등에서 정한 주주총회 의사결정사항에 대하여 주주의 권한을 행사하도록 하기 위하여 회의체로서의 주주총회를 개최한다. 주주총회를 개최하려는 경우에는 먼저 주주총회에 참석할 주주를 확정하여야 한다. 주주 확정

수단으로서 법에서는 기준일제도와 명의개서정지제도를 두고 있다. 기준일 설정이나 명의개서정지를 위해서는 이사회 결의를 통하여 기준일이나 주주명부폐쇄기간 초일의 2주간 전에 그 뜻을 공고를 하여야 한다. 주주·질권자 등에게 기준일이나 폐쇄기간 초일 이전에 명의개서 등 권리관계를 정리할 시간을 주기 위해서이다.

기준일을 설정하거나, 명의개서정지기간을 정하는 이사회결의를 할 때 주주총회 소집 결정을 동시에 할 수도 있지만, 기준일 설정 또는 명부폐쇄기간만을 정하고, 주주총회 소집을 위한 이사회를 나중에 별도로 개최하기도 한다.

주주를 확정하면 주주명부상 주주들에게 주주총회를 개최한다는 소집통지를 하게 된다. 주주총회 소집통지는 늦어도 주주총회 개최일 2주간 전까지 이루어져야 한다. 따라서 주주들에게 소집통지를 하려면 주주총회에 개최에 관련한 주요사항이 정해져야 하고, 주주총회 소집결정은 논리적으로 주주총회 소집통지 발송 전에 있어야 한다.

주주총회 개최 당일에는 주주들이 총회에 참석하여 의결권을 행사하게 되며, 이를 통하여 회의의 목적사항을 처리한다. 여기에서 가결된 안건에 대하여는 주주총회의 의사로서 법적 효력이 부여된다. 주주총회를 개최한 후에는 의사록을 작성하여야 하며, 등기사항이 있는 경우 2주간(지점이 있는 경우 지점소재지에서는 3주간) 내에 등기를 하여야 한다.

등기일정을 제외할 경우 주주수가 적은 비상장회사를 기준으로 할 때 기준일 또는 폐쇄기간 설정 공고부터 주주총회 개최까지 법적으로 소요되는, 최단 기간은 4주이다. 그러나, 그 기간들 사이에는 실무적으로 준비하는 기간이 필요하므로 4.5주 정도라고 보면 된다.

주주수가 많은 상장회사를 기준으로 할 경우에는 실무적으로 준비하는 기간이 0.5주 정도 늘어나며, 주주 확정을 위한 기준일로부터 주주명부를 작성하기까지 1주일정도의 추가시간이 필요하다. 증권예탁제도에서는 2주 정도 소요되었으나, 전자증권제도에서는 시스템의 통합에 따라 기간이 단축되었다. 결론적으로 상장회사는 주주총회를 개최하는 데 6주 정도의 시간이 소요된다.

제2장

주주 및 주주의 의결권

I. 주 주

1. 주주의 의의

주주는 주식회사의 사원으로서, 주식의 귀속주체이다. 주식회사에서는 주식을 취득함으로써 사원이 되고, 이에 대한 예외는 허용되지 않는다. 주주의 자격이나 인원에는 제한이 없다. 따라서 자연인 외에 법인도 주주가 될 수 있음은 당연하며 행위능력도 요하지 않고, 1인회사도 인정된다.

상법상 실질주주란 타인명의로 주식을 인수하여 납입한 자나 주식을 양수한 후 명의개서를 하지 아니한 자와 같이 명의개서를 경료하지 못하였지만 주식의 실질적인 소유자인 자를 말한다. 판례는 주주권의 귀속을 다투는 당사자 간에는 실질 권리관계에 따라 주주권 귀속이 결정되고, 회사와의 관계에서는 주주명부상 주주로 기재된 주주를 주주권 행사자로 본다(대법원 2017. 3. 23. 선고 2015다248342 전원합의체 판결). 주주명부에 주주로 기재되었지만 실질주주 아닌 형식주주를 "주주명부상의 주주명의인", 실질주주를 "실질적인 주주"라고 용어를 사용한 판례도 있다.

[대법원 2013. 2. 14. 선고 2011다109708 판결] "주권발행 전 주식에 관하여 주주명의를 신탁한 사람이 수탁자에 대하여 명의신탁계약을 해지하면 그 주식에 대한 주주의 권리는 해지의 의사표시만으로 명의신탁자에게 복귀하는 것이고, 이러한 경우 주주명부에 등재된 형식상 주주명의인이 실질적인 주주의 주주권을 다투는 경우에 실질적인 주주가 주주명부

상 주주명의인을 상대로 주주권의 확인을 구할 이익이 있다. 이는 실질적인 주주의 채권자가 자신의 채권을 보전하기 위하여 실질적인 주주를 대위하여 명의신탁계약을 해지하고 주주명의인을 상대로 주주권의 확인을 구하는 경우에도 마찬가지이고, 그 주식을 발행한 회사를 상대로 명의개서절차의 이행을 구할 수 있다거나 명의신탁자와 명의수탁자 사이에 직접적인 분쟁이 없다고 하여 달리 볼 것은 아니다."

자본시장법상 실질주주는 상법상 실질주주와 다른 개념으로, 증권예탁제도에 따른 예탁에 의하여 예탁결제원 명의로 명의개서된 주식의 실질적인 소유자가 실질주주가 된다. 증권예탁제도에서는 혼장임치의 결과 예탁주식이 전체 실질주주의 공유에 속하게 되므로 자본시장법은 실질주주를 "예탁증권 중 주식의 공유자"라고 규정한다(資法 315조①). 이러한 실질주주는 상법상 실질주주와 달리 실질주주명부에 기재되면 주주로서 권리를 보장해주고 있다.

2. 주주평등원칙

(1) 의   의

주주평등의 원칙은 주주의 법률상의 지위가 균등한 주식으로 단위화되어 있으므로 주주를 그 보유주식의 수에 따라 평등하게 취급하여야 한다는 것으로, 형식적으로는 회사와 주주 간 법률관계에 있어서 주주를 그 지위에 따라 평등하게 대우하여야 한다는 "주주평등대우원칙(주주차별금지원칙)"이고, 실질적으로는 각 주주의 회사에 대한 권리의무가 그 보유주식의 수에 비례하여 정해져야 한다는 "주식평등원칙"이라 할 수 있다.

> [대법원 2018. 9. 13. 선고 2018다9920,9937 판결]【부당이득금등·약정금등】 "주주평등의 원칙이란, 주주는 회사와의 법률관계에서는 그가 가진 주식의 수에 따라 평등한 취급을 받아야 함을 의미한다. 이를 위반하여 회사가 일부 주주에게만 우월한 권리나 이익을 부여하기로 하는 약정은 특별한 사정이 없는 한 무효이다."

상법은 주주평등의 원칙에 관한 일반적·원칙적 규정을 두고 있지는 아니하나, 주주의 가장 중요한 권리인 의결권(369조①)을 비롯하여 이익배당청구권(464조), 신주인수권(418조) 등에서 이와 같은 주주평등의 원칙을 구체적으로 구현하고 있다.

주주평등원칙은 같은 종류의 주식을 가진 다른 주주와 평등한 지위를 가진다는 의미를 포함하는 것으로 보아야 하고, 이와 같이 주식의 종류에 따른 평등이

라는 점에서 주식의 종류적 평등이라고 할 수 있다. 즉, 같은 종류의 주식 상호간
에는 비례적 평등이 적용되나, 다른 종류의 주식 상호간에는 비례적 평등이 적용
되지 않는다. 따라서 종류주식은 주주평등원칙의 예외 또는 주주평등원칙의 수정
이라 할 수 있다. 주주평등원칙의 구체적 내용은 각국의 입법례마다 약간의 차이
가 있다.

(2) 주주우대제도

회사가 일정한 기준과 정책 하에 주주에 대하여 금전·현물·용역 등을 제공
하는 소위 주주우대제도는 주주의 회사와의 법률관계에서의 지위와 관계없지만,
만일 회사가 일정 수량 이상의 주식을 소유한 주주만을 우대하는 경우에는 주주
평등원칙 위반이 문제될 수 있다.

회사의 경영전략상 합리적인 범위 내라면 일부 주주만을 우대하더라도 주주
평등원칙에 위반되지 않는다고 보아야 할 것이나, 일부 주주에게 과다한 금전·
현물을 제공하는 경우에는 "합리성"을 인정할 수 없고, 따라서 주주평등원칙에
반하는 것으로 된다. 또한 주주에게 과다한 금전·현물을 제공한다면 이는 실질
적으로 이익배당으로 볼 수도 있으므로 이익배당의 절차적·실체적 요건과 관련
한 문제도 제기된다.

또한 회사가 "주주의 권리행사와 관련하여" 금전·현물을 제공한다면, "회사
는 누구에게든지 주주의 권리행사와 관련하여 재산상의 이익을 공여할 수 없다."
라는 제467조의2제1항을 위반하는 것으로서, 재산상의 이익을 공여받은 주주는
이를 회사에 반환하여야 한다(467조의2③ 전문).

II. 주주의 의결권

1. 의결권의 의의

의결권(voting right)은 주주가 주주총회에 출석하여 결의에 참가할 수 있는 권
리를 말한다. 즉, 주주가 주주총회에서의 의사표시를 통하여 주주 공동의 의사결
정에 지분적으로 참가할 수 있는 권리이다.

의결권은 주주의 고유권이므로 정관의 규정에 의하여도 이를 박탈하거나 제한할 수 없고, 주주 자신도 구체적인 안건에 대한 의결권 행사를 포기하는 것은 가능하지만, 의결권을 영구적으로 포기하지 못한다. 일정한 단계에서 구체화되어 주식과 분리하여 양도할 수 있는 이익배당청구권, 신주인수권과 달리 의결권은 주식과 분리하여 양도할 수 없다. 미국에서 널리 허용되는 의결권신탁(voting trust)도 상법상으로는 허용되지 않는다.

한편, 의결권구속계약의 효력에 대하여는 다양한 견해가 있고, 하급심판례도 일치하지 않고 있다. 당사자 간에 채권적 효력이 있다 하더라도, 의사표시의무의 집행에 있어서 의사의 진술을 명한 판결이 확정된 때 그 판결로 의사를 진술한 것으로 보므로(民執法 263조①) 의결권구속계약에 따라 의결권을 행사하라는 가처분은 허용되지 않고(서울중앙지방법원 2008. 2. 25.자 2007카합2556 결정), 한편으로는 만족적 가처분으로서 피보전권리와 보전의 필요성에 대한 고도의 소명이 필요하므로 인용되기 쉽지 않을 것이다(서울중앙지방법원 2017. 1. 9.자 2016카합80389 결정).

의결권 행사를 위한 의사표시에는 민법 규정[무능력자의 법정대리인의 취소권(民法 5조②), 의사표시의 하자로 인한 취소권(民法 109조, 110조)]이 적용된다. 그러나 개별 주주의 의사표시에 하자가 있더라도 나머지 의결권 행사만으로도 결의요건을 구비하면 일부 의결권의 의사표시의 하자에도 불구하고 결의 자체의 효력에는 영향이 없다.

2. 의결권의 수

1주 1의결권 원칙상 의결권은 1주마다 1개로 한다(369조①). 인적회사의 의결권은 각 사원의 출자액에 불구하고 1인 1의결권인 점에서 구별된다. 1주 1의결권 원칙을 규정한 제369조제1항은 강행규정이므로 정관에 이와 달리 정할 수 없다. 차등의결권제도의 도입여부는 계속 논의되고 있으나, 투기목적이나 지배구조의 왜곡, 영속화를 초래할 우려가 있다는 이유로 아직 도입되지 않고 있다. 집중투표도 모든 주식에 대하여 선임할 이사의 수와 동일한 수의 의결권을 인정하는 것이므로 1주 1의결권원칙에 대한 예외가 아니고 단지 의결권 행사방법이 통상의 경우와 다른 것이다.

3. 의결권의 제한

— 주주총회 (보통)결의 정족수와 의결권제한

의결권있는 발행주식총수 산입 ○	출석주식수		찬성주식수	발행주식총수의 25% **"&"** 출석주식수의 50%+1
의결권있는 발행주식총수 산입 ×	①			① 의결권배제 · 제한주식
	②			② 자기주식, 상호보유주식
	③			③ 의결권이 없는 주주 − 특별이해관계자의 보유 주식 − 감사 또는 감사위원 선임시 3% 초과 의결권 제한주식
	④			④ 특별법에 의한 의결권 제한주식

(1) 의결권의 배제 · 제한에 관한 종류주식

1) 총   설

상법상 의결권의 배제 · 제한에 관한 종류주식 중 의결권배제주식은 모든 결의사항에 대한 의결권이 배제되는 완전무의결권주식으로서, 다른 개별적인 규정에서는 "의결권 없는 주식"이라는 용어로 규정되어 있다.

의결권제한주식은 일부의 결의사항(이사선임, 정관변경 등)에 대하여서만 의결권이 배제되거나 인정되는 주식이다. 의결권제한은 특정 결의사항에 대한 의결권을 배제하는 내용상 제한만 가능하고, 1주의 의결권의 일부를 제한하는 수량적 제한은 불가능하다. 제369조제1항의 "의결권은 1주마다 1개로 한다."라는 규정은 강행규정이기 때문이다. 다른 종류주식과 마찬가지로 의결권이 없는 종류주식이나 의결권이 제한되는 종류주식을 발행하는 경우에도 정관으로 각 종류주식의 내용과 수를 정하여야 한다(344조②).

상법 제344조제1항은 "회사는 의결권의 행사에 관하여 내용이 다른 종류의 주식"을 발행할 수 있다고 규정하므로, 다양한 형태의 의결권 배제 · 제한이 가능한 것처럼 해석되나, 제344조의2부터 제351조까지에서 구체적인 종류주식의 내용을 규정하고 있으므로, 의결권의 배제 · 제한에 관한 종류주식도 제344조의3에서 정하는 방식으로만 발행할 수 있다고 해석하여야 한다. 따라서 거부권부주식 · 차

등의결권주식(복수의결권주식·부분의결권주식·단원주) 등의 발행은 허용되지 않는다.

2) 의결권배제·제한 보통주의 발행

종래의 상법은 제370조제1항 본문에서, "회사가 수종의 주식을 발행하는 경우에는 정관으로 이익배당에 관한 우선적 내용이 있는 종류의 주식에 대하여 주주에게 의결권 없는 것으로 할 수 있다."고 규정하였다. 따라서 이익배당에 관한 우선적 내용이 없는 보통주는 의결권 없는 주식으로 할 수 없었다. 이와 같이 종래의 무의결권은 우선주의 하나의 특징에 불과하였으나, 2011년 개정상법은 이를 종류주식의 하나로 규정하여, 이익배당우선 여부에 관계없이 의결권배제·제한에 관한 종류주식을 발행할 수 있도록 하였다. 통상의 경우에는 이익배당에 관한 우선적 내용이 없는 보통주를 의결권이 배제·제한되도록 하는 경우에는 투자수요가 없어서 발행 자체가 곤란하겠지만, 적절한 상환청구권이나 전환청구권을 인정하면 발행이 가능할 것이다.

3) 발행한도

⑺ **상   법**   의결권배제·제한주식의 총수는 발행주식총수의 4분의 1을 초과하지 못한다. 이 경우 의결권배제·제한주식이 발행주식총수의 4분의 1을 초과하여 발행된 경우에는 회사는 지체 없이 그 제한을 초과하지 아니하도록 하기 위하여 필요한 조치를 하여야 한다(344조의3②). "그 제한을 초과하지 아니하도록"이란 "그 제한 이하가 되도록"이라는 의미이다.

종래의 상법은 "의결권 없는 주식의 총수는 발행주식총수의 4분의 1을 초과하지 못한다."고 규정하였으므로(370조②), 이를 초과하여 발행한 의결권 없는 주식은 무효로 보았다. 그러나 2011년 개정상법은 제370조를 삭제하고 제344조의3제2항에서 "이 경우 의결권이 없거나 제한되는 종류주식이 발행주식총수의 4분의 1을 초과하여 발행된 경우에는 회사는 지체 없이 그 제한을 초과하지 아니하도록 하기 위하여 필요한 조치를 하여야 한다."고 규정하는데, "초과하여 발행된 경우"라는 규정상 초과발행주식도 무효로 되는 것이 아니고, 단지 필요한 조치를 하여야 하는 것이다.

"필요한 조치"로서, 배당가능이익이 있는 경우에는 그 범위 내에서 해당 종류주식을 취득하여 소각함으로써 의결권배제·제한주식의 총수를 감소시키는 방법과, 의결권이 배제·제한되지 않는 다른 종류주식을 추가로 발행하여 의결권배제·제한주식의 총수가 발행주식총수의 4분의 1 이하로 되게 하는 방법이 있다.

배당가능이익이 없는 경우에는 후자의 방법만 가능하다.

회사는 "지체 없이 그 제한을 초과하지 아니하도록 하기 위하여 필요한 조치"를 하여야 하는데, 상당 기간이 경과하도록 "필요한 조치"를 하지 않는다고 하여 그 초과주식의 발행이 무효로 되는 것은 아니다. 즉, 필요한 조치로서 소각을 하든 다른 종류주식을 발행하든, 초과발행주식도 회사가 필요한 조치를 취할 때까지는 유효한 주식이다.

이와 같이 회사가 지체 없이 필요한 조치를 취하지 않는 경우에도 초과발행주식이 무효로 되는 것이 아니지만 의결권을 배제·제한하는 정함은 무효로 된다고 보아야 할 것이다. 의결권배제·제한주식으로서 유효하다면 "회사는 지체 없이 그 제한을 초과하지 아니하도록 하기 위하여 필요한 조치를 하여야 한다."라는 제344조의3제2항의 규정이 무의미하기 때문이다.

⑷ **자본시장법**

㉮ 한도 적용시 불산입 항목   상법 제344조의3제1항에 따라 의결권이 없거나 제한되는 주식의 총수에 관한 한도를 적용할 때 주권상장법인(주권을 신규로 상장하기 위하여 주권을 모집하거나 매출하는 법인을 포함)이 다음 중 어느 하나에 해당하는 경우에 발행하는 의결권 없는 주식은 그 한도를 계산할 때 산입하지 않는다(資法 165조의15①).

1. 대통령령으로 정하는 방법에 따라 외국에서 주식을 발행하거나, 외국에서 발행한 주권 관련 사채권, 독립신주인수권증권, 그 밖에 주식과 관련된 증권의 권리행사로 주식을 발행하는 경우
2. 국가기간산업 등 국민경제상 중요한 산업을 경영하는 법인 중 대통령령으로 정하는 기준에 해당하는 법인으로서 금융위원회가 의결권 없는 주식의 발행이 필요하다고 인정하는 법인이 주식을 발행하는 경우

제1호에서 "대통령령으로 정하는 방법"이란 주권상장법인과 주식을 신규로 상장하기 위하여 주식을 모집 또는 매출하는 법인이 금융위원회가 정하여 고시하는 바에 따라 해외증권을 의결권 없는 주식으로 발행하는 것을 말한다(資令 176조의16①).

제2호에서 "대통령령으로 정하는 기준에 해당하는 법인"이란 다음과 같은 법인을 말한다(資令 176조의16②).

1. 정부(한국은행·한국산업은행 및 공공기관의 운영에 관한 법률에 따른 공공기관을 포함)가 주식 또는 지분의 15% 이상을 소유하고 있는 법인
2. 다른 법률에 따라 주식취득 또는 지분참여가 제한되는 사업을 하고 있는 법인

나) 발행한도 확대   위 제1항 각 호의 어느 하나에 해당하는 의결권 없는 주식과 상법 제370조제2항에 따른 의결권 없는 주식을 합한 의결권 없는 주식의 총수는 발행주식총수의 2분의 1을 초과하여서는 아니 된다(資法 165조의15②).

다) 발행방법의 제한   의결권 없는 주식 총수의 발행주식총수에 대한 비율이 4분의 1을 초과하는 상장회사는 발행주식총수의 2분의 1 이내에서 대통령령으로 정하는 방법에 따라 신주인수권의 행사, 준비금의 자본금 전입 또는 주식배당 등의 방법으로 의결권 없는 주식을 발행할 수 있다(資法 165조의15③). 의결권 없는 주식을 발행하는 방법은 다음과 같다(資令 176조의16③).

1. 주주 또는 사채권자에 의한 신주인수권·전환권 등의 권리행사
2. 준비금의 자본금 전입
3. 주식배당
4. 주식매수선택권의 행사

주권상장법인이 의결권 없는 주식을 발행한 경우 발행한도는 위 제2항에 의하여 발행주식총수의 2분의 1까지는 허용하되, 그 발행방법에 일정한 제한을 가한 것이다.

4) 의결권 행사 관련 조건

회사가 의결권이 없는 종류주식이나 의결권이 제한되는 종류주식을 발행하는 경우에는 정관에 주주총회에서 의결권을 행사할 수 없는 사항과, 의결권 행사 또는 부활의 조건을 정한 경우에는 그 조건 등을 정하여야 한다(344조의3①).

(가) **의결권을 행사할 수 없는 사항**   정관에서 의결권을 행사할 수 없는 사항을 정하는 방법으로는, 이사·감사의 선임·해임, 정관변경, 합병, 분할 등과 같이 의결권을 행사할 수 없는 사항을 개별적으로 열거하여 규정하는 방법과, 의결권을 행사할 수 있는 사항을 규정함으로써 그 밖의 사항에 대하여는 의결권을 행사할 수 없도록 하는 방법이 있다.

(나) **의결권 행사의 조건**   의결권 행사의 조건은 의결권배제·제한주식의

주주에게 특정 사항에 대한 의결권을 행사할 수 있는 조건을 말한다. 따라서 정관에서 의결권을 행사할 수 있는 사항을 정한 경우에는 의결권을 행사할 수 없는 그 나머지 사항에 관한 의결권 행사조건을 의미한다. 예컨대 합병에 대하여 의결권을 행사할 수 없는 종류주식의 경우에도 합병상대방 회사의 규모 또는 영업이익이 일정 기준에 미달하는 경우에는 의결권 행사가 가능하다고 정할 수 있다.

　발행주식총수의 일정 비율 이상의 소유를 의결권 행사의 조건으로 정하는 것은 주주평등원칙에 위반하여 소수주주의 의결권을 불합리하게 제한하게 되므로 허용될 수 없다. 1주에 대하여 1 미만의 의결권을 인정하는 부분의결권주식(fractional voting right share)도 역시 주주평등원칙에 반하는 것으로서 허용되지 않는다.

　⑷ **의결권의 부활**　　종래의 상법은 의결권부활의 조건을 구체적으로 규정하였으나(370조①), 2011년 개정상법은 이를 삭제하고, 정관에서 "의결권부활의 조건"을 정하도록 한다(344조의3①). 이와 같이 의결권부활의 구체적인 조건을 상법에서 규정하지 않고 정관에서 부활 여부를 정할 수 있으므로, 정관에서 의결권부활조건을 정하지 않을 수 있고, 이 경우에는 항상 의결권이 없는 종류주식이 된다. 종래에는 우선적 배당을 하지 않으면 의결권부활이 강제적으로 적용되므로 회사가 상당한 배당압박을 받았는데, 정관에서 의결권부활 여부를 정할 수 있게 됨으로써 회사로서는 의결권부활을 걱정하지 않고 장기투자정책을 수립할 수 있게 되었다.

　의결권부활의 조건은 모든 결의사항에 대하여 정할 수도 있고, 일부 결의사항에 대하여서만 정할 수도 있다. 의결권부활의 구체적인 조건을 정관에서 정하는 경우 종래의 상법 제370조제1항과 같이 "… 정관에 정한 우선적 배당을 받지 아니한다는 결의가 있는 총회의 다음 총회부터 그 우선적 배당을 받는다는 결의가 있는 총회의 종료시까지에는 의결권이 있다"는 취지의 규정이 일반적일 것이나, 그 외에 의결권부활을 위한 다양한 형태의 조건이 가능할 것이다.

　의결권은 회사의 지배권에 직접적인 영향을 미치는 것이므로, 정관에서 의결권부활의 조건을 이사회에 위임하는 것은 허용되지 않는다.

5) 의결권배제·제한주식의 주주권

　⑺ **인정되는 권리**　　의결권배제·제한주식도 의결권 외의 다른 주주권(공익권·자익권)은 인정된다. 그리고 의결권배제·제한주식의 주주는 의결권 행사

는 할 수 없지만, 주주총회에 참석하여 의견개진이나 토론참여는 할 수 있다.

소수주주의 임시주주총회소집청구권에 관한 제366조제1항과 회계장부열람권에 관한 제466조는 의결권 유무를 불문하고 단순히 "발행주식의 총수"라고만 규정하므로, 의결권의 배제·제한주식의 주주에게도 임시주주총회소집청구권, 회계장부열람권이 인정된다. 그리고 주주제안권이나 집중투표청구권은 의결권 없는 주주에게는 인정되지 않는 소수주주권이지만, 이사선임 의안에 대하여는 의결권을 행사할 수 있는 의결권제한주식의 주주는 이사선임을 위한 주주제안권이나 집중투표청구권을 가진다.

주주총회소집통지를 받을 권리는 의결권을 전제로 하는 권리이므로, 의결권배제주식의 주주에게는 인정되지 않는다(363조⑧). 다만, 의결권제한주식은 특정 의안에 대하여서만 의결권이 없고, 다른 의안에 대하여는 의결권이 있으므로 그 특정 의안만을 다루는 주주총회가 아닌 한 주주총회소집통지를 받을 권리가 인정된다.

(나) **의결권이 인정되는 경우**   의결권배제주식의 주주도 분할·분할합병의 승인결의를 위한 주주총회에서는 의결권을 행사할 수 있고(530조의3③), 일반주주총회에서의 의결권이 배제·제한된 주식의 주주도 종류주주총회에서는 원칙적으로 의결권을 행사할 수 있다(435조, 436조). 이사·집행임원·감사·감사위원회위원 등의 책임을 면제하기 위한 주주 전원의 동의는 의결권배제·제한주식의 주주도 포함한 주주 전원의 동의를 의미한다(400조, 408조의9, 415조, 415조의2⑦).

회사설립시 창립총회에 관한 제308조제2항은 의결권 없는 주주에 관한 제363조제8항과 의결권배제·제한주식에 관한 제371조제1항을 준용하지 아니하므로, 창립총회에서는 모두 의결권이 인정된다고 해석하는 것이 타당하다.

6) 종류주주총회에서 의결권이 배제·제한되는 주식의 발행 가능 여부

종류주주총회에서의 의결권이 배제·제한된 종류주식의 발행도 허용되는지 여부는 입법정책의 문제라 볼 수 있다. 제435조제3항의 "의결권 없는 종류의 주식에 관한 것을 제외하고"라는 법문상, 그리고 달리 이를 허용하는 명문의 규정이 없는 현행법 하에서는, 회사가 정관을 변경함으로써 어느 종류주식의 주주에게 손해를 미치게 될 때 종류주주총회가 요구되므로(435조①), 종류주주총회에 관한 규정은 소수주주를 위한 강행규정으로 보아야 하고, 따라서 이러한 종류주식의 발행은 허용되지 않는다고 해석된다.

다만, 주주가 정관에서 정한 종류주식을 알고 취득한 것으로 볼 수 있으므로, 입법론상으로는 종류주주총회에서의 의결권이 배제·제한된 종류주식의 발행도 허용할 필요가 있다. 이 경우에는 종류주주의 보호를 위하여 종류주주에게 주식매수청구권이 인정되어야 할 것이다.

(2) 자기주식과 상호보유주식

1) 자기주식

회사가 가진 자기주식은 의결권이 없고(369조②), 총회의 결의에 관하여 자기주식의 수는 발행주식총수에 산입하지 않는다(371조①).

상법은 이와 같이 의결권에 대하여는 명문으로 규정하나, 의결권 이외의 주주권에 대하여는 명문의 규정을 두지 않고 있다. 그러나 소수주주권이나 각종 소제기권 등과 같은 공익권은 성질상 인정될 수 없다는 데 대하여는 견해가 일치된다.

2) 상호보유주식

㈎ 의   의   회사, 모회사 및 자회사 또는 자회사가 다른 회사의 발행주식총수의 10%를 초과하는 주식을 가지고 있는 경우 그 다른 회사가 가지고 있는 회사 또는 모회사의 주식은 의결권이 없다(369조③).

— 상호보유주 구조

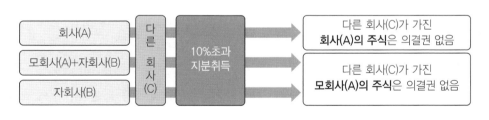

㈏ 의결권제한의 내용   따라서 ⅰ) A회사가 C회사 발행주식총수의 10%를 초과하는 주식을 보유하는 경우 C회사는 보유하는 A회사 주식에 대하여 의결권을 행사할 수 없고, ⅱ) A회사와 그 자회사인 B회사가 합하여 C회사 주식의

10%를 초과하여 보유하는 경우 C회사는 보유하는 A회사 주식에 대하여 의결권을 행사할 수 없고(C회사는 보유하는 B회사 주식에 대하여는 의결권을 행사할 수 있다), iii) A회사의 자회사인 B회사가 단독으로 C회사 주식의 10%를 초과하여 보유하는 경우 C회사는 보유하는 A, B 두 회사 주식에 대하여 의결권을 행사할 수 없다.

(다) **취   지**   모자회사 관계가 없는 회사 사이의 주식의 상호소유를 규제하는 주된 목적은 상호주를 통해 출자 없는 자가 의결권 행사를 함으로써 주주총회결의와 회사의 지배구조가 왜곡되는 것을 방지하기 위한 것이다(대법원 2009. 1. 30. 선고 2006다31269 판결). 자회사의 모회사주식취득은 금지되지만, 비모자회사 간의 주식의 상호소유 자체는 금지되지 않고 다만 의결권만 제한된다. 상호주는 대개 실제의 출자 없이 회사를 지배하려는 목적으로 소유하므로 의결권을 제한함으로써 규제의 목적을 달성할 수 있기 때문에 소유 자체를 금지시키지 않고 그 의결권을 제한하는 방식으로 간접적인 규제를 하는 것이다. 자익권은 제한되지 않고 공익권도 의결권만 제한된다.

(라) **상호 10% 초과소유**   쌍방 회사가 각자의 자회사의 지분을 합쳐서 서로 발행주식총수의 10%를 초과하는 주식을 소유하는 경우에는 취득의 선후에 관계없이 모두 의결권이 제한된다. 그러나 두 회사가 모자회사 관계인 경우에는 (예컨대 자회사가 모회사 주식의 15%를 소유한 경우) 제369조제3항은 자회사가 소유한 모회사 주식에 대하여만 적용되고, 모회사가 소유한 자회사 주식에 대하여는 적용되지 않는다고 해석하여야 한다. 원래 자회사의 모회사 주식취득은 금지되는 것이고, 또한 제369조제3항이 모회사가 소유한 자회사 주식에 대하여는 적용된다면 모회사가 자회사를 지배할 수 없다는 이상한 상황이 되기 때문이다.

(마) **상호주 판단의 기준시점**   회사는 일정한 날에 주주명부에 기재된 주주 또는 질권자를 그 권리를 행사할 주주 또는 질권자로 볼 수 있는데(354조①) 이를 기준일이라 한다. 의결권제한에 관한 제369조제3항의 적용에 있어서 10% 초과소유 여부를 판단할 기준시점에 관하여 상법은 아무런 규정을 두지 않고 있다. 해석상 기준일설과 주주총회일설 등 두 가지 견해가 있을 수 있는데, 기준일 이후 주식소유관계에 변동이 있는 경우에 문제된다.

대법원은, 상법 제354조가 규정하는 기준일 제도는 일정한 날을 정하여 그 날에 주주명부에 기재되어 있는 주주를 계쟁 회사의 주주로서의 권리를 행사할 자로 확정하기 위한 것일 뿐, 다른 회사의 주주를 확정하는 기준으로 삼을 수는 없으므로, 기준일에는 상법 제369조제3항이 정한 요건에 해당하지 않더라도, 실제로 의결권이 행사되는 주주총회일에 위 요건을 충족하는 경우에는 상법 제369조제3항이 정하는 상호소유 주식에 해당하여 의결권이 없다고 판시하였다(대법원 2009. 1. 30. 선고 2006다31269 판결).

(바) **실제 취득 기준**　　회사, 모회사 및 자회사 또는 자회사가 다른 회사 발행주식 총수의 10%를 초과하는 주식을 가지고 있는지 주식 상호소유 제한의 목적을 고려할 때, 실제로 소유하고 있는 주식수를 기준으로 판단하여야 하며 그에 관하여 주주명부상의 명의개서를 하였는지 여부와는 관계가 없다(대법원 2009. 1. 30. 선고 2006다31269 판결). 제369조제3항의 적용에서는 주식을 소유한 자(주주)인지 여부가 중요한 문제이고 특정 주주총회에서 의결권을 행사할 수 있는 자인지 여부는 중요하지 않기 때문이다. 만일 명의개서를 기준으로 한다면 상법 제342조의3에 의한 통지의무도 의미가 없을 것이다. 명의개서청구행위가 바로 통지의무의 이행이기 때문이다.

(사) **발행주식총수 기준**　　상법은 10%에 관하여 의결권의 유무와 관계없이 발행주식총수를 기준으로 규정한다. 다만, 입법론상으로는 규제방식이 취득금지가 아니라 의결권제한인 이상 의결권 있는 주식만을 기준으로 하는 것이 타당하다.

(아) **주식취득의 통지의무**

가) 의　　　의　　　주식취득의 통지의무는 기습적인 의결권 행사를 방지함으로써 경영권 지배의 공정한 경쟁을 위한 것이다. 따라서 의결권 행사와 관련 없는 경우에는 통지의무가 없다. 그러나 주식신탁의 경우에는 의결권 행사가 가능하므로 통지대상으로 보아야 한다.

나) 통지의무의 요건　　　회사가 다른 회사의 발행주식총수의 10%를 초과하여 취득한 때에는 그 다른 회사에 대하여 지체 없이 이를 통지하여야 한다(342조의3).

10% 산정시 자회사의 소유주식수도 합산하여야 하는지에 대하여, 통설은 통지의무 위반의 경우 의결권은 제한되므로 명문의 규정이 없는 이상 모자회사의 소유주식을 합산하지 않는다고 본다. 그리고 통지의무는 기습적인 의결권 행사를

방지하기 위한 것이므로 발행주식 총수의 10%를 초과하여 의결권을 대리행사할 권한을 취득한 경우에도 위 규정을 유추적용하여 통지대상으로 보아야 하는지에 대하여, 판례는 이를 부정하는 입장을 취하고 있다.

[대법원 2001. 5. 15. 선고 2001다12973 판결]【주주총회결의부존재확인】"상법 제342조의3 에는 "회사가 다른 회사의 발행주식 총수의 10분의 1을 초과하여 취득한 때에는 그 다른 회사에 대하여 지체 없이 이를 통지하여야 한다."고 규정되어 있는바, 이는 회사가 다른 회사의 발행주식 총수의 10분의 1 이상을 취득하여 의결권을 행사하는 경우 경영권의 안정을 위협받게 된 그 다른 회사는 역으로 상대방 회사의 발행주식의 10분의 1 이상을 취득함으로써 이른바 상호보유주식의 의결권 제한 규정(369조③)에 따라 서로 상대 회사에 대하여 의결권을 행사할 수 없도록 방어조치를 취하여 다른 회사의 지배가능성을 배제하고 경영권의 안정을 도모하도록 하기 위한 것으로서, 특정 주주총회에 한정하여 각 주주들로부터 개별안건에 대한 의견을 표시하게 하여 의결권을 위임받아 의결권을 대리행사하는 경우에는 회사가 다른 회사의 발행주식 총수의 10분의 1을 초과하여 의결권을 대리행사할 권한을 취득하였다고 하여도 위 규정이 유추적용되지 않는다."

다) 통지시기   통지의무가 기습적인 의결권 행사를 막기 위한 제도인 점을 감안하면 "지체 없이"의 해석에 있어서, 상대방 회사가 주식취득회사의 주식을 역취득하여 명의개서를 할 수 있는 시간적 여유를 줄 수 있도록 하기 위하여 취득회사의 주주명부폐쇄 공고일 이전까지는 통지해야 할 것이라는 견해가 있다. 그러나 이와 같은 해석은, 실제로 소유하고 있는 주식수를 기준으로 판단하여야 하며 그에 관하여 주주명부상의 명의개서를 하였는지 여부와는 관계가 없다는 판례에 부합하지 않는다. 따라서 상대방 회사가 주식취득회사의 주식을 역취득할 수 있는 시간적 여유를 주고 통지하면 된다.

라) 통지방법   통지방법에는 제한이 없지만, 통지사실에 대한 증명책임은 주식을 취득한 회사가 부담하므로 내용증명과 같이 증거가 남는 방법으로 통지하여야 할 것이다. 통지의무는 10% 초과하여 취득함과 동시에 명의개서를 불문하고 발생한다. 명의개서를 하면 어차피 회사가 알게 되므로 통지를 별도로 할 의미는 없고, 명의개서 청구 자체를 통지의 한 방법으로 볼 수 있다. 통지할 사항은 취득한 주식의 종류와 수이다.

마) 통지의무 위반의 효과   통지의무 위반에 대하여 상법은 아무런 규정을 두지 않지만, 통설은 위반한 주식의 의결권을 부인한다. 입법론상으로는 통지의무 위반시 의결권이 제한되는 것으로 개정하는 것이 바람직하다. 통설에 의하면 통지의무 위반 주식의 의결권이 행사된 경우 주주총회결의 취소사유가 된다.

(3) 의결권 없는 주주

1) 특별이해관계인

(가) 취   지   주주총회의 특정 의안에 대하여 특별한 이해관계가 있는 자는 의결권을 행사하지 못한다(368조③). 특별이해관계인의 의결권을 제한하는 것은 주주의 의결권 남용을 방지함으로써 주주총회결의의 공정성을 확보하기 위한 것이다. 따라서 주주가 1인인 경우(1인회사) 또는 복수의 주주 전원이 특별이해관계인에 해당하는 경우에는 제368조제3항이 적용되지 않는다고 해석하여야 한다.

특별이해관계인은 본인의 주식에 의한 의결권뿐 아니라 대리인으로서도 의결권을 행사할 수 없다는 것이 통설이다.

(나) **특별이해관계의 의의**   특별이해관계의 의의에 대하여는, 논란이 있지만 특정 주주가 주주의 지위를 떠나 개인적으로 가지는 경제적 이해관계를 특별이해관계로 보는 개인법설이 통설이고, 판례도 같은 입장이다.

(다) **의결권제한범위**

가) **특별이해관계인에 포함되는 경우**   이사책임면제결의에서 이사인 주주, 회사와 주주간의 영업양도결의에서 거래상대방인 주주, 임원의 보수를 정하는 결의에서 임원인 주주는 특별이해관계인의 범위에 포함된다(부산고등법원 2004. 1. 16. 선고 2003나12328 판결). 다만, 주주의 의결권은 주주의 고유하고 기본적인 권리이므로 특별이해관계인이라는 이유로 이를 제한하기 위하여는 그 결의에 관하여 특별한 이해관계가 있음이 객관적으로 명확하여야 한다. 주주총회가 재무제표를 승인한 후 2년 내에 이사와 감사의 책임을 추궁하는 결의를 하는 경우 책임추궁대상인 이사와 감사는 원칙적으로는 특별이해관계인으로서 의결권을 행사할 수 없지만, 제반 사정에 비추어 특별이해관계인에 해당하지 않는 경우도 있을 수 있다.

[대법원 2007. 9. 6. 선고 2007다40000 판결] "주주총회가 재무제표를 승인한 후 2년 내에 이사와 감사의 책임을 추궁하는 결의를 하는 경우 당해 이사와 감사인 주주는 회사로부터 책임을 추궁당하는 위치에 서게 되어 주주의 입장을 떠나 개인적으로 이해관계를 가지는 경우로서 그 결의에 관한 특별이해관계인에 해당함은 원심이 쓴 대로이지만, … 이 사건 안건이 '제13기 결산서 책임추궁 결의에 관한 건'이라는 제목에 비추어 2003. 4. 1.부터 2004. 3. 31.까지의 기간 동안의 재무제표에 대한 경영진에 대한 책임을 추궁하기 위한 것으로 추측된다는 것일 뿐, 구체적으로 위 기간 동안에 이사나 감사로 재임한 자들 전원의

책임을 추궁하려고 하는 것인지, 그 중 일부 이사나 감사만의 책임을 추궁하려고 하는 것인지, 나아가 어떠한 책임을 추궁하려고 하는 것인지 알 수 없고, 기록상 이를 알 수 있는 자료도 보이지 않는바, 그렇다면 원심이 들고 있는 사정만으로는 위 소외 1등이 이 사건 결의에 관한 특별이해관계인에 해당한다고 단정할 수 없다"(이 판결은 재무승인을 위한 주주총회가 아니고 재무제표 승인 후 2년 내에 이사와 감사의 책임을 추궁하는 결의를 하는 경우에 관한 판례이다).

나) 특별이해관계인에 포함되지 않는 경우   회사지배와 관련되는 결의인 이사·감사의 선임·해임결의에서 당사자인 주주와, 개인적 이해관계와 무관한 재무제표승인결의에서 이사·감사인 주주는 포함되지 않는다. 합병·분할·분할합병 등의 경우 계약의 일방당사자가 상대방당사자의 주식을 소유하는 경우에도 의결권이 제한되지 않는다. 통설인 개인법설에 의하면 이러한 경우의 계약당사자는 특별이해관계인이 아니기 때문이다. 특히 합병의 경우 합병당사회사 간에 이익충돌이 있다 하더라도 합병에 의하여 양 회사가 합일되므로 이해관계의 대립이 결국 해소된다는 점을 근거로 들 수 있다.

㈐ 총회결의요건 관련 산입 여부   총회의 결의에 관하여 특별이해관계인으로서 상법 제368조제3항에 따라 의결권을 행사할 수 없는 주식에 관하여는 그 의결권 수를 출석한 주주의 의결권의 수에 산입하지 않는다(371조②). 그런데 상법 제371조제1항은 "총회의 결의에 관하여는 제344조의3제1항과 제369조제2항 및 제3항의 의결권 없는 주식의 수는 발행주식총수에 산입하지 아니한다."라고만 규정할 뿐 위 제368조제3항의 주식의 수를 발행주식총수에 산입할지 여부에 관하여는 규정하지 않는다. 만일 발행주식총수에는 산입된다고 해석하면 발행주식총수의 일정 비율 이상을 요구하는 결의요건을 충족할 수 없게 되는 문제가 있다. 이와 관련하여 법무부는 입법상의 미비를 인정하면서 입법적인 보완 전에는 특별이해관계인으로서 상법 제368조제3항에 따라 의결권을 행사할 수 없는 주식의 수도 제1항과 같이 발행주식총수에 산입하지 않는 것으로 해석한다는 입장이었는데, 최근에 대법원은 감사의 선임에서 의결권이 제한되는 3% 초과 주식은 상법 제371조의 규정 형식에도 불구하고 결의요건에 관한 상법 제368조제1항의 '발행주식총수'에도 산입되지 않는다고 판시하였다(대법원 2016. 8. 17. 선고 2016다222996 판결).

㈑ 위반효과   특별이해관계인이 의결권을 행사한 경우 결의취소사유가

된다. 결의취소사유로 되기 위하여, 의결권의 행사로 족하고, 결의의 불공정이나 회사손실발생은 요구되지 않는다.

㈐ **부당결의취소변경**   주주가 특별이해관계인으로서 의결권을 행사할 수 없었던 경우에 결의가 현저하게 부당하고 그 주주가 의결권을 행사하였더라면 이를 저지할 수 있었을 때에는 그 주주는 그 결의의 날부터 2개월 이내에 결의취소의 소 또는 결의변경의 소를 제기할 수 있다(381조①).

㈑ **소집통지 여부**   특별이해관계인으로서 의결권을 행사할 수 없는 주주도 주주총회에 출석하여 의견을 진술할 수 있다. 따라서 특별이해관계인으로서 의결권을 행사할 수 없는 주주에게도 주주총회의 소집통지를 하여야 한다.

2) 감사·감사위원회 위원의 선임

㈎ 비상장회사

가) 감사의 선임과 해임

ⓐ 감사의 선임   의결권 없는 주식을 제외한 발행주식총수의 3%를 초과하는 수의 주식을 가진 주주는 그 초과하는 주식에 관하여 감사의 선임에 있어서는 의결권을 행사하지 못한다(409조②). 회사는 정관으로 이보다 낮은 비율을 정할 수 있다(409조③).

감사의 선임 의안이 아닌, 추가 감사의 선임 여부 결정을 위한 의안의 경우에는 감사 선임시 의결권 제한규정은 적용되지 않는다.

소수주주가 추가 신임감사 선임의 건을 회의의 목적사항으로 하여 임시주주총회 소집청구를 하였고, 임시주주총회에서 '피고의 감사를 추가로 선임할 것인지 여부'라는 안건을 상정하여 의결권 제한 없이 투표한 결과 부결된 사안에서, 소수주주가 상법 제409조제2항에 의한 의결권 제한을 하지 않고 추가 감사 선임 여부에 관하여 결의함으로써 감사 선임에 관한 상법의 제한 규정을 회피하였다는 이유로 결의취소의 소를 제기하였는데, 제1심은 원고의 주장을 받아들여 청구를 인용하였으나, 항소심은 제1심 판결을 취소하였고, 항소심 판결은 대법원에서 상고기각으로 확정되었다(대법원 2015. 7. 23. 선고 2015다213216 판결). 항소심 판결의 요지는 다음과 같다.

[서울고등법원 2015. 4. 10. 선고 2014나2028587 판결] "① 상법 제409조제2항은 대주주의 영향력으로부터 독립된 사람을 감사로 선임하여 회사경영의 공정성과 투명성을 제고하고자 하는 데 그 입법취지가 있는 것으로 보일 뿐, 회사에 몇 명의 감사를 둘 것인가 하는 문

제까지 대주주의 영향력을 제한하려는 데에 그 입법취지가 있는 것으로는 보이지 아니한다. ② 정관이 정한 필요적 최소 감사 수에 해당하는 감사가 결원된 경우는 별론으로 하고, 정관이 정한 필요적 최소 감사 수에 해당하는 감사가 이미 있는 상황에서 감사를 추가로 선임하는 문제는 단순히 특정인을 감사로 선임하는 문제와 달리, 회사의 기관구성에 변동을 초래하고 회사의 비용을 증대시키는, 그에 따라 회사의 경영상황 등에 입각한 회사 주주들의 정책적인 판단이 요구되는 문제로서 이에 대하여 대주주의 의결권을 제한하여야 할 합리적인 필요가 있다고 보기 어렵다. ③ 정관이 정한 필요적 최소 감사 수에 해당하는 감사가 결원된 경우는 별론으로 하고, 정관이 정한 필요적 최소 감사 수에 해당하는 감사가 이미 있는 상황에서 감사를 추가로 선임하는 것은 기존 감사의 업무범위 내지 권한을 실질적으로 축소하는 결과를 초래할 개연성이 상당히 있는데, 이와 관련하여 상법 제409조제2항은 감사의 선임과 관련하여서만 의결권을 제한하고 있을 뿐 해임과 관련하여는 의결권을 제한하고 있지 아니한 취지가 고려되어야 한다. ④ 상법 제409조제4항은 자본금의 총액이 10억원 미만인 소규모 회사의 경우 감사를 선임하지 아니할 수 있는 것으로 규정하고 있는바(피고는 자본금의 총액이 3억원인 회사로서 이에 해당한다), 위와 같은 소규모 회사에서 필요적 최소 감사 수를 초과하여 감사를 추가로 선임하는 문제에 대하여 대주주의 의결권을 제한한다는 것은 상법 제409조제4항의 취지에도 실질적으로 부합하지 아니한다.”

감사의 선임에서 의결권이 제한되는 3% 초과 주식은 상법 제371조의 규정형식에도 불구하고 결의요건에 관한 상법 제368조제1항의 ‘발행주식총수’에도 산입되지 않는다(대법원 2016. 8. 17. 선고 2016다222996 판결). 3% 초과 주식의 수가 발행주식총수의 75%를 넘는 경우에는 발행주식총수의 25% 이상이라는 결의요건을 구비할 수 없어서 감사 선임이 불가능한 경우가 발생하기 때문이다.

한편, 3% 초과 여부의 판단은 대법원 2017. 3. 23. 선고 2015다248342 전원합의체 판결에 따라 주주명부상 주주가 소유한 주식만을 대상으로 하여야 한다. 주주가 위와 같은 의결권 제한을 피하기 위하여 일부 보유 주식을 타인 명의로 명의개서한 경우에는 회사가 실질적인 주주를 알고 있다 하더라도 위 전원합의체 판결의 “회사도 주주명부상 주주 외에 실제 주식을 인수하거나 양수하고자 하였던 자가 따로 존재한다는 사실을 알았든 몰랐든 간에 주주명부상 주주의 주주권 행사를 부인할 수 없으며, 주주명부에 기재를 마치지 아니한 자의 주주권 행사를 인정할 수도 없다.”라는 판시에 비추어 타인 명의로 명의개서한 주식(차명주주)의 수는 합산할 수 없다.

(b) 감사의 해임   상법상 비상장회사의 감사에게는 이사의 해임에 관한 제385조가 준용되므로 특별결의만 요구될 뿐, 대주주의 의결권 행사가 제한되지 않는다.

나) 감사위원의 선임과 해임　　　　비상장회사는 이사회가 주주총회에서 선임
된 이사 중에서 감사위원을 선임하고 해임하므로 주주의 의결권제한과 무관하다.

㈏ 상장회사

가) 감사의 선임과 해임

⒜ 감사의 선임　　　　상장회사 중 최근 사업연도 말 현재 자산총액이 2조원
이상인 경우에는 감사를 둘 수 없고 반드시 감사위원회를 설치해야 한다. 따라서
상장회사 감사의 선임과 해임은 자산총액 2조원 미만인 상장회사에서만 문제된다.

　　상장회사의 감사의 선임에 관하여 모든 주주에게는 비상장회사의 경우와 같
이 3% 의결권 제한이 적용되고, 최대주주에게는 이에 추가적으로 특수관계인 등
의 지분을 합산하여 3% 의결권 제한이 적용된다(542조의12③). 즉, 최대주주, 최대
주주의 특수관계인, 그 밖에 대통령령으로 정하는 자가 소유하는 상장회사의 의결
권 있는 주식의 합계가 그 회사의 의결권 없는 주식을 제외한 발행주식총수의 3%
를 초과하는 경우 그 주주는 그 초과하는 주식에 관하여 감사를 선임하는 경우 의
결권을 행사하지 못한다. 그리고 정관에서 이보다 낮은 주식 보유비율을 정할 수
있다. 상장회사 감사의 선임과 해임시 최대주주에 대한 의결권제한은 상근감사 설
치요건인 최근 사업연도 말 현재 자산총액 1천억원 이상인 회사인지 여부를 불문
하고 적용된다. "대통령령으로 정하는 자"란 다음과 같은 자를 말한다(令 38조①).

1. 최대주주 또는 그 특수관계인의 계산으로 주식을 보유하는 자
2. 최대주주 또는 그 특수관계인에게 의결권(의결권의 행사를 지시할 수 있는 권한을
   포함한다)을 위임한 자(해당 위임분만 해당한다)

⒝ 감사의 해임　　　　상장회사의 감사의 해임에 관하여는 모든 주주에게 적
용되는 3% 의결권 제한이 없고, 최대주주에게만 특수관계인 등의 지분을 합산하
여 3% 의결권 제한이 적용된다.

나) 감사위원의 선임과 해임　　　　최근 사업연도 말 현재 자산총액 1천억원 미
만인 상장회사는 비상장회사와 마찬가지로 상법 제415조의2에 따른 일반 감사위
원회를 설치하면 되고 이 경우 주주총회에서 선임된 이사 중에서 이사회가 감사
위원회 위원을 선임한다. 주주총회에서 감사가 아닌 이사를 선임하는 것이므로 주
주의 의결권이 제한되지 않는다. 감사위원 해임도 이사회의 권한이다. 반면에 자
산총액이 2조원 이상인 대규모 상장회사의 경우에는 감사위원을 선임하거나 해임

하는 권한은 주주총회에 있다(542조의12①). 그리고 최근 사업연도 말 현재 자산총액이 1천억원 이상, 2조원 미만인 상장회사도 상근감사 대신 감사위원회를 설치하는 경우에도 대규모 상장회사와 같이 상법 제415조의2가 아닌 제542조의12에 따른 소위 특례 감사위원회를 설치하여야 하고, 따라서 주주총회에서 감사위원을 선임·해임하고, 의결권제한도 동일하게 적용된다. 자산총액 2조원 이상의 상장회사에 적용되는 감사위원회를 일반적으로 특례감사위원회라고 하는데 이하는 특례감사위원회에 관한 내용이다.

(a) 사외이사 아닌 감사위원의 선임·해임   최대주주, 최대주주의 특수관계인, 그 밖에 대통령령으로 정하는 자가 소유하는 상장회사의 의결권 있는 주식의 합계가 그 회사의 의결권 없는 주식을 제외한 발행주식총수의 3%를 초과하는 경우 그 주주는 그 초과하는 주식에 관하여 사외이사 아닌 감사위원을 선임하거나 해임할 때에는 의결권을 행사하지 못한다. 정관에서 이보다 낮은 주식 보유 비율을 정할 수 있다(542조의12③).

최대주주의 특수관계인 아닌 다른 2대 내지 3대 주주는 사외이사 아닌 감사위원의 선임과 해임에 있어서는 3%를 초과하여 소유하는 주식에 대하여도 의결권이 제한되지 않는다. 1주 1의결권 원칙은 강행법규이므로, 최대주주 아닌 주주(2대주주나 3대주주)의 의결권을 제한하는 내용의 정관 규정은 무효이다.

[대법원 2009. 11. 26. 선고 2009다51820 판결] "원심판결 이유에 의하면, 원심은 주주평등의 원칙과 1주 1의결권 원칙의 취지, 주식회사법을 강행법규로 한 이유, 우리 상법 및 구 증권거래법에서 감사제도 및 감사 선임시 의결권제한규정을 둔 취지 등에 비추어 이 사건 정관조항은 강행법규에 위배되고 주주의 의결권을 부당하게 제한하는 무효의 조항이라고 판단한 다음, 피고회사가 이 사건 정관조항에 따라 원고 및 그 특수관계인 등의 의결권을 제한한 것은 위법하여 이 사건 결의는 결의방법에 법령에 위반한 하자가 있는 경우에 해당한다고 보아 이 사건 주주총회결의의 취소를 구하는 원고의 청구를 받아들였다. 앞서 본 법리와 기록에 비추어 살펴보면, 원심의 위와 같은 판단은 정당하고, 거기에 상고이유로 주장하는 바와 같은 상법 제409조 및 구 증권거래법 제191조의11에 대한 법리오해 등의 위법이 없다"(이 사건은 피고회사가 구 증권거래법 제191조의11과 같이 3%를 초과하여 소유하는 주식의 의결권제한을 모든 주주에게 적용한다는 취지로 정관에 규정하였는데, 그 후 구 증권거래법 개정에 의하여 의결권 제한의 대상인 "주주"가 "최대주주"로 변경되었음에도 정관에는 이를 반영하지 않은 상태에서 최대주주 아닌 원고의 의결권을 제한하였다. 대법원은 상법 제369조제1항에서 1주 1의결권 원칙을 규정하는데, 이 규정을 강행법규로 본 것이다).

— **상장회사 감사 및 감사위원회 설치 및 선임시 의결권 제한**

(자산총액)	1천억 미만	1천억 이상 2조원 미만	2조원 이상
감사	[**주주총회** 보통결의 + 3% 초과 의결권제한 적용] ✓최대주주 + 특수관계인 = 합산 3% ✓일반주주 = 주주 개인별 3%		
일반 감사위원회	[이사회 결의] ✓의결권제한 없음		
특례 감사위원회		[**주주총회** 보통결의 + 3% 초과 의결권제한 적용] ✓사외이사인 감사위원 = 주주 개인별 3% ✓사외이사 아닌 감사위원 = 최대주주 + 특수관계인만 3%(**일반주주 의결권제한 없음**)	
선택 가능 제도	① 감사(상근/비상근 불문) ② 일반 감사위원회 = ①~② 중 택 1 가능	① 상근감사 ② 특례 감사위원회 = ①~② 중 택 1 가능	특례 감사위원회만 채택 가능

⇒ 금융사지배구조법 적용 대상 금융회사의 경우 감사위원 선임시
 사외이사 여부 불문 최대주주 등은 합산 3% 적용. 일반주주는 개인별 3% 적용

특수관계인 사이에 분쟁이 발생하는 경우, 최대주주와 특수관계인 등이 소유하고 있는 주식수는 동일하게 합산대상이 되며, 의결권의 행사는 각각 지분비율을 안분하여 다른 방향으로 행사하게 된다. 이 경우 주주는 사전에 회사에 의결권불통일행사 신청을 하여야 한다.

(b) 사외이사인 감사위원의 선임과 해임 　최근 사업연도 말 현재 자산총액이 1천억원 이상인 상장회사의 감사위원회(특례 감사위원회)의 사외이사인 감사위원(사외감사위원)을 선임하는 경우에는 비상장회사의 감사와 같이 의결권 없는 주식을 제외한 발행주식총수의 3%를 초과하는 수의 주식을 가진 모든 주주는 그 초과하는 주식에 관하여 의결권을 행사하지 못한다. 다만, 정관에서 이보다 낮은 주식 보유비율을 정할 수 있다(542조의12④).

사외이사인 감사위원의 해임에 관하여는 모든 주주의 의결권이 제한되지 않는다.

(다) 「**금융회사의 지배구조에 관한 법률**」상 특례

가) 감사위원이 되는 이사의 선임·해임 　금융회사의 감사위원이 되는 이사를 선임하는 경우에는 의결권 없는 주식을 제외한 발행주식총수의 3%를 초과하는 수의 주식을 가진 주주는 그 초과하는 주식에 관하여 의결권을 행사하지 못

한다(同法 19조⑥). 또한, 최대주주, 최대주주의 특수관계인, 그 밖에 대통령령으로 정하는 자가 소유하는 상장회사의 의결권 있는 주식의 합계가 그 회사의 의결권 없는 주식을 제외한 발행주식총수의 3%를 초과하는 경우 그 주주는 그 초과하는 주식에 관하여 감사위원이 되는 이사를 선임하거나 해임할 때에는 의결권을 행사하지 못한다. 정관에서 이보다 낮은 주식 보유비율을 정할 수 있다(同法 19조⑧).

　　나) 상근감사의 선임　　　　최근 사업연도 말 현재 자산총액이 1천억원 이상인 금융회사(同令 16조①)는 회사에 상근하면서 업무를 수행하는 감사(상근감사)를 두어야 한다(同法 19조⑧). 상근감사를 선임하는 경우 감사 선임시 의결권 제한에 관한 상법 제409조제2항 · 제3항과 위의 감사위원 선임시 최대주주, 특수관계인, 그 밖에 대통령령으로 정하는 자가 소유하는 상장회사의 의결권 있는 주식의 합계가 그 회사의 의결권 없는 주식을 제외한 발행주식총수의 3%를 초과하는 경우를 준용한다(同法 19조⑨).

3) 주주명부폐쇄기간 중 전환된 주식의 주주

　　주식의 전환은 그 청구를 한 때에 효력이 생기지만(350조①), 주주명부폐쇄기간중에 전환된 주식의 주주는 그 기간중의 총회의 결의에 관하여는 의결권을 행사할 수 없다(350조②).

(4) 특별법상 의결권 제한

1) 은 행 법

　　동일인이 은행법 제15조제1항(10% 이내 보유) · 제3항(10%, 25%, 33% 초과시 승인) 또는 제16조의2제1항(비금융주력자의 9% 이내 보유) · 제2항(승인얻은 경우 예외적으로 10% 초과보유)에 따른 주식의 보유한도를 초과하여 은행의 주식을 보유하거나 제15조의2제1항(비금융주력자의 주식보유) 또는 제15조의3제1항(사모투자전문회사의 주식보유)에 따른 금융위원회의 승인을 받지 아니하고 은행(지방은행은 제외)의 의결권 있는 발행주식 총수의 100분의 4를 초과하여 보유하는 경우 제15조제1항 · 제3항 또는 제16조의2제1항 · 제2항에 따른 한도 및 은행의 의결권 있는 발행주식 총수의 4%를 초과하는 주식에 대하여는 그 의결권을 행사할 수 없으며, 지체 없이 그 한도등에 적합하도록 하여야 한다(銀行法 16조①). 금융위원회는 동일인이 제1항을 준수하지 아니하는 경우에는 6개월 이내의 기간을 정하여 그 한도

등을 초과하는 주식을 처분할 것을 명할 수 있다(銀行法 16조②).

2) 자본시장법

(개) **공개매수규정 위반**　　공개매수란 불특정 다수인에 대하여 의결권 있는 주식, 그 밖에 대통령령으로 정하는 증권의 매수의 청약을 하거나 매도의 청약을 권유하고 증권시장 밖에서 그 주식등을 매수하는 것을 말한다(資法 133조①). 해당 주식등의 매수등을 하는 날부터 과거 6개월간(資令 140조①) 동안 증권시장 밖에서 대통령령으로 정하는 수 이상인 자(資令 140조②: 해당 주식등의 매수등을 하는 상대방의 수와 6개월 동안 그 주식등의 매수등을 한 상대방의 수의 합계가 10인 이상인 자)로부터 매수등을 하고자 하는 자는 그 매수등을 한 후에 본인과 그 특별관계자가 보유하게 되는 주식등의 수의 합계가 그 주식등의 총수의 5% 이상이 되는 경우(본인과 그 특별관계자가 보유하는 주식등의 수의 합계가 그 주식등의 총수의 5% 이상인 자가 그 주식등의 매수등을 하는 경우를 포함)에는 공개매수를 하여야 한다(資法 133조③). 이를 공개매수강제 또는 의무공개매수라고 한다. 공개매수강제 또는 공개매수공고 및 공개매수신고서의 제출의무에 위반하여 주식등의 매수등을 한 경우에는 그 날부터 그 주식(그 주식등과 관련한 권리행사 등으로 취득한 주식을 포함)에 대한 의결권을 행사할 수 없다(資法 145조). 의결권 행사는 금융위원회의 처분이 없이도 공개매수규정을 위반하여 매수등을 한 날부터 자동적으로 금지된다. 제한되는 것은 의결권뿐이고, 그 외의 주주권은 존속한다. 의결권 행사가 언제까지 금지되는지에 관하여는 명시적인 규정이 없지만, 그 주식등의 처분시로 보는 것이 타당하다.

(나) **보고의무 위반**　　주권상장법인의 주식등을 대량보유하게 된 자는 그 날부터 5일 이내에 그 보유상황, 보유 목적, 그 보유 주식등에 관한 주요계약내용 등을 금융위원회와 거래소에 보고하여야 하고, 주권상장법인의 주식등을 대량보유하게 된 자가 그 보유 주식등의 수의 합계가 그 주식등의 총수의 1% 이상 변동된 경우에는 그 변동된 날부터 5일 이내에 그 변동내용을 금융위원회와 거래소에 보고하여야 한다(資法 147조①).

자본시장법이 규정하는 보고의무를 이행하지 않은 자 또는 대통령령으로 정하는 중요한 사항을 거짓으로 보고하거나 대통령령으로 정하는 중요한 사항의 기재를 누락한 자는 대통령령으로 정하는 기간 동안 의결권 있는 발행주식총수의

5%를 초과하는 부분 중 위반분에 대하여 그 의결권을 행사할 수 없고, 금융위원회는 6개월 이내의 기간을 정하여 그 위반분의 처분을 명할 수 있다(資法 150조①). 의결권 행사 제한 및 처분명령의 대상은 공개매수의 경우와 달리 "5%를 초과하는 부분 중 위반분"이다. 의결권 행사 제한기간은 다음과 같은 기간을 말한다(資令 158조).

1. 고의나 중과실로 자본시장법 제147조제1항·제3항 또는 제4항에 따른 보고를 하지 아니한 경우 또는 제157조 각 호의 사항을 거짓으로 보고하거나 그 기재를 빠뜨린 경우에는 해당 주식등의 매수등을 한 날부터 그 보고(그 정정보고 포함)를 한 후 6개월이 되는 날까지의 기간
2. 자본시장법 및 동법 시행령, 그 밖의 다른 법령에 따라 주식등의 대량보유상황이나 그 변동·변경내용이 금융위원회와 거래소에 이미 신고되었거나, 정부의 승인·지도·권고 등에 따라 주식등을 취득하거나 처분하였다는 사실로 인한 착오가 발생하여 자본시장법 제147조제1항·제3항 또는 제4항에 따른 보고가 늦어진 경우에는 해당 주식등의 매수등을 한 날부터 그 보고를 한 날까지의 기간

⑷ **신탁재산에 속하는 주식**   자본시장법상 신탁업자는 신탁재산에 속하는 주식이 다음과 같은 경우에는 그 주식의 의결권을 행사할 수 없다(資法 112조③).

1. 동일법인이 발행한 주식 총수의 15%를 초과하여 주식을 취득한 경우 그 초과하는 주식
2. 신탁재산에 속하는 주식을 발행한 법인이 자기주식을 확보하기 위하여 신탁계약에 따라 신탁업자에게 취득하게 한 그 법인의 주식

그리고 신탁업자는 제3자와의 계약 등에 의하여 의결권을 교차하여 행사하는 등 의결권행사방법의 제한을 면하기 위한 행위를 하지 못한다(資法 112조④).

3) 「금융회사의 지배구조에 관한 법률」

금융회사가 발행한 주식을 취득·양수(취득등 실질적으로 해당 주식을 지배하는 것을 말함)하여 대주주가 되고자 하는 자는 미리 금융위원회의 승인을 받아야 한다. 다만, 대통령령으로 정하는 자는 금융위원회의 승인을 받을 필요가 없다(同法 31조①). 대주주 변경에 관한 사전승인을 받지 아니하거나 사후승인을 신청하지 아니한 자는 승인 없이 취득하거나 취득 후 승인을 신청하지 아니한 주식에 대하

여 의결권을 행사할 수 없다(同法 31조④).

4) 「독점규제 및 공정거래에 관한 법률」

상호출자제한기업집단에 속하는 회사로서 금융업 또는 보험업을 영위하는 회사는 취득 또는 소유하고 있는 국내계열회사주식에 대하여 의결권을 행사할 수 없다. 다음 각 호의 어느 하나에 해당하는 경우에는 그러하지 아니하다(同法 11조).

1. 금융업 또는 보험업을 영위하기 위하여 주식을 취득 또는 소유하는 경우
2. 보험자산의 효율적인 운용·관리를 위하여 보험업법 등에 의한 승인 등을 얻어 주식을 취득 또는 소유하는 경우
3. 당해 국내 계열회사(상장법인에 한한다)의 주주총회에서 다음 각 목의 어느 하나에 해당하는 사항을 결의하는 경우. 이 경우 그 계열회사의 주식중 의결권을 행사할 수 있는 주식의 수는 그 계열회사에 대하여 특수관계인중 대통령령이 정하는 자를 제외한 자가 행사할 수 있는 주식수를 합하여 그 계열회사 발행주식총수의 100분의 15를 초과할 수 없다.
   가. 임원의 선임 또는 해임
   나. 정관 변경
   다. 그 계열회사의 다른 회사로의 합병, 영업의 전부 또는 주요부분의 다른 회사로의 양도

4. 의결권의 행사

(1) 직접행사

주주는 주주명부상의 명의개서만으로 주주로 인정되어 권리의 행사를 위하여 주권을 제시할 필요가 없다. 회사가 주주 본인에 대하여 주주총회 참석장을 지참할 것을 요구하는 것 역시 주주 본인임을 보다 확실하게 확인하기 위한 방편에 불과하므로, 다른 방법으로 주주 본인임을 확인할 수 있는 경우에는 회사는 주주 본인의 의결권 행사를 거부할 수 없다(대법원 2009. 4. 23. 선고 2005다22701, 22718 판결).

— 의결권행사 유형 구조도

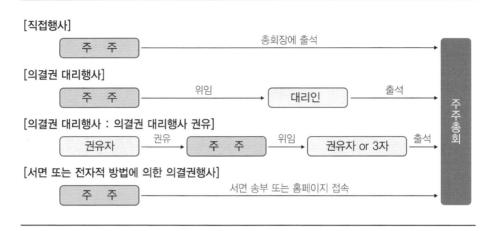

[직접행사]

주 주 ─────── 총회장에 출석 ───────→ 주주총회

[의결권 대리행사]

주 주 ── 위임 ──→ 대리인 ── 출석 ──→ 주주총회

[의결권 대리행사 : 의결권 대리행사 권유]

권유자 ── 권유 ──→ 주 주 ── 위임 ──→ 권유자 or 3자 ── 출석 ──→ 주주총회

[서면 또는 전자적 방법에 의한 의결권행사]

주 주 ─────── 서면 송부 또는 홈페이지 접속 ───────→ 주주총회

(2) 의결권 대리행사

1) 의   의

주주는 대리인으로 하여금 그 의결권을 행사하게 할 수 있다. 이 경우에는 그 대리인은 대리권을 증명하는 서면을 총회에 제출하여야 한다(368조②). 의결권의 대리행사란 제3자가 특정 주식을 위하여 주주총회에서 의결권을 행사하고, 이를 주주 본인의 의결권 행사로 보는 제도이다. 의결권 대리행사는 의결권의 행사에 관심이 없는 소수주주의 의사를 총회의 결의에 반영시켜 임원·대주주 등의 전횡으로부터 주주를 보호하고 동시에 회사로 하여금 용이하게 정족수를 갖추게 하기 위하여 필요한 제도이다. 상법 제368조제2항은 강행규정으로서 정관에 의하여도 의결권 대리행사를 금지할 수 없다. 그러나 의결권의 대리행사로 말미암아 주주총회의 개최가 부당하게 저해되거나 혹은 회사의 이익이 부당하게 침해될 염려가 있는 등의 특별한 사정이 있는 경우에는 회사는 이를 거절할 수 있다(대법원 2001. 9. 7. 선고 2001도2917 판결).

2) 대리인의 자격

대리인의 자격에는 원칙적으로 제한이 없으므로, 무능력자나 법인도 대리인이 될 수 있다. 자기주식은 의결권이 휴지(休止)되므로, 회사 자신은 주주의 의결권을 대리행사할 수 없다.

대리인 자격을 주주로 제한하는 정관 규정에 관하여는(제한능력자의 대리인은 법정대리인이므로 당연히 대리권이 있고, 견해의 대립은 임의대리에 한한다), 총회교란 방지에 의한 회사이익을 보호할 필요가 있고, 주주로 제한해도 의결권 행사는 가능하므로 제한이 유효하다는 견해와, 의결권 대리행사는 상법이 인정한 주주의 권리로서 정관에 의한 제한은 허용되지 않는다는 견해와, 절충적인 입장에서 유효설을 원칙으로 하되, 법인주주가 그 임직원을, 개인주주가 그 가족을 대리인으로 선임하는 것은 총회교란의 우려가 없으므로 제한할 수 없다는 견해 등이 있다.

판례는 "대리인의 자격을 주주로 한정하는 취지의 주식회사의 정관 규정은 주주총회가 주주 이외의 제3자에 의하여 교란되는 것을 방지하여 회사 이익을 보호하는 취지에서 마련된 것으로서 합리적인 이유에 의한 상당한 정도의 제한이라고 볼 수 있으므로 이를 무효라고 볼 수는 없다."라고 판시하면서 "주주인 국가, 지방공공단체 또는 주식회사 소속의 공무원, 직원 또는 피용자 등이 그 주주를 위한 대리인으로서 의결권을 대리행사하는 것은 허용되어야 하고 이를 가리켜 정관 규정에 위반한 무효의 의결권 대리행사라고 할 수는 없다."라는 절충설(제한적 유효설)의 입장을 취한다.

[대법원 2009. 4. 23. 선고 2005다22701, 22718 판결]【합병철회·주주총회결의취소】 "상법 제368조제3항의 규정은 주주의 대리인의 자격을 제한할 만한 합리적인 이유가 있는 경우 정관의 규정에 의하여 상당하다고 인정되는 정도의 제한을 가하는 것까지 금지하는 취지는 아니라고 해석되는바, 대리인의 자격을 주주로 한정하는 취지의 주식회사의 정관 규정은 주주총회가 주주 이외의 제3자에 의하여 교란되는 것을 방지하여 회사 이익을 보호하는 취지에서 마련된 것으로서 합리적인 이유에 의한 상당한 정도의 제한이라고 볼 수 있으므로 이를 무효라고 볼 수는 없다. 그런데 위와 같은 정관규정이 있다 하더라도 주주인 국가, 지방공공단체 또는 주식회사 등이 그 소속의 공무원, 직원 또는 피용자 등에게 의결권을 대리행사하도록 하는 때에는 특별한 사정이 없는 한 그들의 의결권 행사에는 주주 내부의 의사결정에 따른 대표자의 의사가 그대로 반영된다고 할 수 있고 이에 따라 주주총회가 교란되어 회사 이익이 침해되는 위험은 없는 반면에, 이들의 대리권 행사를 거부하게 되면 사실상 국가, 지방공공단체 또는 주식회사 등의 의결권 행사의 기회를 박탈하는 것과 같은 부당한 결과를 초래할 수 있으므로, 주주인 국가, 지방공공단체 또는 주식회사 소속의 공무원, 직원 또는 피용자 등이 그 주주를 위한 대리인으로서 의결권을 대리행사하는 것은 허용되어야 하고 이를 가리켜 정관 규정에 위반한 무효의 의결권 대리행사라고 할 수는 없다."

정관에 대리인 자격을 주주로 제한하는 규정이 있는 경우, 위 판례와 같은 자 이외의 자를 대리인으로 선임하는 경우 회사는 의결권 대리행사를 거부할 수 있고, 그 대리인이 의결권을 행사한 경우 결의방법이 정관에 위반한 것이므로 결의 취소사유가 된다. 다만, 위 판례는 국가, 지방공공단체 또는 주식회사의 경우에 관하여만 판시하였으므로 개인주주가 가족에게 의결권을 위임할 수 있는지에 관하여는 논란의 여지가 있다.

3) 대리인의 수

주주가 소유한 주식 전부에 대하여 반드시 1인의 대리인을 선임하여야 하는 것은 아니고, 주식 전부에 대하여 공동대리인을 선임하거나 주식을 나누어 복수의 대리인에게 의결권을 분산 위임할 수 있다. 다만, 주식을 나누어 위임하는 경우에는 의결권불통일행사의 요건을 갖추어야 한다. 그리고 의결권불통일행사의 요건을 갖추지 못하고 주주총회의 개최나 의사진행을 저해할 목적으로 위임장을 분산 교부하여 지나치게 많은 수의 대리인을 동원하는 경우에는 회사가 대리인들의 주주총회장 입장을 거부할 수 있다.

> [대법원 2001. 9. 7. 선고 2001도2917 판결]【업무방해·방실수색】"[1] 주주의 자유로운 의결권 행사를 보장하기 위하여 주주가 의결권의 행사를 대리인에게 위임하는 것이 보장되어야 한다고 하더라도 주주의 의결권 행사를 위한 대리인 선임이 무제한적으로 허용되는 것은 아니고, 그 의결권의 대리행사로 말미암아 주주총회의 개최가 부당하게 저해되거나 혹은 회사의 이익이 부당하게 침해될 염려가 있는 등의 특별한 사정이 있는 경우에는 회사는 이를 거절할 수 있다고 보아야 할 것이며, 주주가 자신이 가진 복수의 의결권을 불통일행사하기 위하여는 회일의 3일 전에 회사에 대하여 서면으로 그 뜻과 이유를 통지하여야 할 뿐만 아니라, 회사는 주주가 주식의 신탁을 인수하였거나 기타 타인을 위하여 주식을 가지고 있는 경우 외에는 주주의 의결권 불통일행사를 거부할 수 있는 것이므로, 주주가 위와 같은 요건을 갖추지 못한 채 의결권 불통일행사를 위하여 수인의 대리인을 선임하고자 하는 경우에는 회사는 역시 이를 거절할 수 있다. [2] 주주가 주주총회에 참석하면서 소유 주식 중 일부에 관한 의결권의 대리행사를 타인들에게 나누어 위임하여 주주총회에 참석한 그 의결권 대리인들이 대표이사의 주주총회장에서의 퇴장 요구를 거절하면서 고성과 욕설 등을 사용하여 대표이사의 주주총회의 개최, 진행을 포기하게 만든 경우, 그와 같은 의결권 대리행사의 위임은 위세를 과시하여 정상적인 주주총회의 진행을 저해할 의도이고 주주총회에서 그 의결권 대리인들이 요구한 사항은 의결권 대리행사를 위한 권한 범위에 속하지 않으므로, 대표이사는 그 대리인들이 주주총회에 참석하는 것을 적법하게 거절할 수 있었다는 이유로, 업무방해죄가 성립한다."

4) 의결권 대리행사의 제한

주주의 자유로운 의결권 행사를 보장하기 위하여 주주가 의결권의 행사를 대리인에게 위임하는 것이 보장되어야 한다고 하더라도 주주의 의결권 행사를 위한 대리인 선임이 무제한적으로 허용되는 것은 아니고, 그 의결권의 대리행사로 말미암아 주주총회의 개최가 부당하게 저해되거나 혹은 회사의 이익이 부당하게 침해될 염려가 있는 등의 특별한 사정이 있는 경우에는 회사가 이를 거절할 수 있다.

5) 의결권 대리행사의 재위임

주주로부터 의결권 행사를 위임받은 대리인은 특별한 사정이 없는 한 그 의결권 행사의 취지에 따라 제3자에게 그 의결권의 대리행사를 재위임할 수 있다. 대리의 목적인 법률행위의 성질상 대리인 자신에 의한 처리가 필요하지 아니한 경우에는 본인이 복대리금지의 의사를 명시하지 아니하는 한 복대리인의 선임에 관하여 묵시적인 승낙이 있는 것으로 볼 수 있기 때문이다.

[대법원 2009. 4. 23. 선고 2005다22701, 22718 판결]【합병철회·주주총회결의취소】〈국민은행·한국주택은행 합병사건〉"구 증권업감독규정(2001. 10. 4. 금융감독위원회 공고 제2001－72호로 개정되기 전의 것) 제7－16조제1항은 외국인은 보관기관 중에서 상임대리인을 선임할 수 있고 선임한 상임대리인 이외의 자로 하여금 본인을 위하여 취득유가증권의 권리행사 기타 이와 관련된 사항 등을 대리 또는 대행하게 하지 못한다고 규정하고 있다. 이는 외국인이 상임대리인을 선임하여 놓고도 수시로 상임대리인 이외의 자로 하여금 취득유가증권의 권리행사를 하도록 할 경우 발생할 수 있는 혼란을 피하기 위하여 마련된 규정이라고 해석되므로, 외국인 주주가 상임대리인이 아닌 다른 자에게 의결권 행사를 위임하는 것이 아니라, 외국인 주주로부터 의결권 행사를 위임받은 상임대리인이 제3자에게 그 의결권 행사를 재위임하는 것은 위 규정에 의하여 금지된다고 볼 수 없다. 그리고 대리의 목적인 법률행위의 성질상 대리인 자신에 의한 처리가 필요하지 아니한 경우에는 본인이 복대리금지의 의사를 명시하지 아니하는 한 복대리인의 선임에 관하여 묵시적인 승낙이 있는 것으로 보는 것이 타당하므로, 외국인 주주로부터 의결권 행사를 위임받은 상임대리인은 특별한 사정이 없는 한 그 의결권 행사의 취지에 따라 제3자에게 그 의결권의 대리행사를 재위임할 수 있다"(同旨: 대법원 2014. 1. 23. 선고 2013다56839 판결).

6) 대리행사방법

㈎ 대리권증명서면

가) 의   의   대리인은 대리권을 증명하는 서면을 총회에 제출하여야 한다(368조②). 법정대리인은 법정대리권 발생의 원인사실을 증명하는 서면을 제출하여야 하고, 임의대리인은 주주가 대리권을 수여하는 취지가 기재된 서면을 제출하여야 한다. 대리권을 수여하는 취지가 기재된 서면을 위임장이라고 한다. 위임장에는 ⅰ) 위임인과 대리인의 성명, 주민등록번호(법인인 경우 법인의 명칭, 법인등록번호), 주소, ⅱ) 무엇에 관하여 의결권을 위임한다는 내용 및 위임하는 주식의 종류 및 수, ⅲ) 위임일자(및 시간), 그리고 ⅳ) 위임인의 기명날인 또는 서명이 기재

— 위임장

위 임 장

　본인은 ○○○를 대리인으로 선임하여 아래의 권한을 위임합니다.

아   래

　○○○○년 ○월 ○일 개최되는 주주총회(그 연회, 계속회를 포함)에 참석하여 의결권을 대리행사하는 권한

주 주 명		주민(법인)등록번호	
주 소			
보유주식수	주	의결권행사 주식수	주
대 리 인 명		주민(법인)등록번호	
주 소			

20 　. 　. 　.

주주 ○○○ (인)

되어야 한다.

　위임장은 총회 후에도 분쟁발생에 대비하여 보관하여야 하는데, 상법상 이에 관한 규정은 없지만 최소한 결의취소의 소 제기기간인 결의일로부터 2개월 간은 보관하여야 할 것이다. 상장회사 표준주주총회 운영규정은 1년간 보존하도록 규정한다.

[상장회사 표준주주총회 운영규정 제43조]
② 총회의 참석장·위임장 그 밖의 총회에 관한 서류는 총회의 종료시부터 1년간 회사에 보존하고 주주 또는 그 밖의 이해관계자의 요구가 있을 때에는 이들의 열람·등사에 응하여야 한다.

　나) 범　　위　　　상법 제368조제2항이 규정하는 "대리권을 증명하는 서면"은 통상 위임장이라고 하는데, 회사가 위임장과 함께 주민등록증 또는 운전면허증 사본, 인감증명서(법인주주인 경우에는 법인인감증명서), 참석장 등을 제출하도록 요구하는 것은 대리인의 자격을 보다 확실하게 확인하기 위하여 요구하는 것일 뿐, 이러한 서류 등을 지참하지 아니하였다 하더라도 주주 또는 대리인이 다른 방법으로 위임장의 진정성 내지 위임의 사실을 증명할 수 있다면 회사는 그 대리

권을 부정할 수 없다. 의결권 대리행사는 상법이 주주에게 보장한 권리이므로 행사요건을 부당하게 가중하는 것은 허용되지 않기 때문이다. 같은 이유로 회사가 송부한 위임장양식이 아니고 주주가 임의로 작성한 위임장도 그 진정성이 인정되면 유효한 것으로 보아야 한다.

[대법원 2004. 4. 27. 선고 2003다29616 판결]【주주총회결의취소】(대우전자 자본금감소 사건으로서, 법원은 감자무효의 소의 원인이 된다고 판시하고, 감자무효의 소에 준용되는 상법 제189조를 근거로 청구를 기각하였다). "그런데 피고회사가 강행규정인 상법 제368조 제3항을 위배하여 주주총회에 앞서 다른 일부 소액주주들을 위한 원고 등의 대리권 증명에 신분증의 사본 등을 요구하면서 그 접수를 거부하여 원고 등의 의결권의 대리권 행사를 부당하게 제한하여 이루어진 위 주주총회의 감자결의에는 결의방법상의 하자가 있고 이는 감자무효의 소의 원인이 된다고 할 것인바, 상법 제446조는 감자무효의 소에 관하여 상법 제189조를 준용하고 있고, 상법 제189조는 "설립무효의 소 또는 설립취소의 소가 그 심리 중에 원인이 된 하자가 보완되고 회사의 현황과 제반 사정을 참작하여 설립을 무효 또는 취소하는 것이 부적당하다고 인정한 때에는 법원은 그 청구를 기각할 수 있다."고 규정하고 있다. 따라서 법원이 감자무효의 소를 재량 기각하기 위해서는 원칙적으로 그 소제기 전이나 그 심리중에 원인이 된 하자가 보완되어야 한다고 할 수 있을 것이지만, 이 사건의 하자와 같이 추후 보완될 수 없는 성질의 것으로서 자본감소 결의의 효력에는 아무런 영향을 미치지 않는 것인 경우 등에는 그 하자가 보완되지 아니하였다 하더라도 회사의 현황 등 제반 사정을 참작하여 자본감소를 무효로 하는 것이 부적당하다고 인정한 때에는 법원은 그 청구를 기각할 수 있다고 하여야 할 것이다."

[대법원 2009. 4. 23. 선고 2005다22701, 22718 판결](국민은행·한국주택은행 합병 사건) "상법 제368조제3항은 "주주는 대리인으로 하여금 그 의결권을 행사하게 할 수 있다. 이 경우에는 그 대리인은 대리권을 증명하는 서면을 총회에 제출하여야 한다."고 규정하고 있는바, 여기서 '대리권을 증명하는 서면'이라 함은 위임장을 일컫는 것으로서 회사가 위임장과 함께 인감증명서, 참석장 등을 제출하도록 요구하는 것은 대리인의 자격을 보다 확실하게 확인하기 위하여 요구하는 것일 뿐, 이러한 서류 등을 지참하지 아니하였다 하더라도 주주 또는 대리인이 다른 방법으로 위임장의 진정성 내지 위임의 사실을 증명할 수 있다면 회사는 그 대리권을 부정할 수 없다고 할 것이고, 한편 회사가 주주 본인에 대하여 주주총회 참석장을 지참할 것을 요구하는 것 역시 주주 본인임을 보다 확실하게 확인하기 위한 방편에 불과하므로, 다른 방법으로 주주 본인임을 확인할 수 있는 경우에는 회사는 주주 본인의 의결권 행사를 거부할 수 없다. 위 법리와 기록에 비추어 살펴보면, 원심이 주주 본인의 경우에는 굳이 참석장을 소지하고 있지 않더라도 신분증 및 합병 전 국민은행에 제출된 것과 동일한 인감의 소지 여부 등을 통하여 주주 본인임을 확인하는 절차를 거치고, 주주의 대리인의 경우에는 위임장을 제출받아 그 위임장에 기재된 주주 본인의 인적 사항이 맞는지, 위임장에 날인된 주주 본인의 인감이 합병 전 국민은행에 제출된 것과 동일한지 여부와 위임장을 가지고 온 자의 신분증과 위임장에 기재된 대리인의 인적 사항의 대조하는 등의 방법으로 그 사람의 동일성을 확인하는 절차를 거치면 된다는 이유로, 일부 주주 본인들이 참석장을 소지하고 있지 않거나 일부 주주의 대리인들이 위임장 이외에 주주 본인의 신분증 사본, 인감증명서 등을 제출하지 아니하였다는 사정만으로는 이들의 의결권 행사가 무효라고 볼 수 없다는 취지로 판단하였음은 정당하고, 거기에 상고이유에서 주장

하는 바와 같은 주주 본인 및 대리인의 대리권을 증명하는 서면에 관한 법리오해 등의 위법이 없다.”

다) 원본과 사본   대리권증명서면은 대리권의 존부에 관한 법률관계를 명확히 하여 주주총회결의의 성립을 원활하게 하기 위한 데 그 목적이 있다고 할 것이므로 대리권을 증명하는 서면은 위조나 변조 여부를 쉽게 식별할 수 있는 원본이어야 한다.

> [대법원 2004. 4. 27. 선고 2003다29616 판결] “상법 제368조제3항의 규정은 대리권의 존부에 관한 법률관계를 명확히 하여 주주총회결의의 성립을 원활하게 하기 위한 데 그 목적이 있다고 할 것이므로 대리권을 증명하는 서면은 위조나 변조 여부를 쉽게 식별할 수 있는 원본이어야 하고, 특별한 사정이 없는 한 사본은 그 서면에 해당하지 않는다고 할 것이고, 팩스를 통하여 출력된 팩스본 위임장 역시 성질상 원본으로는 볼 수 없다고 할 것이다.”

그러나 주주가 주주총회 전에 회사에 미리 의결권위임사실을 통보하는 것과 같은 “특별한 사정”이 있는 경우에는, 사본이나 팩스를 통하여 출력된 팩스본 위임장도 원본위임장으로 볼 수 있다.

> [대법원 1995. 2. 28. 선고 94다34579 판결]【신주발행무효】(위임사실이 이미 명백히 증명되었다는 특별한 사정이 인정된 경우) “회사의 주주는 갑과 그 회사의 대표이사들인 을, 병의 3인뿐이었고, 을·병은 갑이 그 소유주식 일부를 정과 무에게 명의신탁하여 그들이 갑의 단순한 명의수탁자에 불과하다는 사실을 잘 알면서 오랜 기간 동안 회사를 공동으로 경영하여 왔는데, 갑이 주주총회 개최 사실을 통보받고 미리 의결권을 변호사로 하여금 대리행사하게 하겠다는 의사를 주주총회 개최 전에 회사에 통보까지 하였고 그 변호사가 주주총회에 참석하여 갑의 위임장 원본을 제출하였다면, 비록 그 변호사가 지참한 정·무의 위임장 및 인감증명서가 모두 사본이라 하더라도 갑이 그 소유주식 전부에 대한 의결권을 그 변호사에게 위임하였다는 사실은 충분히 증명되었다고 할 것이어서, 회사의 대표이사들은 그 변호사의 의결권 대리행사를 제한하여서는 안된다고 할 것이다.”

라) 중복위임장   위임의 철회와 관련하여 주주가 권유자들에게 중복하여 위임장을 작성해 주는 경우도 있는데, 이는 대부분 주주가 이미 위임장을 교부한 후에 접촉한 권유자가 자기에게도 위임장을 작성해 달라고 강청하는 바람에 주주가 할 수 없이 중복하여 위임장을 작성해 주는 경우이다. 그리고 주주가 위임장 교부사실을 잊고 이중으로 위임장을 교부하는 예도 드물지만 있을 것이다.

이러한 경우 적법한 요건을 갖춘 위임장을 우선적으로 유효한 위임장으로 인정하되, 적법한 위임장이 복수인 경우에는 적법한 위임장 중 뒤의 날짜로 작성된 위임장을 유효한 것으로 인정한다. 위임장 철회의 법리상 중복위임장 중 먼저 작성되었던 위임장은 후에 다른 위임장이 작성되면서 철회된 것으로 보아야 하기 때문이다. 물론 위임당사자 간에 위임철회금지의 특약을 한 경우에는 앞의 날짜로 작성된 위임장을 소지한 대리인이 의결권을 대리행사할 수 있다.

위임장 작성의 선후는 위임장에 기재된 일자를 기준으로 하여야 하지만, 위임장을 받는 권유자가 후에 다른 권유자에게 위임장이 교부되는 것에 대비하여 위임장 작성일자를 주주총회 전일이나 당일로 기재하는 예가 많기 때문에 작성일만을 기준으로 판단하기 곤란하다. 중복위임장 모두 작성일자가 주주총회 당일로 기재되는 예도 있을 수 있다. 주주총회가 열리는 현장에서 이러한 중복위임장이 문제되는 경우 실무진이 어느 위임장이 최후로 유효한 것인지에 대하여 주주와의 전화를 통하여 주주의 진정한 의사를 확인하기도 한다. 주주와의 연락이 곤란하여 주주의 진정한 의사를 확인하지 못하는 경우에 중복위임장을 모두 무효처리할 수밖에 없을 것이다.

  마) 전자위임장   미국과 일본에서는 전자적 방법에 의한 위임장이 허용되지만, 상법상으로는 아직 인정되지 않는다. 다만, 자본시장법상으로는 의결권대리행사 권유시에 위임장 용지 및 참고서류를 인터넷 홈페이지를 이용하여 의결권 피권유자에게 교부할 수 있다(資法 152조①, 資令 160조). 이 경우 해당 홈페이지를 통하여 주주가 대리인에게 전자서명에 기초한 위임, 즉 전자위임장을 작성하여 회사에 제출할 수 있는지는 법률적으로 명확하지 않다. 현재 예탁결제원만이 이를 허용된다고 보고 전자투표와 함께 전자위임장 서비스도 함께 제공하고 있다.

  (나) 백지위임의 법률관계   회사가 주주에게 의결권 대리행사를 권유하는 경우 일반적으로 대리인란을 백지로 하여 주주의 기명날인을 받고 다시 회사가 대리인의 성명을 보충하는데, 이 경우 회사가 지정한 대리인은 회사의 대리인이 아니라 주주의 대리인이다. 회사가 복임권(復任權)을 행사한 것으로 보거나, 주주가 회사에게 대리인선임을 위임하고 회사가 이를 수행한 것으로 볼 수 있기 때문이다.

  (다) 위임장 심사   회사는 주주총회를 소집하고 운영하는 주체로서 대리인이 제출한 위임장에 대한 심사권을 가진다.

  가) 주주가 직접 위임장을 작성한 경우   의결권을 위임하는 주주가 회사로부터 받은 위임장 용지에 필요한 사항을 기재하여 반송하지 않고 자신이 직접 위임장을 별도로 작성하여 대리인에게 교부한 경우에는, 회사로서는 주주 본인의

의사에 의하여 작성된 것인지 여부를 다른 방법으로라도 확인할 수 있어야 하고, 주주총회 현장에서 이를 확인할 수 없는 경우에는 회사가 의결권 행사를 거부할 수 있다고 보아야 한다.

　　나) 심사기준　　　주주총회의 운영실태를 보면, 일반적으로 회사가 위임장 권유를 하여 받은 위임장에 대하여는 주주총회의 운영주체인 회사가 받은 위임장 이므로 증빙자료 없이도 진정성을 이미 회사가 알고 있다는 이유로 유효한 위임 장으로 인정한다. 회사의 직원이 받은 위임장의 경우 직원이 주주 본인의 의사를 확인하였다고 볼 수 있고, 우편으로 반송되어 온 위임장도 특별한 사정이 없는 한 주주 본인의 의사에 의하여 반송되어 왔다고 볼 수 있기 때문이다. 회사 측의 이러한 주장은 논리적으로 틀린 것이 아니기 때문에 후에 결의취소의 소에서도 위임장을 부인당한 주주의 청구가 반드시 인용된다는 보장이 없다.

7) 의결권의 포괄적 위임

　　1회의 대리권 수여로 수회의 총회에서 의결권을 대리행사할 수 있는지에 관 하여 견해가 일치하지 않지만, 판례는 "주식회사에 있어서 주주권의 행사를 위임 함에는 구체적이고 개별적인 사항에 국한한다고 해석하여야 할 근거는 없고 주주 권 행사는 포괄적으로 위임할 수 있다"는 입장이다(대법원 2014. 1. 23. 선고 2013다 56839 판결).

　　상법상 매 주주총회마다 수권행위가 있어야 한다는 명문의 규정이 없고, 주 식의 근질권설정자가 근질권자인 은행에게 포괄적으로 위임하는 실무관행도 있 으므로 포괄적 위임이라고 하여 무조건 금지된다고 보기 어렵다. 더구나 위임계 약은 각 당사자가 언제든지 해지할 수 있으므로(民法 689조①), 포괄적 위임을 금 지할 필요도 없다. 그러나 의결권 대리행사의 기간을 정하지 않고 무기한으로 의 결권을 위임하는 것은 우리 법제에서 허용하지 않는 의결권신탁에 해당한다. 따 라서 일정 기간을 정한 포괄적 위임은 허용되지만, 무기한의 포괄적 위임은 우리 법제에서 허용하지 않는 의결권신탁을 허용하는 결과가 되므로 허용되지 않는다 고 해석하는 것이 타당하다. 다만, 이 경우에는 포괄적 위임이 허용되는 기간에 대하여 또 다른 논란의 여지가 있기는 하다.

8) 의결권 위임의 철회

　　위임계약은 각 당사자가 언제든지 해지할 수 있으므로(民法 689조①), 미국의 철회불능 위임장의 법리는 우리 법제에 적용되기 곤란하고, 따라서 주주는 대리인이 의결권을 행사하기 전에는 언제든지 의결권 대리행사를 위한 위임을 철회할 수 있다. 의결권 위임 후에도 주주 본인의 의결권이 박탈되는 것은 아니므로 자신이 직접 의결권을 행사할 수 있다는 판례도 의결권 위임의 철회가 가능하다는 간접적인 근거가 될 수 있다.

> [대법원 2002. 12. 24. 선고 2002다54691 판결]【주주총회및이사회결의부존재확인】 "이 사건에서 W가 1998. 8. 3. 향후 7년간 주주권 및 경영권을 포기하고 주식의 매매와 양도 등을 하지 아니하며 원고 Y에게 정관에 따라 주주로서의 의결권 행사권한을 위임하기로 약정하였고, 이에 따라 원고 Y가 W의 주주로서의 의결권을 대리행사할 수 있게 되었지만, 이러한 사정만으로는 W가 주주로서의 의결권을 직접 행사할 수 없게 되었다고 볼 수 없다."

다만, 언제든지 위임계약을 해지할 수 있다는 규정은 임의규정이므로 당사자 간에 철회금지의 특약을 할 수 있고, 중복위임의 선행위임 당사자 간에 이러한 철회금지특약이 명시적 또는 묵시적으로 있는 경우에는 후행위임에 의한 대리인은 의결권을 대리행사할 수 없다. 이러한 취지에서 후행위임의 대리인이 의결권을 대리행사하였다는 이유로 주주총회결의의 효력을 정지한 판례도 있다(서울중앙지방법원 2008. 4. 29.자 2008카합1070 결정). 특약의 내용에 따라 손해배상책임은 발생할 수 있다.

그리고 철회불능 조건으로 의결권을 포괄적으로 위임하는 것은 주주권으로부터 의결권을 완전히 분리하는 것으로서 우리 법제상 허용되지 않는다고 볼 것이다.

의결권 위임의 철회에 있어서 특별한 방식이나 철회의 이유를 표시하는 것 등은 필요 없지만, 상대방에 대한 철회의 의사표시는 필요하다. 철회의 의사표시는 위임장 소지인에게 통지함으로써 할 수도 있고, 다른 사람에게 다시 위임장을 교부하거나 주주 본인이 직접 주주총회에서 의결권을 행사하는 등의 묵시적인 방법으로도 할 수 있다. 특히 회사의 권유에 따라 주주가 위임장을 송부한 경우에는 상대방에 대한 철회의 의사표시를 하기 어렵기 때문에 주주 자신이 직접 주주총회의 개최장소에 출석하여 투표하여야 위임장철회의 의사표시를 한 것으로 된다.

9) 주주의 의사에 반한 대리권행사

대리인이 주주의 의사에 반하여 의결권을 행사하거나 의결권을 아예 행사하지 않은 경우에도, 주주와 대리인간의 위임계약 위반으로 인한 손해배상문제만 발생할 뿐 그 의결권의 행사는 유효하고 주주총회결의의 효력에도 영향이 없다고 보아야 한다. 판례도 "포괄적 위임을 받은 자는 그 위임자나 회사 재산에 불리한 영향을 미칠 사항이라고 하여 그 위임된 주주권행사를 할 수 없는 것이 아니다." 라고 판시한다.

[대법원 2014. 1. 23. 선고 2013다56839 판결](서울고등법원 2013. 6. 27. 선고 2013나19559 판결의 상고심 판결) "피고의 임원을 변경하는 이 사건 주주총회결의는 이 사건 주식근질 권 설정계약에서 정한 담보권의 실행방법에 관한 구체적인 약정 및 이 사건 위임장을 통하 여 원고로부터 위임받은 의결권의 범위 내에서 이루어졌다고 할 것이고, 이와 다른 취지의 상고이유 주장은 받아들일 수 없다"(대리인이 위임인의 의사에 반하여 의결권을 대리행사 한 것이 아니고 비록 위임인을 대표이사에서 해임하는 결의를 하였더라도 이는 근질권설 정계약상 위임인의 의사에 반하는 것이 아니라는 전제 하의 판결이다).

(3) 의결권 대리행사 권유

1) 의   의

의결권 대리행사 권유(proxy solicitation)란 회사의 경영진 또는 주주가 주주총 회에서 다수의 의결권을 확보할 목적으로 다수의 주주들에게 위임장 용지를 송부 하여 의결권 행사의 위임을 권유하는 행위를 말한다. 주식회사는 그 규모의 대형 화와 경영의 전문화에 따라 경영과 자본이 분리되고 주식이 다수의 주주에게 분 산되어 왔으며, 특히 대형공개회사의 경우 일반소액주주들은 주주총회에 직접 참 석하는 예가 거의 없어 주주총회에서의 결의가 이루어지려면 이들 소액주주들의 의결권을 누군가가 대리행사하여야 하므로 의결권 대리행사 및 그 권유제도가 필 요하게 된 것이다.

2) 도입 과정

의결권 대리행사 권유에 관하여 과거에는 "주주는 대리인으로 하여금 그 의 결권을 행사하게 할 수 있다. 이 경우에는 그 대리인은 대리권을 증명하는 서면 을 총회에 제출하여야 한다."라는 상법 제368조제2항의 규정 외에는 이를 규제하 는 제도가 없었는데, 1976년 증권거래법개정시 의결권 대리행사 권유에 대한 제 한규정이 신설되었다. 의결권 대리행사는 과거부터 널리 활용되어 왔으나 의결권 대리행사를 위한 권유제도는 대주주의 지분율이 높고 특히 재벌기업의 경우에는 계열회사간의 상호주형태로 주식이 보유되고 있어 경영권이 외국에 비하여 안정되어 있기 때문에 별로 이용되어 오지 않았다. 그러나 최근에는 적대적 M&A에서 위임장 경쟁(proxy contest)이 중요하게 됨에 따라, 그리고 주식이 일반 투자자에게 널리 분산됨에 따라 의결권 대리행사 권유제도의 중요성이 높아지고 있다.

자본시장법은 의결권 대리행사 권유에 관한 각종 규제를 규정하고 있다. 이하에서는 자본시장법의 관련 규정을 중심으로 설명한다.

3) 의결권 권유자

상장주권(그 상장주권과 관련된 증권예탁증권을 포함)의 의결권 대리행사 권유를 하고자 하는 자("의결권 권유자")는 그 권유에 있어서 그 상대방("의결권피권유자")에게 대통령령으로 정하는 방법에 따라 위임장 용지 및 참고서류를 교부하여야 한다(資法 152조①). 다만, 국가기간산업 등 국민경제상 중요한 산업을 영위하는 법인으로서 대통령령으로 정하는 상장법인("공공적 법인")의 경우에는 그 공공적 법인만이 그 주식의 의결권 대리행사 권유를 할 수 있다(資法 152조③). 이는 공공적 법인의 경영권분쟁을 방지하고자 하는 취지이다.

권유주체에 대하여는 아무런 제한이 없으므로 경영진이나 주주가 아닌 제3자도 의결권 대리행사 권유를 할 수 있다. 다만, 주권상장법인 자신이 의결권 대리행사 권유를 할 수 있는지 여부에 대하여 논란이 있는데, 위임장 용지 및 참고서류의 교부방법에 관한 자본시장법 시행령 제160조제4호도 의결권 권유자가 해당 상장주권(그 상장주권과 관련된 증권예탁증권을 포함)의 발행인인 경우에는 주주총회 소집 통지와 함께 보내는 방법도 규정한다. 따라서 회사가 자연인을 대리인으로 하여 의결권 대리행사 권유를 하는 것은 가능하다고 본다.

발행인이 의결권 대리행사의 권유를 하는 경우 발행인 아닌 의결권권유자는 그 발행인에 대하여 다음 중 어느 하나에 해당하는 행위를 할 것을 요구할 수 있다(資法 152조의2①). 발행인은 이러한 요구가 있는 경우에는 요구받은 날부터 2일 [공휴일, 근로자의 날, 토요일은 제외(資令 153조의2①)] 이내에 이에 응하여야 한다(資法 152조의2②).

1. 발행인이 아닌 의결권권유자에 대하여 주주명부(실질주주명부를 포함)의 열람·등사를 허용하는 행위
2. 발행인이 아닌 의결권권유자를 위하여 그 의결권권유자의 비용으로 위임장 용지 및 참고서류를 주주에게 송부하는 행위

4) 의결권 피권유자

의결권 대리행사의 권유에 있어서 그 상대방을 '의결권피권유자'라 한다(資法 152조①). 의결권피권유자는 기본적으로 주식을 보유한 주주가 될 것이나 주식을 보유하지 않더라도 의결권을 행사할 수 있는 자도 해당될 수 있다. 회사가 소유하는 자기주식은 의결권이 없으므로 회사는 당연히 피권유자가 될 수 없다. 일부 주주만을 상대로 하는 의결권 대리행사 권유가 허용되는지 여부에 관하여, 회사(발행인) 또는 그 임원이 회사의 비용으로 권유하는 경우에는 주주평등원칙상 허용되지 않지만, 회사 아닌 제3자는 일부 주주만을 상대로 의결권 대리행사를 권유할 수 있다고 보아야 한다.

5) 의결권 대리행사 권유

자본시장법은 규제대상인 의결권 대리행사 권유의 개념을 명확히 하기 위하여, 의결권 대리행사 권유는 다음과 같은 행위를 말한다고 규정한다(資法 152조②).

1. 자기 또는 제3자에게 의결권의 행사를 대리시키도록 권유하는 행위
2. 의결권의 행사 또는 불행사를 요구하거나 의결권 위임의 철회를 요구하는 행위
3. 의결권의 확보 또는 그 취소 등을 목적으로 주주에게 위임장 용지를 송부하거나, 그 밖의 방법으로 의견을 제시하는 행위

그러나 의결권 대리행사 권유의 범위를 지나치게 넓게 파악하면 소수의 주주들 간의 의견교환도 의결권 대리행사 권유에 해당하게 되고 그렇게 되면 자본시장법이 정한 절차에 소요되는 비용이 주주들에게 상당한 부담이 되어, 자칫하면 주주총회를 앞두고 주주들 간의 자유로운 의견교환이 억제되는 문제가 있다. 따라서 권유행위의 개념에 대하여 위임장의 취득을 목적으로 하지 않는 경우 등을 제외함으로써 불필요한 규제는 해소할 필요가 있다.

이에 자본시장법은 "다만, 의결권피권유자의 수 등을 고려하여 대통령령으로 정하는 경우에는 의결권 대리행사 권유로 보지 아니한다."고 규정하고(資法 152조② 단서), 이에 따라 시행령은 의결권 대리행사 권유로 보지 아니하는 행위를 다음과 같이 규정한다(資令 161조).

1. 해당 상장주권의 발행인(그 특별관계자 포함)과 그 임원(그 특별관계자 포함) 외의 자가 10인 미만의 의결권피권유자에게 그 주식의 의결권 대리행사 권유를 하는

경우

2. 신탁, 그 밖의 법률관계에 의하여 타인의 명의로 주식을 소유하는 자가 그 타인에게 해당 주식의 의결권 대리행사 권유를 하는 경우
3. 신문·방송·잡지 등 불특정 다수인에 대한 광고를 통하여 자본시장법 제152조제2항 각 호의 어느 하나에 해당하는 행위를 하는 경우로서 그 광고내용에 해당 상장주권의 발행인의 명칭, 광고의 이유, 주주총회의 목적사항과 위임장 용지, 참고서류를 제공하는 장소만을 표시하는 경우

제1호는 "해당 상장주권의 발행인(그 특별관계자를 포함한다)과 그 임원(그 특별관계자를 포함한다) 외의 자가 10인 미만의 의결권피권유자에게 그 주식의 의결권 대리행사 권유를 하는 경우"를 자본시장법 제152조의 적용대상에서 제외한다. 회사의 직원이 권유하는 경우 개인적으로 권유하는 것이라면 적용대상에서 제외되겠지만 임원등의 지시에 의하여 권유하는 것이면 회사가 권유하는 것으로 보아야 한다.

일부의안을 대상으로 하는 권유의 허용 여부에 관하여는, 발행인은 회의의 목적사항을 정하였으므로 전체 의안을 대상으로 권유하여야 하고, 발행인 아닌 자가 권유하는 경우에는 일부 의안에 대하여 권유할 수 있다고 본다.

6) 권유대상 주식

자본시장법 제152조제1항은 "상장주권(그 상장주권과 관련된 증권예탁증권을 포함)의 의결권 대리행사 권유"를 전제로 하므로 비상장회사의 주권에 대한 의결권 대리행사 권유는 자본시장법의 규제가 적용되지 않고, 실제로도 주식분산이 되어 있지 아니하여 규제의 필요성도 없을 것이다. 또한 의결권 대리행사 권유이므로 상장회사의 주권이라도 상법상 의결권 없는 주식도 물론 적용대상이 아니다. 그리고 상장주권과 관련된 증권예탁증권도 그 적용대상이다.

7) 위임장 용지

권유자가 피권유자에게 의결권 대리행사를 권유하기 위하여 주주총회소집통지서와 함께 보내는 것이 위임장 용지이고, 피권유자가 이에 기명날인하여 다시 권유자에게 보내는 것이 위임장이다. 권유자가 송부한 위임장 용지에 필요한 사항을 기재하여 반송하지 않고 주주가 직접 위임장을 별도로 작성하여 대리인에게 교부한 경우에는 주주 본인의 의사에 의하여 작성된 것인지 여부를 확인할 수 있어야 하고, 주주총회 현장에서 이를 확인할 수 없는 경우에는 회사가 의결권 행

— 의결권대리행사 권유문

의결권 대리행사 권유

　　귀하 자신이 참석하기 어렵고, 또 귀하가 적정한 대리인을 선임하기도 어려우면 별첨 위임장에 의안별로 찬부를 명기하고 기명날인하여 본사로 보내 주십시오. 그러면 본사가 대리인을 선임하여 그로 하여금 귀하의 뜻에 따라 의결권을 대리행사하도록 하겠습니다. 이에 자본시장법 제152조 및 동법 시행령 제160조의 규정에 따라 위임장과 참고서류를 송부합니다.

20 년 월 일
권유자 ○○○ (인)

사를 거부할 수 있다고 보아야 한다.

　　권유자가 피권유자에게 제공하는 위임장 용지는 주주총회의 목적사항 각 항목에 대하여 의결권피권유자가 찬반을 명기할 수 있도록 하여야 한다(資法 152조④). 의결권 대리행사 권유시에는 가급적 주주의 명시적인 의사가 반영되도록 하기 위하여 목적사항 각 항목별로 찬부를 명기할 수 있게 된 위임장 용지를 이용하도록 한 것이다. 그러나 해당 위임장에 의한 의결권 대리행사를 권유하지 않는 의안에 대해서까지 찬부를 명기할 수 있도록 요구되지는 않는다.

　　위임장 용지는 의결권피권유자가 다음과 같은 사항에 대하여 명확히 기재할 수 있도록 작성되어야 한다(資令 163조①).

1. 의결권을 대리행사하도록 위임한다는 내용
2. 의결권 권유자 등 의결권을 위임받는 자
3. 의결권피권유자가 소유하고 있는 의결권 있는 주식 수
4. 위임할 주식 수
5. 주주총회의 각 목적사항과 목적사항별 찬반(贊反) 여부
6. 주주총회 회의시 새로 상정된 안건이나 변경 또는 수정 안건에 대한 의결권 행사 위임 여부와 위임 내용
7. 위임일자와 위임시간
8. 위임인의 성명과 주민 등록번호(법인인 경우에는 명칭과 사업자 등록번호)

　　제3호부터 제8호까지의 사항은 의결권 권유자가 기재하는 것이 아니라 의결

권피권유자가 기재할 사항이므로, 施行令 제163조제1항은 의결권 권유자가 의결권 피권유자가 이러한 사항을 명확히 기재할 수 있도록 위임장 용지를 작성할 것을 요구한다.

의결권 대리행사 권유는 통상 위임장에 대리인란을 기재하지 않은 상태에서 주주에게 발송하고, 이를 받은 주주는 대리인란을 보충하지 않은 채 반송하는 것이 관행이다. 이러한 백지위임장이 교부된 경우 주주총회 개최시까지 위임장에 대리인의 성명이 보충되지 아니하였다고 하더라도 그 위임장을 소지한 자를 대리인으로 지정한 것으로 보아야 할 것이므로, 그 위임장을 소지한 자가 총회에 출석한 이상 그 회원 역시 총회에 출석한 것으로 보아야 한다(대법원 1998. 10. 13. 선고 97다44102 판결).

8) 참고서류

참고서류에는 다음과 같은 사항이 기재되어야 한다(資令 163조②). 참고서류의 구체적인 기재내용, 서식과 작성방법 등에 관하여 필요한 사항은 금융위원회가 정하여 고시한다(資令 163조③).

1. 의결권 대리행사 권유에 관한 다음과 같은 사항
    가. 의결권 권유자의 성명이나 명칭, 의결권 권유자가 소유하고 있는 주식의 종류 및 수와 그 특별관계자가 소유하고 있는 주식의 종류 및 수
    나. 의결권 권유자의 대리인의 성명, 그 대리인이 소유하고 있는 주식의 종류 및 수(대리인이 있는 경우만 해당)
    다. 의결권 권유자 및 그 대리인과 해당 주권상장법인과의 관계
2. 주주총회의 목적사항
3. 의결권 대리행사 권유를 하는 취지

참고서류의 구체적인 기재내용, 서식과 작성방법 등에 관하여 필요한 사항은 금융위원회가 정하여 고시한다(資令 163조③). 증권발행공시규정은 주주총회의 목적에 따라 기재할 내용을 구체적으로 규정하는데(증권발행공시규정 3-15조③), 특히 2020년 1월 개정시 주주총회의 목적이 이사, 감사, 감사위원회 위원의 선임인 경우에는, 후보자의 세부 경력사항, 직무 수행계획(사외이사), 이사회의 추천 사유 등을 기재하도록 하고, 임원 선임시 제공되는 참고서류의 내용이 사실과 일치한다는 후보자의 확인·서명을 첨부하도록 하였다. 또한, 임원 보수 한도가 실제 지

급금액 대비 적정한지 판단할 수 있도록 전년도 임원 보수총액 정보도 기재하도록 하였다.

[증권발행공시규정 제3-15조]

③ 제1항에 따른 주주총회의 목적이 다음 각 호의 1에 해당하는 사항인 경우에는 그 내용을 기재하여야 한다. 다만, 권유자가 해당 상장주권의 발행회사, 그 임원 또는 대주주가 아닌 경우 또는 주주총회 목적사항에 반대하고자 하는 자인 경우에는 주주총회의 목적사항의 제목만 기재할 수 있다.

3. 이사의 선임에 관한 것인 경우
    가. 후보자의 성명·생년월일·주된 직업 및 세부 경력사항
    나. 후보자가 사외이사 또는 사외이사가 아닌 이사 후보자인지 여부
    다. 후보자의 추천인 및 후보자와 최대주주와의 관계
    라. 후보자와 해당 법인과의 최근 3년간의 거래내역. 이 경우의 거래내역은 금전, 증권 등 경제적 가치가 있는 재산의 대여, 담보제공, 채무보증 및 법률고문계약, 회계감사계약, 경영자문계약 또는 이와 유사한 계약등(후보자가 동 계약등을 체결한 경우 또는 동 계약등을 체결한 법인·사무소 등에 동 계약등의 계약기간 중 근무한 경우의 계약등을 말한다)으로 하되 약관 등에 따라 불특정다수인에게 동일한 조건으로 행하는 정형화된 거래는 제외한다.
    마. 후보자(사외이사 선임의 경우에 한한다)의 직무수행계획
    바. 가목부터 마목까지의 사항이 사실과 일치한다는 후보자의 확인·서명
    사. 후보자에 대한 이사회의 추천 사유
4. 감사위원회 위원의 선임에 관한 것인 경우
    가. 사외이사인 감사위원회의 위원의 선임에 관한 것인 경우에는 제3호가목, 다목 및 라목, 바목 및 사목의 내용
    나. 사외이사가 아닌 감사위원회의 위원의 선임에 관한 것인 경우에는 제3호가목, 다목 및 라목, 바목 및 사목의 내용
5. 감사의 선임에 관한 것인 경우
    가. 권유시에 감사후보자가 예정되어 있을 경우에는 제3호가목, 다목 및 라목, 바목 및 사목의 내용
    나. 권유시에 감사후보자가 예정되어 있지 아니한 경우에는 선임예정 감사의 수

[증권발행공시규정 제3-15조③]

9. 이사의 보수 한도 승인에 관한 것인 경우
    가. 당기 및 전기의 이사의 수
    나. 당기의 이사 전원에 대한 보수총액 또는 최고 한도액
    다. 전기의 이사 전원에 대하여 실제 지급된 보수총액 및 최고 한도액
10. 감사의 보수 한도 승인에 관한 것인 경우
    가. 당기 및 전기의 감사의 수
    나. 당기의 감사 전원에 대한 보수총액 또는 최고 한도액
    다. 전기의 감사 전원에 대하여 실제 지급된 보수총액 및 최고 한도액

— 의결권 대리행사 권유시 위임장

위 임 장

　본인은 20○○년 ○월 ○일에 개최하는 (주)○○○의 제○기 정기 주주총회(그 속회, 연회 포함)에서 권유자 ○○○이 지정하는 (XXX, YYY) 중 1인을 그 대리인으로 정하고 다음의 내용과 같이 찬반표시에 따라 의결권을 행사할 것을 위임합니다.

－ 다　　음 －

1. 주주번호 :
2. 소유주식수 :　　　주
3. 의결권있는주식수 :　　　주
4. 위임할 주식수 :　　　주
5. 주주총회 목적사항 및 목적사항별 찬반 여부

　(일부 목적사항만 기재하는 경우) 이하 목적사항은 확정된 일부만 기재한 것으로 추후 나머지 목적사항이 확정되면 이를 기재하여 위임장과 참고서류를 다시 교부하겠습니다.

번호	주주총회 목적사항		찬성	반대
1	정관의 변경	제29조 이사의 수		
		제43조 재무제표와 영업보고서의 작성 등		
2	이사의 선임	사내이사 ○○○		
		사외이사 ○○○		
3	감사위원의 선임	사외이사인 감사위원 ○○○		
		사외이사 아닌 감사위원 ○○○		
4	이사의 보수한도 승인			

※ 의안 세부내용을 별첨 자료 참조

6. 새로 상정된 안건이나 변경·수정 안건 등에 대한 의결권의 행사위임

　－ 주주총회시 새로이 상정된 안건이나 각호 의안에 대한 수정안이 상정될 경우에는 대리인이 주주의 의사표시가 위 5번 항목에서 표시된 찬반의 취지에 합치된다고 합리적으로 판단되는 바에 따라 의결권을 행사할 것을 위임합니다.

　－ 다만 아래에 명시적으로 지시한 사항에 대해서는 주주가 주주총회 전까지 별도의 의사표시가 없는 한 아래의 지시한 대로 의결권을 행사하겠습니다.

항 목	지시내용

주주명　　　　　　(인)

주민등록번호(사업자등록번호)

위임일자 및 위임시간:　　년　월　일　시

9) 위임장 용지 등의 교부방법

의결권권유자는 위임장 용지 및 참고서류를 다음 중 어느 하나에 해당하는 방법으로 의결권 대리행사의 권유 이전이나 그 권유와 동시에 의결권피권유자에게 내주어야 한다(資令 160조).

1. 의결권권유자가 의결권피권유자에게 직접 내어주는 방법
2. 우편 또는 모사전송에 의한 방법
3. 전자우편을 통한 방법(의결권피권유자가 전자우편을 통하여 위임장 용지 및 참고서류를 받는다는 의사표시를 한 경우만 해당한다)
4. 주주총회 소집 통지와 함께 보내는 방법[의결권권유자가 해당 상장주권(그 상장주권과 관련된 증권예탁증권을 포함한다. 이하 이 절에서 같다)의 발행인인 경우만 해당한다]
5. 인터넷 홈페이지를 이용하는 방법

제5호의 인터넷 홈페이지에는 발행회사의 홈페이지와 발행회사로부터 전자위임장 관리사무를 위탁받은 기관(예컨대 한국예탁결제원)의 홈페이지가 포함된다. 이러한 홈페이지는 주주의 의결권 위임의 편의와 위임장 관리의 공정성을 위하여 「전자서명법」 제2조에 따른 공인전자서명의 공인인증서에 기초한 전자서명에 의한 전자적 수여가 가능해야 한다.

10) 의견표명

의결권 대리행사 권유대상이 되는 상장주권의 발행인은 의결권 대리행사 권유에 대하여 의견을 표명한 경우에는 그 내용을 기재한 서면을 지체 없이 금융위원회와 거래소에 제출하여야 한다(資法 155조). 자본시장법은 의견표명에 관한 서면제출의무를 발행인에 대해서만 부과하고 주주에 대해서는 부과하지 않는다. 일반적으로는 주주에게까지 이러한 의무를 부담시킬 필요성이 없기 때문이다.

11) 민형사책임

의결권 권유자가 위임장 용지 및 참고서류 중 의결권피권유자의 의결권 위임 관련 중요사항에 관하여 거짓의 기재 또는 표시를 하거나 의결권 위임 관련 중요사항의 기재 또는 표시를 누락한 경우에는(資法 154조) 5년 이하의 징역 또는 2억원 이하의 벌금에 처하며(資法 444조제19호), 의결권 대리행사 권유에 관한 규정(資法 152조①·③)을 위반하여 권유한 자는 3년 이하의 징역 또는 1억원 이하의 벌금

에 처하며(資法 445조제21호), 위임장 용지 및 참고서류를 제출하지 아니하거나 정정서류를 제출하지 않은 자는 1년 이하의 징역 또는 3천만원 이하의 벌금에 처한다(資法 446조제21호·제27호).

자본시장법은 의결권 대리행사 권유에 관한 손해배상책임에 관한 특별규정을 두고 있지 않으므로, 의결권 대리행사 권유에 관한 규정을 위반한 경우에 대하여는 민법상 불법행위에 기한 손해배상책임을 물어야 하는데, 요건을 증명하기 곤란하다는 문제가 있다.

12) 피권유자의 의사에 반한 의결권 행사

권유자는 위임장 용지에 나타난 의결권피권유자의 의사에 반하여 의결권을 행사할 수 없다(資法 152조⑤). 그러나 권유자가 피권유자의 의사에 반하여 의결권을 행사하거나 의결권을 아예 행사하지 않은 경우에도, 의결권 대리행사의 권유제도에 관한 규정은 효력규정이 아닌 단속규정이므로, 주주와 대리인간의 위임계약 위반으로 인한 손해배상문제만 발생할 뿐 그 의결권의 행사는 유효하고 주주총회결의의 효력에도 영향이 없다고 보아야 한다. 다만, 발행인이 의결권 대리행사의 권유자인 경우에는 주주의 의사를 알고 있었으므로 주주의 의사에 반한 의결권 행사는 무효로 되고(民法 130조), 따라서 주주총회결의취소의 사유가 된다고 보아야 할 것이다.

13) 부실권유와 주주총회결의하자

의결권 대리행사 권유자의 행위가 형사처벌의 대상인 경우, 그 위임장에 의한 의결권 행사가 주주총회결의취소사유가 되는지 여부에 대하여 확립된 이론이나 판례는 없다. 결국 이 문제는 의결권 대리행사 권유의 하자가 "주주총회 소집절차 또는 결의방법이 법령 또는 정관에 위반하거나 현저하게 불공정한 때"에 해당하는지 여부에 따라 결정될 것인데, 위 형사처벌 대상 행위 중 적어도 자본시장법 제154조의 허위기재 또는 누락에 의한 의결권 대리행사의 권유는 의결권피권유자의 의결권 위임 여부 판단에 중대한 영향을 미칠 수 있는 것이다. 따라서 그 위임장에 의한 의결권 행사는 주주총회결의취소사유로 보아야 할 것이다.

(4) 서면에 의한 의결권 행사

1) 의   의

주주는 정관이 정한 바에 따라 총회에 출석하지 아니하고 서면에 의하여 의결권을 행사할 수 있다(368조의3①). 서면에 의한 의결권 행사(서면투표)는 소액주주가 회사의 의사결정과정에 참여하도록 유도하고, 대규모회사의 주주가 다수인 경우 주주총회의 원활한 진행 등을 위하여 1999년 상법개정시 도입되었다.

2) 행사요건

서면투표를 위하여는, ⅰ) 정관에 이에 관한 규정이 있어야 하고(368조의3①), ⅱ) 회사가 총회의 소집통지서에 주주가 의결권을 행사하는데 필요한 서면과 참고자료를 첨부하여야 한다(368조의3②). 서면투표를 하려는 주주는 "주주가 의결권을 행사하는데 필요한 서면"에 필요한 사항을 기재하여 회사에 제출함으로써 의결권을 행사한다.

3) 행사효과

서면투표의 경우에는 주주가 직접 총회에 참석한 것과 같은 효과가 발생한다. 따라서 서면에 의하여 의결권을 행사한 주식수는 발행주식총수와 출석한 주주의 의결권의 수에 산입한다. 서면에 의하여 의결권을 행사하는 경우에도 의결권의 대리행사와 불통일행사가 가능하다. 주주총회장에서의 투표와 달리 서면투표의 내용에 대하여는 주주들이 알 수 없으므로, 의결권 행사서면에 대한 주주의 열람·등사 청구권이 인정되어야 할 것이다. 이에 관하여는 상법에 명문의 규정이 없어도 민사집행법상 임시의 지위를 정하는 가처분으로서 열람·등사 가처분을 신청할 수 있을 것이다.

4) 서면투표 종료시점

서면투표의 종료일에 대하여 상법은 명문의 규정이 없다. 다만, 전자투표의 종료일은 주주총회 전날까지로 하여야 하는데(令 13조②2), 이는 주주총회 당일까지 전자투표를 허용하면 투표결과의 집계작업이 어려울 수 있다는 사정을 고려한 것이다. 서면투표에 대하여 전자투표와 달리 볼 이유가 없으므로 주주총회 전날까지 도착한 것까지 유효한 것으로 사전에 안내하면 문제없다. 회사가 주주의 편의를 위하고, 투표의 집계에 지장이 없다면 주주총회일 당일 개회 전 또는 투표 전

— 서면투표용지

제○기 정기주주총회 서면투표용지

- 일 시 : 20 년   월   일(○요일), ○○:○○
- 장 소 : 서울시 ○○구 ○○동 ○○빌딩 ○층 제○회의실
- 의결권행사에 관한 사항

주주명	(인)	주민(법인)등록번호	
주 소			
보유주식수	주	의결권행사 주식수	주

본인은 주식회사 ○○○의 제○기 정기주주총회의 회의목적사항에 대하여 ○○○ 정관 제○조에 따라 아래와 같이 본인의 의결권을 행사합니다.

년   월   일

○○○ 주식회사 귀중

아   래

의안번호	안 건		찬성	반대
제 1 호	제○기 재무제표(이익잉여금처분계산서 포함) 승인의 건			
제 2 호	정관 일부 변경의 건			
제2-1호	이사 등 책임감경 조항			
제2-2호	사업목적 추가등 기타 정관변경 사항			
제 3 호	이사 선임의 건			
제3-1호	사내이사 선임의 건	○ ○ ○		
제3-2호	사외이사 선임의 건	○ ○ ○		
제 4 호	이사 보수한도 승인의 건			

※ 유의사항

- 서면투표용지에 주주명, 주민(법인)등록번호, 보유주식수, 의결권행사 주식수를 기재한 후 서명 또는 날인하여야 하며, 주주명, 주민(법인)등록번호, 서명 또는 날인 중 일부가 누락되거나 또는 주주명부상의 기재와 일치하지 않는 경우에는 무효표로 간주하므로 유의하시기 바랍니다.
- 보유주식 중 일부만 의결권을 행사하고자 하는 경우에는 '의결권행사 주식수'란에 행사할 주식수를 기재하여 주시고 '의결권행사 주식수'란에 주식수 기재가 없을 경우에는 보유주식수 전부에 대하여 의결권을 행사하는 것으로 간주합니다.
- 부의된 안건에 대해 주주총회장에서 수정동의가 있는 경우에는 당해 안건에 대한 서면 의결권행사는 기권으로 간주합니다.
- 서면투표용지에 찬성이나 반대에 모두 표시하거나, 어느 쪽도 표시하지 않은 경우에는 기권으로 간주합니다.
- 서면 투표용지는 주주총회일 전일까지 회사에 도착(FAX는 인정하지 않음)하여야 하며, 이후 도착분은 무효로 간주합니다.

에 도착한 서면투표도 유효한 것으로 사전에 안내하고 그렇게 처리해도 무방하다.

5) 서면투표의 철회·변경

서면투표한 주주도 주주총회에 출석하여 의결권을 행사함으로써 서면투표를 철회하거나 변경할 수 있다. 다른 방법에 의한 서면투표의 철회·변경은 허용되지 않는다는 것이 일반적인 해석이다.

6) 의안이 수정동의된 경우

상정된 의안의 내용을 일부 변경한 동의(수정동의)도 원래의 의안(원안)과 실질적 동일성이 인정되는 범위 내에서 허용된다. 수정동의가 있는 경우 서면투표의 처리 문제에 관하여는, ⅰ) 원안에 관하여 서면투표한 주주는 회의시 제출된 수정동의안에 관하여는 어떠한 의사도 표시하지 않았으므로 불참한 것으로 보는 해석(1설), ⅱ) 서면투표한 주주는 수정동의안에 대해 반대 또는 기권한 것으로 취급하여야 한다는 해석(2설), ⅲ) 원안에 대한 서면투표 결과가 수정동의안에 대한 현장 투표 결과에 영향을 미치지 못하도록 shadow voting의 방법으로 반영하는 것이 타당하다는 해석(3설) 등이 가능하다.

1설은 원안에 관하여 서면투표가 출석의결권 수에 산입되지 아니함으로써 수정동의안의 가결이 원안에 비하여 용이하게 되어 주주의 의사에 반한다는 문제가 있고, 3설은 법령에 명시적인 근거 없이 shadow voting의 방법에 의할 수 없다는 문제가 있으므로, 결국 2설과 같이 서면투표한 주주는 수정동의안에 대해 반대 또는 기권한 것으로 취급하여야 할 것이다. 2설은 서면투표한 주주를, ⅰ) 수정동의안에 대해 반대한 것으로 취급하거나, ⅱ) 수정동의안에 대해 기권한 것으로 취급하거나, ⅲ) 원안 찬성의 서면투표는 수정동의안에 대한 반대로, 원안 반대의 서면투표는 수정동의안에 대한 기권으로 취급하는 방법으로 다시 구별할 수 있지만, 주주의 투표는 반대와 기권 모두 결과적으로는 반대의 효과를 가지므로 구별의 실익은 없다. 예탁결제원의 전자투표 이용약관 제11조제4항은 원안에 찬반 의사표시를 한 경우 기권으로 처리하도록 규정한다.

7) 서면결의

서면투표를 하더라도 주주총회 자체는 개최되므로, 주주총회를 개최하지 않는 서면결의제도와 다르다. 서면결의는 자본금총액이 10억원 미만인 소규모회사와 유한회사에서 인정된다. 소규모회사는 주주 전원의 동의가 있을 경우에는 소집절차 없이 주주총회를 개최할 수 있고, 서면에 의한 결의로써 주주총회결의를 갈음할 수 있다(363조⑤). 결의의 목적사항에 대하여 주주 전원이 서면으로 동의를 한 때에는 서면에 의한 결의가 있는 것으로 본다(363조⑤). 정기주주총회의 목적사항에 대하여 서면결의가 이루어진 경우 주주 전원이 서면으로 동의를 한 때 정기주주총회가 종결된 것으로 본다. 서면결의는 주주총회결의와 같은 효력이 있고(363조⑥), 서면결의에 대하여는 주주총회에 관한 규정이 준용된다(363조⑦). 따라서 결의요건·의결권의 대리행사·의결권제한·의결권불통일행사 등에 관한 규정은 서면결의에 대하여 준용된다. 서면결의시 의사록이 작성되어야 하는지에 관하여는 실무상 논란이 있는데, 의사록은 현실적인 회의를 전제로 한 것이 아니므로 준용대상으로 보아야 한다는 것이 일반적인 견해이다. 생각건대, 주주총회 결의사항에 등기사항이 있는 경우에는 등기신청시 의사록을 첨부하여야 하고(商登則 128조②) 의사록에 대한 공증이 필요하므로(公證人法 66조의2), 서면결의의 경우에도 의사록이 작성되어야 할 것이다. 주주총회에 관한 규정 중 소집통지·소집지·총회의 질서유지 등과 같이 현실적인 회의를 전제로 한 규정은 물론 서면결의에 대하여 준용되지 않는다.

(5) 전자적 방법에 의한 의결권의 행사

1) 의 의

전자투표는 2009년 개정상법에 의하여 도입된 제도로서, 주주가 주주총회에 직접 출석하지 않고 전자적인 방법으로 의결권을 행사하는 방법이다. 전자투표는 주주총회 운용절차 중 투표만 전자적 방법으로 하는 것이므로, 주주총회의 소집통지, 의결권 행사, 의사 운영 등에 전자적 방법을 활용하는 전자주주총회와는 다른 개념이다.

주주총회의 소집지에 관한 제364조는 "총회는 정관에 다른 정함이 없으면 본점소재지 또는 이에 인접한 지에 소집하여야 한다."고 규정하는데, 이 규정을 근거로 정관에서 소집지를 "가상공간"으로 규정하면 전자주주총회가 인정되는지가 문제인데, 현행법상 전자주주총회는 법적 근거가 없으므로 인정되지 않는다는 것이 통설이다.

2) 도입취지

전자투표는 주주총회 운영의 효율성 향상, 기업활동의 경쟁력 강화, 소수주주의 주주총회 참여 활성화를 통한 주주민주주의 구현 등을 위하여 도입되었다. 전자투표제도는 주주총회 결의요건의 충족에도 도움이 된다.

— 전자투표 개념도

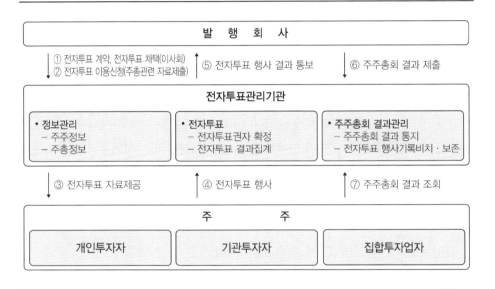

3) 전자투표의 결정

(가) **결정기관**   회사는 이사회결의로 주주가 총회에 출석하지 아니하고 전자적 방법으로 의결권을 행사할 수 있음을 정할 수 있다(368조의4①). 즉, 전자투표의 채택 여부는 정관에 근거규정이 없어도 회사의 임의적인 결정에 맡겨져 있다.

서면투표는 정관에서 정하여야 하는 반면에, 전자투표는 이사회결의로 결정할 수 있다는 점이 다르다. 물론 전자투표의 채택 여부를 이사회가 결정하지 않고 정관에서 규정하는 것도 허용된다. 전자투표제가 채택되더라도 주주는 얼마든지 주주총회에 직접 출석하여 의결권을 행사할 수 있으므로, 정관으로 전자투표제를 의무화하더라도 주주권이 침해되는 것은 아니기 때문이다. 그러나 회사가 정관에서 전자투표를 의무적으로 채택하는 것으로 규정한 경우에는 이사회결의로써 전자투표를 배제할 수 없다.

(내) **포괄적 결정 여부**　　이사회가 주주총회의 소집을 결정할 때마다 전자투표 채택 여부를 결정하여야 하는지, 아니면 향후의 주주총회를 대상으로 전자투표 채택 여부를 포괄적으로 결정할 수 있는지에 관하여는 논란의 여지가 있다. 이사회가 전자투표 채택 여부를 포괄적으로 결정하는 것이 가능하다는 견해에 의하더라도, 주주총회의 소집통지를 할 때에는 주주가 전자투표를 할 수 있다는 내용을 통지하여야 한다(368조의4②).

4) 전자투표를 위한 절차

(개) **소집통지 기재사항**　　주주총회의 소집통지를 할 때에는 주주가 전자투표를 할 수 있다는 내용을 통지하여야 한다(368조의4②). 구체적으로는 전자투표를 할 수 있음을 정한 회사는 주주총회의 소집통지에 다음 사항을 기재하여야 한다(令 13조②).

1. 전자투표를 할 인터넷 주소
2. 전자투표를 할 기간(전자투표의 종료일은 주주총회 전날까지로 하여야 한다)
3. 그 밖에 주주의 전자투표에 필요한 기술적인 사항

회사 또는 지정된 전자투표관리기관은 전자투표 종료일 3일 전까지 주주에게 전자문서로 위 사항을 한 번 더 통지할 수 있다. 이 경우 주주의 동의가 있으면 전화번호 등을 이용하여 통지할 수 있다(令 13조⑥). 2020년 1월 시행령 개정시 추가된 규정인데, 전자투표를 할 인터넷 주소를 알지 못해서 전자투표를 못하는 경우를 방지하기 위한 것이다. 다만, 회사 또는 전자투표관리기관에서 주주의 전화번호나 전자우편주소를 사전에 수집할 수 있는 방법이 아직 미비하다.

(내) **비치 · 열람 · 보존 등**　　회사는 의결권 행사에 관한 전자적 기록을 총회의 종료일부터 3개월간 본점에 비치하여 열람하게 하고 총회의 종료일부터 5년간 보존하여야 한다(368조의4⑤). 주주확인절차 등 전자적 방법에 의한 의결권 행사의 절차 그 밖에 필요한 사항은 대통령령으로 정한다(368조의4⑥).

(대) **전자투표의 대리행사**　　주주는 대리인으로 하여금 그 의결권을 행사

하게 할 수 있다. 이 경우에는 그 대리인은 대리권을 증명하는 서면을 총회에 제출하여야 한다(368조②). 서면이어야 하므로 전자문서는 인정되지 않는다. 사전에 대리권을 증명하는 서면을 회사에 제출한 경우 대리인은 전자투표를 할 수 있어야 한다. 전자투표의 경우 주주 확인을 공인전자서명을 통하여 하는데(슈 13조④), 공인전자서명은 본인만 할 수 있다. 대리인은 자신의 공인전자서명으로 전자투표를 할 수 없는 것이다. 주주가 공인전자서명의 비밀번호를 대리인에게 알려 주어 전자투표를 하게 할 수는 있지만, 유효한 투표로 볼 수 있는지에 관하여도 논란의 여지가 있다.

    ㈃ **전자투표관리기관**   회사는 전자투표의 효율성 및 공정성을 확보하기 위하여 전자투표관리기관을 지정하여 주주 확인절차 등 의결권 행사절차의 운영을 위탁할 수 있다(슈 13조④). 전자투표관리기관 및 전자투표운영 담당자는 주주총회에서의 개표시까지 전자투표의 결과를 누설하거나 직무상 목적 외에 이를 사용할 수 없다(슈 13조⑤).

> [예탁결제원의 "전자투표관리업무규정"의 주요 내용]
> 예탁결제원이 2010년 8월 23일부터 전자투표관리기관으로서 인터넷기반의 전자투표시스템을 구축하였고, 2010년 9월 19일 공모선박투자회사를 운영하고 있는 KSF선박금융(주)의 주주총회에서 최초로 전자투표가 시행되었다. 현재는 미래에셋대우, 삼성증권도 전자투표관리기관으로서 전자투표시스템을 구축·운영하고 있다.
> 제8조(전자투표관리기관 지정) 예탁결제원을 상법 시행령 제5조의2제4항에 따라 전자투표를 관리하는 기관으로 지정하고자 하는 회사는 예탁결제원 소정의 전자투표관리업무 위탁계약서에 따라 예탁결제원과 위탁계약을 체결하여야 한다.
> 제9조(전자투표 이용 신청)
>   ① 전자투표를 이용하고자 하는 위탁회사(8조에 따라 위탁계약을 체결한 회사를 말한다. 이하 같다)는 주주총회일의 3주 전까지 예탁결제원 소정의 전자투표이용신청서와 주주총회 기준일 현재의 주주명부(실질주주명부를 포함한다. 이하 같다)를 예탁결제원에 제출하여야 한다. 다만, 예탁결제원은 전자투표관리업무 수행에 지장이 없다고 판단되는 경우 그 제출 기한을 조정할 수 있다.
>   ② 예탁결제원은 다음 각 호의 어느 하나에 해당하는 사유가 발생한 경우에는 위탁회사의 전자투표 이용을 제한할 수 있다.
>   1. 위탁회사의 주주총회 의안이 전자투표에 부적합하다고 판단하는 경우
>   2. 위탁회사가 제10조제1항 또는 제2항을 위반한 경우
>   3. 그 밖에 세칙으로 정하는 경우
> 제11조(전자투표권자)
>   ① 전자투표권자는 위탁회사가 제9조제1항에 따라 제출한 주주명부에 기재되어 있는 주주로 한다.
>   ② 제1항에 불구하고 다음 각 호의 어느 하나에 해당하는 경우에는 해당 주주에 갈

음하여 다음 각 호에서 정하는 자를 전자투표권자로 한다.
  1. 주식이 자본시장과 금융투자업에 관한 법률에 따른 투자회사재산 또는 투자신
     탁재산에 속하는 경우: 그 투자회사 또는 투자신탁의 집합투자업자
  2. 외국인(금융투자업규정에 따른 외국인을 말한다. 이하 같다) 주주가 상임대리
     인을 선임한 경우: 그 상임대리인
  3. 주식이 해외 주식예탁증권의 원주인 경우: 그 원주의 보관기관

제12조(전자투표권자명부의 작성 및 관리)
  ① 예탁결제원은 전자투표권자를 확정하기 위하여 위탁회사가 제9조제1항에 따라 제
     출한 주주명부 등을 기초로 하여 다음 각 호의 사항을 기재한 전자투표권자명부
     (이하 "전자투표권자명부"라 한다)를 작성하여야 한다.
     1. 주주 및 전자투표권자의 성명(법인인 경우에는 명칭)·주소·주민등록번호(법
        인인 경우에는 사업자등록번호, 외국인인 경우에는 투자등록번호 등)
     2. 주주가 소유한 주식의 종류와 수
     3. 전자투표권자가 의결권을 행사할 수 있는 주식수
     4. 그 밖에 전자투표관리업무에 필요한 사항
  ② 예탁결제원은 전자투표권자명부를 작성하여 제14조의 전자투표 기간 초일의 전날
     까지 위탁회사에 통지하여야 한다.
  ③ 예탁결제원은 다음 각 호의 어느 하나에 해당하는 사유가 발생한 경우에는 전자
     투표권자명부를 정정할 수 있다.
     1. 주주명부 기재사항에 누락 또는 오기 등이 발견되어 해당 위탁회사가 전자투
        표권자명부의 정정을 요청하는 경우
     2. 주주명부에 상임대리인이 기재되지 아니하여 해당 상임대리인이 전자투표권자
        명부의 정정을 요청하는 경우

제13조(전자투표의 방법)
  ① 전자투표권자는 전자투표관리시스템을 통하여 제2항에 따른 본인 확인절차를 완
     료한 후 주주총회의 의안 별로 찬성, 반대 또는 기권의 의사표시를 함으로써 의결
     권을 행사한다.
  ② 예탁결제원은 세칙으로 정하는 공인인증서에 기초한 전자투표권자의 공인전자서
     명 및 실명확인번호로 전자투표권자 본인 여부를 확인하여야 한다.
  ③ 전자투표권자는 제1항에 따라 전자투표를 한 후에는 이를 철회하거나 변경할 수
     없다.
  ④ 전자투표권자는 의결권을 행사할 수 있는 주식 전부에 대하여 전자투표를 하여야
     한다. 다만, 일부 주식에 대한 전자투표가 부득이한 경우로서 세칙으로 정하는 경
     우에는 그러하지 아니하다.
  ⑤ 제1항에 따른 전자투표권자의 의사표시는 전자투표관리시스템에 그 내역이 입력
     된 때에 송수신된 것으로 본다.

제14조(전자투표 기간)
  ① 전자투표 기간은 주주총회일의 10일 전부터 주주총회일 전날 오후 5시까지로 한
     다. 다만, 위탁회사의 요청에 따라 예탁결제원이 필요하다고 인정하는 경우에는
     전자투표 개시일을 조정할 수 있다.
  ② 주주총회가 연기되거나 속행되더라도 전자투표 기간은 연장되지 아니한다.

제15조(의결권의 불통일행사) 상법 제368조의2제1항에 따라 의결권의 불통일 행사를 하고
     자 하는 전자투표권자는 주주총회일의 3일전에 전자투표관리시스템을 통하여 의결권
     불통일 행사의 뜻과 이유를 위탁회사에 통지하여야 한다.

제16조(집중투표)
　　① 위탁회사는 상법 제382조의2에 따라 주주가 이사선임에 관한 집중투표의 청구를
　　하는 경우 그 사실을 주주총회일의 7일 전까지 예탁결제원에 통지하여야 한다.
　　② 제1항의 통지를 받은 예탁결제원은 그 통지를 받은 날의 다음 날부터 전자투표권
　　자가 집중투표의 방법으로 전자투표를 다시 할 수 있도록 하여야 한다. 이 경우
　　집중투표의 방법으로 재투표하지 아니한 전자투표는 기권으로 처리한다.
제17조(전자투표 결과의 통지 등)
　　① 예탁결제원은 제14조의 전자투표 기간이 종료된 후 위탁회사에 그 결과를 통지하
　　여야 한다.
　　② 예탁결제원은 제14조의 전자투표 기간 중이라도 전자투표권자의 전자투표 내역을
　　위탁회사에 제공할 수 있다.
제18조(주주총회 결과의 제출 등)
　　① 위탁회사는 주주총회가 종료된 후 7일 이내에 예탁결제원 소정의 주주총회 결과
　　통지서를 예탁결제원에 제출하여야 한다.
　　② 예탁결제원은 전자투표관리시스템을 통하여 전자투표권자가 제1항의 결과통지서
　　를 조회할 수 있도록 하여야 한다.
제19조(전자투표 기록의 관리) 예탁결제원은 전자투표에 관한 기록을 주주총회가 끝난 날
　　부터 3개월간 전자투표권자가 열람할 수 있도록 하고, 주주총회가 끝난 날부터 5년간
　　보존하여야 한다.

5) 주주확인 및 전자투표의 방법

주주가 전자투표를 하는 경우 다음과 같은 방법으로 주주 본인임을 확인한다
(368조의4⑥, 令 13조① 전단). 2020년 1월 시행령 개정시 추가된 규정인데, 이로써
핸드폰, 신용카드 등 본인인증 수단을 다양화하였다.

　　1. 전자서명법 제4조제1항에 따른 공인인증기관에서 제공하는 본인확인의 방법
　　2. 「정보통신망 이용촉진 및 정보보호 등에 관한 법률」 제23조의3에 따른 본인확인기
　　　관에서 제공하는 본인확인의 방법

2호에서 「정보통신망 이용촉진 및 정보보호 등에 관한 법률」 제23조의3에 따
른 본인확인기관의 정의는 다음과 같다.

[본인확인기관 지정 등에 관한 기준(방송통신위원회 고시 제2015-14호)]
제1조(목적)
　　이 기준은 「정보통신망 이용촉진 및 정보보호 등에 관한 법률」(이하 "법"이라 한다)
　　제23조의3 및 같은 법 시행령(이하 "영"이라 한다) 제9조의3 부터 제9조의5 까지의
　　본인확인기관의 지정에 필요한 세부심사기준 및 평가방법과 본인확인업무의 휴지 또
　　는 폐지의 통보 및 신고의 절차 등을 정함을 목적으로 한다.
제2조(정의)
　　1. "본인확인기관"이라 함은 이용자의 주민등록번호를 사용하지 아니하고 본인을 확

인하는 방법("대체수단")을 제공하는 자로서 법 제23조의3제1항에 따라 방송통신위원회로부터 본인확인기관의 지정을 받은 자를 말한다.

주주는 전자서명법 제2조제3호에 따른 전자서명을 통하여 전자투표를 하여야 한다(368조의4⑥, 슈 13조① 후단). 회사는 의결권 행사에 필요한 양식과 참고자료를 주주에게 전자적 방법으로 제공하여야 한다(368조의4③). 주주는 회사가 제공한 양식에 따라 의결권을 행사하여 전자적 방법으로 회사에 제공하여야 한다.

[전자서명법 제2조(정의)]
3. "공인전자서명"이라 함은 다음 각목의 요건을 갖추고 공인인증서에 기초한 전자서명을 말한다.
   가. 전자서명생성정보가 가입자에게 유일하게 속할 것
   나. 서명 당시 가입자가 전자서명생성정보를 지배·관리하고 있을 것
   다. 전자서명이 있은 후에 해당 전자서명에 대한 변경여부를 확인할 수 있을 것
   라. 전자서명이 있은 후에 해당 전자문서의 변경여부를 확인할 수 있을 것

6) 전자투표의 철회·변경

전자투표를 한 주주는 해당 주식에 대하여 그 의결권 행사를 철회하거나 변경할 수 있다. 따라서 전자투표를 한 주주는 전자투표 기간 중에는 전자투표를 철회·변경할 수 있고, 나아가 주주총회에 출석하여 의결권을 행사하는 것도 허용된다. 전자투표한 주주는 전자투표를 철회·변경하지 않더라도 주주총회에 출석하여 의안에 대한 질의나 의사진행발언은 할 수 있다.

7) 전자투표의 도달시기

전자투표는 격지자 간의 의사표시이므로 회사에 도달하여야 효력이 발생한다(民法 111조①). 회사에 도달한 시점은 「전자문서 및 전자거래 기본법」에 따라 해석한다.

「전자문서 및 전자거래 기본법」 제6조제2항은 전자문서의 수신시점을, ⅰ) 수신자가 전자문서를 수신할 정보처리시스템을 지정한 경우에는 지정된 정보처리시스템에 입력된 때(다만, 전자문서가 지정된 정보처리시스템이 아닌 정보처리시스템에 입력된 경우에는 수신자가 이를 출력한 때를 말한다)(1호), ⅱ) 수신자가 전자문서를 수신할 정보처리시스템을 지정하지 아니한 경우에는 수신자가 관리하는 정보처리시스템에 입력된 때(2호)로 규정한다. 다만, 제1호 단서와 제2호는 전자투표의 성질상 적용할 경우가 없을 것이다.

8) 전자투표 종료시점

전자투표를 할 수 있음을 정한 회사는 주주총회의 소집통지에 전자투표를 할 기간을 기재하여야 하는데, 전자투표의 종료일은 주주총회 전날까지로 하여야 한다(슈 13조②2). 전자투표의 종료일을 주주총회 당일이 아니라 전날까지로 제한한 것은 주주총회 당일까지 전자투표를 허용하면 투표결과의 집계작업이 어려울 수 있기 때문에, 의결권을 행사하는 주주와 투표결과를 집계하는 회사 모두의 편의를 도모하기 위한 것이다.

"주주총회 전날까지"라는 규정상 전자투표 종료일 24시에 전자투표 기간이 종료하지만(民法 159조), 전자투표 종료시점에 관한 규정이 주주와 회사 모두 편의를 위한 것임에 비추어, 반드시 전자투표 종료일 24시까지 허용하여야 하는 것은 아니고, 주주총회 전날 영업시간 내에 하도록(즉, 몇 시간을 앞당겨서) 해도 위 규정 위반에 해당하지 않을 것이다. 전자투표 종료시점을 주주총회 종료일 24시보다 앞당겨서 정한 경우에는 주주총회의 소집통지에 그 종료시각을 기재하여야 하고, 종료일만 기재하고 종료시각은 별도로 기재하지 않은 경우에는 종료일 24시가 종료시점으로 해석된다. 다만, 전자투표관리기관인 예탁결제원의 "전자투표관리업무규정"은 전자투표 종료시점을 주주총회일 전날 오후 5시로 규정한다(동 규정 14조①).

9) 의결권의 일부행사와 불통일행사

주주가 행사할 수 있는 의결권 중 일부만 전자적 방법으로 행사하는 것은 특별히 이를 금지하는 규정이 없으므로 허용된다. 그런데 전자투표를 한 나머지 의결권을 주주총회에서 직접 또는 대리인을 통하여 행사하려면, 회일의 3일 전에 회사에 대하여 서면 또는 전자문서로 그 뜻과 이유를 통지하여야 한다(368조의2①). 의안에 대하여 같은 방향으로 투표하는 경우라도 회사는 주주가 주식의 신탁을 인수하였거나 기타 타인을 위하여 주식을 가지고 있는 경우가 아니면 의결권 행사를 거부할 수 있다(368조의2②).

10) 주주총회의 연기·속행과 전자투표의 종료일

전자투표의 종료일은 주주총회 전날까지로 하여야 한다는 규정상, 주주총회가 연기·속행되는 경우 전자투표 행사기한도 연장되는 것인지 여부가 문제된다. 전자투표를 한 주주는 해당 주식에 대하여 그 의결권 행사를 철회하거나 변경하지 못한다는 규정(令 13조③)이 2020년 1월 시행령 개정시 삭제되었으므로 주주총회가 연기·속행되면 전자투표 행사기한도 연장되는 것으로 해석된다. 다만, 분쟁을 예방하는 차원에서, 주주총회의 소집통지를 할 때, 주주총회가 연기 또는 속행되는 경우라도 전자투표 기간이 연장되는 것은 아니라는 점을 명시하는 것이 바람직하다.

11) 서면투표와 전자투표

서면투표와 전자투표는 병행하여 진행될 수 있는데, 서면투표와 전자투표의 근본적인 차이점은 없다. 전자투표는 서면투표용지를 전자문서로 만든 것이고, 전자적 방법으로 회사에 전송하는 것도 서면투표의 우송과 방법상의 차이만 있기 때문이다. 서면투표는 정관에 근거규정이 있어야 하나 전자투표는 정관에 근거규정이 없어도 이사회가 정할 수 있다.

주주가 소유하는 주식을 나누어 일부는 서면투표로, 일부는 전자투표로 한 경우에는 투표의 내용이 같으면 모두 유효한 투표이고, 투표의 내용이 다르면 의결권불통일행사에 해당하므로 상법상 의결권불통일행사의 요건을 갖추어야 한다.

그러나 동일한 주식에 관하여 서면투표를 한 주주는 전자적 방법으로 의결권을 행사할 수 없다(368조의4④). 만일 주주가 동일한 주식에 관하여 서면투표와 전자투표를 중복하여 한 경우에는 회사에 나중에 도착한 투표를 유효한 것으로 보아야 할 것이다(법무부 유권해석).

12) 의안이 수정동의된 경우

서면투표의 경우와 마찬가지로, 전자투표한 주주는 원안에 대한 찬성 여부에 관계없이 수정동의안에 대해 반대 또는 기권한 것으로 취급하여야 할 것이다. 수정동의안에 대하여 전자투표한 의결권을 결석처리하는 경우에는 출석의결권 수에 산입되지 아니함으로써 수정동의안의 가결이 원안에 비하여 용이하게 되므로, 반대 또는 기권으로 처리함으로써 수정동의안의 가결을 원안에 비하여 어렵게 하기 위한 것이다.

13) 집중투표와의 관계

2인 이상의 이사의 선임을 목적으로 하는 총회의 소집이 있을 때에는 의결권 없는 주식을 제외한 발행주식총수의 3% 이상에 해당하는 주식을 가진 주주는 정관에서 달리 정하는 경우를 제외하고는 회사에 대하여 집중투표의 방법으로 이사를 선임할 것을 청구할 수 있고, 이러한 청구는 회일의 7일 전까지 서면 또는 전자문서로 하여야 한다(382조의2). 따라서 주주총회의 소집통지 시점부터 집중투표 청구가 있기 전까지의 기간 중 전자투표를 한 경우 집중투표 방식에 의하지 아니한 전자투표의 처리가 문제된다. 상장회사의 경우에는 총회 6주 전까지 집중투표를 청구하여야 하므로 이 문제는 비상장회사에서만 문제될 것이다.

이러한 문제의 발생을 사전에 예방하기 위한 방법으로는, ⅰ) 전자투표의 개시일을 상법상 집중투표 청구권 행사기간 마감일의 익일로 정하는 방법, ⅱ) 전자투표의 개시일은 주주총회의 소집통지일로 하되, 집중투표 청구가 있는 때에는 재투표를 실시하고 재투표에 참여하지 아니하는 경우 기존 표결은 기권 처리됨을 사전 고지하는 방법, ⅲ) 단순투표를 하는 동시에 예비적으로 집중투표 방식에 따른 투표를 하도록 하는 방법 등이 있다.

14) 시스템상 문제로 인한 투표불능

전자투표를 위한 시스템상의 문제(일시적인 접속폭주 또는 해킹으로 인한 서버다운)로 전자투표를 하지 못한 경우, 전자투표관리기관이나 회사의 과실로 인하여 이러한 문제가 초래된 때에는 전자투표결과가 결의에 미치는 영향에 불구하고 주주총회결의의 하자로 볼 수 있지만, 이러한 과실이 없는 때에는 전자투표결과가 결의에 영향을 미치는 경우에만 주주총회결의의 하자로 보아야 할 것이다.

(6) 예탁결제원의 의결권 행사

주식을 예탁결제원에 예탁한 경우 예탁결제원이 주주명부상 주주가 되므로 실질주주를 위하여 의결권 등 권리를 행사할 수 있도록 자본시장법에 근거가 마련되어 있다. 다만, 상장회사의 경우에는 2019년 9월부터 전자증권법이 시행되면서 예탁제도 대신에 전자증권제도가 의무화됨에 따라 예탁결제원은 전자증권관리기관이 됨에 따라 주주명부상에는 표시되지 않게 되고, 의결권 등 주주로서의 권리를 행사할 수 없게 되었다.

1) 투자자의 신청에 의한 권리행사

⑺ **예탁자·투자자의 권리행사 신청**   예탁결제원은 예탁자 또는 그 투자자의 신청에 의하여 예탁증권등에 관한 권리를 행사할 수 있다(資法 314조①). "권

리를 행사할 수 있다."고 규정되어 있으나, 예탁결제원은 예탁계약상의 수치인 또는 수임인으로서 예탁자 또는 투자자의 신청이 있는 경우 권리를 의무적으로 행사하여야 한다. 예탁결제원이 모든 주주권을 행사할 수 있는 것은 아니고, 예탁결제원의 "증권등예탁업무규정"은 신청에 의하여 행사할 수 있는 권리를 명시하고 있다.

증권등예탁업무규정 "제3관 신청에 의한 권리행사"는 제50조(권리행사의 방법)에서 "법 제314조제1항에 따라 예탁결제원은 예탁자로부터 예탁증권등에 관한 권리행사의 신청이 있는 경우에 그 신청내용에 따라 예탁결제원 명의로 그 권리를 행사한다."고 규정하고, 구체적인 권리에 따라 제51조(유상증자시 권리행사), 제52조(신주인수권증권 등에 의한 신주인수권행사 등), 제53조(전환주식 등의 권리행사), 제54조(배당금 수령 등의 권리행사), 제55조(주식매수청구권의 행사), 제56조(실기주 등에 대한 권리행사), 제57조(기타 권리행사) 등의 규정을 두고 있다.

⒩ **투자자의 신청방법**　　의결권·신주인수권 등 투자자의 의사에 따라 행사 여부를 정하여야 하는 권리는 그 권리가 발생할 때마다 투자자가 개별적으로 신청하여야 한다. 반면, 이익배당의 경우와 같이 예탁결제원이 투자자의 별도의 신청에 관계없이 당연히 권리를 행사하여야 하는 사항에 대하여는 예탁계약 체결 시 예탁결제원에 그 권리를 포괄적으로 위임하는 방식에 의하여 신청한다. 예탁결제원은 예탁증권의 실질소유자를 알 수 없으므로 투자자는 반드시 예탁자를 통하여 권리행사를 신청하여야 한다(資法 314조① 후단).

⒟ **예탁결제원의 권리행사방법**　　예탁결제원의 권리행사는 예탁계약상 수임인의 지위에서 위임사무를 처리하는 것으로 보아야 한다. 다만, 의결권행사의 경우에는 관행상 투자자로부터 위임장을 교부받아 대리권행사의 방법으로 투자자의 권리를 행사한다.

⒭ **발행인의 통지의무**　　예탁증권등의 발행인은 예탁자·투자자의 신청에 따른 예탁결제원의 권리 행사를 위하여 대통령령으로 정하는 사항을 지체 없이 예탁결제원에 통지하여야 한다(資法 314조⑥).
"대통령령으로 정하는 사항"은 다음과 같다(令 316조).

1. 자본시장법 제294조제1항에 따른 증권등의 종류 및 발행 회차
2. 증권등의 권리의 종류·발생사유·내용 및 그 행사일정
3. 증권등의 발행조건이 변경된 경우에는 그 내역
4. 발행인 또는 명의개서를 대리하는 회사가 주주명부의 주식수와 실질주주명부의 주식수

를 합산하는 경우(法 316조③)에는 신주인수권 등 권리의 배정명세

5. 원리금 지급일의 변경, 그 밖에 증권등의 권리행사와 관련하여 예탁결제원이 필요하다고 인정하여 요청하는 사항

2) 발행인의 요청에 의한 의결권 행사

주식이 분산도가 높은 회사의 경우 실질주주가 의결권을 행사하지 아니하면 주주총회의 결의요건을 충족하기 곤란하다. 이에 따라 종래에는 주주총회의 회의 목적 사항이 중요한 사항이 아니고 실질주주가 의결권에 관하여 어떠한 의사표시도 하지 않은 경우에는 예탁결제원이 발행인의 요청에 의하여 실질주주의 의결권을 행사할 수 있도록 하였으나, 2013년 자본시장법 개정시 발행인의 요청에 의한 중립적 의결권행사(shadow voting)에 관한 규정이 삭제되었다(2015. 1. 1.부터 시행). 그 후 2014년 12월 개정법은 주권상장법인이 전자투표(商法 368조의4)를 허용하고 의결권 대리행사의 권유(資法 152조)를 실시한 경우에는 주주총회 목적사항 중 일정한 사항에 대하여 2017년 12월 31일까지는 중립적 의결권행사(shadow voting)를 활용할 수 있도록 경과조치를 마련하였으나, 2018년부터 완전히 폐지되었다.

— 예탁결제원 전자투표시스템(http://evote.ksd.or.kr) 초기화면

▬ 예탁결제원 전자투표시스템 의결권행사화면

5. 의결권 행사 : 특수한 경우

(1) 의결권불통일행사

1) 의의 및 취지

주주가 2 이상의 의결권을 가지고 있는 때에는 이를 통일하지 아니하고 행사할 수 있다. 이 경우 회일의 3일 전에 회사에 대하여 서면 또는 전자문서로 그 뜻과 이유를 통지하여야 한다(368조의2①). "3일 전"의 기간을 계산할 때 민법 제157조의 초일불산입 규정은 일정한 기산일로부터 과거에 소급하여 계산하는 기간에도 적용된다. 따라서 회일이 3월 19일인 경우 그 전일인 3월 18일을 기산일로 하여 3월 16일이 말일이 되고 그 날의 오전 0시에 기간이 만료한다. 따라서 늦어도 3월 15일 자정까지는 통지하여야 한다. 의결권불통일행사는 1인의 명의상의 주주가 수인의 실질상의 주주의 개별적인 의사에 따라 의결권을 행사할 수 있도록 하는 제도이다.

— 의결권불통일행사 신청서

의결권불통일행사 신청서

주주명	
주민(법인)등록번호	
주소	
소유주식의 종류와 수	

　　본인은 귀사의 제○기 주주총회에서 아래와 같이 의결권을 통일하지 아니하고 행사하고자 합니다.

아　　　래

1. 불통일행사할 주식의 구분
　　○○주를 ○○주와 ○○주로 나누어 행사함.
2. 이유
　　○○주 중 ○○주는 신탁계약에 의하여 소유자가 ○○○로 다름.

20　년　　월　　일
주　주　○○○ (인)

○○○ 주식회사 귀중

2) 불통일행사방법

　　주주가 의결권을 불통일행사하는 방법으로는, ⅰ) 일부 주식의 의결권만 행사하고 나머지 주식의 의결권은 행사하지 않는 방법, ⅱ) 일부 주식의 의결권은 의안에 대하여 찬성하고 나머지 주식의 의결권은 의안에 대하여 반대하는 방법, ⅲ) 일부 주식의 의결권은 주주 본인이 행사하고 나머지 주식의 의결권은 대리인을 통하여 행사하는 방법, ⅳ) 복수대리인을 선임하는 방법 등이 있다.

　　반면에 1인의 대리인이 수인(數人)의 주주를 대리하여 의결권을 행사하는 것은 수인을 대리한 결과이므로 주주의 의사에 따라 의결권을 달리 행사하더라도, 개별 주주 본인을 기준으로 하면 의결권을 통일하여 행사한 경우에는 의결권불통일행사에 해당하지 않는다. 그리고 주식불가분의 원칙상 1주를 공유하는 수인의 주주가 각자의 지분에 따라 의결권을 불통일행사하는 것은 허용되지 않는다.

3) 절차적 요건

(가) **사전통지제도의 취지**　　의결권을 불통일행사하려는 주주는 회일의 3일 전에 회사에 대하여 서면 또는 전자문서로 그 뜻과 이유를 통지하여야 한다(368조의2①). 사전통지는 회사가 불통일행사의 실질적 요건을 갖추었는지 여부를 미리 판단하고, 그 불통일행사를 거부할 것인가를 판단할 수 있는 시간적 여유를 주고, 회사의 총회 사무운영에 지장을 주지 아니하도록 하기 위하여 부여된 것이다(대법원 2009. 4. 23. 선고 2005다22701, 22718 판결).

(나) **통지의 시기와 방법**　　민법상 의사표시는 도달주의를 원칙으로 하므로(民法 111조①), 의결권불통일행사통지는 3일 전에 회사에 도달하여야 한다(대법원 2009. 4. 23. 선고 2005다22701, 22718 판결). 통지의 도달에 대한 증명책임은 통지자가 부담한다.

통지는 서면 또는 전자문서에 그 뜻과 이유를 기재하여, 회사의 본점 소재지로 하여야 하고, 명의개서대리인을 둔 경우에도 통지수령에 관한 별도의 수권이 없는 한 회사에 대하여 하여야 한다. 이러한 별도의 수권이 있는 경우에도 회사는 원래 통지를 받을 본인에 해당하므로 회사에 대하여 한 통지는 유효하다.

불통일행사의 "이유"를 기재하는 것은 불통일행사의 실질적 요건인 타인을 위한 주식소유 요건을 회사가 확인할 수 있도록 하기 위한 것이다. 따라서 불통일행사의 "이유"는 반드시 기재하여야 하지만, 불통일행사의 "뜻"은 별도로 기재하지 않아도 불통일행사의 "이유"가 기재되면 당연히 그 "뜻"도 기재된 것으로 보아야 할 것이다. 물론 이와 반대로 "뜻"만 기재하고 "이유"를 기재하지 않는 것은 서면통지의 취지상 적법한 통지로 볼 수 없다.

불통일행사의 통지를 포괄적으로 할 수 있는지 여부에 대하여, 의결권의 포괄적 위임을 인정하는 견해에서는 포괄적 불통일행사통지도 인정한다. 포괄적 통지로 인하여 주주가 얻는 편익에 비하여 이를 허용함으로 인하여 생기는 폐단은 거의 없으므로, 수회의 주주총회를 대상으로 포괄적으로 통지하는 것도 허용하여야 할 것이다.

주주는 의결권의 불통일행사 여부를 의안마다 달리 할 수 있다. 따라서 해당 주주총회의 의안 중 일부 의안에 대하여서만 불통일행사를 하고, 나머지 의안에 대하여는 통일적으로 행사할 수 있다.

주주가 불통일행사 통지시 불통일행사의 대상이 되는 의안을 특정하지 아니한 경우에는 전체 의안이 불통일행사의 대상이 되는지에 관하여 논란이 있다. 따라서 불통일행사의 대상이 되는 의안을 특정하는 것이 바람직하다. 다만, 불통일행사의 통지를 한 주주도 주주총회에서 통일적으로 행사할 수 있으므로 실제의 상황에서 주주로서는 일단 의안 전부를 불통일행사의 대상으로 하여 통지하는 것이 유리할 것이다.

　　㈐ **통지흠결의 효과**　　　주주는 이러한 사전통지 없이 의결권을 불통일행사할 수 없고, 만일 불통일행사한 경우에는 결의취소사유가 된다.

　　불통일행사의 통지를 한 주주는 통지내용에 구속되지 않고 주주총회에서 통일행사하는 것은 무방하다. 그러나 불통일행사의 통지를 하지 않은 주주가 주주총회에서 불통일행사를 한 경우 회사가 사후에 이를 승인할 수 있다고 한다면 회사가 결의의 성부(成否)를 사후에 선택할 수 있는 것이 되어 부당하므로 회사는 이를 승인할 수 없고 결의취소사유가 된다고 보아야 한다. 통지가 주주총회 회일의 3일 전이라는 시한보다 늦게 도착하였다고 하더라도 회사가 스스로 총회운영에 지장이 없다고 판단하여 이를 받아들일 수는 있지만, 이는 비록 지연되었지만 통지를 한 경우이고 통지가 아예 없는 경우에는 불통일행사가 허용되지 않는 것이다.

　　[대법원 2009. 4. 23. 선고 2005다22701, 22718 판결]【합병철회·주주총회결의취소】〈국민은행·한국주택은행 합병 사건〉 "위와 같은 3일의 기간이 부여된 취지에 비추어 보면, 비록 불통일행사의 통지가 주주총회 회일의 3일 전이라는 시한보다 늦게 도착하였다고 하더라도 회사가 스스로 총회운영에 지장이 없다고 판단하여 이를 받아들이기로 하고 이에 따라 의결권의 불통일행사가 이루어진 것이라면, 그것이 주주평등의 원칙을 위반하거나 의결권 행사의 결과를 조작하기 위하여 자의적으로 이루어진 것이라는 등의 특별한 사정이 없는 한, 그와 같은 의결권의 불통일행사를 위법하다고 볼 수는 없다."

4) 실질적 요건

　　㈎ **거부사유**　　　주주가 불통일행사통지를 한 경우 회사는 의결권 행사 전에 주주의 의결권의 불통일행사를 거부할 수 있다.

　　[대법원 2001. 9. 7. 선고 2001도2917 판결] "[1] 주주의 자유로운 의결권 행사를 보장하기 위하여 주주가 의결권의 행사를 대리인에게 위임하는 것이 보장되어야 한다고 하더라도 주주의 의결권 행사를 위한 대리인 선임이 무제한적으로 허용되는 것은 아니고, 그 의결권의 대리행사로 말미암아 주주총회의 개최가 부당하게 저해되거나 혹은 회사의 이익이 부당하게 침해될 염려가 있는 등의 특별한 사정이 있는 경우에는 회사는 이를 거절할 수 있

다고 보아야 할 것이며, 주주가 자신이 가진 복수의 의결권을 불통일행사하기 위하여는 회일의 3일 전에 회사에 대하여 서면으로 그 뜻과 이유를 통지하여야 할 뿐만 아니라, 회사는 주주가 주식의 신탁을 인수하였거나 기타 타인을 위하여 주식을 가지고 있는 경우 외에는 주주의 의결권 불통일행사를 거부할 수 있는 것이므로, 주주가 위와 같은 요건을 갖추지 못한 채 의결권 불통일행사를 위하여 수인의 대리인을 선임하고자 하는 경우에는 회사는 역시 이를 거절할 수 있다. [2] 주주가 주주총회에 참석하면서 소유 주식 중 일부에 관한 의결권의 대리행사를 타인들에게 나누어 위임하여 주주총회에 참석한 그 의결권 대리인들이 대표이사의 주주총회장에서의 퇴장 요구를 거절하면서 고성과 욕설 등을 사용하여 대표이사의 주주총회의 개최, 진행을 포기하게 만든 경우, 그와 같은 의결권 대리행사의 위임은 위세를 과시하여 정상적인 주주총회의 진행을 저해할 의도이고 주주총회에서 그 의결권 대리인들이 요구한 사항은 의결권 대리행사를 위한 권한 범위에 속하지 않으므로, 대표이사는 그 대리인들이 주주총회에 참석하는 것을 적법하게 거절할 수 있었으므로 업무방해죄가 성립한다."

단, 주주가 주식의 신탁을 인수하였거나 기타 타인을 위하여 주식을 가지고 있는 경우에는 회사가 이를 거부할 수 없다(368조의2제2항의 반대해석). 이는 원칙적으로 실질주주와 명의주주가 분리된 경우에만 의결권의 불통일행사를 허용하려는 취지이다. 결국 상법은 의결권불통일행사의 요건으로 ⅰ) 3일 전 통지와, ⅱ) 타인을 위한 주식소유라는 두 가지 요건을 모두 요구한다.

"주식의 신탁 인수"는 "타인을 위하여 주식을 가지고 있는 경우"의 예시이다. "타인을 위하여 주식을 가지고 있는 경우"는 제도의 취지상 너무 엄격히 해석할 필요가 없다. 따라서 소유주식의 일부를 양도한 자가 명의개서 전에 주식양도계약조건에 따라 양수인의 의사에 따라 행사하는 의결권과 본인 소유의 잔여 주식의 의결권을 불통일행사할 수도 있고, 법인 등 단체가 소유주식의 의결권 행사에 관하여 의견대립이 있는 경우에도 의결권을 불통일행사할 수도 있다고 해석하여야 한다.

복수주식이 수인의 공유에 속하는 때에는 공유자는 주주의 권리를 행사할 자 1인을 정하여야 한다(333조②). 공유자는 개별적으로 주주권을 행사할 수 없고 그 대표자를 통하여서만 주주권을 행사할 수 있다. 따라서 이 경우에도 대표자는 의결권을 불통일행사할 수도 있다.

(나) **거부의 시기와 방법**　　의결권의 불통일행사의 거부는 결의 전에 해야 한다. 결의 후에도 거부할 수 있다고 하면 회사가 결의 결과에 따라 자기에게 유리한 방향으로 결의의 결과를 선택할 수 있기 때문에 부당하다.

통지와 달리 거부는 방법에 아무런 제한이 없으므로 서면은 물론 구두로도

할 수 있다. 거부할 경우 거부권행사의 요건은 회사가 증명하여야 한다. 회사는 의결권의 불통일행사의 거부를 할 수 있는 것이고 반드시 거부하여야 하는 것은 물론 아니다.

(다) **거부의 효과**   회사가 적법하게 불통일행사를 거부하면 주주는 의결권을 불통일행사할 수 없다. 주주가 회사의 적법한 거부에 불구하고 의결권을 불통일행사하는 경우, 회사는 주주의 의결권을 부인할 수 있다. 다만, 회사의 거부에도 불구하고 주주가 의결권을 불통일행사하였으나, 회사가 그 주주의 투표를 찬반투표의 집계에 반영하여 가결 또는 부결을 발표한 경우에는 적법한 불통일행사로서 해당 결의도 유효한 것으로 보아야 할 것이다. 회사는 상법상 거부사유가 있다고 하여 주주의 불통일행사를 반드시 거부하여야 하는 것이 아니라 재량에 의하여 인정할 수도 있고, 또한 불통일행사의 거부는 철회할 수도 있기 때문이다. 특히, 불통일행사 유형 중 일부 주식의 의결권만 행사하고 나머지 주식의 의결권은 행사하지 않는 경우에 주주가 자신의 보유주식수를 잘못 알고 있을 수도 있으므로 회사는 의결권을 행사한 수만큼을 유효한 것으로 처리하고, 실무상 문제 삼지 않는 경우가 많다(서면투표 및 전자투표의 경우에도 동일).

5) **불통일행사의 효과**

불통일행사의 요건을 갖춘 경우, 불통일행사된 의결권은 각기 전부 유효한 찬성표나 반대표가 되어 정족수에 산입된다. 의결권을 불통일행사하는 주주가 있는 경우, 총주주의 동의를 얻어야 하는 결의는 부결된다.

(2) **우리사주조합원의 의결권 행사**

우리사주조합원은 근로복지기본법에 따른 우리사주조합원을 말한다. 근로복지기본법은 종업원의 후생복지를 위하여 종업원들로 구성된 우리사주조합을 설립할 수 있도록 하고 이를 통해 회사의 주식을 보유토록 하고 있다. 이러한 우리사주조합이 가진 주식은 조합계정과 조합원계정으로 구분되기는 하지만 모두 우리사주조합장명의로 일괄 관리된다. 이에 따라 실질적인 소유자들인 조합원들의 의사가 반영되도록 하기 위해 근로복지기본법은 우리사주조합주식의 의결권행사에 관한 규정을 두고 있다.

먼저, 조합원계정 주식에 대하여 우리사주조합 대표자는 우리사주조합원의 의사표시 내용에 따라 주주총회 의안에 대한 의결권을 행사하여야 한다(근로복지기본법 46조①). 그러나, 우리사주조합원이 의결권 행사의 위임을 요청한 경우에는 당해 우리사주조합원의 주식보유분에 대한 의결권의 행사를 그 우리사주조합원에게 위임하여야 한다(근로복지기본법 46조②). 우리사주조합의 대표자가 우리사주조합원 개인별 계정에 배정된 주식의 의결권을 행사하는 데는 다음의 방식에 의하여야 한다(근로복지기본법시행령 28조①).

1. 7일 이상의 기간을 정하여 조합원으로부터 주주총회 의안에 대한 의사표시를 받거나 의결권 행사의 위임요청 여부를 확인하여 당해 의결권을 행사하거나 조합원에게 당해 의결권을 위임할 것
2. 미리 정한 기간 동안 의사표시 또는 위임요청이 없는 주식의 의결권은 당해 주주총회의 참석 주식수에서 의사표시가 없거나 위임의 요청이 없는 주식수를 뺀 주식수의 의결내용에 영향을 미치지 아니하도록 그 의결권을 행사할 것(shadow voting)

우리사주조합의 대표자가 조합계정으로 보유하는 주식의 의결권을 행사함에 있어서는 다음의 방식 중 조합과 사업주가 협의하여 규약으로 정하는 방식에 따라 행사한다(근로복지기본법시행령 28조②).

1. 개인별계정에 배정된 주식에 대한 의사표시가 있는 조합원의 의사표시 비율과 동일한 비율대로 행사할 것
2. 당해 주주총회의 참석 주식수에서 의사표시가 없거나 위임의 요청이 없는 주식수를 뺀 주식수의 의결내용에 영향을 미치지 아니하도록 행사할 것
3. 조합원총회에서 정한 의사표시의 내용에 따라 행사할 것

(3) 집합투자업자의 의결권 행사

자본시장법에서는 투자자보호를 위하여 주식의 형식적 소유자인 신탁회사등에게 의결권을 행사하도록 하는 대신에 집합투자업자에게 의결권을 행사하도록 규정하고 있다.

투자신탁이나 투자익명조합의 경우 집합투자업자가 의결권을 행사하도록 하고 있으며, 투자회사의 경우에는 원칙으로 투자회사가 직접 행사하지만 집합투자업자에게 의결권 행사를 위임할 수 있다(資法 87조①, 156조). 다만, 계열회사 관계에 있거나 계열회사로 편입하기 위한 경우에 있어서는 중립투표[섀도우 보팅(shadow voting)]을 하여야 하며, 합병 및 영업 양수·도, 임원 임면, 정관변경, 기타 이에 준하는 사항으로서 집합투자재산의 손실을 초래할 것이 명백하게 예상되

는 경우에는 계열회사 관계에 있거나 계열회사로 편입하기 위한 경우라 하더라도 자유롭게 의결권을 행사할 수 있도록 하고 있다(資法 87조② · ③, 156조).

다만, 이들에 대하여 주주명부에 실무적으로 주식의 법률적 소유자 이외에 의결권 행사자까지 표기가 되는데 그 표기 여부 및 방법이 증권회사에 따라 다양하다. 이에 따라 집합투자기구의 주주총회 참석시 누구를 본인으로 해야 하는지, 감사등 의안에 대한 표결시 3% 초과지분에 대한 의결권제한 여부를 결정할 때 소유주체와 의결권행사주체 중 누구를 기준으로 할지 등에 대한 혼란이 있다.

6. 의결권 행사 관련 가처분

(1) 의결권 행사금지 가처분

경영권 분쟁과 관련된 주주총회를 앞두고 위와 같은 의결권제한에 해당하는지 여부가 논란의 대상이 되는 경우 의결권제한을 주장하는 당사자는 사전에 의결권 행사금지 가처분 등을 신청할 수도 있다. 주식 7주를 1주로 병합하는 내용의 자본금감소 후 재무구조개선을 목적으로 제3자배정에 의한 유상증자를 한 사안에서, 법원이 감자 실시 직후 이루어진 신주발행이 현 경영진의 경영권 방어를 주된 목적으로 신청인의 피신청인 회사에 대한 지분율을 급격하게 낮추기 위한 것으로 보아 현저히 불공정하여 무효임을 전제로 임시 주주총회 소집허가 신청 인용결정에 기하여 개최될 예정인 주주총회에서의 의결권 행사금지를 명하는 가처분신청을 인용하였다(서울중앙지방법원 2012. 5. 14.자 2012카합961 결정).

의결권 행사금지 가처분은 주주명부폐쇄에 의하여 의결권을 행사할 주주가 확정된 후 신청하는 것이 일반적이다. 그 전에 미리 가처분을 신청하면 자본시장법상 보고의무 위반 등과 같은 의결권 행사금지 사유를 해소할 기회를 상대방에 부여하는 결과가 되기도 한다.

위와 같은 의결권제한사유 외에 신주발행무효의 소, 전환사채발행무효의 소 등을 본안으로 하여 신주 또는 전환된 주식에 대한 의결권 행사금지 가처분을 신청하기도 한다(인천지방법원 2010. 6. 17.자 2010카합566 결정; 서울중앙지방법원 2008. 4. 28.자 2008카합1306 결정).

[2008카합1306 사건의 신청취지](이 사건에서 법원은, 이 사건 제3자배정 주식발행의 경영상 목적이 인정되는 점과, 이사회결의의 어떠한 하자가 있었음이 소명되지 아니하고, 설령 이사회가 결여가 없거나 결의의 하자가 있더라도 신주발행의 효력에는 영향을 미치지 않는다는 점 등을 들어 가처분신청을 기각하였다).
"1. 신청인의 신주발행무효확인 청구사건의 본안 판결 확정시까지 피신청인 주식회사 ○○○은 2008. 4. 29. 및 그 이후에 개최되는 주식회사 ○○○의 주주총회에서 위 주식에 대한 의결권을 행사하여서는 아니 된다.
2. 신청비용은 피신청인들이 부담한다"

한편 주주권 남용을 이유로 하는 의결권 행사금지 가처분도 가능하다. 다만, "어떠한 권리의 행사가 권리남용에 해당되기 위하여는, 주관적으로 그 권리행사의 목적이 오직 상대방에게 고통을 주고 손해를 입히려는 데 있을 뿐 행사하는 사람에게 아무런 이익이 없는 경우이어야 하고, 객관적으로는 그 권리행사가 사회질서에 위반된다고 볼 수 있어야 하는 것"이므로(서울고등법원 2005. 5. 13.자 2004라885 결정), 이러한 요건을 충족하는 것은 매우 제한적일 것이다.

2대주주가 정관변경 등 회사의 중요한 의안에 대하여 지속적으로 반대함으로써 주권상장폐지가 우려된다는 이유로 이러한 의결권 행사가 권리남용에 해당한다는 이유로 2대주주의 의결권 행사금지를 구하는 가처분사건에서, 위와 같은 의결권 행사는 주주로서 회사의 중대한 의사결정에 관한 영향력을 유지하고자 하는 것으로서 주주에게 당연히 보장된 권리행사이고, 주주자격과 무관하게 오로지 개인적인 이해관계에 기한 것으로 볼 수 없다는 이유로 신청을 기각한 판례가 있다(서울중앙지방법원 1999. 3. 22.자 99카합20 결정).

의결권 행사금지 가처분을 신청하는 경우, 의결권 행사금지의 실효를 기하기 위하여 회사도 피신청인으로 하여 의결권 행사허용금지를 신청취지에 포함시키기도 한다.

[의결권 행사허용금지도 함께 신청한 사례]
(서울중앙지방법원 2008. 4. 28.자 2008카합1306 결정의 신청취지)
1. 신청인의 피신청인 주식회사 A에 대한 신주발행무효의 소의 본안판결 확정시까지, 피신청인 주식회사 A는 2008. 4. 29. 및 그 이후에 개최되는 주주총회에서 피신청인 주식회사 B에게 별지 목록 기재 주식에 대한 의결권을 행사하게 하여서는 아니 되고, 피신청인 주식회사 B는 2008. 4. 29. 및 그 이후에 개최되는 주주총회에서 위 주식에 대한 의결권을 행사하여서는 아니 된다.
2. 피신청인 주식회사 A는 2008. 4. 29. 개최되는 주주총회의 제3호 의안 감사 선임의 건 결의시 피신청인 주식회사 A에게 의결권을 위임한 자가 소유하는 주식에 대한 의결권을 행사하게 하여서는 아니 된다.

3. 집행관은 제1, 2항 명령의 취지를 적당한 방법으로 공시하여야 한다.
(서울중앙지방법원 2009. 6. 26.자 2009카합2313 결정의 주문)
1. 가. 피신청인 일동제약(주)는 2009. 6. 29. 개최될 2009년도 정기주주총회에서 나머지 피
   신청인들에게 주식에 대한 의결권을 행사하게 하여서는 아니 되고, 나. 피신청인 A, B,
   C, D, E, F는 위 가항 기재 정기주주총회에서 주식에 대한 의결권을 행사하여서는 아니
   된다.
2. 신청인들의 나머지 신청을 모두 기각한다.
3. 소송비용중 1/5은 신청인들이, 나머지는 피신청인들이 각 부담한다.
(이 사건의 신청취지)
1. 피신청인 일동제약 주식회사는 2009년 6월 29일 개최될 2009년도 정기주주총회에서 재
   단법인 송파재단, 전용자, 이도연, 이주연, 이준수, 김문희의 주식에 대한 의결권을 행
   사하게 하여서는 아니 된다.
2. 피신청인 A, B, C, D, E, F는 피신청인 일동제약주식회사의 2009년 6월 29일 개최될
   2009년도 정기주주총회에서 주식에 대한 의결권을 행사하여서는 아니 된다.
3. 만약 상기1항의 기재의무를 위반한 경우에는 일동제약주식회사는 신청인들에게 각 금
   100,000,000원을 지급하라.
4. 만약 A, B, C, D, E, F가 상기2항의 기재의무를 위반한 경우 A는 금 50,000,000원을, B,
   C, D, E, F는 각 금 20,000,000원을 각 신청인에게 지급하라.
5. 신청비용은 피신청인들의 부담으로 한다.

의결권은 주주가 직접 행사할 수도 있고 대리인을 통하여 행사할 수도 있으
므로 가처분 신청시 주주 본인 외에 대리인을 통한 의결권 행사의 금지를 신청하
기도 하지만, 회사는 주주에 대한 의결권 행사금지 가처분결정에 의하여 그 주주
의 대리인의 의결권 행사도 불허할 수 있으므로, 신청취지에서 반드시 이를 구별
하여 기재할 필요는 없다.

(서울중앙지방법원 2008카합689 사건의 신청취지)
1. 피신청인 주식회사 웹젠은 2008. 3. 28 오전 9시 개최되는 2007 회계년도에 대한 제8회
   정기주주총회에서 피신청인 우리투자증권 주식회사에게 별지 목록 기재 주식에 대한
   의결권을 행사하게 하여서는 아니 된다.
2. 피신청인 우리투자증권 주식회사는 위 주주총회에서 위 주식에 대한 의결권을 직접 행
   사하거나 제3자로 하여금 이를 행사하게 하여서는 아니 된다.

다만, 현 경영진(대주주) 측은 주주총회의 진행절차에서 의결권을 부인하는
것으로 처리할 수 있으므로, 가처분신청의 인용 여부가 불확실한 상황이라면 굳
이 의결권 행사금지 가처분을 신청할 필요성이 크지 않다.

(2) 의결권 행사허용 가처분

의결권 행사금지 가처분제도가 있음에 따라 주주에게 의결권 행사금지 가처

분 신청이 없었다는 사정만으로 해당 주주의 의결권 행사가 당연히 허용되는 것은 아니다. 따라서 회사와의 분쟁으로 인하여 주주총회에서 의결권 행사를 금지당할 위험이 있는 당사자는 의결권 행사허용 가처분을 신청하기도 한다.

2002년과 2003년에 걸친 KCC와 현대엘리베이터 간의 경영권 분쟁 과정에서 KCC 측은 취득하였던 현대엘리베이터 주식에 관한 무상증자로 받은 주식의 의결권 행사를 현대엘리베이터가 허용하지 않겠다는 주장을 하자 의결권 행사허용 가처분 신청을 하여 인용된 일이 있다(수원지방법원 여주지원 2004. 3. 23.자 2003카합50 결정).

한편 회사나 제3자가 주주명부상 주주의 의결권 행사를 사실상 방해하려는 경우에는 그 주주가 회사 또는 제3자를 피신청인으로 하여 의결권 행사방해금지 가처분을 신청하기도 한다(서울중앙지방법원 2010. 7. 6.자 2010카합1894 결정). 의결권 행사방해금지 가처분을 신청하는 경우에는 통상 "… 일체의 방법으로 방해하여서는 아니 된다"와 같이 금지를 구하는 의결권 행사방해방법을 포괄적으로 기재한다.

(서울중앙지방법원 2008. 3. 27.자 2008카합768 결정의 신청취지)
피신청인은 2008. 3. 28. 오전 9시에 개최되는 피신청인의 제8회 정기주주총회에서 신청인이 보유하는 별지 목록 기재 주식에 관하여 그 의결권을 불인정하거나 의결권 행사를 금지하는 등 기타 일체의 방법으로 방해하여서는 아니 된다.

(3) 당 사 자

1) 신 청 인

의결권 행사금지 가처분의 신청인은 특정 주주의 의결권을 부인하려는 회사 또는 주주이고, 의결권 행사허용 가처분의 신청인은 의결권 행사를 방해받을 우려가 있는 주주이다.

2) 피신청인

실무상으로는 일반적으로 의결권 행사금지 가처분은 주주명부상의 주주와 회사를 공동피신청인으로 하여, 그 주주에 대하여는 의결권 행사금지 가처분을, 회사에 대하여는 그 주주의 의결권 행사허용금지 가처분을 신청한다.

(의결권 행사허용금지 가처분의 주문례)
1. 피신청인 ○○ 주식회사는 20 … 10 : 00에 개최되는 주주총회에서 피신청인 ○○○에게 별지 목록 기재 주식에 대한 의결권을 행사하게 하여서는 아니 된다.
2. 피신청인 ○○○은 위 주주총회에서 위 주식에 대한 의결권을 행사하여서는 아니 된다.

그러나 의결권 행사허용 가처분은 회사만을 피신청인으로 하여 신청하면 된다.

(회사만을 피신청인으로 하는 경우의 주문례, 회사를 제3채무자로 표시하기도 한다)
1. 피신청인 ○○ 주식회사는 20 … 10 : 00에 개최되는 주주총회에서 신청인에게 별지 목록 기재 주식에 대한 의결권을 행사하게 하여야 한다.
2. 신청인은 위 주주총회에서 위 주식에 대한 의결권을 행사할 수 있다.

신주발행무효의 소를 본안으로 하는 의결권 행사금지 가처분과 같이 주식의 효력 자체에 대한 다툼이 있는 경우에도 회사와 신주의 주주를 공동피신청인으로 한다. 그러나 서로 주주권을 주장하는 자 간의 분쟁의 경우에는, 가처분의 형성효 또는 반사효가 회사에 미치고, 주주명부상의 주주가 본안소송의 피고이므로 가처분의 피신청인도 회사가 아니라 주주명부상의 주주로 보아야 한다는 견해가 있고, 임시의 지위를 정하는 가처분의 당사자는 반드시 본안소송의 당사자와 일치할 필요가 없고 가처분에 의하여 잠정적으로 규제되는 권리관계의 당사자이면 족하다는 이유로 회사도 피신청인으로 보는 견해도 있다.

(4) 피보전권리

의결권 행사금지 가처분 또는 의결권 행사허용 가처분의 피보전권리는 주주권 또는 주주권에 기한 방해배제청구권이고, 본안소송은 주주권확인의 소이다. 주권인도청구권은 의결권 행사금지 가처분의 피보전권리가 될 수 없다. 주권의 인도는 의결권 행사와 관계가 없기 때문이다. 회사가 부당하게 명의개서를 거부하는 경우에는 주주권에 기한 방해배제청구권 외에 명의개서청구권도 피보전권리가 될 수 있다.

주주의 신주인수권을 피보전권리로 보고, "경영권 분쟁상황에서 열세에 처한 구지배세력이 지분 비율을 역전시켜 경영권을 방어하기 위하여 이사회를 장악하고 있음을 기화로 기존 주주를 완전히 배제한 채 제3자인 우호 세력에게 집중적으로 신주를 배정하기 위한 하나의 방편으로 전환사채를 발행한 경우, 이는 전환사채제도를 남용하여 전환사채라는 형식으로 사실상 신주를 발행한 것으로 보아야 하고, 따라서 주주의 신주인수권을 실질적으로 침해한 위법이 있어 신주발행을 위와 같은 방식으로 행한 경우와 마찬가지로 이를 무효로 보아야 한다."라고 판시한 하급심 판례도 있다.

[서울고등법원 1997. 5. 13.자 97라36 결정]【의결권 행사금지 가처분】 "2. 먼저 피보전권리에 관하여 본다. 전환사채에 있어서도 일정한 경우에 그 발행의 무효를 인정하여야 하고 그 방법은 신주발행무효의 소에 관한 상법 제429조를 유추적용할 수 있다고 보아야 한다. 이 사건에서 사실이 위와 같다면 위 전환사채의 발행은 경영권 분쟁 상황하에서 열세에 처한 구지배세력이 지분 비율을 역전시켜 경영권을 방어하기 위하여 이사회를 장악하고 있음을 기화로 기존 주주를 완전히 배제한 채 제3자인 우호 세력에게 집중적으로 '신주'를 배정하기 위한 하나의 방편으로 채택된 것으로서, 이는 전환사채제도를 남용하여 전환사채라는 형식으로 사실상 신주를 발행한 것으로 보아야 한다. 그렇다면 이 사건 전환사채의 발행은 주주의 신주인수권을 실질적으로 침해한 위법이 있어 신주발행을 위와 같은 방식으로 행한 경우와 마찬가지로 이를 무효로 보아야 한다. 뿐만 아니라, 이 사건 전환사채발행의 주된 목적은 경영권 분쟁 상황하에서 우호적인 제3자에게 신주를 배정하여 경영권을 방어하기 위한 것인 점, 경영권을 다투는 상대방이자 감사인 신청인에게는 이사회 참석 기회도 주지 않는 등 철저히 비밀리에 발행함으로써 발행유지 가처분 등 사전 구제수단을 사용할 수 없도록 한 점, 발행된 전환사채의 물량은 지배 구조를 역전시키기에 충분한 것이었고, 전환기간에도 제한을 두지 않아 발행 즉시 주식으로 전환될 수 있도록 하였으며, 결과적으로 인수인들의 지분이 경영권 방어에 결정적인 역할을 한 점 등에 비추어 볼 때 이 사건 전환사채발행은 현저하게 불공정한 방법에 의한 발행으로서 이 점에서도 무효라고 보아야 한다. 다만, 신청인 측이 주식을 비밀리에 매집하는 과정에 그 당시의 허술했던 증권거래법의 관계 규정을 교묘히 회피해 나감으로써 법이 전혀 의도하지 않았던 결과를 가져온 것에 대하여는 못마땅한 면이 없지 않으나, 그렇다고 하여 신청인이 이 사건 전환사채발행의 무효를 주장할 자격이 없게 된다고 할 수는 없으며, 또 이것이 한화 측의 위법한 대응을 정당화시킬 수도 없다. 또, 위법의 정도가 위와 같이 중대한 이상 이미 발행 및 전환이 끝나 저질러진 일이니 거래의 안전을 위하여 무효화시켜서는 안된다는 주장은 채택할 수 없다. 뿐만 아니라 이 사건에서는 거래의 안전을 해칠 위험도 없다. 전환된 주식을 사전 통모한 인수인들이 그대로 보유하고 있는 상태에서 처분금지 가처분결정이 내려졌고 적어도 금융계에서는 이 사건 분쟁 상황이 처음부터 공지의 사실화되어 선의의 피해자란 있을 수 없기 때문이다. 그렇다면 이 사건 전환사채의 발행은 무효이고 이를 바탕으로 한 신주발행 역시 무효이므로 신청인의 주주권에 기하여 위 신주에 관한 의결권 행사 금지를 구하는 신청인의 이 사건 신청은 피보전권리에 대한 소명이 있다고 할 것이다."

(5) 보전의 필요성

경영권 분쟁상황에서의 의결권 행사금지 가처분은 일반 가처분과는 달리 단순한 집행보전에 그치는 것이 아니라 가처분으로 경영권의 귀속을 변동시켜 버리는 거의 종국적인 만족을 가져오는 것으로서 그 결과가 중대할 뿐만 아니라, 가처분채무자에게는 원상으로의 회복이 곤란한 점으로 말미암아 보전의 필요성에 대한 더욱 강도 높은 소명을 요구한다.

또한 의결권 행사금지 가처분은 주주총회에서의 의결권 행사금지를 그 내용으로 하기 때문에 원칙적으로 이사회의 주주총회소집결의로 인하여 특정된 주주

총회에서의 의결권 행사금지를 구하는 경우에만 허용된다. 따라서 이사회가 주주
총회의 소집을 결의하거나 소집통지가 이루어지는 등 주주총회의 개최가 명백히
예정된 경우에만 보전의 필요성이 인정되고, 아직 소집이 결정되지 아니한 장래
의 주주총회에서의 의결권을 일반적으로 금지하는 가처분신청은 보전의 필요성
이 인정되지 않는다.

[서울고등법원 1997. 5. 13.자 97라36 결정]【의결권 행사금지 가처분】"3. 나아가 보전의 필
요성에 관하여 본다. 원래 임시의 지위를 정하는 가처분이 인용되려면 계속하는 권리관계
에 현저한 손해를 피하거나 급박한 강포를 방지하기 위하여 또는 기타 필요한 이유가 있어
야 한다. 그런데 이 사건과 같이 경영권 분쟁 상황하에서의 의결권 행사금지 가처분은 일반
가처분과는 달리 단순한 집행보전에 그치는 것이 아니라 가처분으로 경영권의 귀속을 변동
시켜 버리는 거의 종국적인 만족을 가져오는 것으로서 그 결과가 중대할 뿐만 아니라, 가처
분채무자에게는 원상으로의 회복이 곤란한 점으로 말미암아 보전의 필요성에 대한 더욱 강
도 높은 소명을 요구한다. 그러므로 이 사건에서의 보전의 필요성은 피보전권리의 존재로
사실상 추정될 수도 없고, 단순히 주주권 즉 지배적 이익이 계속 침해된다는 추상적 사유만
으로도 부족하며, 더 나아가 본안판결의 확정 후에 비로소 경영권이 넘어와서는 본안판결
의 의미가 거의 없게 되거나 혹은 그렇게 될 경우 신청인에게 회복하기 어려운 구체적 손해
가 발생할 우려가 있다는 사정이 따로이 있어야 한다. 이 사건의 경우 1997. 5. 28.로 예정된
정기주주총회에서는 경영진의 개편에 관한 의안이 없으므로 그 이후 언젠가 열릴 수 있는
경영진 개편을 위한 임시주주총회에서 비로소 신청인의 주주권, 즉 지배적 이익의 침해 여
부가 문제될 것인바, 그 언젠가 열릴 임시주주총회에 대비하여 미리 이 사건 가처분을 할
필요가 있는지도 의문일 뿐만 아니라, 경영진의 교체가 그 때 바로 이루어지지 않고 본안판
결의 확정 후로 미루어진다면 본안판결이 왜 무의미하게 되는지, 그렇게 될 경우 신청인에
게 어떠한 회복할 수 없는 손해가 생기는지에 관하여 신청인은 주장·소명하여야 한다. 우
선, 신청인은 현 경영진이 무능하여 경영 실적을 올리지 못하고 오히려 회사에 손해를 입히
고 있다고 주장하나 이를 받아들이기에 족한 소명이 없다. 또, 신청인은 현 경영진이 지금
까지 법령이나 정관에 위배되는 업무 집행을 해 왔고 특히 위 전환사채의 발행에서 보는 바
와 같이 이사의 중립의무를 망각한 채 한화 측의 이익을 위하여 신청인 측을 희생시키는 업
무 집행을 해 온 만큼 앞으로도 그럴 위험이 있다고 주장한다. 그러나 1997. 4. 1.부터는 관
계 규정의 개정으로 경영권 분쟁 상황하에서 이 사건에서와 같은 전환사채의 발행은 하지
못하도록 제도적 장치를 마련함으로써 이제 다시는 그와 같은 일이 재발될 염려는 없어졌
다. 뿐만 아니라 이사의 위법 부당한 직무 집행에 대하여는 위법행위유지 가처분이나 이사
해임의 소 및 이를 전제로 한 직무집행정지 가처분으로 대처할 길이 있고, 실제로 위 전환
사채의 발행 및 부동산 염매 등 법령과 정관에 위배되는 업무 집행을 해 온 이사들에 대하
여 해임의 소를 전제로 한 직무집행정지 가처분이 내려졌다(당원 1997. 5. 13.자 97라35 결
정 참조). 그런데도 나머지 이사들이 해임을 무릅쓰고라도 앞으로 또 위법 부당한 업무 집
행을 할 것으로 볼 만한 소명은 아직 없다. 물론 신청인은 이에 대하여 불안한 생각을 가질
수 있을 것이나 그것만으로 피보전권리에 관한 대법원의 최종 판단(본안이 아닌 가처분사
건에 있어서만이라도)이 나오기 전에 종국적 만족을 실현시키는 이 사건 가처분의 필요성
을 인정하기에는 부족하다. 위 대법원 판단이 나온 뒤에 위법 부당한 업무 집행의 징후가
나타나면 그 때 다시 이 사건과 같은 가처분 신청을 하면 될 것이다. 그렇다면 달리 시급히
가처분이 되지 아니하면 신청인이 회복할 수 없는 손해를 입게 된다는 점에 관한 주장·소
명이 없는 이 사건에 있어서 보전의 필요성에 관하여는 소명이 없다고 할 것이다."

그러나 소규모비상장회사로서 주주의 수가 작고 경영권분쟁 과정에서 수시로 주주총회가 소집되는 상황에서는 법원도 보전의 필요성을 다소 넓게 인정한다. 신주발행의 유효성 여부가 다투어져 향후 개최될 주주총회에서도 신청인들과 피신청인 사이에 의결권 행사 여부에 관한 계속적인 다툼의 소지가 있음을 이유로 가처분의 본안 소송에 해당하는 신주발행무효의 소에 대한 본안 판결 확정시까지 개최일이 이미 확정된 주주총회뿐만 아니라 향후 개최될 주주총회에서의 해당 신주의 의결권 행사를 금지하는 가처분결정을 한 사례도 있다(서울중앙지방법원 2007. 5. 25.자 2007카합1346 결정)(同旨: 서울중앙지방법원 2012. 4. 12.자 2012카합339 결정).

(6) 가처분의 효과

1) 발행주식총수 산입 문제

주주명부상의 주주가 의결권 행사금지 가처분에 의하여 의결권을 행사할 수 없게 된 경우, 그가 가진 주식의 수를 "발행주식총수"에 산입하여야 하는지에 관하여, 대법원은 상법상 주주총회결의요건에 관한 규정이 개정되기 전의 사례에서, "주식 자체는 유효하게 발행되었지만 주식의 이전 등 관계로 당사자 간에 주식의 귀속에 관하여 분쟁이 발생하여 진실의 주주라고 주장하는 자가 명의상의 주주를 상대로 의결권의 행사를 금지하는 가처분의 결정을 받았을 경우에, 그 명의상의 주주는 주주총회에서 의결권을 행사할 수 없으나, 그가 가진 주식 수는 주주총회 결의요건을 규정한 구 상법(1995. 12. 29. 법률 제5053호로 개정되기 전의 것) 제368조제1항 소정의 정족수 계산의 기초가 되는 '발행주식총수'에는 산입되는 것으로 해석함이 상당하다."라고 판시하였다.

[구 상법(1995. 12. 29. 법률 제5053호로 개정되기 전의 것) 제368조]
① 총회의 결의는 본법 또는 정관에 다른 정함이 있는 경우 외에는 발행주식총수의 과반수에 해당하는 주식을 가진 주주의 출석으로 그 의결권의 과반수로써 하여야 한다.

다만, 이러한 결론은 주식양도계약의 당사자 간에 양도계약의 효력에 관한 다툼이 있는 경우에 적용되는 것이고, 신주발행무효사유를 근거로 하는 가처분에 의하여 의결권 행사가 금지된 경우에는 발행주식총수에 산입할 수 없다고 보아야 한다[대법원 1998. 4. 10. 선고 97다50619 판결. "주식 자체는 유효하게 발행되었지만 주식의 이전 등 관계로 당사자 간에 주식의 귀속에 관하여 분쟁이 발생하여 진실의 주주라고 주장하는 자가 명의상의 주주를 상대로 의결권의 행사를 금지하는 가처분의 결정을 받았을 경우"로 제한하여 설시하였다(서울중앙지방법원도 2019카합21290 결정에서 "특정 주식의 존부 자체에 관한 다툼을 본안으로 해 의결권 행사의 금지를 명하는 가처분이 내려진 경우에는 해당 주식에도 상법 제371조 1항을 유추적용해 발행주식총수에 산입되지 않는다고 봐야 한다. … 신주발행 무효의 소와 같이 주식의 존부 자체에 관한 다툼이 있는 경우 의결권행사 금지를 구하는 가처분 채권자는 해당 신주발행 전 상태를 보전하는 데 주된 목적이 있으므로, 해당 주식을 발행주식총수에서도 제외하는 것이 현상유지라는 가처분 목적에 부합한다."라고 판시하였다)].

2) 가처분 위반 또는 준수와 주주총회결의의 하자

⑺ **가처분을 위반한 경우**   의결권 행사금지·허용 가처분은 주주총회 결의방법과 관련되는데, 주주총회 결의방법이 법령 또는 정관에 위반하거나 현저하게 불공정한 때에는 주주·이사 또는 감사는 결의의 날부터 2개월 이내에 결의취소의 소를 제기할 수 있다(376조①). 회사가 의결권 행사금지·허용 가처분에 위반하여 피신청인의 의결권 행사를 허용하거나 신청인의 의결권 행사를 불허하였고 이러한 가처분 위반을 이유로 결의취소의 소가 제기된 상황에서, 본안소송 또는 가처분의 불복절차에서 가처분의 피보전권리의 존재가 인정되지 아니한 경우 그 결의의 효력이 문제된다.

의결권 행사금지·허용 가처분에 위반하였다는 것은 결국 가처분에 의하여 금지되거나 허용된 의결권 행사를 가처분에 반하여 허용하거나 금지한 상황에서 주주총회결의가 가결되었다는 것이다. 대법원은 의결권 행사금지 가처분에 관한 사건에서 "가처분결정 또는 가처분사건에서 이와 동일한 효력이 있는 강제조정결정에 위반하는 행위가 무효로 되는 것은 형식적으로 그 가처분을 위반하였기 때문이 아니라 가처분에 의하여 보전되는 피보전권리를 침해하기 때문인데, 이 사건 가처분의 본안소송에서 가처분의 피보전권리가 없음이 확정됨으로써 그 가처분이 실질적으로 무효임이 밝혀진 이상 이 사건 주식에 의한 의결권 행사는 결국 가처분의 피보전권리를 침해한 것이 아니어서 유효하고, 따라서 이 사건 주주총회결의에 가결정족수 미달의 하자가 있다고 할 수 없다."라고 판시한 원심판결을 유지하였다.

[대법원 2010. 1. 28. 선고 2009다3920 판결]【주주총회결의부존재확인】"원심판결 이유에

의하면, 원심은, ① 소외 1이 피고회사 및 소외 2, 3, 4, 5를 상대로 신청한 서울중앙지방법원 2006카합695호 의결권 행사금지 가처분 사건에서 2006. 7. 12. "이 사건 주권반환청구사건의 본안판결 확정시까지 개최되는 피고회사의 주주총회에서, 피고회사는 소외 2, 3에게 피고회사 주식 4,800주에 대하여, 소외 4에게 2,880주에 대하여, 소외 5에게 1,920주(이하 위 주식 합계 14,400주를 '이 사건 주식'이라 한다)에 대하여 각 의결권을 행사하게 하여서는 안 되고, 소외 2, 3, 4, 5는 이 사건 주식에 대하여 의결권을 행사하여서는 안 된다"는 내용의 강제조정 결정이 내려지고 그 무렵 확정된 사실, ② 2007. 8. 13.자 피고회사의 임시주주총회(이하 '이 사건 주주총회'라 한다)에서 소외 2 외 4인의 이사선임안이 찬성 84,000주, 반대 76,000주로 피고회사의 정관에 규정된 과반수 출석에 과반수 의결을 충족한다고 하여 가결되었는데, 당시 위 소외 2 등은 위 강제조정 결정에 반하여 이 사건 주식에 관하여 찬성으로 의결권을 행사한 사실, ③ 위 가처분의 본안소송인 수원지방법원 성남지원 2006가합4164호 주권반환청구 사건에서 2007. 9. 14. 소외 1 패소판결이 선고되었고, 위 판결은 소외 1의 항소 및 상고(서울고등법원 2007나102450호, 대법원 2008다56378호)가 각 기각되어 2008. 11. 13. 확정된 사실을 인정한 다음, (중략) 이 사건 기록 및 관련 법리에 비추어 보면 위와 같은 원심의 조치는 정당하고, 거기에 가처분을 위반한 의결권 행사의 효력에 관한 법리를 오해한 잘못이 없다."

판례의 취지에 의하면, 의결권 행사금지·허용 가처분에 위반한 것만으로 바로 결의의 하자로 인정되는 것이 아니라, 결의하자에 관한 본안소송에서 의결권 행사금지·허용 가처분의 피보전권리의 존재가 인정되어야 결의의 하자도 인정될 것이다. 일반적으로는 결의의 존재나 효력을 다투는 본안소송에서 의결권 행사금지·허용 가처분의 피보전권리의 존재가 인정될 것이므로 대부분의 경우 본안소송절차에서 인정된 하자에 기하여 결의의 존재나 효력을 부인하는 판결이 선고될 것이다. 그러나 만일 결의의 하자에 관한 소송 또는 의결권 행사의 기초가 되는 주식의 실체적 권리를 다투는 소송 등의 본안소송에서 가처분의 피보전권리가 없음이 확정되면 그 가처분은 실질적으로 무효로 되므로, 가처분에 위반한 주주총회결의는 다른 하자가 없는 한 유효한 결의로 존재하게 된다. 다만, 현저히 불공정한 때에 해당하는지 여부를 판단함에 있어서 중요한 참고사항은 될 것이다.

(나) **가처분을 준수한 경우**　　이와 반대로 회사가 의결권 행사금지 가처분 또는 의결권 행사허용 가처분에 따라 당사자의 의결권을 금지하거나 허용하였으나, 후에 본안소송에서 의결권을 금지하거나 허용할 사유가 인정되지 아니하여 가처분 신청인이 패소한 경우에는, 결의 당시 유효한 가처분에 기하여 의결권 행사가 금지되거나 허용된 상태에서 이루어진 주주총회결의는 적법하므로 가처분 신청인이 패소한 본안판결의 영향을 받지 않는다는 견해도 있다.

그러나 회사가 가처분에 위반한 경우와 같은 법리를 적용한다면 회사가 가처분을 준수하였다는 것만으로는 주주총회결의의 하자가 치유되는 것으로 볼 수 없을 것이다. 주주명부의 경우에는 면책적 효력에 의하여 회사가 주주명부에 주주로 기재된 자를 주주로 보고 그의 의결권을 인정하면 설사 그가 진정한 주주가 아니더라도 회사는 면책된다. 그러나 가처분결정에까지 이러한 면책적 효력을 인정할 근거는 없다. 또한 명의개서에는 창설적 효력이 없으므로 명의개서 후라도 무권리자임이 밝혀지면 명의개서는 소급해서 효력을 상실한다는 판례에 비추어 보면, 가처분의 피보전권리에 해당하는 사유가 존재하지 않는 것으로 확인된 이상 회사가 가처분을 준수하였다는 것만으로 주주총회결의의 하자가 치유될 수는 없다.

> [대법원 1989. 7. 11. 선고 89다카5345 판결]【임시주주총회, 이사회결의무효확인】 "상법상 주권의 점유자는 적법한 소지인으로 추정하고 있으나(336조②) 이는 주권을 점유하는 자는 반증이 없는 한 그 권리자로 인정된다는 것, 즉 주권의 점유에 자격수여적 효력을 부여한 것이므로 이를 다투는 자는 반대사실을 입증하여 반증할 수 있고, 또한 등기주식의 이전은 취득자의 성격과 주소를 주주명부에 기재하여야만 회사에 대하여 대항할 수 있는바(337조①), 이 역시 주주명부에 기재된 명의상의 주주는 실질적 권리를 증명하지 않아도 주주의 권리를 행사할 수 있게 한 자격수여적 효력만을 인정한 것뿐이지 주주명부의 기재에 창설적 효력을 인정하는 것이 아니므로 반증에 의하여 실질상 주식을 취득하지 못하였다고 인정되는 자가 명의개서를 받았다 하여 주주의 권리를 행사할 수 있는 것은 아니다."

> [대법원 2000. 3. 23. 선고 99다67529 판결]【주주권확인등】 "주권발행 전의 주식양도라 하더라도 회사성립 후 6월이 경과한 후에 이루어진 때에는 회사에 대하여 효력이 있으므로 그 주식양수인은 주주명부상의 명의개서 여부와 관계없이 회사의 주주가 되고, 그 후 그 주식양도 사실을 통지받은 바 있는 회사가 그 주식에 관하여 주주가 아닌 제3자에게 주주명부상의 명의개서절차를 마치고 나아가 그에게 기명식 주권을 발행하였다 하더라도, 그로써 그 제3자가 주주가 되고 주식양수인이 주주권을 상실한다고는 볼 수 없다."

이러한 결론은 결의의 하자에 관한 소송이 아니라 주주권의 귀속에 관한 소송에서 가처분 신청인이 패소한 경우에도 마찬가지이다. 다만, 결의취소의 소에 관하여는 가처분 신청인이 패소한 본안판결의 확정시 이미 제소기간이 경과한 후일 것이다.

3) 합일확정 여부

신주발행무효사유 또는 자본시장법상 보고의무 위반 등 법령상의 근거에 의한 의결권 행사금지 가처분과 주식양수도거래의 당사자 간의 다툼에 의한 의결권 행사금지 가처분은 이해관계자들 간에 합일확정의 필요성 면에서 다르다. 전자의 경우에는 가처분재판 당사자 외에도 가처분결정의 효력이 미치지만(대세적 효력),

후자의 경우에는 단체법적 법률관계가 아니라 개인법적 법률관계의 분쟁에 기한 것이므로 합일확정의 필요성이 없고 가처분 당사자 간에만 가처분의 효력이 미친다. 그리고 의결권 행사허용 가처분결정 후 가처분 신청인을 상대로 다른 제3자가 의결권 행사금지 가처분을 신청하여 신청이 인용되면 회사는 전자의 가처분이 취소되기 전이라도 의결권 행사를 허용할 의무가 없다.

(7) 의결권 행사계약

의결권을 행사함에 있어서 상호 합의한 바에 따라 의결권을 행사하기로 하는 의결권 행사계약(특히 합작투자계약의 당사자 간에서 볼 수 있다)의 일방당사자가 합의된 바에 따른 의결권 행사를 구하는 가처분신청은 의사표시를 명하는 가처분신청으로서 의사표시의무의 강제이행 방법에 관하여 채권자로 하여금 채무자의 의사표시에 갈음하는 재판을 청구하도록 하고, 그 의사의 진술을 명한 판결이 확정된 경우 비로소 판결로 의사표시를 한 것으로 간주하도록 정한 민법 제389조제2항, 민사집행법 제263조제1항의 규정취지에 저촉되는 것으로 허용될 수 없다는 판례도 있고(서울중앙지방법원 2008. 2. 25.자 2007카합2556 결정), 반면에 합작투자회사의 주주가 될 계약당사자들이 사전에 주주총회에서의 의결권을 일정 방식으로 행사하기로 하는 합의가 포함되는 경우 이러한 의결권 행사계약은 그 합의의 내용이 다른 주주의 권리를 해하거나 기타 불공정한 내용이 아니라면 당사자 사이에 유효하므로, 특별한 사정이 없는 한 합의된 바에 따른 후보를 이사로 선임하는 안건에 대하여 찬성표를 행사할 의무를 부담한다고 판시한 판례도 있다[서울중앙지방법원 2012. 7. 2.자 2012카합1487 결정(특별한 사정으로는, 지명된 후보가 이사로 선임될 경우 이 사건 회사의 이익을 해할 개연성이 높다거나 그에게 법령 또는 정관상의 이사 결격사유가 있다는 등을 예로 들고 있다), 서울중앙지방법원 2011. 11. 24.자 2011카합2785 결정(합의서의 특약에서 정한 의결권위임을 구할 피보전권리가 인정되고, 피신청인들이 임시주주총회 소집 등을 통하여 신청인을 이 사건 합의서의 취지에 반하여 경영에서 배제하고자 하는 태도를 보이는 점을 근거로 특정 일자에 소집될 임시주주총회에서의 의결권 위임과 위임받은 의결권 행사의 허용을 구하는 예비적 신청을 인용하였다. 그러나 제한 없는 의결권 위임을 구하는 주위적 신청에 대하여는, 예정된 특정 주주총회나 시한의 제한 없이 이를 전면적으로 받아들이게 되면 사실상 피신청인 회사의 소유 및 경영권이 곧바로 신청인에게 이전되므로, 보전의 필요성에 대하여 고도의 소명이 요구되는데 이러한 필요성이 인정되지 않음을 이유로 기각하였다)].

7. 의결권 행사의 방해

폭행 또는 협박에 의하여 주주의 의결권 행사를 방해하면 형법 제324조의 "폭행 또는 협박으로 사람의 권리행사를 방해"하는 행위인 강요죄에 해당한다. 그러나 의결권 행사 후 투표집계 과정에서 법률적인 의결권제한사유를 이유로 의결권을 인정하지 않는 것은 비록 의결권제한 여부에 다툼이 있다 하더라도 구체적인 "폭행 또는 협박"이 없는 한 강요죄에 해당하지 않는다.

주주총회의 원활한 진행을 위력으로 방해하는 경우에는 회사의 업무를 방해한 것으로서 업무방해죄가 성립한다. 종래에는 의결권 행사를 주주의 업무로 보아 형법 제314조의 "위력으로써 사람의 업무를 방해"한 것으로 보아 업무방해죄로 기소하는 예도 있었으나, 판례는 이러한 경우의 업무방해죄 성립을 부인한다.

[대법원 2004. 10. 28. 선고 2004도1256 판결]【업무방해】 "형법상 업무방해죄의 보호대상이 되는 '업무'라 함은 직업 기타 사회생활상의 지위에 기하여 계속적으로 종사하는 사무 또는 사업을 말하는 것인데, 주주로서 주주총회에서 의결권 등을 행사하는 것은 주식의 보유자로서 그 자격에서 권리를 행사하는 것에 불과할 뿐 그것이 '직업 기타 사회생활상의 지위에 기하여 계속적으로 종사하는 사무 또는 사업'에 해당한다고 할 수 없다."

III. 의결권등 주주권 행사 관련 이익공여금지

1. 의   의

회사는 누구에게든지 주주의 권리행사와 관련하여 재산상의 이익을 공여할 수 없다(467조의2①). 재산상의 이익공여는 주로 의결권 행사와 관련하여 문제된다. 주주총회에 참석하여 총회의 의사 운영에 협조해 주겠다고 하면서 회사에게 이익을 전문적으로 요구하는 주주, 즉 소위 총회꾼들이 많기 때문이다. 총회꾼은 원래 소량의 주식을 소유하면서 오로지 주주총회의 원활한 진행을 방해하기 위하여 장시간 발언을 하거나 소동을 일으키는 사람들을 가리킨다. 이익공여금지제도는 소위 총회꾼과 회사 간의 불공정한 거래를 방지하기 위하여 도입되었으나, 근래에는 회사가 총회꾼 외의 자에게 이익을 공여한 경우에도 적용된다. 이와 같이 적용범위가 확대된 것은 회사의 경영진과 총회꾼 이외의 자와 결탁하여 주주들이 발언기회를 갖지 못하도록 하는 것을 방지함으로써 회사경영의 건전성을 확보하기 위하여도 이익공여금지제도가 필요하기 때문이다. 회사가 주주의 권리행사와 관련하여 재산상의 이익을 공여한 때에는 그 이익을 공여받은 자는 이를 회사에 반환하여야 한다(467조의2③ 제1문). 이 경우 회사도 이익을 공여하면서 대가를 받았다면 그 대가를 반환하여야 한다(467조의2③ 제2문).

2. 이익공여의 주체와 상대방

(1) 이익공여의 주체

직접 이익을 공여하는 행위자는 대표이사, 이사, 집행임원 등이겠지만, 이익공여의 주체는 회사이다. 회사가 자기명의로 이익을 공여하는 경우는 물론, 제3자가 자기의 명의로 회사의 계산으로 이익을 제공한 경우에도 회사가 이익을 공여한 것으로 된다. 그러나 회사의 계산으로 이익이 제공되는 것을 금지하므로, 회사를 위하여 제3자가 자신의 계산으로 이익을 제공한 경우에는 이익공여금지의 대상이 아니다. 예컨대 주주 또는 이사가 특정 의안의 결의와 관련하여 개인적으로 이익을 공여한 경우는 본조의 적용대상이 아니다.

(2) 이익공여의 상대방

법문상 이익공여의 상대방이 "누구에게든지"로 규정되어 있으므로 이익을 얻는 제3자는 제한이 없다. 따라서 주주권 행사와의 관련성이 있는 한 주주 아닌 자에게 이익을 공여하는 것도 금지된다. 이러한 경우에는 주주권행사와의 관련성 추정규정(467조의2②)은 적용되지 않는다. 자연인뿐 아니라 법인, 권리능력 없는 사단도 규제대상이다.

회사가 모든 주주에게 이익을 공여하는 것은 주주평등원칙에 반하지 아니하므로 허용된다고 보는 견해도 있다. 그러나 상법상 이익공여금지제도가 소위 총회꾼과 회사 간의 불건전한 거래를 금지시키기 위한 것이지만, 한편으로는 회사운영의 정상화 및 회사이익침해방지라는 목적도 있고, 특히 법문상 "누구에게든지"라고 규정되어 있으므로, 그 공여의 대상이 주주 전원이라는 이유만으로 이익공여가 허용되는 것은 아니다. 다만, "특정 주주"에 대한 이익공여가 아니므로 주주권행사와의 관련성이 추정되지 않을 것이다.

3. 재산상의 이익

재산상의 이익이란 광범위한 개념으로서, 금전·현물·신용·노무제공·채무면제·채권포기·경제적이익이 있는 지위의 부여 등이 포함된다. 그러나 주주총회장에서의 앞자리 착석 등과 같은 조치는 재산상의 이익과 무관하므로 이익공여에 해당하지 않는다. 대가가 지급되더라도 상당성이 결여되거나, 거래조건이 상당하더라도 거래 자체가 이익이 되는 경우도 이익 공여에 해당한다. 통모인수(424조의2), 즉, 이사와 통모하여 불공정한 발행가액으로 신주를 인수한 경우에는 공정한 발행가액과의 차액이 공여한 이익액이다.

주주의 권리행사와 관련된 재산상 이익의 공여라 하더라도 그것이 의례적인 것이라거나 불가피한 것이라는 등의 특별한 사정이 있는 경우에는, 법질서 전체의 정신이나 그 배후에 놓여 있는 사회윤리 내지 사회통념에 비추어 용인될 수 있는 행위로서 형법 제20조에 정하여진 '사회상규에 위배되지 아니하는 행위'에 해당한다. 그러한 특별한 사정이 있는지 여부는 이익공여의 동기, 방법, 내용과 태양, 회사의 규모, 공여된 이익의 정도 및 이를 통해 회사가 얻는 이익의 정도 등을 종합적으로 고려하여 사회통념에 따라 판단하여야 한다.

결국 이익공여는 공여된 해당 이익이 주주권 행사에 영향을 미칠 우려가 없는 정당한 목적에 근거하여 공여되고, 개개의 주주에게 공여되는 금액이 사회통념상 허용되는 범위이고, 공여된 이익 총액이 회사의 재산적 기초에 영향을 미치는 것이 아니라는 세 가지 요건이 구비되면 허용된다 할 것이다.

[대법원 2018. 2. 8. 선고 2015도7397 판결] "피고인이 대표이사로서 회사의 계산으로 사전투표와 직접투표를 한 주주들에게 무상으로 20만 원 상당의 상품교환권 등을 각 제공한 것은 주주총회 의결권 행사와 관련된 이익의 공여로서 사회통념상 허용되는 범위를 넘어서는 것이어서, 상법상 주주의 권리행사에 관한 이익공여의 죄에 해당한다고 본 원심의 결론은 정당하다."

4. 주주권 행사와의 관련성

(1) 주주권 행사

상법 제467조의2는 "주주의 권리행사와 관련하여"라고 규정한다.

1) 주주의 범위

"당해 주주의"가 아닌 "주주의"라는 규정상 직접 권리를 행사하려는 주주뿐 아니라 다른 주주도 포함된다.

종래에는 주주명부상의 주주가 아닌 실질적인 주주도 주주권을 행사할 수 있었으므로 제467조의2의 "주주"에 포함되는 것으로 해석하였으나 대법원 2017. 3. 23. 선고 2015다248342 전원합의체 판결에 의하여 이러한 주주는 회사에 대하여 주주권을 행사할 수 없으므로 "주주"에 포함되지 않는다.

이러한 실질적인 주주는 앞에서 본 바와 같이 이익공여의 상대방은 될 수 있으므로 실질적인 주주가 주주명부상 주주의 권리행사와 관련하여 이익을 공여 받은 경우에는 반환 대상이 된다.

2) 권리의 범위

"의결권"이 아닌 "권리행사"라는 규정상 반드시 주주총회에서의 의결권만이 아니고 소수주주권인 대표소송 제기권, 주주총회결의에 관한 각종 소권, 회계장부 열람·등사청구권 등 공익권과 이익배당청구권, 잔여재산분배청구권, 신주인수권 등 자익권을 포함한 일체의 주주권행사를 의미한다. 다만, 주주와 회사 간의 계약상의 특수한 권리는 포함되지 아니한다.

> [대법원 2017. 1. 12. 선고 2015다68355,68362 판결] "갑 주식회사가 운영자금을 조달하기 위해 을과 체결한 주식매매약정에서 을이 갑 회사의 주식을 매수하는 한편 갑 회사에 별도로 돈을 대여하기로 하면서 을이 '갑 회사의 임원 1명을 추천할 권리'를 가진다고 정하였는데, 주식매매약정 직후 을이 임원추천권을 행사하지 아니하는 대신 갑 회사가 을에게 매월 돈을 지급하기로 하는 내용의 지급약정을 체결한 사안에서, 을이 가지는 임원추천권은 주식매매약정에 정한 계약상의 특수한 권리이고 이를 주주의 자격에서 가지는 공익권이나 자익권이라고 볼 수는 없으므로 상법 제467조의2제1항에서 정한 '주주의 권리'에 해당하지 아니하고, 지급약정은 을이 갑 회사에 운영자금을 조달하여 준 것에 대한 대가를 지급하기로 한 것일 뿐 주주의 권리행사에 영향을 미치기 위하여 돈을 공여하기로 한 것이라고 할 수 없으므로, 지급약정이 상법 제467조의2제1항에 위배된다고 볼 수 없다."

3) 주식의 매매

주주의 주식매매와 관련하여 이익을 제공하는 경우도 상법 제467조의2가 적용되는지에 대하여는 논란의 여지가 있다. 그러나 주식의 양도는 개인법적 법률관계이므로 단체법적 법률관계에 속하는 주주권 행사와 관련된다고 보기는 어렵다는 점과, 통상의 주식매매에 대하여서까지 상법 제467조의2를 적용하는 것은 형사처벌의 기초인 규정을 지나치게 확장해석하는 것이라는 점에서 원칙적으로는 적용대상이 아니다. 그러나, 회사에게 적대적인 주주의 주주권행사를 막는다는 구체적인 목적으로 해당 주주가 주식을 양도하는 조건으로 해당 주주 또는 주식양수인에게 이익을 공여한다면 "주주의 권리행사와 관련하여"라는 요건을 충족한다고 해석된다.

4) 주주우대제도

"주주의 권리행사와 관련하여"라는 요건상 소위 주주우대제도에 의하여 권리행사와 무관하게 주주에게 각종 우대권이나 할인권을 제공하는 것은 문제되지 않는다. 다만, 이 경우에도 주주의 보유주식수에 비례하여 제공되지 않는 경우 주주평등원칙 위반에 해당하는지 여부에 대하여는 논란의 여지가 있다. 대체로 제공된 이익이 경미한 경우 또는 회사의 경영정책상 필요하고 합리적인 범위라면 주주평등원칙 위반에 해당하지 않는다고 본다.

(2) 관 련 성

1) 관련성의 범위

"관련하여"라는 규정상 주주권의 행사 여부는 물론 행사 방법도 포함한다. 따라서 회사를 상대로 소를 제기하지 않는 조건으로 이익을 공여받은 경우도 이익반환의 대상이다. 주주권행사의 적법·위법은 불문한다.

2) 관련성 판단의 기준

상법상 주주의 권리행사에 관한 이익공여의 죄는 주주의 권리행사와 관련 없이 재산상 이익을 공여하거나 그러한 관련성에 대한 범의가 없는 경우에는 성립할 수 없다. 피고인이 재산상 이익을 공여한 사실은 인정하면서도 주주의 권리행사와 관련 없는 것으로서 그에 대한 범의도 없었다고 주장하는 경우에는, 상법

제467조의2제2항·제3항 등에 따라 회사가 특정 주주에 대해 무상으로 또는 과다한 재산상 이익을 공여한 때에는 관련자들에게 상당한 법적 불이익이 부과되고 있음을 감안하여야 하고, 증명을 통해 밝혀진 공여행위와 그 전후의 여러 간접사실들을 통해 경험칙에 바탕을 두고 치밀한 관찰력이나 분석력에 의하여 사실의 연결상태를 합리적으로 판단하여야 한다(대법원 2018. 2. 8. 선고 2015도7397 판결).

3) 관련성의 추정

주주의 권리행사와 관련하여 재산상의 이익을 공여하는 것이 금지되는데, 이를 증명하는 것이 사실상 곤란하므로, 회사가 "특정의 주주"에 대하여 ⅰ) 무상으로 재산상의 이익을 공여한 경우, ⅱ) 유상으로 재산상의 이익을 공여한 경우에 있어서 회사가 얻은 이익이 공여한 이익에 비하여 현저하게 적은 때에는 주주의 권리행사와 관련하여 이를 공여한 것으로 추정한다(467조의2②). 이에 따라 증명책임이 전환되므로 이익을 공여받은 자가 주주권행사와의 관련성이 없다는 것을 증명하여야 한다.

이익을 공여받는 자가 특정의 "주주"인 경우에만 관련성 추정규정이 적용되므로, 예컨대 주주 아닌 자가 앞으로 경영권에 영향을 줄 정도의 지분을 취득하지 않겠다고 회사와 합의하면서 이익을 공여받는 경우에는 관련성 추정에 관한 제467조의2제2항이 적용되지 않는다.

그리고 "특정" 주주에 대한 이익공여의 경우에만 증명책임이 전환되므로, 주주 전원이나 출석주주 전원 또는 추첨에 의한 일부 주주에게 이익을 공여한 경우에는 증명책임이 전환되지 않는다.

5. 주주의 지위와 채권자의 지위

주식매매약정과 금전소비대차약정을 연계하여 주주와 채권자로서의 지위를 겸비하는 경우 채권자로서의 지위가 유지되는 동안 약정금채무의 이행은 이익공여금지에 관한 상법 제467조의2 위반으로 볼 수 없고, 채무이행 완료로 회사 채권자로서의 지위를 상실하고 주주로서의 지위만을 가지게 되는 경우 회사가 계속해서 약정금을 지급하는 것은 회사가 다른 주주들에게 인정되지 않는 우월한 권리를 부여하는 것으로 주주평등의 원칙에 위배된다(대법원 2018. 9. 13. 선고 2018다

9920,9937 판결).

6. 위반의 효과

(1) 이익반환의무

회사가 자기명의로 이익을 공여하는 경우는 물론, 회사의 계산으로 제3자의 명의로 이익을 제공한 경우 이익공여가 무효로 되므로 그 이익을 공여받은 자는 이를 회사에 반환하여야 한다(467조의2③ 제1문). 상대방은 주주인지 여부 및 선의, 악의를 불문하고 반환의무를 부담한다. 회사의 이익공여가 무효로 되면 공여받은 이익은 민법상 부당이득이 된다(民法 741조). 그러나 부당이득반환의 법리에 의하면 회사의 이익공여는 민법 제746조의 불법원인급여 또는 제742조의 비채변제에 해당하고, 회사는 부당이득의 반환을 청구할 수 없다. 따라서 상법은 민법의 부당이득에 대한 특칙으로 회사의 반환청구권을 명문으로 규정하는 것이다. 부당공여이익 반환청구권자는 이익공여의 주체인 회사이다. 회사가 공여한 이익을 반환청구할 수 있는 것이고, 만일 이사가 자기의 계산으로 이익을 공여하였다면 이사와 회사 모두 상법 제467조의2에 의하여 반환을 청구할 수 없다.

이익반환의무자는 주주의 권리행사와 관련하여 재산상의 이익을 공여받은 자이다.

(2) 회사의 대가반환의무

회사가 이익을 공여하면서 대가를 받았다면 그 대가를 반환하여야 한다(467조의2③ 제2문). 따라서 이익반환의무자는 자신이 지급한 대가가 있더라도 공여받은 이익(금전·현물·신용·노무제공·채무면제·채권포기·경제적 이익이 있는 지위의 부여 등) 전부를 반환하여야 하고, 다만 이익반환과 대가반환은 동시이행관계에 있다. 공여받은 현물을 소비한 경우에는 공여 당시의 시가 상당액을 반환하여야 한다.

(3) 주주대표소송

반환청구권자는 회사이지만, 회사가 스스로 제공한 이익이므로 반환청구를 게을리 할 가능성이 크다. 이 경우 소수주주가 대표소송을 제기할 수 있다(467조의2④).

(4) 민사·형사 책임

이익공여와 관련하여 임무를 게을리한 이사와 감사는 회사에 대하여 손해배상책임을 진다(399조, 414조).

그리고 상법은 주주권행사와 관련한 이익공여를 방지하기 위하여 주식회사의 이사, 집행임원, 감사위원회 위원, 감사, 직무대행자(386조②, 407조① 또는 제415조), 지배인, 그 밖의 사용인이 주주의 권리 행사와 관련하여 회사의 계산으로 재산상의 이익을 공여한 경우(634조의2①), 이러한 이익을 수수하거나 제3자에게 이를 공여하게 한 자(634조의2②), 부정한 청탁을 받고 재산상의 이익을 수수, 요구 또는 약속한 자(631조①), 이익을 약속, 공여 또는 공여의 의사를 표시한 자(631조②) 등을 1년 이하의 징역 또는 300만원 이하의 벌금에 처하도록 규정한다. 제634조의2는 이익공여자의 범위를 제한하되 부정한 청탁을 요건으로 하지 않고, 반면에 제631조는 부정한 청탁을 요건으로 한다는 점에서 차이가 있다.

(5) 주주총회결의의 효력

위법한 이익제공이 주주총회결의취소사유에 해당하는지 여부에 대하여, 판례는 이익이 주주권행사와 관련되어 공여되고 그 가액이 사회통념상 허용되는 범위를 넘어서는 경우에는 상법상 금지되는 주주의 권리행사와 관련된 이익공여에 해당하므로, 이러한 이익공여에 따른 의결권행사를 기초로 한 주주총회는 그 결의방법이 법령에 위반한 것이라고 판시하였다.

[대법원 2014. 7. 11.자 2013마2397 결정](이사직무집행정지가처분 사건의 피보전권리를 인정한 판례) "상법 제467조의2제1항은 "회사는 누구에게든지 주주의 권리행사와 관련하여 재산상의 이익을 공여할 수 없다."고 규정하고, 이어 제2항 전문은 "회사가 특정의 주주에 대하여 무상으로 재산상의 이익을 공여한 경우에는 주주의 권리행사와 관련하여 이를 공여한 것으로 추정한다."고 규정하고 있다. 이러한 규정에 비추어 보면, 이 사건 회사가 사전투표에 참여하거나 주주총회에서 직접 투표권을 행사한 주주들에게 무상으로 이 사건 예약권과 상품권을 제공하는 것은 주주의 권리행사와 관련하여 이를 공여한 것으로 추정된다. 뿐만 아니라 다음과 같은 사정, 즉 ① 기존 임원들인 채무자들과 반대파 주주들인 채권자들 사이에 이사건 주주총회결의를 통한 경영권 다툼이 벌어지고 있는 상황에서 대표이사인 채무자 1 등의 주도로 사전투표기간이 연장되었고, 사전투표기간의 의결권행사를 조건으로 주주들에게 이 사건 예약권과 상품권이 제공된 점, ② 이 사건 예약권과 상품권은 그 액수가 단순히 의례적인 정도에 그치지 아니하고 사회통념상 허용되는 범위를 넘어

서는 것으로 보이는 점, ③ 이러한 이익이 총 주주의 68%에 달하는 960명의 주주들(사전투표에 참가한 주주 942명과 주주총회 당일 직접 투표권을 행사한 주주 18명)에게 공여된 점, ④ 사전투표기간에 이익공여를 받은 주주들 중 약 75%에 해당하는 711명의 주주가 이러한 이익을 제공한당사자인 채무자 1에게 투표하였고, 이러한 사전투표기간 중의 투표결과가 대표이사 후보들의 당락을 좌우한 요인이 되었다고 보이는 점 등에 비추어 보면, 이러한 이익은 단순히 투표율 제고나 정족수 확보를 위한 목적으로 제공되기보다는 의결권이라는 주주의 권리행사에 영향을 미치기 위한 의도로 공여된 것으로 보인다. 따라서 이 사건 예약권과 상품권은 주주권행사와 관련되어 교부되었을 뿐만 아니라 그 액수도 사회통념상 허용되는 범위를 넘어서는 것으로서 상법상 금지되는 주주의 권리행사와 관련된 이익공여에 해당하고, 이러한 이익공여에 따른 의결권행사를 기초로 한 이 사건주주총회는 그 결의 방법이 법령에 위반한 것이라고 봄이 상당하다. 그렇다면, 이 사건 주주총회결의는 정관에 위반하여 사전투표기간을 연장하고, 그 사전투표기간에 전체 투표수의 약 67%(전체 투표수 1411표 중 942표)에 해당하는 주주들의 의결권행사와 관련하여 사회통념상 허용되는 범위를 넘어서는 위법한 이익이 제공됨으로써 주주총회결의취소사유에 해당하는, 결의방법이 법령과 정관에 위반한 하자가 있다고 할 것이므로, 이 사건 가처분신청은 채무자들에 대한 직무집행정지가처분을 구할 피보전권리의 존재가 인정된다."

이 판례에 따르면 이익공여가 주주권행사와 무관하거나 그 가액이 사회통념상 허용되는 범위 내라면 주주총회결의의 효력에 영향이 없고, 혹시 결의의 하자로 인정하는 범위를 넓게 해석하더라도 결의취소의 소에서 재량기각판결이 선고될 가능성이 있을 것이다.

제3장

주주명부

Ⅰ. 주주명부의 의의

　주주명부는 주식, 주권 및 주주에 관한 현재의 상황을 나타내기 위하여 회사가 상법규정에 의하여 작성하여 비치하는 장부이다. 상법이 주주명부제도를 둔 이유는, 주식의 발행 및 양도에 따라 주주의 구성이 계속 변화하는 단체법적 법률관계의 특성상 회사가 다수의 주주와 관련된 법률관계를 외부적으로 용이하게 식별할 수 있는 형식적이고도 획일적인 기준에 의하여 처리할 수 있도록 하여 이와 관련된 사무처리의 효율성과 법적 안정성을 도모하기 위함이다. 이는 회사가 주주에 대한 실질적인 권리관계를 따로 조사하지 않고 주주명부의 기재에 따라 주주권을 행사할 수 있는 자를 획일적으로 확정하려는 것으로서, 주주권의 행사가 회사와 주주를 둘러싼 다수의 이해관계인 사이의 법률관계에 중대한 영향을 줄 수 있음을 고려한 것이며, 단지 해당 주주의 회사에 대한 권리행사 사무의 처리에 관한 회사의 편의만을 위한 것이라고 볼 수 없다(대법원 2017. 3. 23. 선고 2015다248342 전원합의체 판결).

　주주총회와 관련하여 주주명부는 주주총회에 참석할 주주를 확정하는 데 기준이 되는 장부이다. 일정한 날에 주주명부에 기재된 주주, 또는 주주명부의 명의개서를 정지함으로써 정지기간 직전에 주주명부에 기재된 주주를 대상으로 회사가 주주총회 소집통지를 하게 된다. 이에 따라 주주들은 주주총회에서 의결권등 권리를 행사하거나, 배당을 받기 위해서는 그 전에 주주명부에 명의개서를 하여야 한다. 한편, 주주총회에서는 회사의 중요 안건을 결의함에 따라 자신들이 원하는 내용으로 안건을 가결시키거나 또는 소수주주권을 행사하기 위하여 우호 지분을 확보하는 수단으로 주주명부를 활용하기도 한다. 주주명부는 이렇게 주주총회에서의 권리행사와 주주총회를 통한 경영참여 등과 관련하여 주주 및 회사의 경영진 모두에게 중요한 의미가 있다.

주주명부는 회사의 영업 및 재산의 현황을 나타내는 것이 아니므로 상업장부는 아니다. 전자주주명부는 종이로 된 종래의 주주명부 대신 전자문서 형태로 작성하는 것일 뿐이므로, 전자등록부가 아니라 주주명부의 일종이다.

II. 비치·공시

1. 비   치

이사는 회사의 주주명부를 본점에 비치하여야 한다. 회사가 명의개서대리인을 둔 때에는 주주명부 또는 그 복본을 명의개서대리인의 영업소에 비치할 수 있다(396조①). 회사가 전자주주명부를 작성하는 경우에는 회사의 본점 또는 명의개서대리인의 영업소에서 전자주주명부의 내용을 서면으로 인쇄할 수 있으면 주주명부를 비치한 것으로 본다(令 11조①).

2. 주주·회사채권자의 열람등사청구권

주주·회사채권자는 영업시간 내에 언제든지 회사의 정관·주주총회의 의사록·주주명부·사채원부 등의 열람·등사를 청구할 수 있다(396조②). 회사가 전자주주명부를 작성한 경우에는 주주·회사채권자는 영업시간 내에 언제든지 서면 또는 파일의 형태로 전자주주명부에 기록된 사항의 열람 또는 복사를 청구할 수 있다(令 11조①). 이 경우 회사는 전자주주명부에 기재된 다른 주주의 전자우편주소를 열람 또는 복사의 범위에서 제외하는 조치를 취하여야 한다(令 11조②).

III. 기재사항

1. 보통주식 발행시

주식회사는 주식을 발행한 때에는 주주명부에 ⅰ) 주주의 성명과 주소, ⅱ) 각 주주가 가진 주식의 종류와 그 수, ⅲ) 각 주주가 가진 주식의 주권을 발행한 때에는 그 주권의 번호, ⅳ) 각주식의 취득 연월일 등을 기재하여야 한다(352조①). 주권의 번호는 "주권을 발행한 때"의 기재사항이므로, 주권미발행주식은 물론, 주권을 발행할 수 없는 전자등록주식의 경우에는 기재사항이 아니다.

2. 전환주식 발행시

전환주식을 발행한 때에는 ⅰ) 주식을 다른 종류주식으로 전환할 수 있다는 뜻, ⅱ) 전환조건, ⅲ) 전환으로 인하여 발행할 주식의 내용, ⅳ) 전환을 청구할 수 있는 기간 등도 주주명부에 기재하여야 한다(352조②).

IV. 주주명부의 효력

1. 대 항 력

주식의 이전은 취득자의 성명과 주소를 주주명부에 기재하지 아니하면 회사에 대항하지 못한다(337조①).

판례에 따르면 주주권을 행사할 자는 주주명부의 기재에 의하여 확정되어야 하므로, 회사도 주주명부상 주주 외에 실제 주식을 인수하거나 양수하고자 하였던 자가 따로 존재한다는 사실을 알았든 몰랐든 간에 주주명부상 주주의 주주권 행사를 부인할 수 없으며, 주주명부에 기재를 마치지 아니한 자의 주주권 행사를 인정할 수도 없다. 주주명부에 기재를 마치지 않고도 회사에 대한 관계에서 주주권을 행사할 수 있는 경우는 주주명부에의 기재 또는 명의개서청구가 부당하게 지연되거나 거절되었다는 등의 극히 예외적인 사정이 인정되는 경우에 한한다

(대법원 2017. 3. 23. 선고 2015다248342 전원합의체 판결).

한편, 주식에 관하여 전자증권제도를 채택한 회사의 경우 주주총회에서 의결권 행사 등 집단적 권리행사에 대하여는 주주명부에 기재되어야 대항력이 인정되지만, 단독 또는 소수주주권 행사 등 개별적 권리행사에 대하여는 소유자증명서 또는 소유내용 통지에 의해서만 회사 및 제3자에게 권리를 주장할 수 있다.

2. 권리추정력

주주명부에 주주로 기재된 자(등록질권자로 기재된 자 포함)는 그 회사의 주주로 추정되므로, 회사에 대하여 주권을 제시하거나 기타 자신의 실질적인 권리를 증명할 필요없이 단순히 그 기재만으로써 주주임을 주장할 수 있다. 이를 주주명부의 권리추정력 또는 자격수여적 효력이라 한다. 주주명부의 권리추정력은 상법에 명문의 규정이 없고, 주권점유의 권리추정력(336조②)과 명의개서의 대항력(337조①)을 근거로 인정된다.

한편, 주권점유의 추정력은 주권의 소지가 적법하다고 추정되는 것이고, 따라서 주권을 소지한다고 해서 바로 주주권을 행사할 수 있는 것이 아니라 명의개서를 하여야 하고, 다만 주권의 점유자는 점유에 따른 추정력에 의하여 회사에 대하여 자신의 실질적 권리를 증명할 필요 없이 주권을 제시함으로써 명의개서를 청구할 수 있는 것이다.

주식에 관하여 전자증권제도를 채택한 회사의 경우 주주명부에 기재되면 권리추정력을 인정할 수 있는지 문제된다. 전자증권제도에서는 집단적 명의개서절차만 있고, 실시간으로 권리관계를 반영할 수 있는 개별적 명의개서절차가 없기 때문이다. 이에 따라 상법과 전자증권법에서는 전자등록계좌부에 전자등록된 경우에 권리를 적법하게 가지는 것으로 추정하며, 전자등록부를 신뢰하고 거래한 자에 대한 선의취득을 인정하고 있다(356조의2③ 및 전자증권법 35조).

3. 면책적 효력

회사가 주주명부에 기재된 자를 진정한 주주로 보고 그의 이익배당청구권, 의결권, 신주인수권을 인정하면, 설혹 주주명부상의 주주가 진정한 주주가 아니더라도 면책된다. 이를 주주명부의 면책적 효력이라고 한다.

> 회사가 주주명부상 주주가 형식주주에 불과하다는 것을 알았거나 중대한 과실로 알지 못하였고 또한 이를 용이하게 증명하여 의결권 행사를 거절할 수 있었음에도 의결권 행사를 용인하거나 의결권을 행사하게 한 경우에 그 의결권 행사가 위법하게 된다는 취지로 판시한 판결들(대법원 1998. 9. 8. 선고 96다45818 판결, 대법원 1998. 9. 8. 선고 96다48671 판결 등)은 주주권을 행사할 자는 주주명부의 기재에 의하여 확정되어야 한다는 취지의 대법원 2017. 3. 23. 선고 2015다248342 전원합의체 판결의 견해에 배치되는 범위 내에서 모두 변경되었다.

면책적 효력은 주주의 확정뿐 아니라 다른 기재사항에도 적용된다. 주주·질권자에 대한 회사의 통지·최고는 주주명부에 기재한 주소 또는 주주·질권자가 회사에 통지한 주소로 하면 된다(353조①). 통지·최고는 보통 그 도달할 시기에 도달한 것으로 본다(353조②, 304조②). 주식회사가 주주명부상의 주주에게 주주총회의 소집을 통지하고 그 주주로 하여금 의결권을 행사하게 하면, 그 주주가 단순히 명의만을 대여한 이른바 형식주주에 불과하여도 그 의결권 행사는 적법하다.

주식에 관하여 전자증권제도를 채택한 회사의 경우에도 면책적 효력에 있어서 주주의 집단적 권리행사를 위하여 주주명부를 작성하여야 하고, 회사는 주주명부에 기재된 주주·질권자에 대하여 통지·최고하면 된다는 점에서 동일하다(전자증권법 66조).

4. 주권불발행기재의 효력

주주의 주권불소지신고에 의하여 회사가 주주명부에 그 뜻을 기재하면 주권을 발행할 수 없고, 이미 발행된 주권이 있는 때에는 이를 회사에 제출하여야 하며, 회사는 제출된 주권을 무효로 하거나 명의개서대리인에게 임치하여야 한다(358조의2③).

주식에 관하여 전자증권제도를 채택한 회사의 경우 주권의 발행을 전자증권법에서 명문으로 금지하고 있다(전자증권법 36①). 이에 따라 주권의 발행을 전제로 하는 주주의 주권불소지신고 및 이에 따른 주권불발행기재는 논의대상이 되지 않는다. 만약 전자증권제도를 채택한 회사가 주권을 발행한 경우 그 주권은 효력이 없다(전자증권법 36조②),

V. 주주명부의 폐쇄와 기준일

1. 의   의

　　회사는 의결권을 행사하거나 배당을 받을 자 기타 주주 또는 질권자로서 권리를 행사할 자를 정하기 위하여 일정한 기간을 정하여 주주명부의 기재변경을 정지하거나 일정한 날에 주주명부에 기재된 주주 또는 질권자를 그 권리를 행사할 주주 또는 질권자로 볼 수 있다(354조①).

　　주식양도자유의 원칙상, 또한 양도제한 주식인 경우에도 그 제한의 방법과 범위 내에서 주식은 일단 발행되면 유통되기 마련이고, 이에 따라 주주명부상의 주주가 수시로 변경된다. 따라서 회사로서는 주주권을 행사할 자를 시기적으로 특정할 필요가 있는데, 일정기간 동안 주주명부에 권리변동의 기재를 금하는 것을 주주명부의 폐쇄라고 하며, 일정한 날의 주주를 그 이후의 변동에 불구하고 주주권을 행사할 자로 확정하는 것을 기준일이라고 한다. 주주명부의 폐쇄기간과 기준일은 주주총회의 소집권자인 이사회가 결정한다. 일반적으로 정관에서 정기주주총회를 위한 주주명부의 폐쇄기간과 기준일에 관한 구체적인 기간 및 일자를 명시하고 있으며, 임시주주총회를 위한 주주명부의 폐쇄기간과 기준일은 이사회가 정하도록 하고 있다. 이러한 경우 정기주주총회를 위한 주주명부의 폐쇄기간과 기준일을 이사회가 따로 정할 필요는 없고, 정관변경절차 없이 이사회가 임의로 달리 정할 수는 없다.

　　주주명부 폐쇄제도에서는 폐쇄기간중에는 명의개서가 정지되나, 기준일제도에서는 기준일 이후의 주식양수인도 명의개서를 청구할 수 있다.

2. 주주명부의 폐쇄

(1) 의   의

　　주주명부의 폐쇄는 의결권이나 이익배당청구권 등과 같은 주주권을 행사할 자, 기타 주주 또는 질권자로서 권리를 행사할 자를 정하기 위하여 일정기간 동안 주주명부의 기재를 정지하는 것이다. 주주명부가 폐쇄되면 당연히 명의개서가 금지되므로, 폐쇄 직전의 주주명부상의 주주가 특정 주주권 행사자로 확정된다.

실무상으로는 "명의개서정지기간"이라고 표현하기도 한다. 예컨대 회사가 주주총회를 2018년 3월 25일 개최하면서 2017년 1월 1일부터 2017년 3월 25일까지 주주명부를 폐쇄하면 결국은 2017년 12월 31일자 주주명부상의 주주가 주주권자로 확정된다.

명문의 규정은 없지만 주주명부의 폐쇄는 이사회 결의를 요하고 대표이사가 집행하여야 한다. 주주명부의 폐쇄는 일시에 모든 주주에게 획일적으로 적용되는 기준이고, 일부 소수주주의 소수주주권을 행사하기 위하여는 적용되지 않는다.

폐쇄기간 중에는 명의개서는 물론, 질권의 등록 및 그 변경과 말소, 신탁재산의 표시 및 말소 등 주주권 행사에 관한 일체의 주주명부 기재가 정지된다. 그러

━ 주주주명부 폐쇄 및 기준일 설정을 위한 이사회 결의서

이사회 의사록

- 일 시 : 20 년   월   일(○요일), ○○:○○
- 장 소 : 서울시 ○○구 ○○번지 ○○빌딩 ○층 회의실
- 출석이사 : 이사총수 ○명 중 출석이사 ○명
- 의 안 : 주주총회 소집을 위한 주주명부 폐쇄 및 기준일 설정에 관한 건

대표이사 ○○○는 위와 같이 본 회의가 적법하게 성립되었음을 알리고 개회를 선언하다. 이어 주주총회 개최를 위하여 기준일을 설정하고 주주명부 명의개서 정지에 관하여 출석이사 전원의 찬성으로 다음과 같이 가결하다.

다   음

1. 주주총회 소집을 위한 기준일 : 20   년   월   일
2. 주주총회 소집을 위한 주식명의개서 정기기간 : 20   년 월 일 ~ 20 년 월 일

이상과 같이 심의를 완료하였으므로 의장은 폐회를 선언하다. 오늘의 결의사실을 명백히 하기 위하여 의사록을 작성하고 의장과 출석이사 전원이 아래와 같이 기명날인하다.

20 년 월 일

주식회사 ○○○○ 대표이사 ○○○ (인)

이사 ○○○ (인)   이사 ○○○ (인)

이사 ○○○ (인)   이사 ○○○ (인)

이사 ○○○ (인)   감사 ○○○ (인)

나 주주의 개명(改名)이나 상호변경, 주소변경, 법인의 대표자변경 등과 같이 주주권 행사에 영향을 주지 않는 경우에는 주주명부의 기재를 변경할 수 있다. 이러한 기재변경은 명의개서가 아니라 단순한 기재정정에 해당한다. 회사는 주주명부 폐쇄기간중 폐쇄 전에 예측할 수 없었던 주주권변동을 야기하는 행위를 할 수 없다. 예컨대 주주명부 폐쇄기간중의 날짜를 기준일로 정하여 신주를 발행하는 것은 허용되지 않고 신주발행무효사유가 된다.

폐쇄기간을 정함에 있어서 종래에는 일반적으로 주주총회가 열리는 날짜를 특정하여 예컨대 "2018년 3월 25일"로 표시하거나 "주주총회 종료일까지"로 표시하였으나, 증권예탁제도에서는 기준일과 함께 정하면서 폐쇄기간을 단기간으로 정하는 예가 많았다. 그런데 전자증권제도가 도입됨에 따라 주식을 전자등록한 상장회사의 경우에는 기준일만 설정하면 되고, 주주명부폐쇄기간을 정할 필요는 없게 되었다. 전자증권제도를 채택한 경우에는 개별적 명의개서 수단이 존재하지 않아 주주명부 폐쇄라는 관념 자체가 성립할 수 없게 되었고, 이에 따라 기준일제도만을 인정하고 때문이다(전자증권법 37조).

(2) 폐쇄기간 중 명의개서의 효력

폐쇄기간중 주식양수인 또는 질권자의 청구에 의하여 회사가 명의개서 기타의 기재를 하는 것은 주주평등원칙에도 반하고 다른 주주의 권리를 침해할 수 있으므로 허용되지 않는다. 주식양도인이 주주명부 폐쇄로 인하여 자신이 이익배당을 받는 것을 예상하면서 주식을 양도하였는데, 회사가 양수인의 명의개서청구를 받아들여 폐쇄기간중임에도 불구하고 명의개서를 해 주면 양도인은 예기치 않은 손해를 입게 된다. 따라서 이러한 경우 회사가 양수인의 청구를 받아들여 명의개서를 해 주더라도 양도인의 이익을 보호하기 위하여 명의개서의 효력을 부인하여야 하는지에 대하여 논란의 여지가 있다. 생각건대, 명의개서 자체를 무효로 보면, 원칙적으로 양수인은 폐쇄기간 종료 후 다시 명의개서를 청구하고 회사는 기존의 명의개서 부분을 말소하고 다시 새롭게 명의개서를 하여야 한다는 무용의 절차가 요구된다. 따라서 절차상의 필요성을 고려하여 주주명부 폐쇄기간중의 명의개서도 유효한 것으로 보되, 다만 폐쇄기간 경과 후에 명의개서의 효력이 발생하는 것으로 보는 것이 타당하다.

(3) 폐쇄기간 및 공고

주주명부의 폐쇄로 인하여 주식의 유통이 법적으로 금지되는 것은 아니지만 사실상 유통을 제약하는 요인이 된다. 따라서 상법은 폐쇄기간의 한도와 사전공고를 규정한다. 즉, 주주명부폐쇄기간은 3월을 초과하지 못하고(354조②), 회사가 주주명부폐쇄기간을 정한 때에는 그 기간의 2주 전에 이를 공고하여야 한다. 그러나 정관으로 그 기간을 지정한 때에는 그러하지 아니하다(354조④). 정기주주총회를 위한 주주명부폐쇄기간은 일반적으로 정관에 규정되는데, "매년 1월 1일부터 3월 25일까지"와 같이 표시하는 방법도 있고, "매년 1월 1일부터 그 결산기에 관한 정기주주총회 종료일까지"라고 표시하는 방법도 있다. 이와 같이 정관에서 주주명부폐쇄기간을 지정한 때에는 이를 공고할 필요가 없다.

명의개서대리인이 있는 경우 주주명부 폐쇄에 관한 업무도 명의개서대리인의 업무이므로, 실무상으로는 회사와 명의개서대리인 공동 명의로 주주명부 폐쇄 공고를 한다.

▬ 기준일 및 주주명부 폐쇄기간 설정 공고

기준일 및 주주명부 폐쇄기간 설정 공고

상법 제354조 및 당사 정관 제○에 의거 ○○○○년 ○○월 ○○일 현재 주주명부에 기재되어 있는 주주에게 임시주주총회의 의결권을 부여하며 권리주주 확정을 위해 ○○○○년 ○○월 ○○일부터 ○○○○년 ○○월 ○○일 까지 주식의 명의개서, 질권의 등록 및 그 변경과 말소, 신탁재산의 표시 및 말소 등 주주명부의 기재사항 변경을 정지함을 공고합니다.

20○○년 ○○월 ○○일

서울시 영등포구 여의나루로 ○○
주식회사 ○○○○ 대표이사 ○○○ (직인생략)
명의개서대리인 ○○○○

3. 기 준 일

회사는 일정한 날에 주주명부에 기재된 주주 또는 질권자를 그 권리를 행사할 주주 또는 질권자로 볼 수 있는데(354조①), 이를 기준일이라 한다. 기준일도 이사회결의와 대표이사의 집행에 의하여야 한다.

기준일은 주주 또는 질권자로서 권리를 행사할 날에 앞선 3개월 내의 날로 정하여야 하고(354조③), 회사가 기준일을 정한 때에는 그 날의 2주 전에 이를 공고하여야 한다. 그러나 정관에서 기준일을 지정한 때에는 이를 공고할 필요가 없다(354조④). 법은 "일정한 날"이라고 규정하지만, 실무상으로는 "2017년 12월 31일 17시 현재의 주주"와 같이 시간까지 명시하는 예도 많다. 기준일 이후에 주식이 양도되는 경우에도 기준일 현재 주주명부에 등재된 주주만이 의결권을 행사할 수 있다. 실무상으로는 기준일 이후에 주식을 양수한 자는 양도인으로부터 위임장을 받아서 의결권을 행사한다.

4. 양 제도의 병용

증권예탁제도를 이용하는 회사의 경우 정기주주총회에 참석하여 재무제표를 승인한 주주와 배당을 받는 주주를 일치시키기 위하여, 정기주주총회에 출석할 주주를 확정하기 위한 주주명부 폐쇄와 이익배당을 받을 주주를 확정하기 위한 기준일을 병용하였다. 예를 들어 배당금지급을 위한 기준일을 결산일인 2017. 12. 31.로 정하고, 주주명부는 2018. 1. 1.부터 2018. 1. 7.까지 폐쇄하면, 정기주주총회에서 의결권 행사하는 주주와 배당금을 수령하는 주주가 일치한다. 기준일만으로도 충분한데 폐쇄기간을 같이 정하는 것은 12월결산 법인이 많아 실무상 예탁결제원이 기준일만으로는 실질주주명세를 정리할 수 없어서 이를 정리하기 위하여 1주일 정도 소요되기 때문에 단기의 폐쇄기간을 정한다.

상장회사의 경우 전자증권제도가 시행되면서 주식을 전자등록함에 따라 기준일제도만을 이용할 수 있고, 주주명부폐쇄제도는 더 이상 이용할 수 없게 되었다.

5. 폐쇄기간 중(또는 기준일 이후) 기준일 설정

권리를 행사할 주주등을 정하기 위하여 주주명부를 폐쇄하는 경우 폐쇄기간 중간에 다시 폐쇄기간을 정하거나 기준일 정할 수 있는지 문제된다. 상법은 신주인수권의 배정일의 지정·공고에 관하여 지정된 배정일이 폐쇄기간 중인 때에는 그 기간의 초일의 2주간 전에 공고하도록 하는 규정만을 두고 있다(418조③). 주주명부의 폐쇄 및 기준일제도는 주주등 권리자에게 명의개서를 할 수 있는 기간을 보장해주기 위한 것이므로 신주배정일 공고 이외에는 명문의 규정은 없지만 이에 관하여 달리 해석할 이유가 없다. 다른 경우에도 주주명부 폐쇄 기간 중에 다시 주주명부를 폐쇄하거나 기준일을 설정하고자 하는 때에는 최초 폐쇄기간의 초일의 2주간 전에 공고해야 한다.

만약 공고기간이 경과함에 따라 폐쇄기간 중에 다시 폐쇄하거나 기준일을 설정하고자 하는 경우에는 폐쇄기간이 종료한 후 공고기간을 고려하여 최소 2주간의 기간을 확보해야 하는지 문제된다. 권리자들이 명의개서를 할 수 있도록 하기 위한 것이므로 공고한 후 2주간의 기간 동안은 명의개서가 가능하도록 하는 것이 바람직하다. 그러나 기간 단축을 위하여 권리자들이 공고 이후 명의개서 신청이 가능하도록 하고(실제 명의개서는 이루어지지 않음), 기준일 또는 폐쇄기간 초일 전일에 명의개서를 일괄적으로 처리해주는 방법도 고려할 수 있다. 이 경우에도 권리자의 권리를 해하는 것이 아니므로 폐쇄기간 다음날을 기준일로 설정하거나 종료일로부터 1일 이후부터 다시 폐쇄가 가능할 것이다.

한편, 기준일을 설정한 후 다음 기준일의 설정 기한에 대하여 법률상 제한은 없다. 그러나, 주주수가 적고, 실시간으로 명의개서가 가능한 회사의 경우는 문제가 없을 수 있으나 주주수가 많은 상장회사의 경우에는 실무상 문제가 있다. 주식을 전자등록한 회사의 경우에는 기준일제도를 이용하더라도 소유자명세 작성을 위한 물리적 처리 시간이 필요하므로 직전 기준일과의 사이가 시간적 간격이 짧을 경우 문제가 발생할 수 있다. 기준일과 기준일 간의 간격이 짧을 경우 전자등록기관과 사전에 협의하여 기준일 설정 가능 여부를 확인한 후 기준일을 설정해야 한다.

6. 위법한 주주명부의 폐쇄와 기준일

(1) 상법규정

양제도는 그 시행이 강제되지는 않지만 일단 시행한다면 반드시 상법규정에 의하여야 한다. 이에 위반한 정관규정은 무효이다.

(2) 위반의 효과

회사가 기준일을 주주 또는 질권자로서 권리를 행사할 날에 앞선 3개월 내의 날로 정하지 않은 경우 주주명부의 폐쇄 또는 기준일을 정하고 그 기간의 2주 전 또는 그 날의 2주 전에 공고를 하지 않은 경우에는 상법 위반으로서 주주명부의 폐쇄 또는 기준일은 무효로 된다. 주주명부의 폐쇄나 기준일이 무효인 경우 폐쇄나 기준일은 없었던 것으로 해석한다. 즉, 회사는 명의개서청구가 있는 경우 항상 이에 응하여야 한다. 이때 회사가 명의개서를 부당하게 거절하는 경우에는 명의개서 부당거절의 법리에 따라 주식의 취득자가 신의칙상 의결권, 이익배당청구권, 신주인수권 등을 행사할 수 있다는 것이 통설·판례의 입장이다(대법원 1993. 7. 13. 선고 92다40952 판결). 만일 주주총회에서 이들의 의결권 행사가 거부당한 상태에서 결의가 이루어지면 그 정도에 따라 결의취소 또는 결의부존재사유가 될 것이다. 물론 주주명부상의 주주에게 한 이익배당이나 신주배정도 무효로 된다.

회사가 주주명부의 폐쇄기간을 상법이 규정한 3월을 초과하여 정한 경우에는 그 시기(始期)가 분명하지 않으면 전부가 무효로 되지만, 그 시기가 분명하다면 3월을 초과하는 기간만 무효로 된다는 것이 통설이다.

이사회 결의 없이 정한 주주명부 폐쇄나 기준일은 무효로 보아야 한다. 그러나 공고의 절차상, 내용상의 미비점이 경미한 경우 주주명부 폐쇄나 기준일은 유효한 것으로 본다.

VI. 전자주주명부

1. 전자주주명부의 의의

전자주주명부란 전자문서로 작성한 주주명부를 말한다. 회사는 정관으로 정하는 바에 따라 전자주주명부를 작성할 수 있다(352조의21). 따라서 엄밀하게는 회사가 정관의 규정에 따라 전자문서로 작성한 주주명부가 상법상 전자주주명부이다.

상법은 전자문서로 작성한 주주명부를 전자주주명부라고 규정할 뿐, 전자문서에 관한 구체적인 내용을 규정하지 아니하므로 전자거래기본법의 정의규정에 따라야 할 것이다. 전자거래기본법은 전자문서를, "정보처리시스템에 의하여 전자적 형태로 작성, 송신·수신 또는 저장된 정보"라고 정의한다(전자거래기본법 2조 제1호).

전자주주명부는 종래에 종이로 된 종래의 주주명부 대신 전자문서 형태로 작성하는 것일 뿐이므로 주주명부의 일종이고, 전자등록부와는 다른 개념이다.

2. 전자주주명부의 기재사항

전자주주명부에는 종래의 주주명부 기재사항[ⅰ) 주주의 성명과 주소, ⅱ) 각 주주가 가진 주식의 종류와 그 수, ⅲ) 각 주주가 가진 주식의 주권을 발행한 때에는 그 주권의 번호, ⅳ) 각주식의 취득 연월일(352조①)] 외에 전자우편주소(email address)를 적어야 한다.

이와 관련하여, 주주·질권자에 대한 회사의 통지·최고는 주주명부에 기재한 주소 또는 그 자로부터 회사에 통지한 주소로 하면 되고(353조①), 이를 주주명부의 면책적 효력이라고 한다. 그런데 상법 제353조제1항은 "주소 또는 전자우편주소"가 아니라 "주소"라고만 규정하므로, 회사는 주주·질권자에 대한 통지·최고를 전자우편주소로 한 경우에는 면책적 효력이 인정되지 않는다. 다만, 주주·질권자가 회사에 전자우편주소를 통지·최고의 주소로 신고한 경우에는 면책적 효력이 인정된다.

3. 전자주주명부의 비치·공시

회사가 전자주주명부를 작성하는 경우에는 회사의 본점 또는 명의개서대리인의 영업소에서 전자주주명부의 내용을 서면으로 인쇄할 수 있으면 주주명부를 비치한 것으로 본다(令 11조①).

주주와 회사채권자는 영업시간 내에 언제든지 서면 또는 파일의 형태로 전자주주명부에 기록된 사항의 열람 또는 복사를 청구할 수 있다. 이 경우 회사는 다른 주주의 전자우편주소를 열람 또는 복사의 범위에서 제외하는 조치를 취하여야 한다(令 11조②).

4. 전자주주명부의 효력

전자주주명부는 종이로 된 주주명부를 대체하는 개념이므로, 전자주주명부가 유일한 주주명부로서의 효력을 가진다. 만일 회사가 전자주주명부 외에 종이로 된 주주명부를 별도로 작성한 경우 전자주주명부가 유일한 상법상 주주명부이므로 그 내용이 다르다면 전자주주명부의 내용에 따라 상법상 자격수여적 효력이 생긴다.

Ⅶ. 실질주주명부

1. 의   의

실질주주명부란 발행인이 작성·비치하는 주주명부에 예탁결제원 명의로 명의개서되어 있는 주식의 실질소유자에 대한 명부이다. 실질주주로서 권리를 행사하려면 예탁결제원에 예탁된 주식에 관하여 발행인이 작성·비치하는 실질주주명부에 주주로서 등재되어야 한다. 실질주주명부는 2019년 9월 이전에 상장회사에 대하여 예탁제도가 의무화되었던 때에는 중요한 의미를 가졌으나 전자증권제도가 시행되면서 상장회사의 경우에는 적용되지 않는다.

2. 작성절차

실질주주명부는 발행인이 예탁결제원으로부터 통지받은 실질주주명세에 의하여 작성한다. 먼저, 예탁증권 중 주권의 발행인은 주주명부폐쇄기간 또는 기준일을 정한 경우에는 예탁결제원에 이를 지체 없이 통지하여야 한다(資法 315조제3항 전단). 예탁결제원은 그 일정한 기간의 첫날 또는 그 일정한 날("주주명부폐쇄기준일")의 실질주주에 관하여 ⅰ) 성명 및 주소, ⅱ) 주식의 종류 및 수를 지체 없이 그 주권의 발행인 또는 명의개서를 대리하는 회사에 통지하여야 한다(資法 315조 ③ 후단). 예탁결제원은 예탁자에게 주주명부폐쇄기준일의 실질주주에 관하여 이러한 사항의 통보를 요청할 수 있다. 이 경우 요청받은 예탁자는 지체 없이 이를 통보하여야 한다(資法 315조④). 자본시장법상 실질주주명부 기재사항이 상법상 주주명부 기재사항과 거의 같지만, 증권등예탁업무규정 및 그 세칙에 의하면 실제의 통지사항(실질주주명부 기재사항)은 자본시장법 규정보다 훨씬 구체적이다.

[증권등예탁업무규정]
제41조(주주명부폐쇄기준일의 통지) 예탁결제원은 법 제315조제3항에 따라 발행인(명의개서대리인을 포함한다. 이하 이 관에서 같다)으로부터 주주명부폐쇄기준일(법 제315조제5항에 따라 발행인이 주식의 소유상황을 파악하기 위하여 정한 날을 포함한다. 이하 같다)을 통지받은 때에는 이를 법 제310조제1항의 예탁자에게 통지하여야 한다.
제42조(실질주주명세의 통지)
　① 제41조에 따라 통지를 받은 예탁자는 주주명부폐쇄기준일 현재의 예탁주식에 대하여 예탁자 자기소유분은해당 예탁자를, 투자자 예탁분은 그 투자자를 실질주주로 하여 그 성명 및 주소, 소유주식의 종류 및 수 그 밖에 세칙으로 정하는 사항을 기재한 실질주주명세를 세칙으로 정하는 기간내에 예탁결제원에 통지하여야 한다. 다만, 예탁자가 집합투자재산을 보관·관리하는 신탁업자인 경우에는 집합투자기구원장의 기재내역으로써 실질주주명세를 예탁결제원에 통지한 것으로 본다.
　② 예탁결제원은 제1항에 따라 실질주주명세를 통지받은 경우 이를 세칙으로 정하는 기간내에 발행인에게 통지하여야 한다.
　③ 제2항에 따른 실질주주명세의 통지시 동일인 실질주주에 대한 통지방법, 그 밖에 필요한 사항은 세칙으로 정한다.
제43조(실질주주명부의 작성) 제42조제2항에 따라 실질주주명세를 통지받은 발행인은 실질주주명세에 기재된 자를 실질주주로 하여 실질주주명부를 작성하고 세칙으로 정하는 사항을 기재하여야 한다.

[증권등예탁업무규정세칙]
제31조(실질주주명세의 통지)
　① 규정 제42조제1항에서 "그 밖에 세칙으로 정하는 사항"이란 다음 각 호의 사항을 말한다.

1. 실질주주가 금융실명거래및비밀보장에관한법률 제2조제4호에 따른 개인인 경우에는 주민등록번호(법인인 경우에는 사업자등록번호 또는 납세번호, 외국인인 경우에는 국적 및 투자등록번호 또는 고유번호)
2. 실질주주별 관리번호
3. 각 실질주주의 주소신고일 또는 변경일 및 우편번호
4. 외국인인 실질주주가 상임대리인을 선임한 경우에는 해당 상임대리인의 명칭, 주소, 주소신고일 또는 변경일 및 우편번호(상임대리인을 선임하지 않은 경우에는 국내에 통지할 주소 및 우편번호)
5. 그 밖에 예탁결제원이 필요하다고 인정하는 사항

② 규정 제42조제1항에서 "세칙으로 정하는 기간"이란 다음 각 호의 기간을 말한다.
1. 정기주주총회 및 중간배당: 주주명부폐쇄기준일로부터 10영업일 이내. 다만, 투자회사 주식의 경우에는 3영업일 이내
2. 그 밖의 경우: 주주명부폐쇄기준일로부터 3영업일 이내

③ 규정 제42조제2항에서 "세칙으로 정하는 기간"이란 다음 각 호의 기간을 말한다.
1. 정기주주총회 및 중간배당: 주주명부폐쇄기준일로부터 18영업일 이내. 다만, 투자회사 주식의 경우에는 6영업일 이내
2. 그 밖의 경우: 주주명부폐쇄기준일로부터 6영업일 이내

④ 규정 제42조제3항에 따라 예탁결제원은 실질주주명세를 통지하는 때에 실질주주가 다음 각 호의 기준에 의하여 동일인이라고 인정되는 경우에는 최근 주소신고지의 실질주주에게 해당 주식수를 합산하여 통지하여야 한다. 이 경우 주소가 상이한 때에는 각각의 주소를 부기하여야 한다.
1. 개인의 경우: 성명 및 주민등록번호가 동일한 때
2. 법인의 경우: 명칭 및 사업자등록번호 또는 납세번호가 동일한 때
3. 외국인의 경우: 명칭 및 투자등록번호 또는 고유번호가 동일한 때

제32조(실질주주명부의 기재사항) 규정 제43조에서 "세칙으로 정하는 사항"은 다음 각 호의 사항을 말한다.
1. 실질주주번호
2. 실질주주의 명칭, 주민등록번호 및 주소
3. 실질주주별 주식의 종류와 수
4. 실질주주 통지 연월일
5. 외국인인 실질주주가 상임대리인을 선임한 경우에는 해당 상임대리인의 명칭 및 주소
6. 실질주주가 외국인인 경우 해당 외국인의 국적
7. 그 밖에 실질주주 관리에 필요한 사항

3. 작성 · 비치

예탁결제원으로부터 실질주주에 관한 사항을 통지받은 발행인 또는 명의개서를 대행하는 회사는 통지받은 사항과 통지 연월일을 기재하여 실질주주명부를 작성 · 비치하여야 한다(資法 316조①). 발행인 또는 명의개서를 대리하는 회사는 주주명부에 주주로 기재된 자와 실질주주명부에 실질주주로 기재된 자가 동일인

이라고 인정되는 경우에는 주주로서의 권리 행사에 있어서 주주명부의 주식수와 실질주주명부의 주식수를 합산하여야 한다(資法 316조③).

4. 실질주주명부의 효력

예탁결제원에 예탁된 주권의 주식에 관한 실질주주명부에의 기재는 주주명부에의 기재와 같은 효력을 가진다(資法 316조②). 따라서 주주명부의 효력인 대항력(실질주주명부 기재에 의한 회사에 대한 대항력) · 자격수여적 효력(실질주주명부 기재에 의하여 실질적인 권리를 입증할 필요 없이 주주권이 추정됨) · 면책적 효력(실질주주명부에 기재된 주주에게 의결권 · 배당금청구권 · 신주인수권 등을 인정한 경우 회사의 면책) 등이 인정된다. 이에 따라 실질주주가 예탁증권을 반환받거나 자기 명의로 명의개서하지 않고도 주주로서의 권리를 행사할 수 있다. 회사는 실질주주명부의 면책적 효력에 의하여 예탁결제원 이외에 실질주주에게 주주총회의 소집통지 등을 하면 이로써 면책된다. 그리고 해외예탁기관이 국내 법인의 신규 발행주식 또

━ 예탁제도에서의 주주명부와 실질주주명부

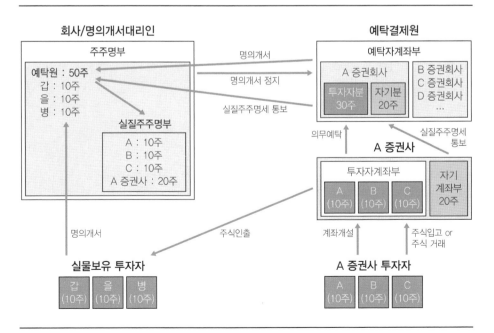

는 당해 주식발행인이 소유하고 있는 자기주식을 원주로 하여 이를 국내에 보관하고 그 원주를 대신하여 해외에서 발행하는 주식예탁증서(Depositary Receipts: DR)의 경우 해외예탁기관이 발행인의 실질주주명부에 실질주주로 기재되므로, 발행인으로서는 실질주주명부에 실질주주로 기재된 해외예탁기관에게 주주총회 소집통지 등을 하면 이로써 면책되고, 나아가 주식예탁증서의 실제 소유자의 인적 사항과 주소를 알아내어 그 실제 소유자에게까지 이를 통지할 의무는 없다(대법원 2009. 4. 23. 선고 2005다22701, 22718 판결).

Ⅷ. 소유자명세와 주주명부

1. 소유자명세의 의의

소유자명세는 전자등록기관이 일정한 날을 기준으로 해당 주식등의 소유자의 성명 및 주소, 소유자가 가진 주식등의 종류·종목·수량 등을 기록한 명세이다. 증권예탁제도에서 예탁결제원이 작성하여 발행회사(또는 명의개서대리인)에 송부하는 실질주주명세와 같은 목적으로 작성된다. 소유자명세는 발행인의 요청에 의하여 작성하거나 전자등록기관이 직권으로 작성하는데, 자본시장법상 실질주주명세 작성 사유는 기준일 설정이나 공개매수청구를 받은 경우 등 한정적이지만 소유자명세 작성사유는 작성사유가 훨씬 다양하다.

2. 소유자명세와 주주명부

주주명부 작성을 위하여 대개 회사는 전자등록기관에게 소유자명세의 작성을 요청하게 되고, 이 요청을 받은 전자등록기관은 소유자명세를 작성하여 그 주식등의 발행인인 회사에게 지체 없이 통지하여야 한다. 이 경우 전자등록기관은 계좌관리기관에 소유자명세의 작성에 필요한 사항의 통보를 요청할 수 있으며, 그 요청을 받은 계좌관리기관은 그 사항을 지체 없이 전자등록기관에 통보하여야 한다(전자증권법 37조④).

발행인은 전자등록기관으로부터 소유자명세의 통지를 받은 경우 통지받은 사항과 통지 연월일을 기재하여 주주명부등을 작성·비치하여야 한다(전자증권법 37조⑥). 만약 회사가 소유자명세를 통보받은 후 일정한 시간이 지났음에도 불구하고 주주명부를 작성·비치하기 않을 경우 처리방안에 대하여 전자증권법에서는 규정을 두고 있지 않다. 이 경우에는 소유자명세를 주주명부로 간주하는 것으로 해석하여야 할 것이다. 주주명부가 작성된 경우 주주명부에 실제로 기재된 날이 아니라 다음과 같은 날에 기재가 된 것으로 본다(전자증권법 시행슈 31조⑥).

1. 기준일을 정한 경우 그 일정한 날(다른 법률에서 준용하는 경우를 포함)
2. 발행인이 주식의 소유상황을 파악하기 위하여 일정한 날을 정하여 전자등록기관에 통지한 경우 그 일정한 날

▬ 전자증권제도에서의 주주명부와 소유자명세

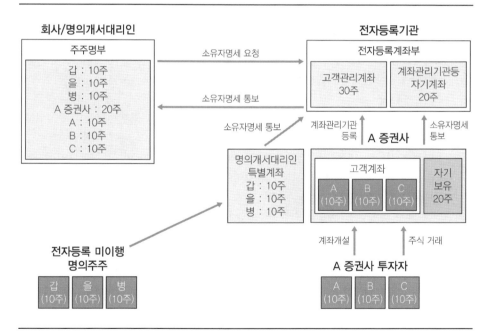

3. 작성 사유

(1) 발행인의 요청에 의한 소유자명세 작성

1) 의무적 요청사유

전자등록주식등으로서 기명식(記名式) 주식등의 발행인은 상법 제354조제1항 (다른 법률에서 준용하는 경우를 포함)에 따라 일정한 날(기준일)을 정한 경우에는 전 자등록기관에 그 일정한 날을 기준으로 소유자명세의 작성을 요청하여야 한다 (당연 요청사유라고도 한다).

2) 임의적 요청사유

전자등록주식등으로서 기명식 주식등의 발행인은 다음과 같은 경우에는 전 자등록기관에 소유자명세의 작성을 요청할 수 있다(전자증권법 37조②).

1. 발행인이 법령 또는 법원의 결정 등에 따라 해당 전자등록주식등의 소유자를 파악 하여야 하는 경우
2. 발행인이 대통령령으로 정하는 주기별로 해당 전자등록주식등의 소유자를 파악하 려는 경우
3. 자본시장법 제134조에 따라 공개매수신고서가 제출된 전자등록주식등의 발행인(그 전자등록주식등과 관련된 증권예탁증권에 표시된 권리, 그 밖에 대통령령으로 정 하는 주식등의 경우에는 대통령령으로 정하는 자를 말한다)이 그 주식등의 소유상 황을 파악하기 위하여 일정한 날을 정하여 전자등록기관에 주주에 관한 사항의 통 보를 요청하는 경우
4. 그 밖에 발행인이 해당 전자등록주식등의 소유자를 파악할 필요가 있는 경우로서 대통령령(令 31조④)으로 정하는 경우

(2) 전자등록기관의 소유자명세 작성의무

전자등록기관은 다음과 같은 사유로 말소의 전자등록이 된 주식등에 대하여 그 말소의 전자등록이 된 날을 기준으로 전자등록계좌부에 전자등록되었던 권리 자의 성명, 주소 및 권리 내용 등을 기록한 명세를 작성하여 해당 주식등의 발행 인에게 지체 없이 통지하여야 한다(전자증권법 37조⑦). 명세의 작성 등에 관하여 는 제4항 후단(계좌관리기관에 대한 필요 사항 통보 요청) 및 제6항(주주명부 작성·비 치)을 준용한다(전자증권법 37조⑧).

1. 발행인인 회사의 정관 변경 등으로 인한 전자등록주식등의 주권등으로의 전환
2. 발행인이 상법 그 밖의 법률에 따라 해산·청산된 경우
3. 그 밖에 전자등록기관이 주식등에 관한 권리를 관리하기 곤란하다고 인정되는 경우로서 대통령령으로 정하는 사유[슈 31조⑥: 1. 법원의 판결·결정·명령이 있는 경우, 2. 전자등록기관 또는 계좌관리기관이 초과분을 해소하기 위해 전자등록을 말소하는 경우, 3. 그 밖에 전자등록기관이 주식등에 관한 권리를 관리하기 곤란하다고 인정되는 경우로서 전자등록업무규정으로 정하는 경우]

IX. 명의개서

1. 의   의

법률행위 또는 법률의 규정에 의한 주식이전으로 주주가 교체된 경우 그 취득자의 성명과 주소를 주주명부에 기재하는 것을 명의개서라 한다. 상속과 같이 법률의 규정에 의한 주식이전의 경우에도 명의개서는 회사에 대한 대항요건이므로, 상속인은 주주명부에 취득자로 기재되지 아니하면 회사에 대하여 대항할 수 없다. 또한 상속인이 수인(數人)이면 상속인들이 주주권을 공유하므로 공유자들 중 1인을 주주권 행사자로 정하여야 한다(333조②).

주주명부의 오기를 정정하기 위한 기재정정, 주소변경을 이유로 하는 변경기재, 주권불발행의 기재 등은 주식이전으로 주주가 교체된 경우가 아니므로 명의개서가 아니다.

한편, 전자증권제도에서는 개별적인 명의개서 절차를 두고 있지 않으며, 회사가 요청할 때 전자등록기관이 회사에 소유자명세를 통지하면, 회사가 그 내용을 가지고 주주명부를 작성함에 따라 집단적 명의개서만이 가능하다. 주식의 양도를 위해서는 전자등록계좌부에 대체의 전자등록 등을 통하여 소유자등으로 표시되면 효력이 발생하고(상법 356조의2② 및 전자증권법 35조②), 회사에 별도로 명의개서를 요청할 필요가 없는 것이다. 따라서, 전자등록주식에 대하여는 이하에서 설명하는 명의개서와 관련한 내용이 적용되지 않는다는 점에 유의하여야 한다.

2. 주식양도의 회사에 대한 대항요건

주식의 이전은 취득자의 성명과 주소를 주주명부에 기재하지 아니하면 회사에 대항하지 못한다(337조①). 즉, 주식의 이전은 명의개서를 하여야 회사에 대항할 수 있다. 명의개서 전에는 회사와의 관계에서 양도인이 여전히 주주이다. 회사 외의 제3자와의 관계에서는 명의개서 없이도 주주권을 주장할 수 있다.

상법은 주주명부에 명의개서를 한 경우에 회사와의 관계에서 대항력을 인정하고, 주주명부상 주주의 주소로 통지를 허용하며, 회사가 정한 일정한 날에 주주명부에 기재된 주주에게 신주인수권등의 권리를 귀속시킬 수 있도록 하고 있다. 이는 주식의 소유권 귀속에 관한 회사 이외의 주체들 사이의 권리관계와 주주의 회사에 대한 주주권 행사국면을 구분하며, 후자에 대하여는 주주명부상 기재 또는 명의개서에 특별한 효력을 인정하는 태도라고 할 것이다. 과거 상장주식 등의 경우 그 주식은 대량적·반복적 거래를 통해 지속적으로 양도되는 특성이 있으므로, 자본시장법이 실질주주명부를 두어 이를 주주명부로 보고 그에 기재된 자로 하여금 주주권을 행사하도록 한 것도 같은 취지이다(대법원 2017. 3. 23. 선고 2015다 248342 전원합의체 판결).

3. 명의개서의 절차

(1) 청구권자와 상대방

명의개서청구권은 주식을 취득한 자가 회사에 대하여 주주권에 기하여 그 주식에 관한 자신의 성명, 주소 등을 주주명부에 기재하여 줄 것을 청구하는 권리로서 주식을 취득한 자만이 그 주식에 관한 명의개서청구권을 행사할 수 있다.

주식의 취득자는 원칙적으로 취득한 주식에 관하여 명의개서를 할 것인지 아니면 명의개서 없이 이를 타인에게 처분할 것인지 등에 관하여 자유로이 결정할 권리가 있으므로, 주식 양도인은 다른 특별한 사정이 없는 한 회사에 대하여 주식 양수인 명의로 명의개서를 하여 달라고 청구할 권리가 없다. 이러한 법리는 주권이 발행되어 주권의 인도에 의하여 주식이 양도되는 경우뿐만 아니라, 회사 성립 후 6개월이 경과하도록 주권이 발행되지 아니하여 양도인과 양수인 사이의 의사표시에 의하여 주식이 양도되는 경우에도 동일하게 적용된다.

[대법원 2010. 10. 14. 선고 2009다89665 판결]【주주총회취소】 "소외인이 2007. 12.경 피고 회사의 성립 후 6월이 경과하도록 주권이 발행되지 아니한 이 사건 기명주식을 원고 등에게 양도한 후 2008. 2. 18. 피고 회사에게 그 양도사실을 확정일자 있는 내용증명우편으로 통지하면서 원고 등 명의로의 명의개서를 청구한 사실이 있다 하더라도, 이는 명의개서청구권이 없는 주식 양도인의 명의개서청구에 불과하므로 피고 회사가 그 명의개서를 거절한 것을 가리켜 부당하다고 할 수 없다"(주권이 발행된 경우에는 주식양도시 주권을 교부하여야 하므로 이미 주권을 교부한 양도인은 주권을 제시할 수 없으므로 적법한 명의개서 청구를 할 수 없는데, 이 사건에서는 주권발행 전이므로 양도인이 주권을 제시하지 않고 명의개서청구를 하였다).

주권의 교부에 의하여 주식을 양도받은 양수인은 주권을 회사에 제시하여 단독으로 명의개서를 청구할 수 있다. 명의개서청구의 상대방은 해당 주식의 발행회사이다.

(2) 주권의 제시

명의개서를 청구하려면 특별한 사정이 없는 한 회사에 그 주권을 제시하여야 한다. 따라서 주식을 증여받은 자가 회사에 그 양수한 내용만 통지하였다면 그 통지 사실만 가지고는 적법한 명의개서청구로 볼 수 없다.

[대법원 1995. 7. 28. 선고 94다25735 판결]【명의개서】 "기명주식을 취득한 자가 회사에 대하여 주주로서의 자격을 인정받기 위하여는 주주명부에 그 취득자의 성명과 주소를 기재하여야 하고, 취득자가 그 명의개서를 청구할 때에는 특별한 사정이 없는 한 회사에게 그 취득한 주권을 제시하여야 하므로, 주식을 증여받은 자가 회사에 그 양수한 내용만 통지하였다면 그 통지 사실만 가지고는 회사에 명의개서를 요구한 것으로 보기 어렵다."

그러나 상속 또는 합병 등 포괄승계에 의하여 주식을 취득한 경우에 주권의 제시 없이 포괄승계의 사실을 증명하면 명의개서청구가 가능하다.

(3) 주주권 승계원인

1) 주권의 점유자

주권의 점유자는 적법한 소지인으로 추정되므로(336조②), 명의개서청구자는 주권의 소지 외에 별도로 실질적 권리자임을 증명할 필요가 없다.

2) 주권비점유자

주권비점유자가 명의개서를 청구하려면 자신이 실질적 권리자임을 증명하여야 한다.

⒜ **주권미발행주식 양수인**   회사성립 후 또는 신주의 납입기일 후 6월 경과하도록 주권이 발행되지 않아서 주권 없이 주식을 양수한 자는 자신이 주식을 양수한 사실을(실질적 권리자임을) 증명함으로써 회사에 대하여 명의개서를 청구할 수 있고, 나아가 명의개서가 없어도 회사에 대하여 자신이 적법하게 주식을 양수한 자로서 주주권자임을 주장할 수 있으며, 주권의 발행·교부도 청구할 수 있다.

> [대법원 1995. 5. 23. 선고 94다36421 판결]【주주권확인】 "제335조제2항 소정의 주권발행 전에 한 주식의 양도는 회사성립 후 또는 신주의 납입기일 후 6월이 경과한 때에는 회사에 대하여 효력이 있는 것으로서, 이 경우 주식의 양도는 지명채권의 양도에 관한 일반원칙에 따라 당사자의 의사표시만으로 효력이 발생하는 것이고, 제337조제1항에 규정된 주주명부 상의 명의개서는 주식의 양수인이 회사에 대한 관계에서 주주의 권리를 행사하기 위한 대항요건에 지나지 아니하므로, 주권발행 전 주식을 양수한 사람은 특별한 사정이 없는 한 양도인의 협력을 받을 필요 없이 단독으로 자신이 주식을 양수한 사실을 증명함으로써 회사에 대하여 그 명의개서를 청구할 수 있으므로, 주주명부상의 명의개서가 없어도 회사에 대하여 자신이 적법하게 주식을 양수한 자로서 주주권자임을 주장할 수 있다"(대법원 2006. 9. 14. 선고 2005다45537 판결도 같은 취지이다).

⒝ **포괄승계의 경우**   상속·합병 등과 같은 포괄승계의 경우에는 포괄승계사실을 증명하여 명의개서를 청구할 수 있다. 물론 이 경우에도 포괄승계인이 주권을 점유한 경우에는 포괄승계사실을 증명할 필요가 없다.

⒞ **회사의 악의**   회사가 주식양도사실을 알고 있다는 사실을 증명하는 것도 승계원인을 증명하는 방법의 하나라 할 수 있지만, 풍문 정도로 알고 있다는 정도가 아니라 매매사실을 확실하고 구체적으로 알고 있다는 사실을 증명하여야 승계원인의 증명으로 볼 수 있다.

⑷ 회사의 심사

주권점유에 추정력이 인정되므로, 회사는 주주의 진정 여부는 심사할 의무가 없고, 단지 제출된 주권의 진정 여부만 심사하면 된다. 점유자가 무권리자라 하더라도 회사에게 악의 또는 중과실이 없으면 회사는 면책된다(통설).

> [대법원 1974. 5. 28. 선고 73다1320 판결]【주권반환】 "주주인 "갑"회사가 "을"회사로 상호가 변경되었다고 주권발행회사에 신고하면서 신주의 교부를 청구한 경우에 주권발행회사는 상호변경절차가 적법하게 된 것인가를 법인등기부등본등 이를 증명할 수 있는 자료에 의하여 조사한 후가 아니면 주식에 대한 명의개서와 신주를 교부하지 아니할 의무가 있다"(이 판결의 사안에서 주주의 상호변경은 주주의 동일성과 무관하므로 사실은 명의개서가 아니라 정정사유이다).

회사는 주권의 점유자가 적법한 소지인이 아니라는 사실을 증명하면 명의개서를 거부할 수 있고, 또한 거부하여야 한다.

(5) 주권상 기재 불필요

최초로 발행된 기명주권에는 주주의 성명이 기재되나, 주권의 점유만으로 추정력이 인정되므로 그 후 주식의 이전시에는 주권에의 기재는 불필요하다.

(6) 명의개서요건 강화 불가

명의개서청구인은 주권의 제시 또는 다른 방법에 의한 주식취득사실을 증명하면 족하고, 인감증명 등 그 밖의 요건을 정관에 규정하여도 이는 무효인 규정이다. 즉, 정관의 이 같은 규정은 주식의 취득이 적법하게 이루어진 것임을 회사로 하여금 간이명료하게 알 수 있게 하는 방법을 정한 것에 불과하여 주식을 취득한 자가 그 취득사실을 증명한 이상 회사는 위와 같은 서류가 갖추어지지 아니하였다는 이유로 명의개서를 거부할 수는 없다(대법원 1995. 3. 24. 선고 94다47728 판결).

4. 명의개서의 효력

회사가 적법한 명의개서청구를 수리한 때에 명의개서의 효력이 발생한다. 명의개서의 효력은 주주명부의 효력과 같다. 즉, 명의개서가 있으면 대항력·추정력·면책력이 인정된다.

주권발행 전의 주식양도라 하더라도 회사성립 후 6개월이 경과한 후에 이루어진 때에는 회사에 대하여 효력이 있으므로 그 주식양수인은 주주명부상의 명의개서 여부와 관계없이 회사의 주주가 되고, 그 후 그 주식양도 사실을 통지받은 바 있는 회사가 그 주식에 관하여 주주가 아닌 제3자에게 주주명부상의 명의개서절차를 마치고 나아가 그에게 기명식 주권을 발행하였다 하더라도, 그로써 그 제3자가 주주가 되고 주식양수인이 주주권을 상실한다고는 볼 수 없다(대법원 2000. 3. 23. 선고 99다67529 판결).

주식이 양도된 후 주식회사의 주주명부상 양수인 명의로 명의개서가 이미 이루어졌다면, 그 후 그 주식양도약정이 해제되거나 취소되었다 하더라도 주주명부상의 주주 명의를 원래의 양도인 명의로 복구하지 않는 한 양도인은 주식회사에 대한 관계에 있어서는 주주총회에서 의결권을 행사하기 위하여 주주로서 대항할 수 없다(대법원 2002. 12. 24. 선고 2000다69927 판결). 반면에 양도인이 주식대금 미지급을 이유로 계약해제통지를 하였으나 양수인에게 도달하지 않아서 해제의 효과가 발생하기 전에 양도인이 주주총회의 외관을 만들어 기존 임원을 해임하고 자신을 비롯한 새로운 사람을 임원으로 선임하자, 양수인이 제기한 가처분신청사건에서 법원은 결의부존재의 하자가 있으므로 피보전권리는 인정되지만 양도인이 주식양수도계약을 적법하게 해제하고 명의개서를 거쳐서 다시 주주총회를 개최하면 어차피 동일한 결론에 이를 가능성이 있다는 이유로 보전의 필요성이 없음을 들어 가처분신청을 기각하였다(서울중앙지방법원 2011. 6. 1.자 2011카합980 결정).

5. 명의개서미필주주의 지위

주식의 양수인이 주식을 양수한 후 기준일에, 또는 주주명부폐쇄기간 초일까지 명의개서가 이루어지지 않은 경우 이 때의 주주를 명의개서미필주주라고 한다. 원칙적으로 주주명부상의 주주인 주식양도인이 주주총회에서 의결권을 행사하거나 배당금을 수령하는 등의 권리를 가지게 되고, 명의개서미필주주는 회사에 대하여 주주로서 권리를 행사할 수 없다. 다만, 명의개서가 이루어지지 못한 사유에 따라 법적 지위가 다를 수 있다.

(1) 명의개서의 부당거절에 대한 구제책

1) 부당거절의 의의

명의개서의 부당거절은 주식의 양도가 적법하고, 청구절차도 적법함에도 회사가 명의개서를 거부하는 것을 말한다.

2) 소송제기 및 가처분신청

주식취득자는 회사를 상대로 명의개서절차이행청구의 소를 제기할 수 있고, 명의개서청구권 또는 주주권확인청구권을 피보전권리로 하여 임시주주의 지위를 구하는 가처분신청도 가능하다.

3) 손해배상청구

취득자는 회사 및 이사에 대하여 명의개서 부당거절을 이유로 손해배상을 청구할 수 있다.

4) 명의개서 없이 주주권의 행사가 가능한지 여부

회사가 정당한 사유 없이 명의개서를 거부한 경우 주식의 취득자는 신의칙상 의결권, 이익배당청구권, 신주인수권 등을 행사할 수 있다는 것이 통설·판례의 입장이다.

> [대법원 1993. 7. 13. 선고 92다40952 판결]【주주총회결의무효확인】 "주식을 양도받은 주식 양수인들이 명의개서를 청구하였는데도 위 주식양도에 입회하여 그 양도를 승낙하였고 더구나 그 후 주식양수인들의 주주로서의 지위를 인정한 바 있는 회사의 대표이사가 정당한 사유 없이 그 명의개서를 거절한 것이라면 회사는 그 명의개서가 없음을 이유로 그 양도의 효력과 주식양수인의 주주로서의 지위를 부인할 수 없다."

따라서 명의개서를 부당하게 거부당하고 주주총회의 소집통지를 받지 못한 주주는 주주명부상의 주주가 아니더라도 그 주주총회 결의취소의 소를 제기할 수 있다. 만일 원고의 지분이 발행주식총수의 대부분이라면 결의부존재사유도 될 수 있다.

(2) 회사가 주주로 인정할 수 있는지 여부

대법원 2017. 3. 23. 선고 2015다248342 전원합의체 판결에 따르면 회사도 주주명부에 기재를 마치지 아니한 자의 주주권 행사를 인정할 수 없다. 다만, 주주명부에의 기재 또는 명의개서청구가 부당하게 지연되거나 거절되었다는 등의 극히 예외적인 사정이 인정되는 경우에는 주주명부에 기재를 마치지 않고도 회사에 대한 관계에서 주주권을 행사할 수 있다.

예컨대, 절취 또는 습득한 주권의 제시에 의하여 명의개서된 경우에는 회사가 예외적인 사정이 인정되는 경우로 보아 주주명부상 주주의 주주권 행사를 부정하고, 실질 소유자의 주주권 행사를 인정할 수 있을 것이다. 한편, 합병이나 상속과 같은 포괄승계도 이러한 예외적인 사정이 인정되는 경우라고 볼 수 있는지 문제된다. 기준일에는 주주였던 피상속인이 주주총회일 전에 사망한 경우 상속인은 정당한 권리자이며, 주주명부상 기재된 자만을 기준으로 주주권행사를 인정할 경우 주주권을 행사할 자가 없게 되므로 불합리하다. 따라서 포괄승계 시의 권리행사에 관하여는 사안별로 판단하여 예외적 사정이 있다고 볼 수 있는 경우에는 실질 소유자의 주주권 행사를 인정하여야 한다.

6. 명의개서대리인

(1) 의   의

명의개서대리인이란 회사를 위하여 명의개서업무를 대행하는 자이다. 명의 개서는 주식의 양수인이 회사를 상대로 청구하는 것이므로 회사가 명의개서 관련 업무를 수행하는 것이 원칙이다. 그러나 대량으로 주식이 발행되고 그 분산도가 높은 경우 발행회사만이 주주명부의 작성, 주주에 대한 통보업무를 수행할 수 있다면 이로 인한 업무처리가 회사에 과중한 부담이 된다. 따라서 회사가 이러한 업무를 전문으로 하는 업자에게 맡길 필요가 있고, 이에 따라 명의개서대리인제도가 필요하게 된 것이다. 즉, 명의개서대리인은 회사와의 계약에 의하여 명의개서 관련 업무를 대행해 주는 기능을 한다.

(2) 상법상의 명의개서대리인 규제

회사는 정관이 정하는 바에 따라 명의개서대리인을 둘 수 있고, 명의개서대리인을 둔 때에는 그 성명·주소·영업소를 등기하여야 한다(337조).

명의개서대리인의 자격은 ⅰ) 한국예탁결제원과, ⅱ) 금융위원회에 등록(資法 365조①)한 주식회사로 한정된다(令 8조).

(3) 자본시장법상 명의개서대행회사 규제

1) 의   의

상법과 구 증권거래법은 명의개서대리인이라는 용어를 사용하여 왔지만, 명의개서는 법률행위가 아니므로 사법상의 대리(代理)가 있을 수 없고 대행(代行)만 있을 수 있다. 따라서 자본시장법은 "명의개서대행회사"라는 용어를 사용한다(資法 365조).

2) 명의개서대행계약 유지의무

유가증권시장 주권상장법인[은행법에 따라 설립된 은행, 특별한 법률에 따라 설립된 법인 및 제32조제4항제3호에 따른 공공기관(정부전액출자법인이 출자하고 있는 지주회사 포함)은 제외]은 상장이 계속되는 한 명의개서대행회사와 명의개서대행계약을 유지하여야 하며(유가증권 상장규정 제81조①), 명의개서대행회사를 변경하거나 명의개서대행계약을 해지한 경우에는 거래소에 신고하여야 한다(유가증권 상장규정 제79조①4).

3) 명의개서대행회사의 등록요건

상법상 명의개서대리인에 대하여는 특별한 요건이 규정되어 있지 않지만, 자본시장법은 증권의 명의개서를 대행하는 업무를 영위하려는 자는 다음의 요건을 모두 갖추어 금융위원회에 등록하여야 한다고 규정한다(資法 365조①·②).

1. 전자등록기관 또는 전국적인 점포망을 갖춘 은행일 것
2. 전산설비 등 대통령령으로 정하는 물적 설비를 갖출 것
3. 대통령령으로 정하는 이해상충방지체계를 구축하고 있을 것

제2호의 "대통령령으로 정하는 물적 설비"는 다음과 같다(資令 350조①).

1. 증권의 명의개서를 대행하는 업무를 하기에 필요한 전산설비, 업무공간 및 사무장비
2. 정전·화재 등의 사고가 발생할 경우 업무의 연속성을 유지하기 위하여 필요한 보완설비

제3호의 "대통령령으로 정하는 이해상충방지체계"는 다음과 같다(資令 350조②).

1. 증권의 명의개서를 대행하는 업무와 그 외의 업무 간에 독립된 부서로 구분되어 업무처리와 보고가 독립적으로 이루어질 것
2. 증권의 명의개서를 대행하는 업무와 그 외의 업무를 하는 사무실이 정보공유를 막을 수 있을 정도로 공간적으로 분리될 것
3. 증권의 명의개서를 대행하는 업무와 그 외의 업무에 관한 전산자료가 공유될 수 없도록 독립되어 열람될 것

금융위원회는 등록을 결정한 경우 명의개서대행회사등록부에 필요한 사항을 기재하여야 하며, 등록결정한 내용을 관보 및 인터넷 홈페이지 등에 공고하여야 한다(資法 365조⑦). 명의개서대행회사는 등록 이후 그 영업을 영위함에 있어서 위 등록요건을 계속 유지하여야 한다(資法 365조⑧).

(4) 명의개서대리인의 선임

회사는 이사회의 결의에 의하여 명의개서대리인을 선임할 수 있다. 발행회사가 명의개서대리인을 선임한 경우에는 그 성명과 주소 및 영업소를 등기하고(317조②1) 그 내용을 주식청약서에 기재하고(302조②1, 420조제2호) 사채청약서에도 명의개서대리인에 관한 사항을 적어야 한다(474조②15). 발행회사와 명의개서대리인

의 관계는 위임계약관계로서, 반드시 발행회사와 명의개서대리인 간의 계약에 의하여서만 이루어지고, 발행회사가 일방적으로 등기하거나 주식청약서에 기재하는 것만으로는 명의개서대리인이 선임된 것으로 볼 수 없다.

(5) 명의개서대리인의 업무

이사는 회사의 주주명부를 본점에 비치하여야 하고, 명의개서대리인을 둔 때에는 주주명부 또는 그 복본을 명의개서대리인의 영업소에 비치할 수 있다(396조①).

명의개서대행회사는 증권의 배당·이자 및 상환금의 지급을 대행하는 업무와 증권의 발행을 대행하는 업무를 영위할 수 있다(資法 366조).

예탁결제원은 주주명부폐쇄기간의 첫날 또는 기준일의 실질주주에 관하여 ⅰ) 성명 및 주소, ⅱ) 주식의 종류 및 수를 지체 없이 그 주권의 발행인 또는 명의개서를 대행하는 회사에 통지하여야 한다(資法 315조③ 후단). 예탁결제원으로부터 실질주주에 관한 사항을 통지받은 발행인 또는 명의개서를 대행하는 회사는 통지받은 사항과 통지 연월일을 기재하여 실질주주명부를 작성·비치하여야 한다(資法 316조①).

한편, 전자등록기관은 발행인의 요청이 있는 경우 기준일의 주식 소유자의 성명 및 주소, 소유자가 가진 주식등의 종류·종목·수량 등을 기록한 소유자 명세를 발행인에 통지하여야 한다(전자증권법 37조①). 발행인은 전자등록기관으로부터 소유자명세의 통지를 받은 경우 통지받은 사항과 통지 연월일을 기재하여 주주명부등을 작성·비치하여야 한다(전자증권법 37조⑥). 전자증권법에서는 회사에 대한 통지와 회사의 비치·공시의무만을 규정하고 있으나 명의개서대행회사에게도 통지 및 비치·공시할 수 있다고 본다.

(6) 명의개서의 효력발생시기

발행회사가 명의개서대리인을 둔 경우 명의개서대리인이 취득자의 성명과 주소를 주주명부에 기재한 때에 명의개서한 것으로 보므로(337조②, 479조②) 이때부터 회사에 대하여 대항력을 가진다.

(7) 발행인과 명의개서대리인의 관계

명의개서대리인은 발행회사의 이행보조자로서 명의개서대리인의 고의·과실은 발행회사의 고의·과실로 보므로(民法 391조), 명의개서대리인이 명의개서를 부당거절하고 이로 인하여 명의개서청구인이 손해를 입는 경우에는 회사가 손해배상책임을 지게 된다.

7. 명의개서절차이행청구의 소

(1) 소의 의의와 법적 성질

명의개서 부당거절은 주식의 적법한 주주권자가 회사에 주권을 제시하거나 실질권리를 증명하고 명의개서를 청구하였음에도 불구하고 회사가 정당한 이유 없이 명의개서를 거절하는 것이다. 명의개서를 부당하게 거절당한 주주권자는 회사를 상대로 명의개서절차이행청구의 소를 제기할 수 있다.

명의개서절차이행청구의 소는 민사소송법상 일반적인 이행의 소이다.

(2) 소송당사자

1) 원   고

명의개서절차이행청구의 소의 원고는 주권의 점유자 또는 주권의 비점유자로서 자신이 실질적 주주권자임을 주장하는 자이다.

2) 피   고

주식의 양도는 주권의 교부에 의하여야 하고, 주식의 적법한 양수인은 회사에 주권을 제시함으로써 단독으로 명의개서를 청구할 수 있다. 따라서 명의개서절차이행청구의 소의 피고는 해당 주식의 발행회사이다.

(3) 청구원인의 기재 정도

명의개서절차이행청구의 소의 소장(청구원인)에는, 원고가 주권소지인인 경우에는 주권소지사실을 기재하고, 주권비소지인인 경우에는 자신이 주식을 취득하게 된 경위를 기재하여야 한다. 그 외에 청구를 뒷받침하는 구체적 사실과 피고가 주장할 것이 명백한 방어방법에 대한 구체적인 진술을 기재하여야 한다. 원고가 제소 전에 회사에 대하여 명의개서를 청구하였다는 사실은 특별히 명의개서 부당거절을 원인으로 하는 손해배상청구를 병합하는 경우가 아닌 한 기재할 필요는 없다.

(4) 소송절차

명의개서절차이행청구의 소의 제소기간에 대하여는 아무런 제한이 없다. 그리고 상법상 전속관할규정이 없으므로 민사소송법의 관할규정이 적용된다. 따라서 피고의 보통재판적이 있는 곳의 법원이 관할하고(民訴法 2조), 보통재판적은 피고회사의 주된 사무소 또는 영업소가 있는 곳에 따라 정한다(民訴法 5조①). 이때의 관할은 전속관할이 아니므로 합의관할과 변론관할이 인정된다.

(5) 판결의 효력

명의개서절차이행청구의 소의 판결은 민사소송법상 일반적인 이행판결이므로 대세적 효력이 인정되지 않는다

X. 주주명부 열람·등사청구권

1. 의   의

주주총회에서 의결권을 행사하려면 주식을 직접 소유하거나 다른 주주로부터 위임받아 의결권 대리행사를 하여야 한다. 이를 위하여는 주주의 성명과 주소를 확인하여 우편물을 발송하거나 직접 방문하는 등의 방법으로 의결권 대리행사 권유를 하여야 한다. 경영진과 대주주는 주주명부를 이용하여 제3의 주주들로부터 위임장을 받기 유리한 입장이다. 그러나 외부 주주로서는 회사가 주주명부의 열람·등사를 허용하여야 주주들의 인적사항을 확인하여 의결권 대리행사 권유를 할 수 있으므로 상법은 주주의 주주명부 열람·등사청구권을 인정한다. 이사가 정당한 이유 없이 주주명부 열람·등사를 거부한 경우 500만원 이하의 과태료에 처한다(635조제4호).

2. 열람·등사청구권의 행사방법

주주는 영업시간 내에 언제든지 주주명부의 열람·등사를 청구할 수 있다(396조②). 회계장부 열람·등사청구권에 관한 제466조제1항은 "이유를 붙인 서면으로

회계의 장부와 서류의 열람 또는 등사를 청구"하도록 규정하나, 주주명부 열람·
등사청구권에 관한 제396조제2항은 이와 같은 청구방법을 규정하지 않는다.

이와 같이 상법상 주주명부 열람·등사청구권 행사방법에 있어서 "영업시간
내"라는 제한 외에는 달리 특별한 제한규정이 없지만, 주주명부 열람·등사청구
권의 경우에도 목적의 정당성을 요건으로 하는 한 회계장부 열람·등사청구권과
동일하게 이유를 붙인 서면으로 열람을 청구하여야 할 것이다. 상법상 특별히 청
구기간에 대한 제한은 없으므로, 회사로 하여금 열람·등사청구권 행사에 응할지
여부를 판단하고, 대상 자료를 준비하기 위하여 필요한 시간을 주면 될 것이다.

3. 청구권자와 청구의 대상

(1) 열람·등사청구권자

주주명부 열람·등사청구권자는 해당 회사의 주주이다. 회계장부 열람·등사
청구권과 달리 단 1주만 소유한 주주도 행사할 수 있는 단독주주권이다.

(2) 열람·등사청구의 대상

1) 주주명부

열람·등사청구의 대상은 주식, 주권 및 주주에 관한 현재의 상황을 나타내기
위하여 회사가 상법규정에 의하여 작성하여 비치하는 장부인 주주명부이다.

2) 실질주주명부

실질주주명부란 증권예탁제도를 채택한 발행인이 작성·비치하는 주주명부
에 예탁결제원 명의로 명의개서 되어있는 주식에 대한 실질소유자에 대한 명부이
다. 실질주주로서 권리를 행사하려면 예탁결제원에 예탁된 주권의 주식에 관하여
발행인이 작성·비치하는 실질주주명부에 주주로서 등재되어야 한다. 일반적으로
실질주주명부에 대한 열람·등사는 소수주주권의 공동행사 또는 의결권대리행사
권유를 위하여 청구하는 예가 많다.

자본시장법 제315조제2항은 "실질주주는 제314조제3항에 따른 권리를 행사
할 수 없다. 다만, 회사의 주주에 대한 통지 및 상법 제396조제2항에 따른 주주명
부의 열람 또는 등사 청구에 대하여는 그 권리를 행사할 수 있다."고 규정하는데,

열람·등사청구의 대상으로 규정하는 "상법 제396조제2항에 따른 주주명부"란 상법상 주주명부를 의미하고 실질주주명부를 의미하지 않는다. 따라서 현행 법상 실질주주명부에 대한 열람·등사청구권을 인정하는 규정은 없다.

실질주주명부에 대하여는 상법에는 물론 자본시장법에도 열람·등사청구권에 관한 명문의 규정이 없고, 이에 따라 실질주주명부에 대한 열람·등사청구의 허용 여부에 관하여 자본시장법에 상법 제396조제2항과 같은 근거 규정이 없어서 논란이 되었으나, 최근 대법원은 상법 제396조제2항이 유추적용된다고 판시하였다. 나아가 열람·등사청구의 대상은 변론종결일을 기준으로 피고 회사가 현재 작성·보관하고 있는 자본시장법상 실질주주명부 중에서 가장 최근의 실질주주명부이고, 열람·등사청구의 범위는 실질주주의 성명 및 주소, 실질주주별 주식의 종류 및 수와 같이 "주주명부의 기재사항"에 해당하는 사항에 한정된다고 판시하였다.

> [대법원 2017. 11. 9. 선고 2015다235841 판결] "실질주주가 실질주주명부의 열람 또는 등사를 청구하는 경우에도 상법 제396조제2항이 유추적용된다. 열람 또는 등사청구가 허용되는 범위도 위와 같은 유추적용에 따라 '실질주주명부상의 기재사항 전부'가 아니라 그 중 실질주주의 성명 및 주소, 실질주주별 주식의 종류 및 수와 같이 '주주명부의 기재사항'에 해당하는 것에 한정된다. 이러한 범위 내에서 행해지는 실질주주명부의 열람 또는 등사가 개인정보의 수집 또는 제3자 제공을 제한하고 있는 개인정보 보호법에 위반된다고 볼 수 없다."

3) 과거의 주주명부

상법상 주주명부란 "주주 및 주권에 관한 현황(現況)을 나타내기 위하여 상법의 규정에 의하여 회사가 작성, 비치하는 장부"이므로, 현황이 아닌 과거의 주주명부는 제396조제1항이 규정하는 주주명부에 해당하지 않는다. 현재는 주주 아닌 자들의 개인정보가 포함된 과거의 주주명부는 제396조제2항에 의한 열람·등사청구권의 대상이 아니고, "회계의 장부와 서류"에도 속하지 아니하므로 제466조제1항에 의한 열람·등사청구권의 대상도 아니다.

증권예탁제도를 채택한 회사가 작성하는 실질주주명부의 경우 앞에서 설명한 바와 같이 회사가 작성·보관하고 있는 가장 최근의 명부가 대상이 될 것이다. 한편, 전자증권제도를 채택한 회사의 경우 전자등록기관이 제공하는 소유자명세를 바탕으로 최소 분기에 1회 이상 주주명부를 작성·비치하게 된다. 일반적이 주주명부와 달리 실시간으로 명의개서가 이루어지지 않으므로 주주명부에 등재된 주주들은 과거의 주주들이고 작성된 후 현재까지의 주주변동내역이 반영되지 않는다. 이는 과거 주주명부라는 점에서 주주들의 주주명부 열람·등사 청구의 대상도 실질주주명부와 같이 회사가 작성·보관하고 있는 가장 최근의 주주명부가 되는 것으로 해석해야 할 것이다.

4. 주주명부 열람·등사청구의 정당성

(1) 열람·등사청구의 정당성이 요구되는지 여부

1) 상법의 규정

주주명부 열람·등사청구권에 관한 상법 제396조제2항은 주주가 영업시간 내에 언제든지 주주명부의 열람·등사를 청구할 수 있다고 규정한다. 회계의 장부와 서류는 발행주식총수의 3% 이상에 해당하는 주식을 가진 주주가 이유를 붙인 서면으로 그 열람·등사를 청구할 수 있고(466조①), 회사는 주주의 청구가 부당함을 증명하지 아니하면 이를 거부하지 못한다(466조②). 즉, 회사는 주주의 청구가 부당함을 증명함으로써 회계장부의 열람·등사청구를 거부할 수 있다. 반면에 주주명부 열람·등사청구권에 관한 상법 제396조제2항은 회사의 거부권을 규정하지 않는다. 그러나 회사가 주주의 요구에 따라 무제한적으로 주주명부의 열람·등사를 허용하여야 한다고 보면, 부정한 목적으로 청구하는 주주에게도 항상 허용하여야 한다는 문제점이 있다. 따라서 상법 제396조와 제466조의 규정상 차이에 불구하고 권리남용금지의 법리와 상법 제466조제2항의 유추적용에 의하여 주주명부 열람·등사청구권에 있어서도 정당한 목적을 요건으로 보아, 회사가 열람·등사청구의 부당함을 증명함으로써 이를 거부할 수 있다고 해석하는 것이 타당하다.

2) 권리남용금지

모든 권리의 행사와 의무의 이행은 신의에 좇아 성실히 하여야 하고, 권리는 남용하지 못한다는 신의성실의 원칙(民法 2조①·②)은 주주의 주주명부 열람·등사청구권에도 적용된다. 이는 私法의 일반원리이고, 제1조도 민법을 상사에 관한 보충적 적용법규로 규정한다. 상법상 주주에게 인정되는 여타의 권리가 대부분 소수주주권인 반면, 주주명부 열람·등사청구권은 단독주주권이기 때문에 더욱더 내재적 제한이 있는 것으로 해석하여야 한다. 특히, 주주명부의 열람을 청구하는 주주가 주주로서의 합리적인 이익에 바탕을 두지 않는 경우에까지 무제한적으로 열람을 허용하게 되면 그 권리의 남용으로 인한 회사의 피해가 클 것이다. 즉, 주주명부 열람·등사청구권은 주주의 권리를 보호하고 회사의 경영실태를 감독하는 기능을 가지는 것이므로, 주주로서의 권리와 아무런 관계없이 개인적인 이익이나 신념을 위하여 주주명부 열람·등사청구권을 행사하는 것은 권리남용행위로서 회사가 이를 거부할 수 있다고 보아야 할 것이다. 권리행사가 권리의 남용에 해당한다고 할 수 있으려면, 주관적으로는 그 권리행사의 목적이 오직 상대방에게 고통을 주고 손해를 입히려는 데 있을 뿐 권리를 행사하는 사람에게 아무런 이익이 없는 경우이어야 하고, 객관적으로는 그 권리행사가 사회질서에 위반된다고 볼 수 있어야 한다(대법원 2006. 11. 23. 선고 2004다44285 판결). 따라서 주주의 주주명부 열람·등사청구를 거부하려는 회사는 당해 주주가 오로지 회사에게 고통을 주고 손해를 입히려는 데 있을 뿐 주주에게 아무런 이익이 없다는 것을 증명하여야 하는데, 현실적으로 이를 증명하는 것은 매우 곤란할 것이고, 결국은 현재의 상황뿐 아니라 과거의 행위(주주명부 판매 또는 판매를 시도한 전력)도 고려하여야 한다.

3) 회계장부 열람·등사청구권 규정의 유추적용

대법원은 "제396조제2항에서 규정하고 있는 주주 또는 회사신청인의 주주명부 등에 대한 열람·등사청구도 회사가 그 청구의 목적이 정당하지 아니함을 주장·입증하는 경우에는 이를 거부할 수 있다고 할 것이다."라고 판시함으로써, 주주명부 열람·등사청구권에 대하여도 회계장부 열람·등사청구권에 관한 제466조제2항을 유추적용하는 입장을 취하였다.

(2) 열람·등사청구의 정당성 판단 기준

1) 의   의

회사가 주주명부 열람·등사청구권을 거부할 수 있는 근거를 권리남용금지의 법리에 의하든, 열람·등사청구의 부당함을 거부사유로 규정한 상법 제466조제2항의 유추적용에 의하든 결국은 주주명부 열람·등사청구권의 행사는 정당한 목적을 요건으로 하는 것이라 할 수 있다. 정당한 목적에 대하여는 상법상 명문의 정의규정이 없지만, "주주로서의 이해관계에 합리적으로 관련되는 목적"으로 보면 될 것이다.

2) 열람·등사청구가 정당한 경우

주주명부 열람의 일반적인 목적은, ⅰ) 주주의 경영감독을 위한 소수주주권 (대표소송, 회계장부 열람·등사청구권 등)의 행사를 목적으로 상법상 요구되는 지분을 확보하기 위하여 다른 주주들에게 연락하여 이들을 규합하기 위한 경우와, ⅱ) 경영권 분쟁시 의결권 대리행사 권유를 하기 위한 경우로 대별할 수 있다.

먼저, 위임장권유를 위한 경우에는 공정한 위임장경쟁을 위하여 주주의 주주명부열람권이 폭넓게 인정되어야 한다. 실제로 위임장권유를 목적으로 주주명부 열람권을 행사하는 경우 주주총회소집통지 후 주주총회일까지라는 시기적인 제한이 있지만 그 시기 내에서의 열람은 숨겨진 다른 목적이 없는 한, 그 자체가 부당한 목적으로 인정될 가능성은 거의 없고, 부수적으로 다른 목적이 있으면 회사가 그 부수적인 목적의 부당성을 증명함으로써 열람을 거부할 수 있을 것이다. 다만, 위임장권유를 주목적으로 하는 주주명부열람의 경우에도, 주주명부의 사본은 그 자체가 인격적, 재산적으로 중요한 가치가 있는 정보를 포함하므로, 주주명부의 "열람"은 폭넓게 허용하되, "등사"는 회계장부와 같은 수준으로 제한하는 것이 타당하고, 법원이 열람, 등사를 명하는 경우 주주명부의 등사본은 위임장권유 외의 용도에는 사용할 수 없다는 제한을 하는 것이 바람직하다.

다음으로, 소수주주권행사를 위한 주주간 연락을 목적으로 하는 경우에 있어서는, 부실경영, 부정행위의 추상적인 가능성만으로는 정당한 목적으로 인정될 수 없고, 부실경영, 부정행위에 대한 어느 정도 구체적인 사유가 있어야 정당한 목적이 인정될 것이다. 이 점은 미국 회사법상 확립된 법리이며, 하급심법원도 회계장부열람권에 대한 판례에서 이러한 법리를 구체적으로 설시한 바 있다.

[서울지방법원 1998. 4. 1. 선고 97가합68790 판결] "상법 제466조제1항에 의하여 발행주식의 총수의 100분의 5 이상에 해당하는 주식을 가진 주주에게 인정되는 회계장부 및 서류의 열람 및 등사청구권은 주주의 회사경영 상태에 대한 알 권리 및 감독·시정할 권리와 한편 열람 및 등사청구를 인정할 경우에 발생할 수 있는 부작용, 즉 이를 무제한적으로 허용할 경우 회사의 영업에 지장을 주거나, 회사의 영업상 비밀이 외부로 유출될 염려가 있고, 이로 인하여 얻은 회계정보를 부당하게 이용할 가능성 등을 비교형량하여 그 결과 주주의 권리를 보호하여야 할 필요성이 더 크다고 인정되는 경우에만 인정되어야 하고, 회계장부의 열람 및 등사를 청구하는 서면에 기재되는 열람 및 등사의 이유는 위와 같은 비교

형량을 위하여, 또한 회사가 열람·등사의 청구에 응할 의무의 존부의 판단을 위하여 구체적으로 기재될 것을 요한다고 할 것인바, 주주가 회계의 장부와 서류를 열람 및 등사하려는 이유가 막연히 회사의 경영상태가 궁금하므로 이를 파악하기 위해서라든지, 대표이사가 자의적이고 방만하게 회사를 경영하고 있으므로 회사의 경영상태에 대한 감시의 필요가 있다는 등의 추상적인 이유만을 제시한 경우에는 주주의 권리를 보호하여야 할 필요성이 더 크다고 보기가 어려우므로 열람 및 등사청구가 인정되지 아니한다고 봄이 상당하지만, 예컨대 회사가 업무를 집행함에 있어서 부정한 행위를 하였다고 의심할 만한 구체적인 사유가 발생하였다거나, 회사의 업무집행이 법령이나 정관에 위배된 중대한 사실이 발생하였다거나, 나아가 회사의 경영상태를 악화시킬 만한 구체적인 사유가 있는 경우 또는 주주가 회사의 경영상태에 대한 파악 또는 감독·시정의 필요가 있다고 볼 만한 구체적인 사유가 있는 경우 등과 같은 경우에는 주주의 권리를 보호하여야 할 필요성이 더 크다고 보여지므로 열람 및 등사청구가 인정된다."

3) 열람·등사청구가 부당한 경우

주주로서의 이익과 합리적인 관련이 없는 경우에는 부당한 목적의 열람·등사청구권 행사로 보아야 한다. 부당한 목적의 구체적인 예로는, ⅰ) 경영진을 괴롭히려는 경우, ⅱ) 사회적, 정치적 신념을 위한 경우, ⅲ) 주주로서의 지위가 아니라 제3자의 지위에서 개인적 이익을 추구하려는 경우, ⅳ) 회사와 경업관계에 있는 다른 회사의 이익을 도모하고 회사에는 피해를 입히려는 경우 등이다. 임원에 대한 횡령·배임 등의 형사사건으로 비화할 정보를 포함하고 있는 회계장부에 대한 열람·등사에 비하면 주주명부는 그 열람·등사에 의하여 회사가 입게 되는 피해나 임원들이 안게 되는 부담은 적을 것이고, 따라서 주주명부 열람·등사의 목적이 부당하다고 인정되는 범위는 회계장부에 비하면 제한적일 것이다.

4) 정당성에 대한 증명책임

회계장부 열람·등사청구권에 관한 상법 제466조제2항은 명시적으로 열람·등사청구의 부당성에 대한 회사의 증명책임을 규정한다. 반면에 주주명부 열람·등사청구권에 관한 상법 제396조제2항은 증명책임은 물론 열람·등사청구권의 행사에 정당한 목적이 요구되는지에 대하여도 규정하지 않는다. 그러나 주주명부 열람·등사청구권에 대하여도 회계장부 열람·등사청구권에 관한 제466조제2항을 유추적용하여 회사가 목적의 부당성에 대한 증명책임을 진다고 해석하여야 한다.

일반적으로 주주명부는 회계장부에 비하여 그 공개로 인한 회사의 피해나 임원들의 부담이 상대적으로 적을 것이므로 회계장부에 비하여 주주명부의 열람기회를 제약할 필요가 적을 것이다. 판례도 회사는 주주명부 열람·등사청구에 정당한 목적이 없는 등의 특별한 사정이 없는 한 이를 거절할 수 없고, 이 경우 정당한 목적이 없다는 점에 관한 증명책임은 회사가 부담한다는 입장이다(대법원 2010. 7. 22. 선고 2008다37193 판결. 대법원 1997. 3. 19.자 97그7 결정에서도 열람목적의 부당함을 회사가 증명하면 주주의 주주명부열람청구를 거부할 수 있다고 판시하였다).

5. 열람·등사의 방법

(1) 열람·등사의 범위

1) 주주명부

주식에 관한 주주명부의 기재사항은, ⅰ) 주주의 성명과 주소, ⅱ) 각 주주가 가진 주식의 종류와 그 수, ⅲ) 각 주주가 가진 주식의 주권을 발행한 때에는 그 주권의 번호, ⅳ) 각 주식의 취득 연월일 등이다(352조①). 주주명부의 기재사항은 원칙적으로 모두 열람·등사의 대상이다.

2) 실질주주명부

자본시장법상 실질주주명부의 기재사항은 ⅰ) 성명 및 주소, ⅱ) 주식의 종류 및 수 등으로 상법상 주주명부 기재사항과 거의 같다. 자본시장법상 실질주주명부 기재사항은 상법상 주주명부 기재사항과 거의 같지만, 증권등예탁업무규정 및 그 세칙에 의하면 실제의 통지사항(실질주주명부 기재사항)은 자본시장법 규정보다 훨씬 구체적이다. 즉, 실질주주명부 기재사항은, ⅰ) 실질주주번호, ⅱ) 실질주주의 명칭, 주민등록번호 및 주소, ⅲ) 실질주주별 주식의 종류와 수, ⅳ) 실질주주 통지 연월일, ⅴ) 외국인인 실질주주가 상임대리인을 선임한 경우에는 해당 상임대리인의 명칭 및 주소, ⅵ) 실질주주가 외국인인 경우 해당 외국인의 국적, ⅶ) 그 밖에 실질주주 관리에 필요한 사항 등이다(증권등예탁업무규정세칙 32조).

그런데 실질주주명부의 기재사항 중 실질주주의 주민등록번호는 중요한 개인정보에 속하고, 또한 외국인의 상임대리인의 명칭과 주소는 의결권 대리행사 권유에서 매우 중요한 사항이므로, 실제의 가처분사건에서 피신청인(회사)은 주주명부의 열람은 허용하되 이 두 가지 사항은 제외되어야 한다고 주장하는 예가 많다. 의결권 대리행사 권유를 하는 입장에서는 외국인 실질주주를 직접 접촉하여 의결권 대리행사 권유를 하는 것에 비하여 국내 상임대리인으로부터 위임장을 받는 것이 훨씬 수월하기 때문이다.

실질주주명부 기재사항 중 열람·등사의 대상에서 제외되는 부분이 있는지 여부에 관하여 아직 법원의 실무례는 확립되지 않은 것으로 보이지만, 기재사항 중 개인정보에 해당하는 사항, 예컨대 주민번호를 제외하여야 하며, 이를 제공한다고 하더라도 주민번호 중 뒤의 여섯자리를 제외하고 열람·등사를 허용하는 것이 타당하다.

3) 소유자명세

전자증권제도를 채택한 회사의 경우에도 주주명부를 작성·비치하여야 하므로 주주명부의 기재사항이 열람·등사의 대상이 된다. 그런데 회사가 전자등록기관으로부터 소유자명세를 제공받았지만 아직 주주명부를 작성하지 않고 있는 경우에는 소유자명세가 열람·등사 청구의 대상이 된다고 보아야 한다. 다만, 이 경우에는 주주명부의 기재사항에 해당하는 내용만이 그 대상이 되어야 할 것이다.

(2) 열람·등사의 기간과 시간

회계장부는 회사가 열람·등사를 허용하기 위하여 대상 장부를 준비하기 위한 시간이 필요하므로 법원도 열람·등사를 허용하는 판결·결정의 주문에서 며칠간의 준비기간을 정하는 예가 많다. 그러나 주주명부는 특별히 준비할 시간이 필요없을 것이므로 법원도 준비기간을 정하지 않는 것이 일반적이고, 이 경우에는 판결·결정의 송달일로부터 바로 열람이 가능하다. 또한 상법상 주주명부 열람·등사 허용기간에 대하여 특별한 제한규정은 없지만, 주주명부는 회계장부에 비하여 열람·등사 허용기간을 단기로 정하는 것이 적절하다. 특히 주주명부는 명의개서에 따라 그 기재내용이 변동하므로 열람·등사 허용기간을 제한할 필요가 있고, 따라서 피고·피신청인이 열람·등사 허용기간의 제한을 주장하는 경우에는 적절한 기간으로 제한하는 것이 일반적이다. 다만, 실질주주명부와 소유자명세 통지에 의하여 주주명부가 작성된 경우에는 이러한 논리가 적용되지 못할 것이다.

상법상 주주명부 열람·등사는 "영업시간 내"에서만 허용되므로(396조②), 열람·등사 시간에 대하여는 "영업시간 내"라는 제한을 두어야 하고, 판결·결정의 주문에 이러한 시간적 제한이 기재되지 않았더라도 상법 규정에 따라 영업시간 내의 열람만 허용되는 것으로 해석하여야 한다.

(3) 등사의 방법

실질주주명부 작성을 위하여 예탁결제원이 실질주주명세를 회사에 통지하는 경우 또는 주주명부 작성을 위하여 전자등록기관이 회사에 소유자명세를 통지하는 경우 일반적으로 컴퓨터 파일 형태로 제공하고, 회사는 실질주주명부 및 주주명부를 역시 컴퓨터 파일 형태로 작성하여 보관한다. 신청인이 주주명부를 등사하는 방법으로 반드시 종이에 출력한 상태의 주주명부만 등사할 수 있는지, 아니면 컴퓨터 파일 복사의 방법도 가능한지에 관하여 실무상 아직 확립된 기준은 없는 것으로 보인다. 컴퓨터 파일 복사의 방법에 반대하는 견해는 주주명부는 종이에 출력한 문서만을 가리키는 것이고, 상법의 등사라는 용어는 컴퓨터 파일을 복사하는 것까지 포함하는 개념이 아니라는 점을 근거로 든다. 그러나 주주명부등사가처분은 임시의 지위를 정하기 위한 가처분으로서 「민사집행법」 제305조제1항은 "법원은 신청목적을 이루는 데 필요한 처분을 직권으로 정한다."고 규정하는데, 컴퓨터 파일을 복사하는 방법이 신청목적을 이루는 데 필요하다면 「민사집행법」 제305조제1항을 근거로 허용할 수 있을 것이다. 실무상 대부분의 가처분결정에서는 컴퓨터 파일을 복사하는 방법을 허용한다.

(4) 사본의 용도에 대한 제한

주주명부는 개별 주주의 성명과 주소를 포함하고, 특히 실질주주명부는 주주의 주민등록번호까지 포함하므로, 열람·등사청구에 의하여 주주로서는 중요한 개인정보가 유출되는 불이익을 입게 된다. 따라서 열람·등사청구의 대상을 주주명부 기재사항 전부라고 보더라도, 사안에 따라서 열람에 비하여 등사에 대하여는 정당한 목적을 인정함에 있어서 보다 엄격한 기준을 적용할 필요도 있고, 사본의 용도를 제한하여 등사를 허용할 수도 있을 것이다.

(5) 열람·등사의 횟수

주주명부열람권을 규정한 제396조는 회계장부열람권을 규정한 제466조와 같이 열람·등사의 횟수에 대하여 아무런 제한을 하지 않는다. 따라서 열람목적상 필요한 범위 내에서는 수회의 열람권행사 또는 횟수를 정하지 않고 기간을 정한 열람권행사도 허용된다[대법원 1999. 12. 21. 선고 99다137 판결(30일간의 열람 및 등사

기간을 허용한 사례)].

6. 주주명부 열람·등사 가처분

(1) 가처분의 필요성

주주명부 열람·등사청구권을 규정한 상법 제396조의 규정에도 불구하고 경영권 분쟁시 회사는 경영권 도전세력의 주주명부 열람·등사를 거부하거나 부당하게 지연시키기 마련이다. 따라서 주주는 이러한 경우 주주명부 열람·등사를 청구하는 본안소송을 제기할 수 있으나, 본안판결 선고시까지 장기간이 소요되므로 임박한 주주총회를 앞두고 위임장권유를 하려는 주주로서는 주주명부 열람의 목적을 달성할 수 없고, 주주명부 열람·등사 가처분을 신청할 필요가 있다.

회사 측이 주주명부 열람·등사청구를 거부하거나 부당하게 지연시키면서, 기존 대주주와 경영진이 의결권 대리행사 권유를 적극적으로 진행한다면, 이것만으로도 주주총회결의취소사유가 될 것이다. 상법 제376조제1항이 규정하는 결의취소사유인 "주주총회 소집절차 또는 결의방법이 법령 또는 정관에 위반하거나 현저하게 불공정한 때" 중 적어도 결의방법이 법령에 위반하거나 현저하게 불공정한 때에 해당한다고 볼 수 있기 때문이다. 그리고 결의취소사유로 인정되는 경우에는 주주총회개최·결의금지 가처분의 피보전권리도 인정될 것이다.

주주명부 열람·등사청구권을 피보전권리로 하여 가처분을 허용하면 본안청구의 목적이 가처분에 의하여 그대로 달성되고, 만일 본안소송에서 피고가 승소하더라도 이미 열람·등사라는 사실행위가 이루어진 후이므로 원상회복이 불가능하므로 보전절차의 잠정성에 반한다는 문제점이 있지만, 판례는 회계장부 열람·등사 가처분사건에서 "본안소송에서 패소가 확정되면 손해배상청구권이 인정되는 등으로 법률적으로는 여전히 잠정적인 면을 가지고 있기 때문에 임시적인 조치로 회계장부 열람·등사 청구권을 피보전권리로 하는 가처분도 허용된다"는 입장이다(대법원 1999. 12. 21. 선고 99다137 판결). 주주명부 열람·등사에 관하여도 동일한 법리가 적용될 것이다.

(2) 당사자와 신청기간

1) 신 청 인

가처분의 신청인은 해당 회사의 주주이다. 주주명부 열람·등사청구권은 단독주주권이므로 주주는 누구든지 주주명부 열람·등사 가처분의 신청인 적격이 있다.

2) 피신청인

주주명부 열람·등사 가처분의 피신청인은 그 주주명부 또는 실질주주명부를 작성·비치하고 있는 해당 회사이다.

3) 신청기간

(가) **주주명부**　　　이사는 회사의 주주명부를 본점에 비치하여야 하고, 명의개서대리인을 둔 때에는 주주명부 또는 그 복본을 명의개서대리인의 영업소에 비치할 수 있다(396조①). 따라서 주주명부 열람·등사청구소송의 제소기간과 가처분의 신청기간에 대하여는 아무런 제한이 없다.

(나) **실질주주명부**　　　실질주주명부는 회사가 항상 작성, 비치해 두는 것이 아니라, 회사가 주주명부폐쇄기간 또는 기준일을 정하여 예탁결제원에 이를 지체 없이 통지하고(資法 315조③ 전단), 예탁결제원이 주주명부폐쇄기간의 첫날 또는 기준일의 실질주주에 관하여 실질주주명세를 발행회사 또는 명의개서대리회사에 통지하면, 발행회사가 예탁결제원으로부터 통지받은 실질주주명세에 의하여 작성한다. 따라서 실질주주명부에 대한 열람·등사청구는 연중 항상 할 수 있는 것이 아니라, 회사가 실질주주명부를 위와 같은 절차를 거쳐서 작성하는 경우에만 가능하다. 다만, 회사가 실질주주명부를 실제로 작성한 때를 기준으로 한다면 지나치게 신청기간을 제한하는 것이고, 주권의 발행인이 주주명부폐쇄기간 또는 기준일을 정하면 그 때부터는 가처분을 신청할 수 있다고 보아야 한다. 회사는 주주명부폐쇄기간 또는 기준일을 정하면 지체 없이 이를 예탁결제원에 통지하여야 하기 때문이다(資法 315조③ 전단).

(3) 가처분재판절차

법원은 주주명부, 회계장부 등에 대한 열람, 등사가처분을 허용하고 있으며,

피신청인인 회사에 대하여 직접 열람·등사를 허용하라는 명령을 내리는 방법뿐만 아니라, 장부 등을 집행관에게 이전·보관시키는 가처분도 허용하고, 대법원도 일찍부터 이에 대한 확립된 입장을 취하고 있다(대법원 1997. 3. 19.자 97그7 결정; 대법원 1999. 12. 21. 선고 99다137 판결). 법원의 가처분결정에 불구하고 회사가 열람을 거부하는 경우 간접강제절차에 의하여 그 이행을 강제할 수 있다.

> (회사에 대하여 직접 열람·등사를 허용하라고 명하는 가처분의 주문례)
> 피신청인은 신청인 또는 그 대리인에게, 피신청인의 주주명부(2006. 12. 31.자 기준)를 그 보관장소(피신청인의 본점 또는 피신청인의 증권예탁결제원의 영업소)에서 영업시간 내에 한하여 열람 및 등사(사진촬영 및 컴퓨터 디스켓의 복사를 포함)하도록 하여야 한다.

다만, 일반적으로 법원은 가처분사건의 심문기일 중에 피신청인 측에게 특별한 경우가 아닌 한 어차피 가처분신청이 인용될 것이므로 스스로 주주명부의 열람·등사를 허용하도록 권유하고, 이에 따라 신청인은 주주명부를 열람·등사한 후에는 본안소송과 가처분을 모두 취하하게 된다. 그리고 회계장부 열람·등사청구의 경우에는 회사가 일부 자료를 누락시키고 제시하는 등의 문제가 있지만 주주명부의 경우에는 그러한 소지가 많지 않고, 다만 주주의 주소 등을 연락처를 누락시키거나 가린 채 주주명부사본을 제시하는 예는 있다. 물론 이는 완전한 열람·등사 허용이 아니므로 신청인은 주주들에 관한 나머지 사항의 열람·등사도 요구할 수 있다.

일반적으로 대세적 효력이 인정되는 통상의 회사가처분과 달리 주주명부 열람·등사 가처분결정은 대세적 효력이 없다. 주주명부 열람·등사 가처분은 회사와 개별 주주 간의 대인적(對人的) 분쟁이고 제3자에게 영향을 미치지 않기 때문이다. 임시의 지위를 정하는 가처분재판에서 신청을 인용하는 경우 통상 주문에 임시의 지위를 의미하는 "본안판결 확정시까지"라는 문구가 포함되지만, 주주명부의 열람·등사 가처분에서는 이러한 문구가 기재되지 않는다. 주주명부의 열람·등사 가처분은 열람·등사라는 사실행위를 함으로써 바로 종국적인 목적달성이 이루어지고, 따라서 가처분 신청인의 잠정적 지위와 종국적 지위가 이론상 구분되지 않기 때문이다.

(4) 사본교부청구

일반적인 열람·등사를 허용하는 가처분에 대하여 특히 피신청인은 신청인의 열람·등사를 허용하되 피신청인이 열람·등사장소를 제공하고 열람·등사를 방해하지 않는다는 부작위의무를 부담하는 취지 정도로 받아들인다. 주주명부 열람·등사 가처분은 임시의 지위를 정하기 위한 가처분이고, 「민사집행법」 제305조제1항은 "법원은 신청목적을 이루는 데 필요한 처분을 직권으로 정한다."고 규정하므로, 법원은 가처분 결정시 피신청인에게 주주명부의 사본교부를 명하는 것도 가능하다. 따라서 주주명부 열람·등사청구권을 규정한 제396조제2항의 "등사를 청구할 수 있다."라는 규정은 소극적으로 신청인의 등사를 방해하지 말라는 것뿐 아니라 신청인이 원하는 경우에는 피신청인에게 주주명부를 등사하여 신청인에게 교부하도록 청구하는 것도 포함하는 것으로 보아야 한다. 물론 이때 등사비용은 신청인이 부담하여야 할 것이다.

(5) 가처분이의와 집행정지·취소

피신청인은 가처분결정에 대하여 그 취소·변경을 신청하는 이유를 밝혀 이의를 신청할 수 있다(民執法 301조, 283조①·②). 그러나 이의신청에 의하여 가처분집행이 정지되지 않는다(民執法 283조③). 「민사집행법」은 소송물인 권리 또는 법률관계가 이행되는 것과 같은 내용의 가처분(만족적 가처분)을 명한 재판에 대하여 가처분집행정지·취소를 허용한다(民執法 309조). 다만, 이의신청으로 주장한 사유가 법률상 정당한 사유가 있다고 인정되고 주장사실에 대한 소명이 있으며, 그 집행에 의하여 회복할 수 없는 손해가 생길 위험이 있다는 사정에 대한 소명이 있어야 한다(民執法 309조①). 다만, 주주명부 열람·등사 가처분도 만족적 가처분이지만, 회계장부 열람·등사 가처분에 비하면 그 집행에 의하여 회복할 수 없는 손해가 생길 위험이 있다는 사정에 대한 소명이 용이하지 않을 것이다.

(6) 간접강제

법원의 가처분결정에 불구하고 회사가 열람을 거부하는 경우 간접강제절차에 의하여 그 이행을 강제할 수 있다. 간접강제란 주로 부대체적 작위의무와 부작위의무 등에 대한 집행방법으로서, 채무의 성질이 간접강제를 할 수 있는 경우에 집행법원이 채무불이행에 대한 금전적 제재(손해배상)를 고지함으로써 채무자로 하여금 그 제재를 면하기 위하여 채무를 스스로 이행하도록 하는 집행방법이다(民執法 261조①). 예컨대, KCC가 현대엘리베이터를 상대로 주주명부 열람·등사

가처분을 신청하여 인용되었음에도 불구하고(수원지방법원 여주지원 2004. 2. 17.자 2004카합47 결정), 현대엘리베이터가 열람·등사를 거부하자 KCC가 간접강제를 신청하였고, 이에 법원은 1일 5,000만원의 이행강제금의 부과를 결정하였다(수원지방법원 여주지원 2004. 3. 7.자 2004타기73 결정).

제 4 장

주주총회의 소집

Ⅰ. 소집권자

1. 이 사 회

주주총회는 상법이 규정하는 예외적인 경우를 제외하고는 이사회가 그 소집을 결정하고(362조), 대표이사가 소집결정의 집행을 한다.

이사회의 주주총회 소집권에 관한 규정은 강행규정이므로 상법에 의하여 소집권이 부여되는 외에는 정관의 규정으로도 이사회의 소집권을 배제할 수 없다. 다만, 주주총회 이사회의 소집, 결의방법, 회사대표 등에 관한 제389조부터 제393조는 청산인회와 대표청산인에게 준용되므로(542조②), 청산중의 회사의 주주총회의 소집은 청산인회가 결정한다.

따라서 정관에 의하여 주주총회 소집권을 다른 기관에 위임하는 것이 금지되는 것은 물론, 정관에서 정기주주총회의 일시·장소를 정하더라도 소집 자체는 이사회가 결정하여야 한다. 이사회의 주주총회 소집권한에는 주주총회의 일시·장소뿐 아니라 회의의 목적사항을 정하는 것도 포함하기 때문이다. 회의의 목적사항을 정관에 미리 정하는 경우는 논란의 여지가 있지만, 현실적으로 이러한 경우는 발생하기 어려울 것이다. 이사가 2인 이하인 소규모회사에서는 각 이사(정관에 따라 대표이사를 정한 경우에는 그 대표이사)가 주주총회의 소집결정을 한다(383조⑥).

주식회사의 기관 간 권한분배상 이사회의 주주총회 소집결정권은 주주총회

— 주총 소집을 위한 이사회 결의서

이사회 의사록

■ 일 시 : 20   년   월   일(○요일), ○○:○○
■ 장 소 : 서울시 ○○구 ○○길 ○○빌딩 ○층 회의실
■ 출석이사 : 이사총수 ○명 중 출석이사 ○명
■ 의 안 : 제 ○기 정기주주총회 소집에 관한 건

대표이사 ○○○는 위와 같이 본 회의가 적법하게 성립되었음을 알리고 개회를 선언하다. 이어 제 ○기 정기주주총회에 관하여 출석이사 전원의 찬성으로 다음과 같이 가결하다.

다   음

1. 제 ○기 정기주주총회 소집일시 : 20   년   월   일(○요일), ○○:○○
2. 제 ○기 정기주주총회 소집장소 : 서울시 ○○구 ○○길 ○○빌딩 ○층 회의실
3. 제 ○기 정기주주총회 부의안건
　　제 1호 의안 : 제○기 대차대조표, 손익계산서, 이익잉여금처분(결손금처리)
　　　　　　　　　 계산서(안) 승인의 건
　　제 2호 의안 : 정관 일부 변경의 건
　　제 3호 의안 : 이사선임의 건
　　제 4호 의안 : 이사보수한도액 승인의 건

이상과 같이 심의를 완료하였으므로 의장은 폐회를 선언하다. 오늘의 결의사실을 명백히 하기 위하여 의사록을 작성하고 의장과 출석이사 전원이 아래와 같이 기명날인하다.

(별첨) 1. 제○기 재무제표(안)
　　　　2. 정관 개정(안)
　　　　3. 이사 후보자(안)
　　　　4. 20○○년도 이사보수 한도(안)

20   년 월   일
주식회사 ○○○○ 대표이사 ○○○ (인)
이사 ○○○ (인)   이사 ○○○ (인)
이사 ○○○ (인)   이사 ○○○ (인)

에 위임될 수 없으므로, 주주총회에서 다음 주주총회의 소집을 결정할 수 없다고
해석된다. 주주총회 소집결정은 이사회가 하지만, 그 집행은 대표이사가 한다. 그
리고 이사회가 회의의 목적사항을 정하고 회의의 일시·장소는 대표이사에게 위
임하는 것은 허용된다는 것이 일반적인 견해이다. 주주총회 소집을 결정하는 이
사회결의의 흠결은 주주총회결의취소사유가 된다.

2. 소수주주

(1) 총 설

발행주식총수의 3% 이상에 해당하는 주식을 가진 주주는 법원의 허가를 받
아 임시총회를 소집할 수 있는데, 임시주주총회소집허가를 신청하기 위한 사전절
차로서 회의의 목적사항과 소집의 이유를 적은 서면 또는 전자문서를 이사회에
제출하여 임시총회의 소집을 청구하여야 한다(366조①).

소수주주권의 하나인 임시주주총회 소집청구권은 소수주주의 이익을 보호하
고 다수결의 원칙에 의한 지배주주의 횡포를 견제하기 위하여, 소수주주에게 임
시주주총회를 소집하여 자신이 제안한 안건을 총회의 결의에 부의할 수 있는 기
회를 부여하는 것을 그 제도의 목적으로 하고 있다(서울고등법원 2005. 5. 13.자 2004
라885 결정). 경영진의 구성은 주주총회에서의 이사선임결의를 거쳐야 하는데, 이
사회를 장악하고 있는 기존 경영진은 이사선임을 위한 주주총회소집에 적극적일
이유가 없다. 따라서 상법은 이러한 기존 경영진의 전횡을 견제할 수 있도록 소
수주주에게 임시주주총회 소집청구권을 부여하는 것이다. 특히 임시주주총회 소
집청구권은 경영권 획득을 시도하는 주주에게는 이사회의 총회소집거부전략을
무력화시키고, 주주총회에서 원하는 결의를 할 수 있는 매우 효율적인 방법이다.

(2) 소수주주의 요건

1) 발행주식총수의 3% 이상에 해당하는 주식을 가진 주주

임시주주총회 소집청구권자는 발행주식총수의 3% 이상에 해당하는 주식을
가진 주주이다. 이러한 요건은 정관에 의하더라도 가중, 감경할 수 없다. 상법이
임시주주총회 소집청구권을 단독주주권이 아닌 소수주주권의 하나로 규정한 것은

주주에 의한 권리남용을 방지하기 위한 것이다(서울고등법원 2005. 5. 13.자 2004라885 결정).

— 임시총회소집청구에 대하여 소집거부시 답변

문서번호:
수신:
발신:
제목: 임시총회소집청구에 대한 답변

1. 임시주주총회 소집청구 경위
[ex. 수신인은 발신인의 총 발행주식 ○○주 중 ○○주를 소유한 주주로서 사건본인의 경영진이 교체되어야 한다고 주장하며 기존 이사 및 감사의 해임, 신규 이사 및 감사의 선임을 위한 임시주주총회 소집을 청구하였습니다.]

2. 임시주주총회 소집청구의 요건 결여 및 부당성
[ex. 임시주주총회소집 허가청구의 경우 신청인은 사건본인의 주주들이 위 주주총회에서 결의할 사항이 무엇인지를 사전에 확인하여 위 주주총회에의 참석여부 및 찬반의사를 미리 준비할 수 있도록 주주총회의 목적사항을 구체적으로 특정하여야 하고, 특히 기존 이사 해임의 경우에는 그 대상자가 명확하게 특정이 되어야 하는 것이 원칙입니다. 이 사건 신청의 경우 수신인이 애초 사건본인에게 20○○. ○. ○○. 이사해임을 위한 임시주주총회 소집을 청구하면서 보낸 소집청구서에는 해임대상 이사로 이사 ○○○만 기재되어 있었습니다. 그런데 수신인은 그 후 해임대상 이사로 ○○○, ○○○ 등을 추가하겠다고 별도로 통지한 바 있습니다. 따라서 수신인은 별도의 임시주주총회 소집청구신청 절차를 거치거나 안건을 좀 더 명확하게 할 필요가 있습니다.]

3. 결론
[ex. 이처럼 수신인의 임시주주총회 소집청구 자체에 문제가 있는 것이 분명한 이상 수신인의 위 청구를 받아들일 수 없습니다.]

20○○년 ○○월 ○○일

○○ 주식회사

대표이사 ○○○

3%는 수인의 주주가 소유하는 주식을 합산하여 산정한다. 이와 관련하여 복수의 주주가 상호 의사의 연락 없이 개별적으로 임시주주총회의 소집을 청구한 경우에는 이들 주주의 주식수를 합산하여 소수주주권행사요건의 충족 여부를 판단하여야 하는지에 관하여는 논란의 여지가 있는데, 의안의 동일성이 인정되는 경우에는 합산하여야 할 것이다.

2) 자기주식과 의결권 없는 주식

발행주식총수의 3%에는 자기주식과 의결권 없는 주식은 포함되지 않는다. 의결권 없는 주주는 총회 소집의 실익이 없기 때문이다. 상장회사에 대한 특례의 경우도 같다. 주주제안권 행사에 관한 상법 제363조의2제1항은 "의결권 없는 주식을 제외한 발행주식총수의 3% 이상에 해당하는 주식을 가진 주주"를 주주제안권자로 규정한다. 그런데 임시주주총회 소집청구권이나 주주제안권 모두 의결권을 전제로 하는 것이므로, 임시주주총회 소집청구권에 있어서도 "발행주식총수"는 주주제안권과 같이 "의결권 없는 주식을 제외한 발행주식총수"를 의미한다고 해석된다. 이 점에 대하여는 학설상 견해가 대립하는데 해석상의 논란을 피하기 위하여 입법적인 보완이 필요하다.

3) 상장회사에 대한 특례

상장회사의 경우, 6개월 전부터 계속하여 상장회사 발행주식총수의 1.5% 이상에 해당하는 주식을 보유한 자는 임시주주총회 소집청구권을 행사할 수 있다(542조의6①). 상장회사의 경우 소수주주권의 활성화를 통한 기업경영의 투명성제고와 소수주주의 권익보호를 위하여 지주율을 완화하고, 대신 남용을 방지하기 위하여 일정보유기간을 요건으로 추가한 것이다. 그리고 상장회사는 정관에서 상법에 규정된 것보다 단기의 주식 보유기간을 정하거나 낮은 주식 보유비율을 정할 수 있다(542조의6⑦). 소수주주권행사의 요건인 주식 보유기간이나 주식 보유비율을 정관에 의하여 가중할 수는 없다.

소수주주권행사의 요건에 있어서 "주식을 보유한 자"란 주식을 소유한 자, 주주권 행사에 관한 위임을 받은 자, 2명 이상 주주의 주주권을 공동으로 행사하는 자를 말한다(542조의6⑧). 비상장회사의 경우 이에 대한 명문의 규정이 없지만 동일하게 해석된다.

(3) 소집절차

1) 이사회에 대한 서면청구

소수주주는 회의의 목적사항과 소집의 이유를 적은 서면 또는 전자문서를 이사회에 제출하여 임시총회의 소집을 청구할 수 있다(366조①).

소집청구가 있은 후 이사회는 지체 없이 주주총회를 소집하여야 한다. 상법은 "지체 없이"라고만 규정하는데, 이는 주주총회 소집을 위한 최소한의 기간 내에 소집절차를 밟을 것을 의미하며, 결국 구체적인 사안에서 법원의 판단에 의하여 결정될 것이다.

2) 법원의 소집허가

이사회가 지체 없이 총회소집의 절차를 밟지 아니한 때에는 청구한 주주는 법원의 허가를 받아 총회를 소집할 수 있다(366조②). 이때 회사는 피신청인이 아니라 사건본인으로 표시된다. 소수주주가 총회소집의 허가를 신청하는 경우에는 회의의 목적사항을 명기하고, 이사가 그 소집을 게을리한 사실을 서면으로 소명하여야 한다(非訟法 80조① · ②). 소수주주의 임시주주총회 소집허가신청사건은 비송사건이다. 따라서 본점소재지의 지방법원합의부의 관할로 한다(非訟法 72조①).

3) 소집업무

이 경우에는 소수주주가 주주총회를 소집하는 것이므로, 기준일 설정, 소집통지 등 소집절차는 모두 소수주주가 취할 수 있고, 이로 인한 비용은 회사에 대하여 청구할 수 있다. 법원이 소수주주에게 주주총회 소집권을 부여하는 경우에 회사는 소수주주가 주주총회를 소집할 수 있도록 협조해야 한다.

4) 주주제안과의 관계

상법상 주주제안권 행사요건을 갖춘 소수주주는 이사에게 주주총회일의 6주 전에 일정한 사항을 주주총회의 목적사항으로 할 것을 제안할 수 있다(363조의2①). 그런데 이사회가 결정한 주주총회의 소집은 주주에게 2주 전에 통지되므로 정기총회가 아닌 임시총회의 경우 주주가 6주 전에 미리 주주총회의 소집사실을 아는 것은 이례적인 경우일 것이다. 따라서 소수주주는 회사의 주주총회 소집결정에 앞서 선도적으로 임시주주총회소집을 청구할 필요가 있다.

상법상 소수주주의 임시주주총회 소집청구권과 주주제안권은 그 지주요건이 대체로 같고, 상장회사의 경우에도 큰 차이가 없다. 그러나, 양자는 병행하는 별개의 권리이므로 소수주주는 양 권리를 선택적으로 행사할 수 있다. 그리고 주주제안의 경우에는 회사가 거부할 수 있는 사유가 상법상 명시되어 있으나, 임시주주총회 소집청구의 경우에는 이러한 사유에 관한 규정이 없다. 이에 따라 상장회사의 경우 이사의 해임을 거부사유로 명시하고 있어 주주제안이 가능하지 않으나, 임시주주총회 소집을 통하여는 이사 해임 의안을 상정할 수 있다.

주주제안을 거부당한 주주가 반드시 임시주주총회 소집청구절차를 그 구제절차로 거쳐야 하는 것은 아니고, 주주제안권 자체의 실현을 위하여 거부당한 의안을 주주총회의 목적사항으로 상정시키는 형태의 가처분을 신청할 수 있다. 다만, 주주제안 거부사유 중 반복제안에 관한 규제를 피할 목적으로 임시주주총회 소집청구를 하는 것은 그 사이 중대한 사정변경이 없다면, 반복제안을 금지하는 법의 취지를 잠탈하는 것이 되고, 소수주주에게 임시주주총회 소집청구권을 부여한 제도의 취지에 어긋나는 것이라는 하급심 판례도 있다.

[서울고등법원 2005. 5. 13.자 2004라885 결정](SK 임시주주총회 소집허가 신청사건) "제1안건은 이미 신청인이 2004년도 정기주주총회에서 주주제안권을 행사하여 부결된 것이므로, 구 증권거래법 제191조의14 제3항, 같은 법 시행령 제84조의2제3항에 의하여 3년 이내에 다시 동일한 내용의 주주제안을 할 수는 없다고 할 것이다. 신청인이 주장하는 바와 같이 비록 주주제안권과 임시주주총회 소집청구권이 그 지주요건과 총회의 종류 및 제도의 취지가 다른 것이어서, 소수주주가 정기주주총회에서 주주제안을 하여 부결된 안건을 위하여 다시 임시주주총회 소집청구권을 행사하는데 법령상 장애가 되지 않는다 하더라도, 그 사이 중대한 사정변경이 없다면, 위 증권거래법에서 반복제안을 금지하는 법의 취지를 잠탈하는 것이 된다."

(4) 의 장

회사가 소집하는 주주총회에서는 대표이사 등 정관의 규정에 따라 회사의 임원이 주주총회 의장이 된다. 소수주주의 청구에 따라 회사가 스스로 주주총회를 소집한 경우에도 정관에 규정된 자가 의장이 된다. 그런데 소수주주의 청구에 의하여 소집되는 주주총회의 의장은 법원이 이해관계인의 청구나 직권으로 선임할 수 있다(366조② 제2문). 반드시 법원이 의장을 선임하여야 하는 것은 아니고, 법원이 의장을 선임하지 않은 경우에는 소수주주가 소집한 총회에서 임시의장을 선임할 수 있다는 것이 일반적인 견해이다.

만일 소수주주가 법원의 허가를 받아 임시주주총회를 소집하는 과정에서 여러 가지 사정으로 법원이 의장을 선임하는 결정을 하지 않은 경우, 총회장에 출석한 주주의 긴급동의에 의하여 임시의장을 선임할 수 있다. 정관상 의장은 이러한 긴급동의가 있는 경우 다른 의안보다 먼저 상정하고, 임시의장이 선임되면 바로 후속 의사진행절차를 인계해야 한다. 정관상 의장이 상정될 의안에 대하여 이해상충이 있는 등 의사진행의 공정성을 해칠 우려가 있는 경우 의사가 그대로 진행되더라도 현저한 불공정이 있는 경우가 아닌 한 그 자체로 절차상 하자가 있는 것은 아니지만, 이러한 경우에도 출석한 주주는 임시의장 선임의안을 긴급동의할 수 있다.

주주총회에서 누가 의장이 되는지의 문제는 주주총회의 향방을 가를 수 있는 정도로 중요하므로, 회사 입장에서는 주주총회 진행상의 주도권을 유지하기 위하여 어차피 법원이 소집을 허가할 것으로 판단되면 소수주주의 소집청구를 받아들여 스스로 주주총회를 소집하기도 한다. 실무상으로는 임시주주총회 소집허가신청서의 별지 회의의 목적사항에 "임시의장선출의 건"을 포함시키는 것이 일반적이다.

(5) 관련 문제

1) 정기총회소집청구권

소수주주가 법원의 허가를 받아 소집할 수 있는 것은 임시총회이다(366조②). 따라서 회사가 정기총회를 일정한 시기 내에 소집하지 않는 경우 소수주주가 법원의 허가를 받아 소집하더라도 이때 소집되는 주주총회는 정기총회가 아니라 임시총회이다. 다만, 정기총회에서 재무제표 승인결의를 하지 못한 경우 반드시 다음 정기총회가 아니라 새롭게 소집된 임시총회에서 재무제표를 승인할 수 있다.

2) 권리남용 문제

소수주주가 임시주주총회 소집청구권을 행사함에 이르게 된 구체적·개별적 사정에 비추어, 그것이 임시주주총회 소집청구제도의 목적이나 기능을 일탈하고, 법적으로 보호받을 만한 가치가 없다고 인정되는 경우에는, 신청인의 임시주주총회 소집청구권의 행사는 신의칙에 반하거나 권리를 남용하는 것으로서 허용되지 않는다.

[서울고등법원 2005. 5. 13.자 2004라885 결정] "어떠한 권리의 행사가 권리남용에 해당되기 위하여는, 주관적으로 그 권리행사의 목적이 오직 상대방에게 고통을 주고 손해를 입히려는 데 있을 뿐 행사하는 사람에게 아무런 이익이 없는 경우이어야 하고, 객관적으로는 그

권리행사가 사회질서에 위반된다고 볼 수 있어야 하는 것이며, 어느 권리행사가 권리남용이 되는가의 여부는 각 개별적이고 구체적인 사안에 따라 판단되어야 한다. 이 사건에 있어서 신청인이 행사하는 권리는 상법상 소수주주권의 하나인 임시주주총회 소집청구권이므로, 소수주주권 및 임시주주총회 소집청구권제도의 취지, 신청인이 임시주주총회 소집청구권을 행사하는 목적과 경위 등 임시주주총회 소집청구권을 행사함에 이른 구체적·개별적 사정에 비추어, 그것이 위와 같은 임시주주총회 소집청구제도의 목적이나 기능을 일탈하고, 법적으로 보호받을 만한 가치가 없다고 인정되는 경우에는, 신청인의 임시주주총회 소집청구권의 행사는 신의칙에 반하거나 권리를 남용하는 것으로서 허용되지 않는다."

또한, 반복제안, 안건의 통과가능성, 사건본인회사의 피해 등을 고려하여, 신청인이 통과가능성이 희박하고, 제안취지에 부합하지 아니하는 안건을 제안하면서 임시주주총회 소집청구권을 행사하는 것은 임시주주총회 소집청구제도의 취지를 일탈하고 법적으로 보호받을 가치가 없는 것으로서 권리남용에 해당한다.

[서울고등법원 2005. 5. 13.자 2004라885 결정] "(3) 반복제안 금지의 문제 제1안건은 이미 신청인 2004년도 정기주주총회에서 주주제안권을 행사하여 부결된 것이므로, 증권거래법 제191조의14 제3항, 같은 법 시행령 제84조의2제3항의 의하여 3년 이내에 다시 동일한 내용의 주주제안을 할 수는 없다고 할 것이다. 신청인이 주장하는 바와 같이 비록 주주제안권과 임시주주총회 소집청구권이 그 지주요건과 총회의 종류 및 제도의 취지가 다른 것이어서, 소수주주가 정기주주총회에서 주주제안을 하여 부결된 안건을 위하여 다시 임시주주총회 소집청구권을 행사하는데 법령상 장애가 되지 않는다 하더라도, 그 사이 중대한 사정변경이 없다면, 위 증권거래법에서 반복제안을 금지하는 법의 취지를 잠탈하는 것이된다. 또한, 제2안건의 경우 신청인이 이 사건 신청이 제1심에서 기각된 후 얼마 지나지 않아 2005년도 정기주주총회가 개최되었으므로 위 정기주주총회에서 주주제안권을 행사하여 동일한 목적을 달성할 수 있었음에도 이를 행사하지 아니하고 따로 임시주주총회 소집청구를 하는 것은 소수주주에게 임시주주총회 소집청구권을 부여한 제도의 취지에 어긋나는 것이다. (4) 이 사건 안건의 통과 가능성 신청인이 이 사건 신청을 통하여 의도한 진정한 목적이 사건본인 회사의 지배구조개선이라고 하더라도, 현재의 상황 아래에서는 이 사건 안건의 통과에 의하여 사건본인 회사의 대표이사인 A의 이사직을 박탈하는 결과를 초래하므로, 이 사건 신청에 의한 임시주주총회는 A의 이사직 유지 여부에 대한 주주들의 선택이라는 문제로 귀착할 수밖에 없다. 그런데 A이 2005년도 정기주주총회에서 압도적인 지지를 얻어 대표이사로 다시 선임되었고, 위 정기주주총회 이후 특별히 사건본인 회사 주주들의 선택이 달라질 것이라는 점에 대한 소명이 없는 한 이 사건 안건이 통과될 가능성은 희박하다고 보아야 한다. (5) 사건본인 회사의 피해 신청인은 이 사건 신청으로 사건본인 회사의 경영권 변경을 시도함으로써 기존 지배 주주들의 경영권 방어를 위한 우호주식 확보경쟁에 따라 주가가 상승하는 이익을 얻을 수도 있겠으나, 이러한 이익이 임시주주총회 소집청구권의 행사에 따른 정당한 이익으로 볼 수 없음에 비하여, 사건본인 회사로서는 정기주주총회를 개최한지 얼마 지나지 않아 다시 임시주주총회가 소집된다면 경영권 분쟁으로 인한 불안정이 사건본인 회사의 대외적 신용도에 부정적인 영향을 줄 가능성이 크다."[이 사건의 1심법원은 피신청인의 권리남용 주장을 배척하고 후견적 입장에서 주주총회소집의 필요성 내지 이익이 없다는 이유로 기각하였다(서울중앙지방법원 2004. 12. 15.자 2004비합 347 결정)].

한편, 이사회 결의 없이 KIKO 계약을 체결한 이사의 해임을 결의하기 위하여 소수주주가 임시주주총회 소집허가신청을 한 사건에서, 법원은 해당 거래가 이사회결의를 요하는 거래라고 볼 수 없고 이사가 회사의 이익에 부합한다고 합리적으로 신뢰하고 신의성실에 따라 경영상의 판단(임시주주총회소집청구 거절)을 한 것이라고 판시하면서, 경영감시라는 소수주주권의 본래 목적과 범위 안에서의 적정한 권리행사로 보기 어렵고 일반주주들의 합리적인 의사결정을 왜곡할 위험이 있다는 이유로 신청을 기각한 사례도 있다(서울남부지방법원 2008. 12. 16.자 2008비합114 결정).

3) 소집허가결정과 불복절차

법원은 신청인이 소수주주권행사의 요건을 갖추지 못한 경우 신청을 각하하고, 회의의 목적사항이 주주총회 결의사항이 아니거나 주주총회소집의 필요성이 없는 경우에는 신청을 기각한다. 회사가 이미 주주총회소집을 결정하였음에도 동일한 안건을 위한 임시주주총회소집허가를 신청하는 것은 일반적으로 주주총회소집의 필요성이 없는 경우에 해당한다. 다만, 실무상으로는 주주총회가 실제로 개최되는지 확인하기 위하여 법원이 결정을 하지 않고 기다리는 경우도 있다. 그리고 회사가 주식이전사실을 알면서도 주식취득자가 명의개서청구를 하기 전에 기준일을 정하여 임시주주총회를 소집함으로써 주주의 의결권이 제한되는 것은 정의에 반하는 것이라 할 수 있으므로, 소수주주가 다시 기준일을 정할 목적으로 임시주주총회소집허가를 신청하는 것은 주주총회소집의 필요성이 없는 경우에 해당하지 않는다. 신청을 각하, 기각한 재판에 대하여는 항고로 불복할 수 있지만, 신청을 인용한 재판(소집허가결정)에 대하여는 누구도 불복할 수 없고(非訟法 81조②), 단지 민사소송법 제449조에 의한 특별항고만을 할 수 있다.

> [대법원 1991. 4. 30.자 90마672 결정]【주주총회소집허가】"상법 제366조제2항의 규정에 의한 총회소집을 법원이 비송사건절차법 제145조제1항의 규정에 의하여 허가하는 결정에 대하여는 같은 조제2항에 의하여 불복의 신청을 할 수 없고 민사소송법 제420조 소정의 특별항고가 허용되는 바, 기록에 의하면 이 사건은 소수주주의 신청에 의해 임시주주총회의 소집을 허가한 항고심 결정에 대하여 불복하는 사건임이 명백하므로 당원은 이를 특별항고로 보고 판단한다. …"

법원은 임시주주총회 소집허가신청에 대하여는 이유를 붙인 결정으로써 재판을 하여야 한다(非訟法 81조①). 소집허가결정의 주문에는 소집허가의 대상인 주주총회의 안건이 구체적으로 기재되어야 하는데, 통상 결정의 별지목록에 기재된다. 소주주주가 소집허가결정을 받고도 장기간 소집절차를 밟지 않는 경우도 있으므로 법원은 소집기간을 정하여 허가결정을 하기도 한다.

(청주지방법원 충주지원 2011. 6. 20.자 2011비합5 결정의 주문)
신청인에 대하여 이 사건 결정일로부터 4주 이내에 별지목록 기재 각 안건을 회의의 목적사항으로 하는 사건본인 회사의 임시주주총회 소집을 허가한다.

법원은 소집허가결정이 부당하다고 인정한 때에는 이를 취소·변경할 수 있다.

[非訟法 제19조(재판의 취소·변경)]
① 법원은 재판을 한 후에 그 재판이 위법 또는 부당하다고 인정한 때에는 이를 취소 또는 변경할 수 있다.
② 신청에 의하여서만 재판을 하여야 하는 경우에 신청을 각하한 재판은 신청에 의하지 아니하고는 이를 취소 또는 변경할 수 없다.
③ 즉시항고로써 불복을 할 수 있는 재판은 이를 취소 또는 변경할 수 없다.

그러나 소집허가결정에 따라 소집된 총회에서 이미 결의가 이루어진 후에는 법원이 소집허가결정을 취소·변경할 수 없다.

4) 주주총회의 소집

소수주주가 주주총회를 소집하는 경우에는 기준일설정, 소집통지 등 제반 소집절차는 통상의 소집절차와 동일하나 소수주주의 명의로 소집한다는 점이 통상의 소집절차와 다르고, 소수주주는 회사에 대하여 소집비용을 청구할 수 있다. 소집된 총회에서의 결의사항은 법원의 소집허가결정 주문에 표시된 안건에 한정되고, 만일 소수주주가 임의로 안건을 추가한다면 이는 결의취소사유가 된다.

5) 검사인 선임

소수주주의 청구에 의하여 소집되는 총회는 회사의 업무와 재산상태를 조사하게 하기 위하여 검사인을 선임할 수 있다.

6) 소수주주의 소집권과 회사의 소집권

소수주주가 법원의 허가를 얻은 경우 이사회가 뒤늦게 주주총회의 소집결의를 하는 경우도 있다. 이사회가 뒤늦게라도 소집을 결의하는 이유는 회사가 소집하는 주주총회에서는 대표이사 등 정관의 규정에 따라 회사의 임원이 주주총회 의장이 되기 때문이다. 소수주주가 법원에 소집허가신청을 하고 법원이 소집허가

결정을 하기 전에 이사회가 소집을 결의하는 경우에는 비록 동일한 안건이라도 이를 불허할 이유는 없을 것이다. 이사회가 동일한 안건에 대한 주주총회의 소집을 결의한 이상, 소수주주의 소집허가신청이 기각되어도 소수주주에게 심각한 피해가 발생하는 것은 아니기 때문이다. 법원이 소집허가결정을 하기 전에 회사 측이 서둘러서 이사회를 소집하여 주주총회 소집결의를 하는 예도 있다. 또한 흔한 예는 아니지만, 사안의 판단이 어렵거나 애매한 경우 재판부가 회사 측에게 임시주주총회를 소집하도록 독려하기도 한다.

　　그러나 소수주주가 소집허가를 받은 후에 주주총회와 동일한 안건에 대하여 이사회가 주주총회소집을 결정하는 것은 허용되지 않는다는 것이 일반적인 해석이다. 다만, 가처분결정 이후에 발생하거나 확인된 특별한 사정이 있는 경우에는, 소수주주가 소집허가를 얻은 주주총회와 동일한 안건을 회의의 목적사항으로 정하여 이사회가 소집결의를 하는 것도 허용되는 경우도 있을 것이다. 여기서 특별한 사정이란 소수주주가 주주총회의 회의를 현저히 불공정하게 진행할 개연성을 말하는데, 소수주주의 주식취득 동기, 임시주주총회 소집의 동기, 총회결의 후 회사재산의 훼손 가능성 등을 종합하여 판단하여야 한다.

　　만일 이사회가 주주총회소집을 결정하는 것이 허용되지 않음에도 불구하고 주주총회의 소집을 강행한다면 그 주주총회결의는 취소·부존재사유가 있는 결의로 보아야 한다. 그리고 소수주주는 이러한 주주총회에 대하여 주주총회개최금지가처분을 신청할 수 있다. 소집허가결정 주문에 표시된 안건 외의 안건을 회의의 목적사항으로 정하여 이사회가 소집결의를 하는 것이 적법함은 물론이다. 이와 같이 이사회가 소수주주가 소집허가를 받은 안건 외에 다른 안건도 추가하여 주주총회소집결의를 한 경우, 소수주주는 주주총회의 개최 자체의 금지를 구할 수 없고 중복되는 안건의 상정의 금지를 구하는 가처분을 신청하여야 한다(청주지방법원 충주지원 2011. 7. 29.자 2011카합171 결정). 소수주주가 신청하는 가처분의 피보전권리는 소수주주의 임시주주총회소집청구권과 이사의 위법행위유지청구권(402조)이다. 그리고 임시주주총회 소집허가신청사건은 비송사건이므로 회사는 사건본인으로 표시되지만, 가처분에서는 피신청인(채무자)으로 표시된다. 만일 소수주주가 소집하는 주주총회와 이사회가 소집하는 주주총회에서 동일 안건을 상정하여 상이한 결의가 성립하는 경우에는 분쟁이 발생하고 관계당사자들의 법적 지위가 불안한 상태가 지속될 것이므로 이러한 경우 보전의 필요성도 인정된다.

7) 회사가 의안을 달리하여 주주총회를 소집한 경우

소수주주가 임시주주총회의 소집을 청구하자 회사가 의제는 같지만 의안은 달리하여(예컨대 소수주주가 추천한 자가 아닌 다른 자를 이사로 선임하는 의안) 주주총회를 소집하여 소수주주가 의안상정가처분을 신청한 경우, 법원이 주주제안권과 임시주주총회 소집청구권이 근거법령, 권리행사를 위한 주주 자격, 권리행사의 절차, 회의의 목적사항으로 삼을 수 있는 내용, 부당 거절에 대한 구제 수단 등에 차이가 있는 점을 들어 상법 제366조에 따른 임시주주총회 소집요구가 상법 제363조의2에서 정한 주주제안권의 행사로 볼 수 없고, 신청인이 임시주주총회의 소집을 청구하였을 뿐 신청인이 제안하는 안건을 피신청인 회사가 개최하려는 주주총회의 목적사항으로 포함시켜 줄 것을 청구하지 않았음을 이유로 신청인의 신청을 기각한 판례가 있다.

> [서울중앙지방법원 2011. 9. 22.자 2011카합2294 결정] "회사가 주주의 적법한 주주제안을 무시하고 주주총회를 개최한 경우에는 그 결의에 소집절차 또는 결의방법상의 하자가 있어 취소사유가 있게 된다. 반면에 임시주주총회 소집청구권은 주주 제안권과 달리 권리행사의 기간 제한이나 회의의 목적사항에 대한 제한이 없고, 회사가 소수주주의 임시주주총회 소집청구에 응하지 않을 경우 청구한 주주는 법원의 허가를 얻어 임시주주총회를 소집할 수 있기는 하나 임시주주총회 소집청구에 대한 거절로 인해 곧바로 회사가 별도의 이사회결의를 거쳐 소집하는 주주총회에서의 결의에 하자가 있다 볼 수 없다."

3. 감사·감사위원회

감사는 회의의 목적사항과 소집의 이유를 기재한 서면을 이사회에 제출하여 임시총회의 소집을 청구할 수 있다(412조의3①). 소집청구가 있은 후 이사회가 지체 없이 총회소집의 절차를 밟지 않는 경우 감사는 법원의 허가를 받아 총회를 소집할 수 있다(412조의3②, 366조②). 상법 제412조의3은 감사위원회에도 준용된다(415조의2⑦).

감사는 필요하면 회의의 목적사항과 소집이유를 기재한 서면을 이사에게 제출하여 이사회의 소집을 청구할 수 있는데(412조의4①), 여기서 "필요하면"은 감사가 이사회에 출석하여 의견을 진술하거나(391조의2①), 이사회에 보고하기 위하여(391조의2②) 필요한 경우를 말한다. 감사는 주주총회에서 의견진술의무가 있으므로(413조) 주주총회 소집청구에 관한 제412조의3제1항은 "필요하면"이라는 문구를 규정하지 않지만, 제412조의4제1항과 마찬가지로 감사는 의견진술의 필요성이 있을 때 주주총회 소집을 청구할 수 있다고 보아야 할 것이다.

4. 총회 소집이 강제되는 경우

(1) 법원의 소집명령

회사의 업무집행에 관하여 부정행위 또는 법령이나 정관에 위반한 중대한 사실이 있음을 의심할 사유가 있는 때에는 발행주식총수의 3% 이상에 해당하는 주식을 가진 주주는 회사의 업무와 재산상태를 조사하게 하기 위하여 법원에 검사인의 선임을 청구할 수 있다(467조①). 검사인은 그 조사의 결과를 법원에 보고하여야 한다(467조②). 법원은 보고에 의하여 필요하다고 인정한 때에는 대표이사에게 주주총회의 소집을 명할 수 있다. 제310조제2항의 규정은 이 경우에 준용한다(467조③). 이때에는 이사회의 소집결의 없이 대표이사가 바로 소집하여야 한다. 소수주주의 청구에 의하여 소집되는 주주총회의 의장은 법원이 이해관계인의 청구나 직권으로 선임할 수 있는데(366조② 제2문), 법원이 대표이사에게 주주총회의 소집을 명하는 경우에는 이러한 규정이 없다.

상장회사의 경우 6개월 전부터 계속하여 발행주식총수의 1천분의 15 이상에 해당하는 주식을 보유한 자는 검사인선임청구권을 행사할 수 있다(542조의6①).

(2) 흡수합병

합병을 하는 회사의 일방이 합병 후 존속하는 경우에는 그 이사는 채권자보호절차의 종료 후, 합병으로 인한 주식의 병합이 있을 때에는 그 효력이 생긴 후, 병합에 적당하지 아니한 주식이 있을 때에는 합병 후, 존속회사에 있어서는 제443조의 처분(단주의 처리)을 한 후, 소규모합병의 경우에는 제527조의3제3항 및 제4항(공고·통지)의 절차를 종료한 후 지체 없이 주주총회를 소집하고 합병에 관한 사항을 보고하여야 한다(526조①). 다만, 이러한 경우에 이사회 공고로써 주주총회에 대한 보고에 갈음할 수 있다(526조③).

(3) 청 산 인

청산인은 취임한 후 지체 없이 회사의 재산상태를 조사하여 재산목록과 대차대조표를 작성하고 이를 주주총회에 제출하여 그 승인을 받아야 한다(533조①). 청산사무가 종결한 때에는 청산인은 지체 없이 결산보고서를 작성하고 이를 주주총회에 제출하여 승인을 받아야 한다(540조①).

5. 소규모회사의 특례

자본금의 총액이 10억원 미만인 회사를 소규모회사라고 하는데(383조①), 소규모회사가 1인 또는 2인의 이사만을 둔 경우에는 주주 전원의 동의가 있으면 소집절차 없이 주주총회를 개최할 수 있다(363조⑤).

Ⅱ. 소집시기

1. 소집시기에 따른 구분

정기총회는 매년 1회 일정한 시기에 이를 소집하여야 하고(365조①), 연 2회 이상의 결산기를 정한 회사는 매기에 총회를 소집하여야 한다(365조②). 임시총회는 필요한 경우에 수시로 소집한다(365조③). 주주명부폐쇄기간은 3개월을 초과하지 못하므로 예컨대 1월 1일을 폐쇄기간 초일로 정한 경우에는 기간이 오전 0시부터 시작하는 때에 해당하므로 초일을 산입하여(民法 157조) 3개월이 되는 날은 3월 31일이다. 따라서 폐쇄기간 만료일의 다음 날인 4월 1일까지 주주총회를 개최할 수 있다. 한편, 기준일은 주주 또는 질권자로서 권리를 행사할 날에 앞선 3월 내의 날로 정하여야 하므로 예컨대 12월 31일을 기준일로 정한 경우(기준일과 폐쇄기간을 병용하는 경우 기준일을 폐쇄기간 초일의 전날로 정하게 되면 기준일자 주주와 폐쇄기간 초일의 주주가 동일하게 된다) 0시부터 시작하지 않으므로 초일은 산입되지 않고, 다음 날인 1월 1일부터 기산하여 3개월이 되는 날은 3월 31일이다. 따라서, 3월 31일까지 주주총회를 개최하여야 하는데 이는 주주명부폐쇄의 경우와 다르다. 주주명부폐쇄 또는 기준일 설정 공고 후 임시주주총회를 개최하지 않더라도 특별한 불이익은 없다. 다만 상장회사의 경우 공시번복으로 불성실공시법인으로 지정될 수 있다.

2. 정기총회의 소집시기

상법은 정기주주총회의 소집시기에 관하여 "일정한 시기"라고만 규정하는데, ⅰ) 기준일을 결산일인 12월 31일로 정하고, 주주명부를 다음 해 1월 1일부터 정기주주총회일 종료일까지 폐쇄한다면, 기준일은 주주 또는 질권자로서 권리를 행사할 날에 앞선 3개월 내의 날로 정하여야 하고(354조③), 주주명부폐쇄기간은 3월을 초과하지 못하므로(354조②) 결산기 후 3개월 내에 소집하여야 한다. 아울러, ⅱ) 법인세법상 사업연도 종료일로부터 3개월 이내에 법인세 신고를 하여야 하고, ⅲ) 상장회사는 각 사업연도 경과 후 90일 이내에 금융위원회와 거래소에 사업보고서를 제출하여야 함에 따라 실무상 결산 주주총회를 결산기 후 90일 이내에 개최하고 있다. 대부분의 상장회사는 정관에서도 "정기주주총회는 매사업년도 종료 후 3개월 이내에 소집한다."고 규정한다.

물론 법인세 신고나 사업보고서상 기재가 주주총회 승인을 받은 재무제표를 반드시 전제하고 있는 것은 아니며, 상법의 규정들도 정기총회를 결산기말로부터 3월 내에 개최해야 한다는 취지로 해석할 수는 없다. 다만, 상법의 배당기산일에 관한 규정으로 인하여 배당기준일을 결산기말이 아닌 날로 정하게 되면, 영업연도 중간에 발행된 신주에 대한 배당금 계산이 어려워지는 문제를 해결할 수 없다. 따라서 배당기산일 관련 상법규정을 정리해야 배당기준일을 결산기말이 아닌 날로 정할 수 있고, 정기총회도 3월 이내가 아닌 4월 이후에 개최할 수 있다.

이렇게 결산기말로부터 3월 내에 정기총회를 개최하여야 함에 따라 12월 결산 상장회사들의 경우 3월 중순 이후에 총회일이 집중되는 것이 일반적이다. 연결재무제표의 작성 등을 위하여 연결자회사의 결산 등이 끝나야 하고, 외부감사인의 감사 일정 등을 고려하여야 하기 때문이다.

3. 정기총회와 임시총회의 결의사항

정기총회와 임시총회의 구분은 소집시기에 따른 것이고, 결의사항에 있어서는 아무런 차이가 없다. 따라서 이사는 재무제표를 정기총회에 제출하여 그 승인을 요구하여야 하지만(449조①), 그렇다고 하여 정기총회에서 재무제표승인 의안만 다루는 것이 아니고 주주총회 결의사항인 모든 의안을 다룰 수 있다. 마찬가지로 정관에서 규정하는 기간 내에 정기총회를 소집하지 못하였거나 정기총회를 소집하였으나 사정상 재무제표 승인결의를 하지 못한 경우, 반드시 다음 정기총회가 아니라 새롭게 소집된 임시총회에서 재무제표를 승인할 수 있다. 실무상으로는 이러한 총회를 소집기간 경과 후의 총회라는 이유로 임시총회라고 부르기도 하고, 재무제표승인을 위한 총회라는 이유로 정기총회라고 부르기도 한다. 명칭에 관계없이 소집기간 경과 후의 총회가 재무제표를 승인하더라도 그 결의의 효력에는 아무런 영향이 없다. 전년도 결산기의 재무제표의 승인결의를 하지 못한 경우 금년도 결산기의 재무제표의 승인의 건을 동시에 상정하여 결의할 수 있다고 보는 것이 일반적인 실무례이다.

4. 공 휴 일

공휴일을 회일로 정하는 것은 특별한 사정이 없는 한 가급적 피해야 하지만, 공휴일을 회일로 정하였다고 하여 그 자체가 결의취소사유로 된다고 볼 수는 없다.

Ⅲ. 소집통지

1. 소집통지의 대상

(1) 주주명부·실질주주명부상의 주주

주주총회의 소집통지는 주주명부상의 주주에게 하여야 한다. 또한 실질주주명부에의 기재는 주주명부에의 기재와 같은 효력을 가지므로(資法 316조②), 회사는 실질주주명부에 기재된 주주에게 소집통지를 하면 된다.

(2) 의결권 없는 주주

의결권 없는 주주에게는 소집통지를 할 필요가 없다. 다만, 소집통지서에 적은 회의의 목적사항에 제360조의5(주식의 포괄적 교환), 제360조의22(주식의 포괄적 이전), 제374조의2(영업양도등), 제522조의3(합병) 및 제530조의11(분할합병)에 따라 반대주주의 주식매수청구권이 인정되는 사항이 포함된 경우에는 의결권 없는 주주에게도 소집통지를 하여야 한다(363조⑦). 의결권 없는 주주도 주식매수청구권을 행사할 수 있고 주주총회 결의일로부터 20일 내에 주식매수청구를 하여야 하기 때문이다. 의결권 없는 주주로는, ⅰ) 의결권의 배제·제한에 관한 종류주식의 주주, ⅱ) 모회사의 주식을 예외적으로 취득한 자회사(342조의2②), ⅲ) 회사, 모회사 및 자회사 또는 자회사가 "다른 회사"의 발행주식총수의 10%를 초과하는 주식을 가지고 있는 경우 그 회사 또는 모회사의 주식을 소유한 "다른 회사" 등이다. 예외적으로 분할·분할합병의 승인결의를 위한 주주총회에서는 의결권이 배제되는 주주(344조의3①)도 의결권이 있다(530조의3③). 의결권제한주식은 특정 의안에 대하여서만 의결권이 없고, 다른 의안에 대하여는 의결권이 있으므로 그 특정 의안만을 다루는 주주총회가 아닌 한 주주총회소집통지를 받을 권리가 인정된다.

(3) 상장회사의 소액주주

상장회사가 주주총회를 소집하는 경우 의결권 있는 발행주식총수의 1%(令 31조①) 이하의 주식을 소유하는 주주에게는 공고로 소집통지를 갈음할 수 있다(542조의4①). 상장회사 소집절차에 관한 특례에 관하여는 뒤에서 상술한다.

(4) 외국인 실질주주

외국인인 실질주주가 상임대리인을 선임한 경우, 발행회사는 실질주주명부에 기재한 상임대리인의 주소 혹은 국내에 통지할 주소에 주주총회의 소집통지를 하면 적법한 주주총회의 소집통지를 한 것으로 인정된다.

[증권등예탁업무규정세칙]
제31조(실질주주명세의 통지)
　① 규정 제42조제1항에서 "그 밖에 세칙으로 정하는 사항"이란 다음 각 호의 사항을 말한다.
　4. 외국인인 실질주주가 상임대리인을 선임한 경우에는 해당 상임대리인의 명칭, 주소, 주소신고일 또는 변경일 및 우편번호(상임대리인을 선임하지 않은 경우에는 국내에 통지할 주소 및 우편번호)

[서울고등법원 2005. 3. 30. 선고 2003나86161, 86178(병합) 판결] "예탁원에 예탁된 주식에 대하여는 예탁원이 그 주식을 예탁한 예탁자로부터 통보받은 실질주주의 성명, 주소 등의 내역을 사전에 발행회사에 통지하여야 하고, 이를 기초로 발행회사는 실질주주명부를 작성하며, 이렇게 작성된 실질주주명부는 주주명부와 같은 면책적 효력을 가진다. 예탁규정 제25조 및 그 시행세칙 제30조에 의하면, 예탁자는 외국인 실질주주가 상임대리인을 선임한 경우에는 당해 상임대리인의 명칭, 주소 등을, 상임대리인을 선임하지 않은 경우에는

국내에 통지할 주소 등을 예탁원에 통지하여야 한다. 그러므로 발행회사로서는 예탁원에 예탁된 외국인 실질주주의 주식에 관하여 예탁원을 통해 통보 받아 실질주주명부에 기재한 상임대리인의 주소 혹은 국내에 통지할 주소에 주주총회의 소집통지를 하면 적법한 주주총회의 소집통지를 한 것으로 인정된다. 갑가 31호증, 을 16 내지 18호증의 각 기재와 제1심 법원의 예탁원에 대한 사실조회결과 및 변론 전체의 취지를 종합하면, 이 사건 주주총회와 관련하여 국민은행은 예탁원으로부터 통보받아 실질주주명부에 기재한 외국인 실질주주들의 상임대리인의 주소 혹은 국내에 통지할 주소 등에 주주총회의 소집통지를 하였던 사실을 인정할 수 있으므로, 국민은행으로서는 외국인 실질주주들에게 적법한 소집통지를 하였다고 보아야 할 것이다."

2. 소집통지의 기간

주주총회를 소집함에는 회일을 정하여 2주 전에 각 주주에 대하여 서면으로 소집통지를 발송하거나 각 주주의 동의를 얻어 전자문서로 소집통지를 발송하여야 한다(363조①). 소집통지기간을 준수하지 않았더라도 주주 전원이 참석하여 아무런 이의 없이 일치된 의견으로 총회를 개최하는 데 동의하고 결의가 이루어졌다면 전원출석회의의 법리상 그 결의는 특별한 사정이 없는 한 유효하다(대법원 2002. 7. 23. 선고 2002다15733 판결; 대법원 2002. 12. 24. 선고 2000다69927 판결; 대법원 2014. 5. 16. 선고 2013도15895 판결).

기간을 일, 주, 월 또는 연으로 정한 때에는 기간말일의 종료로 기간이 만료한다(民法 159조). 기간을 주, 월 또는 연으로 정한 때에는 역에 의하여 계산한다(民法 160조①). 주, 월 또는 연의 처음으로부터 기간을 기산하지 아니하는 때에는 최후의 주, 월 또는 연에서 그 기산일에 해당한 날의 전일로 기간이 만료한다(民法 160조②). 월 또는 연으로 정한 경우에 최종의 월에 해당일이 없는 때에는 그 월의 말일로 기간이 만료한다(民法 160조③). 민법 제157조의 초일불산입 규정은 일정한 기산일로부터 과거에 소급하여 계산하는 기간에도 적용된다. 따라서 주주총회일의 2주 전에 통지하여야 하는 경우, 회일이 3월 19일인 경우 그 전일인 3월 18일을 기산일로 하여 3월 5일이 말일이 되고 그 날의 오전 0시에 기간이 만료한다. 따라서 늦어도 3월 4일 자정까지는 통지하여야 한다.

소집통지의 기간은 정관으로 늘릴 수는 있지만 줄일 수는 없다. 민법상 기간의 말일이 토요일 또는 공휴일에 해당한 때에는 기간은 그 익일로 만료한다(民法 161조). 그러나 주주총회의 소집통지의 경우와 같이 역산하는 경우에는 2주 전 또는 3주 전에 해당하는 날이 토요일 또는 공휴일에 해당한 때에도 그 날 만료하고,

— **주총 소집통지 기간 계산**

2021년 3월 달력						
일	월	화	수	목	만료일 : 5일	토
	1		소집통지 발송기한 ④		⑤ ←	6
7	8	9	10	11	12	13
14	15	16	17	⑱	⑲	20
21	22	23	24	기산일	주총 예정일	27
28	29	30	31			

그 전날 만료하는 것은 아니다. 다만, 서울북부지방법원 2007. 2. 28.자 2007카합 215 결정은 "비록 피신청인이 이미 이 사건 결의를 하고 그에 따른 소집통지와 공고를 마쳤다고 해도 이 사건 주주총회 14일 전인 2007. 2. 28.(이 사건 주주총회 14일 전은 2007. 3. 1.이 되나, 기간의 말일이 공휴일에 해당한 때에는 기간은 그 익일로 만 료하므로, 2007. 2. 28.이 된다)까지 이 사건 의안의 요령을 기재한 소집통고와 공고 를 하면 이 사건 의안을 이 사건 주주총회의 목적사항으로 상정할 수 있는 점"이 라고 판시하였는데, 그 타당성에 대하여는 의문이다.

3. 소집통지의 방법

(1) 서면통지

회사는 각 주주에 대하여 서면으로 주주총회의 소집통지를 발송할 수 있다 (363조①).

(2) 전자문서에 의한 통지

회사는 서면통지 대신 각 주주의 동의를 받아 전자문서로 통지를 발송할 수 있다(363조①). 전자문서의 개념 및 전자문서의 발신시점에 관하여는 상법에 다른 규정이 없으므로 「전자문서 및 전자거래 기본법」이 적용된다.

[전자문서 및 전자거래 기본법 제2조(정의)] 이 법에서 사용하는 용어의 정의는 다음과 같다.
1. "전자문서"라 함은 정보처리시스템에 의하여 전자적 형태로 작성, 송신·수신 또는 저장된 정보를 말한다.
2. "정보처리시스템"이라 함은 전자문서의 작성, 송신·수신 또는 저장을 위하여 이용되는 정보처리능력을 가진 전자적 장치 또는 체계를 말한다.
3. "작성자"라 함은 전자문서를 작성하여 송신하는 자를 말한다.
4. "수신자"라 함은 작성자가 전자문서를 송신하는 상대방을 말한다.
〈제5호부터 제10호까지는 생략〉

　주주의 동의는 반드시 명시적일 필요는 없고 묵시적이어도 된다. 그러나 동의는 사전에 받아야 하므로, 회사가 통지 전에 주주의 동의를 받기 위한 아무런 절차를 거치지 않고 일방적으로 전자통지를 한 후 주주가 이에 대하여 아무런 이의를 하지 않는다고 하여 묵시적으로 동의한 것으로 볼 수는 없다.

　전자문서에 의한 소집통지를 하려면 전자서명법에 따른 공인전자서명에 의하여 그 성립의 진정성이 담보된 전자문서를 회사에 보관하고 그 사본을 주주들에게 발송한다. 전자문서에 의한 통지는 서면통지서 발송에 따른 복잡한 사무를 간소화하고 발송비용을 절감하기 위한 것인데, 회사로서는 주주 전원의 동의를 받지 않는 한 어차피 서면통지와 전자통지를 병행해야 하므로 전자통지를 도입할 유인이 약한 실정이다.

(3) 강행규정

　상법의 주주총회의 소집통지방법에 관한 규정은 강행규정이므로, 구두·전화·회람·안내방송 등과 같은 다른 방법에 의한 통지는 허용되지 않는다. 대표이사가 수인인 경우에는 각자대표이사와 공동대표이사의 경우에 모두 소집통지는 1인의 대표이사 명의로 발송하여도 된다. 소집통지는 법률행위가 아니라 총회를 소집하기로 한 의사결정에 따른 의사의 통지이기 때문이다.

4. 발신주의

(1) 서면통지

　상법은 제363조제1항에서 "통지를 발송하거나"라고 규정하므로 주주총회의 소집통지는 발신주의를 취한다. 주주에 대한 회사의 통지는 주주명부에 기재한 주소 또는 주주가 회사에 통지한 주소로 하면 된다(353조①).

(2) 전자문서에 의한 통지

전자문서에 의한 통지의 경우에도 상법은 제363조제1항에서 "전자문서로 통지를 발송하여야 한다."라고 규정하므로 역시 발신주의를 취한다.

「전자문서 및 전자거래 기본법」은 전자문서(전자화문서를 포함)의 송신시점을 수신자 또는 그 대리인이 당해 전자문서를 수신할 수 있는 정보처리시스템에 입력한 때로 규정하므로(同法 6조①), 이러한 송신시점(입력시점)에 통지가 발송된 것으로 볼 것이다.

「전자문서 및 전자거래 기본법」은 다음 중 어느 하나에 해당하면 수신된 것으로 본다(同法 6조②). 따라서 제1호 단서의 경우 외에는 송신시점과 수신시점이 일치하게 된다.

1. 수신자가 전자문서를 수신할 정보처리시스템을 지정한 경우에는 지정된 정보처리시스템에 입력된 때. 다만, 전자문서가 지정된 정보처리시스템이 아닌 정보처리시스템에 입력된 경우에는 수신자가 이를 출력한 때를 말한다.
2. 수신자가 전자문서를 수신할 정보처리시스템을 지정하지 아니한 경우에는 수신자가 관리하는 정보처리시스템에 입력된 때

「전자문서 및 전자거래 기본법」의 규정과 관련하여, 발신주의는 상대방의 요지(了知)가능성을 전제로 한 것이고 이러한 가능성이 없으면 발신주의가 채택될 수 없는데, 우편에 의한 통지는 상대방이 용이하게 수신할 수 있지만 전자문서에 의한 통지는 상대방이 인터넷에 접속하여 email을 확인하는 등과 같은 적극적인 노력에 의하여서만 수신이 가능하므로 요지가능성에서 큰 차이가 있음을 지적하면서, 주주가 정보처리시스템을 지정한 경우에만 발신주의를 적용할 수 있다는 견해가 있다. 이러한 견해는 주주보호의 취지에는 부합하나 입법론으로는 몰라도 현행 규정의 해석으로는 받아들이기 어렵다고 본다.

회사가 발송한 전자문서에 의한 통지가 정보처리시스템의 기술적인 문제로 주주에게 도달하지 않은 경우, 문제된 정보처리시스템이 회사의 관리범위 내의 시스템이면 통지가 발송되지 않은 것으로 보아야 하고, 주주의 관리범위 내의 시스템이면 통지가 발송된 것으로 보아야 할 것이다.

5. 소집통지의 내용

주주총회의 소집통지에는, 회의일시(會議日時), 소집지(소집장소), 회의의 목적사항이 포함되어야 한다. 그리고 주식매수청구권이 인정되는 사항에 관한 주주총회의 경우, 소집통지를 하는 때에는 주식매수청구권의 내용 및 행사방법을 명시하여야 한다(374조②).

자본시장법도 주권상장법인은 주식교환·이전, 영업양도 등, 합병, 분할합병에 관한 주주총회의 소집통지·공고를 하거나, 간이주식교환 및 간이합병에 관한 통지·공고를 하는 경우에는 주식매수청구권의 내용 및 행사방법을 명시하여야 한다. 이 경우에는 의결권 없는 주주에게도 그 사항을 통지하거나 공고하여야 한다고 규정한다(資法 165조의5⑤).

━ 주주총회의 소집통지 안내문(서면투표 포함)

주주님께

제○기 정기주주총회 소집통지서

주주님의 건승과 댁내의 평안을 기원합니다.

당사는 상법 제363조와 정관 제○조에 의하여 제○기 정기주주총회를 아래와 같이 개최하오니 참석하여 주시기 바랍니다.

아 래

1. 일 시 : 20 년 월 일(○요일), ○○:○○
2. 장 소 : ○○시 ○○구 ○○동 ○○빌딩 ○층 제○ 회의실
3. 회의의 목적사항
    가. 보고 안건 : ①영업보고 ②감사보고
    나. 부의 안건
        제 1호 의안 : 제○기 대차대조표, 손익계산서, 이익잉여금처분(결손금처리)계산서(안) 승인의 건
        제 2호 의안 : 정관 일부 변경의 건(별첨 참조)
        제 3호 의안 : 이사선임의 건(별첨 참조)
        제 4호 의안 : 이사보수한도액 승인의 건
4. 경영참고사항의 비치
    상법 제542조의4제3항에 의한 사외이사의 활동내역 등 경영참고사항은 우리 회사의 본·지점, 금융위원회, 한국거래소 및 대행기관(○○○○)에 비치하고,

---

사업보고서 및 외부감사보고서는 회사 홈페이지(www.xxxxx.co.kr)에 게재하고 있사오니 참고하시기 바랍니다.

5. 의결권 행사 방법
   - 본인 직접 행사 : 주총참석장, 주민등록증(외국인의 경우 투자등록증) 지참
   - 대리행사 : 주총참석장, 위임장(주주와 대리인의 인적사항 기재, 인감날인), 대리인의 신분증 지참

6. 서면에 의한 의결권의 행사
   - 서면에 의하여 의결권을 행사하시고자 하는 주주님은 동봉한 제○기 정기 주주총회 서면투표용지에 안건별로 찬반을 표시하시고 인감날인 후 회송용 봉투에 넣어 주주총회 전일까지 회사에 도착할 수 있도록 우송하여 주시면 됩니다.

> ※ 서면 투표용지 보내실 곳
> ⇒ 주소 : 서울시 ○○구 ○○로 ○○- ○(우편번호 ○○○)
> ○○○○주식회사 주주총회 담당자 앞

년 월   일

서울특별시 ○○구 ○○로 ○○-○

주식회사 ○○○○ 대표이사 ○○○ (직인생략)

명의개서대리인 ○○○○

▬ 주주총회의 소집통지 안내문(전자투표 및 전자위임장 포함)

주주님께

제○기 정기주주총회 소집통지서

주주님의 건승과 댁내의 평안을 기원합니다.

저희 회사는 상법 제363조와 정관 제○조에 의하여 제 ○기 정기주주총회를 아래와 같이 개최하오니 참석하여 주시기 바랍니다.

아   래

1. 일 시 : 20 년 월 일
2. 장 소 :
3. 회의의 목적사항
   가. 보고 안건 : ①영업보고   ②감사보고
   나. 부의 안건
       제 1호 의안 : 제○기 대차대조표, 손익계산서, 이익잉여금처분(결손금처리)계산서(안) 승인의 건

제 2호 의안 : 정관 일부 변경의 건(별첨 참조)

제 3호 의안 : 이사선임의 건(별첨 참조)

제 4호 의안 : 이사보수한도액 승인의 건

4. 경영참고사항의 비치

상법 제542조의4제3항에 의한 사외이사의 활동내역 등 경영참고사항은 우리 회사의 본·지점, 금융위원회, 한국거래소 및 대행기관(○○○○)에 비치하고, 사업보고서 및 외부감사보고서는 회사 홈페이지(www.xxxxx.co.kr)에 게재하고 있사오니 참고하시기 바랍니다.

5. 의결권 행사 방법

 – 본인 직접행사 : 주총참석장, 주민등록증(외국인의 경우 투자등록증) 지참

 – 대리행사 : 주총참석장, 위임장(주주와 대리인의 인적사항 기재, 인감날인), 대리인의 신분증 지참

6. 전자투표 및 전자위임장 권유에 관한 사항

우리 회사는 상법 제368조의4에 따른 전자투표제도와 '자본시장과 금융투자업에 관한 법률시행령' 제160조제5호에 따른 전자위임장권유제도를 이번 주주총회에서 활용하기로 결의하였고, 이 두 제도의 관리업무를 ○○○에 위탁하였습니다. 주주님들께서는 아래에서 정한 방법에 따라 주주총회에 참석하지 아니하고 전자투표방식으로 의결권을 행사하시거나, 전자위임장을 수여하실 수 있습니다.

가. 전자투표·전자위임장권유관리시스템

 – 인터넷 주소 : 「http://○vote.○○○.co.kr

 – 모바일 주소 : 「http://○vote.○○○.co.kr/m

나. 전자투표 행사·전자위임장 수여기간 : 20○○년 ○월 ○일~20○○년 ○월 ○일

 – 기간 중 오전 9시부터 오후 10시까지 시스템 접속 가능

  (단, 마지막 날은 오후 5시까지만 가능)

다. 시스템에 공인인증 등을 통해 주주본인을 확인 후 의안별 의결권 행사 또는 전자위임장 수여

 – 주주확인용 공인인증서의 종류 : 증권거래전용 공인인증서, 은행 개인용도제한용 공인인증서 또는 은행·증권 범용 공인인증서

라. 수정동의안 처리: 주주총회에서 상정된 의안에 관하여 수정동의가 제출되는 경우 전자투표는 기권으로 처리

20 년 월 일

서울특별시 ○○구 ○○로 ○○-○

주식회사 ○○○○ 대표이사 ○○○ (직인생략)

명의개서대리인 ○○○○

(1) 회의일시

회의일시는 상식적인 일시로 정하여야 하고, 특별한 사정이 없이 심야나 새벽 시간대로 정하는 것은 소집절차가 현저하게 불공정한 경우로서 결의취소사유이다. 그러나 토요일을 비롯한 공휴일을 회의일로 정하는 경우는 제반사정을 고려하여 판단하여야 할 것인데, 단지 소액주주들의 참석이 어려운 시기라는 이유만으로는 결의취소사유가 되기 곤란할 것이다. 주주총회의 개회가 지연되는 경우에도 정각에 출석한 주주들의 입장에서 변경된 개회시각까지 기다려 참석하는 것이 곤란하지 않을 정도라야 한다.

[서울고등법원 2005. 3. 30. 선고 2003나86161, 86178(병합) 판결] 추석연휴 직전의 토요일을 소집일로 정한 것에 대하여 원고가 전체 주식의 과반수 이상을 소유하고 있는 소액주주들의 참석이 원천봉쇄된 것과 다름없기 때문에 주주들의 권리행사를 의도적으로 방해한 것이라고 주장한 사건에서, 법원은 "가사 원고 주장의 사유로 인하여 소액주주들의 주주총회 참석이 다소 곤란한 사정이 있었다 하더라도, 그것만으로 이 사건 주주총회에 어떠한 하자가 있었다고 보기 어렵다"고 판시하였다.

[대법원 2003. 7. 11. 선고 2001다45584 판결]【주식매수선택권부여결의등부존재확인】(국민은행 사건) "주주총회의 개회시각이 부득이한 사정으로 당초 소집통지된 시각보다 지연되는 경우에도 사회통념에 비추어 볼 때 정각에 출석한 주주들의 입장에서 변경된 개회시각까지 기다려 참석하는 것이 곤란하지 않을 정도라면 절차상의 하자가 되지 아니할 것이나, 그 정도를 넘어 개회시각을 사실상 부정확하게 만들고 소집통지된 시각에 출석한 주주들의 참석을 기대하기 어려워 그들의 참석권을 침해하기에 이르렀다면 주주총회의 소집절차가 현저히 불공정하다고 하지 않을 수 없고, … "

(2) 소집지와 소집장소

1) 소 집 지

총회는 본점소재지 또는 이에 인접한 지에 소집하는 것이 원칙이나, 정관에서 다른 곳으로 정할 수 있다(364조).

[서울고등법원 2006. 4. 12. 선고 2005나74384 판결] "피고는 정관에서 본점소재지를 '서울특별시'로 규정하고 있으므로, 피고의 주주총회 소집지의 최소 행정구역은 '서울특별시'이고(을 제 10호증의 1, 2의 각 기재에 의하면 위와 같은 정관에 따라 정기주주총회가 서울특별시와 인접한 지인 성남시에서 개최된 사실이 인정된다), 서울특별시의 인접한 지인 고양시에서 개최된 이 사건 주주총회에는 소집지 위반의 하자가 없으므로, 원고들의 이 부분은 주장은 이유 없다."

즉, 총회의 소집지는 본점소재지, 인접지, 정관에서 정한 곳 등 세 곳 중 한

곳으로 정할 수 있다. 본점소재지는 지번에 의한 특정지가 아니라 정관에 규정된 최소행정구역을 의미하고, 인접지도 본점소재지에 인접한 최소행정구역을 의미한다. 정관에 "서울특별시"로 규정한 경우에는 "서울특별시 전체", "서울특별시 서초구"로 규정한 경우에는 "서초구"가 최소행정구역이다. 정관에서도 소집지를 정할 수 있도록 한 것은 정부정책상 본점을 지방으로 이전하는 경우가 많은 반면에 주주는 서울 등 대도시에 거주하는 경우에 요긴하게 적용된다. 상법의 규정상 정관에서 이사회가 총회의 소집지를 결정하도록 하는 것은 허용되지 않는다. 다만, 정관에 규정되지도 않고 본점소재지나 인접지도 아닌 곳에서 주주총회를 소집하는 경우도 총주주가 동의하면 허용된다고 해석된다.

2) 소집장소

소집장소는 구체적으로 주주들이 모여서 회의를 열 장소를 말한다. 소집장소에 관하여 상법에 명문의 규정은 없으나, 소집지 내에 위치하여야 하고 교통상 주주들이 참석하기 어려운 곳으로 소집장소를 정하는 것은 소집절차의 현저한 불공정에 해당하여 결의취소사유가 된다.

"정관에 다른 정함이 없으면"이라는 규정상 정관에서 주주총회 장소를 외국으로 정하는 것도 허용된다. 한국법에 의하여 설립된 회사라 하더라도 합작투자계약의 조건상 합작파트너의 국가에서 주주총회를 개최하는 것을 금지할 이유는 없다. 다만, 이러한 사항은 원시정관에 규정되거나 총주주의 동의에 의하여 변경 승인되어야 할 것이다. 정관변경에 의하여 이러한 사항을 새로 규정하는 것은 소액주주들에게 매우 불리하기 때문이다.

주주총회를 개회한 후 사정상 소집장소를 변경하는 경우에도 출석한 주주들로 하여금 변경된 장소에 모일 수 있도록 상당한 방법으로 알리고 이동에 필요한 조치를 다한 때에 한하여 적법하게 소집장소가 변경되었다고 볼 수 있다.

[대법원 2003. 7. 11. 선고 2001다45584 판결]【주식매수선택권부여결의등부존재확인】(국민은행 사건) "소집통지 및 공고가 적법하게 이루어진 이후에 당초의 소집장소에서 개회를 하여 소집장소를 변경하기로 하는 결의조차 할 수 없는 부득이한 사정이 발생한 경우, 소집권자가 대체 장소를 정한 다음 당초의 소집장소에 출석한 주주들로 하여금 변경된 장소에 모일 수 있도록 상당한 방법으로 알리고 이동에 필요한 조치를 다한 때에 한하여 적법하게 소집장소가 변경되었다고 볼 수 있다."

(3) 회의의 목적사항

1) 보고사항과 결의사항

주주총회에서의 보고사항과 결의사항을 회의의 목적사항(363조②·③)이라고 한다. 보고사항은 이사의 영업보고(449조②), 감사(또는 감사위원회의 대표)의 감사보고(413조) 등이다. 그리고 외감법이 적용되는 회사의 경우에는 외부감사인의 감사보고(외감법 10조, 11조)도 요구된다.

주주총회의 실무상 소집통지서에 회의의 목적사항을 보고사항과 결의사항으로 구별하여 기재하기도 하고, 결의사항만을 회의의 목적사항으로 보고 보고사항과 회의의 목적사항으로 구별하여 기재하기도 한다. 보고사항 기재의 누락이나 주주총회 진행상 보고누락은 주주총회결의의 효력에 영향을 미치지 않는다. 다만, 회사합병의 보고는 보고를 마쳐야 합병등기를 할 수 있으므로 보고사항이지만 반드시 회의의 목적사항으로 소집통지서에 기재하여야 한다는 견해가 있다.

2) 의안과 의제

회의의 목적사항 중 결의사항을 의안(議案)이라고 한다. 의안의 제목이 "의제(議題)"이다. 즉, "이사선임의 건" 또는 "정관변경의 건" 등은 의제이다. 따라서 실제로 안건으로 상정되어 결의될 대상은 의제가 아니라 의안이다. 의안의 내용이 다르면 의제가 동일하더라도 동일한 의안이 아니다.

주주총회에서는 주주총회의 소집통지에 기재된 회의의 목적사항에 한하여 결의할 수 있다. 회의의 목적사항에 "기타"라고 기재된 부분은 효력이 없는 것이고, 만일 이러한 기재에 기하여 총회가 어떠한 결의를 하였다면 결의취소의 대상이 된다.

[서울중앙지방법원 2008. 1. 21.자 2007카합3917 결정] "상법 제363조제1항, 제2항의 규정에 의하면, 주주총회를 소집함에 있어서는 회의의 목적사항을 기재하여 서면으로 그 통지를 발송하게 되어 있으므로, 주주총회에 있어서는 원칙적으로 주주총회 소집을 함에 있어서 회의의 목적사항으로 한 것 이외에는 결의할 수 없으며, 이에 위배된 결의는 특별한 사정이 없는 한 상법 제376조 소정의 총회의 소집절차 또는 결의방법이 법령에 위반하는 것으로 보아야 할 것인데(대법원 1979. 3. 27. 선고 79다19 판결 등 참조), 피신청인은 이 사건 주주총회에 앞선 소집통지서에 '이사 해임의 건'을 목적사항으로 기재하지 아니하였음에도 불구하고 위 주주총회에서 긴급발의로 이사 A를 해임하는 안건을 상정하여 결의를 한 것은 상법 제363조제1항, 제2항에 위반된 것으로 그 소집절차의 법령 위반으로 인한 취소사유에 해당한다"(A에 대한 이사해임 결의에 관한 주주총회결의의 효력정지 가처분을 인용함).

3) 의안의 요령

"의안의 요령"은 의안의 중요한 내용으로서 의안이 가결된 경우의 문안이다. 구체적으로 어느 특정 후보를 이사로 선임하자는 안(案) 또는 정관의 어느 규정을 어떻게 변경하자는 안(案)이 "의안의 요령"이다. 정관변경에 관한 의안의 요령이란 변경대상규정과 변경될 내용이고(예: 신구조문대비표), 회사합병에 관한 의안의 요령이란 합병조건, 합병계약의 주요내용 등이다. 영업양도 등에 관한 특별결의 요건을 규정한 제374조에는 명문의 규정이 없지만 이 경우에도 의안의 요령을 기재하는 것이 타당하고 실무상으로도 일반적으로 기재한다.

4) 기재방법

주주총회의 소집통지에 기재할 회의의 목적사항은 "이사선임의 건", "재무제표 승인의 건"과 같이 무엇을 결의하게 되는지 주주가 알 수 있는 정도로 의안의 제목, 즉 의제(議題)만 기재하면 된다. 다만, 정관변경(433조의②), 자본금감소(438조의②), 회사합병(522조의②) 등과 같이 중요한 특별결의사항을 다룰 주주총회를 소집하는 경우에는 "의안의 요령(要領)"도 기재하여야 한다.

상장회사의 경우에는 이사·감사의 선임에 관한 사항을 목적으로 하는 주주총회의 소집을 통지·공고하는 경우 이사·감사 후보자의 성명, 약력, 추천인, 후보자와 최대주주와의 관계, 후보자와 해당 회사와의 최근 3년간의 거래내역, 주주총회 개최일 기준 최근 5년 이내에 후보자가 체납처분을 받은 사실이 있는지 여부, 주주총회 개최일 기준 최근 5년 이내에 후보자가 임원으로 재직한 기업이 회생절차 또는 파산절차를 진행한 사실이 있는지 여부, 법령에서 정한 취업제한 사유 등 이사·감사 결격 사유의 유무에 관한 사항(令 31조③)을 통지·공고하여야 하고(542조의4②), 상장회사가 주주총회에서 이사 또는 감사를 선임하려는 경우에는 제542조의4제2항에 따라 통지하거나 공고한 후보자 중에서 선임하여야 한다(542조의5).

상장회사의 경우 사외이사 의무선임비율이 있으므로 사전에 후보자 중 누가 사외이사인지 여부를 특정하여야 한다. 이를 위하여 회사는 소집통지에 후보자 중 사외이사인지 여부를 반드시 기재하고 있으며, 사내이사인지, 기타비상무이사인지 여부도 기재하는 것이 일반적이다. 실무상 복수의 이사를 선임하는 경우 가지번호로 구별하여 의안별로 후보자의 성명을 표시한다. 예컨대, "제3호 의안: 이사선임의 건, 제3-1호 의안: 사외이사(갑) 선임의 건, … 제3-8호 의안: 사내이사(을) 선임의 건"과 같은 방식으로 기재하거나, "제2호 의안: 이사선임의 건(2인), 제2-1호: 사내이사 1인 선임(후보: 갑), 제2-2호: 사외이사 1인 선임(후보: 을)"과 같이 인원수를 병기하는 예도 있다.

　　이사 선임에 있어 집중투표를 정관으로 배제하지 않은 주식회사는 이사 선임에 관한 주주총회의 소집통지에 선임할 이사의 원수를 반드시 기재하여야 한다. 주주는 선임될 이사의 원수에 따라 회사에 대한 집중투표의 청구 여부를 결정할 것이기 때문이다. 따라서 정관에 의하여 집중투표를 배제하지 않은 주식회사가 주주총회의 소집통지에서 회의의 목적사항으로 "이사선임의 건"이라고 기재하였다면 이는 단수이사의 선임으로 보아야 하고, 복수이사의 선임을 할 경우에는 반드시 "이사 ○인 선임의 건" 또는 "이사 선임의 건(○인)"과 같이 그 인원수를 표시하여야 한다(서울중앙지방법원 2015. 4. 9. 선고 2014가합529247 판결; 서울고등법원 2010. 11. 15.자 2010라1065 결정). 주주총회에서는 소집통지에 명시된 수의 이사만 선임할 수 있다.

5) 결의의 범위

　　주주총회에서는 소집통지에 기재된 회의의 목적사항 범위를 벗어나는 의안에 대한 결의를 할 수 없다. 예컨대 "이사 선임의 건"이라는 의제가 소집통지에 기재되지 아니한 경우에는 이사 선임 의안을 상정하여 결의할 수 없다. 그러나 소집통지에 기재된 회의의 목적사항에 따라 의안이 상정된 후 이와 실질적 동일성이 인정되는 범위 내에서의 수정동의는 가능하다. 비상장회사인 경우에는 소집통지에 기재된 이사후보가 A라 하더라도 주주총회장에서 A의 선임의안이 상정된 후 새로운 후보 B도 추가하여 A, B 중 1인을 선임하자는 수정동의는 가능하다. 다만, 상장회사의 이사·감사의 선임의안의 경우에는 제542조의4제2항에 따라 통지·공고한 후보자 중에서만 선임하여야 하므로(542조의5), 이러한 수정동의는 불가능하다.

6) 의안의 철회

　　이사회가 정한 회의의 목적사항은 소집통지 후에도 이사회결의에 의하여 철회할 수 있다. 철회일자와 총회일자 사이에 여유가 있으면 철회사실을 통지하는 것이 바람직하다. 그러나 의장이 주주총회 당일 참석주주들에게 철회사실을 공지해도 다른 결의의 효력에는 영향이 없다. 물론 이사회가 철회를 결정한 의안을 의장이 임의로 상정하는 것이나 이사회가 철회하지 않은 의안을 의장이 임의로 철회하는 것은 모두 허용되지 않는다. 이 경우에는 결의가 이루어지더라도 결의 취소의 대상이다.

6. 소집통지에 동봉할 서류

회사는 주주들에게 소집통지서를 보낼 때 일반적으로 다음과 같은 서류를 동봉하여 보낸다.

(1) 참석장(용지)

참석장은 주주가 총회에 참석한 때 접수처에 제출하는 서류로서, 주주들의 출석상황을 확인하기 위한 자료이다. 대법원은 주주총회 참석장에 관하여, 회사가 주주 본인에 대하여 주주총회 참석장을 지참할 것을 요구하는 것 역시 주주 본인임을 보다 확실하게 확인하기 위한 방편이므로, "다른 방법으로 주주 본인임을 확인할 수 있는 경우에는" 회사는 주주 본인의 의결권 행사를 거부할 수 없다고 판시한다.

▬ 주주총회 참석장

주주총회 참석장

※소유주식수	명부주주	○○○
	실질주주	○○○
	주식수계	○○○○
	의결권수	○○○
	무의결권수	○○

주식회사 ○○○ 제 ○○ 기 정기 주주총회에 참석합니다.

☎ (   ) −

| 일시 | 200○ / ○○ / ○○ (요일) 09:00 | 장소 | 서울특별시 ○○구 ○○로 △△빌딩 ▢층 ○○회의장 |

*0123−00012−00019*****123*

서울특별시 ○○구 ○○로 ○길 △△아파트 ○동 ○호
홍 길 동 님 귀하

1 0 0 − 0 0 1

[대법원 2009. 4. 23. 선고 2005다22701, 22718 판결](국민은행·한국주택은행 합병 사건)
"상법 제368조제3항은 "주주는 대리인으로 하여금 그 의결권을 행사하게 할 수 있다. 이 경우에는 그 대리인은 대리권을 증명하는 서면을 총회에 제출하여야 한다."고 규정하고 있는 바, 여기서 '대리권을 증명하는 서면'이라 함은 위임장을 일컫는 것으로서 회사가 위임장과 함께 인감증명서, 참석장 등을 제출하도록 요구하는 것은 대리인의 자격을 보다 확실하게 확인하기 위하여 요구하는 것일 뿐, 이러한 서류 등을 지참하지 아니하였다 하더라도 주주 또는 대리인이 다른 방법으로 위임장의 진정성 내지 위임의 사실을 증명할 수 있다면 회사는 그 대리권을 부정할 수 없다고 할 것이고, 한편 회사가 주주 본인에 대하여 주주총회 참석장을 지참할 것을 요구하는 것 역시 주주 본인임을 보다 확실하게 확인하기 위한 방편에 불과하므로, 다른 방법으로 주주 본인임을 확인할 수 있는 경우에는 회사는 주주 본인의 의결권 행사를 거부할 수 없다. 위 법리와 기록에 비추어 살펴보면, 원심이 주주 본인의 경우에는 굳이 참석장을 소지하고 있지 않더라도 신분증 및 합병 전 국민은행에 제출된 것과 동일한 인감의 소지 여부 등을 통하여 주주 본인임을 확인하는 절차를 거치고, 주주의 대리인의 경우에는 위임장을 제출받아 그 위임장에 기재된 주주 본인의 인적 사항이 맞는지, 위임장에 날인된 주주 본인의 인감이 합병 전 국민은행에 제출된 것과 동일한지 여부와 위임장을 가지고 온 자의 신분증과 위임장에 기재된 대리인의 인적 사항의 대조하는 등의 방법으로 그 사람의 동일성을 확인하는 절차를 거치면 된다는 이유로, 일부 주주 본인들이 참석장을 소지하고 있지 않거나 일부 주주의 대리인들이 위임장 이외에 주주 본인의 신분증 사본, 인감증명서 등을 제출하지 아니하였다는 사정만으로는 이들의 의결권 행사가 무효라고 볼 수 없다는 취지로 판단하였음은 정당하고, 거기에 상고이유에서 주장하는 바와 같은 주주 본인 및 대리인의 대리권을 증명하는 서면에 관한 법리오해 등의 위법이 없다."

(2) 위임장(용지)

일반적으로 비상장회사의 경우에 참석장과 함께 위임장도 함께 동봉하게 된다. 상장회사의 경우에는 위임장을 동봉하게 되면 의결권대리행사 권유에 해당한다. 의결권대리행사 권유를 하기 위하여는 사전에 금융위원회에 신고하여야 하고, 회사가 의결권대리행사 권유시에는 위임장 용지 및 의안별 참고서류를 소집통지에 함께 동봉하여야 한다(資法 152조, 資令 제160조).

(3) 의결권행사서 및 참고서류

정관으로 서면투표를 채택한 경우 소집통지 의결권행사에 필요한 서면과 의안에 대한 참고서류를 함께 송부하여야 한다(368조의3②). 이사회 결의로 전자투표를 채택한 경우에는 의결권행사에 필요한 양식과 참고자료를 전자적 방법으로 제공하여야 하며(368조의4③), 소집통지시 전자투표를 인터넷 주소, 전자투표를 할 기간, 전자투표에 필요한 기술적인 사항을 기재하여야 한다(령 13조②).

(4) 실질주주 의결권행사 안내문

증권예탁제도를 채택한 비상장회사의 경우 소집통지문에 실질주주의 의결권 행사에 관한 내용과 의결권 행사서를 포함하는 것이 일반적이다. 다만, 이는 법상 의무사항은 아니므로 포함하지 않는다고 하여 문제되는 것은 아니다.

— 실질주주 의결권 행사 안내문(소집통지 기재용)

> 5. 실질주주의 의결권 행사에 관한 사항
> 증권회사 또는 한국예탁결제원에 주권을 예탁하고 계신 실질주주께서는 의결권을 직접행사, 대리행사 또는 불행사하고자 하는 경우에는 그 뜻을 주주총회 회일의 5일전까지 한국예탁결제원에 통지하셔야 합니다.
> (의결권행사 방법등 자세한 사항은 저희 회사 홈페이지:www.pppp.co.kr를 참조하여 주시기 바랍니다)

7. 소집통지의 흠결

소집통지를 받지 못한 주주의 비율에 따라 결의부존재사유에 해당하기도 하고, 결의취소사유에 해당하기도 한다. 결의부존재사유와 결의취소사유를 구별하는 확립된 기준은 없지만, 판례의 대체적인 입장에 의하면 소집통지를 받지 못한 주주의 의결권이 50% 이상이고 다른 특별한 사정이 없으면 결의부존재사유에 해당할 가능성이 높을 것이다. 소집통지를 받지 못한 주주의 의결권이 50%에 미달하는 경우에는 결의취소사유로 본 판례(대법원 2010. 7. 22. 선고 2008다37193 판결; 대법원 1993. 12. 28. 선고 93다8719 판결; 대법원 1993. 1. 26. 선고 92다11008 판결)와 그 이상인 경우에는 결의부존재사유로 본 판례(대법원 2002. 10. 25. 선고 2002다44151 판결; 대법원 1993. 7. 13. 선고 92다40952 판결; 대법원 1991. 8. 13. 선고 91다14093 판결)에 비추어 50%가 일응의 기준이라 할 수 있다. 50%는 절대적인 기준이 아니므로 소집통지 당시의 구체적인 상황에 따라 다른 기준이 적용될 수 있음은 물론이다.

주주총회의 소집통지에 있어서, 그 기간·방법·내용 등에 있어서 적법하지 아니한 하자가 있는 경우, 소집절차의 법령·정관 위반으로 결의취소사유가 되고, 이사에 대한 벌칙도 적용된다(635조①2). 그러나 주식을 취득한 자가 회사에 대하여 의결권을 주장할 수 있기 위하여는 주주명부에 주주로서 명의개서를 하여야 하므로, 명의개서를 하지 아니한 주식양수인에 대하여 주주총회소집통지를 하지 않았다고 하여 주주총회결의에 절차상의 하자가 있다고 할 수 없다.

> [대법원 1996. 12. 23. 선고 96다32768, 32775, 32782 판결]【주주총회결의부존재확인등】
> "[1] 주식을 취득한 자가 회사에 대하여 의결권을 주장할 수 있기 위하여는 주주명부에 주주로서 명의개서를 하여야 하므로, 명의개서를 하지 아니한 주식양수인에 대하여 주주총회소집통지를 하지 않았다고 하여 주주총회결의에 절차상의 하자가 있다고 할 수 없다.
> [2] 주식을 취득한 자가 회사에 대하여 명의개서를 요구하였다 하더라도, 그 주식 취득자에 대한 주식양도의 효력이 다투어져 주주권확인소송 및 명의개서절차이행청구의 소가 제기되어 있었고, 그 주식 취득자가 명의개서를 청구할 수 있는 주식이 전체 주식의 43%에 불과한 경우에, 회사가 그 주식 취득자의 명의개서 요구에 불응하고 주주명부에 등재되어 있는 자에 대하여만 소집통지를 하여 주주총회를 개최하였다 하더라도 그러한 소집절차상의 하자는 주주총회결의의 무효나 부존재사유가 될 수 없다. [3] 주주총회가 소집권자에 의하여 소집되어 개최된 이상 정족수에 미달한 결의가 이루어졌다고 하더라도 그와 같은 하자는 결의취소의 사유에 불과하고, 무효 또는 부존재한 결의라고 할 수 없다."

8. 장기통지부도달과 소집통지의 생략

(1) 취   지

주주총회의 소집통지가 주주명부상의 주주의 주소에 계속 3년간 도달하지 아니한 때에는 회사는 당해 주주에게 총회의 소집을 통지하지 아니할 수 있다(363조①). 회사가 주주에 대하여 주주명부상의 주소지로 주주총회의 소집통지를 발송하여도 계속 3년간 도달하지 아니한 때에는 주주가 그 주소지에 더 이상 거주하지 않을 개연성이 높으므로 회사로 하여금 더 이상 통지를 할 필요가 없도록 하기 위한 것이다.

(2) 요   건

소집통지의 생략은, ⅰ) 주주총회의 소집통지가, ⅱ) 주주명부상 주주의 주소에, ⅲ) 계속 3년간, ⅳ) 부도달(不到達)하는 것을 요건으로 한다.

1) 주주총회소집통지의 부도달

주주총회의 소집통지가 부도달하여야 하고 다른 통지가 부도달한 것은 해당하지 않는다. 따라서 상법상 각종 통지의 부도달은 소집통지 생략의 요건에 해당하지 않는다.

2) 주 소

회사가 주주명부상 주주의 주소로 통지를 발송하였으나 부도달하여야 한다. 회사가 알고 있는 다른 주주로 통지를 발송한 경우는 이에 해당하지 않는다. 예탁결제원에 예탁된 주식에 대하여는 실질주주명부상의 주소를 의미한다.

3) 부도달의 기간

계속 3년간 부도달이 요건이므로 3년의 기간 중 1회라도 도달한 경우에는 소집통지를 생략할 수 없다. 상법에 "최근 3년간"이라고 명시되어 있지는 않지만, 과거에 계속 3년간 통지가 부도달하였더라도 그 후 통지가 도달된 사실이 있는 경우에는 소집통지 생략의 요건에 해당하지 않는다고 해석하여야 한다.

4) 부도달의 의미

부도달(不到達)은 통지가 반송됨을 의미한다. 주주의 주주총회 출석 여부와 무관하게 통지의 부도달이 소집통지 생략의 요건이다. 소집통지의 생략은 주주의 주주총회 불참이 아니라 소집통지의 부도달을 원인으로 하는 것인데, 주주가 계속 3년간 주주총회에 출석하지 않았다고 하여 통지의 부도달로 볼 수 없고, 반대로 그 기간중 주주가 주주총회에 출석한 사실이 있다고 하여 통지가 도달한 것으로 볼 수 없다.

5) 증명책임

소집통지의 생략에 대한 요건은 회사가 증명할 책임을 부담한다. 따라서 소집통지를 생략하려면 반송된 소집통지는 최소한 3년간 보관하여야 할 것이다.

Ⅳ. 총회검사인의 선임

1. 의 의

회사 또는 발행주식총수의 1% 이상에 해당하는 주식을 가진 주주는 주주총회의 소집절차나 결의방법의 적법성을 조사하기 위하여 주주총회 전에 법원에 검사인의 선임을 청구할 수 있다(367조②).

2. 선임청구권자

검사인 선임청구권자는 회사 또는 발행주식총수의 1% 이상에 해당하는 주식을 가진 주주이다. 상장회사와 비상장회사 모두 같은 요건이 적용된다. 검사인 선임 후 지분비율이 100분의 1 미만으로 감소되더라도 선임된 검사인의 자격에는 영향이 없다.

3. 청구시기

선임청구권자는 "총회 전에" 법원에 검사인선임을 청구하여야 한다.

4. 조사대상

법문은 "총회의 소집절차나 결의방법의 적법성을 조사하기 위하여"라고 되어 있지만, 결의취소 사유인 "총회의 소집절차나 결의방법의 현저한 불공정성"도 조사대상으로 보아야 한다. 구체적인 조사대상으로는, 주주확인, 위임장 확인, 투개표확인 등을 들 수 있다.

[서울중앙지방법 2015. 3. 26.자 2015비합39 결정]
(주문) 2015. 3. 30. 개최 예정인 사건본인 회사의 정기주주총회와 관련하여 별지 기재사항을 조사하기 위하여 변호사 ○○○(직장 주소)를 검사인으로 선임한다.
[별지]
1. 아래 항들을 포함한 주주의 의결권 확인 및 주주총회장 참석에 관한 사항
　가. 사건본인 회사가 주주(대리인 포함, 이하 "주주"라고 한다)에게 접수 및 투표용지를 교부하는 과정에서 접수 및 투표용지의 교부를 지연하는 방법으로 출석을 방해하였는지 여부
　나. 사건본인 회사가 주주에게 접수 및 투표용지를 교부하는 과정에서 접수를 하거나 투표용지를 교부받는 중에 있는 주주가 있음에도 불구하고 주주총회 개최시간이 되었다는 사유로 출입문을 잠그거나 주주총회의 개회를 시작하는 방법으로 출석을 방해하였는지 여부
　다. 사건본인 회사가 신청인과 주주의 출석과 관련된 협의를 하는 도중에 주주총회 개최시간이 되었다는 사유로 출입문을 잠그는 등의 방법으로 출석을 방해하였는지 여부
　라. 사건본인 회사가 기타의 방법으로 주주의 출석을 방해하였는지 여부
　마. 전 항들의 사유가 발생한 경우에 출입을 하지 못하게 되거나 의결권을 행사하지 못하게 된 주주의 의결권 수
　바. 사건본인 회사가 대리인의 출석 또는 의결을 거부 또는 방해한 경우 그 사유(예컨대, 위임장에 인감날인의 요구 등)와 이로 인해 의결권을 행사하지 못하게 된 대리

인의 의결권 수
2. 아래 항을 포함한 주주총회 진행 절차의 적법성에 관한 사항
    가. 이사선임과 관련하여 각 이사후보자의 득표수
    나. 감사위원회 위원 선임과 관련하여, 감사위원회 위원 후보자의 사표 수
3. 아래 항을 포함한 표결절차의 적법성에 관한 사항
    가. 사건본인 회사가 이사선임과 관련하여 신청인에게 의안설명에 대한 기회를 부여했
        는지 여부
    나. 이사선임과 관련하여 각 이사후보자의 득표수 및 사표의 수
    다. 회의의 목적사항과 관련하여 의결정족수 충족 여부. 끝.

V. 회의의 속행·연기와 소집절차

회의가 속행·연기 결의에 의하여 산회된 후, 다시 개최하는 속회에 관하여는
주주총회 소집절차에 관한 제363조의 규정이 적용되지 않는다(372조②). 다만, 다
시 정한 회일이 총회의 동일성을 인정할 정도로 상당한 기간 내의 날짜로 정하여
야 하고, 만일 상당한 기간을 초과하여 회일을 정하는 경우에는 총회의 동일성을
인정할 수 없으므로 다시 소집절차를 밟아야 할 것이다.

> [대법원 1989. 2. 14. 선고 87다카3200 판결]【주주총회결의취소】 "주주총회의 계속회가 동
> 일한 안건토의를 위하여 당초의 회의일로부터 상당한 기간 내에 적법하게 거듭 속행되어
> 개최되었다면 당초의 주주총회와 동일성을 유지하고 있다고 할 것이므로 별도의 소집절차
> 를 밟을 필요가 없다."

소집절차를 다시 밟지 아니하므로 당초 총회에 참석하지 못한 주주는 속회에
대하여 알 수 없어도 이로 인한 불이익은 해당 주주가 감수하여야 한다. 자신이
참석하지 않은 총회와 동일성이 유지되는 총회이기 때문이다.

회의가 속행·연기되는 경우 일시만 변경되는 것이고 장소는 당초의 총회 장
소 그대로이다. 만일 장소도 변경하는 경우에는 속행·연기의 결의시 반드시 장
소변경사항도 결의하여야 한다.

속회는 당초의 총회와 동일성이 인정되지만, 결의는 당초의 회일에 소급하여
성립하는 것이 아니라 속회에서의 결의시 성립한다. 결의하자의 존재 여부는 당
초 회의와 속회를 하나로 보고 판단한다.

Ⅵ. 소집의 철회·변경

1. 의   의

소집의 철회는 주주총회의 소집통지가 있은 후 회일 전에 총회의 개최를 중지하는 것을 말하고, 소집의 변경은 당초 결정한 회일에 총회를 개최하지 않기로 하고 다른 회일을 정하는 경우(회일의 변경)를 말한다.

2. 허용 여부

이사회가 총회의 소집을 철회·변경하더라도, ⅰ) 어차피 총회가 개최될 것이므로 주주들이 주주총회에 출석하여 의견을 진술하고 의결권을 행사할 권리에 아무런 영향을 주는 것이 아니고, ⅱ) 총회가 아직 개최되지도 않았으므로 총회 결의에도 아무런 영향을 주는 것이 아니므로, 이사회가 소집의 철회·변경을 할 수 있다는 점에 대하여는 논란의 여지가 없다.

주주총회소집의 철회·변경은 이사회의 고유권한이므로 정당한 사유를 필요로 하지 않는다. 심지어는 경영권분쟁과정에서 특정 주주의 의결권 행사를 허용하지 않기 위하여 총회의 소집을 철회·변경하기도 한다.

> [서울동부지방법원 2008. 2. 1. 선고 2005가합14210 판결] "그런데, 소외 1은 같은 날 오후 서울고등법원에서 위 의결권 행사허용가처분신청이 인용된 것을 뒤늦게 알고는, 위 가처분결정에 대하여 가처분이의절차로 불복할 시간을 벌기 위하여 일단 2005. 7. 29.자로 예정된 임시주주총회의 소집을 철회하기로 계획하여, 2005. 7. 20. 이사들에게 '2005. 7. 28. 16:00에 이사회를 개최한다'는 내용의 소집통지서를 발송한 데 이어, 2005. 7. 26. 원고회사의 이사들에게 2005. 7. 28.자로 개최될 예정인 이사회에서 임시주주총회의 철회안과 대표이사 소외 1의 임기만료에 따른 신임 대표이사 선임안을 의결할 예정이라는 내용의 통지서를 발송하는 한편, 같은 날 원고회사의 주주들에게 '위 가처분인용결정에 대한 이의사건의 판결이 선고될 때까지 그 결과를 알 수 없으므로, 2005 . 7. 29.자 임시주주총회를 철회하기 위한 이사회를 2005. 7. 28.자로 소집하였고, 위 이사회에서 임시주주총회 철회안이 가결될 것으로 예상된다.'는 내용의 통지서를 발송하였다."

주주는 총회가 개최된 경우 의견을 진술하고 의결권을 행사할 권리가 있지만, 총회개최를 요구하려면 임시주주총회소집을 청구하는 절차를 밟는 방법만 있다(366조).

이사가 주주의 의결권 행사를 불가능하게 하거나 현저히 곤란하게 하는 것은 주식회사 제도의 본질적 기능을 해하는 것으로서 허용되지 아니하고, 그러한 것을 내용으로 하는 이사회결의는 무효로 보아야 하지만, 단지 의결권 행사 허용 가처분결정에 불복할 시간을 벌기 위해 임시주주총회 소집을 철회하는 내용의 이사회결의를 한 경우에는 소수주주가 임시주주총회 소집을 청구할 수 있고 소집절차를 밟지 않는 경우 법원의 허가를 얻어 임시주주총회를 소집할 수 있다는 이유로 이사회결의의 효력을 인정한 판례도 있다(대법원 2011. 6. 24. 선고 2009다35033 판결).

3. 소집철회·변경의 통지

(1) 소집철회의 통지

주주총회를 소집함에는 2주 전 통지가 요구되는데(363조① · ③), 소집을 철회한 경우 회일 이전에 주주총회의 소집통지와 같은 방법으로 통지하여야 한다. "회일 이전에" 소집철회의 통지를 하면 되고, 반드시 2주 전에 통지하여야 하는 것은 아니다. 통지의 기간은 주주가 총회에 참석하는 것을 보장하기 위한 것인데, 소집철회의 경우에는 이러한 필요가 없기 때문이다.

상법상 통지는 보통 그 도달할 시기에 도달한 것으로 본다(353조②, 304조②). 따라서 주주에 대한 소집통지는 주주명부에 기재한 주소 또는 주주가 회사에 통지한 주소로 발송하면, 통지가 주주에게 실제로 도달되었는지 여부에 관계없이 보통 그 도달할 시기에 도달한 것으로 간주된다. 이에 따라 소집통지의 적법성에 관하여 다툼이 있는 경우 제363조제1항의 규정상 회사는 통지기간 내에 주주명부에 기재한 주소 또는 주주가 회사에 통지한 주소로 통지한 사실을 증명하면 되고, 실제의 도달 여부는 증명할 필요가 없다. 나아가 제304조제2항에 의하여 통지는 보통 그 도달할 시기에 도달한 것으로 간주되므로, 주주가 통지의 부도달을 증명하더라도 통지의 효력에는 영향이 없고, 결국 부도달로 인한 불이익은 주주가 부담하여야 한다. 따라서 소집철회의 통지가 회일 이전에 주주에게 도달할 수 없으면 철회할 수 없고, 반드시 총회를 개최하여 철회 여부를 결의하여야 한다.

(2) 소집변경의 통지

소집의 변경(회일의 변경)의 경우에는 당초의 회일보다 앞의 일자로 변경하는 경우에는 주주의 총회 참석을 보장하기 위하여 반드시 2주 전에 통지하여야 한다. 당초의 회일 이후의 일자로 변경하는 경우(소집의 연기)에도 당초의 회일에는 참석할 수 있었지만 연기된 회일에는 참석을 위하여 일정을 조정하여야 하는 주주를 위하여 2주 전에 통지하여야 한다.

(3) 통지방법

소집의 철회·변경을 통지하는 경우 반드시 주주총회의 소집통지와 같은 방법으로 통지하지 않더라도, 이에 준하는 방법으로 통지하면 된다.

통지의 방법에 관한 판례를 보면, 먼저 "총회 개최장소 출입문에 총회 소집이 철회되었다는 취지의 공고문을 부착하고, 이사회에 참석하지 않은 주주들에게는 퀵서비스를 이용하여 총회 소집이 철회되었다는 내용의 소집철회통지서를 보내는 한편, 전보와 휴대전화(직접 통화 또는 메시지 녹음)로도 같은 취지의 통지를 한 사안"에서 대법원은 "임시주주총회 소집을 철회하기로 하는 이사회결의를 거친 후 주주들에게 소집통지와 같은 방법인 서면에 의한 소집철회통지를 한 이상 임시주주총회 소집이 적법하게 철회되었다."라고 판시하였다.

> [대법원 2011. 6. 24. 선고 2009다35033 판결] "주식회사 대표이사가 이사회결의를 거쳐 주주들에게 임시주주총회의 소집통지서를 발송하였다가 다시 이를 철회하기로 하는 이사회결의를 거친 후 총회 개최장소 출입문에 총회 소집이 철회되었다는 취지의 공고문을 부착하고, 이사회에 참석하지 않은 주주들에게는 퀵서비스를 이용하여 총회 소집이 철회되었다는 내용의 소집철회통지서를 보내는 한편, 전보와 휴대전화(직접 통화 또는 메시지 녹음)로도 같은 취지의 통지를 한 사안에서, 임시주주총회 소집을 철회하기로 하는 이사회결의를 거친 후 주주들에게 소집통지와 같은 방법인 서면에 의한 소집철회통지를 한 이상 임시주주총회 소집이 적법하게 철회되었다."

다음으로 "주주총회 소집일로부터 불과 3일 전에 이사회가 주주총회 연기를 결정한 후 소집 통지와 같은 서면에 의한 우편통지 방법이 아니라 휴대폰 문자메시지를 발송하는 방법으로 각 주주들에게 통지하고 일간신문 및 주주총회 장소에 그 연기를 공고하였을 뿐"인 사안에서, 대법원은 "이러한 주주총회의 연기는 적법한 절차에 의한 것으로 볼 수 없어 위 주주총회가 적법하게 연기되었다고 할 수 없다."라고 판시하였다.

[대법원 2009. 3. 26. 선고 2007도8195 판결](주주총회가 적법하게 연기된 것이 아니므로 주주총회를 방해한 경우 업무방해죄가 성립한다는 판례이다. 주주총회의 연기에 관한 판례이지만, 위 판시 앞 부분에서 "주주총회의 소집통지·공고가 행하여진 후 소집을 철회하거나 연기하기 위해서는 소집의 경우에 준하여 이사회의 결의를 거쳐 대표이사가 그 뜻을 그 소집에서와 같은 방법으로 통지·공고하여야 한다고 봄이 상당하다."라고 판시하였으므로, 소집의 철회에도 같은 법리가 적용될 것이다).

두 판례의 사안을 비교해 보면 전자는 "퀵서비스 및 전보와 휴대전화(직접 통화 또는 메시지 녹음)"로 통지하였고, 후자는 "휴대폰 문자메시지"만으로 통지하였다는 점에서 차이가 있다.

4. 소집의 철회·변경을 무시한 일부 주주가 개최한 총회 결의의 효력

적법한 소집의 철회·변경에 불구하고 일부 주주가 당초 예정된 회일에 모여서 결의를 한 경우, 그 결의는 이사회의 소집결의도 없고 대표이사가 소집한 것도 아니므로 결의부존재에 해당한다.

대표이사가 이사회의 소집의 철회·변경 결의를 거치지 않고 독단적으로 소집을 철회·변경한 경우에는 적법한 소집의 철회·변경이라 할 수 없다. 그러나 그렇다고 하여 이러한 경우에 일부 주주가 당초 예정된 회일에 모여서 한 결의를 유효한 결의로 볼 수는 없다. 왜냐하면 대표이사의 소집의 철회·변경에 관한 통지를 믿고 총회에 참석하지 아니한 주주들의 참석권이 부당하게 침해되었기 때문이다. 이와 같이 대표이사의 위법행위(부적법한 소집의 철회·변경)로 주주들이 의결권을 행사하지 못한 경우는 결의취소사유로 보아야 한다.

VII. 소집절차상의 하자

1. 주주총회 결의하자의 원인

소집절차상의 하자는 그 정도에 따라 결의취소 또는 결의부존재 사유가 된다.

2. 의장의 무단 퇴장

주주총회의 의장은 개회선언한 주주총회에서 법률상으로나 사실상으로 의사를 진행할 수 있는 상태에서 의안에 대한 심의도 하지 아니한 채 주주들의 의사에 반하여 회의장을 자진하여 퇴장한 경우 주주총회가 폐회되었다거나 그 총회가 종결되었다고 할 수는 없다. 회의의 속행 또는 연기도 주주총회결의에 의하여 결정하여야 하고(372조①), 의장이 임의로 결정할 수 없기 때문이다. 이러한 경우는 의장이 적절한 의사운영을 하여 의사일정의 전부를 종료케 하는 등의 직책을 포기하고 스스로 그의 권한 및 권리행사를 하지 아니한 것이므로, 그 곳에 남아 있던 주주들에 의한 이건 주주총회결의는 적법하다는 판례도 있다.

> [대법원 2001. 5. 15. 선고 2001다12973 판결]【주주총회결의부존재확인】 "주주총회에서 의안에 대한 심사를 마치지 아니한 채 법률상으로나 사실상으로 의사를 진행할 수 있는 상태에서 주주들의 의사에 반하여 의장이 자진하여 퇴장한 경우 주주총회가 폐회되었다거나 종결되었다고 할 수는 없으며, 이 경우 의장은 적절한 의사운영을 하여 의사일정의 전부를 종료케 하는 등의 직책을 포기하고 그의 권한 및 권리행사를 하지 아니하였다고 볼 것이므로, 퇴장 당시 회의장에 남아 있던 주주들이 임시의장을 선출하여 진행한 임시주주총회의 결의도 적법하다고 할 것이다." (이유) "이 사건 주주총회 당시 일부 주주들이 원고에게 회사의 부실경영과 불분명한 지출에 대한 해명을 요구하는 등 주주들과 원고 사이에 언쟁이 벌어지면서 의사진행이 지연되었으며, 원고가 제3호 안건(이사 및 감사 선임의 건)에 대하여 안건 철회를 요구하였으나 일부 주주의 반대로 철회가 여의치 않게 되자, 다음 주주총회에서 이사와 감사를 선임하자고 제의하였으나 일부 참석자들의 반대로 결국 원고의 제3호 안건 철회안을 받아들일 것인지에 대하여 표결을 한 결과 원고의 제안이 부결되자 원고가 일방적으로 퇴장한 사실은 위에서 본 바와 같고, 원고가 일방적으로 주주총회의 연기를 주장하며 퇴장하려 하자 시그마창투 측의 김인선 등이 원고를 제지한 사실, 제3호 안건 철회안을 놓고 표결을 하기로 결정된 후 위 이규호 등이 피고 회사의 직원인 신재선에게 투표용지를 작성할 것을 요구하여, 위 신재선이 백지에 주주의 성명과 주식수를 기재하여 가져온 용지에 주주들이 투표를 하게 된 사실, 집계된 개표 결과를 원고가 발표하지 아니하자 김인선이 이를 발표한 사실, 한편 피고 회사의 정관에 주주총회 의장은 대표이사, 부사장, 전무이사, 상무이사의 순으로 맡는 것으로 규정되어 있는데, 이 사건 주주총회 당일 이에 해당하는 피고 회사의 임원으로는 원고와 소외 이인수만이 주주총회에 참석하였으나 원고가 퇴장한 후 주주들로부터 임시의장을 맡아 달라고 요청을 받던 위 이인수도 총회장에서 퇴장한 사실이 인정되므로, 주주총회 과정에서 자신의 부실경영에 대한 주주들의 추궁에 적절히 대응할 수 없다고 판단한 원고가 경영권의 방어를 도모하기 위하여 이사 및 감사 선임을 연기하려다가 여의치 않자 주주들의 의사를 무시하고 일방적으로 의사진행을 거부하며 퇴장하려 하다가 제지당하였고, 표결에서 패배한 원고가 투표결과를 발표하지 아니하자 김인선이 이를 발표하였다고 할 것인데, 이와 같은 이 사건 주주총회의 진행 경위나 주주들의 발언 정도 등을 종합하면 이 사건 주주총회에서 주주들이 부실경영에 대하여 추궁을 하고 원고의 일방적인 퇴장을 제지하거나 표결결과의 발표를 거부하는 원고를 대신하여 발표한 행위는 주주총회에 참석한 주주로서의 권리를 행사함에 있어 사회통념상

허용되는 방법과 정도를 넘지 않는 정당한 행위라 할 것이고, 당시 주주총회에 참석한 주주들이 백지용지에 투표를 하는데 대하여 승낙한 것이므로 이를 위법하다고 볼 수는 없으며, 원고는 주주들의 제지에도 불구하고 적대적 M&A 문제가 해결될 때까지 회의를 연기하겠다고 일방적으로 선언하고 퇴장한 것인바, 주주총회의 결의 없이 의장이 일방적으로 주주총회의 연기결정이나 속행결정을 할 수는 없는 것이고 의장이 불리한 상황에 처해 있다는 이유로 퇴장한 것은 원고가 의장으로서의 권한행사를 포기한 것인데, 이와 같이 원고나 위 이인수가 권한행사를 스스로 포기하고 퇴장하여 버린 사정 아래에서는 주주들이 임시의장을 선출하여 총회를 진행한 것은 적법하다."

3. 하자의 치유

(1) 소집통지의 하자

소집통지의 하자는 주주 전원이 동의하는 경우에는 하자가 치유된 것으로 본다. 소집통지의 하자가 일부 주주에게만 한정된 경우(예: 일부 주주에게만 소집통지를 하지 않은 경우), 해당하는 일부 주주의 동의만으로 하자가 치유된다. 소집통지는 주주의 총회출석권을 보장하기 위한 것이므로 개별적인 주주가 그 이익을 포기(처분)할 수 있기 때문이다. 주주 전원에 대한 통지의 하자도 주주 전원의 동의로 치유된다. 민법상 비영리사단법인에 관한 판례에서도 같은 취지로 판시한 바가 있다.

[대법원 1987. 5. 12. 선고 86다카2705 판결]【총회결의무효확인】 "사단법인의 신임회장을 조속히 선임하여 실추된 명예를 회복하고 업무의 공백을 메워야 할 형편에 있어 정관소정의 기한내에 전화로 안건을 명시하여 총회소집통보를 하였으며 또한 총회구성원들 모두가 총회결의등에 관하여 아무런 이의를 제기하지 아니하였다면 총회 소집통지를 서면에 의하지 아니하고 전화로 하였다는 경미한 하자만으로는 총회의 결의를 무효라고 할 수 없다."

(2) 소집결의의 하자

주주총회의 소집을 결정한 이사회결의에 하자가 있는 경우에는 이사회결의가 무효로 되지만, 하자의 치유를 부인하더라도 어차피 재소집된 주주총회에서 다시 결의될 것이므로 주주 전원의 동의로 치유된다고 볼 것이다. 판례는 전원출석회의의 법리와 1인회사의 법리에 의하여 폭넓게 소집결의의 하자의 치유를 인정한다.

1) 1인회사

(가) **하자 치유 인정·범위**   판례는 실제로 총회를 개최한 사실이 없었다 하더라도 그 1인주주에 의하여 의결이 있었던 것으로 주주총회 의사록이 작성되었다면 특별한 사정이 없는 한 그 내용의 결의가 있었던 것으로 보고, 주주총회 의사록이 작성되지 아니한 경우라도 증거에 의하여 주주총회결의가 있었던 것으로 봄으로써, 1인회사에서 하자의 치유가 가능한 범위를 매우 넓게 본다.

> [대법원 2002. 7. 23. 선고 2002다15733 판결] "주식회사의 주주총회가 법령이나 정관상 요구되는 이사회의 결의나 소집절차를 거치지 아니하고 이루어졌다고 하더라도 주주 전원이 참석하여 아무런 이의 없이 일치된 의견으로 총회를 개최하는 데 동의하고 결의가 이루어졌다면 그 결의는 특별한 사정이 없는 한 유효하다."

> [대법원 2004. 12. 10. 선고 2004다25123 판결] "임원퇴직금지급규정에 관하여 주주총회결의가 있거나 주주총회의사록이 작성된 적은 없으나 위 규정에 따른 퇴직금이 사실상 1인회사의 실질적 1인주주의 결재·승인을 거쳐 관행적으로 지급되었다면 위 규정에 대하여 주주총회의 결의가 있었던 것으로 볼 수 있다."

> [상업등기선례 제200705-5호(2005. 5. 25. 공탁상업등기과-533 질의회답)] (주주가 1인인 주식회사가 그 이사를 해임하고 그로 인한 변경등기를 신청하는 경우, 신청서에 첨부할 서면) "주식회사의 정관에 이사와 사외이사는 주주총회에서 구분하여 선임하되, 주주총회에서 선임된 이사 중 사내이사와 기타비상무이사를 이사회에서 선임하도록 규정하고 있는 경우, 정관과 이사로 선임한 주주총회의사록 및 사내이사와 기타비상무이사를 구분하여 선임한 이사회의사록을 첨부하여 위 사내이사와 기타비상무이사의 선임에 따른 등기를 신청할 수 있다."

(나) **협의의 1인회사**   판례는 협의의 1인회사인 경우에 대하여, "주식회사에서 총 주식을 한 사람이 소유하고 있는 1인회사의 경우에는 그 주주가 유일한 주주로서 주주총회에 출석하면 전원총회로서 성립하고 그 주주의 의사대로 결의될 것임이 명백하므로 따로이 총회소집절차가 필요 없다 할 것이고, 실제로 총회를 개최한 사실이 없다 하더라도 1인주주에 의하여 의결이 있었던 것으로 주주총회 의사록이 작성되었다면 특별한 사정이 없는 한 그 내용의 결의가 있었던 것으로 볼 수 있어 형식적인 사유에 의하여 결의가 없었던 것으로 다툴 수는 없다"는 입장이다(대법원 1993. 6. 11. 선고 93다8702 판결; 대법원 1993. 2. 26. 선고 92다48727 판결).

(다) **광의의 1인회사**   1인회사의 법리는 한 사람이 다른 사람의 명의를 빌려 주주로 등재하였으나 총 주식을 실질적으로 그 한 사람이 모두 소유한 광의의 1인회사(실질적 1인회사)의 경우에도 마찬가지이다. 이러한 실질적 1인회사인

경우에도, 그 주주가 유일한 주주로서 주주총회에 출석하면 전원 총회로서 성립하고 그 주주의 의사대로 결의가 될 것임이 명백하므로 따로 총회소집절차가 필요 없다(대법원 2004. 12. 10. 선고 2004다25123 판결).

2) 1인이 주식의 대다수를 소유한 경우

1인이 실질적으로 주식의 대다수를 소유한 경우에는 1인회사의 법리가 적용될 수 없고 상법상의 일반원칙이 적용된다. 따라서 실제의 소집절차와 결의절차를 거치지 아니한 채 주주총회결의가 있었던 것처럼 주주총회 의사록을 허위로 작성한 것이라면 설사 1인이 총 주식의 전부가 아닌 대다수를 가지고 있고 그 지배주주에 의하여 의결이 있었던 것으로 주주총회 의사록이 작성되어 있다 하더라도 도저히 그 결의가 존재한다고 볼 수 없을 정도로 중대한 하자가 있는 때에 해당하여 그 주주총회결의는 부존재한다고 보아야 한다.

[대법원 2007. 2. 22. 선고 2005다73020 판결] "주식회사에 있어서 총 주식을 한 사람이 소유한 이른바 1인 회사의 경우 그 주주가 유일한 주주로서 주주총회에 출석하면 전원 총회로서 성립하고 그 주주의 의사대로 결의가 될 것임이 명백하므로 따로 총회소집절차가 필요 없으며, 실제로 총회를 개최한 사실이 없었다 하더라도 그 1인 주주에 의하여 의결이 있었던 것으로 주주총회 의사록이 작성되었다면 특별한 사정이 없는 한 그 내용의 결의가 있었던 것으로 볼 수 있고, 이 점은 한 사람이 다른 사람의 명의를 빌려 주주로 등재하였으나 총 주식을 실질적으로 그 한 사람이 모두 소유한 경우에도 마찬가지라고 할 수 있으나, 이와 달리 주식의 소유가 실질적으로 분산되어 있는 경우에는 상법상의 원칙으로 돌아가 실제의 소집절차와 결의절차를 거치지 아니한 채 주주총회의 결의가 있었던 것처럼 주주총회 의사록을 허위로 작성한 것이라면 설사 1인이 총 주식의 대다수를 가지고 있고 그 지배주주에 의하여 의결이 있었던 것으로 주주총회 의사록이 작성되어 있다 하더라도 도저히 그 결의가 존재한다고 볼 수 없을 정도로 중대한 하자가 있는 때에 해당하여 그 주주총회의 결의는 부존재하다고 보아야 한다"(지배주주가 98% 지분을 소유한 사안이다).

3) 전원출석총회

주주총회가 법령 및 정관상 요구되는 이사회결의 및 소집절차 없이 이루어졌다 하더라도, 주주명부상의 주주 전원이 참석하여 총회를 개최하는 데 동의하고 아무런 이의 없이 만장일치로 결의가 이루어졌다면 그 결의는 특별한 사정이 없는 한 유효하다는 것이 판례의 확고한 입장이다.

[대법원 2002. 6. 14. 선고 2002다11441 판결]【양수금】"상법 제399조 소정의 이사의 책임은 상법 제400조의 규정에 따라 총주주의 동의로 이를 면제할 수 있는데, 이때 총주주의 동의는 묵시적 의사표시의 방법으로 할 수 있고 반드시 명시적, 적극적으로 이루어질 필요

는 없으며, 실질적으로는 1인에게 주식 전부가 귀속되어 있지만 그 주주 명부상으로만 일부 주식이 타인 명의로 신탁되어 있는 경우라도 사실상의 1인 주주가 한 동의도 총주주의 동의로 볼 것이다"(同旨: 대법원 2002. 12. 24. 선고 2000다69927 판결).

[대법원 1993. 2. 26. 선고 92다48727 판결]【결의부존재확인】 "임시주주총회가 법령 및 정관상 요구되는 이사회의 결의 없이 또한 그 소집절차를 생략하고 이루어졌다고 하더라도, 주주의 의결권을 적법하게 위임받은 수임인과 다른 주주 전원이 참석하여 총회를 개최하는 데 동의하고 아무런 이의 없이 만장일치로 결의가 이루어졌다면 이는 다른 특별한 사정이 없는 한 유효한 것이다."

일부 판례는 "아무런 이의 없이 만장일치로 결의가 이루어졌다면"이라고 판시하기도 하나, 전원출석총회로서의 유효요건은 주주 전원이 참석한 것으로 족하고, 결의가 반드시 만장일치로 이루어질 것까지 요구하는 것은 아니다.

주주총회 소집절차는 주주의 이익을 위한 것이므로 소집절차의 생략에 대하여 주주 전원이 동의한다면 굳이 주주 전원의 출석을 요구할 필요는 없을 것이다. 따라서 주주 전원이 동의하거나 주주 전원이 출석하면 소집절차의 생략도 허용된다고 볼 것이다.

한편, 주주 외에 대리인이 출석한 경우에도 전원출석총회의 법리에 의하여 소집절차상의 하자가 치유되는지에 관하여는 논란의 여지가 있지만, 대법원은 대리인만이 출석한 경우에도 전원출석회의로서 그 결의의 효력을 인정한다(대법원 2014. 1. 23. 선고 2013다56839 판결).

Ⅷ. 상장회사 주주총회 소집절차에 관한 특례

1. 공고의 대상·시기·방법

상장회사가 주주총회를 소집하는 경우 의결권 있는 발행주식총수의 1%(슈 31조①) 이하의 주식을 소유하는 주주에게는 정관으로 정하는 바에 따라 주주총회일의 2주 전에 주주총회를 소집하는 뜻과 회의의 목적사항을 둘 이상의 일간신문에 각각 2회 이상 공고하거나 대통령령으로 정하는 바에 따라 전자적 방법으로 공고함으로써 소집통지를 갈음할 수 있다(542조의4①). "정관으로 정하는 바에 따라"라는 규정상 정관에 이에 관한 근거규정이 있어야 전자적 방법으로 공고할 수 있는지 여부에 대하여 논란이 있지만, 하급심판례는 상장회사 정관에 이에 관한 근거 규정이 있어야 한다고 판시하였다.

> [서울고등법원 2011. 6. 15. 선고 2010나120489 판결]【주주총회결의취소청구】 "법률에서 정관에 기재되지 아니한 절대적 기재사항에 해당하는 공고방법을 허용하고 있다고 하더라도 정관에 이에 대한 규정이 마련되지 아니한 경우에까지 회사가 법률에 규정된 방법으로 공고하는 것을 허용한다면 주주의 의사에 반할 뿐만 아니라 이해관계자에게 불측의 피해를 줄 수 있고, 또한 상법 제542조의4제1항의 전자공고제도는 상장회사의 업무 편의와 공지의 신속성을 보장하기 위하여 의결권 있는 발행주식총수의 1/100 이하의 주식을 소유한 주주에 대한 주주총회 소집공고의 매체를 기존의 일간신문 이외에 전자공고를 추가하려는 의도에서 도입된 것으로서 정관 정비를 통한 신규제도가 도입되는 것을 전제로 하고 있고 자치법규인 정관에서 이미 정하여 둔 공고방법을 배제하려는 의도에서 도입된 것이 아니므로, 결국 정관변경을 통하여 이에 대한 규정이 신설된 경우에만 전자적 방법에 의한 총회 소집공고가 적법하게 되고 총회 소집통지에 갈음할 수 있게 된다."

상장회사는 금융감독원 또는 한국거래소가 운용하는 전자 공시 시스템에 공고하는 방법으로 법 제542조의4제1항의 공고를 할 수 있다(슈 31조②).

2. 소집통지·공고사항

(1) 일반적 통지·공고사항

상장회사가 주주총회의 소집통지·공고를 하는 경우에는 사외이사 등의 활동 내역과 보수에 관한 사항, 사업개요 등 대통령령으로 정하는 사항을 통지·공고 하여야 한다(542조의4③).

대통령령으로 정하는 사항은 다음과 같다(슈 31조④).

1. 사외이사, 그 밖에 해당 회사의 상무에 종사하지 아니하는 이사의 이사회 출석률, 이사회 의안에 대한 찬반 여부 등 활동내역과 보수에 관한 사항
2. 상법 제542조의9제3항 각 호에 따른 거래내역
3. 영업현황 등 사업개요와 주주총회의 목적사항별로 금융위원회가 정하는 방법에 따라 작성한 참고서류
4. 자본시장법 제159조에 따른 사업보고서 및 외감법 제23조제1항 본문에 따른 감사보고서. 이 경우 해당 보고서는 주주총회 개최 1주 전까지 전자문서로 발송하거나 회사의 홈페이지에 게재하는 것으로 갈음할 수 있다.

제1호는 ⅰ) 사외이사 등의 활동내역, ⅱ) 이사회내 위원회에서 사외이사 등

의 활동내역, iii) 사외이사 등의 보수현황으로 구분할 수 있다. i)의 사항은 이사회 회차, 개최일자, 의안내용 및 사외이사 등의 성명과 그에 따른 찬반 여부를 기재한다. ii)의 사항은 위원회명, 구성원, 활동내역(개최일자, 의안내용, 가결여부)을 기재한다. 그리고, iii)의 사항은 인원수, 주총승인금액, 지급총액, 1인당평균지급액 등을 기재한다.

제2호는 최대주주등과의 거래와 관련된 사항으로서 i) 단일거래가 일정규모 이상인 거래와 ii) 해당 사업연도 중 특정인과 해당 거래를 포함한 거래총액이 일정규모 이상인 거래로 구분할 수 있다. i)의 사항은 거래종류, 거래상대방, 거래기간, 거래금액 및 비율을 기재한다. ii)의 사항은 거래상대방(회사와의 관계), 거래종류, 거래기간, 거래금액 및 비율을 기재한다.

제3호는 경영참고사항이라고도 불리는데 i) 사업의 개요와 ii) 주주총회 목적사항별 기재사항으로 구분할 수 있다. i)의 사항은 업계의 현황과 회사의 현황 등을 기재한다. ii)의 사항은 금융위원회에서 다음과 같이 정하고 있는 바 이에 따라 기재하여야 한다(증권발행공시규정 4-6조의2 및 3-15조).

> 제3-15조(참고서류) ① 영 제163조에 따른 참고서류에는 의결권대리행사의 권유의 개요, 주주총회의 각 목적사항 및 의결권대리행사를 권유하는 취지를 기재하되 항목별로는 적절한 표제를 붙여야 한다.
> ② 제1항에 따른 권유자 및 그 대리인 등에 관한 사항은 다음 각 호의 1에 해당하는 사항을 기재하여야 한다.
> > 1. 권유자 및 그 특별관계자의 성명, 권유자와 특별관계자가 소유하고 있는 주식의 종류 및 수
> > 2. 권유자의 대리인 성명, 그 대리인이 소유하고 있는 주식의 종류 및 수
> > 3. 피권유자의 범위
> > 4. 권유자 및 그 대리인과 회사와의 관계
> ③ 제1항에 따른 주주총회의 목적이 다음 각 호의 1에 해당하는 사항인 경우에는 그 내용을 기재하여야 한다. 다만, 권유자가 해당 상장주권의 발행회사, 그 임원 또는 대주주가 아닌 경우 또는 주주총회 목적사항에 반대하고자 하는 자인 경우에는 주주총회의 목적사항의 제목만 기재할 수 있다.
> > 1. 재무제표의 승인에 관한 것인 경우
> > > 가. 해당 사업연도의 영업상황의 개요
> > > 나. 해당 사업연도의 대차대조표 및 손익계산서
> > > 다. 이익잉여금처분계산서(안) 또는 결손금처리계산서(안). 다만, 권유시에 배당에 관한 처리안이 확정되어 있지 아니한 경우에는 최근 2사업연도의 배당에 관한 사항
> > 2. 정관의 변경에 관한 것인 경우
> > > 가. 집중투표 배제를 위한 정관 변경 또는 그 배제된 정관의 변경에 관한 것인 경우에는 그 변경의 목적 및 내용

　나. 가목외의 정관 변경에 관한 것인 경우에는 그 변경의 목적 및 내용

3. 이사의 선임에 관한 것인 경우

　가. 후보자의 성명·생년월일·주된 직업 및 세부 경력사항

　나. 후보자가 사외이사 또는 사외이사가 아닌 이사 후보자인지 여부

　다. 후보자의 추천인 및 후보자와 최대주주와의 관계

　라. 후보자와 해당 법인과의 최근 3년간의 거래내역. 이 경우의 거래내역은 금전, 증권 등 경제적 가치가 있는 재산의 대여, 담보제공, 채무보증 및 법률고문계약, 회계감사계약, 경영자문계약 또는 이와 유사한 계약등(후보자가 동 계약등을 체결한 경우 또는 동 계약등을 체결한 법인·사무소 등에 동 계약등의 계약기간 중 근무한 경우의 계약등을 말한다)으로 하되 약관 등에 따라 불특정다수인에게 동일한 조건으로 행하는 정형화된 거래는 제외한다.

　마. 후보자(사외이사 선임의 경우에 한한다)의 직무수행계획

　바. 가목부터 마목까지의 사항이 사실과 일치한다는 후보자의 확인·서명

　사. 후보자에 대한 이사회의 추천 사유

4. 감사위원회 위원의 선임에 관한 것인 경우

　가. 사외이사인 감사위원회의 위원의 선임에 관한 것인 경우에는 제3호가목, 다목 및 라목, 바목 및 사목의 내용

　나. 사외이사가 아닌 감사위원회의 위원의 선임에 관한 것인 경우에는 제3호가목, 다목 및 라목, 바목 및 사목의 내용

5. 감사의 선임에 관한 것인 경우

　가. 권유시에 감사후보자가 예정되어 있을 경우에는 제3호가목, 다목 및 라목, 바목 및 사목의 내용

　나. 권유시에 감사후보자가 예정되어 있지 아니한 경우에는 선임예정 감사의 수

6. 이사의 해임에 관한 것인 경우

　가. 해임 대상자의 성명, 생년월일 및 최근 주요약력

　나. 해임하여야 할 사유

7. 감사위원회의 위원의 해임에 관한 것인 경우

　가. 사외이사인 감사위원회의 위원의 해임에 관한 것인 경우에는 제6호가목 및 나목의 내용

　나. 사외이사가 아닌 감사위원회의 위원의 해임에 관한 것인 경우에는 제6호가목 및 나목의 내용

8. 감사의 해임에 관한 것인 경우에는 제6호가목 및 나목의 내용

9. 이사의 보수 한도 승인에 관한 것인 경우

　가. 당기 및 전기의 이사의 수

　나. 당기의 이사 전원에 대한 보수총액 또는 최고 한도액

　다. 전기의 이사 전원에 대하여 실제 지급된 보수총액 및 최고 한도액

10. 감사의 보수 한도 승인에 관한 것인 경우

　가. 당기 및 전기의 감사의 수

　나. 당기의 감사 전원에 대한 보수총액 또는 최고 한도액

　다. 전기의 감사 전원에 대하여 실제 지급된 보수총액 및 최고 한도액

11. 주식매수선택권의 부여에 관한 것인 경우

　가. 주식매수선택권을 부여하여야 할 필요성의 요지

　나. 주식매수선택권을 부여받을 자의 성명

　다. 주식매수선택권의 부여방법, 그 행사에 따라 교부할 주식의 종류 및 수, 그 행사

가격, 기간 기타 조건의 개요
라. 최근일 현재 잔여 주식매수선택권의 내역 및 최근 2사업연도와 해당 사업연도 중의 주식매수선택권의 부여, 행사 및 실효내역의 요약
12. 회사의 합병에 관한 것인 경우
가. 합병의 목적 및 경위
나. 합병계약서의 주요내용의 요지
다. 합병당사회사(합병회사 및 피합병회사)의 최근 사업연도의 대차대조표 및 손익계산서
13. 회사의 분할 또는 분할합병에 관한 것인 경우
가. 분할 또는 분할합병의 목적 및 경위
나. 분할 또는 분할합병 계획서 또는 계약서의 주요내용의 요지
다. 분할의 경우 분할되는 회사 및 분할되는 부분의 최근 사업연도의 대차대조표 및 손익계산서. 분할합병의 경우 합병당사회사(합병회사 및 분할합병 부분) 및 분할되는 회사의 최근 사업연도의 대차대조표 및 손익계산서
14. 영업의 전부 또는 중요한 일부의 양도이거나 다른 회사의 영업전부 또는 중요한 일부의 양수(이하 이 호에서 "영업양수도"라 한다)에 관한 것인 경우
가. 영업양수도 상대방의 주소, 성명(상호) 및 대표자
나. 영업양수도의 경위 및 그 계약의 주요내용
다. 영업양수도 상대방과의 사이에 가지고 있거나 있었던 이해관계의 요지
15. 금융지주회사법 제5장에 따른 주식교환 또는 주식이전에 관한 것이거나 「상법」 제3편제4장제2절에 따른 주식교환 또는 주식이전에 관한 것인 경우
가. 주식교환 또는 주식이전의 목적 및 경위
나. 발행하는 신주의 종류 및 수
다. 신주의 배정비율, 배정기준일 및 배당기산일
17. 주주외의 자에게 신주의 인수권을 부여하는 것에 관한 것인 경우
가. 주주외의 자에게 신주인수권을 부여하여야 할 필요성의 요지
나. 신주인수권의 목적인 주식의 종류, 수, 발행가액 및 납입기일
18. 법 제165조의8에 따른 액면미달의 가액으로 주식을 발행하는 것에 관한 것인 경우
가. 주식을 액면미달가액으로 발행하여야 할 필요성의 요지 및 경위
나. 액면미달가액발행의 목적인 주식의 종류와 수, 발행가액 및 납입기일
다. 상각이 완료된 액면미달금액이 있는 경우 가장 최근의 액면미달가액 발행내역
19. 자본 감소에 관한 것인 경우
가. 자본의 감소를 하는 사유
나. 자본 감소의 방법
다. 자본 감소의 목적인 주식의 종류와 수, 감소비율 및 기준일
20. 주주총회의 목적인 사항이 제1호부터 제19호까지에 기재한 사항 외의 사항에 관한 것인 경우에는 그 사항의 요지
④ 제2항 및 제3항에 따라 참고서류에 기재하여야 할 사항으로서 이미 관보·신문 등에 공고된 내용은 이를 기재하지 아니할 수 있다. 이 경우에는 참고서류에 기재하여야 할 사항이 공고된 관보 또는 신문명과 그 일자를 참고서류에 명확하게 기재하여야 한다.

다만, 상장회사가 그 사항을 대통령령으로 정하는 방법으로 일반인이 열람할 수 있도록 하는 경우에는 통지·공고를 할 필요가 없다(542조의4③). 제4호는 2020

년 1월 시행령 개정시 추가된 규정인데, 주주가 주주총회 전에 회사의 성과에 대한 정보를 충분히 확인할 수 있도록 하기 위한 것이다.

> "대통령령으로 정하는 방법"이란 상장회사가 제4항 각 호에 기재된 서류를 회사의 인터넷 홈페이지에 게재하고 다음 각 호의 장소에 비치하여 일반인이 열람할 수 있도록 하는 방법을 말한다(令 31조⑤).
> 1. 상장회사의 본점 및 지점
> 2. 명의개서대행회사
> 3. 금융위원회
> 4. 한국거래소

(2) 이사·감사의 선임

1) 소집통지·공고사항

상장회사가 이사·감사의 선임에 관한 사항을 목적으로 하는 주주총회를 소집 통지·공고하는 경우에는 이사·감사 후보자의 성명·약력·추천인 그 밖에 대통령령으로 정하는 후보자에 관한 사항을 통지하거나 공고하여야 한다(542조의4②).

대통령령으로 정하는 후보자에 관한 사항은 다음과 같다(令 31조③).

1. 후보자와 최대주주와의 관계
2. 후보자와 해당 회사와의 최근 3년간의 거래 내역
3. 주주총회 개최일 기준 최근 5년 이내에 후보자가 국세징수법 또는 지방세징수법에 따른 체납처분을 받은 사실이 있는지 여부
4. 주주총회 개최일 기준 최근 5년 이내에 후보자가 임원으로 재직한 기업이 「채무자 회생 및 파산에 관한 법률」에 따른 회생절차 또는 파산절차를 진행한 사실이 있는지 여부
5. 법령에서 정한 취업제한 사유 등 이사·감사 결격사유의 유무

제3호부터 제5호까지는 2020년 1월 시행령 개정시 추가된 규정인데, 기존의 규정은 후보자와 회사의 관계에 대한 정보이므로 후보자 개인의 적격성을 판단할 수 있는 정보로 추가되었다.

2) 피선임자

상장회사가 주주총회에서 이사·감사를 선임하려는 경우에는 제542조의4제2항에 따라 통지·공고한 후보자 중에서 선임하여야 한다(542조의5). 회사 측의 후보는 물론 소수주주의 주주제안에 의한 후보인 경우에도 마찬가지이다.

따라서 통지·공고 후에 사정상 이사후보를 교체하여야 하는 경우에는, 총회일까지 상법이 정한 기간 내에 통지·공고를 할 수 있으면 통지·공고를 다시 하고, 그렇지 않으면 이사회에서 소집일을 다시 정하여 통지·공고를 하여야 한다. 만일 회사가 통지·공고를 하지 않은 후보를 이사로 선임하는 수정안을 상정하여 가결시킨다면 특별한 사정이 없는 한 이러한 결의는 하자 있는 결의로서 결의취소사유가 인정될 것이다.

[서울중앙지방법원 2004. 3. 18. 선고 2003가합56996 판결] "피고회사의 이사의 선임에 관한 이 사건 결의를 함에 있어 피고회사의 정관 및 관련법령에 따라 이사후보자의 성명, 약력, 추천인 등의 후보자에 관한 사항을 통지공고하여야 함에도 불구하고, 이 사건 결의는 위와 같은 이사후보자에 관한 사항을 미리 통지공고하지 아니한 채 이루어진 것이므로, 특별한 사정이 없는 한 주주총회의 소집절차 또는 결의방법이 법령 또는 정관에 위반된 것

▬ 상장회사 소집통지·공고사항

통지·공고사항	소액주주(1% 이하)	기타 주주(1% 초과)
회일, 주주총회 소집/목적사항	소액주주에 대해서는 소집통지를 공고(둘 이상의 신문에 각 2회 이상 게재 또는 전자공시)로 갈음	총회일 2주간 전에 각 주주에 대하여 서면(or 전자문서)통지
이사, 감사 후보자 관련 사항 – 후보자의 성명·약력·추천인 – 후보자와 최대주주와의 관계 – 후보자와 당해 법인과의 최근 3년 간의 거래내역 – 주주총회 개최일 기준 최근 5년 이내에 후보자가 세법상 체납처분을 받은 사실이 있는지 여부 – 주주총회 개최일 기준 최근 5년 이내에 후보자가 임원으로 재직한 기업이 회생절차 또는 파산절차를 진행한 사실이 있는지 여부 – 법령에서 정한 취업제한 사유 등 이사·감사 결격사유의 유무		
사외이사 등의 활동내역, 보수	– 회사의 인터넷 홈페이지에 게재 및 본·지점, 명의개서 대행회사, 금융위원회, 한국거래소에 비치하고 – 일반인이 열람할 수 있도록 할 경우 모든 주주에 대하여 통지 또는 공고에 갈음	
해당 회사와 주요주주 등 이해관계자와의 거래내역		
영업현황 등 사업개요		
참고서류		
사업보고서 및 외부감사보고서	– 위의 방법, 또는 주주총회 개최 1주 전까지 전자문서로 발송하거나 회사의 홈페이지에 게재	

으로서 취소되어야 할 것이다"(同旨: 서울중앙지방법원 2007. 3. 26.자 2007카합785 결정).

다만, 이사후보자가 총회일 전에 사망하거나 개인적으로 부득이한 사정으로 이사선임을 거부하는 경우와, 회사에 귀책사유 없이 법령상 결격사유에 해당하는 경우에는, 굳이 총회일을 다시 정할 필요 없이 변경된 후보를 이사로 선임해도 될 것이다. 이러한 경우에도 결의취소사유가 인정되겠지만 대부분 재량기각판결이 선고될 것이기 때문이다.

━ 상장회사 주주총회 소집공고

주주님께

제○기 정기주주총회 소집공고

주주님의 건승과 댁내의 평안을 기원합니다.

당사는 상법 제363조와 정관 제○조에 의하여 제 ○기 정기주주총회를 아래와 같이 개최하오니 참석하여 주시기 바랍니다. 또한 소액주주에 대한 소집통지는 상법 제542조의4에 의거 이 공고로 갈음하오니 양지하여 주시기 바랍니다.

아 래

1. 일 시 : 20 년 월 일(○요일), ○○:○○
2. 장 소 : 서울시 ○○구 ○○동 ○○빌딩 ○층 회의실
3. 회의의 목적사항
   가. 보고 안건 : • 감사의 감사보고   • 영업보고
   나. 부의 안건
      제 1호 의안 : 제○기 대차대조표, 손익계산서, 이익잉여금처분(결손금처리)계산서(안) 승인의 건
      제 2호 의안 : 정관 일부 변경의 건

현 행	변 경 (안)	비 고
제2조(목적) (신 설)	제2조(목적) 10. 생명과학 관련 연구개발업 및 이에 관련한 제품의 제조와 수출입업 11. 생물학적 제재의 제조 및 수출입업	− 생명과학 연구개발관련 목적사업 추가
	부 칙 이 정관은 2021년 ○월 ○일부터 시행한다.	

제 3호 의안 : 이사선임의 건

성 명	생년월일 / 추 천 인	주요 약력		회사와의 거래내역	최대주주와의 관계
○ ○ (사내이사)	'45. 1. 10 / 이사회	미국 ○○○대학교 경영학 박사 ○○전자㈜ 대표이사 회장 ○○전선 대표이사 부회장		후보소유건물 회사가 임차	최대주주 본인
	5년 이내 세금 체납처분사실 존재 여부 : 없음	최근 5년 이내 근무한 기업의 파산등 여부 : 없음		이사로서 결격사유 유무 : 없음	
○ ○ ○ (사외이사)	'53. 3. 1 / 이사회	국제화대학 법학과 졸업('74) ○○지방법원 판사 ○○법무법인 대표변호사		없 음	없 음
	5년 이내 세금 체납처분사실 존재 여부 : 없음	최근 5년 이내 근무한 기업의 파산등 여부 : 없음		이사로서 결격사유 유무 : 없음	

제 4호 의안 : 이사보수한도액 승인의 건

4. 경영참고사항의 비치

상법 제542조의4제3항에 의한 사외이사의 활동내역 등 경영참고사항은 우리 회사의 본·지점, 금융위원회, 한국거래소 및 대행기관(○○○○)에 비치하고, 사업보고서 및 외부감사보고서는 회사 홈페이지(www.xxxxx.co.kr)에 게재하고 있사오니 참고하시기 바랍니다.

년   월   일

서울특별시 ○○구 ○○로 ○길

주식회사 ○○○○ 대표이사 ○○○

명의개서대리인 ○○○○

— [예시] 전자공시시스템 소집공고

IX. 금융지주회사 주주총회 소집절차상 특례

금융지주회사를 설립하거나 기존 자회사 또는 손자회사의 주식을 모두 소유하기 위한 주식교환 또는 주식이전에 관하여 상법의 규정을 적용함에 있어서는 "7일"로 본다(금융지주회사법 62조의2②). 그러나 이 경우에는 "의결권 있는 발행주식총수의 1% 이하의 주식을 소유하는 주주에게도 소집통지를 공고의 방법으로 갈음할 수 없다.

그런데, 이러한 경우 해당 회사 정관에 소집통지기간을 7일로 단축하는 근거규정이 없이 일반적인 기준인 2주 전 소집기간만 규정한 경우(대부분 이와 같을 것이다) 정관 위반 여부가 문제되는데, ⅰ) 상법에 우선하는 특별법에 의한 특례 규

정들을 모두 정관에 미리 규정하고 법률의 제정 또는 개정에 따라 계속 주주총회
특별결의로 정관을 변경하는 것은 현실적으로 기대할 수 없으므로 정관의 해당
규정은 금융지주회사법과 같은 특별법에 따라 소집통지기간이 단축되는 경우에
도 불구하고 반드시 소집통지기간을 2주로 한다는 취지로 보기 어렵고, ii) 대법
원 판례도, "임시주주총회가 법정기간을 준수한 서면통지를 하지 아니한 채 소집
되었다 하더라도 정족수가 넘는 주주의 출석으로 결의를 하였다면 그 결의는 적
법하다"라는 판시와 같이(대법원 1991. 5. 28. 선고 90다6774 판결), 소집통지기간의
준수 여부를 비교적 엄격하게 판단하지는 않는 입장이므로, 결의의 효력에는 영
향이 없다고 보아야 할 것이다.

X. 주주제안

1. 주주제안제도의 의의

주주제안(shareholder proposals)이란 "주주가 일정한 사항을 주주총회의 목적
사항으로 할 것을 제안할 수 있는 권리"를 말한다(363조의2①).

주주총회소집시 소집통지에 주주총회 목적사항을 기재하여야 하고(363조②),
이 소집통지에 의하여 소집된 주주총회에서는 기재된 목적사항에 한하여 결의할
수 있다. 그런데 주주총회의 목적사항은 주주총회 소집을 결정하는 이사회가 결
정하기 때문에(363조①), 주주는 3% 소수주주권인 주주총회소집청구권에 근거하
여 법원의 허가를 받아 총회를 소집하는 경우(366조)를 제외하고는 주주총회에서
결의하기를 원하는 내용의 의안을 상정하거나 제안할 기회를 갖지 못하고, 회사
(이사회)가 제안한 의안에 대한 찬부투표 방식의 의결권 행사를 통해 의사결정에
참여한다. 이러한 문제를 해결하기 위하여 도입된 주주제안제도는 주주가 회사에
대하여 자신이 원하는 의안을 직접 제안할 수 있는 보다 적극적인 권리를 부여하
는 제도로서, 경영진이나 지배주주를 견제할 수 있는 장치를 마련하고 주주총회
를 활성화하기 위한 것이다.

2. 제안권자

(1) 회사의 종류별 주식보유요건

주주제안권자는 의결권 없는 주식을 제외한 발행주식총수의 3% 이상에 해당하는 주식을 가진 주주이다(363조의2①). 상장회사의 경우에는 6개월 전부터 계속하여 의결권 없는 주식을 제외한 발행주식총수의 1%(최근 사업연도 말 자본금이 1천억원 이상인 상장회사의 경우에는 0.5%) 이상에 해당하는 주식을 보유한 자는 주주제안권을 행사할 수 있다(542조의6②).

> [商令 제32조(소수주주권 행사요건 완화 대상 회사)] 법 제542조의6제2항부터 제5항까지의 규정에서 "대통령령으로 정하는 상장회사"란 최근 사업연도 말 자본금이 1천억원 이상인 상장회사를 말한다.

자본시장법상 금융투자업자의 경우에는 6개월 전부터 계속하여 의결권 있는 발행주식총수의 1만분의 50(최근 사업연도 말 현재 자본금이 1천억원 이상인 금융투자업자의 경우에는 1만분의 25) 이상에 해당하는 주식을 소유한 자는 주주제안권을 행사할 수 있다(資法 29조⑥).

6개월은 주주제안권 행사시점부터 역산하여 6개월간 주식을 보유하여야 하는데 민법의 초일불산입 원칙상 주식취득 당일은 산입하지 않는다.

상장회사의 주주가 제542조의6제2항의 보유기간요건을 갖추지 못하였더라도 제363조의2제1항의 요건을 갖춘 경우에는 주주제안권자로 보아야 하는지에 관하여는 학설상 논란이 있고 하급심 판례들이 있지만 견해가 일치하지는 않는다.

(2) 의결권 없는 주식

발행주식총수와 보유주식수를 산정함에 있어서 의결권 없는 주식을 제외한다. 물론 상법 제370조제1항 단서의 규정에 따라 의결권이 부활하면 의결권 없는 주식의 수도 합산한다. 의결권 없는 종류주식뿐 아니라 의결권 있는 주식인데 법령상의 제한으로 주주가 의결권을 행사할 수 없는 경우도 의결권 없는 주식수에 합산해야 하는지에 대하여 논란이 있는데, 일반적으로 합산대상에서 제외한다고 해석한다.

(3) 기준시점과 유지요건

발행주식총수와 보유주식수는 주주제안권 행사시점을 기준으로 산정한다. 주주제안을 하는 소수주주의 주식 보유요건은 주주제안 후에도 유지하여야 하지만, 주주총회에서 의결권을 행사할 수 있는 자가 확정되는 시점인 "주주명부 폐쇄기간의 초일 또는 기준일" 후에는 보유주식수가 감소하더라도 주주제안의 효력에 영향이 없다. 그리고 주주명부 폐쇄기간의 초일 또는 기준일 이후에 주주제안을 한 경우에는 제안시점에서 지주요건이 구비되면 그 후에는 보유주식수가 감소하더라도 주주제안의 효력에 영향이 없다. 상장회사의 경우에는 6개월 동안 계속하여 보유요건을 유지하여야 한다. 제3자배정 신주발행 등으로 인하여 보유비율이 낮아지는 경우 주주제안요건을 충족하지 못한 것으로 되는지에 대하여는 논란의 여지가 있다.

(4) 대리인에 의한 주주제안

반드시 주주 본인이 직접 주주제안을 해야 하는 것은 아니고 대리인도 주주제안을 할 수 있다. 반드시 주주총회에서 의결권을 행사하는 대리인만 주주제안권행사를 대리할 수 있는 것이 아니므로 정관에서 의결권 대리인의 자격을 주주로 제한한 경우에도 주주제안은 주주 아닌 대리인도 할 수 있다.

(5) 자본시장법상 대량보유보고제도 관련 문제

자본시장법상 대량보유보고제도와 관련하여, 보유목적을 발행인의 경영권에 영향을 주기 위한 것으로 보고하는 자는 그 보고하여야 할 사유가 발생한 날(신규 또는 추가 취득 및 보유목적의 변경일)부터 보고한 날 이후 5일(공휴일, 근로자의 날, 토요일 제외)까지 그 발행인의 주식을 추가로 취득하거나 보유 주식에 대하여 그 의결권을 행사할 수 없다(資法 150조②). 이를 냉각기간(cooling period)이라고 한다. 이와 관련하여 주주총회에서의 의결권이 제한되는 주주는 냉각기간 중에 주주제안도 할 수 없는지에 대하여 논란의 여지가 있지만, 법문상 "보고사유 발생일부터 보고일 이후 5일까지 의결권을 행사할 수 없음"을 명백히 규정할 뿐이므로 실제의 주주총회에서는 의결권을 행사할 수 있는 주주의 주주제안은 가능하다고 해석된다.

⑹ 수정동의와의 관계

주주제안의 요건을 충족하지 못한 주주도 일반 회의규칙상 원래의 의안(원안)과 실질적 동일성이 인정되는 범위 내에서 원안의 내용을 일부 변경한 수정동의(수정안 제출)를 할 수 있다. 수정동의는 새로운 의안은 제출할 수 없고 반드시 원안과 실질적 동일성이 있는 수정안만 제출할 수 있으며, 상법 제363조의2제2항의 의안요령기재청구권도 행사할 수 없다는 점에서 상법상 주주제안 요건을 갖춘 주주가 하는 주주제안과 다르다. 이사회가 주주총회에 제출할 의안에 대한 수정안 제출은 원안이 상정된 후 표결 전에 하는 것이 원칙이지만, 실무상으로는 상정 전, 나아가 주주총회일 전에 하기도 한다.

3. 상 대 방

주주제안의 상대방은 이사이다(363조의2①). 주주제안을 받은 이사는 이를 이사회에 보고하여야 한다(363조의2③).

4. 제안권행사기간

주주제안권자는 이사에게 주주총회일(정기주주총회의 경우 직전 연도의 정기주주총회일에 해당하는 그 해의 해당일)의 6주 전에 일정한 사항을 주주총회의 목적사항으로 할 것을 제안할 수 있다(363조의2①). 6주간은 제안일과 주주총회일 사이에 6주가 있어야 한다. 즉, 제안일과 주주총회일 당일은 6주에 포함되지 않는다(상세한 기간산정방법은 소집통지기간에 관한 설명 참조). 그런데 이사회가 결정한 주주총회의 소집은 주주에게 2주 전에 통지되므로 회사의 협조가 없으면 주주가 6주 전에 미리 주주총회의 소집사실을 아는 것은 매우 어려울 것이다.

매년 일정 시기에 소집되는 정기총회의 회일은 예측이 가능하므로 주주가 특정 정기총회에서 다룰 안건을 제안할 수 있고, 나아가 상법은 제안주주의 편의를 위하여 제363조의2제1항의 규정에서 "주주총회일(정기주주총회의 경우 직전 연도의 정기주주총회일에 해당하는 그 해의 해당일)의 6주 전에"라고 규정한다.

회사는 주주총회일의 6주 전이라는 요건에 미달하는 기간에 주주가 주주제안을 한 경우에는 그 제안을 채택할 의무가 없지만, 위 기간은 기본적으로 회사가 주주총회의 소집을 준비하기 위한 기간이므로 회사가 이를 채택할 수는 있다. 그리고 주주가 6주 전 요건을 충족하지 않은 주주제안을 한 경우에는 6주 이후에 열리는 차기의 주주총회에서라도 다루어 달라는 의미로 볼 수 있으므로, 회사는 해당 주주총회에서 주주제안을 거부할 수 있지만 제안 내용상 차기 주주총회에서 다루기 곤란한 특별한 사정이 없다면 차기의 주주총회에 대한 주주제안으로서는 계속 효력이 있다고 보아야 한다. 다만, 제안주주의 주식 보유요건은 주주제안 후에도 "주주명부 폐쇄기간의 초일 또는 기준일"까지 유지하여야 하므로, 차기의 주주총회에 대한 주주제안으로서는 계속 효력이 있으려면 차기 주주총회의 기준일까지 주식보유요건을 구비하여야 한다. 실무상으로는 주주제안서면에서, "별지 기재 의안을 귀사가 최초로 소집하는 임시주주총회 또는 정기주주총회의 목적사항"으로 할 것을 제안한다고 기재하기도 한다.

5. 제안권행사방법

주주제안권자는 서면 또는 전자문서로 일정한 사항을 주주총회의 목적사항으로 할 것을 제안할 수 있다(363조의2①). 정관이나 회사내규로 상법 규정과 다른 행사방법을 정할 수 있는지에 관하여는 논란의 여지가 있는데, 주주제안권은 소수주주를 위한 제도이므로 불합리하게 어려운 방법을 규정하는 것은 허용되지 않는다.

최근 사업연도 말 현재 자산총액이 2조원 이상인 대규모 상장회사는 주주총회에서 이사를 선임한 후 선임된 이사 중에서 감사위원을 선임하여야 하므로(542조의12②), 주주제안에 있어서도 이사 전원을 대상으로 하는 "이사 선임의 건"과 그 중 감사위원을 선임하는 "감사위원 선임의 건"으로 나누고, 다시 2차적으로 "감사위원 선임의 건"을 "사외이사인 감사위원 선임의 건"과 "사외이사 아닌 감사위원 선임의 건"으로 나누어 제안하여야 한다. 주주총회에서도 이를 별개의 의안으로 상정하여 선임한다.

주주제안 거부사유 중 "제안이유가 명백히 거짓"인 경우도 있지만(슈 12조), 주주제안의 이유를 반드시 명기할 필요는 없다.

6. 주주제안의 내용

주주제안권자는 일정한 사항을 주주총회의 목적사항으로 할 것을 제안할 수 있고(363조의2①), 회의의 목적으로 할 사항에 추가하여 해당 주주가 제출하는 "의안의 요령(要領)"을 소집통지에 기재할 것을 청구할 수 있다(363조의2②). "의안의 요령기재청구"는 주주가 제안한 의제에 대하여 할 수도 있고, 회사가 채택한 의제에 대하여도 할 수 있다.

일반적으로 상법 제363조의2제1항은 의제제안권을 규정한 것이고, 제2항은 의안의 요령기재청구권을 규정한 것이라고 설명한다. 그런데 주주제안권자가 의제만 제안하고 의안은 제안하지 않은 경우에는 회사해산을 요구하는 의제와 같이 그 자체가 의안과 동일한 경우를 제외하고는, 결의의 대상이 구체적으로 특정되지 아니하므로 주주는 항상 의제제안에 추가하여 의안도 제안해야 하고, 의제만 제안하고 의안을 제안하지 않는 경우 주주총회 의장은 제안된 의제를 의사일정에서 제외할 수 있다. 따라서 상법 제363조의2제1항은 의제제안권과 의안제안권을 함께 규정한 것으로 보아야 할 것이다. 제2항의 의안요령기재청구권만 행사한 경우에는 의안의 요령에 의하여 정해지는 의제도 제안된 것으로 본다.

상장회사는 이사·감사의 선임에 관한 사항을 목적으로 하는 주주총회의 소집을 통지·공고하는 경우에는 이사·감사 후보자의 성명, 약력, 추천인 그 밖에 대통령령으로 정하는 후보자에 관한 사항(令 31조③)을 통지하거나 공고하여야 하고(542조의4②), 상장회사는 위와 같은 방법에 의하여 통지 또는 공고한 후보 중에서만 이사·감사를 선임할 수 있다(542조의5). 따라서 이사·감사의 선임에 관하여 주주제안을 하는 주주는 이러한 사항을 포함하여 의안을 제안하여야 한다. 다만, 주주제안 내용에 이러한 사항을 반드시 포함하여야 하는 것은 아니고, 주주총회의 소집통지·공고에 이러한 사항이 기재되어야 하는 것이므로 회사가 소집통지·공고를 할 때까지 이러한 사항의 기재를 청구할 수 있다고 할 것이다. 따라서, 이미 소집통지·공고가 행하여진 후에는 물론 요령기재청구권을 행사할 수 없다. 다만, 후보자의 성명, 약력 등 이사의 자격요건의 충족 여부에 관한 사항은 주주가 주주제안을 할 때 포함하여야 한다고 본다. 회사 입장에서 주주제안이 적법한지를 확인하려면 제안된 후보자의 법령 또는 정관상 결격사유 해당 여부 등을 확인할 수 있어야 하기 때문이다. 따라서 중간에 주주제안된 후보자중 일부가 사퇴의사

를 밝힌 경우 주주총회일로부터 6주간 전이 경과한 후에는 소집통지·공고 전이
라 하더라도 다른 후보자로 교체하는 것은 인정되지 않는다.

7. 주주제안에 대한 회사의 대응

(1) 이사회의 조치

이사로부터 주주제안에 관한 보고를 받은 이사회는 주주제안의 내용이 법령
또는 정관을 위반하는 경우와 그 밖에 대통령령으로 정하는 경우를 제외하고는
이를 주주총회의 목적사항으로 하여야 한다(363조의2③ 제1문).

(2) 의안설명기회 부여

이사회가 주주제안의 내용을 주주총회의 목적사항으로 한 경우, 주주제안을
한 자의 청구가 있을 때에는 주주총회에서 당해 의안을 설명할 기회를 주어야 한
다(363조의2③ 제2문).

(3) 출석의무 여부

주주에게 의안을 설명할 기회가 부여되지만 의안을 설명할 의무는 없다. 이
점을 고려하면 의안을 제안한 주주가 주주총회에 출석하지 않더라도 회사는 제안
된 안건을 상정하여야 한다.

(4) 주주제안 거부사유

상법상 주주제안 거부사유는 주주제안권의 명백한 남용을 방지하기 위한 예
외적 규정으로서 마련된 것이므로, 그 남용의 위험이 명백하지 않은 한 소수주주
의 주주제안권의 폭넓은 실현을 위하여 엄격하게 해석되어야 한다.

[서울북부지방법원 2007. 2. 28.자 2007카합215 결정]【의안상정등 가처분】 "증권거래법 제
191조의14 제3항 및 같은 법 시행령 제84조의21제3항 각 호의 주주제안 거부사유들은 주
주제안권의 명백한 남용을 방지하기 위한 예외적 규정으로 마련된 것이므로, 그 남용의 위
험이 명백하지 않은 한 소수주주의 주주제안권의 폭넓은 실현을 위하여 그 사유들은 엄격
하게 해석되어야 하고, 특히 추상적인 일반규정이라고 할 수 있는 '주주총회의 의안으로
상정할 실익이 없거나 부적합한 사항'에 대하여는 이사회의 재량판단의 남용을 막기 위해
더욱 엄격한 해석이 요청된다. 주주제안 거부사유의 하나로 증권거래법 시행령 제84조의

21제3항제7호에 규정된 '주주총회의 의안으로 상정할 실익이 없거나 부적합한 사항'이라 함은 이미 이익이 실현되었거나 회사 이익과 아무런 관련이 없는 사항, 영업관련성이 없는 사항 또는 주식회사 본질에 적합하지 않은 사항 등으로서 형식적 판단에 의해 주주총회의 의결사항이 되기에 적당하지 아니한 것을 의미하는데, 이사 또는 감사의 선임을 내용으로 하는 의안이 그 자체로서 주주총회의 의결대상이 되기에 실익이 없다거나 부적합하다고 할 수 없다."

1) 의제만 제안한 경우

주주가 단순히 의제만 제안하고 구체적인 의안을 제출하지 않으면 의제만으로는 주주총회 결의대상이 될 수 없으므로 회사가 주주제안을 거부할 수 있다. 이러한 경우 피보전권리에 대한 소명 부족을 이유로 의안상정 가처분신청을 기각한 판례가 있다(서울중앙지방법원 2007. 3. 26.자 2007카합785 결정). 따라서 해당 주주총회에서 성립한 다른 결의에는 아무런 하자가 없고, 주주제안 부당거부 문제도 발생하지 않는다.

2) 의안을 제안한 경우

주주가 의안을 제안하면 이사회는 제안의 내용을 심의하여 법령 또는 정관을 위반하는 경우와 그 밖에 대통령령이 정하는 경우를 제외하고는 이를 주주총회의 목적사항으로 하여야 한다(363조의2③). 이사회가 주주총회의 목적사항으로 하지 않아도 되는 "대통령령으로 정하는 경우"란 주주제안의 내용이 다음 중 어느 하나에 해당하는 경우를 말한다(令 12조).

1. 주주총회에서 의결권의 10% 미만의 찬성밖에 얻지 못하여 부결된 내용과 같은 내용의 의안을 부결된 날부터 3년 내에 다시 제안하는 경우
2. 주주 개인의 고충에 관한 사항
3. 주주가 권리를 행사하기 위해서 일정 비율을 초과하는 주식을 보유해야 하는 소수주주권에 관한 사항
4. 임기 중에 있는 상장회사 임원의 해임에 관한 사항
5. 회사가 실현할 수 없는 사항 또는 제안이유가 명백히 거짓이거나 특정인의 명예를 훼손하는 사항

제1호에서 "의결권"은 "의결권 있는 발행주식총수"가 아니고 "출석주주의 의결권"으로 해석하는 것이 타당하다. 입법적으로 명확히 규정할 필요가 있는 부분이다. 다음으로 "같은 내용의 의안"은 "실질적으로 같은 내용의 의안"을 의미한

다. 따라서 주식배당 의안이 부결된 후 다음 해에 다시 주식배당 의안을 제안하는 것은 형식적으로는 같은 내용의 의안이지만 결산기가 달라서 실질적으로는 배당의 근거인 결산결과가 다른 상황에서의 의안이므로 같은 내용의 의안에 해당하지 않는다. 그러나 실제로는 이러한 법리에 의하더라도 같은 내용의 의안인지 여부가 애매한 경우가 많을 것인데, 실질적인 반복에 해당하는지에 따라 판단하여야 할 것이다. 예컨대 주식분할 제안이 부결된 후 분할비율을 달리 하여 다시 주식분할을 제안한 경우, 분할비율의 불공정이나 분할시기의 불합리성을 이유로 부결된 경우에는 반복제안이 아니지만, 주식분할 자체가 부적절하다는 이유로 부결된 경우에는 동일한 의안이라 할 수 있다. 그리고, "3년 내"는 제안주주에게 유리하게 해석하기 위하여, 종전 의안이 부결된 총회일과 새로운 의안의 제안일을 기준으로 할 것이 아니고 종전 의안이 부결된 총회일과 새로운 의안이 상정될 총회일을 기준으로 판단하여야 한다.

제2호의 "개인의 고충"은 아예 주주총회 결의사항이 아닌 좁은 의미에서의 개인적 고충과, 주주총회 결의사항이지만 제안자가 다른 일반 주주와 공유하지 않는 개인적 이익도 포함한다.

제3호는 소수주주권 행사요건을 회피하기 위한 주주제안을 허용하지 않기 위한 규정이다. 또한 소수주주권은 굳이 주주제안절차를 취할 필요 없이 행사할 수 있다는 점에서 주주제안을 허용할 실익도 없다.

제4호의 임원의 해임에 관한 주주제안과 관련하여 상장회사의 경우에는 주주제안 거부사유이다. 따라서 조문을 반대해석하면 비상장회사의 경우에는 임원의 해임에 대한 주주제안이 가능하다. 상장회사에서 임기중인 임원을 해임하기 위해서는 임시주주총회소집청구권을 행사하여야 한다.

제5호의 "회사가 실현할 수 없는 사항"과 관련하여, 법률적으로 실현이 불가능한 경우, 예컨대 회사가 감사위원회를 설치할 계획이고 실제로 이를 위하여 정관변경의안을 상정한 경우에는 특정인을 감사로 선임한다는 내용의 주주제안은 법률적으로 "회사가 실현할 수 없는 사항"이다. 이러한 상황에서 제안주주가 제기한 원래의 감사후보에 대한 감사선임의안상정 가처분신청을 기각한 판례가 있다(서울중앙지방법원 2007. 3. 15.자 2007카합668 결정).

이 경우 제안주주는 제안기간이 경과하기 전에는 해당 특정인을 감사뿐만 아니라 감사위원회 설치시 감사위원회 위원으로 선임한다는 조건으로 의안을 제안하는 것이 바람직하다. 주주가 감사 선임을 제안하는 것은 현재 회사가 감사제도를 운영하고 있기 때문인데 회사에서 감사 선임 주주제안이 있은 후 이사회 결의를 통하여 감사제도에서 감사위원회제도로 변경하는 정관 개정안을 상정하여 해당 안건이 가결되면 감사 선임 제안은 당연히 상정될 기회를 잃게 된다. 또한, 조건부로 감사위원 선임을 제안한다고 하더라도 회사가 감사위원 전원을 사외이사로 구성한다거나 감사위원의 자격을 제한하는 내용으로 정관 개정안을 상정한다면 동일한 결과가 될 수 있다. 주주는 주주제안시 이러한 사항을 예상하여 사외이사 자격요건을 충족하는 자를 감사 또는 감사위원 후보자로 추천하여야 한다.

"제안이유가 명백히 거짓"인지 여부도 대부분 사후적인 판단 대상이 될 것이라는 점에서 분쟁의 소지가 있다. 한편 "특정인의 명예를 훼손하는 사항" 자체를 의안으로 하는 경우도 주주제안을 거부할 수 있다.

위와 같은 거부사유 외에, ⅰ) 주주총회의 권한사항이 아닌 사항의 제안, ⅱ) 법령·정관에 위반하는 내용의 제안(363조의2③ 제1문), ⅲ) 회사의 사업내용과 전혀 관련이 없거나 회사의 이익을 해하는 제안, ⅳ) 회사가 이미 시행하고 있는 사항에 대한 제안, ⅴ) 합병·분할과 같이 회사의 중대한 구조변경을 초래하는 제안, ⅵ) 주주로서의 자격과 무관한 순개인적인 이익의 추구를 위한 제안, ⅶ) 주주총회의 운영을 방해하기 위한 제안 등은 해석상 거부사유에 해당한다.

상법상 비상장회사와 소규모(최근 사업연도 말 현재 자산총액이 1천억원 미만) 상장회사의 경우에는 감사위원회 위원을 이사회가 선임하므로 달리 주주총회에서 선임한다는 정관의 규정이 없는 한 주주총회 목적사항으로 할 수 없으므로 주주총회 권한사항이 아닌 제안이다. 정관에 규정된 이사의 정원을 초과하는 수의 이사 선임을 제안하는 경우가 정관에 위반한 주주제안이다. 그리고, 회사가 합병승인안건을 상정하려면 먼저 합병당사회사가 합병계약서를 작성하여야 한다. 만일 합병에 관한 주주제안이 이러한 합병계약서를 작성하도록 하는 것이라면, 주주총회에서 가결되더라도 그 결의는 법적 강제력이 없고 권고적 효력만 있을 뿐이다.

정관에서 주주제안 거부사유를 규정하는 경우에도 이를 무제한적으로 적용하는 것은 허용되지 않고, 소수주주의 주주제안권을 침해하지 않는 한도에서 적용해야 할 것이다. 따라서 정관에 규정된 거부사유가 광범위할수록 제한적으로 적용되어야 할 것이다.

8. 주주제안의 철회

회사가 주주제안에 의한 의안을 회의의 목적사항으로 하여 주주총회소집을 통지한 후에 주주제안을 한 주주가 주주총회 전에 또는 주주총회 당일 스스로 제안을 철회하는 것도 허용되는지에 대하여 논란의 여지가 있다. 회사 입장에서 일반적으로는 제안주주가 주주제안을 철회함에 따른 불이익이 없겠지만, 주주제안 거부사유 중 제1호의 반복제안 금지를 향후 3년간 적용하기 위하여 제안된 의안을 상정하여 부결시킬 실익은 있다. 특히 중요하고 민감한 의안을 부결시키기 위하여 주주들을 설득하는 데 많은 노력을 기울인 회사로서는 그러한 필요성이 클 것이다. 그렇다고 제안주주가 주주제안을 철회하는 것을 무조건 금지할 이유는 없으므로, 주주총회에서 의안으로 상정되기 전에는 자유롭게 주주제안을 철회할 수 있고, 일단 의안으로 상정된 경우에는 회사(주주제안을 수령한 이사)의 동의를 받아야 주주제안을 철회할 수 있다고 해석하는 것이 적절할 것이다. 회사는 주주총회 소집통지 전에 주주제안이 철회되면 주주제안이 처음부터 없었던 것으로 취급하면 되고, 소집통지 후 주주총회에서 의안으로 상정되기 전에 주주제안이 철회되면 다시 수정된 소집통지를 하거나 (재통지를 할 시간적 여유가 없으면) 주주총회에서 주주제안의 철회를 공지하면 될 것이다.

주주총회에서 의안으로 상정되기 전에 제안주주가 주주제안을 철회한 경우에는 의장이 이를 임의로 의안으로 상정할 수 없다.

한편, 주주제안에 의한 의안은 제안주주가 스스로 철회하지 않는 한 회사가 해당 의안의 철회안을 상정하여 강제로 철회시키는 것은 허용되지 않는다. 즉, 주주가 제안한 의안의 철회는 제안주주만이 할 수 있다고 해석된다. 특히 주주제안이 이사 선임에 관한 것이고 그 이사 선임이 집중투표제의 방법에 의하는 경우에는 주주제안에 의한 의안을 단순투표에 의하여 철회하는 결과가 되기 때문이다.

9. 주주제안 거부의 효과

(1) 의제만 제안한 경우

해당 주주총회에서 성립한 다른 결의에는 아무런 하자가 없고, 주주제안 부당거부 문제도 발생하지 않는다. 의제만 제안한 주주의 의안 제출시한에 관하여는, 주주총회일 6주 전, 소집통지 전, 주주총회 당일 등 여러 가지 견해가 있는데, 주주총회 당일 제출한 의안을 대상으로 결의한 경우에는 소집통지에 기재되지 않은 의안에 대한 결의로서 결의취소의 대상이 된다는 하급심 판례가 있다(서울중앙지방법원 2008. 1. 21.자 2007카합3917 결정).

(2) 의안을 제안한 경우

1) 대응하는 회사 측의 의안이 가결되지 않은 경우

소수주주가 구체적인 의안을 제안하였으나 회사가 정당한 사유 없이 이를 거부한 경우에도 주주가 제안한 의안과 대응하는 회사 측의 의안이 가결된 바가 없으면 역시 해당 주주총회의 다른 결의에는 아무런 하자가 없다. 다만, 이러한 경우 주주제안을 부당하게 거부한 이사는 제안주주에 대하여 손해배상책임을 질 수도 있고, 과태료 제재도 받는다(635조 21호).

소수주주가 '현재 재직 중인 이사 외 특정인 2명의 이사 추가 선임'을 주주총회의 목적사항으로 할 것을 제안하면서 집중투표를 함께 청구하였는데, 회사의 이사회가 주주제안에 따른 2명의 특정 후보에 이사선임 의안이 아니라 '현재 재직 중인 이사 외 2명의 이사 추가 선임의 당부'라는 의안으로 변형상정하여 부결되었고, 그와 별도로 임기가 만료되는 이사 1명에 관한 이사 선임결의가 이루어지자, 제안주주가 주주제안권 침해를 이유로 이사 선임결의의 취소를 구한 사안에서, 제1심과 제2심 모두 주주제안권 침해를 인정하면서도 주주가 제안한 의안과 대응하는 의안이 아닌 다른 의안에 대한 결의취소를 구할 수 없다는 이유로 원고들의 청구를 기각하였다(서울고등법원 2015. 8. 28. 선고 2015나2019092 판결. 그리고 상고인의 상고이유서 미제출로 원심 판결이 확정되었다).

> [서울중앙지방법원 2015. 4. 9. 선고 2014가합529247 판결] "甲 회사의 이사회가 乙 등이 제안한 의제를 주주총회의 목적사항으로 상정하였다고 볼 수 없으므로, 乙 등이 주주제안이 부당하게 거절되어 주주총회의 목적사항에 포함되지 않았음을 이유로 이사를 상대로 민사상 손해배상을 청구하거나, 이사가 상법 제635조제1항제21호에 따라 과태료의 제재를 받을 것인지는 별론으로 하고, 이사 선임결의는 이사임기 만료가 곧 도래함에 따른 것이고 乙 등이 제안한 의제와 관련된 것이 아니므로, 乙 등은 주주제안권 침해를 이유로 이사 선임결의의 취소를 구할 수는 없다."
> [판결 이유(발췌)]
> (1) 피고가 원고들의 주주제안권을 침해하였는지 여부
>   1) 원고들은 '현재 재직 중에 있는 이사 이외에 2명의 이사를 추가로 선임하는 사항'을

주주총회의 목적사항으로 할 것을 제안하였다.

2) 피고 이사회는 원고들이 제안한 의제를 주주총회에 그대로 상정하지 않고, 원고들이 제안한 내용을 변형하여 '현 이사 외 2명의 이사 추가 선임의 당부'를 상정하였다.

3) 변형되어 상정된 '현 이사 외 2명의 이사 추가 선임의 건의 당부' 안건은 부결되었고, 이와 같이 피고 이사회가 변형된 안건을 상정한 것은 원고들이 제안한 의제를 주주총회의 목적사항으로 상정하였다고 볼 수 없다.

(2) 주주제안권 침해 등을 이유로 이 사건 결의를 취소할 수 있는지 여부

1) 판단 기준

가) 먼저 이사회가 주주의 의안제안을 부당하게 거절한 경우, 즉 주주가 회의의 목적으로 할 사항에 추가하여 의안을 제안하였는데, 그 의제를 다루면서도 주주가 제안한 의안을 올리지 않고 이를 통지에도 기재하지 않은 경우, 그 결의는 소집절차 또는 결의방법이 상법 제363조의2를 위반한 위법한 결의이다. 따라서 의안제안을 무시한 결의는 상법 제376조에 따라 취소할 수 있다.

나) 반면 이사회가 주주가 제안한 의제 자체를 부당하게 거절하여 주주총회의 의제로 상정하지 않은 경우라면, 그 의제 자체가 주주총회에서 다루어지지 않게 되므로 주주제안에 대응하는 결의 자체가 존재하지 않는다. 그러므로 주주가 주주제안권이 부당하게 침해되었다고 하더라도 의제제안의 부당거절이 주주총회에서 이루어진 다른 결의의 효력에는 영향을 미치지 않는다.

2) 이 사건 결의의 효력에 관한 판단

원고들이 '현 이사 외 2명의 이사 추가 선임'의 의제를 제안하였는데도, 정기주주총회에서 이를 의제로 다루지 않았다. 이 사건 결의에서 소외 1을 이사로 선임한 것은 주주총회 당시 재직 중이던 피고의 이사 3명 중 1명이었던 소외 1의 임기만료가 곧 도래함에 따른 것이고, 원고들이 제안한 '현 이사 외 2명의 이사 추가 선임'과 관련된 것은 아니다. 따라서 원고들은 주주제안이 부당하게 거절되어 주주총회의 목적사항에 포함되지 않았음을 이유로 이사를 상대로 민사상 손해배상을 청구하거나, 이사가 상법 제635조제1항제21호 에 따라 500만 원 이하의 과태료의 제재를 받을 것인지 여부는 별론으로 하고, 주주제안권 침해를 이유로 이 사건 결의 자체의 취소를 구할 수는 없다.

소수주주가 복수이사 선임을 제안하면서 집중투표청구를 함께 한 경우에 회사로서는 집중투표를 실시하지 않기 위하여 복수이사를 선임할 것인지 여부에 대한 의안을 변형상정하여 부결시키는 예도 있다.

소수주주가 정기주주총회의 소집·개최에 앞서 "기존 상임이사 3인에 추가하여 기타비상무이사 4인을 증원하고, 소수주주가 제안·추천하는 후보들 4인 중에서 집중투표의 방법으로 선임"한다는 내용의 주주제안을 한 사안에서, 이사회는 소수주주의 주주제안내용을 ① "기타비상무이사 선임의 건"을 선결 의안으로 상정하여 동 의안이 가결될 경우, ② "기타비상무이사 선임 정원을 4인으로 결의하는 건"을 상정하고, 그 의안이 가결될 경우 "기타비상무이사 4인을 집중투표로 선임하는 건" 등과 같이 변형하였고, 주주총회 의장도 주주총회에서 변형된 의안을 상정하여 부결시킨 다음(그 결과 주주총회에서 제1호 의안이 부결됨에 따라 제2호

및 제3호 의안은 자동폐기됨), 별도로 "임기만료 사내이사 B의 후임 사내이사 선임의 건"을 상정하여 결국 B가 사내이사로 선임되었다. 이에 소수주주는 주위적으로 주주총회결의의 무효확인을, 예비적으로 주주총회결의의 취소를 구하는 소를 제기하고, 이사 및 대표이사 직무집행정지, 직무대행자선임 가처분신청, 임시주주총회소집허가신청도 하였다. 이사 및 대표이사 직무집행정지, 직무대행자선임 가처분신청 사건에서, 법원은 주주제안권, 집중투표권의 침해를 인정할 수 없다는 이유로 신청을 기각하였다.

[인천지방법원 2014. 3. 14.자 2014카합10052 결정](주주제안권의 침해 여부에 대하여 "이 사건 회사의 이사회가 채권자의 주주제안에 안건을 추가하였을 뿐 채권자가 제안한 안건 자체를 배척하거나 변경하지 않은 이상, 채무자가 이 사건 주주총회에서 위 추가된 안건을 상정하여 진행한 것이 채권자의 주주제안권을 침해하였다고 보기 어렵다."라고 판시하였고, 집중투표제의 침해 여부와 대해서도 "채권자의 주장처럼 이사 증원 및 선임을 결합한 하나의 주주제안이 있을 경우 주주총회에서 그 안건 자체에 대한 가부만을 결의해야 한다는 구속력을 인정하게 되면, 소수주주가 회사에 불필요하게 증원된 몇십 명, 몇백 명의 이사 선임을 요구하는 주주제안을 하더라도 다수주주가 이를 전혀 제지하지 못하게 되는데, 이는 오히려 자본다수결의 대원칙 자체를 정면으로 부정하는 결과가 되어 허용할 수 없고 상법상 집중투표제가 위와 같은 정도로 소수주주를 다수주주에 우선시키는 취지의 제도라고 볼 수도 없다."라고 판시하였다).

주주총회결의무효확인의 소에서도 제1심, 제2심 모두 원고의 청구를 기각하였고, 대법원은 심리불속행으로 상고를 기각하였다.

제1심은 이사 및 대표이사 직무집행정지 및 직무대행자선임 가처분신청 사건의 판시와 달리, "원고가 의결권의 과반수를 확보하지 못하고 있는 이상 원고가 추천한 이사 후보자들에 대한 집중투표 자체가 이루어질 수 없게 될 가능성이 크다. 따라서 피고의 위와 같은 변형된 안건 상정은 상법이 정한 주주제안권 및 집중투표의 규정취지를 잠탈하는 것으로 위법하다고 볼 여지가 있다."라고 판시하였다(인천지방법원 2014. 10. 17. 선고 2014가합51578 판결). 그런데 항소심은 주주제안권과 관련해서는 "변형된 안건 상정은 상법 제363조의2가 규정한 주주제안권의 규정취지를 잠탈하는 것으로 위법하다고 볼 여지가 있다."라고 제1심과 같은 취지로 판시하였으나, 집중투표제에 관하여는 "집중투표 청구 자체가 주주제안의 내용이 될 수는 없고, 집중투표 청구를 하였다고 하더라도 그 주주총회에서 복수의 이사를 선출하지 않는 경우에는 집중투표제도가 적용될 여지가 없다."라는 이유로 집중투표제도의 위반 또는 침해를 부인하였다(서울고등법원 2015. 5. 29. 선고 2014나2045252 판결).

임시주주총회소집신청 사건의 제1심, 제2심 모두 채권자의 신청을 기각하였고 소수주주의 상고이유서 미제출로 기각 결정이 확정되었다.

[서울고등법원 2015. 10. 15.자 2015라651 결정](다만, 판시 내용은 주주총회결의무효확인

판결 내용과 다르다. 즉 제1심은 "사건본인의 이사회가 신청인의 안건을 단계를 나누어 분리 상정한 것일 뿐 신청인이 제안한 안건 자체를 배척하거나 변경하지 않은 이상, 사건본인이 이사 증원 여부 및 그 범위에 관한 안건을 먼저 상정하고 결의하였다고 하여 신청인의 임시주주총회소집청구권 내지 주주제안권을 침해한 것이라 할 수는 없다."라고 판시한 후 "채권자의 주장처럼 이사 증원 및 선임을 결합한 하나의 주주제안이 있을 경우 … 구속력을 인정하게 되면 소수주주가 회사에 불필요하게 증원된 다수의 이사 선임을 요구하는 주주제안을 하더라도 다수주주가 이를 전혀 제지하지 못하게 되는데, 이는 오히려 자본다수결의 대원칙 자체를 정면으로 부정하는 결과가 되어 허용할 수 없고 상법상 집중투표제가 위와 같은 정도로 소수주주를 다수주주에 우선시키는 취지의 제도라고 볼 수도 없다."라고 판시하였는데, 이는 이사 및 대표이사 직무집행정지, 직무대행자선임 가처분신청 사건의 결정 이유와 거의 동일한 취지이다. 제2심도 "이 사건 변형안건은 이 사건 주주제안의 논리적 전제를 구체화하여 주주제안의 내용을 논리적 순서에 따라 단계적으로 세분화한 것으로 볼 여지가 있다."라고 판시하면서 "변형안건을 상정한 것을 두고 소수주주인 신청인의 임시주주총회소집청구권 및 주주제안권을 잠탈하거나 침해하는 것으로서 위법하다고 단정하기 어렵다 … 이 사건에서 집중투표제가 실시되지 않은 것은 이 사건 주주제안의 내용이 이사 선출에 관한 의안의 제안 외에 그 전제로서 이사 증원의 필요성에 관한 의제 제안을 포함하고 있는 데에 따른 결과일 뿐 … 집중투표제가 잠탈된 것은 아니다."라고 판시하였다).

2) 대응하는 회사 측의 의안이 가결된 경우

주주가 구체적인 의안을 제안하였으나 회사가 정당한 사유 없이 이를 거부하고 그에 대응하는 회사 측의 의안이 가결된 경우, 그 결의는 결의방법이 법령에 위반한 것으로서 결의취소의 소의 대상이 된다(376조①). 결의취소의 소는 주주·이사·감사가 제기할 수 있고, 단독주주권이므로 의결권 없는 주식의 주주를 포함한 모든 주주가 제소권자이며, 주주제안을 하지 않은 주주는 물론 주주제안을 거부한 이사회결의에 찬성한 이사도 본인의 업무상의 과오를 시정할 기회를 박탈할 필요가 없으므로 원고적격이 인정된다. 결의취소의 소가 제기되더라도 위와 같은 손해배상책임과 과태료 제재에는 영향이 없다.

(3) 의안의 요령 기재청구권·의안설명권 침해

회사가 주주제안권자의 의안의 요령 기재청구를 거부하거나, 주주제안을 한 자에게 주주총회에서 해당 의안을 설명할 기회를 부여하지 않은 경우에는, 회사가 정당한 사유 없이 주주의 의안제안을 거부한 경우와 같이 해석한다. 즉, 의안의 요령 기재청구권·의안설명권이 침해당한 의안과 대응하는 회사 측의 의안이 가결된 경우에는 그 결의는 결의방법이 법령에 위반한 것으로서 결의취소의 소의 대상이 된다.

10. 임시주주총회 소집청구제도와의 관계

상법상 소수주주의 임시주주총회 소집청구권과 주주제안권은 그 지주요건이 대체로 같고, 병행하는 별개의 권리이므로 소수주주는 양 권리를 선택적으로 행사할 수 있다.

11. 의안상정 가처분

(1) 의   의

회사가 주주제안을 무시하고 주주총회 소집절차를 밟는 경우, 주주제안을 거부당한 주주가 임시주주총회 소집청구를 하지 아니하고, 주주제안권 자체의 실현을 위하여 거부당한 의안을 주주총회의 목적사항으로 상정시키는 형태의 가처분을 신청하는 것도 허용된다. 이를 의안상정 가처분이라 한다. 통상 실무상으로는 의안상정 가처분 신청시 상법 제363조의2제2항과 같이 의안의 요령을 통지에 기재할 것도 함께 신청한다.

> (의안상정가처분에 관한 서울북부지방법원 2007. 2. 28.자 2007카합215 결정의 주문)
> 1. 피신청인은 신청인들이 제안한 별지 1 기재 각 의안을 피신청인의 2007. 3. 16. 또는 그 이후에 적법하게 개최될 2007년도 정기주주총회에서 의안으로 상정하여야 한다.
> 2. 피신청인은 위 정기주주총회일 2주 전에 주주에게 위 의안 및 그 취지를 별지 2 기재 사항을 참고하여 기재한 후 2007년도 정기주주총회의 소집통지를 하여야 한다.
> 3. 신청비용은 피신청인이 부담한다.

상장회사가 이사·감사의 선임에 관한 사항을 목적으로 하는 주주총회를 소집통지하는 경우에는 회사가 예정하여 소집통지한 후보가 아닌 제3자는 이사·감사로 선임될 수 없다. 그러므로 주주제안(의안제안)을 하지 못하였거나 거부당한 주주로서는 과거와 달리 주주총회장 현장에서 이사·감사후보를 추천하는 방법이 원천적으로 불가능하므로, 의안상정 가처분을 신청할 필요가 있다.

당초 후보의 사정상 불가피하게 후보를 교체할 사정이 있어서 회사가 후보교체를 원하더라도 소집통지한 후보가 아닌 제3자는 이사로 선임될 수 없다. 이러한 경우 회사가 다시 소집절차를 밟아서 주주총회를 개최하는 것이 원칙적인 방법이다. 간혹 신속하게 이사를 선임하여야 할 사정이어서 회사 측이 우호적인 주주들을 동원하여 회사를 상대로 의안상정 가처분을 신청하도록 하기도 한다.

(2) 당 사 자

1) 신 청 인

의안상정 가처분의 신청인은 주주제안을 거부당한 주주이다. 즉, 의결권 없는 주식을 제외한 발행주식총수의 3% 이상에 해당하는 주식을 가진 주주가 신청인이다(363조의2①). 상장회사의 경우에는 6개월 전부터 계속하여 의결권 없는 주식을 제외한 발행주식총수의 1%(최근 사업연도 말 자본금이 1천억원 이상인 상장회사의 경우에는 0.5%) 이상에 해당하는 주식을 보유한 자가 신청인이다(542조의6②).

2) 피신청인

의안상정 가처분의 본안소송은 회사가 소집한 주주총회의 효력을 다투거나 의안상정을 구하는 소가 되므로 그 피고적격자는 회사이다. 따라서 회사가 의안상정 가처분의 피신청인이 되어야 한다.

> [서울북부지방법원 2007. 2. 28.자 2007카합215 결정]【의안상정등 가처분】 "피신청인은 주주제안을 이 사건 주주총회의 의안으로 상정할 것인지 여부는 개별 이사들이 결정해야 할 사항이지, 피신청인 회사가 결정해야 할 사항은 아니어서 이 사건 가처분 신청의 상대방은 피신청인 회사가 아닌, 주주제안을 주주총회의 의안으로 상정하는 것에 반대한 개별 이사가 되어야 하므로, 이 사건 가처분 신청은 당사자적격을 결여한 것으로서 부적법하다고 항변한다. 살피건대, 이 사건 가처분의 본안소송은 피신청인 회사가 소집한 이 사건 주주총회의 효력을 다투거나 의안상정을 구하는 소가 되고, 따라서 그 피고적격자는 개별 이사가 아닌, 피신청인 회사가 된다고 할 것이므로, 피신청인의 위 항변은 이유 없다(또한, 피신청인은 개별 이사가 주주제안이 부당하다고 판단하여 이를 의안으로 상정하지 아니하기로 결정하였음에도 법원의 결정에 의하여 이를 의안으로 상정하도록 강제하는 것은 의사의 진술을 명하는 가처분에 해당하므로 허용되지 않는다고 주장하나, 앞서 본 바와 같이 이 사건 가처분은 개별 이사를 상대로 하는 것이 아니라, 피신청인 회사를 상대로 하는 것이므로, 이와 다른 전제에 선 피신청인의 위 주장은 이유 없다)."

다만, 소수주주는 법원의 허가를 받아 임시주주총회를 소집하여 임시의장을 통하여 의안을 상정할 수 있지만, 주주제안을 부당하게 거부당한 주주는 본안소송에서 승소하더라도 주주가 직접 주주총회에서 의안을 상정할 수는 없다는 점을 고려하면 주주총회에서 직접 의안을 상정하는 대표이사도 피신청인으로 포함할 필요가 있다. 의안상정 가처분의 피신청인적격에 관하여는 아직 판례나 학설이 확립되지 않았으므로, 가처분신청인으로서는 위험부담을 덜기 위하여, 회사와 대표이사 개인을 모두 피신청인으로 하여 가처분을 신청하기도 한다.

(3) 피보전권리

의안상정 가처분의 피보전권리는 소수주주의 주주제안권과 이사의 위법행위 유지청구권이다. 피보전권리와 관련하여 소수주주의 주주총회소집청구권은 주주 제안권과 병행하는 권리로서 주주제안을 거부당한 주주가 반드시 주주총회소집 청구절차를 그 구제절차로 거쳐야 하는 것은 아니라는 이유로 가처분신청을 인용 한 하급심 판례가 있다.

[서울북부지방법원 2007. 2. 28.자 2007카합215 결정]【의안상정등 가처분】 "피보전권리에 대한 판단 (1) 위 소명사실에 의하면, 신청인들은 증권거래법 제191조의14, 상법 제363조 의2에 규정된 소정의 요건과 절차를 갖추어 피신청인 회사의 이사에 대하여 이 사건 주주 제안 등을 하였으므로, 증권거래법 제191조의14, 증권거래법 시행령 제84조의21제3항 각 호에 규정된 제안배제사유에 해당하지 않는 한, 피신청인은 이 사건 의안을 주주총회의 목 적사항으로 상정하고, 그 요령을 기재하여 이 사건 주주총회의 소집통지와 공고를 하여야 한다. 이에 대하여 피신청인은 주주제안을 거부당한 주주는 회의의 목적사항과 소집의 이 유를 기재한 서면을 이사회에 제출하여 임시주주총회의 소집을 청구할 수 있고, 이러한 청 구가 있은 후에도 지체없이 총회소집의 절차를 밟지 아니한 때에는 청구한 주주는 법원의 허가를 얻어 총회를 소집할 수 있으므로(상법 제366조), 회사의 기관이라고 할 수 있는 주 주와 이사 등 내부관계에 있어서는 상법상 허용된 절차인 임시주주총회 소집청구절차에 따라서 그 권리주장이나 보호를 요구할 것이지, 그 규정을 우회하거나 잠탈하면서까지 허 용되지 않는 절차를 굳이 인정할 이유가 없다고 주장한다. 그러나 상법상 소수주주의 임시 주주총회 소집청구권과 증권거래법상 주주제안권은 그 행사요건과 내용 등을 달리하고 있 는바, 임시주주총회 소집청구권은 소수주주 권리의 일환으로서 주주제안권과 병행하는 별 개의 권리(소수주주는 양 권리를 선택적으로 행사할 수 있다)라고 보아야 할 것이고, 주주 제안을 거부당한 주주가 반드시 임시주주총회 소집청구절차를 그 구제절차로 거쳐야 하는 것은 아니므로, 주주제안을 거부당한 주주가 임시주주총회 소집청구를 하지 아니한 채, 주 주제안권 자체의 실현을 위하여 거부당한 의안을 주주총회의 목적사항으로 상정시키는 형 태의 가처분을 신청하는 것을 두고 적법한 구제절차인 임시주주총회 소집청구제도를 잠탈 하는 것이라고 볼 수 없다고 할 것이니, 피신청인의 위 주장은 이유 없다."

(4) 보전의 필요성

임시의 지위를 정하기 위한 가처분의 보전의 필요성은 "특히 계속하는 권리 관계에 끼칠 현저한 손해를 피하거나 급박한 위험을 막기 위하여, 또는 그 밖의 필요한 이유가 있을 경우"에 인정되는 응급적·잠정적 처분이다. 판례의 취지에 따르면, "현저한 손해"는 현저한 재산적 손해뿐 아니라, 정신적 또는 공익적인 현 저한 손해도 포함하고, "그 밖의 필요한 이유"는 현저한 손해나 급박한 위험에 준하는 정도라야 한다(대법원 1967. 7. 4.자 67마424 결정). 그런데 현실적으로 주주제안을 한 주주는 소집통지를 받고 나서 비로소 주주제안이 거부된 사실을 알게 될 것인데, 이러한 경우 의안상정 가처분을 받아서 소집통지절차를 밟기에는 주주총회일을 변경하기 전에는 시간적 여유가 부족하여 보전의 필요성이 문제된다. 이와 관련하여 주주총회일을 변경하여서라도 소집통지절차를 밟아야 한다고 볼 수도 있겠지만(서울북부지방법원 2007카합215 사건에서도 법원은 "시간이 촉박하여 소집통지기간을 준수하지 못할 경우에는 주주총회 개최일자를 변경할 수도 있을 것"이라고 판시한 바 있다), 이는 본안청구의 범위를 벗어나는 가처분이므로 보전의 필요성이 인정되기 곤란할 것이다. 민사집행법 제305조제1항은 "법원은 신청목적을 이루는 데 필요한 처분을 직권으로 정한다."고 규정하지만, 법원이 무제한적으로 결정할 수 있다는 것이 아니라 본안승소판결의 범위를 넘을 수 없다는 제한(본안청구권에 의한 제한)이 적용되므로 이러한 가처분은 현행법상 허용하기에는 난점이 있다.

> 정기주주총회 예정일에 임박하여 신청한 의안상정가처분을 보전의 필요성이 없다는 이유로 기각한 판례로서 서울중앙지방법원 2011. 3. 30.자 2011카합746 결정(9일 전 신청), 대전지방법원 논산지원 2008. 3. 7.자 2008카합30 결정(7일 전 신청) 등이 있다.

이와 같은 문제 때문에 의안상정 가처분을 신청하면서, 주주총회개최금지 가처분을 함께 신청하기도 하는데, 이러한 가처분 역시 피보전권리와 보전의 필요성이 인정되기 곤란하다는 것이 일반적인 견해이지만, 특별한 경우 인정된 예도 있다.

> 대전지방법원 논산지원에서는 2008. 3. 7.자 2008카합30 결정에서 소집통지 및 공고 기간을 준수할 수 없어 보전의 필요성이 없음을 이유로 의안상정 가처분신청을 기각하면서, 같은 날 2008. 3. 7.자 2008카합29 결정에서는 주주총회결의금지 가처분신청을 인용하였다.

한편, 주주제안권자인 주주가 제출하는 "의안의 요령(要領)"을 회의의 목적으로 할 사항에 추가하여 소집통지에 기재할 것을 청구할 수 있는데(363조의2②), 회사가 이를 이행하지 않아서 해당 주주가 의안상정가처분을 신청하는 경우, 제안된 의안의 요령이 소집통지에 기재된 목적사항과 동일성이 유지된다면 보전의 필요성이 인정될 가능성이 클 것이다.

> 이익배당에 관한 결의를 하는 주주총회를 앞두고 1주당 500원을 배당하는 의안의 요령기재를 청구하였는데, 회사가 1주당 150원을 배당하는 의안만 기재한 경우에 주주가 주주총

회 당일 수정동의안을 제출하는 방식으로 권리를 행사할 수 있다고 단정할 수 없는 점에서 보전의 필요성도 인정된다고 판시한 예도 있다(서울중앙지방법원 2009. 3. 19.자 2009카합 957 결정).

(5) 이사회 의안상정 가처분

이사회는 주주제안의 내용이 법령 또는 정관을 위반하는 경우와 그 밖에 대통령령으로 정하는 경우를 제외하고는 이를 주주총회의 목적사항으로 하여야 한다(363조의2③). 따라서 이사회 의안상정 가처분도 이론상으로는 가능하나, 일반적으로 이미 이사회가 주주총회 소집을 결정하였을 것이므로 이러한 경우에는 대부분 보전의 필요성이 없을 것이다.

XI. 감사의 의안 조사

감사는 이사가 주주총회에 제출할 의안 및 서류를 조사하여 법령·정관에 위반하거나 현저하게 부당한 사항이 있는지의 여부에 관하여 주주총회에 그 의견을 진술하여야 한다(413조). 실제의 주주총회에서는 감사의 의안조사 및 의견진술을 생략하는 경우가 많은데, 주주총회결의의 하자원인이 될 수도 있으므로 가급적 포함시켜야 할 것이다.

제 5 장

주주총회 개최 및 개최 후의 사무

I. 회의장 준비 및 접수

주주총회장의 설치·운영은 총회를 소집한 회사(대표이사)에게 책임이 있다. 만약 소수주주의 청구에 의해 소집된 총회의 경우에는 소수주주에게 책임이 있다. 따라서 대표이사 또는 총회를 소집한 소수주주는 총회가 원활히 진행될 수 있도록 회의장의 선정 및 준비에 만전을 기하여야 한다.

1. 회의장 선정의 기준

회의장은 물론 소집지 내에 있어야 하고, 주주들이 참석하는 데 교통상으로 불편하지 않고 찾기에 어려움이 없는 장소라야 한다. 주주의 수가 많은 회사라 하더라도 통상 주주 전원이 출석하지는 않으므로 출석이 예상되는 주주수를 고려하여 회의장을 준비토록 한다. 예상보다 출석한 주주수가 많을 경우 보조의자를 추가로 배치하여야 하며, 당초 예정되어 있던 총회장에서 개최하기에 너무 많은 주주가 출석한 경우에는 근처의 적절한 안내 및 이동수단을 제공하는 경우에 다른 장소로 변경할 수 있다.

2. 회의장의 배치·정리

회의장 외부(건물의 현관, 승강기 앞 등)에「○○주식회사 제○○기 주주총회」 명시함으로써 주주들이 쉽게 회의장을 찾을 수 있도록 해야 한다. 회의장이 있는 건물까지 쉽게 찾아갈 수 없는 경우에는 회의장에 이르기까지 안내 표시물을 설치하여야 한다. 주주 확인을 위한 접수석은 회의장 입구에 설치한다.

회의장 내는 의장석, 임원석(이사 및 감사), 보고석(사회석), 주주석 및 기록, 방청석 등으로 구분하여 좌석을 배치하고 정면 한편에는 의사일정(회순)을 게시한다. 국민의례를 위한 태극기도 준비하고 적절한 곳에 배치한다. 정확한 기록을 위하여 녹음장치 또는 영상기록장치 등을 준비하고 마이크도 회의진행에 불편이 없도록 충분히 준비한다.

3. 담당팀의 편성·운영

총회의 원활한 진행을 위해서는 접수, 안내, 마이크, 경비 등의 업무별 담당팀를 편성하여 운영한다. 각 조의 인원은 총회의 규모와 상황에 따라 결정한다. 예컨대 접수팀, 안내팀, 진행보조팀, 경비팀, 표결집계팀, 기록팀 등으로 구분하고 각 팀의 적절한 인원을 정하도록 한다.

4. 회의장의 경비

회사는 사내 진행요원 중 경비팀을 편성하여 의장의 퇴장명령 및 회의장 내 혼란사태 발생에 대비하여야 한다. 총회 질서를 유지하기 위하여 필요한 경우 의장의 권한으로 관할 경찰서 또는 파출소에 경찰관의 임석을 요청하며, 경찰관이 임석한 경우 의장은 총회의 적법한 진행 등을 위하여 의장의 요청으로 경찰관이 임석하였음을 회의 전에 고지하도록 한다.

5. 접   수

회사가 총회장에 출석한 주주 및 대리인에 대하여 확인하는 절차이다. 본인 여부는 신분증 등을 통해 확인하며, 대리인은 위임장과 함께 주주총회 참석장, 주민등록증 사본, 인감증명서 원본 등 위임장의 진정성을 증명을 통해 확인한다(자세한 사항은 앞 장의 '주주 및 주주의 의결권' 부분을 참고하기 바란다). 주주총회 개회 이후 주주가 출석하기도 하고, 회의 개최 중이라도 주주들은 개인적인 사유로 외부에 출입할 수 있다. 이에 따라 총회장에 주주(또는 대리인)로 이미 확인된 자의 출입시 확인과, 표결시 보유주식수 확인을 쉽도록 하기 위하여 실무적으로 총회 접수시 주주확인표를 배부한다.

— 주주확인표

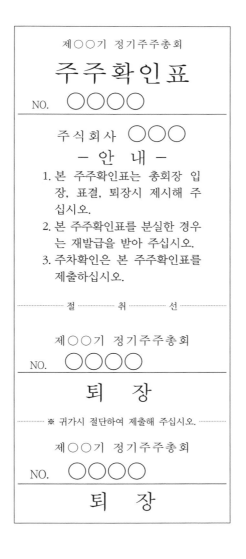

최근 전염병의 발생으로 주주에 대한 발열 등 증상이 있을 경우 총회장(또는 해당 건물)에 입장을 금지할 수 있는지, 또는, 총회장이 아닌 별도의 장소로 안내하고, 이 장소에서 총회상황을 영상이나 구두로 전달받아 의결권을 행사할 수 있도록 할 수 있는지가 문제된다. 주주의 의결권 등 주주권 행사는 보호되어야 하나, 다른 주주의 건강 등을 해롭게 하면서까지 보호되어야 하는 것은 아니다. 따라서, 주주들 간의 이익을 균형적으로 고려하여 발열등 유증상자에 대한 입장 자체를 금지하고, 아무런 조치를 취하지 않는 것은 문제가 있으나, 다른 장소로 안내하여 의결권을 행사할 수 있도록 조치하는 것은 가능하다고 본다.

II. 의   사

1. 의사 진행방법

주주총회의 의사 진행방법에 관하여는 상법에 명문의 규정이 없는 사항은 정관의 규정 또는 주주총회결의에 의하고, 이것이 없으면 관습에 의하고, 관습도 없으면 회의의 일반원칙에 의한다. 주주 또는 대리인은 총회의 개회 전에 회의장에 입장하는 것이 원칙이나, 개회 후에도 총회가 진행되는 동안에는 회의장에 입장하여 의사진행에 참가할 수 있다(상장회사 표준주주총회 운영규정 8조).

2. 총회 참석자

주주는 의결권이 있는지 여부와 관계 없이 주주총회에 참석할 수 있다. 그 외에 누가 주주총회에 참석해야 하는지, 또는 참석할 수 있는지 문제된다.

이사와 감사는 부득이한 사정이 없는 한 총회에 출석하여야 한다. 이사는 주주의 질문에 대하여 설명할 의무가 있으며, 감사는 총회에 제출된 서류 및 의안의 법령등 위반 여부에 대하여 의견을 진술하여야 하기 때문이다. 다만, 이사와 감사는 총회의 구성원이 아니므로 단지 총회에 출석하지 않았다고 하여 총회의 성립이나 결의에 영향을 미치지는 않는다. 그러나 이들의 불출석으로 인하여 상정 의안에 대하여 총회에서 적절한 설명이 이루어지지 않은 채 결의가 이루어졌다면 주주총회 결의의 하자가 될 수도 있다.

총회에 검사인, 외부감사인은 법령에 의한 경우 총회에 출석하여야 한다. 한편 재무제표등의 감사와 관련하여 사전에 문제가 예상되는 경우에는 의장이나 대표이사가 요청하거나 외부감사인이 스스로 판단에 의하여 총회에 출석할 수 있다.

법률고문, 공증인, 회사의 관계직원 기타의 사람은 의장이나 대표이사의 요청이 있을 경우 총회에 출석할 수 있다(상장회사 표준주주총회 운영규정 9조). 법률고문의 경우 총회장에서 법적 판단이 필요한 사항에 대하여 직접 의장에게 자문하거나 의견을 진술함으로써 총회 운영에 도움이 된다. 그리고 주주총회 결의사항 중 등기할 사항이 있으면 주주총회의사록 등을 첨부하여 등기신청하여야 하는데 이 때 공증인의 인증을 받아야 한다(商登則 128조②, 公證人法 66조의2①). 공증인의 인증을 받기 위해서는 원칙으로 공증인을 총회장에 참석시켜 결의절차와 내용을 확인하도록 하여야 한다(公證人法 66조의2②ㆍ③). 그렇지 아니하면 그 의결에 필요한 정족수 이상의 자 또는 그 대리인이 공증인 앞에 나아가 위의 사실에 관한 진술을 하여야 하는데 이 방법은 따르기가 사실상 어렵다(公證人法 66조의2③). 따라서 주주총회 결의사항 중 등기사항이 있는 경우에는 반드시 공증인의 출석을 요청하는 것이 바람직하다.

한편, 상장회사는 경영상 중대한 사실을 확인할 필요가 있는 등 일정 사유에 해당하는 경우에 거래소 임직원의 주주총회 참석을 허용하여야 한다(유가증권 상장규정 84조).

아울러, 주주총회와 관련 없는 기자 등 외부인이 주주총회의 참관을 요청하는 경우가 있다. 이에 대하여 회사 또는 의장은 주주총회 의사진행에 방해가 되지 않도록 별도의 좌석을 마련하는 등의 조치를 취하는 것을 전제로 허용 여부를 결정할 수 있다.

3. 개회ㆍ폐회

(1) 개   회

개회란 회의의 시작을 말한다. 의장의 개회선언에 의하여 총회가 시작된다. 예정된 개회시간이 되고, 총회의 목적사항에 대한 결의가 가능한 주식수를 가진 주주가 출석하면 개회선언을 한다. 의장의 개회선언 이전에 대개 별도 사회자가 총회 출석주식수를 보고한다. 이를 통해 총회에 결의 가능 주식수를 가진 주주가 총회에 출석함에 따라 총회 목적사항의 처리가 가능함을 고지한다. 개회시간에는 결의가능 주식수를 가진 주주가 출석하지 않았지만 목적사항 심의 중까지 참석이 가능할 것으로 예상하면 정시에 개회선언을 할 수 있다.

개회선언 이후 주주총회 목적사항의 심의에 앞서 보통 국민의례, 의장인사를 한다. 의장인사에서는 회사의 경영상황, 장래계획과 당일 심의할 의안에 대한 간단한 취지와 함께 주주들에게 의사진행과 관련한 협조를 부탁하게 된다.

(2) 폐   회

폐회란 회의를 종료하는 것을 말한다. 폐회선언은 의장이 한다. 사전에 통지한 회의의 목적사항을 모두 처리함에 따라 당일 처리할 의안이 더 이상 없게 된 경우에 할 수 있다. 만일 의안을 전부 처리하지 않고 폐회한 경우에는 회기불계속의 원칙상 잔여 의안은 자동 폐기된다. 따라서 의안을 처리하기 전에는 의장이라고 하더라도 폐회선언을 할 수 없다.

4. 속행·연기

(1) 의   의

속행은 당초 회의의 목적사항인 의안 중 일부 의안에 대한 결의는 하였으나 의안을 모두 처리하지 못한 상태에서 당일의 회의를 중단한 경우이고, 연기는 총회의 개회는 하였으나 의안 중 하나도 처리하지 못한 경우를 말한다. 연기 후 열리는 총회를 연회(延會)라고 하고, 속행 후 열리는 총회를 계속회(繼續會)라고 하며, 이 둘을 합하여 속회(續會)라고 한다. 총회 개회 후 사정상 회의진행을 중단하는 것은 정회(停會)라고 하며, 속회와 정회는 시간적 간격에서 차이가 있을 뿐 그 전의 총회와 그 후의 총회 간에 동일성이 인정된다는 점에서는 같다.

(2) 적법한 연기절차

총회에서는 회의의 속행 또는 연기의 결의를 할 수 있다(372조①). 즉, 속행과 연기의 결정은 반드시 주주총회결의에 의하여야 하고 의장이 임의로 결정할 수 없다. 객관적으로 회의를 중단하여야 할 상황임에도 의장이 속행·연기 결의를 제의하지 아니하면 주주가 속회동의(제안)를 할 수 있고, 이 경우 의장은 의안 상정 이전에 속회동의안을 상정하여야 한다. 처리하지 못한 의안이 있음에도 속회에 대한 결의를 하지 않고 총회가 종료된 경우에는 새로 임시총회의 소집절차를 밟아야 한다.

(3) 산   회

총회 당일 처리하지 않은 의안을 속회를 열어 처리하려면 반드시 회의의 속행·연기의 결의를 하여야 한다. 속행결의에 의하여 당일의 회의를 종료하는 것을 산회(散會)라고 한다.

(4) 불출석주주의 연회·계속회 출석

기준일을 다시 정하여 주주총회를 소집한 경우에는 당연히 다시 정한 기준일 현재의 주주가 의결권을 행사할 수 있다. 그러나 회의의 속행·연기의 경우에는 소집절차를 다시 밟지 않는데, 연회·계속회에서 당초의 총회에 불출석하였던 주주도 출석이 가능한지에 대하여는 논란의 여지가 있다. 총회의 동일성을 지나치게 강조하여 불출석하였던 주주의 출석을 불허하는 경우 총회결의 하자의 원인이 될 수도 있으므로, 특별한 사정이 없으면 출석을 허용하는 것이 바람직하다.

(5) 위임장의 효력

당초 총회에 관하여 주주로부터 위임장을 받은 대리인은 연회·계속회에서 그 위임장을 제출하고 의결권을 행사할 수 있다. 만일 주주가 당초의 대리인이 아닌 다른 사람에게 연회·계속회에서의 의결권에 관한 위임장을 교부한 경우에는 후에 작성된 위임장이 우선한다는 원칙이 적용된다.

Ⅲ. 의   장

1. 선   임

(1) 통상의 경우

총회의 의장은 정관의 규정에 의하고, 통상은 정관에서 대표이사를 의장으로 규정하고, 유고시 다른 이사들이 순서대로 규정되어 있다. 그러나 정관에 의장에 관한 규정이 없는 경우에는 매번의 총회에서 의장을 선임한다(366조의2①). 이 경우 주주총회를 소집한 대표이사가 의사를 진행하여 보통결의에 의하여 의장을 선출하고, 그 다음부터는 선출된 의장이 회의를 진행한다. 의장은 주주일 필요가 없고, 특별이해관계가 있어도 된다. 정관에서 의장을 구체적으로 정하지 않고 이사회에 위임할 수 있는지 문제된다. 의장은 기본적으로 주주총회에서 선임하여야 하므로 이를 이사회에 위임하는 것은 타당하지 않다.

(2) 임시의장의 선임

정관상 의장의 유고상태 또는 의장의 의사진행거부 등의 사유로 주주총회가 정상적으로 진행되지 않는 경우 주주들이 보통결의에 의하여 임시의장을 선임할 수 있다.

임시의장은 적법한 절차에 의하여 선임되어야 하므로, 특정 그룹의 주주들이 일방적으로 주도하여 선임한 임시의장의 의사진행은 위법하다. 이와 같이 정당한 사유 없이 선임된 임시의장이 주주총회의 의사를 진행한 경우에는 결의취소사유가 인정된다(대법원 2008. 1 2. 15.자 2007마1154 결정). 그러나 주주총회에서 의안에 대한 심사를 마치지 아니한 채 법률상으로나 사실상으로 의사를 진행할 수 있는 상태에서 주주들의 의사에 반하여 의장이 자진하여 퇴장한 경우 주주총회가 폐회되었다거나 종결되었다고 할 수는 없으며, 이 경우 의장은 적절한 의사운영을 하여 의사일정의 전부를 종료케 하는 등의 직책을 포기하고 그의 권한 및 권리행사를 하지 아니하였다고 볼 것이므로, 퇴장 당시 회의장에 남아 있던 주주들이 임시의장을 선출하여 진행한 주주총회결의도 적법하다(대법원 2001. 5. 15. 선고 2001다12973 판결).

(3) 의안과 특별이해관계가 있을 경우

의장이 어떤 의안에 대하여 특별이해관계를 가지고 있는 경우에는 정관상 다른 이사에게 의장직을 맡기나 임시의장을 선임하여야 한다. 여기에서 특별이해관계란 개인으로서 가지는 이해를 말한다. 따라서 의장이 임기가 종료가 예상되고 다시 이사로서 재임을 원하는 후보인 경우에도 이는 회사의 기관으로서 가지는 이해이므로 특별이해관계를 가지지 않는다고 본다. 만약 의장이 의안에 대하여 특별이해관계가 있음에도 불구하고 주주들이 동의하였다면 의장직을 계속 수행하는 것이 가능하다.

(4) 소수주주의 소집청구에 의한 경우

상법은 소수주주가 법원의 허가를 받아 주주총회를 소집하는 경우 주주총회의 의장은 법원이 이해관계인의 청구 또는 직권으로 선임할 수 있도록 명문으로 규정한다(366조②). 따라서 소수주주가 임시주주총회소집을 청구하는 경우에는 특별히 주주권의 남용에 해당하는 사정이 없는 한 이사회가 이를 받아들여 임시주주총회를 소집하는 것이 의장직과 관련하여 유리할 것이다.

2. 권　　한

(1) 의사정리권

총회의 의장은 총회의 의사를 정리한다(366조의2②). 의사의 정리란 출석주주의 확인, 개회의 선언, 표결의 실시·집계·발표, 폐회의 선언 등 결의에 이르기까지 필요한 일체의 절차를 진행하는 것이다.

(2) 질서유지권

총회의 의장은 고의로 의사진행을 방해하기 위한 발언·행동을 하는 등 현저히 질서를 문란하게 하는 자에 대하여 그 발언의 정지 또는 퇴장을 명할 수 있다(366조의2③).

[상장회사 표준주주총회 운영규정 제15조(퇴장명령)] 의장은 다음의 사람에게 퇴장을 명할 수 있다.

1. 주주 또는 그 대리인이라고 하여 출석한 자가 실제로는 그 자격이 없는 것으로 밝혀진 때
2. 의장의 지시에 따르지 않는 자
3. 고의로 의사진행을 방해하기 위한 발언·행동을 하는 등 현저히 회의장의 질서를 문란하게 하는 자

이는 국회법 제145조의 의장의 질서유지권을 모델로 하여 도입한 것인데, 이 때 퇴장당한 주주의 의결권은 출석한 주주의 의결권수에 산입하지 않는다. 부당한 퇴장조치는 물론 결의취소사유가 된다. 주주의 발언 정지 또는 퇴장 과정에서 주주가 신체에 상처를 입을 수 있는데 이에 대하여 의장이 형사상 또는 민사상 책임을 질 수 있으므로 가급적 물리력 사용은 자제해야 한다.

Ⅳ. 의안의 상정·심의

1. 의   의

통상적인 의사진행순서에 따르면, 의장은 의안을 상정하고, 심의를 거쳐 표결을 한 후 가결 또는 부결이라는 표결결과를 발표한다. 다른 회의체와 달리 총회의 경우 이사회 또는 소수주주등에 의해 제출되어 주주들에게 사전에 통지된 의안만이 상정·심의된다. 이에 따라 원칙으로 의안의 채택과정이 없으며 사전에 통지되지 않은 의안을 결의할 경우 이는 하자있는 결의가 된다. 그러나 전 주주 동의 등이 있을 경우에는 예외적으로 총회 당일에 소집통지시 통지되지 않은 의안을 채택하는 것이 가능하다.

2. 의안의 상정

(1) 원   칙

상법은 의안의 상정방식에 대하여 아무런 규정을 두고 있지 않기 때문에, 회의법의 기본원칙에 반하지 않는 범위에서 의장의 재량에 의한다. 의장은 특별한 사정이 없으면 가급적 소집통지서에 기재된 회의의 목적사항 순서에 따라 의안을 상정하여야 하지만, 상정순서 위반은 일반적으로 결의취소사유가 되지 않는다. 다만, 예컨대 이사해임 의안이 가결되는 것을 조건으로 신임이사선임 의안을 상정한다는 취지가 소집통지서에 기재된 경우와 같이 가결 여부에 따라 다른 의안의 상정 여부가 결정되는 경우에는 해당 의안을 먼저 상정하여야 한다.

> [상장회사 표준주주총회 운영규정 제19조(의안상정의 순서)]
> ① 의장은 소집통지서에 기재된 순서에 따라 의안을 총회에 상정한다. 그러나 상당한 이유가 있는 때에는 의장은 그 이유를 말하고 그 순서를 바꾸어 상정할 수 있다.

(2) 일괄상정

의안은 개별적인 안건으로 상정하는 것이 원칙이다. 의제가 정관변경의 건인 경우 의안마다 다른 변경내용을 모두 합하여 일괄상정할 수도 있고, 개별 규정마다 분리한 안건으로 상정할 수도 있지만, 분리된 형태의 안건으로 상정하는 경우 그 내용이 상호 모순되지 않도록 하여야 한다.

주주총회 참석자들의 분위기상 의안 전부가 가결될 것이 확실하고 일괄상정에 특별히 반대하는 주주가 없다고 의장이 판단한 경우에는 의제가 같은 경우는 물론 의제가 다르더라도 여러 의안을 일괄상정하기도 한다. 이사선임의 경우 선임할 이사의 수가 다수인 경우에는 일괄상정, 일괄심의하는 것이 회의의 원활한 진행을 위하여 바람직한 면도 있다. 그러나 참석주주 중 일부가 이의를 제기한 때에는 이들이 결의 후에 "결의방법이 현저하게 불공정한 때"에 해당한다는 이유로 결의취소의 소를 제기할 가능성도 있을 것이므로 개별 상정하는 것이 바람직하다. 이러한 경우에 의장은 일괄상정의 필요성을 설명하고 나아가 박수나 거수로라도 일괄상정에 대한 결정을 먼저 한 후 진행하여야 후일 분쟁 발생시 "결의방법이 현저하게 불공정한 때"라고 인정될 가능성이 낮을 것이다.

(3) 분리상정

의안의 분리상정 여부에 대하여 일반적으로 명문규정이 없으나, 상장회사에 대하여는 감사의 독립성 제고, 또는 이사 선임시 주주의 집중투표 청구권의 실효성 확보를 위하여 의안의 분리상정을 의무화하고 있다.

상장회사가 주주총회의 목적사항으로 감사의 선임 또는 감사의 보수결정을 위한 의안을 상정하려는 경우에는 이사의 선임 또는 이사의 보수결정을 위한 의안과는 별도로 상정하여 의결하여야 한다(542조의12⑤).

상장회사가 주주총회의 목적사항으로 집중투표 배제에 관한 정관 변경에 관한 의안을 상정하려는 경우에는 그 밖의 사항의 정관 변경에 관한 의안과 별도로 상정하여 의결하여야 한다(542조의7④).

(4) 동의의 제출

동의(動議)의 사전적 의미는 합의체 구성원이 회의 중에 안건을 제안하는 행위 또는 그 제안을 말한다. 대표적인 동의가 의안(이를 주동의라고 한다)이며, 의안의 심의를 보조하는 데 제출하는 동의를 보조동의라고 한다. 보조동의의 대표적인 것으로 수정동의가 있다. 주주총회의 소집통지에 기재된 회의의 목적사항 아닌 것을 결의하는 것은 결의취소사유에 해당한다. 그러나 상정된 의안의 내용을 일부 변경한 동의(수정동의)도 원래의 의안(원안)과 실질적 동일성이 인정되는 범위 내에서 허용된다.

> [상장회사 표준주주총회 운영규정 제28조(수정동의)]
> ① 주주는 상정된 의안에 관하여 그 동일성을 해치지 않는 범위 내에서 수정동의를 제출할 수 있다.
> ② 수정동의가 성립한 때에는 의장은 총회에 이의 채택여부를 묻는다. 그러나 의장은 이 절차를 생략하고 바로 그 동의를 심의에 부칠 수 있다.
> ③ 의장은 수정안과 원안을 일괄하여 총회의 심의에 부칠 수 있다.

수정동의의 허용기준인 실질적 동일성은 의안의 내용에 따라 구체적으로 결정된다. 예컨대 갑이라는 영업을 양도하기 위한 의안의 경우, 양도금액의 범위를 추가하는 동의, 갑이 아닌 을이라는 영업을 양도하자는 동의, 이사회가 결정한 양도상대방을 변경하자는 동의 등은 허용된다(다만, 양도대상과 거래상대방을 변경하는 수정동의는 실질적 동일성이 없다는 견해도 있을 수 있다). 수인의 이사를 선임하기 위한 의안의 경우, 선임할 이사수에 대한 통지가 없었던 경우 추가적인 이사선임 제안은 허용된다. 그러나 집중투표를 위하여 사전에 이사수를 확정하여 통지한 경우, 선임할 이사의 수를 변경하자는 동의는 허용되지 않는다. 그리고 상장회사 이사·감사의 선임 의안에 관하여 후보자를 변경하는 수정동의는 허용되지 않는다. 이사회가 주주총회에 제출할 의안에 대한 수정안 제출은 원안이 상정된 후 표결 전에 하는 것이 원칙이지만, 실무상으로는 상정 전, 나아가 주주총회일 전에 미리 수정안을 제출하기도 한다.

수정동의 외에 보조동의로는 총회의 속행, 연기동의가 있으며, 검사인 선임과 외부감사인 출석 요구, 의장의 불신임동의, 토론종결동의 등이 있다. 동의는 제출되면 원칙으로 다른 주주의 제청이 있어야 채택된다. 이러한 동의에 대해서는 의장이 그 적절성 여부를 판단하여 합리적이지 않은 경우에는 각하할 수 있다. 다만, 임의로 각하할 경우 총회의사운영에 하자가 발생할 수 있으므로 합리성의 판단이 모호한 경우에는 가급적 주주들의 의사를 물어 처리하는 것이 바람직하다.

[상장회사 표준주주총회 운영규정 제29조(의사진행에 관한 동의)]
① 주주는 의사진행과 관련하여 다음의 동의를 제출할 수 있다.
  1. 총회의 연기, 속행
  2. 검사인의 선임
  3. 외부감사인의 출석 요구
  4. 의장의 불신임
② 제1항의 동의가 제출된 경우 의장은 총회에 그 동의의 채택여부를 묻는다
③ 제1항에서 정한 이외의 의사진행에 관한 동의가 제출된 경우에 그 채택여부는 의장이 결정한다.

[상장회사 표준주주총회 운영규정 제30조(동의의 각하)] 의장은 다음 각호에 해당되는 동의는 채택하지 아니한다.
1. 당해 수정동의에 관한 의안이 심의에 들어가지 아니하였거나 심의를 종료한 경우
2. 이미 부결된 동의와 동일한 내용인 경우
3. 총회의 의사를 방해할 목적으로 제출된 경우
4. 부적법하거나 권리남용에 해당되는 경우
5. 그 이외에 합리적 이유가 없는 것이 명백한 경우

한편, 동의와 구분되는 것으로 의사진행발언이 있다. 의사정리권이 의장에게 있지만 의장이 이를 적절하게 처리하지 못한다고 판단될 때 그 결정의 번복과 촉구를 요구하는 발언이다. 의사진행발언에는 의장의 의사진행이 법령이나 회의규칙에 위반함을 지적하는 규칙발언, 의안의 병합·분할요청 발언, 의안의 심의 중

잠시 회의를 중지하자는 정회발언, 회의장의 덥다는 등의 특청, 시간이 너무 지연되고 있으므로 빨리 진행해달라는 일정촉진발언, 왜 특정 주주에게만 발언권을 많이, 오래 주느냐는 등의 항의가 있다. 이러한 발언에 대해서는 동의가 아니므로 채택이나 결의절차를 거칠 필요가 없고, 법률고문 등의 자문을 받아 의장이 결정하면 된다.

3. 의안의 심의

의장이 의안을 상정하면 심의가 개시된다. 심의는 통상 제안설명, 질의응답, 찬반토론 등의 순서로 진행되며, 주주는 제안설명 후 수정동의를 비롯한 각종 보조동의를 제출할 수 있다. 주주로부터 수정동의가 있는 경우에는 수정동의안에 대한 제안설명부터 다시 진행한다. 의장은 수정동의가 있으면 일반적으로 수정동의안을 먼저 심의하지만(일반적으로 의장이 참석 주주들에게 수정동의안에 대한 표결을 먼저 하는 방법에 대하여 찬성을 구한다), 수정동의안과 원안을 일괄하여 심의에 부칠 수 있는지에 관하여는 논란의 여지가 있다. 수정동의안을 먼저 상정하지 않고 원안과 일괄표결한 경우는 "결의방법이 현저하게 불공정한 때"에 해당한다는 판례가 있다(부산고등법원 2000. 9. 29. 선고 2000나4722 판결 다만, 이 사건에서는 재량기각판결이 선고되었다).

제안설명은 이사회가 결정한 의안인 경우에는 의장 또는 이사가 하며, 소수주주가 소집한 주주총회에서는 소수주주가 하고, 주주가 제안한 의안에 대하여 제안주주의 청구가 있는 경우, 의장은 제안주주에게 제안설명기회를 주어야 한다(363조의2① · ③).

주주는 의장에게 발언권을 요청하여 의장의 허가를 받아 발언할 수 있는데, 의장은 발언권 부여에 있어서, 발언권요청순서, 재발언 여부, 찬반 발언자의 균형 등을 참작하여 그 순서를 정하여야 한다. 발언을 요청하는 사람이 2명 이상일 경우 의장은 발언자를 확실하게 지명하여 (옷의 색이나 특징 등을 표현함으로써) 발언을 허가하여야 한다.

질의와 응답은 의장이 대표이사인 경우 의장에 대하여 하는 것이 원칙이다. 물론, 사외이사나 감사에게 질문하는 것도 가능하다. 의장은 주주의 질문을 듣고 본인이 답변할 수 있는 것은 직접 답변하고, 그렇지 않은 것은 적절한 자로 하여금 답변하게 할 수도 있다. 주주가 답변자를 지정하였다고 하여 의장이 그에 구속되는 것은 아니다. 의장이 주주의 질의를 어느 한도에서 받아주어야 하는지는 결의취소사유인 "현저하게 불공정한 결의방법"이 되지 않도록 의장의 재량에 의하여 결정할 것인데, 참석한 다른 주주들의 시간사정과 질문기회를 고려하여 특정 주주의 질문을 적당한 범위에서 제한하는 것도 가능하다(울산지방법원 2000. 4. 12. 선고 99가합3033 판결; 수원지방법원 2004. 12. 14. 선고 2004가합2963 판결).

4. 의안의 표결

(1) 개   요

표결은 의결권 있는 주주만이 가능하다. 의결권 없는 주주는 총회에 참석할 수 있고, 토론도 가능하지만 표결에는 참여할 수 없다. 한편, 주주들은 총회장을 수시로 출입하고, 회사도 이를 막을 수는 없으므로 의안별로 참석 주식수가 달라지게 된다. 다만, 주주의 출입이 있더라도 그 주식수가 미미한 경우에는 이를 정확하게 반영하지 않더라도 결의에 영향을 미치지 않는 경우가 대부분이므로 세부적인 내용까지 주주들에게 설명할 필요는 없다. 그러나, 의장은 항상 총회장에 출입하는 주주 및 주식수를 확인하여 표결이 가능한지, 가결에 충분한 주주가 찬성이 있는지 등을 의안별로 파악하고 있어야 한다.

(2) 표결방법

상법에는 표결방법에 대하여 아무런 규정이 없다. 일반적으로 찬반의안은 찬반표결에 의하여 가결 또는 부결된다. 정관에 투표방법에 관한 규정이 있으면 그에 의하고, 정관에 규정이 없는 경우에는 합리성만 유지한다면 서면투표(vote)뿐 아니라 의장의 결정에 따라 박수·거수·기립, 구두투표(viva voice vote) 등의 결의방법 모두 허용된다. 다만, 투표한 주주의 주식수를 확인해야 하므로 무기명투표는 원칙적으로 허용되지 않는다.

의장은 재량에 의하여 표결방법을 선택할 수 있지만, 참석주주 중 일부가 표결방법에 대하여 이의를 제기하는 경우에는 후일의 결의하자에 관한 분쟁에 대비하여, 의안에 대한 표결 전에 참석주주들의 의사를 먼저 확인하는 것이 바람직하다. 서울고등법원 2005. 3. 30. 선고 2003나86161, 86178(병합) 판결에서도 의장이 통상적이지 아니한 표결방법(박수)을 정하는 경우 이에 대하여 이의할 기회를 주고 이의가 없는 경우에는 의안에 대하여 박수로 결의할 수 있다고 판시하였다.

특히 거수나 기립은 정확성이 다소 부족하더라도 집계 자체는 가능하지만 박수는 집계 자체가 원천적으로 불가능하므로, 참석 주주들의 분위기상 의안에 대한 찬성이 결의요건을 충족시키기에 충분한 것이 명백한 경우에도 의장이 주주들에게 표결방법에 대한 이의가 없는지 확인하고 그러한 발언의 취지를 의사록에 분명하게 기재되도록 하는 것이 후일의 분쟁에 대비하면 바람직하다. 그리고 복수의 의안을 일괄상정하였는데 심의과정에서 일괄상정방식 자체에 대한 문제가 제기된 경우에는 표결은 의안 별로 분리하여 집계할 수 있도록 하는 것이 바람직하다.

■ 서면투표지

[앞면]

제   기 정기주주총회

[제 □ 호 의안] (Voting Card of Agenda)

구 분	이 름 Name	주민등록번호 또는 주주번호 I.D.No of Stock Investment card/Passport No.
주 주 명		
대 리 인		

주주확인표 번호 Attendance No.		찬 성 Favour	반 대 Against	비 고 Remark
⓪ ⓪ ⓪ ⓪ ① ① ① ① ② ② ② ② ③ ③ ③ ③ ④ ④ ④ ④ ⑤ ⑤ ⑤ ⑤ ⑥ ⑥ ⑥ ⑥ ⑦ ⑦ ⑦ ⑦ ⑧ ⑧ ⑧ ⑧ ⑨ ⑨ ⑨ ⑨	1.	○	○	
	2.	○	○	
	3.	○	○	
	4.	○	○	
	5.	○	○	

1. 주주님께 배부해드린 주주확인표번호를 정확하게 기입해 주십시오.
2. 표결용지 작성요령은 뒷면을 참고하시기 바랍니다.

[뒷면]

☙ 표결용지작성요령

  1. 의안번호를 기재한다.

  2. 주주명과 주주번호 또는 주민등록번호를 기재한다.

    ※ 위임받은 대리인의 경우는 대리인란에 성명과 주민등록번호를 함께 기재한다.

    ※ 위임자가 다수일 경우 주주명은 대표자 1인만 기입한다.

  3. 주주확인표번호의 빈칸에 본인의 주주확인표번호를 정확하게 기재한다.

  4. 주주확인표번호 아래의 마크란에 해당 주주확인표번호를 칠한다.

  5. 안건에 찬성 또는 반대표시란을 칠한다.

〈보기〉

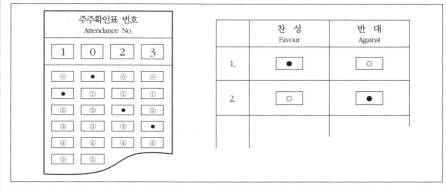

    의안별로 분리하여 집계하려면 각 의안에 대하여 순차로 표결하여야 한다. 그러나 하나의 투표지에 여러 의안을 별도로 표기하여 투표할 수 있도록 하는 것도 가능하다. 예컨대 이사 선임의안에서 선임할 이사후보자별로 기재하고 각각에 대하여 찬반여부를 기재하도록 할 수 있다.

    한편, 이사 선임과 관련하여 주주제안에 의한 후보까지 포함하면 회사가 당초 선임할 이사의 수보다 이사후보의 수가 많은 경우에는 보다 복잡해진다. 선임할 이사수를 선결안건으로 하여 제한하는 경우와 그렇지 않은 경우 표결방법이 달라져야 하기 때문이다. 선임할 이사수를 제한하지 않을 경우에는 후보자를 순차적으로 상정하여 가부를 묻는 방법(순차표결)이나 하나의 투표용지에 모든 후보자를 별도로 표기하여 투표할 수 있도록 하는 방법(동시표결)이 가능하다. 다만, 상장회사의 경우에는 법령 또는 정관에서 정한 사외이사 수 및 비율을 충족하여야 하므로 먼저 사외이사를 선임하여 숫자가 확정되면 그에 맞추어 사외이사 아닌 이사를 선임하여야 한다.

그리고, 선임할 이사수를 제한한 경우에는 선임할 이사수를 정할 때 이사의 종류별 수를 함께 정한 후 순차표결(회사측 제안 후보자와 주주측 제안 후보자를 교차 상정하는 방식)이나 하나의 투표용지에 모든 후보자를 별도로 표기하되 선임할 이사 수만큼만 찬성을 표기하여 투표할 수 있도록 하는 방법(선택표결)이 가능하다. 이 경우에도 법령 또는 정관에서 정한 사외이사 수와 비율을 충족하여야 하므로 사외이사를 먼저 표결하거나, 사외이사와 그렇지 않은 이사를 구분하여 각각 선임할 이사수 만큼 찬성 표기하도록 하여야 한다(이사 선임 제안이 있는 경우 표결방법에 대한 자세한 설명은 제6장 중 이사 선임의안 부분을 참조하기 바란다).

(3) 일괄표결

의장이 복수의 의안을 일괄상정하여 일괄심의를 거친 결과 대부분의 참석자들이 의안 전부에 대하여 찬성 또는 반대할 것이 명백한 경우에는 일괄투표를 실시해도 된다. 그러나 일괄상정과 일괄심의를 거쳤더라도 참석주주 중 일부가 이의를 제기하였거나, 결의요건이 다른 의안들을 일괄투표에 의하여 결의하면 "결의방법이 현저하게 불공정한 때"에 해당한다는 이유로 결의취소의 소가 제기될 가능성이 있을 것이다.

(4) 집중투표

집중투표(cumulative voting)는 이사선임에 있어 주주에게 1주에 대하여 선임할 이사의 수에 해당하는 복수의 의결권을 주는 방법이다. 복수의 의결권을 1인 또는 수인의 후보에게 집중적으로 행사할 수 있으므로 소수주주 측의 후보도 이사로 선임될 가능성이 높다. 이사의 선임방법에 대하여 2인 이상의 이사의 선임을 목적으로 하는 총회의 소집이 있는 때에는 의결권 없는 주식을 제외한 발행주식총수의 3% 이상에 해당하는 주식을 가진 주주는 정관에서 달리 정하는 경우를 제외하고는 회사에 대하여 집중투표의 방법으로 이사를 선임할 것을 청구할 수 있다(382조의2). 집중투표청구가 있는 경우에 이사의 선임결의에 관하여 각 주주는 1주마다 선임할 이사의 수와 동일한 수의 의결권을 가지며, 그 의결권은 이사 후보자 1인 또는 수인에게 집중하여 투표하는 방법으로 행사할 수 있다(382조의2③). (집중투표에 관하여는 뒤에서 상세히 설명한다).

━━ 집중투표실시할 때 서면투표지

[앞면]

제 기 정기주주총회

[제○호 의안] (Voting Card of Agenda)

구 분	이 름 Name	주민등록번호 또는 주주번호 I.D.No of Stock Investment card/Passort No.
주 주 명		
대 리 인		

주주확인표 번호 Attendance No. 천 백 십 일 소유주식수 주 집중투표수 개	이사후보자명	찬성 의결권수							
	○ ○ ○ (영문이름)	천만	백만	십만	만	천	백	십	일
	○ ○ ○ (영문이름)	천만	백만	십만	만	천	백	십	일
	○ ○ ○ (영문이름)	천만	백만	십만	만	천	백	십	일
	○ ○ ○ (영문이름)	천만	백만	십만	만	천	백	십	일
	○ ○ ○ (영문이름)	천만	백만	십만	만	천	백	십	일

집중투표수＝소유주식수
×선임예정이사수(○명)

1. 주주님께 배부해드린 주주확인표번호를 정확하게 기입해 주십시오.
2. 표결용지 작성요령은 뒷면을 참고하시기 바랍니다.

[뒷면]

⚘ 표결용지작성요령

1. 주주명과 주주번호 또는 주민등록번호를 기재한다.
   ※ 위임받은 대리인의 경우는 대리인란에 성명과 주민등록번호를 함께 기재한다.
   ※ 위임자가 다수일 경우 주주명은 대표자 1인만 기입한다.
2. 주주확인표번호의 각 자리에 본인의 주주확인표번호를 아라비아숫자로 정자로 기재한다.
3. 소유주식수에는 본인 소유 및 위임받은 주식수를 합산하여 숫자로 기재한다.
4. 집중투표수에는 소유주식수에 선임할 이사 숫자를 곱한 숫자를 기재한다.
5. 안건에 선임하고자 하는 이사에 행사할 의결권 수를 아라비아 숫자 정자로 기재한다.

〈보기〉

주주확인표 번호 Attendance No. 천 백 십 일 소유주식수 주 집중투표수 개	이사후보자명	찬성 의결권수		
	○ ○ ○ (영문이름)	천만	백만	십만
	○ ○ ○ (영문이름)	천만	백만	십만

(5) 사전투표

　주주총회일 전에 일정한 기간을 정하여 원하는 주주들이 이 기간 중 투표를 한 후 주주총회 당일의 투표결과와 합산하는 방식의 표결도 가능하고, 이 때 주주총회일 전의 투표를 사전투표라 한다. 주주가 주주총회일에 출석하지 않고 의결권을 행사하는 투표방법으로 서면투표(총회에 출석하지 아니하고 서면에 의하여 의결권을 행사하는 것), 전자투표(총회에 출석하지 아니하고 전자적 방법으로 의결권을 행사하는 것) 등이 있는데, 사전투표는 회사가 마련한 투표장소에서 사전에 투표한다는 점에서 서면투표, 전자투표와 다르다. 사전투표의 장점으로는, 주주의 입장에서는 주주총회일로 한정된 시간적, 공간적 제약을 벗어나 의결권을 행사할 수 있다는 점이 있고, 회사 입장에서도 결의요건 확보와 주주총회 진행의 간소화라는 점이 있다. 다만, 주주총회 진행과정에서의 토의가 없이 의안에 대한 정확한 이해도가 부족한 상황에서 의결권행사가 이루어지고, 회사가 사전투표 현황을 볼 수 있다면 주주총회 진행절차에 불공정이 개입할 수 있다는 문제점도 있다. 사전투표의 적법성에 대하여 상법상 아무런 규정이 없는데, 사전투표를 정관에서 정할 수 있는지에 관하여 판례는 이를 허용하는 전제하에서 정관에서 정한 사전투표기간을 이사회의 결의로 변경할 수 없다고 판시한 바가 있다.

　　[대법원 2014. 7. 11.자 2013마2397 결정]【가처분이의】 "이사회에서 이 사건 정관에서 정한 사전투표기간을 연장하는 결의를 하였다고 하더라도 그 사전투표기간이 이사회결의 내용대로 변경될 수는 없다. 따라서 이 사건 회사가 정관에서 정해진 사전투표의 시기(주주총회일인 2014. 3. 25.부터 2주 전인 2013. 3. 11) 이전인 2013. 3. 1.부터 사전투표를 실시한 것은 그 결의방법이 정관에 위반한 것이라고 보아야 한다."

(6) 표결의 집계 및 표결결과의 선포

　총회에 출석한 주주들이 표결을 마치면 의장이 표결의 종료를 선언한다. 표결 결과의 집계는 공정성을 위하여 주주 중에서 감표위원을 선정하여 진행하면 좋다. 집계결과 찬성하는 의결권의 수가 결의요건을 충족한 경우는 가결(可決), 그렇지 않은 경우는 부결(否決)이라 한다. 의장은 상정된 의안의 가결 여부를 선포하는데 표결을 한 경우 정확한 찬성주식수를 밝힌 후 결과를 선포하면 된다. 그러나 거수나 박수 등으로 결의요건의 충족은 분명하지만 정확한 찬성주식수를 밝히기 어려운 경우에는 보통결의요건 또는 특별결의요건의 의결정족수를 충족하였음을 밝힌 후 결과를 선포하면 된다. 표결결과 선포시 사전에 서면투표 또는 전자투표를 실시한 경우에는 그 투표내용이 포함되었다는 사실을 함께 고지하는 것이 바람직하다.

법령상 의결권이 명백히 제한되는 경우에는 주주총회 의장이 모두발언 후 의결권제한주식의 근거에 대하여 발표하는 것이 바람직하다. 그러나 투표 전에 미리 의결권제한에 대한 발표가 없었다 하더라도 투표집계과정에서 의결권제한 여부에 따라 결의요건의 충족 여부를 결정하더라도 결의의 효력에는 영향이 없다. 나아가 해당 의결권제한주주가 의결권제한 여부에 대하여 표결을 요구하더라도 이를 표결에 의하여 결정할 필요는 없고, 그러한 결정에 법적 구속력이 있는 것도 아니다.

실무에서는 표결의 종료를 선언하면서 의장이 의사봉을 세 번 때림으로써 가결 또는 부결되었음을 선포하는데 의사봉 삼타가 없더라도 표결 결과에 영향은 없다. 의장의 표결결과를 선포하는 것만으로 의안의 가결 여부가 결정된다.

[상장회사 표준주주총회 운영규정 제39조(표결결과의 선포)]
의장은 의안에 대한 표결이 종료된 때에는 즉시 그 결과를 선언하여야 한다. 이 경우 의장은 그 의안의 결의에 필요한 찬성수를 충족한다는 것 또는 충족하고 있지 않다는 것을 선언하는 것으로 족하며, 찬부의 수를 선언하는 것을 필요로 하지 아니한다.

V. 결   의

1. 법적 성질

주주총회결의는 주주들의 표결을 통해 형성된 주주총회의 의사표시이다. 결의의 성립이 선언되면 각 주주의 의사와 관계없이 주주전원과 회사의 각 기관을 구속한다.

주주총회결의의 법적 성질에 대하여, "전통적 법률행위"로 보는 견해와 "특수한 법률행위"로 보는 견해로 구분할 수 있는데, 전자의 경우에는 민법의 의사표시에 관한 규정이 적용된다고 보나, 후자의 경우에는 그 적용을 부인한다. 주주총회결의는 전통적 법률행위의 일종으로 볼 것이 아니라 상법이 인정하는 독자적 성질의 법률행위로 보는 것이 통설이다.

2. 결의요건

(1) 의사정족수

1995년 개정 전 상법은 보통결의, 특별결의 모두 발행주식총수의 과반수 출석을 요건으로 하는 의사정족수를 규정하였으나, 1995년 상법개정시 의사정족수 규정을 삭제하였다.

그러나 현행 상법도 보통결의는 "출석한 주주의 의결권의 과반수 및 발행주식총수의 4분의 1 이상의 수"로써 하고, 특별결의는 "출석한 주주의 의결권의 3분의 2 이상, 발행주식총수의 3분의 1 이상의 수"로써 한다고 규정하므로, 의안에 찬성한 주식수가 발행주식총수의 4분의 1 이상(보통결의) 또는 3분의 1 이상(특별결의)이 최소한 출석하여야 결의가 가능하므로 이를 사실상 의사정족수의 요건으로 볼 수도 있다.

(2) 보통결의

1) 보통결의사항

상법에 특별결의나 특수결의를 요하는 것으로 규정되지 아니한 사항은 전부 보통결의사항이다. 대표적인 보통결의사항은 이사·감사의 선임, 이사·감사의 보수결정, 재무제표의 승인, 주식배당 등이고, 자본금총액이 10억원 미만인 회사(소규모회사)가 1인 또는 2인의 이사를 둔 경우에는 상법상 이사회의 권한에 속하는 사항도 주주총회의 권한사항인데, 이는 모두 보통결의사항이다. 정관에 의하여 주주총회결의사항이 된 경우에도 결의요건을 달리 정하고 있지 않으면 보통결의에 의한다.

2) 보통결의요건

보통결의는 상법 또는 정관에 다른 정함이 있는 경우를 제외하고는 출석한 주주의 의결권의 과반수와 발행주식총수의 4분의 1 이상의 수로써 하여야 한다(368조①). 발행주식총수의 4분의 1 이상이 출석하고, 그 출석한 주주의 의결권의 과반수의 찬성하면 된다는 것이 아니다. 찬성주식수가 ⅰ) 발행주식총수의 4분의 1 이상이라는 요건과, ⅱ) 출석한 주주의 의결권의 과반수라는 요건을 동시에 충족하여야 한다. "정관에 다른 정함이 있는 경우를 제외하고는"이라는 규정상 정관에서 출석정족수를 정할 수 있다(대법원 2017. 1. 12. 선고 2016다217741 판결). 기권표·무효표는 모두 출석한 주주의 의결권수에 포함한다(상장회사 표준주주총회 운영규정 38조②).

3) 보통결의요건의 가중·감경

상법의 "정관에 다른 정함이 있는 경우를 제외하고는"이라는 규정상 정관에 의한 결의요건의 가중·감경이 허용되는지 여부에 관하여 논란의 여지가 있다.

결의요건의 가중이 허용된다는 점에 대하여는 견해가 일치된다. 그러나 가중할 수 있는 한계에 관하여는, 단체의사결정의 보편적 원칙상 과반수출석과 출석의 3분의 2 이상의 찬성을 한도로 가중이 허용된다고 보는 견해도 있고, 특별결의요건이 보통결의요건가중의 한계라고 보는 견해가 있는데, 보통결의와 특별결의의 성격에 비추어 후자의 견해가 타당하다고 본다. 반면에 결의요건의 완화는 허용되지 않는다는 것이 다수의 견해이다.

4) 가부동수

가부동수(可否同數)의 경우에는 출석한 의결권의 과반수에 미치지 못하므로 그 의안은 부결된 것으로 보아야 한다. 가부동수시 의장이 결정하도록 하는 정관의 규정은 보통결의요건을 감경하는 것이므로 무효로 보아야 한다(통설).

(3) 특별결의

1) 특별결의요건

특별결의는 출석한 주주의 의결권의 3분의 2 이상의 수와 발행주식총수의 3분의 1 이상의 수로써 하여야 한다(434조). 발행주식총수의 3분의 1 이상이 출석하고, 그 출석한 주주의 의결권의 3분의 2 이상이 찬성하면 된다는 것이 아니다. 찬성주식수가 ⅰ) 발행주식총수의 3분의 1 이상이라는 요건과, ⅱ) 출석한 주주의 의결권의 3분의 2 이상이라는 요건을 동시에 충족하여야 한다. 상법의 주주총회 특별결의의 결의요건은 정관변경에 관한 제434조에서만 규정하고, 다른 경우에 관한 규정에서는 제434조를 준용한다.

2) 특별결의사항

특별결의는 주식의 분할, 주식매수선택권의 부여, 주식교환, 주식이전, 영업양도, 정관의 변경, 자본금감소, 회사의 해산, 합병, 분할 등의 경우에 필요하다.

3) 특별결의요건의 가중·감경

상법상 특별결의요건에 관하여는 보통결의와 달리 "정관에 다른 정함이 있는 경우를 제외하고는"이라는 규정이 없는데, 정관에 의한 특별결의요건의 가중·감경이 허용되는지 여부에 관하여, 상법상 보통결의요건과 별도로 특별결의요건이 규정된 것은 다수결의 남용을 방지하기 위한 것이므로 정관의 규정에 의한 결의요건의 감경은 허용되지 않는다는 것이 통설이다. 정관의 규정에 의한 결의요건의 가중에 대하여는, 1995년 상법개정 전과 같은 발행주식총수의 과반수출석과 그 3분의 2 이상의 찬성을 한도로 허용된다는 견해도 있으나, 보통결의요건과 달리 무제한적인 가중(즉, 주주전원의 동의를 요건으로 하는 경우)이 허용된다고 보는 것이 다수의 견해이다.

그러나 지분이 분산된 상장회사는 회사의 지배구조에 이해관계를 가지는 외부 주주들이 존재하므로 비상장회사와 달리 해석할 여지가 있다. 따라서 상장회사의 경우에는 특별결의요건을 주주 전원의 동의와 같이 극단적으로 강화하는 것은 허용되지 않는다고 해석되고, 그와 유사한 수준의 초다수결 요건도 제반 사정을 종합하여 그 허용 여부를 판단해야 할 것이다.

한편, 이사회가 적대적 기업인수 상황에서의 주주총회결의라고 인정하는 경우에는 이사의 해임, 정관변경 등의 특별결의사항은 물론 이사의 선임과 같은 보통결의사항에 대하여 결의요건을 초다수결 수준으로 가중한다는 규정을 정관에 둔 상장회사가 적지 않은데, 이사회가 결의요건의 가중 여부를 특별한 사정이 없이 임의로 결정할 수 있다는 규정이 유효한지에 대하여는 다툼의 여지가 있다.

하급심 판례 중에는 이사해임요건을 출석 주식수의 75% 이상, 발행주식총수의 50% 이상으로 강화하는 정관변경 사안에서 사실상 일부 주주에게 거부권을 주는 것과 마찬가지의 결과를 초래한다는 이유로 상법의 취지에 반한다고 판시한 사례가 있다(서울중앙지방법원 2008. 6. 2.자 2008카합1167 결정). 다만, 이 사건은 상장회사의 경영권 분쟁 과정에서 기존 경영진이 경영권 방어를 위하여 무리하게 정관변경을 시도한 사안이라 법원의 일반적인 기준인지 여부에 대하여는 논란의 여지가 있다.

(4) 특수결의

특수결의는 의결권 없는 주식을 포함하여 총주주의 동의를 요하는 결의이다.

1) 회사에 대한 책임 면제

상법 제399조에 따른 이사의 책임은 주주 전원의 동의로 면제할 수 있다(400조①).

2) 유한회사로의 조직변경

주식회사는 총주주의 일치에 의한 총회의 결의로 그 조직을 변경하여 이를 유한회사로 할 수 있다. 그러나 사채의 상환을 완료하지 아니한 경우에는 그렇지 않다(604조①).

(5) 기타 결의

1) 창립총회의 결의

출석한 주식인수인의 의결권의 3분의 2 이상이며 인수된 주식의 총수의 과반수에 해당하는 다수로 하여야 한다(309조).

2) 총주주의 동의

간이주식교환의 동의, 간이합병 및 간이회사분할합병의 동의는 총주주의 동의를 요하지만 서면동의도 가능하므로 총회결의사항이라고 볼 수는 없다.

완전자회사가 되는 회사의 총주주의 동의가 있거나 그 회사의 발행주식총수의 90% 이상을 완전모회사가 되는 회사가 소유하고 있는 때에는 완전자회사가 되는 회사의 주주총회의 승인은 이를 이사회의 승인으로 갈음할 수 있다(360조의9①). 이 경우 완전자회사가 되는 회사는 주식교환계약서를 작성한 날부터 2주 내에 주주총회의 승인을 얻지 아니하고 주식교환을 한다는 뜻을 공고하거나 주주에게 통지하여야 한다. 다만, 총주주의 동의가 있는 때에는 그렇지 않다(360조의9②).

(6) 총회결의요건 관련 불산입

1) 발행주식총수에 불산입하는 경우

총회의 결의에 관하여는 의결권배제·제한주식(344조의3①)·자기주식(369조②)·비모자회사간 의결권 없는 주식(369조③) 등의 수는 발행주식총수에 산입하지 않는다(371조①). 의결권이 부분적으로 제한되는 의결권제한주식은 의결권이 제한되는 의안에 관한 정족수 산정에 있어서 발행주식총수에 산입하지 않는다.

발행주식총수에 산입하지 않는다는 것은, 해당 주식이 발행되지 않은 것으로 본다는 의미이다. 따라서 출석한 주주의 의결권의 수에도 산입하지 않는다. 즉, 해당 주식은 보통결의 및 특별결의의 결의요건 중 분모인 출석한 주주의 의결권의 수와 발행주식총수에 모두 산입하지 않는다.

제371조제1항은 종류주식과 자기주식에 관하여 규정하는데, 자본시장법 등 특별법에 의하여 의결권이 제한되는 주식의 수도 상법 제371조제1항을 유추적용하여 발행주식총수에 산입하지 않아야 할 것이다.

상업등기선례에 의하면, 상법이 아닌 특별법에 따라 의결권을 행사할 수 없는 주식의 수도 상법 제368조제1항 또는 제434조의 발행주식총수나 출석한 주주의 의결권의 수에 산입하지 아니하며, 다만 회사의 정관에 상법상 의결정족수 요건에 추가하여 성립정족수 요건으로 발행주식총수의 일정한 수가 출석할 것을 규정한 경우에는 위 의결권을 행사할 수 없는 주식의 수는 성립정족수에 관한 발행주식의 총수에는 산입한다[상업등기선례 제201112-1호(2011. 12. 1.자 사법등기심의관-2947 질의회답).「독점규제 및 공정거래에 관한 법률」제11조에 따라 의결권을 행사할 수 없는 주식의 수에 관한 질의회답이다].

판례는 주주가 의결권 행사금지가처분을 받은 경우, 그 주주는 의결권을 행사할 수 없지만, 그가 가진 주식수는 주주총회 결의요건을 규정한 발행주식총수에는 산입된다는 입장이다.

> [대법원 1998. 4. 10. 선고 97다50619 판결]【주주총회결의취소】"주식 자체는 유효하게 발행되었지만 주식의 이전 등 관계로 당사자 간에 주식의 귀속에 관하여 분쟁이 발생하여 진실의 주주라고 주장하는 자가 명의상의 주주를 상대로 의결권의 행사를 금지하는 가처분의 결정을 받은 경우, 그 명의상의 주주는 주주총회에서 의결권을 행사할 수 없으나, 그가 가진 주식 수는 주주총회의 결의요건을 규정한 구 상법(1995. 12. 29. 법률 제5053호로 개정되기 전의 것) 제368조제1항 소정의 정족수 계산의 기초가 되는 '발행주식의 총수'에는 산입되는 것으로 해석함이 상당하다."

다만, 이 판례는 당사자 간에 주식의 귀속에 관하여 분쟁이 발생하여 진정한 주주라고 주장하는 자가 명의상의 주주를 상대로 의결권 행사금지가처분의 결정을 받은 경우에 관한 것이므로, 법률상 의결권 제한을 원인으로 하는 의결권 행사금지가처분의 경우에도 적용될지는 불분명하다.

2) 출석의결권수에 불산입하는 경우

총회의 결의에 관하여는 특별이해관계인으로서 행사할 수 없는 주식의 의결권 수(368조③)와, 감사선임의 경우(409조②·③), 상장회사의 감사 또는 사외이사 아닌 감사위원을 선임하거나 해임하는 경우(542조의12③), 상장회사가 사외이사인 감사위원을 선임하는 경우(542조의12④)에는 각각 의결권 없는 주식을 제외한 발행주식총수의 3%를 초과하는 주식으로서 행사할 수 없는 주식의 의결권 수는 출석한 주주의 의결권의 수에 산입하지 않는다(371조②). 그런데 감사·감사위원 선임의 경우 발행주식총수의 3%를 초과하는 주식이 발행주식총수에는 산입된다고 해석한다면 발행주식총수의 일정 비율 이상을 요구하는 결의요건을 충족할 수 없게 되는 문제가 있다. 예컨대, 주주 A가 30%의 지분을 소유한 경우 A를 포함하여 모두 50% 지분을 소유한 출석 주주 전원이 찬성하더라도 A가 행사할 수 있는 의결권은 3%이므로 발행주식총수의 25% 이상이라는 요건을 구비할 수 없어서 감사·감사위원의 선임이 불가능하다. 나아가 A가 78%를 초과하는 지분을 소유한 경우에는 어떠한 경우에도 감사·감사위원의 선임이 불가능하다. 이러한 결과는 감사 또는 감사위원회를 주식회사의 필요적 상설기관으로 규정하고 있는 상법의 기본 입장과 모순된다. 따라서 감사·감사위원의 선임에서 3% 초과 주식은 상법 제371조의 규정에 불구하고 상법 제368조제1항에서 말하는 '발행주식총수'에도 산입되지 않는 것으로 해석해야 한다(대법원 2016. 8. 17. 선고 2016다222996 판결).

특별이해관계인의 주식에 대하여도 감사·감사위원 선임에서 의결권이 제한되는 주식과 동일하게 '발행주식총수'에 산입하지 않는 것으로 보아야 한다. 만일 발행주식총수에는 산입된다고 해석하면 발행주식총수의 일정 비율 이상을 요구하는 결의요건을 충족할 수 없게 되기 때문이다. 이와 관련하여 법무부도 입법상의 미비를 인정하면서 입법적인 보완 전에는 특별이해관계인으로서 상법 제368조제3항에 따라 의결권을 행사할 수 없는 주식의 수도 제1항과 같이 발행주식총수에 산입하지 않는 것으로 해석한다는 입장이다.

3. 번복결의와 추인결의

종전 결의의 효력을 부정하기 위한 무효선언 또는 취소의 결의는 허용되지 않고, 장래의 효과를 위한 철회결의는 가능하다. 다만, 철회결의는 본래의 결의요건 이상의 결의요건을 갖추어야 한다(예컨대, 특별결의사항을 보통결의로 번복할 수 없다). 또한, 이사선임결의의 번복은 사실상 이사해임결의로 되는 결과이므로 허용되지 않고 반드시 이사해임결의를 거쳐야 한다.

무효인 결의나 부존재인 결의를 추인하는 것은 불가능하고, 무효·부존재임을 알고 추인결의 형식으로 한 결의는 동일한 의안에 대한 새로운 결의로 보아야 한다.

[민법 제139조(무효행위의 추인)] 무효인 법률행위는 추인하여도 그 효력이 생기지 아니한다. 그러나 당사자가 그 무효임을 알고 추인한 때에는 새로운 법률행위로 본다.

취소사유 있는 결의는 추인이 가능하고 추인결의에 의하여 종전의 결의가 소급적으로 유효하게 된다. 추인결의의 대상인 원래의 결의에 무효·부존재 사유가 있더라도 추인결의가 유효한 이상 무효·부존재확인을 구할 소의 이익은 없다.

4. 조건부결의

주주총회결의의 효력발생에 관한 조건을 포함하여 결의하는 것도 가능하다. 조건부결의의 예로는 주식매수청구권행사규모가 일정 한도 내일 것을 조건으로 정하거나 채권자보호절차가 필요한 합병, 분할 등의 경우에는 채권자들의 동의를 조건으로 정하는 경우 등이 있다. 이러한 결의는 정지조건부인 경우에는 조건성취시 효력이 발생하고, 해제조건인 경우에는 일단 효력이 발생하였다가 조건성취시 그 효력을 상실한다(民法 147조).

다만, 조건부결의는 허용되지 않는다는 견해도 있으므로, 계약의 승인을 위한 결의인 경우에는 결의의 효력에 대한 분쟁을 예방하기 위하여 계약 내용 자체에 효력발생 관련 조건을 명시적으로 포함시키고 주주총회에서는 해당 계약을 조건 없이 승인하는 결의를 하는 것이 바람직하다.

Ⅵ. 총회 종료 후 사무

1. 주주총회 의사록

(1) 작성절차

주주총회의 의사에 관하여 의사록이 작성되어야 하는데(373조①), 의장이 총회를 마친 후 지체 없이 작성하여야 하고, 만일 의장이 의사록 작성을 지체할 때에는 대표이사가 이를 작성한다(상장회사 표준주주총회 운영규정 제42조제1항·제2항). 의사록에는 의사의 경과요령과 그 결과를 기재하고 의장과 출석한 이사가 기명날인 또는 서명하여야 한다(373조②). 이사회 의사록과 달리 감사는 기명날인 또는 서명할 필요가 없다.

(2) 기재사항

의사록에 기재되는 사항은 ① 총회의 명칭 ② 총회개최 년월일과 개회시각 ③ 총회개최지와 장소 ④ 총주주수와 그 주식수(의결권 있는 주식은 별도 표시) 및 출석주주와 그 주식수 ⑤ 의장의 개회선언 ⑥ 의사진행요령과 결과(보고사항의 개요, 안건의 상정, 제안설명, 토론의 개요 및 표결방법과 결과) ⑦ 폐회선언 및 폐회시각 ⑧ 의사록 작성년월일 ⑨ 의장 및 출석이사의 기명날인 또는 서명 등이다.

(3) 기재방법

표결결과는 의안별로 보통결의와 특별결의의 요건에 맞추어 기재하여야 한다.

이사·감사의 선임에 있어 피선임자들이 즉석에서 그 취임을 승낙한다는 기재가 의사록에 없으면 선임 등기시 이들의 취임승낙서를 따로 제출해야 하는 등 번거로우므로 이를 기재토록 하는 것이 좋다.

상법상 이사는 사내이사·사외이사·기타비상무이사로 구분되므로, 새로 선임되는 이사가 이 중 어느 이사인지 명백히 구별되도록 의사록에 기재하여야 한다.

(4) 기명날인 또는 서명

주주총회가 개최될 당시 이사의 자격이 있는 자가 기명날인 또는 서명을 하는 것이 원칙이다. 따라서 이사 개선을 위한 주주총회의 경우 출석한 전임이사는 항상 기명날인 또는 서명을 하는 이사에 해당하고, 신임이사는 주주총회가 개최되고 있는 동안 취임승낙을 하면 전임이사와 함께 기명날인 또는 서명을 하는 이사에 해당한다. 신임이사의 임기를 주주총회 종결 이후로 정한 경우에는 해당 주주총회 의사록에 기명날인 또는 서명을 할 자격이 없다.

한편, 등기공무원은 형식적 심사권밖에 없으므로 주주총회 당시 전임이사가 출석을 하였는가 하는 것은 주주총회의 의사록에 의하여 판단할 수밖에 없고, 따라서 그 의사록에 전임이사가 출석하였다는 취지가 기재되어 있지 않은 한, 전임이사의 기명날인이 없는 의사록을 첨부하여 등기를 신청한 경우에도 이를 수리하여야 한다[상업등기선례 제1-74호(1994. 4. 1. 등기 3402-305 질의회답)].

주주총회의 의사록에 의장과 출석한 이사가 기명날인 또는 서명하지 않은 경우에도 주주총회 결의의 효력에는 영향이 없다.

한편, 실무상 기명날인자 또는 서명자 전원이 간인(間印)을 하기도 하는데, 간인은 사후변조를 예방하기 위한 것이므로 반드시 전원이 하지 않고 대표이사만 해도 무방하며, 나아가 간인이 전혀 없다 하더라도 주주총회 의사록의 효력에는 영향이 없다. 이사회 의사록도 마찬가지이다.

(5) 의사록 공증

주주총회 결의사항에 등기사항이 있는 경우에는 등기신청시 의사록을 첨부하여야 하고(商登則 128조②), 의사록에 대한 공증이 필요하다(公證人法 66조의2). 특히, 경영권 분쟁 기타 특별한 사정이 있어서 등기를 시급히 하여야 하는 경우에는 공증인 자격 있는 변호사가 주주총회를 참관한 후 의사록이 작성되면 바로 공증을 하기도 한다. 경영권 분쟁상황에서는 주주총회가 파행적으로 진행되는 결과 같은 날 서로 다른 이사에 대한 선임결의가 이루어지는 수도 있고, 이 경우에는 어느 한 쪽에서 먼저 등기신청을 하여 선임등기를 마치면 다른 쪽에서는 주주총회결의의 하자를 원인으로 하는 본안소송과 가처분(직무집행정지가처분)에 의하여 다투는 수밖에 없으므로 불리한 상황에 놓이게 된다. 따라서 등기신청을 먼저 하기 위하여 여러 가지 수단을 강구하고 심지어는 상대방 측의 등기신청을 방해하기 위하여 물리적인 힘으로 등기신청을 방해하기도 한다.

실무상 주주총회 속기록을 그대로 의사록의 내용으로 하는 경우도 있으나 주주총회 의사록을 총회 속기록으로 갈음할 수 없고, 특히 공증을 위하여 작성방법에 따른 의사록을 작성해야 한다. 공증을 하려면 의사록에 의장과 출석한 이사가 기명날인 또는 서명을 하여야 하는데, 출석 이사가 기명날인 또는 서명을 하기 곤란한 사정이 있거나 이를 거부하는 경우에는 다른 출석한 이사가 그 내용을 의사록에 기재하면 인증을 부여받을 수 있다.

━ **주주총회 의사록**

제○기 정기주주총회 의사록

☐ 일 시 : 20   년   월 일 오전 시 분
☐ 장 소 : 서울특별시 ○○구 ○○로 길(본사 사무실)
☐ 발행주식총수   주, 이 주주수   명
　　의결권있는 주식총수   주, 이 주주수   명
　　출석 주식수   주, 이 주주수   명

대표이사 사장 ○○○은 ○○시 정각에 정관에 따라 의장석에 등단하여 총회의 개회를 선언하다.

회순에 따라 국민의례에 이어 총무담당이사로부터 출석주주 및 주식수의 보고를 듣고 의장은 총회가 적법하게 성립되었음을 선포하다.

이어 의장은 인사말을 하고 회의의 목적사항 심의에 들어가다.

■ 보고사항

○ 감사의 감사보고

먼저 ○○○ 상근감사(또는 감사위원장)가 제○기 사업년도의 회계 및 업무감사 결과와 함께 오늘 주주총회에 제출된 의안 및 서류 모두 법령 또는 정관에 위반하거나 현저하게 부당한 사항은 없다고 감사보고를 하다.

○ 영업보고

이어 영업보고에 대하여 관리본주장인 ○○○ 전무가 설명하였던 바 주주 ○○○로부터 연구개발비 사용현황에 질문이 있어 그 사용내역을 설명하다.

■ 결의사항

제 1호 의안 재무제표[이익잉여금처분(결손금처리)계산서(안)] 승인의 건

의장이 위 안건을 상정하고 담당이사에게 설명을 구하자 출석주주들로부터 의안설명은 이미 배포된 유인물(별첨)로 대신하자는 의견이 있어 이에 따르다. 이에 의장이 위 의안에 대한 가부를 물은 즉 배당에 대하여 이의가 있는 다음 일부주주를 제외하고는 모두 찬성의 의사를 표시하다. 반대한 주주는 ○○○이고, 주식수는 ○○○주이다. 의장은 위 주식을 제외하고는 금일 출석한 모든 주주가 위 안건에 대하여 찬성하였으므로 제1호 의안이 원안대로 통과되었음을 선포하다.

제 2호 의안 정관 일부 변경의 건

의장은 당회사의 정관 제○조를 별지와 같이 변경하여야 할 이유를 설명하고 이의 승

인을 구하다. 의장은 출석주주들의 만장일치로 별지 원안대로 통과되었음을 선포하다.

　제 3호 의안 이사 선임의 건

　의장은 일부 이사의 임기 만료 등으로 기존 이사의 재선임 및 새로운 이사의 선임 필요성을 설명하고, 회사에서 송부한 이사 후보자에 대한 주주총회의 승인을 구하다. 이에 출석주주들 전원의 동의로 원안대로 가결하다. 피선임자들은 즉석에서 그 취임을 승낙하다.

　제 4호 의안 ……

　이어 의장은 이상으로서 금일의 의안심의를 모두 종료하였음을 고하고 오전 ○시 ○분 폐회를 선언하다.

　위 결의내용을 명백히 하기 위하여 의사록을 작성하고 의장 및 출석이사가 기명날인하다.

20 . . .

○○○ 주식회사　대표이사 ○○○ (인)

이사 ○○○ (인) 이사 ○○○ (인)

이사 ○○○ (인) 사외이사 ○○○ (인)

※ 첨부 : 의안설명서(안)

[상장회사 표준주주총회 운영규정 제42조(의사록의 작성)]
① 의장은 총회를 마친뒤 지체없이 총회의사록을 작성한다.
② 의장이 이를 지체할 때에는 대표이사가 이를 작성한다.

(6) 비치 및 공시

　이사는 주주총회 의사록을 본점·지점에 비치하여야 한다(396조①). 반면에 이사회의 의사록은 비치의무의 대상이 아니다(391조의3③). 주주와 회사채권자는 영업시간 내에 언제든지 의사록의 열람·등사를 청구할 수 있다(396조②). 이사회 의사록 열람·등사청구에 대하여는 회사는 주주의 청구가 부당하다는 이유를 붙여 거절할 수 있지만(391조④), 주주총회 의사록은 주주의 열람·등사 청구를 거절할 수 없다.

2. 후속 이사회

　주주총회를 개최한 후에는 결의사항의 후속처리를 위하여 이사회를 개최하게 된다. 이사의 개선에 따라 후임대표이사의 선임, 사내이사들 간의 업무분장, 보수한도 내에서 집행방법의 결정 등이 후속처리사항이 될 것이다.

대표이사가 개선되고 새로운 대표이사가 결정되지 않은 경우 누가 이사회 개최를 통지하고, 개최된 이사회에서 의장을 맡을 것인지는 대표이사 및 의장 유고 시 직무대행순서에 따르면 된다. 정관에 대표이사 및 의장 유고에 관한 규정이 없는 경우에는 사내이사 중 최고위 직급순, 직급이 같은 경우에는 연장자 순으로 정하는 등, 합리적인 방법에 의하여 처리하면 될 것이다.

3. 등기신청

주주총회에서 결의된 사항 중에 등기사항의 변동을 가져오는 것에 대하여는 본점 소재지에서는 2주간 이내, 지점 소재지에서는 3주간 이내에 변경등기를 해야 한다(317조④). 통상 주주총회 결의사항 중 변경등기를 해야 하는 사항은 이사·감사의 선임·퇴임, 대표이사 변경과 정관 변경에 따른 등기사항 등이 있다.

이사가 변경되어 등기할 경우 사내이사, 사외이사, 그 밖에 상무에 종사하지 아니하는 이사, 감사로 구분하여 성명과 주민등록번호를 등기하여야 한다(317조 ②·④). 정관 변경내용 중 회사의 사업목적, 상호, 본점 소재지, 공고방법이나 수권자본금(회사가 발행할 주식의 총수), 1주 금액의 변경 등이 있을 때에 변경등기를 해야 한다(317조②·④).

4. 배당등 주주들에 대한 결과의 통지

주주총회가 종료한 후 회사는 총회의 결과를 주주에게 통지해 주는 것이 바람직하다. 상법은 총회 결과의 통지에 대하여 별도로 정하고 있지 않다. 다만, 주식배당에 관한 결의가 있는 때에는 지체없이 배당을 받을 주주와 주주명부에 기재된 질권자에게 그 주주가 받을 주식의 종류와 수를 통지하도록 하고 있다(462조 의2⑤). 이에 따라 주식배당을 결의한 경우에는 이익배당에 관한 통지서와 영수증을 동봉하여 주주에게 통지하는 것이 일반적이다.

상장회사의 경우 총회 개최결과를 한국거래소 전자공시시스템을 통해 공시하도록 하고 있다.

— 주주에 대한 이익배당 통지서

【배당금 영수증 및 지급통지서 예시(현금배당의 경우)】

번호표 :

검인	
인장	
날인	
지급	

배 당 금 영 수 증 (현 금)

주주번호 :

배당금액(원)	원천징수세액(원)	질권금액(원)	질권설정주식수

상기 금액을   의 제○기 주식배당금으로 정히 영수함.

20   년   월   일

명의개서대리인 ○○○○

※ 질권설정 주식에 대한 배당금 수령은 질권자의 동의(기명날인)가 있는 경우에 한합니다.
※ 성명옆에 서명 또는 기명날인하여 주십시오.

배당금 지급 통지서(현금)

주주번호 :

        의 제○기 정기주주총회 결의에 의하여 아래와 같이 배당금을 지급하고자 하오니 수령하시기 바랍니다.(증권회사를 통하여 주식을 소유하고 있는 주주의 배당금은 거래증권회사 계좌에 자동입금됩니다)

종 류	배당률(%) 및 일수	주주명부 (주)	실질주주 명부(주)	원천징수세액(원)		지급내역(원)	
보통주	%			배당 소득세		배당금	
우선주	%			주민세		증세액 ( )	
1 신주	일			방위세		실질 금액	
2 신주	일			교육세			
3 신주	일						
4 신주	일						

지급기간 및 지급장소	부터	
	까지	
	부터	

제6장

특별결의와 주식매수청구권

I. 의   의

상법 제374조에 따른 결의사항(영업양도등)에 반대하는 주주(의결권이 없거나 제한되는 주주를 포함)는 주주총회 전에 회사에 대하여 서면으로 그 결의에 반대하는 의사를 통지한 경우에는 그 총회의 결의일부터 20일 이내에 주식의 종류와 수를 기재한 서면으로 회사에 대하여 자기가 소유하고 있는 주식의 매수를 청구할 수 있다(374조의2①). 이와 같이 주식매수청구권(appraisal right)은 영업양도·영업양수·합병·분할합병·주식교환·주식이전 등과 같이 주주의 이해관계에 중대한 영향을 미치는 일정한 의안이 주주총회에서 결의되었을 때, 그 결의에 반대하는 주주가 자신의 소유주식을 회사로 하여금 매수하게 할 수 있는 권리이다.

주주가 소유주식을 합병 등의 절차에서 다른 회사의 주식과 교환하거나 현금으로 받더라도 불공정한 평가를 기초로 하는 것보다는 공정하게 평가한 금액에 의하여 투자금을 회수할 수 있는 주식매수청구권이 주주를 보호하기 위한 확실한 방법이다. 회사나 지배주주의 입장에서도 주식매수청구권에 의하여 합병에 반대하는 주주를 배제할 수 있다는 면이 있으므로, 주식매수청구권은 지배주주와 소액주주의 이해관계를 조정하기 위한 제도라 할 수 있다.

상법상 명문의 규정이 없이는, 정관에서 정하고 있더라도 회사가 임의로 반대주주의 주식매수청구권을 인정할 수 없다(대법원 2007. 5. 10. 선고 2005다60147 판결). 특별결의사항이라고 하여 전부 주식매수청구권의 대상이 되는 것은 아니고, 정관

변경, 자본금감소, 회사분할, 회사의 해산 등의 경우에는 상법상 주식매수청구권이 인정되지 않는다. 회사분할의 경우에는 이론상 주주의 지위에 차이가 없으므로 주식매수청구권이 인정되지 않는다. 다만, 자본시장법 제165조의5제1항은 "주권상장법인이 상법 … 제530조의3(제530조의2에 따른 분할합병 및 같은 조 분할로서 대통령령이 정하는 경우만 해당한다)에서 규정하는 의결사항"이라고 규정함으로써 인적분할로서 분할에 의하여 설립되는 법인이 상장되지 아니하는 경우에는 주주의 지위가 변동될 수 있으므로 반대주주의 주식매수청구권을 인정한다.

II. 매수청구권자

1. 주주명부에 기재된 주주

주식매수청구권은 주주의 회사에 대한 권리이므로, 주주명부에 기재된 주주만이 이를 행사할 수 있다. 주주명의개서 정지기간(주주명부폐쇄 기간)중에 주식을 양수한 자는 주주명부에 주주로 기재될 수 없기 때문에 주식매수청구권이 인정되지 않는다. 따라서 주식매수청구권을 행사하려면 주주명부폐쇄기준일로부터 매수청구권행사일까지 주식을 계속 보유한 주주(그 주주의 포괄승계인은 포함하나 특정승계인은 불포함)이어야 한다.

자기주식에 대하여는 주식매수청구권이 인정되지 않고, 합병의 일방 당사회사가 보유하는 타방 당사회사의 주식에 관하여도 의결권의 불통일행사를 제한하는 상법 제368조의2 및 신의칙상 주식매수청구권을 행사할 수 없다고 보아야 한다. 우리사주조합원은 필요적 예탁기간(1년) 내라 하더라도 한국증권금융주식회사로부터 예탁된 우리사주를 인출하여 주식매수청구권을 행사할 수 있다(근로복지기본법 44조 및 동시행령 25조①4).

2. 상장회사 특례

상장회사의 경우 주식매수청구권을 행사할 수 있는 주식은 ⅰ) 반대 의사를 통지한 주주가 이사회결의 사실이 공시되기 이전에 취득하였음을 증명한 주식과,

ⅱ) 이사회결의 사실이 공시된 이후에 취득하였지만 이사회 결의 사실이 공시된 날의 다음 영업일까지 다음 각 호의 어느 하나에 해당하는 행위가 있는 경우(資令 176조의7①)에 해당함을 증명한 주식 등이다. 다음 날이 아니고 다음 "영업일"이므로, 합병에 대한 공시가 금요일에 있었다면 월요일에 매매계약이 체결된 주식에 대하여도 주식매수청구권이 인정된다.

> 1. 해당 주식에 관한 매매계약의 체결
> 2. 해당 주식의 소비대차계약의 해지
> 3. 그 밖에 해당 주식의 취득에 관한 법률행위

이러한 규제에 대하여 이사회결의 사실이 공시되었다고 하여 반드시 이를 알고 주식을 매수하였다고 볼 수 없고, 이를 알고 매수하였더라도 공시 후에 실제로 결의사항이 최종적으로 진행될지도 알 수 없으므로 과도한 규제라는 지적이 있는데, 주식매수청구권의 행사 외에 다른 동기에 의하여 주식을 매수하였으나 개인적 사정이나 시장의 상황이 달라져서 주식매수청구권을 행사하는 경우에도 공시 이후라는 주식매수시점을 일률적으로 권리행사의 허용 여부를 결정한다는 것은 불합리하므로 타당한 지적이라 할 수 있다.

3. 의결권 없는 주주

상법상 반대주주가 주주총회에 참석하여 결의에 반대하여야 하는 것은 요건이 아니므로, 의결권 없는 주주도 반대의사를 사전에 통지하면 주식매수청구권을 행사할 수 있다(통설). 그런데 의결권 없는 주주에게는 원칙적으로 주주총회의 소집통지를 할 필요가 없으므로(363조⑦ 본문), 반대의사의 사전통지를 할 기회를 상실할 가능성이 있다. 따라서 2015년 개정상법은 소집통지서에 적은 회의의 목적사항에 상법상 반대주주의 주식매수청구권이 인정되는 사항이 포함된 경우에는 의결권이 없거나 제한되는 주주에게도 주주총회의 소집통지를 하도록 규정한다(363조⑦ 단서, 資法 165조의5①).

III. 행사요건

1. 대상 결의

(1) 특별결의사항

영업양도 등(374조의2②), 주식교환·이전(360조의5①), 합병(522조의3), 분할합병(530조의3) 등의 경우에 반대주주의 주식매수청구권이 인정된다. 상장회사는 인적분할로서 분할에 의하여 설립되는 법인이 발행하는 주권이 증권시장에 상장되지 아니하는 경우(거래소의 상장예비심사결과 그 법인이 발행하는 주권이 상장기준에 부적합하다는 확인을 받은 경우를 포함한다)에도 반대주주의 주식매수청구권이 인정된다(자법 165조의5① 및 동 시행령 176조의7①). 영업의 중요한 일부의 양도의 경우 양도회사는 특별결의가 요구되나, 양수인은 회사의 영업에 중대한 영향을 미치는 다른 회사의 영업 일부의 양수만 특별결의사항이므로 회사에 미치는 중요성 여부에 따라 주식매수청구권 행사 여부가 달라진다.

한편, 주주총회결의를 거치지 않는 사항 중에서도 반대주주의 주식매수청구권이 인정되는 것으로, 간이합병(527조의2), 간이분할합병(530조의11②), 간이주식교환(530조의5②) 등이 있다. 회사분할의 경우에는 이론상 주주의 지위에 차이가 없으므로 주식매수청구권이 인정되지 않는다. 주식양도를 제한하는 정관변경의 경우 소수주주로서는 투하자본의 회수가 어려워지므로 주식매수청구권을 인정할 필요가 있는데 상법상 명문의 규정이 없으므로 이 부분은 입법적인 보완이 필요하다.

(2) 소집통지시 주식매수청구권의 내용 및 행사방법을 명시

주식매수청구권이 인정되는 사항에 관한 주주총회의 경우, 소집통지를 하는 때에는 주식매수청구권의 내용 및 행사방법을 명시하여야 한다(374조②). 자본시장법도 주권상장법인은 주식교환·이전, 영업양도 등, 합병, 분할합병, 분할(일부)에 관한 주주총회의 소집통지를 하거나, 간이주식교환 및 간이합병에 관한 통지·공고를 하는 경우에는 주식매수청구권의 내용 및 행사방법을 명시하여야 하고, 이 경우에는 의결권 없는 주주에게도 그 사항을 통지하거나 공고하여야 한다고 규정한다(資法 165조의5⑤). 회사가 주식매수청구권의 내용과 행사방법에 관한 통지를 하지 않은 이상, 총회 전 서면으로 합병결의에 반대하는 의사를 통지하지 않았고 총회에서도 합병에 반대하는 의사를 명백히 표하지 않은 채 기권을 한 주주도 주식매수청구권을 행사할 수 있다.

[서울고등법원 2011. 12. 9.자 2011라1303 결정] "갑 주식회사가 주주들에게 합병반대주주의 주식매수청구권에 관한 내용과 행사방법을 명시하지 않은 소집통지서를 발송하여 임시주주총회를 개최한 다음 을 주식회사와의 합병 승인 안건을 통과시켰는데, 총회 전 서면으로 합병에 반대하는 의사를 통지하지 않은 주주 병이 위 안건에 대하여 기권을 한 후 총회 결의일로부터 20일 내에 갑 회사에 내용증명을 발송하여 주식매수청구를 한 사안에서, 상법 제530조제2항에서 준용하는 같은 법 제374조제2항에 따른 주식매수청구권은 합병 등에 반대하는 소수주주를 보호하기 위한 규정으로서 일반 주주 입장에서는 회사가 주주총회의 소집통지를 하면서 주식매수청구권의 행사방법 등을 사전에 고지하여 주지 않을 경우 사실상 주식매수청구권을 행사하지 못할 가능성이 큰 점, 상법에서 반대주주가 주주총회 전에 회사에 대하여 서면으로 결의에 반대하는 의사를 통지하도록 한 취지는 합병을 추진하는 회사로 하여금 반대주주의 현황을 미리 파악하여 총회결의에 대비할 수 있게 하기 위함인데, 어차피 을 회사가 갑 회사 주식의 85% 가량을 보유하고 있어 합병결의 정족수를 채우는 데 아무런 문제가 없었던 점 등을 고려할 때, 甲 회사가 상법 제374조제2항에 따른 주식매수청구권의 내용과 행사방법에 관한 통지를 하지 않은 이상, 병은 총회 전 서면으로 합병결의에 반대하는 의사를 통지하지 않았고 총회에서도 합병에 반대하는 의사를 명백히 표하지 않은 채 기권을 하였다 하더라도 주식매수청구권을 행사할 수 있다."

2. 반대의사의 사전통지

(1) 의   의

주주총회 특별결의에 관한 이사회결의가 있는 경우 주식매수청구권을 행사할 수 있는 주주(의결권의 유무를 불문한다)는 주주총회 전에 회사에 대하여 서면으로 그 결의에 반대하는 의사를 통지하여야 한다(360조의5①, 374조의2①, 522조의3①). 이사가 1인인 소규모회사의 경우 이사회결의가 아닌 주주총회의 소집통지가 있는 때에 반대의사통지를 할 수 있다(383조④). 반대의사의 통지사실은 주주가 증명하여야 한다. 주주는 반대의사의 통지를 한 후에도 이를 철회하고 주주총회에서 찬성투표를 할 수 있으므로, 주식매수청구권행사 여부에 관한 입장이 확정되지 않은 경우에도 일단 반대의사의 통지를 하는 것이 유리하다.

(2) 반대의 대상인 결의

상법 제374조의2제1항은 "그 결의에 반대하는 의사"라고 규정하는데, 여기서 "그 결의"가 이사회결의를 가리키는지 주주총회결의를 가리키는지 명확하지 않지만, 제1항 서두에 "제374조의 규정에 의한 결의사항에 반대하는 주주는"이라고 되어 있고 제374조의 규정에 의한 결의사항은 주주총회 특별결의사항을 가리키므로 주주총회 특별결의에 반대하는 의사를 의미하는 것으로 해석된다.

다만, 자본시장법은 상법 제360조의3(주식교환)·제360조의9(간이주식교환)·제360조의16(주식이전)·제374조(영업양도)·제522조(합병)·제527조의2(간이합병) 및 제530조의3(제530조의2에 따른 분할합병 및 같은 조 분할로서 대통령령이 정하는 경우만 해당)에서 규정하는 의결사항에 관한 "이사회결의에 반대하는 주주(의결권이 없거나 제한되는 주주도 포함)"는 주주총회 전에 해당 법인에 대하여 서면으로 그 결의에 반대하는 의사를 통지한 경우에만 자기가 소유하고 있는 주식을 매수하여 줄 것을 해당 법인에 대하여 주주총회 결의일부터 20일 이내에 주식의 종류와 수를 기재한 서면으로 청구할 수 있다고 규정한다(資法 165조의5①).

(3) 통지방법

통지서면의 방법이나 기재사항에 대해서는 특별한 규정이 없으므로, 자신이 주주라는 점과 주식의 종류·수 및 그 의안에 반대한다는 뜻이 기재되면 충분하다. 주주명부상의 주주는 회사로 직접 통지하여야 하지만, 주식을 예탁한 실질주주는 해당 예탁자를 통하여 통지하면 된다. 전자증권제도를 채택한 회사의 주주는 계좌관리기관을 통하여 통지하면 된다.

주권상장법인의 경우, 통상은 주주총회소집통지서와 함께 우송하는 주식매수청구권 행사안내서의 하단에 반대의사통지서 양식이 포함되어 있으므로 그 양식을 절취하여 주주번호·주주명·소유주식의 종류 및 수 등과 주주의 주소·주민등록번호·연락전화번호와 함께 기명날인하여 우송하면 된다. 통지는 회사 본점의 주식담당자에게 우송하면 되지만, 지점에 대해 한 경우 일반적으로 지점은 그 영업소로서의 성격상 이를 수령할 권한을 갖지 않으므로 그 통지가 인정되지 않고, 지점이 이를 본점에 송부하면 그 도달시에 통지된 것으로 해석한다.

(4) 통지기간

주주총회 전에 통지하여야 하므로 통상은 주주총회 전일까지 통지하겠지만, 주주총회 당일이라도 주주총회개회 전에 통지하면 유효한 통지로 보아야 한다. 이 사전통지는 회사로 하여금 영업양도·회사합병 등에 반대하는 주주의 수 등의 현황을 파악하게 하여 주주총회결의에 대비하고 매수준비를 갖추게 하는 예고적 의미를 가진다. 통지는 주주총회개최 전에 회사에 도달하여야 한다(民法 111조①).

3. 주주총회 참석·반대의 요부

주식매수청구권은 회사가 합병·영업양도 등 회사의 존립에 관한 기본적인 변경사항을 의결하는 경우에 이에 반대하는 군소주주가 당해 법인에 대하여 자기가 소유하는 주식을 매수해 줄 것을 요청하는 주주보호 장치로서, 반대주주가 주주총회에 참석하여 반대하는 것은 요건이 아니다. 오히려 반대주주가 주주총회에서 해당 의안에 반대함으로써 의안의 가결이 곤란하게 될 수도 있으므로, 회사의 입장에서는 반대주주의 총회 참석을 요구할 이유가 전혀 없다. 다만, 반대통지를 한 주주도 주주총회에 참석하여 해당 의안에 대하여 몰랐던 사정을 알게 될 수도 있고, 이러한 경우 주주는 반대의사를 철회하고 해당 의안에 찬성투표를 할 수 있다. 이 경우에는 반대의사의 철회로 보아야 하므로 주식매수청구권을 행사할 수 없다. 반대주주가 주주총회에 출석하지 않더라도 그 주주의 의결권은 반대표에 가산해야 한다는 견해도 있으나, 현행 상법상 주주가 주주총회에 출석하지 않고 의결권을 행사할 수 있는 방법은 서면투표와 전자투표만 인정되기 때문에, 반대통지를 한 주주의 의결권수를 반대투표한 의결권수에 포함시킬 수는 없다. 또한 반대주주의 의결권수는 출석한 주주의 의결권수에서 제외된다. 이에 따라 반대주주의 의결권수가 전체 의결권수의 3분의 1을 초과하는 경우에도 해당 의안의 가결이 가능하다. 따라서 발행주식총수의 65%에 해당하는 의결권을 가진 주주가 반대의사를 통지하고 주주총회에 출석하지 않은 경우에도 나머지 35%에 해당하는 의결권을 가진 주주들이 특별결의사항을 가결시킬 수 있다. 의안에 반대하는 주주의 의결권이 훨씬 많은데도 의안이 가결되므로 이상한 결과로 보이지만, 반대의사를 통지한 주주는 주주총회의 의안 자체를 부결시키려는 목적보다는(만일

부결시키려는 목적이 있었다면, 반대통지에 불구하고 주주총회에서 반대투표를 하면 된다), 의안이 가결되면 주식매수청구권을 행사하겠다는 의사를 가지고 있었다고 볼 수 있으므로, 반대주주의 의사에 반한 결의라고 볼 수는 없다.

4. 주주총회결의

반대주주의 주식매수청구권이 인정되려면 반대의 대상인 결의가 성립하여야 한다. 예컨대 주주총회의 승인이 없는 경우 합병무효사유가 인정되는데, 무효인 합병을 전제로 주식매수청구권의 행사를 인정하는 것은 타당하지 않고, 또한 총회의 결의일부터 20일 이내에 주식의 종류와 수를 기재한 서면으로 회사에 대하여 자기가 소유하고 있는 주식의 매수를 청구할 수 있으므로 총회의 결의가 없으면 이러한 요건의 충족도 곤란하다.

5. 회사의 해산과 주식매수청구권

영업양도의 결의와 함께 회사해산의 결의를 하는 경우에도 반대주주의 주식매수청구권을 인정할지에 관하여는 논란의 여지가 있다. 우선 주식매수청구권을 인정한다면, 주주가 회사채권자보다 우선하여 출자를 회수하는 결과가 되어 회사채권자의 이익을 해칠 염려가 있다는 문제가 있다. 그러나 다른 한편으로는 지배주주가 부당한 조건의 영업양도의 결의와 함께 회사해산의 결의를 하는 경우에 반대주주의 주식매수청구권을 인정하지 않는다면, 반대주주는 공정한 주식가격에 상응하는 잔여재산의 분배를 받을 수는 없다는 문제가 있다.

Ⅳ. 매수청구

1. 매수청구권자

회사에 대하여 주주로서의 권리를 행사할 수 있는 주주로서(의결권이 없거나 제한되는 주주도 포함), 사전에 당해 회사에 대하여 서면으로 반대의사를 통지한 주주가 주식매수청구권자이다. 주주명부상의 주주 또는 실질주주만이 매수청구를 할 수 있다.

주식매수청구권을 행사할 수 있는 주주는 반대의사의 통지시부터 매수청구시까지 주주의 지위를 유지하여야 한다. 대상 이사회 결의가 기준일이나 주주명부폐쇄기간 초일 이후에 이루어진 경우에는 기준일이나 주주명부폐쇄기간 초일부터 주주지위를 유지하여야 한다. 상장회사의 경우 대상 이사회 결의가 기준일이나 주주명부폐쇄기간 초일 이전에 이루어진 경우에는 원칙적으로 이사회 결의가 공시되기 이전부터 주주의 지위를 유지하여야 한다. 동일한 주주가 반대통지와 매수청구를 하여야 하므로, 반대의사를 통지한 후 주식을 매도하였다가 다시 동일 수량을 매수한 주주는 주식매수청구권이 인정되지 않는다.

2. 대상이 되는 주식

영업양도나 회사합병 등에 반대하는 주주는 "자기가 소유하고 있는 주식"의 매수를 청구할 수 있는데, "자기가 소유하고 있는 주식"은 총회 전의 반대통지, 총회에서의 반대, 매수청구의 각 단계에서 변동 없이 동일성이 인정되어야 한다. 또한 주주총회에서 전량의 주식으로써 반대하였더라도 매수청구 자체는 일부 주식에 대하여서만 하는 것도 인정된다. 주주명부폐쇄 후 주주총회 전에 주식이 양도되면 양도인은 주주총회에서의 의결권은 있지만 주식을 이미 양도하였으므로, 양수인은 주주명부폐쇄 후 주식을 양수하여 주주총회에서의 의결권이 없으므로 양자 모두 주식매수청구권을 행사할 수 없다.

3. 매수청구의 시기와 방법

반대의사를 통지한 주주는 총회의 결의일부터 20일 이내에 주식의 종류와 수를 기재한 서면으로 회사에 대하여 자기가 소유하고 있는 주식의 매수를 청구할 수 있다(360조의5①, 374조의2①, 資法 165조의5①).

상법 제360조의9(간이주식교환)에 따른 완전자회사가 되는 회사의 주주와, 상법 제527조의2(간이합병)에 따른 소멸하는 회사의 주주의 경우에는 상법 제360조의9 제2항 및 제527조의2제2항에 따른 공고 또는 통지를 한 날부터 2주가 경과한 날

부터 20일을 기산한다. 20일의 기간은 제척기간인데, 매수청구기간을 단기간으로
제한한 것은 항상 주가가 변동하는 것과 관련하여 매수인 측과 매도인 측의 이해
가 상이하기에 이들의 법률관계를 신속히 처리함으로써 주주 쌍방 및 회사경영의
불안한 상태를 제거하기 위한 것이다.

V. 매수가액의 결정

1. 협의가액

주식의 매수가액은 주주와 회사 간의 협의에 의하여 결정한다(374조의2③).
주주와 회사 간의 협의방법에 관하여 현행법이 정하는 바가 없어서 개별협의나
단체협의가 모두 가능하다.

2. 법원의 결정

(1) 의   의

매수청구기간이 종료하는 날부터 30일 이내에 주주와 회사 간에 매수가액에
대한 협의가 이루어지지 아니한 경우, 회사 또는 주식의 매수를 청구한 주주는
법원에 대하여 매수가액의 결정을 청구할 수 있다(374조의2④). 반대주주는 총회
의 결의일부터 20일 이내에 주식매수청구를 할 수 있고, 매수청구기간 종료일로
부터 30일 이내에 매수가액에 대한 협의가 이루어지지 아니한 경우, 회사 또는
주주가 법원에 매수가액결정을 청구할 수 있으므로, 결국 총회의 결의일로부터
50일 경과 후에 법원에 매수가액결정을 청구할 수 있다. 법원이 주식의 매수가액
을 결정하는 경우에는 회사의 재산상태 그 밖의 사정을 참작하여 공정한 가액으
로 이를 산정하여야 한다(374조의2⑤).

(2) 주식가치평가의 요소

1) 시장가치

시장가치의 산정방법으로는, ⅰ) 실제의 거래가격을 기준으로 산정하는 방법, ⅱ) 매출액·순자산가치·당기순이익 등의 규모가 비슷한 기업의 주식평가결과를 기준으로 산정하는 방법(대법원 2006. 11. 24.자 2004마1022 결정), ⅲ) 업종의 특성에 맞추어 일정한 승수(multiplier)를 곱하여 산정하는 방법 등이 있다.

ⅱ)의 방법은 적절한 유사기업을 선정할 수 없는 경우도 있다. ⅲ)의 방법은 업계에서 일반적으로 통용되는 승수가 없으면 적용이 곤란하다. ⅰ)의 방법은 상장주식의 경우에는 매우 유용하고 객관적인 정확성이 인정되나, 비상장주식의 경우에는 거래가격의 정확성이 담보되지 않는다. 결국 시장가치는 해당 주식이 거래되는 정규시장이 존재하지 않으면 주식가치 산정에 반영하기 곤란하다. 따라서 비상장주식의 평가에 관한 상속세 및 증여세법 시행령 제54조는 일반법인의 경우 1주당 순자산가치와 순손익가치에 의하여 주식을 평가하되, 순자산가치와 순손익가치의 가중비율을 2 : 3으로 규정한다. 즉, 1주당 주식평가액은 [(1주당 순자산가치×2＋1주당 순손익가치×3)/5]이다. 반면에 부동산과다보유법인의 가중비율은 3 : 2이다.

2) 순자산가치

순자산가치는 총자산에서 총부채를 공제하여 산정하고, 이를 발행주식총수로 나누면 1주당 순자산가치이다. 순자산가치는 장부가액을 기준으로 하거나 시가를 기준으로 산정하는데, 후자가 보다 정확할 것이다. 순자산가치는 객관적인 자료에 의하여 산정할 수 있다는 장점이 있지만, 청산가치(liquidation value)로 본다면 연구개발능력·영업능력·영업권 등과 같은 무형의 가치는 적절하게 반영되기 곤란하다는 문제가 있다. 이러한 문제는 순자산가치를 계속기업가치(going concern value)로 파악하면 어느 정도는 해결된다. "비상장법인의 순자산가액에는 당해 법인이 가지는 영업권도 당연히 포함된다."라는 판례도 이를 전제로 하는 것이라 할 수 있다.

3) 수익가치

수익가치는 기업의 미래수익을 적정한 할인율(discount rate)로 할인하여 현재

가치를 산정하는 방법이다.

할인대상은 미래의 영업이익·순이익·현금흐름(cash flow) 등이 있으며 현금
흐름할인법이 많이 사용된다.

장래에도 계속 성장할 것으로 예상되는 기업의 주식가격은 기준시점 당시 당
해 기업의 순자산가치 또는 과거의 순손익가치를 기준으로 하여 산정하는 방법보
다는 당해 기업의 미래의 추정이익을 기준으로 하여 산정하는 방법이 그 주식의
객관적인 가치를 반영할 수 있는 보다 적절한 방법이라는 것이 판례의 입장이다
(대법원 2005. 6. 9. 선고 2004두7153 판결).

수익가치는 이론적으로는 가장 정확하게 기업가치를 나타내는 것이지만 미
래의 수익을 추정하는 방법을 전제로 하는 것이므로 객관성이 부족하다는 문제가
있는데, 당해 기업의 미래의 추정이익을 기준으로 주식가격을 산정하고자 할 경
우 미래의 추정이익은 그 기준시점 당시 당해 기업이 영위하는 산업의 현황 및
전망, 거시경제전망, 당해 기업의 내부 경영상황, 사업계획 또는 경영계획 등을
종합적으로 고려하여 산정하여야 할 것이다(대법원 2005. 6. 9. 선고 2004두7153 판결).

이와 관련하여 과거 영업실적이나 현재 상태에 비추어 특별히 미래의 수익가
치가 현재의 수익가치를 현저히 초과하여 현재의 수익가치로는 기업의 수익가치
를 제대로 반영할 수 없다고 볼 만한 사정이 존재하지 않는다는 이유만으로 상속
세 및 증여세법 시행령 제54조제1항, 제56조제1항 규정에 따라 수익가치를 산정
한 것은 위법하다는 판례도 있다(대법원 2006. 11. 24.자 2004마1022 결정).

(3) 산정방법

1) 정상거래가격

해당 주식에 관하여 "객관적 교환가치가 적정하게 반영된 정상적인 거래의
실례"가 있으면 그 거래가격을 시가로 보아 주식의 매수가액을 정한다(대법원
2005. 4. 29. 선고 2005도856 판결; 대법원 2005. 10. 28. 선고 2003다69638 판결). "정상적
인 거래"는 수요와 공급이 정상적으로 작동되는 시장에서의 거래를 의미한다. 다
만, 객관적 교환가치가 적정하게 반영된 정상적인 거래의 실례가 있더라도, 거래
시기, 거래 경위, 거래 후 회사의 내부사정이나 경영상태의 변화, 다른 평가방법
을 기초로 산정한 주식가액과의 근접성 등에 비추어 위와 같은 거래가격만으로

비상장주식의 매수가액을 결정하기 어려운 경우에는 위와 같은 거래가액 또는 그 거래가액을 합리적인 기준에 따라 조정한 가액을 주식의 공정한 가액을 산정하기 위한 요소로 고려할 수 있다[대법원 2006. 11. 23.자 2005마958, 959, 960, 961, 962, 963, 964, 965, 966 결정(비상장주식의 매수가격결정에 있어서 가장 대표적인 판례이다. 대우전자는 원래 상장회사였으나 영업양도를 위한 이사회 결의일 약 6개월 전에 주권상장이 폐지되었다)]. 그리고 회사의 발행주식을 회사의 경영권과 함께 양도하는 경우 그 거래가격은 주식만을 양도하는 경우의 객관적 교환가치를 반영하는 일반적인 시가로 볼 수 없다(대법원 2006. 11. 24.자 2004마1022 결정).

2) 산정가격정상거래가격이 없는 경우

㈎ 의   의

위와 같은 "객관적 교환가치가 적정하게 반영된 정상적인 거래의 실례"가 없으면, 비상장주식의 평가에 관하여 보편적으로 인정되는 시장가치방식·순자산가치방식·수익가치방식 등 여러 가지 평가방법을 활용하여 공정한 가액을 산정한다. 만일 객관적 교환가치가 적정하게 반영된 정상적인 거래의 실례에 이를 정도는 아니지만 거래의 실례가 있다면 그 거래가격도 산정요소의 하나로 반영해도 될 것이다. 판례의 취지는 위와 같은 거래가격이 없으면 시장가치·순자산가치·수익가치 등을 종합적으로 반영하여 주식가치를 산정하라는 것이지 해당 주식의 거래의 실례를 반드시 배제하라는 것은 아니기 때문이다.

비상장주식의 평가방법을 규정한 관련 법규들은 그 제정 목적에 따라 서로 상이한 기준을 적용하고 있으므로, 어느 한 가지 평가방법이 항상 적용되어야 한다고 단정할 수는 없고, 당해 회사의 상황이나 업종의 특성 등을 종합적으로 고려하여 공정한 가액을 산정하여야 한다. 결국 시장가치·순자산가치·수익가치 등을 종합적으로 반영하여 비상장주식의 매수가액을 산정하는 경우, 당해 회사의 상황이나 업종의 특성, 개별 평가요소의 적정 여부 등 제반 사정을 고려하여 각 평가요소를 반영하는 비율을 각각 다르게 정하여야 한다(대법원 2006. 11. 24.자 2004마1022 결정; 대법원 2005. 4. 29. 선고 2005도856 판결; 대법원 2005. 10. 28. 선고 2003다69638 판결). 예컨대 방송·통신·IT회사 등의 경우에는 미래 수익가치를 중시하여야 할 것이다[은평정보통신 주식회사와 은평방송의 합병 사례 참조(대법원 2006. 11. 24.자 2004마1022 결정)].

(나) **구체적 산정사례**

가) **단순평균방식**　　　시장가치·순자산가치·수익가치를 단순평균하여 산정하는 방식을 채택하고, 부실금융기관인 제일은행의 자산가치와 수익가치를 모두 0으로 정하여 결국 시장가치의 3분의 1로 주식매수가격을 산정한 판례도 있다(서울지방법원 1999. 7. 28.자 99마204 결정).

나) **수익가치 배제방식**　　　대우전자의 영업양도에 따른 주식매수가격결정 사건에서, 주식매수가액 산정시 수익가치를 배제하고 시장가치와 순자산가치만으로 산정하였다(대법원 2006. 11. 23.자 2005마958, 959, 960, 961, 962, 963, 964, 965, 966 결정).

이 사건에서 제1심법원(서울서부지방법원)은 시장가치, 순자산가치, 수익가치를 각 2 : 1 : 1의 비율로 가중평균하여 매수가액을 산정하였다. 항고심(서울고등법원)은 영업양수도 이후 수익이 있을 수 없다는 이유로 수익가치를 제외하고 시장가치, 순자산가치를 1 : 1의 비율로 적용하여 매수가액을 산정하였다.

이에 대하여 대법원은 수익가치를 배제한 것은 부적절하다고 지적하면서도, 미래의 수익가치를 산정할 객관적인 자료가 제출되어 있지 않거나, 수익가치가 다른 평가방식에 의한 요소와 밀접하게 연관되어 있어 별개의 독립적인 산정요소로서 반영할 필요가 없다는 점을 들어 원심을 유지하였다.

다) **수익가치 가중방식**　　　드림시티방송과 은평방송의 합병에 따른 주식매수가격결정사건에서, 원심이 시장가치·순자산가치·수익가치를 각 21,640원, 1,386원, 0원으로 평가하고 3요소 중 특별히 어느 요소를 가중할 근거를 발견할 수 없다는 이유로 이를 단순히 산술평균하여 은평방송 주식의 매수가액을 7,803원으로 산정하였다(서울서부지방법원 2004. 3. 24.자 2001파41 결정).

그러나 대법원은 순자산가치에 영업권의 가액(약 96억원)이 포함되지 않았고, 업종(유선방송사업)의 특성상 대규모 시설투자 후에는 추가비용이 크게 들지 아니하므로 수익가치가 주식가치를 평가하는 데 중요한 요소임에도 불구하고 이를 0으로 하여 단순평균하였다는 이유로 원심결정을 파기하였다(대법원 2006. 11. 24.자 2004마1022 결정).

3) **거래로 인한 영향**

거래로 인한 시너지효과에 의하여 상승하는 주식가치는 공정한 가액 결정시 반영되지 않는 것으로 보는 것이 일반적인 견해이다. 거래로 인한 영향을 배제하는 이유는 거래에 반대하면서 주식매수청구권을 행사하는 주주가 거래로 인한 불이익을 받지 않는 것처럼 거래로 인한 이익도 받을 수 없기 때문이다. 예컨대 합병발표가 시장주가에 미치는 영향을 배제하기 위하여 발표 전 날의 주가를 기준으로 매수가액을 산정한 하급심판례도 있다(서울고등법원 2008. 1. 29.자 2005라878 결정).

대법원은 거래로 인한 영향을 받기 전의 시점을 기준으로 수익가치를 판단하여야 한다는 입장이다(대법원 2006. 11. 23.자 2005마958, 959, 960, 961, 962, 963, 964, 965, 966 결정). 소수주주의 보호를 위하여 시너지효과를 배제하지 않는 경우, 시너지효과의 산정과 산정된 시너지효과의 배분기준을 정하는 것은 실제로는 매우 어려운 문제일 것이다.

(4) 상장회사의 매수가격 결정

1) 협의가격

주식의 매수가격은 주주와 해당 법인 간의 협의로 결정한다(資法 165조의5③). 주주와 회사 간의 협의방법에 관하여 현행법이 정하는 바가 없어서 개별협의나 단체협의가 모두 가능하지만, 회사가 모든 반대주주들과 협의하는 것은 비현실적이므로 실무상으로는 회사가 법령에 의하여 산정된 매수가액을 제시하고 반대주주가 주식매수청구권 행사시 이에 대한 이의 여부를 표시하도록 한다. 구체적으로 주권상장법인은 예컨대 합병의 경우 합병신고서에 자본시장법 시행령 규정에 의한 법정매수가격을 "협의를 위한 회사의 제시가격"을 기재하고, "합병 당사 법인이나 매수를 청구한 주주가 그 매수가격에 반대하는 경우에는 법원에 대하여 그 매수가격의 결정을 청구할 수 있음"을 주석에 기재한다. 따라서 실제로는 회사와 개별주주 간의 협의에 의하여 개별적인 매수가격을 정하는 것이 아니라, 주식매수청구를 한 주주가 회사가 제시한 하나의 매수가격에 응할지 여부를 결정하게 되므로, 협의가격이 주주별로 달라지는 경우는 없게 된다.

2) 법정 매수가격

협의가 이루어지지 아니하는 경우의 매수가격은 이사회 결의일 이전에 증권시장에서 거래된 해당 주식의 거래가격을 기준으로 하여 대통령령으로 정하는 방법에 따라 산정된 금액으로 한다(資法 165조의5③ 단서). 대법원 2011. 10. 13.자

2009마989 결정도 같은 취지이다.

대통령령으로 정하는 방법은 다음과 같다(資令 176조의7③).

1. 증권시장에서 거래가 형성된 주식은 다음과 같은 방법에 따라 산정된 가격의 산술평균가격
   가. 이사회 결의일 전일부터 과거 2개월(같은 기간 중 배당락 또는 권리락으로 인하여 매매기준가격의 조정이 있는 경우로서 배당락 또는 권리락이 있은 날부터 이사회 결의일 전일까지의 기간이 7일 이상인 경우에는 그 기간)간 공표된 매일의 증권시장에서 거래된 최종시세가격을 실물거래에 의한 거래량을 가중치로 하여 가중산술평균한 가격
   나. 이사회 결의일 전일부터 과거 1개월(같은 기간 중 배당락 또는 권리락으로 인하여 매매기준가격의 조정이 있는 경우로서 배당락 또는 권리락이 있은 날부터 이사회 결의일 전일까지의 기간이 7일 이상인 경우에는 그 기간)간 공표된 매일의 증권시장에서 거래된 최종시세가격을 실물거래에 의한 거래량을 가중치로 하여 가중산술평균한 가격
   다. 이사회 결의일 전일부터 과거 1주일간 공표된 매일의 증권시장에서 거래된 최종시세가격을 실물거래에 의한 거래량을 가중치로 하여 가중산술평균한 가격
2. 증권시장에서 거래가 형성되지 아니한 주식은 자산가치와 수익가치를 가중산술평균한 가액(資令 176조의5①2나)

3) 법원결정가격

협의를 이루지 못한 해당 법인이나 매수를 청구한 주주가 법정 매수가격에 대하여도 반대하면 법원에 매수가격의 결정을 청구할 수 있다(資法 165조의5③ 단서). 법원은 상장회사의 경우 원칙적으로 시장주가를 참조하여 매수가격을 산정하여야 한다는 것이 판례의 입장이다.

㈎ 원   칙

㉮ 시장주가기준   일반적으로 주권상장법인의 시장주가는 유가증권시장에 참여한 다수의 투자자가 법령에 근거하여 공시되는 당해 기업의 자산내용, 재무상황, 수익력, 장래의 사업전망 등 당해 법인에 관한 정보에 기초하여 내린 투자판단에 의하여 당해 기업의 객관적 가치가 반영되어 형성된 것으로 볼 수 있고, 주권상장법인의 주주는 통상 시장주가를 전제로 투자행동을 취한다는 점에서 시장주가를 기준으로 매수가격을 결정하는 것이 당해 주주의 합리적 기대에 합치하는 것이므로, 법원은 원칙적으로 시장주가를 참조하여 매수가격을 산정하여야 한다.

나) 구체적 산정방법   다만, 이처럼 시장주가에 기초하여 매수가격을 산정하는 경우라고 하여 법원이 반드시 자본시장법 시행령 제176조의7제3항에서 정한 산정 방법 중 어느 하나를 선택하여 그에 따라서만 매수가격을 산정하여야 하는 것은 아니고, 법원은 공정한 매수가격을 산정한다는 매수가격 결정신청사건의 제도적 취지와 개별 사안의 구체적 사정을 고려하여 이사회 결의일 이전의 어느 특정일의 시장주가를 참조할 것인지, 또는 일정기간 동안의 시장주가의 평균치를 참조할 것인지, 그렇지 않으면 자본시장법 시행령 제176조의7제3항에서 정한 산정 방법 중 어느 하나에 따라 산정된 가격을 그대로 인정할 것인지 등을 합리적으로 결정할 수 있다.

결국 시장주가가 비정상적이라고 볼만한 특별한 사정이 없으면 법원결정가격은 법정매수가격 수준에서 결정될 것이다.

⑷ **객관적 가치에 따른 예외**

가) 객관적 가치 반영 기준   당해 상장주식이 유가증권시장에서 거래가 형성되지 아니한 주식이거나 시장주가가 내부자거래나 시세조종 등 시장의 기능을 방해하는 부정한 수단에 의하여 영향을 받는 등으로 당해 주권상장법인의 객관적 가치를 제대로 반영하지 못하고 있다고 판단되는 경우에는, 시장주가를 배제하거나 또는 시장주가와 함께 순자산가치나 수익가치 등 다른 평가요소를 반영하여 당해 법인의 상황이나 업종의 특성 등을 종합적으로 고려한 공정한 가액을 산정할 수 있다.

나) 객관적 가치 반영의 판단   그러나 순자산가치뿐만 아니라 계속기업으로서의 수익가치도 반영되는 시장주가가 정상기업에 비해 낮게 형성되고 그 시장주가가 주당 순자산가치에 상당히 못 미친다는 사정만으로 시장주가가 그 기업의 객관적 가치를 반영하지 못하고 있다거나 거래 이외의 부정한 요인에 의하여 그 가격형성이 왜곡되었다고 볼 수 없다는 판례가 있다.

[대법원 2011. 10. 13.자 2008마264 결정] "원심은, 주권상장법인인 사건본인이 2001. 4. 16.부터 2004. 1. 10.까지 회사정리 절차 중에 있었던 관계로 그 주식의 시장가치가 저평가되어 있는 것으로 보이는 점, 위와 같이 회사정리절차가 진행되는 동안 사건본인의 주식이 유가증권시장에서 관리대상종목에 편입됨으로써 주식의 거래에 다소의 제약을 받고 있었던 점 등 제반 사정을 종합하여 보면, 그 시장가치만을 가지고 이 사건 주식의 객관적 교환가치를 파악하기는 어렵다고 할 것이므로 이 사건 주식의 매수가격은 시장가치 외에 순자산가치 등 가능한 다른 요소도 고려하여 산정하여야 할 것이라고 전제한 다음, 구 증권거래법 시행

령 제84조의9제2항을 준용하되 산정기준일을 합병계획 발표일 전날인 2004. 1. 12.로 하여 산정한 1주당 시장가치 2,593원과 위 산정기준일 현재의 순자산가액 503,839,259,319원을 발행주식 총수 55,648,975주로 나눈 1주당 순자산가치 9,053원을 산술평균한 5,823원을 이 사건 주식의 매수가격으로 산정하였다. 앞서 본 법리에 의하면, 법원이 주권상장법인의 주식에 대한 매수가격을 결정하는 경우 오로지 구 증권거래법 시행령 제84조의9제2항제1호에서 정한 어느 하나의 산정 방법에만 따라야 한다는 사건본인의 재항고이유 주장은 받아들이기 어렵다. 그러나 원심이 이 사건에서 시장가치만으로 이 사건 주식의 객관적 교환가치를 파악하기는 어렵다고 보아 순자산가치를 매수가격 산정에 반영하여야 한다고 본 점은 다음과 같은 이유에서 수긍하기 어렵다. 먼저 기업이 회사정리절차에 들어간 것은 그 기업의 재무상황이 채무를 더 이상 변제할 수 없는 상황이었기 때문이므로, 시장의 투자자들이 그러한 기업의 시장가치를 정상기업에 비하여 낮게 평가하는 것은 그 기업의 재무상황이 반영된 정상적인 주가반응이라고 할 것이다. 그리고 회사정리절차에 있는 기업은 채무의 감면과 대주주 소유 주식의 무상소각 및 소수주주 주식의 병합에 의한 감자 등으로 주당 순자산가치가 다소 높게 산정될 수 있으나 여전히 회생가능성에 대한 시장의 의구심이 존재하고 정상기업보다 수익창출력이 떨어지는 것이 보통일 것이므로, 순자산가치뿐만 아니라 계속기업으로서의 수익가치도 반영되는 시장주가가 정상기업에 비해 낮게 형성되고 그 시장주가가 주당 순자산가치에 상당히 못 미친다는 사정만으로 시장주가가 그 기업의 객관적 가치를 반영하지 못하고 있다거나 거래 이외의 부정한 요인에 의하여 그 가격형성이 왜곡되었다고 볼 수 없다. 다음으로 어떠한 기업의 주식이 관리종목으로 지정되었더라도 신용거래 대상에서 제외되며 대용증권으로 활용될 수 없을 뿐이므로 그러한 사정만으로는 그 시장주가가 당해 기업의 객관적 가치를 반영하지 못할 정도의 거래의 제약이 있다고 보기 어렵고, 기록상 달리 사건본인의 주식이 관리대상종목에 편입됨으로써 위와 같은 정도의 거래의 제약을 받았다는 사정을 찾아볼 수 없다. 그럼에도 불구하고 원심은 앞서와 같은 이유만을 들어 상장법인인 사건본인의 이 사건 주식에 관한 시장주가가 이 사건 주식의 객관적 교환가치를 제대로 반영하고 있지 않다고 단정하여 시장가치 외에 순자산가치까지 포함시켜 이 사건 주식의 매수가격을 산정하여야 한다고 판단하였으니, 여기에는 상장법인 주식의 매수가격 결정 기준에 관한 법리를 오해하여 결정에 영향을 미친 위법이 있다. 이 점을 지적하는 사건본인의 이 부분 재항고이유 주장에는 정당한 이유가 있다"(同旨: 대법원 2011. 10. 13.자 2009마989 결정).

VI. 주식매수청구권행사의 효과

1. 매매계약의 성립

상법은 매매계약체결시기에 관하여는 명문의 규정을 두지 않지만, 주식매수청구권은 형성권이므로 주주의 주식매수청구권 행사와 동시에 매매계약성립의 효과가 발생한다는 것이 통설·판례의 입장이다.

2. 주식대금 지급의무의 이행기

비상장회사는 매수청구기간이 종료하는 날부터 2개월 이내에 그 주식을 매수하여야 한다(374조의2②). 상장회사(주권상장법인)는 매수청구기간이 종료하는 날부터 1개월 이내에 해당 주식을 매수하여야 한다(資法 165조의5②).

위 2개월(주권상장법인은 1개월) 기간이 주식대금 지급의무의 이행기인지, 아니면 매수가액 협의기간인지 법문상으로 명확하지는 않다. 통설은 반대주주의 주식매수청구권은 형성권이고 또한 매매가격을 유보한 매매계약의 성립도 가능하다는 점에서 주주의 주식매수청구권 행사와 동시에 주주와 회사 사이에서 주식매매계약이 체결되는 것이고, "매수하여야 한다."라는 문구상 2개월(주권상장법인은 1개월)을 주식대금 지급기간으로 해석한다.

판례도, "상법 제374조의2제2항의 회사가 주식매수청구를 받은 날부터 2월은 주식매매대금 지급의무의 이행기를 정한 것이고, 이는 2개월 이내에 주식의 매수가액이 확정되지 아니하였다고 하더라도 다르지 아니하다."라는 입장이다[대법원 2011. 4. 28. 선고 2010다94953 판결(5년간 연 6%의 상사법정이율에 의한 지연손해금 지급의무가 인정된 사건이다)].

3. 주식 이전시기

주식매수청구권은 형성권이므로 반대주주가 주식매수청구를 하면 회사의 승낙과 관계없이 매매계약이 성립한다(대법원 2011. 4. 28. 선고 2009다72667 판결). 그런데 주주가 주식매수청구를 하면 회사는 반드시 그 주주의 주식을 매수하여야 하지만, 주주가 매수청구를 한 때에 주식이 당연히 이전하고 회사는 매매대금지급의무만 부담하는 것인지 상법상 명확하지 않다.

형성권의 행사에 의하여 법률관계가 발생한다는 것은 당사자 간에 권리·의무관계가 발생하는 것을 의미하고, 그에 따른 권리변동은 법정 요건에 따라서 의무의 이행이 완료되어야 이루어진다고 보아야 한다. 따라서 회사가 주주에게 주식대금을 지급하는 때에 주식이 이전하고 주주도 주주 지위를 상실한다.

4. 지연손해금

회사가 매수청구를 받은 날부터 2개월(주권상장법인은 1개월)의 매수기간 내에 주식대금을 지급하지 않는 경우에는 이행지체(民法 387조①)에 해당하게 되고, 따라서 이 매수기간 경과 후에는 이행지체로 인한 지연손해금을 지급하여야 한다. 금전채무의 불이행으로 인한 손해배상액의 산정은 법정이율에 의하는 것을 원칙으로 하고, 법령의 제한에 위반하지 아니한 약정이율에 의하면 그 약정이율에 의한다(民法 397조①). 따라서 회사가 주주에게 배상할 지연손해금은 법정이율에 의하여 산정하고, 이때의 법정이율은 상사법정이율인 연 6%이다(54조).

회사의 주식대금 지급의무와 주주의 주권교부의무는 동시이행관계에 있으므로, 회사는 주주가 주권교부의무를 이행하거나 이행을 제공하기 전에는 회사의 주식대금의 지급의무의 이행을 지체한 것이 아니므로 지연손해금을 지급할 의무가 없다(대법원 2011. 4. 28. 선고 2010다94953 판결, 영업양도에 반대하는 주주들의 주권이 금융기관에 예탁되어 있었는데 반대주주들이 주식매수청구권을 행사하면서 회사가 공정한 매매대금을 지급함과 동시에 언제든지 자신들이 소지하고 있는 주권을 인도하겠다는 취지의 서면을 회사에 제출한 사안에서, 반대주주들이 주식매수청구권을 행사한 날부터 2월이 경과하였을 당시 회사에 주식매수대금 지급과 동시에 주권을 교부받아 갈 것을 별도로 최고하지 않았더라도 주권교부의무에 대한 이행제공을 마쳤다고 보아 회사의 동시이행 항변을 배척한 원심판단을 수긍한 사례).

다만, 반대주주가 소유하는 주식이 예탁결제원에 예탁된 경우 또는 전자증권제도를 채택하여 전자등록기관에 등록된 경우에는 주식매수청구 자체에 주식이전의 확정적 의사표시가 포함되어 있으므로 주식매수청구를 하면서 별도로 이행제공을 할 필요가 없다.

영업양도에 반대하는 주주들의 주식매수청구권을 행사하면서 회사가 공정한 매매대금을 지급함과 동시에 언제든지 자신들이 소지하고 있는 주권을 인도하겠다는 취지의 서면을 회사에 제출한 경우, 반대주주들이 주식매수청구권을 행사한 날부터 2월이 경과하였을 당시 회사에 주식매수대금 지급과 동시에 주권을 교부받아 갈 것을 별도로 최고하지 않았더라도 주권교부의무에 대한 이행제공을 마쳤다고 보아 회사의 동시이행 항변을 배척한 판례도 있다.

[대법원 2011. 4. 28. 선고 2010다94953 판결] "원고들의 주권은 모두 원고들에게 교부되지 않은 상태로 원고들이 주식매수청구권을 행사하기 이전부터 계속하여 피고가 주권을 새로 발행하면서 명의개서대리인으로 선임한 주식회사 국민은행(이하 '국민은행'이라 한다)에 예탁되어 있었고, 원고들이 주식매수 청구권의 행사를 통하여 피고가 공정한 매매대금을 지급함과 동시에 언제든지 자신들이 소지하고 있는 주권을 인도하겠다는 취지의 서면을 피고에게 제출하였으며, 원고들은 주식매수청구권의 행사 당시 피고로부터 주식매수대금 지급의 이행제공을 받기만 하면 피고의 업무를 대행하면서 원고들의 주권을 직접 점유하고 있던 국민은행을 통하여 지체 없이 피고에게 원고들의 주권을 교부할 수 있는 상태였고, 피고 역시 마찬가지로 원고들의 주권을 손쉽게 교부받을 수 있는 상태였던 점을 고려하면, 원고들로서는 주식매수청구권을 행사한 2004. 3. 16. 또는 2004. 3. 25.부터 2월이 경과하였을 당시에 비록 피고에게 별도로 주식매수대금 지급과 동시에 주권을 교부받아 갈 것을 최고하지 않았다 하더라도 주권 교부의무에 대한 이행제공을 마쳤다는 취지로 판단하여, 원고들의 주권 교부의무가 이행되지 아니 하여 주식매수대금을 지급할 수 없었다는 피고의 동시이행의 항변을 배척하였다. 앞에서 본 법리에 비추어 볼 때 원심의 이러한 조치는 정당한 것으로 수긍이 가고, 거기에 이 부분 상고이유로 주장하는 바와 같은 동시이행에 관한 법리오해 등의 위법이 없다."

반대주주들이 법원의 주식매수가액 결정에 대하여 항고 및 재항고를 거치면서 상당한 기간이 소요되었다는 사정만으로 지연손해금에 관하여 감액이나 책임제한을 할 수 없다.

[대법원 2011. 4. 28. 선고 2010다94953 판결] "영업양도에 반대하는 주주들이 주식매수청구권을 행사하였으나 2월의 매수기간 내에 주식대금을 지급하지 않은 회사에 지체책임을 인정한 사안에서, 반대주주들이 주식매수가액 결정에서 자신들의 희망 매수가액을 주장하는 것은 상법에 의하여 인정된 권리이고, 법원의 주식매수가액 결정에 대하여 항고 및 재항고를 하는 것 역시 비송사건절차법에 의하여 인정되는 권리이므로, 반대주주들이 위와 같은 권리를 남용하였다는 특별한 사정이 인정되지 않는 한 반대주주들이 법원의 주식매수가액 결정에 대하여 항고 및 재항고를 거치면서 상당한 기간이 소요되었다는 사정만으로 지연손해금에 관하여 감액이나 책임제한을 할 수 없다." (반대주주의 권리남용이 인정되지 않은 사안이다).

물론 법원의 매수가액 결정 과정에서 "주주의 권리남용이 인정되는 경우에는" 산정된 지연손해금에 관하여 회사도 감액이나 책임제한을 주장할 수 있다(대법원 2011. 4. 28. 선고 2010다94953 판결의, "반대주주들이 위와 같은 권리를 남용하였다는 특별한 사정이 인정되지 않는 한"이라는 판시에 비추어, "권리를 남용하였다는 특별한 사정이 인정"되는 경우에는 지연손해금의 감액이나 책임제한이 가능하다).

Ⅶ. 관련 문제

1. 자익권과 공익권

(1) 배당금지급청구권·신주인수권 등의 자익권

회사가 주주에게 주식대금을 지급하는 때에 주식이 이전하고 주주도 주주 지위를 상실하지만, 매수청구를 한 주주가 주식대금을 지급받기 전에 이익배당이나 신주발행이 행하여지는 경우, 매수청구한 주주에게는 배당금지급청구권이나 신주인수권 등의 자익권을 인정할 필요가 없다. 협의에 의하든 법원의 산정에 의하든 결정된 주식매수가액에는 이미 이러한 이익배당금이나 신주인수권 등의 가치가 포함되었다고 보아야 하기 때문이다. 그러나 주식매수청구권이 철회되거나 실효된 경우에는 대금지급청구권과 지연이자지급청구권이 소멸하는 대신 주주로서의 이익배당청구권과 신주인수권 등이 부활한다.

(2) 의결권 등의 공익권

의결권 등은 합병무효의 소·결의취소의 소 등의 주주의 소권이 매수청구된 주식과 관련되는 수도 있고 매수대금이 지급되기까지는 소권과 같이 의결권 등의 사원권적 권리를 자기의 매수청구권과 관련시켜 행사하는 경우도 있다. 그리고 의결권은 공익권으로서 회사의 이익을 위하여 행사되는 면도 있으므로 매수청구한 주주도 주식대금을 지급받기 전에는 의결권이 인정된다 할 것이다.

2. 주식매수청구권과 채무초과

통상의 경우에는 회사가 그 자신의 채무초과 상태를 초래하면서까지 주식매수청구에 응하지 않겠지만, 회사가 해당 거래를 반드시 성사시켜야 할 사정이 있거나, 일부 주주와 회사 간의 결탁에 의하여 주식매수청구권을 행사함으로써 출자를 환급해가는 경우가 있을 수 있다. 이는 회사채권자의 권리가 주주의 권리에 우선하여야 한다는 회사법상의 기본원리에 반하는 것이다. 이러한 경우 회사채권자를 보호하기 위한 절차로서 합병의 경우와 같이 채권자보호절차가 있는 경우가 있지만, 영업양도와 같이 채권자보호절차가 없는 경우에는 회사가 주주의 주식매수청구에 응함으로써 채무초과에 이르게 되면 회사채권자가 피해를 입게 된다.

입법론상으로는 영업양도의 경우에도 합병과 같은 채권자보호절차를 규정하는 것이 바람직하지만, 현행 규정상 회사채권자로서는 적법한 주주총회결의에 의하여 승인받은 영업양도를 금지시킬 수 있는 방법은 없다. 다만, 주식매수로 인하여 초래되는 채무초과의 상태가 심각한 경우에는, 회사채권자가 이를 이유로 주식매수금지 가처분 또는 주식매수청구권행사금지 가처분신청을 할 수 있다. 「채무자 회생 및 파산에 관한 법률」의 합병, 분할·분할합병, 주식교환, 주식이전 등에 관한 특례에 의하면, 각각의 경우에 관한 상법상 주식매수청구권 규정이 적용되지 않는다. 이는 주주보다 회생채권자·회생담보권자를 우선적으로 보호하기 위한 것이다.

3. 주식매수청구권의 철회·실효

(1) 주주의 철회

주식매수청구권은 주주의 권리이며, 그 행사 여부는 주주의 자유이므로 주식매수청구권 행사기간 내에는 회사에 대한 포기의 의사표시로써 주식매수청구를 철회할 수 있다. 그러나 주주가 주식의 매수를 청구한 후에도 철회할 수 있는지에 관하여 논란이 있는데, 형성권은 일단 행사되면 특별한 규정 내지 이유가 없는 한 일방적인 철회가 금지된다고 해석되므로 주주가 주식의 매수를 청구한 후에는 일방적인 철회는 불가능하고 회사의 동의를 얻어야 철회할 수 있는 것이 원칙이다. 그러나 일반적으로 회사의 입장에서는 매수대금의 부담을 덜기 위하여 행사기간경과 후의 철회에 동의하고 있다. 그러나 대금을 지급받은 후에는 회사의 동의가 없는 한 철회가 불가능하다.

한편, 현실적으로는 주식매수청구를 한 주주는 회사가 매매대금을 지급하기 전에는 주권을 소지하므로 주식매수가격보다 높은 가격을 받고 매도할 기회가 있으면 회사의 동의 없이도 이를 처분할 수 있다. 이 경우 회사로서는 주주의 이러한 처분행위에 대하여 무효를 주장할 수는 없고 매매계약상의 채무 불이행을 이유로 손해배상만을 청구할 수 있다.

(2) 회사의 철회

회사가 영업양도·합병 등을 해제하거나 철회하는 결의를 하고 그 절차를 중단하면 주식매수청구권은 실효한다. 주식매수청구의 원인이 없어졌기 때문이다. 주식매수청구권이 철회되거나 실효된 때에는 주주는 종전의 지위를 유지한다.

(3) 판결에 의한 무효

합병·분할합병·주식교환·주식이전 등의 무효소송에서 무효판결이 확정되더라도 판결의 소급효가 제한되므로, 장래에 행하여서만 실효된다. 따라서 판결확정 당시 아직 매수대금이 지급되지 않았으면 매수청구의 실효로 종결되고, 만일 매수대금이 지급되었다면 판결의 소급효 제한으로 이미 이루어진 주식매수에는 영향이 없다. 만일 원고 전원에게 매수대금이 지급되었다면 원고들은 주주의 지위를 상실하므로 당사자적격의 흠결로 소가 각하될 것이다. 그러나 원고 중 일부만이 당사자적격을 상실한 상태에서 합병무효판결이 선고되는 경우, 합병무효판결은 이미 매수대금을 지급받아 당사자적격을 상실한 원고에게도 효력이 미치지만(대세적 효력), 판결의 소급효 제한으로 주주는 대금을 반환할 필요가 없다. 영업양도·영업양수의 경우에는 상법상 이에 관한 별도의 소가 규정되어 있지 아니하므로 주주총회결의 취소·무효확인의 소를 제기하여야 하고, 결의 취소·무효확인판결은 소급효가 제한되지 아니하므로 이미 주식매수가 완료되었더라도 원상회복을 하여야 한다.

4. 주식매수청구권의 박탈

회사정리나 화의절차개시를 위하여 재산보전처분 결정이 내려진 경우에는 주식매수청구권의 행사가 제한될 수 있다. 법원이 임시주주총회를 소집하지 않고 재산보전관리인이 직권으로 영업양도를 승인하도록 하면, 주주들이 반대의사를 표시할 기회를 잃게 되어 주식매수청구권도 자동적으로 인정되지 않게 된다.

5. 매수주식의 처리

주주의 주식매수청구권 행사에 의하여 자기주식을 취득한 회사는 자기주식의 보유 여부를 자유롭게 결정할 수 있다. 다만, 상장회사의 경우 주주의 주식매수청구권 행사에 의하여 매수한 주식은 대통령령으로 정하는 기간(資令 176조의7④: 해당 주식을 매수한 날부터 5년) 이내에 처분하여야 한다(資法 165조의5④).

6. 주식매수청구권 규정 위반과 거래의 무효

반대주주에게 주식매수청구권의 행사기회를 부여하지 않은 것은 원칙적으로 해당 거래(합병·분할합병·주식교환 등)의 무효사유로 보아야 한다. 반대주주로서는 회사가 주식매수청구절차에서 반대주주의 주식을 매수하는 것을 기대하였기 때문에 주주총회에 참석하여 거래의 승인안건에 대한 반대투표를 하지 않은 것이고, 만일 회사가 주식매수청구권을 부인할 것을 알았다면 적극적으로 주주총회에 참석하여 승인안건에 대하여 반대투표를 하였을 것이기 때문이다. 따라서 회사가 상법상 주식매수청구절차를 밟지 아니한 경우에는 거래의 무효사유가 된다고 보아야 할 것이다.

다만, 이러한 거래는 다수의 이해관계인이 있고 고도의 거래안전이 요구되므로, 주주가 회사 또는 제3자에게 주식을 양도하는 등의 방법으로 투하자본을 회수한 경우에는 하자의 보완에 의한 재량기각판결(189조)이 선고될 가능성이 클 것이다(대법원 2010. 7. 22. 선고 2008다37193 판결).

7. 금융지주회사법상 특례

금융지주회사를 설립(금융지주회사등이 자회사 또는 손자회사를 새로 편입하는 경우를 포함)하거나 기존 자회사·손자회사의 주식을 모두 소유하기 위한 주식교환·주식이전에 관하여 상법의 규정을 적용함에 있어서 상법 제360조의5제1항(반대의사를 통지한 주주의 주식매수청구기간)·제2항 중 "20일"은 각각 "10일"로, 상법 제360조의10 제5항 중 "주식교환에 반대하는 의사를 통지한 때에는"은 "주식교환에 반대하는 의사를 제4항의 통지·공고의 날부터 7일 이내에 통지한 때에는"으로, 상법 제374조의2제2항(회사의 매수기간)중 "2월 이내에"는 "1월 이내에"로 본다(同法 62조의2②).

금융지주회사를 설립하거나 기존 자회사·손자회사의 주식을 모두 소유하기 위한 주식교환·주식이전에 반대하는 주주와 회사간에 주식 매수가격에 관한 협의가 이루어지지 아니하는 경우의 주식 매수가격은 다음과 같이 산정된 금액으로 한다(同法 62조의2③).

1. 당해 회사가 주권상장법인인 경우: 주식교환계약서의 승인 또는 주식이전승인에 관한 이사회의 결의일 이전에 증권시장에서 거래된 당해 주식의 거래가격을 기준으로 대통령령이 정하는 방법에 따라 산정된 금액
2. 당해 회사가 제1호외의 회사인 경우: 회계전문가에 의하여 산정된 금액. 이 경우 회계전문가의 범위와 선임절차는 대통령령으로 정한다.

금융지주회사를 설립하거나 기존 자회사·손자회사의 주식을 모두 소유하기 위하여 주식교환·주식이전을 하는 회사 또는 주식매수를 청구한 주식수의 30% 이상을 소유하는 주주가 산정된 주식의 매수가격에 반대하는 경우, 당해 회사 또는 주주는 매수를 종료하여야 하는 날의 10일 전까지 금융위원회에 그 매수가격의 조정을 신청할 수 있다(同法 62조의2④).

금융위원회가 조정한 매수가격은 조정을 신청하지 않은 모든 주주에게 적용된다는 것이 금융위원회의 유권해석인데(2013년 외환은행과 하나금융지주 간의 주식교환사례), 타당성은 의문이다.

Ⅷ. 주식매수가액결정 신청

1. 의   의

합병 등의 반대주주에게 주식매수청구권이 인정되는 경우, 반대주주의 주식매수청구권의 경우에도 주식매수가액은 주주와 회사 간의 협의에 의하여 결정한다(530조, 374조의2③). 매수청구기간이 종료하는 날부터 30일 이내에 주주와 회사 간에 매수가액에 대한 협의가 이루어지지 아니한 경우, 회사 또는 주식의 매수를 청구한 주주는 법원에 대하여 매수가액의 결정을 청구할 수 있다(530조, 374조의2④). 그리고 주권상장법인은 협의를 이루지 못한 해당 법인이나 매수를 청구한 주주가 법정 매수가격에 대하여도 반대하는 경우에 법원에 매수가격의 결정을 청구할 수 있다(資法 165조의5③ 단서). 주식매수가액결정 신청사건은 비송사건절차법 제86조의2의 적용대상이지만, 다른 비송사건과 달리 대립당사자(주주와 회사) 간의 쟁송

성이 있으므로 소송사건의 성격이 강하다.

주권상장법인의 경우, 주식의 매수가격은 주주와 해당 법인 간의 협의로 결정하고(資法 165조의5③), 협의가 이루어지지 아니하는 경우의 매수가격은 이사회 결의일 이전에 증권시장에서 거래된 해당 주식의 거래가격을 기준으로 하여 대통령령으로 정하는 방법(資令 176조의7③)에 따라 산정된 금액(법정매수가격)으로 하고, 협의를 이루지 못한 해당 법인이나 매수를 청구한 주주가 법정 매수가격에 대하여도 반대하면 법원에 매수가격의 결정을 청구할 수 있다(資法 165조의5③ 단서).

2. 사건본인

주식매수가액결정 신청사건에는 비송사건절차법이 적용되므로 매수청구의 상대방인 회사는 사건본인으로 표시된다.

3. 신청원인

신청원인에 대하여는 반대주주의 주식매수청구 부분에서 설명하였다.

4. 신청절차

(1) 신청기간

주식매수가액결정신청기간에 대하여 상법이나 비송사건절차법에는 아무런 제한이 없는데, 상법 제374조의2제2항에서 규정하는 2개월(회사의 매수기간) 내에 신청하여야 한다는 견해가 있다. 그러나 위 2개월은 주식대금 지급기간이므로 주식매수가액결정신청을 반드시 이 기간중에 해야 하는 것은 아니다. 주식매수청구권을 행사하는 순간 이미 매매계약은 성립하였고 신청기간에 대하여 법에 아무런 제한규정이 없는데, 매수가액결정을 위한 최종절차마저 제한되면 주식매매계약의 이행이 곤란하기 때문이다. 그리고 설사 신청기간에 대한 규정이 있고 매매계약이 성립한 이상 반대주주가 신청기간이 경과한 후에 회사를 상대로 매매계약의 이행을 청구하는 소송을 제기하면 법원이 적정한 매매대금을 정하여 이행판결을 선고하여야 할 것이다.

(2) 관   할

주식매수가액결정사건은 본점소재지의 지방법원합의부의 관할로 한다(非訟法 72조①).

5. 재   판

(1) 이해관계인의 진술 청취

법원은 상법 제335조의5 및 그 준용규정에 의한 주식매수가액의 산정이나 결정 또는 제374조의2제4항 및 그 준용규정에 의한 주식매수가액의 결정에 관한 재판을 하기 전에 주주와 매수청구인 또는 주주와 이사의 진술을 들어야 한다(非訟法 86조의2①).

(2) 병   합

수개의 신청사건이 동시에 계속한 때에는 심문과 재판을 병합하여야 한다(非訟法 86조의2②).

(3) 재판과 불복

주식매수가액의 결정신청은 서면으로 하여야 하고, 신청에 대한 재판은 이유를 붙인 결정으로써 하여야 하고, 법원은 재판을 하기 전에 이사의 진술을 들어야 하고, 재판에 대하여는 즉시항고를 할 수 있고, 항고는 집행정지의 효력이 있다(非訟法 86조의2③, 86조).

(4) 주 문 례

합병반대주주의 주식매수청구권에 관한 주식매수가격결정의 통상의 주문례는(소멸회사의 주주가 매수가액결정을 청구하는 경우), "사건본인 A 주식회사로 흡수합병된 B 주식회사의 주주들이 B 주식회사에게 매수를 청구한 B 주식회사 발행주식의 매수가액을 1주당 ○○○○원으로 정한다"이다(서울서부지방법원 2004. 3. 24.자 2001파41 결정).

제 7 장

주주총회 주요 보고·결의사항

Ⅰ. 보고사항

1. 영업보고

(1) 의　　의

영업보고서는 재무제표가 아니고 주주총회에 보고할 서류이다(449조②). 대차대조표, 손익계산서는 회사의 현황을 숫자로 표시하고, 영업보고서는 숫자로 표시할 수 없는 내용을 설명하는 보고서이다.

(2) 주주총회 보고

주주총회 배부서류로 영업보고서가 포함된다. 이에 따라 실무에서는 대표이사인 의장이 인사말 작성시 영업보고서 내용을 요약하여 포함시키고, 별도의 영업보고는 생략하는 것이 일반적이다. 일부 회사에서는 주주들이 이해하기 쉽도록 프리젠테이션 형식으로 영업보고를 하기도 한다.

(3) 영업보고서 기재사항

영업보고서에는 대통령령이 정하는 바에 의하여 다음과 같은 영업에 관한 중요한 사항을 기재하여야 한다(447조의2②), 令 17조).

1. 회사의 목적 및 중요한 사업내용, 영업소·공장 및 종업원의 상황과 주식·사채의 상황
2. 그 영업연도에 있어서의 영업의 경과 및 성과(자금조달 및 설비투자의 상황을 포함)
3. 모회사와의 관계, 자회사의 상황 그밖에 중요한 기업결합의 상황
4. 과거 3년간의 영업성적 및 재산상태의 변동상황
5. 회사가 대처할 과제
6. 그 영업연도에 있어서의 이사·감사의 성명, 회사에 있어서의 지위 및 담당업무 또는 주된 직업과 회사와의 거래관계
7. 상위 5인 이상의 대주주(주주가 회사인 경우에는 그 회사의 자회사가 보유하는 주식을 합산), 그 보유주식수 및 회사와의 거래관계와 회사의 당해 대주주에 대한 출자의 상황
8. 회사, 회사 및 그 자회사 또는 회사의 자회사가 다른 회사의 발행주식총수의 10%를 초과하는 주식을 가지고 있는 경우에는 그 주식수 및 그 다른 회사의 명칭과 그 다른 회사가 가지고 있는 회사의 주식수
9. 중요한 채권자, 채권액 및 당해 채권자가 가지고 있는 회사의 주식수
10. 결산기 후에 생긴 중요한 사실
11. 그 밖에 영업에 관한 사항으로서 중요하다고 인정되는 사항

(4) 작성 절차 및 비치

이사는 매결산기에 영업보고서를 작성하여 이사회의 승인을 받아야 한다(447조의2①). 이사는 정기총회회일의 6주 전에 재무제표와 영업보고서를 감사에게 제출하여야 한다(447조의3).

이사는 정기총회회일의 1주 전부터 재무제표·영업보고서·감사보고서 등을 본점에 5년간, 그 등본을 지점에 3년간 비치하여야 한다(448조①).

2. 감사보고

(1) 의   의

감사보고서는 회사의 회계와 영업에 대한 감사의 감사의견을 기재한 보고서이다. 정기총회에서는 결산이 예정되어 있으므로 감사보고를 하여야 한다.

(2) 주주총회 보고

주주총회 배부서류에는 일반적으로 영업보고서와 함께 감사보고서도 포함된다. 감사는 주주총회에서 감사보고서를 그대로 낭독한다. 감사보고의 순서는 보통 총회에 제출된 서류 및 의안이 법령등에 위반되었는지에 대하여도 의견을 진술하여야 하여야 하므로 의장의 인사말 다음에 이루어진다. 감사가 출석하지 않은 경우 주주총회의 효력에는 원칙적으로 영향이 없으며 출석하지 못한 사유에 따라 감사의 책임만이 문제된다. 이는 감사보고서를 감사가 아닌 다른 사람이 낭독한 경우에도 동일하다.

(3) 감사보고서 기재사항

감사보고서에는 다음의 사항을 적어야 한다(447조의4②). 감사가 감사를 하기 위하여 필요한 조사를 할 수 없었던 경우에는 감사보고서에 그 뜻과 이유를 적어야 한다(447조의4③).

1. 감사방법의 개요
2. 회계장부에 기재될 사항이 기재되지 아니하거나 부실기재된 경우 또는 대차대조표나 손익계산서의 기재 내용이 회계장부와 맞지 아니하는 경우에는 그 뜻
3. 대차대조표 및 손익계산서가 법령·정관에 따라 회사의 재무상태와 경영성과를 적정하게 표시하고 있는 경우에는 그 뜻
4. 대차대조표 또는 손익계산서가 법령·정관을 위반하여 회사의 재무상태와 경영성과를 적정하게 표시하지 아니하는 경우에는 그 뜻과 이유
5. 대차대조표 또는 손익계산서의 작성에 관한 회계방침의 변경이 타당한지 여부와 그 이유
6. 영업보고서가 법령과 정관에 따라 회사의 상황을 적정하게 표시하고 있는지 여부
7. 이익잉여금의 처분 또는 결손금의 처리가 법령 또는 정관에 맞는지 여부
8. 이익잉여금의 처분 또는 결손금의 처리가 회사의 재무상태나 그 밖의 사정에 비추어 현저하게 부당한 경우에는 그 뜻
9. 제447조의 부속명세서에 기재할 사항이 기재되지 아니하거나 부실기재된 경우 또는 회계장부·대차대조표·손익계산서나 영업보고서의 기재 내용과 맞지 아니하게 기재된 경우에는 그 뜻
10. 이사의 직무수행에 관하여 부정한 행위 또는 법령·정관의 규정을 위반하는 중대한 사실이 있는 경우에는 그 사실

(4) 작성 절차 및 비치

이사는 정기총회회일의 6주 전에 재무제표(연결재무제표 포함)와 그 부속명세서 및 영업보고서를 감사(또는 감사위원회)에게 제출하여야 한다(447조의3). 상법은 이사라고 규정하지만 실제의 제출 주체는 당연히 회사의 업무를 집행하는 대표이사이다. 감사는 제출받은 날부터 4주 내에 감사보고서를 이사에게 제출하여야 한다(447조의4①). 상법 제447조의3, 제447조의4는 감사위원회에 관하여 준용되고, 이 경우 "감사"는 "감사위원회 위원"으로 본다(415조의2⑦).

상장회사의 감사 또는 감사위원회는 제447조의4제1항에도 불구하고 이사에게 감사보고서를 주주총회일의 1주 전까지 제출할 수 있다(542조의12⑥).

이사는 정기총회회일의 1주 전부터 재무제표·영업보고서·감사보고서 등을 본점에 5년간, 그 등본을 지점에 3년간 비치하여야 한다(448조①).

3. 재무제표 보고

(1) 의   의

재무제표(연결재무제표 포함)를 이사회 결의로 승인할 수 있도록 정관이 정하는 경우(449조의2①)에는 이사회가 재무제표를 승인하면 이사는 재무제표의 내용을 주주총회에 보고하여야 한다(449조의2②).

(2) 이사회 승인 요건

회사는 다음과 같은 요건을 모두 갖춘 경우에는 정관에서 정하는 바에 따라 이사회 결의로 승인할 수 있다(449조의2①).

1. 각 재무제표가 법령 및 정관에 따라 회사의 재무상태 및 경영성과를 적정하게 표시하고 있다는 외부감사인의 의견이 있을 것
2. 감사(감사위원회 설치회사의 경우에는 감사위원) 전원의 동의가 있을 것

다만, 이사회에서 재무제표를 승인하더라도 주식배당은 주주총회에서 결의할 수 있다. 이에 따라 이익잉여금처분계산서를 포함한 재무제표를 승인한 후 주주총회에서 주식배당을 결정하는 경우 이익잉여금처분계산서는 변경되어야 한

다. 따라서, 이사회에서 재무제표를 승인할 때 주식배당시 해당 내용에 따라 이익
잉여금처분계산서가 변경될 수 있다는 점을 명시하는 것이 바람직하다.

(3) 주주총회 보고

주주총회에서 재무제표를 보고하는 경우에 배부서류에 재무제표를 포함하고
간단히 요약하여 설명한 후 배부자료로 갈음하는 것이 일반적이다. 일부 회사는
주주에게 충분하게 설명하기 위하여 프리젠테이션 형식으로 설명하기도 한다.

(4) 소집통지방법 등

이사회가 재무제표를 승인하려면 외부감사인의 적정의견이 있어야 하는데,
감사보고서는 정기총회회일의 1주 전까지 회사에 제출하면 되는 반면, 주주총회
소집의 통지·공고는 최소 주주총회일의 2주 전에 이루어져야 하는데 이 때에는
감사보고서가 제출되지 않아서 외부감사인의 의견이 적정인지 여부를 확인할 수

___ 주주총회 소집이사회 전후 재무제표 이사회 승인 요건 충족시 처리절차

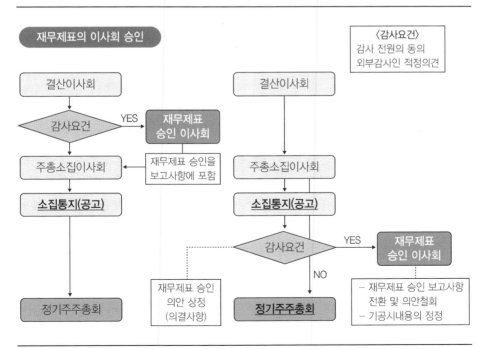

없다. 따라서 실무상으로는 주주총회 소집의 통지·공고 전에 외부감사인의 의견을 받을 수 있으면 이사회가 승인할 수 있으므로 소집의 통지·공고에는 주주총회의 보고사항으로 기재하고, 소집의 통지·공고 전에 외부감사인의 의견을 받을 수 없으면 일단 소집의 통지·공고에는 재무제표승인을 회의의 목적사항으로 포함시키면서, 외부감사인의 적정의견이 있을 경우에 이사회의 승인에 따라 보고사항으로 변경될 수 있다는 취지를 기재하면 된다(재무제표 승인절차는 결의사항 중 재무제표 승인에서 자세하게 설명한다).

4. 이익배당 보고

(1) 의   의

제449조의2제1항에 따라 재무제표를 이사회가 승인하는 경우에는 이익배당도 이사회 결의로 정한다(462조②). 그런데 상법은 이렇게 이익배당을 이사회에서 결의한 경우 주주총회에 보고할 의무를 별도로 규정하고 있지 않다. 재무제표 승인과 같이, 이익배당결정도 이사회에서 결정한 경우에는 당연히 주주총회에 보고해야 할 것이다. 자본시장법에서는 주권상장법인에 대하여 이사회에서 이익배당을 결정한 경우 주주총회에 그 내용을 보고하는 것으로 전제로 추가적인 의무를 부과하고 있다(資法 165조의12⑨).

(2) 주주총회 보고

이익배당 결정내용을 주주총회에 보고하면 된다. 다만, 주권상장법인이 상법 제462조제2항 단서에 따라 이사회의 결의로 이익배당을 정한 경우 이사는 배당액의 산정근거 등 대통령령으로 정하는 사항을 주주총회에 보고하여야 한다(資法 165조의12⑨, 시행일인 2016. 6. 30. 이후 최초로 이사회의 결의로 이익배당을 정하는 경우부터 적용). 주주총회에 "보고"하는 것이므로 이사회가 결정한 이익배당을 보고받은 주주총회가 이를 변경할 수 없다. 주식배당은 제462조의2의 규정상 이사회 결의로 정할 수 없다.

(3) 이익배당 절차

이익배당 결정절차는 결의사항 중 이익배당의 결정 부분에서 설명한다.

5. 최대주주등과의 거래보고

(1) 의   의

최근 사업연도 말 현재의 자산총액이 2조원 이상인 상장회사(令 35조④)는 다음의 거래에 관한 이사회의 승인 결의 후 처음으로 소집되는 정기주주총회에, ⅰ) 해당 거래의 목적, ⅱ) 상대방, ⅲ) 그 밖에 대통령령으로 정하는 사항을 보고하여야 한다(542조의9④).

(2) 보고대상 거래

해당 상장회사가 최대주주, 그의 특수관계인 및 그 상장회사의 특수관계인(令 34조④)을 상대방으로 하거나 그를 위하여 다음과 같은 거래(1항에 따라 금지되는 거래는 제외)를 하고자 이사회의 승인을 받은 경우를 말한다(542조의9③).

1. 단일 거래규모가 대통령령으로 정하는 규모 이상인 거래
2. 해당 사업연도 중에 특정인과의 해당 거래를 포함한 거래총액이 대통령령으로 정하는 규모 이상이 되는 경우의 해당 거래

제1호에서 "대통령령으로 정하는 규모"란 자산총액 또는 매출총액을 기준으로 다음과 같은 구분에 따른 규모를 말한다(令 35조⑥).

1. 회사가 「금융위원회의 설치 등에 관한 법률」 제38조에 따른 검사 대상 기관인 경우: 해당 회사의 최근 사업연도 말 현재의 자산총액의 100분의 1
2. 회사가 「금융위원회의 설치 등에 관한 법률」 제38조에 따른 검사 대상 기관이 아닌 경우: 해당 회사의 최근 사업연도 말 현재의 자산총액 또는 매출총액의 100분의 1

제2호에서 "대통령령으로 정하는 규모"란 다음과 같은 구분에 따른 규모를 말한다(令 35조⑦).

1. 회사가 「금융위원회의 설치 등에 관한 법률」 제38조에 따른 검사 대상 기관인 경

우: 해당 회사의 최근 사업연도 말 현재의 자산총액의 100분의 5
2. 회사가 「금융위원회의 설치 등에 관한 법률」 제38조에 따른 검사 대상 기관이 아닌
경우: 해당 회사의 최근 사업연도 말 현재의 자산총액 또는 매출총액의 100분의 5

(3) 주주총회 보고

정기주주총회에 보고하여야 할 "대통령령으로 정하는 사항"은 다음과 같다 (令 35조⑧).

1. 거래의 내용, 일자, 기간 및 조건
2. 해당 사업연도 중 거래상대방과의 거래유형별 총거래금액 및 거래잔액

최대주주등과의 거래내역은 회사 규모를 불문하고 소집통지·공고사항으로써 사전에 주주들에게 공시된다. 이에 따라 해당 내용을 주주들에 대한 배부자료에 포함시키고 주주들에게 보고할 때에는 간략하게 요약하여 보고한다.

(4) 승인·보고 대상 제외 거래

상장회사가 경영하는 업종에 따른 일상적인 거래로서 다음과 같은 거래는 이사회의 승인을 받지 아니하고 할 수 있고, 제2호에 해당하는 거래에 대하여는 그 거래내용을 주주총회에 보고하지 아니할 수 있다(542조의9⑤).

1. 약관의 규제에 관한 법률 제2조제1항의 약관에 따라 이루어지는 거래
2. 이사회에서 승인한 거래총액의 범위 안에서 이행하는 거래

제2호는 이사회에서 승인한 "거래총액"의 범위 안에서 이행하는 "개별거래"의 경우 다시 이사회의 승인을 받거나 주주총회에 보고할 필요가 없다는 취지이다.

6. 외부감사인의 감사보고

(1) 의   의

외감법은 외부감사대상회사를 정하고 이들 회사들에 대하여 대한 회계감사(會計監査)를 실시하도록 함으로써 회계처리를 적정하게 하도록 하고 있다(外監法 1조). 이를 위하여 감사결과를 기술한 감사보고서를 작성하여 하며, 감사보고서에

는 감사범위, 감사의견과 이해관계인의 합리적 의사결정에 유용한 정보가 포함되어야 한다(外監法 18조). 외부감사인은 감사보고서를 대통령령으로 정하는 기간 내에 회사·증권선물위원회 및 한국공인회계사회에 제출하도록 하고 있다(外監法 23조①)

(2) 주주총회 보고

외부감사대상법인 중 상장회사를 포함하여 K−IFRS를 적용하는 경우에 사업보고서 제출기한 이전에 정기총회를 개최하는 회사는 주주총회 1주일 전까지 외부감사보고서를 작성하여야 하고, 회사가 사업보고서 제출기한 이후 정기총회를 개최하는 경우에는 사업보고서 제출기한 1주일 전까지 외부감사보고서를 작성하여야 한다(外監法 23조① 및 동령 27조①·②). 이에 따라 외부감사보고서가 실무적으로 주주총회 배부자료에 포함되지만, 감사의 감사보고와 달리 외부감사인이 구두로 보고를 하지는 않는다. 다만, 감사보고서상 특이사항이 있어서 주주의 질문이 있을 것으로 예상되는 경우에는 스스로 또는 대표이사의 요구에 의하여 총회장에 출석하기도 한다.

감사보고서 작성과 별도로 외부감사대상법인의 경우에 감사인이 그 직무를 수행하는 가운데 이사의 직무집행에 관하여 부정행위 또는 법령이나 정관에 위반되는 중대한 사실을 발견한 때에는 이를 감사 또는 감사위원회에 통보하고 주주총회에 보고하여야 한다(外監法 22조①). 또한, 감사인 또는 그에 소속된 공인회계사는 주주총회의 요구가 있는 때에는 이에 출석하여 의견을 진술하거나 주주의 질문에 답변하여야 한다(外監法 24조).

(3) 외부감사절차

상장회사 기타 외부감사 대상 회사로서 지배회사(外監法 2조제3호)의 이사는 연결재무제표를 작성하여 이사회의 승인을 받아야 한다(447조②, 令 16조②).

1) 회사의 재무제표 제출기한

외감법상 외부감사 대상 회사의 재무제표 제출 기한은 사업보고서 제출기한 전에 정기총회를 개최하는 경우와 그 이후에 정기총회를 개최하는 경우에 따라 다르다.

⑺ **사업보고서 제출기한 전에 정기총회를 개최하는 경우**   회사는 해당
사업연도의 재무제표를 회사로부터 독립된 외부의 감사인(재무제표 및 연결재무제
표의 감사인은 동일하여야 한다)에게 제출해야 하는데, 제출 기한은 다음과 같다(外
監法 6조②, 外監令 8조①).

1. 재무제표: 정기총회 개최 6주 전(회생절차가 진행 중인 회사는 사업연도 종료 후
   45일 이내)
2. 연결재무제표
   가. 한국채택국제회계기준을 적용하는 회사: 정기총회 개최 4주 전(회생절차가 진
      행 중인 회사는 사업연도 종료 후 60일 이내)
   나. 한국채택국제회계기준을 적용하지 아니하는 회사: 사업연도 종료 후 90일 이
      내[자본시장법 제159조제1항에 따른 사업보고서 제출대상법인 중 직전 사업연
      도 말의 자산총액이 2조원 이상인 법인은 사업연도 종료 후 70일 이내]

⑻ **사업보고서 제출기한 이후 정기총회를 개최하는 경우**   재무제표 제출
기한은 다음과 같다(外監令 8조②).

1. 재무제표: 사업보고서 제출기한 6주 전(회생절차가 진행 중인 회사는 사업연도 종
   료 후 45일 이내)
2. 연결재무제표
   가. 한국채택국제회계기준을 적용하는 회사: 사업보고서 제출기한 4주 전(회생절
      차가 진행 중인 회사는 사업연도 종료 후 60일 이내)
   나. 한국채택국제회계기준을 적용하지 아니하는 회사: 위 제1항제2호 나목의 기한

2) 외부감사인의 감사보고서 제출기한

회사의 재무제표 제출기한과 같이 사업보고서 제출기한 전에 정기총회를 개
최하는 경우와 그 이후에 정기총회를 개최하는 경우에 따라 다르다.

⑺ **사업보고서 제출기한 전에 정기총회를 개최하는 경우**   감사인이 감사
보고서를 회사에 제출하여야 하는 기한은 다음과 같다(外監法 23조①, 外監令 27조
①).

1. 한국채택국제회계기준을 적용하는 회사: 정기총회 개최 1주 전(회생절차가 진행
   중인 회사의 경우에는 사업연도 종료 후 3개월 이내)
2. 한국채택국제회계기준을 적용하지 아니하는 회사: 다음 각 목의 구분에 따른 기한

가. 재무제표: 제1호의 기한

나. 연결재무제표: 사업연도 종료 후 120일 이내(사업보고서 제출대상법인 중 직전 사업연도 말 현재 자산총액이 2조원 이상인 법인의 경우에는 사업연도 종료 후 90일 이내)

(나) 사업보고서 제출기한 이후 정기총회를 개최하는 경우   회사가 사업보고서 제출기한 이후 정기총회를 개최하는 경우로서 해당 회사의 재무제표(한국채택 국제회계기준을 적용하지 아니하는 회사의 연결재무제표는 제외한다)를 감사하는 경우에는 감사보고서를 사업보고서 제출기한 1주 전(회생절차가 진행 중인 회사는 사업연도 종료 후 3개월 이내)까지 회사에 제출하여야 한다(外監令 27조②).

(4) 외부감사보고서의 비치·공시

회사는 재무제표와 감사인의 감사보고서를 다음과 같이 비치·공시하여야 한다(外監法 23조⑤, 外監令 27조⑦).

1. 재무제표 및 감사보고서
   주식회사: 본점에 5년간, 그 등본을 지점에 3년간(448조①) 비치·공시
2. 연결재무제표 및 감사보고서: 제1항에 따른 제출기한이 지난 날부터 본점에 5년간, 지점에 3년간 비치·공시

7. 외부감사인 선임 보고 및 전기 감사인의 의견진술

상장회사 기타 외부감사대상 회사는 감사인을 선임 또는 변경선임하는 경우 감사인을 선임 또는 변경선임하였다는 사실을, ⅰ) 감사인을 선임한 이후에 소집되는 정기총회에 보고하거나 ⅱ) 주주(최근 주주명부 폐쇄일의 주주를 말한다)에게 문서로 통지하거나, ⅲ) 인터넷 홈페이지에 선임 또는 변경선임한 감사인과의 감사계약이 종료될 때까지 공고하여야 한다(외감법 12조① 및 외감령 18조①). 외부감사법은 외부감사인 선임하였다는 사실을 주주들에게 알리는 방법 중 하나로 정기총회에 보고할 수 있도록 하고 있다.

한편, 회사는 직전 사업연도에 해당 회사에 대하여 감사업무를 한 감사인[전기감사인"(前期監査人)] 외의 다른 감사인을 감사인으로 선임하거나 전기감사인을 해임하려면 해당 전기감사인에게 감사 또는 감사위원회(감사위원회가 설치되지 아

니한 주권상장법인, 대형비상장주식회사 또는 금융회사의 경우에는 감사인선임위원회를
말한다)에 의견을 진술할 수 있는 기회를 주어야 한다(외감법 14조①). 이를 위하여
회사는 전기감사인에게 새로운 감사인과의 감사계약 체결 2주 전까지 문서 또는
구술로 의견을 진술할 수 있다는 사실을 문서로 통지하여야 한다(외감법 14조③ 및
외감령 20조①). 또한 회사는 해임되는 감사인이 주주총회에서 의견을 진술한 경우
에는 해임사유, 진술한 의견 등 그 내용을 증권선물위원회에 보고하여야 한다
(외감법 14조② 및 외감령 20조②).

8. 내부회계관리제도 운영실태 보고

외부감사대상 회사는 원칙적으로 회사는 신뢰할 수 있는 회계정보의 작성과
공시(公示)를 위하여 회계정보의 식별·측정·분류·기록 및 보고 방법에 관한 사
항 등이 포함된 내부회계관리규정과 이를 관리·운영하는 조직(이하 "내부회계관리
제도"라 한다)을 갖추어야 하는데(외감법 8조①). 이러한 회사의 대표자는 사업연도
마다 주주총회에 해당 회사의 내부회계관리제도의 운영실태를 보고하여야 한다
(외감법 8조④). 이에 따라 상장회사의 대표이사는 매년 정기총회에서 내부회계관
리제도의 운영실태를 주주들에게 직접 보고하여야 하며, 다른 사람에게 대신 보
고하게 할 수 없다. 총회장에서 주주들에게 배부하는 의안설명서에 영업보고서,
감사보고서와 함께 내부회계관리제도 운영실태보고서를 함께 포함시키게 되며,
대표이사는 이를 그대로, 또는 요약하여 주주들에게 보고하면 된다.

Ⅱ. 결의사항

1. 재무제표의 승인

▬ 재무제표 승인 일정표(상장회사 기준)

순서	일정	내 용	대상처
1	D-17	기준일설정 이사회 결의	
2	D-16	기준일설정 공고(기준일 2주 전까지)	신문사/홈페이지
3	D	기준일(권리주주 확정일, 결산일)	
4	D+30	재무제표 승인 이사회 결의	
5	D+31	재무제표 감사 및 외부감사인 제출	감사/외부감사인
6	D+38	연결재무제표 외부감사인 제출	외부감사인
7	D+59	주주총회 소집 이사회 결의	
8	D+60	주주총회 소집통지/공고(주총 2주 전까지)	신문사/전자공시시스템
9	D+68	감사보고서/외부감사보고서 수령(주총 1주 전까지, 비상장회사는 재무제표 제출일로부터 4주 내)	감사/외부감사인
10	D+68	재무제표·영업보고서·감사보고서 등 비치(주총 1주전부터 본점에는 5년간, 지점에는 3년간) ※ 2021년부터는 사업보고서 및 외부감사보고서도 주총 1주전부터 홈페이지에 게재	본점 등
11	D+76	주주총회 개최(재무제표 승인)	
12	D+79	결산공고(주주총회 개최 후 지체 없이)	신문사/홈페이지

(1) 의   의

회사는 결산을 위하여 재무제표를 통상 매 결산기별로 작성하여 주주총회의 승인을 받아야 한다. 재무제표의 승인을 통하여 잉여금의 처분 및 이익배당 또는 결손금의 처리가 가능하다. 아울러 승인된 재무제표를 기초로 하여 자기주식 취득, 중간배당, 준비금의 자본전입 등 법상 재무활동을 할 수 있다.

1) 재무제표의 의의 및 종류

이사가 매결산기에 주주총회의 승인에 앞서 이사회의 승인을 받기 위하여 작성하는 다음과 같은 서류와 그 부속명세서가 재무제표이다(447조①). 부속명세서는 재무제표의 중요항목에 관한 세부사항을 기재한 것이다.

1. 대차대조표
2. 손익계산서
3. 그 밖에 회사의 재무상태와 경영성과를 표시하는 것으로서 대통령령으로 정하는 서류

제3호에서 "대통령령으로 정하는 서류"란 ⅰ) 자본변동표 또는 ⅱ) 이익잉여금 처분계산서나 결손금 처리계산서를 말한다(슈 16조①). 상법 시행령 제15조제3호 (회사의 종류 및 규모 등을 고려하여 법무부장관이 중소벤처기업부장관 및 금융위원회와 협의하여 고시한 회계기준)에 따른 회계기준인 "중소기업회계기준" 제4조는 위 ⅰ)과 ⅱ) 중에서 하나를 선택하여 작성하도록 규정한다.

한편, 외감법에서는 별도로 재무제표를 정의하고 있는데 ⅰ) 재무상태표, ⅱ) 손익계산서 또는 포괄손익계산서, ⅲ) 자본변동표, ⅳ) 현금흐름표 및 ⅴ) 주석을 포함한다(外監法 2조2 및 外監슈 2조). 대차대조표와 재무상태표는 사실상 동일하며, 이익잉여금 처분계산서나 결손금 처리계산서를 재무제표에서 삭제하고 주석이 추가되었는데 이익잉여금 처분계산서나 결손금 처리계산서는 재무제표 중 주석의 한 항목으로 기재된다.

2) 연결재무제표

한편, 대통령령으로 정하는 일정 규모 이상인 회사의 이사는 매결산기에 주주총회의 승인에 앞서 이사회의 승인을 받기 위하여 연결재무제표를 작성하여야 한다(447조②). "대통령령으로 정하는 회사"는 외감법 제2조에 따른 외부감사의 대상이 되는 회사 중 외감법 제2조제3호에 규정된 지배회사를 말한다(슈 3조①). 외감법 제2조제3호의 지배회사는 회사가 경제 활동에서 효용과 이익을 얻기 위하여 다른 회사(조합 등 법인격이 없는 기업을 포함한다)의 재무정책과 영업정책을 결정할 수 있는 능력을 가지는 경우로서 외감법 제5조제1항 각 호의 어느 하나에 해당하는 회계처리기준에서 정하는 그 회사(지배회사)와 그 다른 회사(종속회사)의 관계에 있는 경우 지배하는 회사(주식회사만을 말함)로서 연결재무제표작성의무 있는 회사이다.

외감법상 "연결재무제표"에는 ⅰ) 연결재무상태표, ⅱ) 연결손익계산서 또는

연결포괄손익계산서, iii) 그 밖에 대통령령으로 정하는 서류 등을 말한다(외감법 2조3). "대통령령으로 정하는 서류"란 다음 각 호의 서류를 말한다(外監令 3조②).

1. 연결자본변동표
2. 연결현금흐름표
3. 주석

(2) 주주총회의 결의

이사는 재무제표를 정기총회에 제출하여 그 승인을 받아야 한다(449조①). 연결재무제표 작성회사의 경우에는 별도재무제표와 연결재무제표 모두 정기총회에서 승인을 받아야 한다. 정기총회의 승인은 보통결의에 의하고 수정결의도 가능하다(통설). 대차대조표와 손익계산서는 독립한 재무제표이므로 각각 독립하여 승인할 수 있다. 그러나 이익잉여금의 처분(또는 결손금의 처리)은 대차대조표와 손익계산서의 확정을 전제로 하므로, 대차대조표와 손익계산서의 승인 없이 이익잉여금 처분(이익배당 포함, 또는 결손금 처리) 의안만 먼저 결의할 수 없다.

다만, 보고사항에서 설명한 바와 같이 회사는 일정한 요건을 모두 갖춘 경우에는 정관에서 정하는 바에 따라 재무제표를 이사회 결의로 승인할 수 있다(449조의2①). 이사회에서 재무제표를 승인한 경우에는 주주총회에 보고하여야 한다. 그러나, 제449조의2제2항의 규정상 정관에서 이사회 결의로 재무제표를 승인할 수 있다고 정한 경우에도 이사회 결의로 이사회에서 재무제표를 승인하지 않고, 주주총회에서 재무제표를 승인하는 것으로 정할 수 있다. 또한, 상법 제462조의2의 규정상 주식배당은 이사회 결의로 정할 수 없고 별도로 주식배당에 관한 주주총회 결의가 있어야 한다. 따라서 이사회에서 이익잉여금처분계산서를 포함한 재무제표를 승인할 때 주식배당을 위한 주주총회결의시 이익잉여금처분계산서가 변경될 수 있다는 점을 명시하는 것이 바람직하다.

(3) 주요 결산절차

이사는 정기총회회일의 6주 전에 재무제표(연결재무제표 포함)와 영업보고서를 감사에게 제출하여야 한다(447조의3). 이사회의 승인 시한에 대한 규정은 없지만, 정기총회회일의 6주 전에 감사(또는 감사위원회)에게 제출하여야 하므로 이사회의 승인도 그 전에 마쳐야 한다. 이사회가 재무제표승인의 건을 회의의 목적사항으로 하여 주주총회 소집결의를 하는 경우, 의제(재무제표승인의 건)뿐 아니라 의안의 내용(대차대조표, 손익계산서, 자본변동표, 이익잉여금 처분계산서나 결손금 처리계산서 등)을 확정해야 한다. 감사는 제출받은 날부터 4주 내에 감사보고서를 이사에게 제출하여야 한다(447조의4①). 상법 제447조의3, 제447조의4는 감사위원회에 관하여 준용되고, 이 경우 "감사"는 "감사위원회 위원"으로 본다(415조의2⑦). 이사는 정기총회회일의 1주 전부터 재무제표·영업보고서·감사보고서 등을 본점에 5년간, 그 등본을 지점에 3년간 비치하여야 한다(448조①).

상장회사의 감사 또는 감사위원회는 제447조의4제1항에도 불구하고 이사에게 감사보고서를 주주총회일의 1주 전까지 제출할 수 있다(542조의12⑥). 한편, 연결재무제표에 대하여는 외감법상 외부감사인의 감사기간과 상법상 감사의 감사기간이 일치하지 않는다(外監法 6조②, 外監令 8조①, 한국채택국제회계기준을 적용하는 회사로서 사업보고서 제출기한 전에 정기총회를 개최하는 경우 : 정기총회 4주일 전).

이사회결의 후 주주총회에 상정할 재무제표에 일부 변경이 있는 경우 회의의 목적사항에 변경이 있는 경우이므로 이사회 결의를 다시 하여야 한다. 회사가 자체적으로 수정하는 경우도 있지만 감사 또는 외부감사 과정에서 감사 또는 외부감사인의 의견을 반영하지 않으면 적정 감사의견을 받을 수 없어 수정이 필요한 경우가 있다. 다만, 이사회에서 이러한 사항을 예견하고, 사전에 이사회결의를 하면서 "외부감사 결과 재무제표에 경미한 변경이 있는 경우에는 외부감사인의 감사보고서에 따라 대표이사가 이를 수정할 수 있다."라고 하게 되면 별도의 추가적인 이사회 결의를 하지 않아도 된다.

이사는 재무제표에 대한 주주총회의 승인을 얻은 때에는 지체 없이 대차대조표를 공고하여야 한다(449조③). 연결재무제표를 작성하는 경우에는 연결대차대조표를 공고하여야 하는데, 법문에 이를 명시하는 것이 바람직하다. 대표이사가 개선된 경우 결산공고시점의 신임 대표이사 명의로 하면 된다. 외부감사대상회사의 경우 대차대조표를 공고할 때에는 당해 결산서류를 감사한 공인회계사의 명칭과 감사의견을 함께 공고하도록 되어 있다(외감법 23조⑥). 상장회사의 경우에는 수정된 당기순이익(당기순손실) 및 수정후 전기이월이익잉여금(수정후 전기이월결손금)도 함께 공고하여야 한다(증권발행공시규정 제5-17조②). 물론 이 결산공고는 정관에서 공고방법으로 정한 신문에 게재하여야 한다. 회사의 주주등 또는 채권자는 영업시간 내에 언제든지 비치된 서류를 열람할 수 있으며, 회사가 정한 비용을 지급하고 그 서류의 등본이나 초본의 발급을 청구할 수 있다(外監法 23조⑦).

결산공고(연결재무상태표 포함)

제62기 결 산 공 고

별도재무상태표 (20○○년 12월 31일 현재) (단위 : 원)		연결재무상태표 (20○○년 12월 31일 현재) (단위 : 원)	
계 정 과 목	금 액	계 정 과 목	금 액
자산		자산	
Ⅰ. 유 동 자 산	3,645,215,668,448	Ⅰ. 유 동 자 산	4,292,658,691,303
현금및현금성자산	1,153,019,133,533	현금및현금성자산	1,291,768,823,247
단기금융상품	1,606,500,000	단기금융상품	11,568,741,325
매출채권	1,310,243,058,795	만기보유금융자산	44,999,992
파생금융자산	43,672,594,683	매출채권	1,460,284,721,493
기타금융자산	137,082,042,771	파생금융자산	43,782,291,907
기타유동자산	92,253,496,419	기타금융자산	195,599,344,957
재고자산	754,453,599,537	기타유동자산	140,572,478,308
매각예정비유동자산	152,885,242,705	재고자산	948,187,290,955
		매각예정비유동자산	200,849,999,119
Ⅱ. 비 유 동 자 산	4,238,207,106,193	Ⅱ. 비 유 동 자 산	4,212,050,653,735
장기금융상품	45,000,000	장기금융상품	809,589,000
매도가능금융자산	108,815,441,039	매도가능금융자산	114,291,560,621
관계기업및종속기업투자	630,967,023,025	만기보유금융자산	960,000,069
기타금융자산	227,611,422,270	관계기업및공동기업투자	156,444,916,027
유형자산	3,169,910,953,367	기타금융자산	199,585,110,278
무형자산	51,631,459,677	유형자산	3,515,338,944,614
투자부동산	16,535,657,386	무형자산	98,980,557,763
기타비유동자산	5,977,163,338	투자부동산	35,443,617,941
이연법인세자산	26,712,980,591	이연법인세자산	40,570,318,343
		기타비유동자산	49,626,039,079
자 산 총 계	7,883,422,774,641	자 산 총 계	8,504,709,345,038
부채		부채	
Ⅰ. 유 동 부 채	4,143,117,792,680	Ⅰ. 유 동 부 채	4,549,691,529,790
매입채무	2,537,610,354,278	매입채무	2,627,977,294,360
차입금및사채	1,275,211,547,142	차입금및사채	1,472,982,452,860
파생금융부채	9,829,674,438	파생금융부채	9,854,662,837
기타금융부채	131,786,109,541	기타금융부채	265,956,767,532
미지급법인세	33,557,919,626	미지급법인세	38,349,306,348
기타유동부채	105,122,187,655	충당부채	477,749,525
		기타유동부채	133,401,543,072
		매각예정자산 직접 관련된 부채	691,753,265
Ⅱ. 비 유 동 부 채	1,349,783,201,892	Ⅱ. 비 유 동 부 채	1,436,774,894,650
차입금및사채	1,212,155,560,656	차입금및사채	1,266,435,590,340
파생금융부채	85,297,920	파생금융부채	85,297,920
기타금융부채	110,352,657,578	기타금융부채	110,381,338,773
충당부채	25,568,187,550	이연법인세부채	28,092,700,697
기타비유동부채	1,621,498,188	순확정급여부채	4,191,026,342
		충당부채	25,568,187,550
		기타비유동부채	2,020,753,028

부 채 총 계	5,492,900,994,572	부 채 총 계	5,986,466,424,440
자 본		자 본	
Ⅰ. 자본금	648,653,775,000	Ⅰ. 지배기업소유주지분	2,525,600,529,985
보통주자본금	620,469,117,500	자본금	648,653,775,000
우선주자본금	28,184,657,500	연결자본잉여금	814,611,369,251
Ⅱ. 자본잉여금	788,089,953,532	연결이익잉여금	1,059,429,400,399
Ⅲ. 이익잉여금	951,955,929,143	연결기타자본항목	2,905,985,335
Ⅳ. 기타자본항목	1,822,122,394	Ⅱ. 비지배지분	(7,357,609,387)
		비지배비분	(7,357,609,387)
자 본 총 계	2,390,521,780,069	자 본 총 계	2,518,242,920,598
부 채 및 자 본 총 계	7,883,422,774,641	부 채 및 자 본 총 계	8,504,709,345,038

상기와 같이 공고함.

20○○年03月20일
○○○주식회사
대표이사 ○○○

감사의견 : 위 재무부상태를 포함한 제 62기 재무제표는 한국채택국제회계기준에 따라 중요성의 관점에서 적정하게 표시하고 있습니다.
감사의견 : 위 연결재무상태표를 포함한 제 62기 연결재무제표는 한국채택국제회계기준에 따라 중요성의 관점에서 적정하게 표시하고 있습니다.

○○회계법인 대표이사 ○ ○ ○

(4) 재무제표 승인 및 미승인, 그 효과

1) 승인의 효과

재무제표의 승인에 따라 당해 결산기에 관한 회사의 회계가 대내외적으로 확정되고, 이에 따라 이익 또는 손실의 처분이 결정된다. 그러나 재무제표에 대한 주주총회 승인결의는 회사의 대내적 업무처리 과정일 뿐, 채권자 등에 대한 대외적 의사표시라고 볼 수는 없으므로, 소멸시효 중단사유는 될 수 없다.

아울러, 재무제표에 이사·감사의 책임해제와 관련한 내용이 기재되어 정기총회에서 승인을 얻은 경우에는 그 이후 2년 내에 다른 결의가 없으면 회사는 이사·감사의 책임을 해제한 것으로 본다(450조).

2) 미승인의 효과

정관에서 규정하는 기간 내에 정기총회를 소집하지 못하였거나 정기총회를 소집하였으나 사정상 재무제표 승인결의를 하지 못한 경우 다음 정기총회가 아니라 새롭게 소집된 임시총회에서 재무제표를 승인할 수 있다. 재무제표 승인이 늦어짐에 따른 불이익으로는 회계가 대내외적으로 확정되지 않으므로 잉여금 또는 결손금의 처리의 지연에 따른 후속 업무가 가능하지 않은 정도이다.

　　상장회사의 경우 재무제표 및 연결재무제표를 포함한 사업보고서를 법정제출기한(결산기말로부터 90일 이내)까지 제출하지 못하면 관리종목으로 지정되거나 상장폐지 사유가 된다(유가증권 상장규정 47조①1·48조①1). 그러나, 사업보고서에 기재할 수 있는 재무제표는 주주총회 승인 여부와는 관계가 없다. 외부감사인의 감사결과 수정된 재무제표이면 충분하며, 향후 주주총회 승인과정에서 변경될 수 있다는 내용을 부기하면 된다(금융감독원, 기업공시실무안내, 2019.12., 129면).

2. 이익배당의 결정

— 이익배당 일정표(상장회사 기준)

순서	일정	내 용	대상처
1	D－17	기준일설정 이사회 결의	
2	D－16	기준일설정 공고(기준일 2주 전까지)	신문사/홈페이지
3	D－12	주식배당 이사회 결의	
4	D－10	주식배당 예정내용 공시(배당기준일 10일 전)	거래소
5	D	권리주주 확정기준일(배당기준일)	
6	D＋30	이익배당 결정 결의(재무제표 승인시 또는 별도로 하는 경우 늦어도 주총소집통지 전까지)	
7	D＋30	이익배당 결정 공시(이익배당 결정시)	거래소
8	D＋59	주주총회 소집 이사회 결의	
9	D＋60	주주총회 소집통지/공고(주총 2주 전 까지)	신문사/전자공시시스템
10	D＋76	주주총회 개최(이익배당 결정)	
11	D＋79	주식배당등 결정내용 통보	주주
12	D＋105	배당금 지급(결의일로부터 1개월 이내)	주주

(1) 의　　의

　　이익배당은 원칙으로 주주총회 결의로 정한다(462조② 본문). 회사의 이익잉여금 중 일부를 주주에게 환급해주는 것이다. 이 때의 결의는 보통결의를 말한다. 다만, 재무제표를 이사회 결의로 승인할 수 있도록 정관이 정하는 경우(449조의2①)

에는 이사회 결의로 정한다(462조② 단서).

(2) 배당가능이익

이익배당은 배당가능이익이 있는 경우에만 할 수 있다. 즉, 회사는 대차대조표상의 순자산액으로부터, ⅰ) 자본금의 액, ⅱ) 그 결산기까지 적립된 자본준비금과 이익준비금의 합계액, ⅲ) 그 결산기에 적립하여야 할 이익준비금의 액, ⅳ) 대통령령으로 정하는 미실현이익을 공제한 액을 한도로 하여 이익배당을 할 수 있다(462조①). 실제로는 위와 같이 산정된 한도액에서 당기 이익에 대한 법인세를 공제한 금액이 배당가능이익이다.

"대통령령으로 정하는 미실현이익"이라 함은 상법 제446조의2의 회계원칙에 따른 자산 및 부채에 대한 평가로 인하여 증가한 대차대조표상의 순자산액으로서, 미실현손실과 상계하지 아니한 금액을 말한다(令 19조①). 이는 자산의 평가익에 불과하고 회사의 지급능력을 이루는 것이 아니므로 배당가능이익에서 차감하도록 하는 것이다. 다만, 다음과 같은 경우에는 각각의 미실현이익과 미실현손실을 상계할 수 있다(令 19조②). 이는 2014년 2월 개정시행령에 추가된 규정인데, 배당 재원이 불합리하게 줄어드는 것을 방지하여 주주의 권익이 향상될 수 있도록 하기 위하여, 파생결합증권 거래의 위험을 회피하려고 그 거래와 연계된 거래를 하거나 파생상품의 거래를 그 거래와 연계된 거래의 위험을 회피하려고 한 경우에 각각의 거래로 미실현이익과 미실현손실이 발생하면 각각의 미실현이익과 미실현손실을 상계할 수 있도록 하려는 것이다.

1. 파생결합증권(資法 4조②5)의 거래를 하고, 그 거래의 위험을 회피하기 위하여 해당 거래와 연계된 거래를 한 경우로서 각 거래로 미실현이익과 미실현손실이 발생한 경우
2. 파생상품(資法 5조)의 거래가 그 거래와 연계된 거래의 위험을 회피하기 위하여 한 경우로서 각 거래로 미실현이익과 미실현손실이 발생한 경우

상장회사의 경우 외감법에 의하면 연결재무제표 작성법인과 개별재무제표 작성법인으로 나누어지며, 각각을 해당 회사의 재무제표로 보게 된다. 다만, 연결재무제표 작성법인이라 하더라도 별도재무제표를 작성하도록 하고 있다. 이에 따라 연결재무제표 작성 상장회사의 경우 어느 것을 기준으로 배당가능이익을

계산할 것인지가 문제되나 배당가능이익은 당해 회사 단위의 재무제표를 기준으로 하여야 하므로 별도재무제표를 기준으로 배당가능이익을 계산하는 것이 타당하다.

(3) 이익배당의 수단

이익배당은 금전으로 하는 것이 원칙이다. 다만, 금전에 갈음하여 이익의 배당을 신주로써 주식배당을 할 수 있으며(462조의2①), 아울러 회사는 정관으로 금전 외의 재산으로 현물배당을 할 수 있음을 정할 수 있다(462조의4①). 자기주식은 신주가 아니므로 회사가 보유한 자기주식을 이익배당한 경우에는 주식배당이 아니라 현물배당이다.

주식배당이나 현물배당 모두 이익배당이므로 배당가능한도 내에서 가능하다. 다만, 주식에 의한 배당은 이익배당총액의 2분의 1에 상당하는 금액을 초과하지 못한다(462조의2①). 주권상장법인은 해당주식의 시가가 액면액을 초과하면 이익배당총액에 상당하는 금액까지는 새로 발행하는 주식으로 이익배당을 할 수 있다(資法 165조의13①). 이때 해당 주식의 시가는 주식배당을 결의한 주주총회일의 직전일부터 소급하여 그 주주총회일이 속하는 사업연도의 개시일까지 사이에 공표된 매일의 증권시장에서 거래된 최종시세가격의 평균액과 그 주주총회일의 직전일의 증권시장에서 거래된 최종시세가격 중 낮은 가액으로 한다(資令 176조의14).

(4) 주주총회 결의

1) 재무제표 승인의안과 구분 여부

종래에는 재무제표 승인결의에 관한 규정(449조①) 외에 이익배당을 위한 주주총회 또는 이사회의 승인결의에 관한 규정(462조②)이 별도로 없었고, 이익잉여금처분계산서가 재무제표의 하나였으므로 주주총회가 재무제표를 승인함으로써 이익배당까지 동시에 결정하였다. 그러나 2011년 개정상법은 이익잉여금처분계산서를 재무제표에서 제외하고 재무제표의 승인결의와 이익배당의 결의를 구분하므로 양자는 별도의 의안으로 상정하여 결의하여야 한다. 물론 이익배당은 재무제표에 근거한 배당가능이익을 기초로 결정하여야 하므로 이익배당결의를 하기 위하여는 반드시 재무제표의 승인이 있어야 한다. 이에 따라 실무에서는 종전과 같이 재무제표 승인시 이익배당에 관한 사항을 함께 결정하는 경우가 일반적이다. 이익배당을 재무제표 승인에 포함하는 경우와 별도의 안건으로 하는 경우에는 중요한 부분에서 차이가 있다. 전자의 경우에는 총회장에서 주주의 배당액의 증액등에 대한 수정동의가 가능하지만 후자의 경우에는 가능하지 않고 주주제안권 행사에 의하여만 가능하다고 볼 수 있기 때문이다. 실무에서는 이런 논란을 피하기 위하여 주주가 배당에 관한 제안을 할 때에는 수정동의보다는 주주제안권을 행사는 경우가 많다.

2) 이사회 이익배당결정과 주식배당

제449조의2제1항에 따라 재무제표를 이사회가 승인하는 경우에는 이익배당도 이사회 결의로 정한다(462조②). 법문상 주주총회가 재무제표를 승인하는 경우에는 이익배당도 주주총회 결의로 정해야 한다. 만약 정관에도 불구하고 재무제표를 주주총회에서 승인한 경우에는 이사회에서 이익배당을 결정할 수 없다. 다만, 주식배당에 대해서는 항상 주주총회에서 결정하여야 한다(462조의2). 주주총회에서 주식배당의 결정은 이익배당의 일반적인 결정절차와 같다.

3) 차등배당

차등배당 결의가 일반적으로 적법한 것은 아니다. 주주총회 결의요건을 갖추었다 하더라도 주주평등원칙은 주식회사의 본질적 요소이므로 주주 간의 차등배당은 결의에 의하여 결정할 성질의 것이 아니기 때문이다. 그러나, 주주가 스스로 이익배당에 관하여 불리한 결정을 하는 것은 유효하다. 즉, 주주가 스스로 그 배당받을 권리를 포기한 것으로 볼 수 있는 경우에만 허용된다. 따라서 주주총회에서 차등배당결의를 하는 경우 총회에 불참하거나 참석하여 차등배당의안에 반대한 주주에게는 차등배당을 강제할 수 없다.

> [대법원 1980. 8. 26. 선고 80다1263 판결] "주주총회에서 대주주에게는 30프로, 소주주에게는 33프로의 이익배당을 하기로 결의한 것은 대주주가 자기들이 배당받을 몫의 일부를 떼내어 소주주들에게 고루 나누어 주기로 한 것이니, 이는 주주가 스스로 그 배당받을 권리를 포기하거나 양도하는 것과 마찬가지여서 본조에 위반된다고 할 수 없다."

4) 배당과 지배주주의 권한남용

지배주주가 배당가능이익이 있음에도 개인적 이익을 위하여 주주총회 결의를 통하여 이익잉여금을 사내유보하고 배당을 하지 않는 경우 다른 주주의 보호가 문제된다. 이렇게 배당을 하지 않는다는 결의의 효력에 대하여, i) 지배주주를 특별이해관계 있는 주주로 보아 결의취소사유로 보거나, ii) 결의내용이 불공정하므로 결의무효사유로 보거나, iii) 결의의 하자가 아니라고 볼 수도 있는데, 사내에 유보되어 있다면 형식상 주주의 비례적 이익은 계속 유지되고, 우리 법제상 지배주주의 소수주주에 대한 신인의무가 인정되지 아니하므로 결의의 하자가 있다고 볼 수 없으며, 따라서, 다른 주주가 소송을 통해 이에 관하여 다툴 수 없다고 보는 것이 타당하다.

(5) 주요 절차

이익배당은 재무제표승인과 일반적으로 함께 이루어진다. 다만, 주주총회에서 의결권의 행사와는 별개로 배당을 받을 주주를 정해야 한다(354조). 그리고 상법은 주식배당에 관한 결의가 있는 때에는 지체없이 배당을 받을 주주와 주주명부에 기재된 질권자에게 그 주주가 받을 주식의 종류와 수를 통지하도록 하고 있다(462조의2⑤). 이에 따라 주식배당을 결의한 경우에는 이익배당에 관한 통지서와 영수증을 동봉하여 주주에게 통지하는 것이 일반적이다.

한편, 상장회사의 경우 주식배당에 관한 결정이 있은 때 사업연도말 10일 전까지 예정내용을 공시하도록 하고 있다[유가증권 공시규정 7①2마(4)]. 이에 따라 이사회가 주식배당을 주주총회에서 제안하고자 하는 경우에는 그 이전에 이사회결의를 하여야 하며, 이를 이사회가 변경한 경우에는 공시위반이 될 수 있다. 현금·현물배당에 대하여는 시기제한이 없으며 이에 관한 결정이 있은 때 공시하면 된다[유가증권 공시규정 7①2마(5)].

3. 이사의 선임

(1) 의   의

이사는 주주총회에서 선임한다(382조①). 주주총회의 이사선임권은 정관에 의하여도 다른 기관에 위임할 수 없다. 선임결의의 요건은 별도의 규정이 없으므로 보통결의에 의한다(368조①). 회사의 발기설립의 경우에는 납입과 현물출자의 이행이 완료된 때에는 발기인은 지체 없이 의결권의 과반수로 이사를 선임함으로써 기관을 구성하여야 한다(296조①). 발기인의 의결권은 그 인수주식의 1주에 대하여 1개로 한다(296조②). 모집설립의 경우에는 창립총회에서는 이사를 선임하여야 한다(312조).

(2) 주주총회 결의

1) 이사후보자

이사 선임의 경우 일반적으로 회의목적사항을 기재할 때 의제만 통지되므로 '이사 선임의 건'으로 소집통지에 적고, 총회장에서는 대개 주주총회를 소집한 이사회가 후보자를 제안한다. 따라서, 총회장에서 수정동의를 통하여 주주의 이사후보자 제안도 가능하다.

그러나, 상장회사는 주주총회에서 이사를 선임하려는 경우에는 상법 제542조의4제2항에 따라 통지하거나 공고한 후보자 중에서 선임하여야 하므로 이사후보자를 주주제안권 행사를 통하여 제안하여야 하며, 총회장에서 제안하여 선임할 수 없다(542조의5).

따라서 통지·공고 후에 사정상 이사후보를 교체하여야 하는 경우에는, 총회일까지 상법이 정한 기간 내에 통지·공고를 할 수 있으면 통지·공고를 다시 하고, 그렇지 않으면 이사회에서 소집일을 다시 정하여 통지·공고를 하여야 한다. 만일 회사가 통지·공고를 하지 않은 후보를 이사로 선임하는 수정안을 상정하여 가결시킨다면 특별한 사정이 없는 한 이러한 결의는 하자 있는 결의로서 결의취소사유가 인정될 것이다.

다만, 이사후보자가 총회일 전에 사망하거나 개인적으로 부득이한 사정으로 이사선임을 거부하는 경우와, 회사에 귀책사유 없이 법령상 결격사유에 해당하는 경우에는, 굳이 총회일을 다시 정할 필요 없이 변경된 후보를 이사로 선임해도 될 것이다. 이러한 경우에도 결의취소사유가 인정되겠지만 대부분 재량기각판결이 선고될 것이기 때문이다.

2) 선임 결의

이사를 선임할 때에는 후보자별로 찬부를 물어 선임 여부를 결정하여야 한다. 다만, 총회장에서 주주의 반대가 없으면, 일괄하여 찬부를 묻는 것도 가능하다.

이사 선임에 대하여는 단순투표의 방식이 아닌, 집중투표의 방식을 채택할 수 있도록 하고 있다. 집중투표 방식에 의한 이사의 선임은 뒤에서 자세히 설명한다.

이사의 선임에 관한 주주총회 결의는 선임할 이사별로 별개로 존재하고, 수인의 이사를 동시에 선임하더라도 선임하는 이사별로 복수의 결의가 존재한다. 따라서 어느 한 이사의 선임결의에 하자가 있더라도 나머지 다른 이사의 선임결의의 효력에는 영향이 없다. 그러나 집중투표의 경우에는 하나의 결의에 의하여 수인의 이사가 선임되므로, 이사 선임결의에 하자가 있는 경우에는 선임된 이사 전체에 대하여 영향이 미친다.

3) 이사의 종류

상법상 이사는 사내이사, 사외이사, 기타비상무이사로 구분하여 등기하여야 한다. 이를 이사의 종류라고 한다. 사외이사와 기타비상무이사를 합쳐서 비상무이사라고도 한다. 다른 법률에서는 비상무이사를 비상임이사라고 부르기도 한다. 이러한 이사의 종류를 어디에서 정해야 하는지에 대하여 명시적인 규정은 없다. 다만, 상장회사의 경우 사외이사에 대하여는 결격사유와 함께 선임할 수 있는 비율이 법상 정해져 있다. 이에 따라 먼저, 사외이사 선임 숫자가 정해진 후에 사외이사 아닌 이사의 선임 숫자가 정해진다. 이를 위하여 회사는 주주들에게 이사 후보 중 누가 사외이사 후보인지를 사전에 고지한다.

반면에 사내이사와 기타비상무이사에 대하여는 사외이사와 같은 제한이 없다. 따라서 이의 구분을 주주총회에서 결의하면 문제가 없겠지만, 후속 이사회에서 결정하는 것도 가능하다는 견해가 있을 수 있다. 사내이사와 기타비상무이사의 구분은 업무집행 여부에 따른 구분인데 이사 간의 업무 분장은 전통적으로 이사회 결의사항이고, 사내이사와 기타비상무이사의 구분은 이사 간의 업무분장의 성격과 유사하다고 볼 수 있기 때문이다.

사내이사와 기타비상무이사를 구분하여 선임하는 방법에 있어서 주주총회에서 처음부터 구분하여 선임하는 방법, 주주총회에서 일단 일괄하여 선임한 후 추가적인 주주총회 또는 이사회에서 구분하여 선임하는 방법 모두 있을 수 있고, 어느 방법으로 선임할 것인지는 이사회의 권한에 속하므로 이사회의 결의에 따라 주주총회에서 구분 상정할 수 있다는 하급심 판례가 있다(인천지방법원 2014. 10. 17. 선고 2014가합51578 판결). 한편, 정관에서 사내이사와 기타비상무이사는 주주

총회에서 일괄선임한 후 이사회에서 구분선임하도록 규정하고 있다면 이사회의
사록에 의하여 선임등기를 신청할 수 있다는 것이 상업등기의 실무이다.

> [상업등기선례 제200907-1호(2009. 7. 2. 사법등기심의관-1538 질의회답)] (사내이사와 기
> 타비상무이사 등기신청시 첨부서면) "주식회사의 정관에 이사와 사외이사는 주주총회에서
> 구분하여 선임하되, 주주총회에서 선임된 이사 중 사내이사와 기타비상무이사를 이사회에
> 서 선임하도록 규정하고 있는 경우, 정관과 이사로 선임한 주주총회의사록 및 사내이사와
> 기타비상무이사를 구분하여 선임한 이사회의사록을 첨부하여 위 사내이사와 기타비상무이
> 사의 선임에 따른 등기를 신청할 수 있다."

이사의 종류에 관하여 주주총회에서 결의를 하는 경우 각 후보자별로 이사의
종류를 명시하여 결의하는 것이 바람직하나, 총회장에서 이사 선임 후 이사별로
종류를 주주들에게 고지한 후 그 뜻을 의사록에 명기하는 것도 가능하다.

4) 이사의 임기와 이사 선임

상법상 이사의 임기는 3년을 초과할 수 없으며, 정관으로 임기에 관한 최종
의 결산기에 관한 정기총회시까지 연장할 수 있도록 하고 있다. 정관에서 이사의
임기를 정해놓은 경우에는 이사 선임시 별도로 이사의 임기를 정할 필요가 없다.
그러나, 정관에 이사 임기에 관한 규정이 없을 경우에는 이사 선임시에 일괄 또
는 개별적으로 이사의 임기를 정해야 한다. 만약 이사 선임시 이사 임기를 별도
로 정해놓지 않았다면 이사의 임기에 대하여 분쟁이 발생할 수 있기 때문이다.

한편, 이사의 임기가 상법상 최장 3년까지 가능하기 때문에 이사들의 임기를 3
등분하여 3분의 1은 임기 1년, 3분의 1은 임기 2년, 나머지 3분의 1은 임기 3년으로
정하여 매년 3분의 1씩 선임하고, 그 후 새로 선임되는 이사들의 임기는 3년으로
정할 수 있는데 이를 시차임기제(staggered terms)라고 한다. 시차임기제가 정관상 이
사수 상한규정과 결합될 경우에 이사를 해임(특별결의사항)할 수 있는 지분을 확보
하지 못하면 이사회의 과반수를 일시에 교체할 수 없게 되므로 경영권(또는 지배권)
방어목적으로 활용된다. 이러한 경우에는 이사 선임에 관한 주주제안이 있더라도
선임할 이사수가 정관상 이사수 상한에서 재임 이사수를 뺀 숫자로 제한되게 된다.

5) 이사 후보에 대한 주주제안이 있는 경우

회사가 정한 이사후보 외에 주주제안에 의한 후보까지 포함하면 회사가 당초
선임할 이사의 수보다 이사후보의 수가 많게 된다. 소수주주들 간의 의견불일치

나 입장차이로 인하여 내용이 다른 주주제안이 경합하는 경우에도 이러한 상황이 발생하게 된다. 다만, 주주제안에 의한 이사후보의 수와 재임이사의 수를 합하면 정관의 이사의 원수를 초과하는 경우에는 정관변경에 관하여도 함께 제안하지 않은 이상 정관에 위반한 주주제안으로 주주제안 거부사유에 해당한다.

정관에서 이사의 원수를 제한하고 있지 않은 경우 선임할 이사의 수를 제한하는 안건을 먼저 상정하고 이 결의에 근거하여 이사 선임의 건을 진행할 수 있는지가 문제된다. 상장회사는 사외이사가 일정 수 및 이사 총수의 일정 비율 이상일 것을 요구하므로 선임할 이사의 수와 이사의 종류를 연계하여 함께 고려하여야 한다.

이 문제는 정관에서 이사 선임에 있어서 집중투표제를 배제하고 있어 단순투표가 적용되는 경우와 집중투표를 배제하고 있지 않아 주주가 이사 선임을 제안하면서 집중투표를 함께 청구함에 따라 집중투표가 적용되는 경우로 나누어 볼 수 있다. 집중투표가 적용되는 경우는 집중투표 부분에서 설명하기로 하고, 여기에서는 단순투표가 적용되는 경우를 살펴본다. 예컨대, 이사의 임기가 모두 종료되어 새로 이사를 선임하여야 하는데 주주가 이사 8명(사내이사 4명, 사외이사 4명)의 선임을 제안한 경우를 가정해 보자.

이사 선임에 관하여 주주제안이 있는 경우에 주주제안을 한 소수주주의 의사는 선임할 이사의 수에 대하여도 제안한 후보를 포함하여 증원하자는 취지로 보아 정관의 이사의 정원 규정에 반하지 않는 이상 증원된 수의 이사를 선임하는 것이 주주제안권의 실효성 보장을 위하여 바람직하다는 견해가 있다.

이러한 견해에 근거하거나, 또는 이사회가 별다른 결정을 하지 않아 선임할 이사 수를 제한하는 안건을 별도로 상정하지 않는 경우에는 ⅰ) 모든 후보를 대상으로 순차로 표결하거나(순차표결), 또는 ⅱ) 투표지에 후보자 모두를 기재한 후 후보자별로 찬반을 표기하는 방법(동시표결)을 통하여 보통결의 요건을 충족하는 후보를 전부 이사로 선임하여야 할 것이다. ⅰ)의 경우는 모든 이사 후보자에 대하여 가부를 묻게 되므로 의안의 상정 순서는 문제되지 않는다. 물론, 안건에 따라 결의에 참석하는 주주는 변동될 수 있으나, 이는 다른 안건의 경우에도 마찬가지이다. 상장회사의 경우에는 법령이나 정관상의 사외이사 수 및 비율을 충족하여야 하므로 사외이사를 먼저 선임한 후 선임된 사외이사 숫자에 맞추어 사외이사 아닌 이사(사내 및 기타비상무이사)를 선임함으로써 법령등에서 요구하는 사외이사 수와 비율에 문제가 없도록 하여야 한다.

　그러나, 회사는 규모, 업종 등에 맞는 적정 수의 이사를 유지하는 것이 바람직하므로 선결안건으로 선임할 이사 수를 정한 이사회 결의를 존중하여 의장이 선임할 이사의 수 결정에 관한 의안을 먼저 상정하여 가결된 후 그 결의에 따라 이사선임을 하는 것이 적절한 진행이다. 이사수의 제한은 정관의 임의적 기재사항이며, 법상 특별결의사항으로도 정하고 있지 않아 일반적 결의사항이라고 보아야 한다. 또한, 소수주주의 제안에 의하여 이사의 수가 불필요하게 증가되는 것은 바람직하지 않으며, (특히, 선택표결의 경우에는) 주주제안 후보자에 대하여 주주총회에 상정하여 총회장에서 주주들에게 선임 여부를 물었으므로 주주제안권을 침해했다고 볼 수 없다.

　이렇게 선임할 이사의 수보다 후보의 수가 많은 경우에는 ⅰ) 주주제안 후보와 회사 제안 후보를 교차하여 순차적으로 상정하여 원하는 이사수가 선임될 때까지 찬반을 묻는 방법(순차표결), 또는 ⅱ) 투표지에 후보자 모두를 기재한 후 선임할 이사수만큼의 후보에게만 찬성을 표기하는 방법(선택표결)으로 이사를 선임할 수 있다. 선택표결을 하지 않고, 선임할 이사의 수에 이를 때까지 순차로 의안을 상정하면 먼저 상정되는 후보가 유리하게 되므로 결의취소사유에 해당할 수 있다. 이에 따라 대개의 경우 ⅰ)의 경우와 같이 주주제안을 한 주주측과 협의하여 후보자를 교차 상정한 후 표결하는 방식으로 많이 타협하게 된다. 이외에도 ⅲ) 후보자 모두에 대하여 일괄 표결하여 다득표 순으로 이사를 선임하는 방법, ⅳ) 회사 제안 후보자 그룹과 주주 제안 후보자 그룹을 두 그룹으로 나누어 각 그룹에 대하여 일괄로 찬부를 물어 이사를 선임하는 방법 등이 있을 수 있다. 그러나, ⅲ)의 방법은 이사 선임에 요구되는 보통결의 정족수를 충족하지 못하는 자도 이사로 선임될 수 있다는 점에서, 그리고 ⅳ)의 방법은 그룹에 소속된 후보자 중 한 사람이라도 반대하는 후보자가 있으면 그 그룹 전체에 대하여 반대표가 행사될 수 있고, 제안자 측 주주가 동의하지 않는다면 선택하기 어렵다는 점에서, 실행했을 때 논란이 될 수 있는 방법이다.

　상장회사의 경우에는 앞에서 설명한 바와 같이 법령이나 정관이 요구하는 사외이사의 수와 비율을 충족하기 위해서는 선임할 이사수를 결정할 때 이사의 수와 종류를 함께 정해야 한다. 순차표결의 경우에 사외이사와 사외이사 아닌 이사를 구분하여 각 종류별로 원하는 이사수가 선임될 때까지 찬반을 물어야 하며,

선택표결의 경우에는 투표지에 사외이사와 사외이사 아닌 이사를 구분하여 각 종류별로 선임할 이사수를 제시하고 그 종류별로 숫자만큼의 후보자에게 찬성을 표기하도록 하면 된다. 이러한 경우 보통 위임장 경쟁이 이루어지게 되는데 선임할 이사수 결정 안건의 가결 여부에 따라 두 가지 선택지가 가능하게 되므로 매우 복잡한 내용으로 위임장이 설계되어야 하고, 나아가 주주에게 위임장에 대한 기재요령을 설명할 때 상당한 비용과 노력이 요구된다.

6) 집중투표제도

(개) 의   의   집중투표(cumulative voting)는 2인 이상의 이사를 1회 결의에 의하여 선임하기 위하여 주주에게 1주에 대하여 선임할 이사의 수에 해당하는 복수의 의결권을 주는 방법이다. 주주는 복수의 의결권을 특정 후보에게 집중적으로 행사할 수 있으므로 소수주주 측의 후보도 이사로 선임될 가능성이 있다. 그 결과 기업인수자가 이사진 전원을 개선하는 것이 곤란하게 되므로 적대적 기업인수에 대한 예방적 방어책이라 할 수 있다.

(내) 요건과 절차   2인 이상의 이사의 선임을 목적으로 하는 총회의 소집이 있을 때에는 의결권 없는 주식을 제외한 발행주식총수의 3% 이상에 해당하는 주식을 가진 주주는 정관에서 달리 정하는 경우를 제외하고는 회사에 대하여 집중투표의 방법으로 이사를 선임할 것을 청구할 수 있다(382조의2①). 이러한 청구는 회일의 7일 전까지 서면 또는 전자문서로 하여야 한다(382조의2②).

가) 선임할 이사의 수와 종류   2인 이상의 이사의 선임을 목적으로 하는 주주총회에서만 집중투표가 필요하다. 선임할 이사가 1인이면 집중투표에 의한 의결권의 행사가 무의미하기 때문이다. 이사 선임에 있어 집중투표를 정관으로 배제하지 않은 주식회사는 이사 선임에 관한 주주총회의 소집통지에 선임할 이사의 원수를 반드시 기재하여야 한다. 왜냐하면 주주는 선임될 이사의 원수에 따라 회사에 대한 집중투표의 청구 여부를 결정할 것이기 때문이다(예컨대, 5인의 이사를 선임한다면 자신의 보유 지분에 의하여 이사선임에 영향력을 미칠 수 있지만, 2인의 이사를 선임할 경우에는 별다른 영향력을 행사할 수 없는 주주는 선임될 이사의 원수에 따라 집중투표의 청구 여부를 달리 결정할 것이다). 따라서 정관에 의하여 집중투표를 배제하지 않은 주식회사가 주주총회의 소집통지에서 회의의 목적사항으로 "이사선임의 건"이라고 기재하였다면 이는 단수이사의 선임으로 보아야 하고, 복수이

사의 선임을 할 경우에는 반드시 "이사 ○인 선임의 건" 또는 "이사 선임의 건(○인)"과 같이 그 인원수를 표시하여야 한다(서울중앙지방법원 2015. 4. 9. 선고 2014가합529247 판결; 서울고등법원 2010. 11. 15.자 2010라1065 결정).

  그런데 집중투표가 실시되는 경우는 대부분 소수주주가 복수 이사의 선임을 제안하면서 집중투표를 함께 청구하는 때이다. 이러한 경우에는 선임할 이사수를 이사회가 정하는 것이 부적절하게 된다. 이사를 아예 선임하지 않는다거나 최대한 적은 수의 이사 선임 안건을 상정함으로써 기존 최대주주에게 유리한 결정할 유인이 크기 때문이다. 반면에 소수주주가 제안한 후보자수가 선임할 이사 수를 함께 제안하는 것으로 보게 된다면 주주로서는 본인이 원하는 후보자의 선임가능성을 높이기 위하여 (회사에는 불필요하더도) 가급적 많은 수의 이사 선임을 제안하게 될 것이다. 따라서 선임할 이사의 수를 이사회나 소수주주가 결정하지 않고, 주주총회에서 이사 선임의 선결안건으로 상정하여 결정하는 것이 바람직하다. 이에 대하여 우리 법원은 주주제안권, 집중투표권의 침해를 인정하는 판례와 부정하는 판례가 모두 있다. 그러나, 이사회 및 소수주주의 권한 남용을 방지하기 위해서는 주주총회에서 선임할 이사수를 정할 수밖에 없다고 보아야 하며, 따라서, 주주총회에서 선임할 이사 수와 종류를 이사 선임의 선결안건으로 인정하는 것이 타당하다.

  집중투표를 실시할 때 같은 종류의 선임할 이사가 2인 이상인 경우에는 이사의 종류별로 집중투표의 대상임이 명백하나, 종류가 다른 선임할 이사의 수까지 합산하여, 예컨대 사내이사 1인, 사외이사 1인을 선임하거나 사내이사 1인과 사외이사 아닌 기타비상무이사 1인을 선임하는 등 종류가 다른 2인의 이사를 선임하는 경우 이사의 종류별로는 1인씩 선임하는 것이므로 이 경우에도 소수주주의 집중투표청구에 응해야 할 것인지에 관하여 논란의 여지가 있다(소수주주가 사내이사 1인, 사외이사 1인의 선임을 제안하면서 집중투표를 청구한 경우도 마찬가지이다). 이와 관련하여, 특히 사내이사와 사외이사의 경우 그 자격요건이 다르므로 집중투표의 대상이 아니라고 볼 수도 있지만, 상법 제382조의2는 이사의 종류에 불구하고 주주의 집중투표 청구가 있으면 정관에서 집중투표를 배제하고 있지 않는 한 회사는 반드시 집중투표를 해야 한다는 취지로 해석하는 것이 타당하다. 다만, 이사의 종류별 선임방법을 사전에 정해놓지 않으면 집중투표를 실시한 결과 선임된 사외이사의 수와 비율이 법령 또는 정관에서 정한 원수보다 적은 경우가 발생할 수 있으므로 사전에 사외이사와 사외이사 아닌 이사의 선임 숫자를 미리 정해 놓고, 한 번에 투표를 하더라도 이사 종류별로 구분하여 순위를 산정하여야 할 것이다.

나) 정관에서 집중투표를 배제하지 않을 것　　정관에서 달리 정하는 경우를 제외하고는 회사에 대하여 집중투표의 방법으로 이사를 선임할 것을 청구할 수 있으므로(382조의2①), 만일 회사가 집중투표제를 원하지 않는다면 사전에 정관에 집중투표제를 허용하지 않는다는 규정을 두어야 한다.

다) 소수주주의 청구　　집중투표의 방법으로 이사를 선임할 것을 청구할 수 있는 주주는 의결권 없는 주식을 제외한 발행주식총수의 3% 이상에 해당하는 주식을 가진 주주이다. 집중투표제도는 주주제안제도와 별개의 것이므로 집중투표 청구 자체가 주주제안의 내용이 될 수는 없다(서울고등법원 2015. 5. 29. 선고 2014나2045252 판결). 주주의 지분요건은 집중투표 청구시점에 갖추면 되고, 그 후 주주총회 결의시점까지 유지할 필요는 없다. 이사해임의 소와 같이 지분율 감소에 따라 제소주주가 제소권을 상실하면 해당 소는 부적법한 소가 되어 각하되어야 하지만(대표소송의 경우에는 제소 후 지분율이 감소한 경우에도 제소의 효력에 영향이 없다는 명문의 규정이 있다), 소송요건과 관계없는 집중투표에 대하여는 달리 해석하는 것이 타당하기 때문이다.

소수주주가 집중투표를 청구한 경우 주주제안을 한 다른 소수주주가 집중투표를 청구하지 않더라도 집중투표방법에 의하여 최다득표자순으로 이사로 선임해야 할 것이다. 소수주주의 청구가 없어도 2인 이상의 이사를 선임하는 경우에는 항상 집중투표에 의하여야 한다는 정관 규정의 효력에 대하여 논란의 여지가 있으나 법문에 비추어 효력을 부인하는 것이 타당하다.

그리고 집중투표를 청구한 소수주주는 이사 선임 의안 상정 전에 청구를 철회할 수 있다.

라) 회사의 공시　　집중투표청구가 있는 경우에는 의장은 의결에 앞서 그러한 청구가 있다는 취지를 알려야 한다(382조의2⑤). 청구서면은 총회가 종결될 때까지 이를 본점에 비치하고 주주로 하여금 영업시간 내에 열람할 수 있게 하여야 한다(382조의2⑥).

마) 예　　외　　창립총회에서 최초의 이사를 선임하는 경우에는 집중투표를 적용하지 않는다.

ㅂ) 의사정족수와 집중투표   집중투표의 청구가 있으면 보통결의요건에도
불구하고 후보자 중 다수득표자순으로 선임할 이사의 수만큼 선임된다. 이와 관
련하여 판례는 주식회사의 정관에서 이사의 선임을 발행주식총수의 과반수에 해
당하는 주식을 가진 주주의 출석과 출석주주의 의결권의 과반수에 의한다고 규정
하는 경우, 집중투표에 관한 위 상법조항이 정관에 규정된 의사정족수 규정을 배
제한다고 볼 것은 아니므로, 이사의 선임을 집중투표의 방법으로 하는 경우에도
정관에 규정한 의사정족수는 충족되어야 한다는 입장이다(대법원 2017. 1. 12. 선고
2016다217741 판결). 그런데 상법 제368조제1항의 발행주식총수의 1/4 이상이라는
요건은 사실상 의사정족수로서의 의미를 가지고, 단순투표제에 의하여 이사를 선
임할 수 없는데 집중투표제에 의하여서는 이사를 선임할 수 있다는 것은 불합리
하므로, 정관에 의사정족수 규정이 없는 경우에도 단순투표제이든 집중투표제이
든 발행주식총수의 1/4 이상이라는 출석이 요구된다고 해석하는 것이 타당하다.
　　그러나 집중투표제는 결의요건에 대한 특례이므로, 발행주식총수의 1/4 이상
의 출석에 의하여 일단 주주총회가 성립한 이상 집중투표의 결과 득표한 의결권
이 출석 의결권의 과반수나 발행주식총수의 1/4에 미달하더라도 득표순에 따라
선임할 이사의 수에 포함된다면 이사로 선임된다. 정관에 이와 달리 규정된 결의
요건은 집중투표의 경우에는 적용되지 않는다.
　　ㅅ) 후보의 수   집중투표는 후보의 수가 선임할 이사의 수보다 많은 경우
후보별로 다득표한 순으로 선임하는 방식인데, 통상의 경우는 아니지만, 선임할
이사의 수와 후보의 수가 같은 경우에도 집중투표에 의하여 이사를 선임할 수 있
는지에 대하여 아직은 학계에서나 실무상 논의된 바는 없는 것으로 보인다.
　　선임할 이사의 수와 후보의 수가 같은 경우, 보통결의 요건인 발행주식총수
의 4분의 1 이상을 득표하지 못한 후보에 대한 선임의안은 단순투표에 의하면 부
결되지만 집중투표에 의하면 가결된다. 따라서 소수주주와 경영진과의 합의에 의
하여 또는 복수의 대주주들 간의 합의에 의하여 추천된 후보의 수가 선임할 이사
의 수와 같은 경우에도, 단순투표에 의하면 소수주주 측이나 과반수 의결권을 확
보하지 못한 대주주 측이 추천한 후보에 대한 선임의안이 부결될 가능성이 있다.
　　이러한 이유로 소수주주 측이나 과반수 의결권을 확보하지 못한 대주주가 집
중투표를 청구하는 경우도 있을 수 있는데, 상법은 2인 이상의 이사의 선임을 목
적으로 하는 주주총회의 소집이 있는 때 소수주주가 집중투표를 청구할 수 있다

고 규정할 뿐, 후보의 수가 선임할 이사의 수보다 많을 것을 명시적인 요건으로 하지 아니하므로 회사가 집중투표방식을 거부할 수 있는지에 대하여 논란의 여지가 있다.

　이러한 상황에서 집중투표청구가 있는 경우에는 사후의 법적 분쟁을 피하기 위하여 이사선임 의안을 상정하기 전에 집중투표를 할 것인지 여부를 선결의안으로 상정하고, 선결의안이 가결되면 집중투표에 의하여, 부결되면 단순투표에 의하여 이사선임 의안을 결의하는 것이 바람직하다. 이러한 절차를 취한다면 결의방법이 법령 또는 정관에 위반하거나 현저하게 불공정한 때에 해당한다는 이유로 결의취소소송이 제기되는 경우 어느 투표방식에 의하여 결의했더라도 법원이 재량에 의하여 청구를 기각(재량기각)할 가능성이 클 것이다.

　(다) **투표방법과 선임결정**　집중투표청구가 있는 경우에 이사의 선임결의에 관하여 각 주주는 1주마다 선임할 이사의 수와 동일한 수의 의결권을 가지며, 그 의결권은 이사 후보자 1인 또는 수인에게 집중하여 투표하는 방법으로 행사할 수 있다(382조의2③). 집중투표의 방법으로 이사를 선임하는 경우에는 투표의 최다수를 얻은 자부터 순차적으로 이사에 선임되는 것으로 한다(382조의2④). 단순투표제의 경우, 주주 A는 72주를, 주주 B는 28주를 가지고 있으면서 3인의 이사를 선임하는데 A측이 내세운 후보가 3인이고 B측이 내세운 후보도 3인일 때 A는 각 후보에 대하여 최대 72표를 행사할 수 있고 B는 각 후보에 대하여 28표씩밖에 행사할 수 없어서 A측이 내세운 후보는 각자 72표씩을 얻게 되고 B측이 내세운 후보는 각자 28표씩만을 얻게 되어 A측이 내세운 후보가 모두 당선되는 결과가 나올 수밖에 없다. 이는 소수주주인 B에게는 매우 불공정한 결과이고 극단적으로는 주식을 51대 49의 비율로 가지고 있다 하더라도 51주를 가진 주주측의 후보가 항상 당선된다. 그러나 집중투표제하에서는 B가 자신의 총의결권 84표(28×3)를 어느 특정 후보에게 전부 행사하면 A가 아무리 자신의 총의결권을 배분하여 행사하더라도 B가 투표한 후보를 제외하고 A 측의 후보를 전원 당선시킬 수 없는 것이다. 따라서 B는 28%의 주식을 가지고 있으면서도 이사 3인 중 1인을 확보할 수 있다. 집중투표제는 결의요건에 대한 특례이므로 발행주식총수의 4분의 1이라는 요건을 갖출 필요 없이 다득표 순으로 선임한다.

　집중투표제에서 일정 수의 이사를 확보하는데 필요한 최소한의 주식수의 산식은 다음과 같다.

$$Xn = \frac{nS}{D+1} + 1주$$

　　Xn : 필요한 최소주식수
　　n : 선임하고자 하는 이사의 수
　　S : 출석한 의결권 있는 주식총수
　　D : 선임할 이사의 총수

　　따라서 위 사례를 식에 대입하여 보면 100/4 + 1 = 26이므로 소수주주라도 26%의 주식만 가지고 있으면 3인 중 1인의 이사를 확보할 수 있게 된다. 따라서 발행주식총수의 3% 이상에 해당하는 주식을 가진 주주가 집중투표를 청구할 수 있지만, 실제로 집중투표에 의하여 소수주주측 이사후보를 이사로 선임하려면 상당 수준의 지분이 있는 주주 또는 주주들의 그룹이어야 한다. 만일 주주가 3인이고 선임할 이사의 수가 5인일 때 어느 한 주주가 다른 두 주주들이 1인의 이사도 확보하지 못하게 하기 위하여 즉 자신이 5인의 이사 전원을 확보하기 위하여 필요한 주식의 수를 계산하면 500/6 + 1 = 84.333이므로 84주이다. 85주가 필요한 것 같지만, 다른 두 주주가 1인의 이사라도 확보하는 것을 막기 위하여 필요한 주식수의 계산결과가 84.333이므로 84주로 족하다.

　　집중투표제는 의외의 결과가 나오는 경우가 많으므로 의결권 행사에 있어서 합리적인 전략이 필요하다. 예를 들어, 주주 A가 60주, 주주 B가 40주를 가지고 있는 회사에서 이사회를 구성하는 이사 5인을 선임하는 경우에 A는 집중투표제에도 불구하고 자신이 추천한 A1, A2, A3, A4, A5 각 후보에게 60표씩 투표한 반면, B는 A가 이같이 투표할 것으로 예상하고 집중투표방식에 의하여 자신이 천거한 후보 중 B1에게 68표, B2에게 67표, B3에게 65표를 각 투표하고 나머지 두 후보인 B4, B5에게는 한 표도 투표하지 않으면 주식소유비율에 불구하고 오히려 B측의 이사가 이사회의 3분의 2를 차지하여 이사회를 지배할 수 있게 된다. 그러나 B는 만일 A가 이에 대한 대응 전략을 세우면 한 사람의 이사만 확보하게 된다. 예를 들어, A가 A1, A2, A3, A4 각 후보에게 75표씩 투표하고 A5에게는 한 표도 행사하지 않으면 B가 어떠한 방법으로 투표하여도 A는 4인의 이사를 확보하게 되는 것이다.

㈃ **후보자가 동수의 득표를 한 경우**   집중투표 결과 동수의 득표를 한 후보를 모두 이사로 선임한다면 당초 선임할 이사의 수를 초과하는 경우가 있다. 정관에 이러한 경우에 적용할 선임기준이 없다면 동수의 득표를 한 후보를 대상으로 결선투표를 해야 할 것이다. 결선투표를 하는 경우 미선임 이사가 복수인 경우에는 다시 집중투표에 의하여 선임해야 할 것이다. 그러나 미선임 이사가 1인인 경우에는 단순투표에 의하여 선임해야 할 것인데, 이사후보별로 의안을 상정하여 투표하는 것은 두 후보 모두 결의요건을 충족하는 결과가 반복될 수 있고, 의결권 있는 발행주식총수의 4분의 1을 가진 주주의 찬성이라는 보통결의요건을 충족하기 어려운 경우도 발생할 수 있으므로, 투표지에 잔여 후보자 모두를 기재하여 투표한 후 다득표자를 선임하는 방법이 적절하다. 다만, 다득표순 선임 방식의 공정성에 대한 시비를 예방하기 위하여, 의장이 다득표순 선임에 관한 의안을 먼저 상정하여 가결된 후 이사선임결의를 하는 것이 적절하다.

㈄ **상장회사의 집중투표에 관한 특례**

㉮ **청구시기**   상장회사에 대하여 집중투표의 방법으로 이사를 선임할 것을 청구하는 경우 주주총회일(정기주주총회의 경우에는 직전 연도의 정기주주총회일에 해당하는 그 해의 해당일)의 6주 전까지 서면 또는 전자문서로 회사에 청구하여야 한다(542조의7①). 상장회사의 경우 주주가 주주총회에 직접 참석하는 경우는 소수이고, 대부분은 위임장교부 혹은 서면투표에 의하여 주주들의 의사가 표시되는데, 상법 제382조의2제2항이 규정하는 "주주총회 7일전"에는 이미 주주총회의 통지 및 위임장 교부가 종료한 이후이고 주주들이 서면투표를 진행하고 있는 도중으로서, 만일 이 시점에 집중투표 청구가 있는 경우 회사로서는 처리 방법이 마땅치 않다는 문제점이 있었다. 따라서 상법은 상장회사의 경우 주주제안권과 마찬가지로 "주주총회 6주 전까지" 집중투표를 청구하도록 하여 회사가 주주총회 소집통지문과 위임장 용지를 작성함에 있어 이를 반영하여 준비할 수 있도록 하였다.

㉯ **소수주주권 행사**   최근 사업연도 말 현재의 자산총액이 2조원 이상인 상장회사의 의결권 없는 주식을 제외한 발행주식총수의 1% 이상에 해당하는 주식을 보유한 자는 제382조의2에 따라 집중투표의 방법으로 이사를 선임할 것을 청구할 수 있다(542조의7②, 令 33조).

상장회사에 대한 특례에 따른 다른 소수주주권과 달리 집중투표청구의 경우에는 보유기간에 관한 요건이 없다. 경영진 선임에 관한 현재 주주들의 결의에 관한 것이므로 공정한 경영권 경쟁을 위하여 보유기간을 두지 않는 것이다.

(ㅂ) **시차임기제와의 관계**　　시차임기제는 집중투표(cumulative voting)의 효과를 억제하는 기능이 있다. 이사 전원을 동시에 선임하는 경우에 비하여 3분의 1씩 선임하는 경우 집중투표제의 운용방식상 소수주주들이 이사를 확보하기 위하여 보다 많은 주식을 소유하고 있어야 한다. 예를 들면 A가 79%, B가 21%의 주식을 가지고 있으며 이사회가 9인의 이사로 구성되는 경우, 200/10＋1＝21이므로 모든 이사의 임기가 1년이면 B는 최소한 2인의 이사를 확보한다. 그러나 만일 이사들이 시차임기제에 의하여 3인씩 임기만료된다면 B는 3인의 이사를 선임하는 매년의 선거에서 3인 중 1인의 이사라도 확보하려면 최소한 26%의 주식을 가지고 있어야 하므로, 21%의 주식만으로는 1인의 이사도 확보하지 못하게 된다.

(ㅅ) **집중투표제도 위반의 효과**　　회사가 소수주주의 집중투표 청구를 무시하고 단순투표로 이사를 선임한 경우 "결의방법이 법령 또는 정관에 위반한 때"에 해당하므로 주주·이사·감사는 결의의 날부터 2개월 내에 결의취소의 소를 제기할 수 있다(376조①).

(3) 이사 선임의 주요 절차

주주총회에서 이사의 선임에 관한 사항을 목적으로 하더라도 의제만 기재하여 소집통지하면 된다. 그러나 이사 선임에 있어 집중투표를 정관으로 배제하지 않은 주식회사는 이사 선임에 관한 주주총회의 소집통지에 선임할 이사의 원수를 반드시 기재하여야 한다. 만약 이사 후보에 관한 주주제안이 있는 경우에는 주주총회에서 선임할 이사의 수와 종류를 선결안건으로 할 수 있고, 이 경우에는 해당 의안을 소집통지에 추가하여야 한다. 이렇게 주주총회에 이사 선임의 건이나 선임할 이사의 수와 종류 결정의 건을 상정하기 위하여는 이사회 결의가 필요하다.

상장회사가 이사·감사의 선임에 관한 사항을 목적으로 하는 주주총회를 소집통지·공고하는 경우에는 ⅰ) 이사·감사 후보자의 성명·약력·추천인, ⅱ) 후보자와 최대주주와의 관계, ⅲ) 후보자와 해당 회사와의 최근 3년간의 거래내역에 관한 사항을 통지하거나 공고하여야 함(542조의4②, 令 31조③)은 앞에서 설명하였다. 이에 따라 이사 선임의 건의 주주총회 상정을 위한 이사회 결의시에 이러한 내용을 포함하여야 한다. 한편, 자산총액 2조원 이상의 상장회사에 대하여는 사외이사 후보추천위원회를 구성하여야 하며, 이 위원회에서 추천한 후보 중에서 사외이사를 선임하도록 하고 있다(542조의8④·⑤). 이에 따라 사전에 사외이사후보추천위원회의 추천이 필요하다. 물론 임의로 정관에서 사외이사후보추천위원회를 구성하고, 사외이사후보 추천권을 부여한 회사의 경우에도 동일하다.

실무상 복수의 이사를 선임하는 경우 안건을 소집통지할 때 가지번호로 구별하여 의안별로 후보자의 성명을 표시한다. 예컨대, "제3호 의안: 이사선임의 건, 제3-1호 의안: 사외이사(갑) 선임의 건, … 제3-8호 의안: 사내이사(을) 선임의 건"과 같은 방식으로 기재하거나(하나금융지주 제11기 정기 주주총회 소집공고), "제2호 의안: 이사선임의 건(2인), 제2-1호: 사내이사 1인 선임(후보: 갑), 제2-2호: 사외이사 1인 선임(후보: 을)"과 같이 인원수를 병기하는 예도 있다(SK 제25기 정기 주주총회 소집공고).

이사 선임 결의 후 선임된 이사에 대하여는 사내이사, 사외이사, 기타비상무이사로 구분하여 성명과 주민등록번호를 본점 소지지에서 2주간 내, 지점소재지에서 3주간 내에 등기하여야 한다(317조, 183조).

4. 감사의 선임

(1) 의   의

감사는 주주총회에서 선임한다(409조①). 주주총회의 감사선임권은 이사회나 대표이사에게 위임할 수 없고, 이들의 승인을 요구할 수도 없다. 발기설립의 경우에는 납입과 현물출자의 이행이 완료된 때에는 발기인은 지체 없이 의결권의 과반수로 감사를 선임함으로써 기관을 구성하여야 한다(296조①). 발기인의 의결권은 그 인수주식의 1주에 대하여 1개로 한다(296조②). 모집설립의 경우에는 창립총회에서는 감사를 선임하여야 한다(312조).

다만, 자본금의 총액이 10억원 미만인 회사의 경우에는 감사를 선임하지 아니할 수 있다(409조④). 소규모회사의 감사는 임의기관이므로 회사의 선택에 따라 감사를 두지 않을 수도 있는 것이다.

(2) 주주총회 결의

1) 감사후보자

일반적으로 주주총회에서는 감사후보자별로 순차로 표결하여 선임한다. 의제만 통지되므로 총회장에서 대개 주주총회를 소집한 이사회가 후보자를 제안한다. 따라서, 총회장에서 수정동의를 통하여 주주의 감사후보자 제안도 가능하다.

그러나, 상장회사는 주주총회에서 감사를 선임하려는 경우에는 상법 제542조의4제2항에 따라 통지하거나 공고한 후보자 중에서 선임하여야 하므로 감사후보자를 총회장에서 제안하여 선임할 수 없다(542조의5). 후보자의 변경에 관하여는 이사에 대한 설명과 동일하다.

2) 선임 결의

감사의 선임에 관한 주주총회 결의는 일부 주주는 의결권이 제한되지만, 기본적으로 보통결의사항이며, 선임할 이사별로 별개로 존재하고, 수인의 감사를 동시에 선임하더라도 선임하는 감사별로 복수의 결의가 존재한다. 따라서, 이사를 선임할 때에는 후보자별로 찬부를 물어 선임 여부를 결정하여야 한다. 다만, 총회장에서 주주의 반대가 없으면, 일괄하여 찬부를 묻는 것도 가능하다.

3) 상근여부의 결정

최근 사업연도말 자산총액 1천억원 이상 2조원 미만의 상장회사는 상근감사를 두어야 한다(542조의10①). 상장회사의 상근감사와 관련하여 주주총회에서 상근 여부를 정하지 않고 감사를 선임한 후 이사회가 상근 여부를 결정하도록 하는 것은 부적법하고 반드시 주주총회결의에 의하여 상근 여부를 결정하여야 한다는 하급심 판례가 있다(서울고등법원 2007. 3. 8. 선고 2006나66885 판결). 이에 따라 주주총회에서 감사를 선임할 때 상근 여부를 같이 결정하여야 한다.

한편, 자산 1천억원 미만인 상장회사는 상근감사를 둘 필요가 없다. 그러나 상근감사를 두는 경우에는 상근 여부에 관한 결정은 상근감사의무 설치법인과 동일하게 주주총회에서 결정하여야 할 것이다.

4) 의결권제한

주주총회의 감사선임은 보통결의에 의하되, 일정 비율 이상의 주식을 소유한 주주는 의결권 행사가 제한된다. 즉, 의결권 없는 주식을 제외한 발행주식총수의

3%를 초과하는 수의 주식을 가진 주주는 그 초과하는 주식에 관하여 감사의 선임에 있어서는 의결권을 행사하지 못한다(409조②). 회사는 정관으로 이 비율보다 낮은 비율을 정할 수 있지만(409조③), 비율을 올릴 수는 없다. 이는 감사의 선임에 있어서 대주주의 영향력을 배제하기 위한 것이다.

상법 제409조제2항은 대주주의 영향력으로부터 독립된 사람을 감사로 선임하여 회사경영의 공정성과 투명성을 제고하고자 하는 데 그 입법취지가 있는 것이므로, 예컨대 기존 감사 외에 "감사를 추가로 선임할 것인지 여부"라는 의안의 있어서는 대주주의 의결권이 제한되지 않는다.

> [서울고등법원 2015. 4. 10. 선고 2014나2028587 판결] "정관이 정한 필요적 최소 감사 수에 해당하는 감사가 결원된 경우는 별론으로 하고, 정관이 정한 필요적 최소 감사 수에 해당하는 감사가 이미 있는 상황에서 감사를 추가로 선임하는 문제는 단순히 특정인을 감사로 선임하는 문제와 달리, 회사의 기관구성에 변동을 초래하고 회사의 비용을 증대시키는, 그에 따라 회사의 경영상황 등에 입각한 회사 주주들의 정책적인 판단이 요구되는 문제로서 이에 대하여 대주주의 의결권을 제한하여야 할 합리적인 필요가 있다고 보기 어렵다." (대법원 2015. 7. 23. 선고 2015다213216 판결에 의하여 확정되었다).

총회의 결의에 관하여는 특별이해관계인으로서 상법 제368조제3항에 따라 행사할 수 없는 주식의 의결권 수는 출석한 주주의 의결권의 수에 산입하지 않는다(371조②). 그런데 감사의 선임에 있어서 의결권을 행사할 수 없는 주식의 의결권 수를 발행주식총수에 산입되는 것으로 해석한다면, 3% 초과 주식의 수가 발행주식총수의 75%를 넘는 경우에는 발행주식총수의 25% 이상이라는 결의요건을 구비할 수 없어서 감사 선임이 불가능한 경우가 발생한다. 따라서 감사의 선임에서 3% 초과 주식은 상법 제371조의 규정에도 불구하고 상법 제368조제1항에서 말하는 '발행주식총수'에도 산입되지 않는다고 해석해야 한다.

> [대법원 2016. 8. 17. 선고 2016다222996 판결] "주주총회에서 감사를 선임하려면 우선 '출석한 주주의 의결권의 과반수'라는 의결정족수를 충족하여야 하고, 나아가 의결정족수가 '발행주식총수의 4분의 1 이상의 수'이어야 하는데, 상법 제371조는 제1항에서 '발행주식총수에 산입하지 않는 주식'에 대하여 정하면서 상법 제409조제2항의 의결권 없는 주식(이하 '3% 초과 주식'이라 한다)은 이에 포함시키지 않고 있고, 제2항에서 '출석한 주주의 의결권수에 산입하지 않는 주식'에 대하여 정하면서는 3% 초과 주식을 이에 포함시키고 있다. 그런데 만약 3% 초과 주식이 상법 제368조제1항에서 말하는 '발행주식총수'에 산입된다고 보게 되면, 어느 한 주주가 발행주식총수의 78%를 초과하여 소유하는 경우와 같이 3% 초과 주식의 수가 발행주식총수의 75%를 넘는 경우에는 상법 제368조제1항에서 말하는 '발행주식총수의 4분의 1 이상의 수'라는 요건을 충족시키는 것이 원천적으로 불가능하게 되

는데, 이러한 결과는 감사를 주식회사의 필요적 상설기관으로 규정하고 있는 상법의 기본 입장과 모순된다. 따라서 감사의 선임에서 3% 초과 주식은 상법 제371조의 규정에도 불구하고 상법 제368조제1항에서 말하는 '발행주식총수'에 산입되지 않는다. 그리고 이는 자본금 총액이 10억 원 미만이어서 감사를 반드시 선임하지 않아도 되는 주식회사라고 하여 달리 볼 것도 아니다."

(3) 상장회사에 대한 특례

1) 의결권 제한

⑺ **최대주주**   상장회사의 감사의 선임과 해임에 관하여 모든 주주에게는 비상장회사의 경우와 같이 3% 의결권 제한이 적용되고, 최대주주에게는 이에 추가적으로 특수관계인 등의 지분을 합산하여 3% 의결권 제한이 적용된다(542조의12③). 즉, 최대주주, 최대주주의 특수관계인, 그 밖에 대통령령으로 정하는 자가 소유하는 상장회사의 의결권 있는 주식의 합계가 그 회사의 의결권 없는 주식을 제외한 발행주식총수의 3%를 초과하는 경우 그 주주는 그 초과하는 주식에 관하여 감사를 선임하거나 해임하는 경우 의결권을 행사하지 못한다. 그리고 정관에서 이보다 낮은 주식 보유비율을 정할 수 있다(542조의12③).

"대통령령으로 정하는 자"란 다음과 같은 자를 말한다(令 38조①).

1. 최대주주 또는 그 특수관계인의 계산으로 주식을 보유하는 자
2. 최대주주 또는 그 특수관계인에게 의결권(의결권 행사 지시권한 포함)을 위임한 자(해당 위임분만 해당)

상법 제542조의12제3항은 자산규모에 관계없이 모든 상장회사 감사의 선임·해임에 있어서 최대주주의 의결권을 제한한다. 기준일 후 주주총회 회일 전에 계열회사의 이사로 취임하는 등의 사유로 특수관계인이 된 주주의 의결권도 3%에 합산하여 제한된다. 기준일은 회사가 의결권을 행사할 주주를 확정하기 위하여 정한 날이므로 임원 취임으로 특수관계인이 된 주주의 의결권 제한과 무관하기 때문이다(서울중앙지방법원 2008. 4. 28.자 2008카합1306 결정).

⑷ **최대주주 아닌 주주**   최대주주 및 최대주주의 특수관계인 아닌 다른 2대 내지 3대 주주는 본인이 개별적으로 3%를 초과하여 소유하는 지분의 의결권만 제한되고, 그들의 특수관계인이 소유하고 있는 주식수와 합산하여 3%를 초과하는 주식을 소유하고 있어도 본인의 개별 지분이 3% 이하이면 감사 선임에 있어

서 의결권을 제한받지 않는다. 이와 같이 최대주주의 의결권만을 합산 기준에 의하여 제한하는 것은 적대적 M&A 등의 경우에 경영권을 위협하려는 세력이 연합하여 감사를 선임하는 역효과가 발생할 가능성도 있다.

이와 관련하여, 판례는 최대주주 아닌 주주의 의결권을 제한하는 내용의 정관 규정은 무효라는 입장이다.

> [대법원 2009. 11. 26. 선고 2009다51820 판결] "원심판결 이유에 의하면, 원심은 주주평등의 원칙과 1주 1의결권 원칙의 취지, 주식회사법을 강행법규로 한 이유, 우리 상법 및 구 증권거래법에서 감사제도 및 감사 선임시 의결권제한규정을 둔 취지 등에 비추어 이 사건 정관조항은 강행법규에 위배되고 주주의 의결권을 부당하게 제한하는 무효의 조항이라고 판단한 다음, 피고회사가 이 사건 정관조항에 따라 원고 및 그 특수관계인 등의 의결권을 제한한 것은 위법하여 이 사건 결의는 결의방법에 법령에 위반한 하자가 있는 경우에 해당한다고 보아 이 사건 주주총회결의의 취소를 구하는 원고의 청구를 받아들였다. 앞서 본 법리와 기록에 비추어 살펴보면, 원심의 위와 같은 판단은 정당하고, 거기에 상고이유로 주장하는 바와 같은 상법 제409조 및 구 증권거래법 제191조의11에 대한 법리오해 등의 위법이 없다."

규정의 취지상 대리인이 임의로 의결권을 행사할 수 있는 경우만 합산하고, 주주가 의결권 행사의 방향을 지정하여 위임한 경우는 대리인의 영향력과 무관하므로 합산하지 않는다는 하급심 판례가 있다.

2) 별도상정

상장회사가 주주총회의 목적사항으로 감사의 선임 또는 감사의 보수결정을 위한 의안을 상정하려는 경우에는 이사의 선임 또는 이사의 보수결정을 위한 의안과는 별도로 상정하여 의결하여야 한다(542조의12⑤). 제542조의12제5항의 적용대상인 상장회사도 자산규모에 관계없이 모든 상장회사이다. 다만, 비상장회사의 경우에도 주주총회 실무상 별도상정이 일반화되어 있으므로 상장회사에 관한 별도상정 규정은 사실상 주의적 규정이라 할 수 있다.

(4) 주요 절차

주주총회에서 감사의 선임에 관한 사항을 목적으로 하더라도 의제만 기재하여 소집통지하면 된다. 만약 감사 후보에 관한 주주제안이 있는 경우에는 주주총회에서 선임할 감사의 수와 종류를 선결안건으로 할 수 있고, 이 경우에는 해당 의안을 소집통지에 추가하여야 한다. 이렇게 주주총회에 감사 선임의 건이나 선임할 감사의 수와 종류 결정의 건을 상정하기 위하여는 이사회 결의가 필요하다.

다만, 상장회사가 감사의 선임에 관한 사항을 목적으로 하는 주주총회의 소집을 통지·공고하는 경우에는 상장회사의 이사·감사의 선임에 관한 특칙이 적용되므로, 감사 후보자의 성명, 약력, 추천인, 후보자와 최대주주와의 관계, 후보자와 해당 회사와의 최근 3년간의 거래내역에 관한 사항(令 31조③)을 통지·공고하여야 함(542조의4②)은 앞에서 설명하였다.

실무상 복수의 감사를 선임하는 경우 안건을 소집통지할 때 이사 선임에서와 같이 가지번호로 구별하여 의안별로 후보자의 성명을 표시한다.

감사 선임 결의 후 선임된 감사의 성명과 주민등록번호를 본점 소지지에서 2주간 내, 지점소재지에서 3주간 내에 등기하여야 한다(317조, 183조). 상근 여부는 등기사항이 아니다.

5. 상장회사 감사위원회 위원의 선임

(1) 의   의

주식회사에서 감사위원회 위원은 주주총회에서 선임된 이사 중에서 이사회가 선임한다(415조의2). 그런데, 최근 사업연도 말 현재 자산총액이 2조원 이상인 대규모 상장회사의 경우 감사위원을 선임하거나 해임하는 권한은 주주총회에 있다(542조의12①, 단서의 예외규정 있음). 모두 이사의 선임이나 해임과 같이 선임은 보통결의사항이고, 해임은 특별결의사항이다. 그리고, 최근 사업연도 말 현재 자산총액이 1천억원 이상, 2조원 미만인 상장회사가 상근감사 대신 감사위원회를 설치하는 경우에도 상법 제415조의2가 아닌 제542조의12에 따른 소위 특례 감사위원회를 설치하여야 하고, 따라서 주주총회가 감사위원을 선임·해임하고, 의결권제한도 동일하게 적용된다. 감사위원회 위원의 선임·해임에 있어서 자산총액 1천억원 이상, 2조원 미만인 상장회사는 상근감사와 감사위원회 중 선택적으로 설치할 수 있고, 자산총액 2조원 이상인 회사는 감사위원회를 의무적으로 설치해야 한다는 점에서 차이가 있지만, 모두 소위 특례 감사위원회이므로 이를 설치하는 경우 그 위원의 선임·해임 요건은 동일하다.

(2) 주주총회 결의

1) 일괄선임과 분리선임

특례 감사위원회 위원은 주주총회에서 이사를 선임한 후 선임된 이사 중에서 감사위원을 선임하여야 한다(542조의12②). 종래에 감사위원 선임방법에 관하여 실무상 혼선이 있었으나, 2011년 개정상법은 주주총회에서 먼저 일반이사와 감사위원이 되는 이사를 구분하지 않고 모든 이사를 일괄하여 선임한 후 선임된 이사 중에서 감사위원회 위원을 선임하는 "일괄선임방식"을 채택하였다. 예컨대, A, B, C, D, E를 이사로 선임하고, 그 중 A, B를 감사위원으로 선임하려는 경우, 분리선임방식에 의하면, A, B를 감사위원으로 선임하면서 3% 의결권 제한 규정이 적용되고, C, D, E를 의결권 제한 없이 이사로 선임하게 되는데, 이는 선임대상 이사의 수가 줄어들어 집중투표제의 취지가 훼손된다는 문제점이 있다. 일괄선임방식에 의하면, 의결권 제한 없이 A, B, C, D, E를 이사로 선임한 후, 그 중에서 3% 의결권 제한을 적용하여 A, B를 감사위원으로 선임하게 되는데, 집중투표제의 취지를 살릴 수 있다는 장점이 있지만, 이사 선임 단계에서 대주주의 의결권이 제한되지 않으므로 감사위원 선임 단계에서 의결권이 제한되어도 대주주의 의결권 제한취지가 상당히 약해진다는 문제가 있다. 의결권제한과 집중투표제 모두 소수주주를 위한 제도인데, 감사위원 선임에 있어서는 서로 충돌하는 모양이 된다. 이 문제에 관하여 입법과정에서 많은 상장회사가 이미 집중투표제를 배제하였기 때문에 집중투표제의 취지를 살리는 효과는 별로 없으므로 차라리 대주주의 의결권제한이 가능한 분리선임방식이 보다 타당하다는 견해도 있었지만, ⅰ) 감사위원회를 의무적으로 설치하여야 하는 자산 2조원 이상 상장회사 중 다수의 회사가 일괄선임방식을 채택하고 있다는 점과, ⅱ) 집중투표제의 취지를 살릴 수 있다는 점을 고려하여 일괄선임방식을 택하였다. 따라서 이사 전원을 대상으로 하는 "이사 선임의 건"과 그 중 감사위원을 선임하는 "감사위원 선임의 건"으로 나누고, 먼저 의결권 제한 없이 이사를 선임한 후, 이어서 "감사위원 선임의 건"을 다시 "사외이사인 감사위원 선임의 건"과 "사외이사 아닌 감사위원 선임의 건"으로 나누어 별개의 의안으로 상정하여 소정의 의결권 제한 하에 결의한다.

감사위원 선임에 있어 일괄선임방식을 적용하면 분리선임방식보다 최대주주 및 특수관계인의 영향력이 증가하고, 그 결과 소수주주가 추천하는 감사위원 후보가 이사선임 1단계를 거쳐 2단계에서 선임될 가능성이 낮아질 것이다. 반면에 집중투표제의 취지를 살릴 수 있다는 장점이 있는데, 분리선임방식과 일괄선임방식 중 대주주와 소수주주에게 어느 것이 어느 정도 유리한지에 관하여 일률적으로 판단하기는 어렵다.

2) 의결권 제한

주주총회에서 감사위원을 선임하는 경우 보통결의에 의한다. 다만, 최대주주 등의 영향력을 감소시키기 위하여 의결권제한을 두고 있다.

(개) **사외이사 아닌 감사위원의 선임·해임**   최대주주, 최대주주의 특수관계인 그 밖에 대통령령으로 정하는 자가 소유하는 상장회사의 의결권 있는 주식의 합계가 그 회사의 의결권 없는 주식을 제외한 발행주식총수의 3%를 초과하는 경우 그 주주는 그 초과하는 주식에 관하여 사외이사 아닌 감사위원(사내이사와 기타비상무이사를 포함하지만, 이하에서는 "사내감사위원"으로 통칭함)을 선임하거나 해임하는 경우 의결권을 행사하지 못한다. 그리고 정관에서 이보다 낮은 주식 보유비율을 정할 수 있다(542조의12③).

— 일괄선임방식과 분리선임방식에 따른 의안 예시

상법상 「일관선임」 방식	금융사지배구조법상 「분리선임」 방식
제1호 의안 이사선임의 건 　제1-1호 사내이사 A 선임의 건 　제1-2호 사내이사 B 선임의 건 　제1-3호 사내이사 C 선임의 건 　제1-4호 사내이사 D 선임의 건 　제1-5호 사내이사 E 선임의 건	제1호 의안 이사선임의 건 　제1-1호 사내이사 A 선임의 건 　제1-2호 사내이사 B 선임의 건 　제1-3호 사내이사 D 선임의 건 　제1-4호 사내이사 E 선임의 건
	제2호 의안 　감사위원이 되는 사외이사 C 선임의 건
제2호 의안 이사선임의 건 　제2-1호 사내이사 C 선임의 건 　제2-2호 사내이사 D 선임의 건 　제2-3호 사내이사 E 선임의 건	제3호 의안 이사선임의 건 　제3-1호 사내이사 D 선임의 건 　제3-2호 사내이사 E 선임의 건

"대통령령으로 정하는 자"란 다음과 같은 자를 말한다(令 38조①).

1. 최대주주 또는 그 특수관계인의 계산으로 주식을 보유하는 자
2. 최대주주 또는 그 특수관계인에게 의결권(의결권의 행사를 지시할 수 있는 권한을 포함)을 위임한 자(해당 위임분만 해당)

상법 제542조의12제3항은 단순히 "상장회사"라고만 규정하는데, 감사위원의 경우에는 최근 사업연도 말 현재 자산총액이 1천억원 이상인 상장회사가 적용대상이다. 자산총액 1천억원 미만인 상장회사에 대하여도 적용된다고 해석하게 되면 감사위원회 위원의 주주총회 선임을 강제하게 되는데 이는 불합리하기 때문이다.

사외이사 아닌 감사위원의 선임과 해임에 있어서, 대주주와 그의 특수관계인이 소유하는 주식수를 합산하여 3%를 초과하는 주식에 대한 의결권이 제한될 뿐, 최대주주 아닌 나머지 주주(2대주주나 3대주주)들은 의결권이 전혀 제한되지 않고 이들의 의결권을 제한하는 내용의 정관 규정은 무효이다.

> [대법원 2009. 11. 26. 선고 2009다51820 판결] "원심판결 이유에 의하면, 원심은 주주평등의 원칙과 1주 1의결권 원칙의 취지, 주식회사법을 강행법규로 한 이유, 우리 상법 및 구 증권거래법에서 감사제도 및 감사 선임시 의결권제한규정을 둔 취지 등에 비추어 이 사건 정관조항은 강행법규에 위배되고 주주의 의결권을 부당하게 제한하는 무효의 조항이라고 판단한 다음, 피고회사가 이 사건 정관조항에 따라 원고 및 그 특수관계인 등의 의결권을 제한한 것은 위법하여 이 사건 결의는 결의방법에 법령에 위반한 하자가 있는 경우에 해당한다고 보아 이 사건 주주총회결의의 취소를 구하는 원고의 청구를 받아들였다. 앞서 본 법리와 기록에 비추어 살펴보면, 원심의 위와 같은 판단은 정당하고, 거기에 상고이유로 주장하는 바와 같은 상법 제409조 및 구 증권거래법 제191조의11에 대한 법리오해 등의 위법이 없다"(이 사건은 피고회사가 구 증권거래법 제191조의11과 같이 3%를 초과하여 소유하는 주식의 의결권제한을 모든 주주에게 적용한다는 취지로 정관에 규정하였는데, 그 후 구 증권거래법 개정에 의하여 의결권 제한의 대상인 "주주"가 "최대주주"로 변경되었음에도 정관에는 이를 반영하지 않은 상태에서 최대주주 아닌 원고의 의결권을 제한하였다. 대법원은 상법 제369조제1항에서 1주 1의결권 원칙을 규정하는데, 이 규정을 강행법규로 본 것이다).

특수관계인 사이에 분쟁이 발생하는 경우, 최대주주와 특수관계인 등이 소유하고 있는 주식수는 동일하게 합산대상이 되며, 의결권의 행사는 각각 지분비율을 안분하여 다른 방향으로 행사하게 된다.

(나) **사외이사인 감사위원의 선임** 사외이사인 감사위원(사외감사위원)을 선임하는 경우에는 비상장회사의 감사와 같이 의결권 없는 주식을 제외한 발행주

식총수의 3%를 초과하는 수의 주식을 가진 모든 주주는 그 초과하는 주식에 관하여 의결권을 행사하지 못한다(3%는 개별 주주 기준). 다만, 정관에서 이보다 낮은 주식 보유비율을 정할 수 있다(542조의12④).

3) 금융회사에 관한 특례

금융회사지배구조법상 금융회사는 감사위원이 되는 사외이사 1명 이상을 다른 이사와 분리하여 선임하여야 한다(同法 19조⑤). 일괄선임방식이 아닌 분리선임방식에 의하여 하므로 이사로 선임시부터 최대주주등의 의결권있는 발행주식총수의 3%를 초과하는 지분에 대하여 의결권을 행사할 수 없다.

금융회사의 감사위원이 되는 이사를 선임하는 경우의 의결권제한은 사외이사인지, 아닌지와 관계 없이 상장회사의 감사와 동일하다. 즉, 3% 초과하는 의결권 가진 주주는 모두 그 초과하는 주식에 관하여 의결권을 행사하지 못하며, 또한, 최대주주, 최대주주의 특수관계인, 그 밖에 대통령령으로 정하는 자가 소유하는 의결권 있는 주식의 합계가 3%를 초과하는 경우에는 그 초과하는 주식에 관하여 의결권을 행사하지 못한다(동법 19조⑥·⑧). 사외이사인 감사위원과 사외이사가 아닌 감사위원 간에 의결권 제한에 차별을 두는 것에 합리적인 이유가 없다고 보아 기준을 일원화한 것이다.

(3) 주요 절차

상장회사의 감사위원회 위원 선임에 대하여 이사 또는 감사 선임시 사전통지의무나 통지한 후보자 중 선임해야 한다는 제한이 없다. 따라서 주주총회 소집통지시 의제만 기재해도 충분하다. 이론적으로 총회장에서 수정동의를 통하여 감사위원 후보를 제안하는 것이 가능하다. 그러나, 감사위원은 이사, 특히 사외이사 중에서 선임되어야 하므로 주주가 감사위원을 제안하고자 하는 경우에는 사외이사 후보를 제안하면서 감사위원 후보로 함께 제안하는 것이 일반적이다.

회사에서 감사위원 선임의 건을 상정하는 경우에는 이사회 결의를 결정된 감사위원 후보자에 대하여도 소집통지하는 것이 일반적이다. 2조원 이상의 상장회사의 사외이사인 감사위원의 경우 사전 절차로써 사외이사후보추천위원회를 거치게 된다. 감사위원은 신규 이사 중에서 선임할 수도 있고, 기존에 재임하고 있는 이사 중에서 선임할 수도 있다. 신규 이사 중에서 감사위원을 선임하는 경우에는 선결 안건이 이사 선임의 건을 먼저 상정하여 처리하고, 감사위원 선임의 건을 상정하여야 한다. 대개 별도로 감사위원의 임기를 정관에서 정하고 있는 경우는 드물며, 감사위원 선임시에도 임기를 정하지 않은 경우가 많다. 이러한 경우에 감사위원직은 이사직을 전제로 하므로 이사의 임기와 동일하다고 보면 된다. 따라서, 이사의 임기 범위를 벗어나서 감사위원의 임기를 정한다고 하더라도 이는 이사의 임기 범위 내에서 유효하다.

감사위원을 선임한 경우에는 감사위원의 성명과 주소를 본점소재지에서 2주간 내에, 지점소재지에서 3주간 내에 등기하여야 하다(317조, 183조).

6. 이사·감사의 보수

(1) 의 의

이사·감사의 보수는 정관에 그 액을 정하지 아니한 때에는 주주총회결의로 이를 정한다(388조). 여기에서의 결의는 보통결의를 말한다. 보수란 정액월급·상여금·특별수당·퇴직위로금·해직보상금 등 명칭을 불문하고 회사에서의 직무수행에 대한 보상으로 지급되는 일체의 대가를 말한다.

(2) 주주총회 결의

1) 결정방식 및 위임의 한계

주주총회에서 이사·감사의 보수를 결정하는 경우 구체적인 금액 또는 지급기준을 승인할 수 있다. 주주총회결의로 개별 이사의 보수를 반드시 정해야 하는 것은 아니고 이사 전원에 대한 보수의 총액이나 상한액만 정하고, 개별 이사에 대한 보수액은 주주총회에서 이사회에 위임할 수 있다. 이는 기업실무상 확립된 방식이기도 하다. 주주총회에서 보수를 승인할 때 당해 사업연도에 대한 보수인지, 아니면 총회일 익월부터 다음 총회일이 속하는 월까지의 보수인지, 대상기간을 명확히하는 것이 바람직하다.

그러나, 정관이나 주주총회에서 합리적인 기준을 설정하지 않고 무조건적으로 위임을 하는 경우에는 그 결의가 무효로 될 가능성이 있을 것이다(서울중앙지방법원 2008. 7. 24. 선고 2006가합98304 판결).

감사의 보수에 대하여 이사회에 위임하는 것은 기관의 성격상 가능하지 않다고 본다. 따라서, 감사의 보수는 가급적 정액을 주주총회에서 승인받는 것이 바람직하며, 상한액만을 정할 경우에는 장래 분쟁의 소지가 있다.

2) 전년과 동일한 경우

이사·감사의 보수총액이나 상한액이 전년과 동일한 경우 주주총회에 목적사항으로 하지 않는 실무가 있다. 그러나 지급대상 이사·감사수의 변경이 있을 수 있고, 승인하는 주주가 같지 않으므로 매년 주주총회에서 보수를 승인받는 것이 바람직하다.

3) 특별이해관계

한편, 이사·감사인 주주는 보수를 결정하는 주주총회결의에서는 특별이해관계인으로서 의결권이 없다. 다만, 주주총회에서 보수의 총액이나 상한액만을 정하는 경우에는 특별이해관계가 없다고 보아 실무적으로 의결권을 제한하지 않고 처리하는 경우가 있으나 이는 논란의 여지가 있다. 그러나, 정관이나 주주총회에서 정한 이사의 보수총액을 각 이사에게 배분하는 결정을 하는 이사회결의에서는 이미 정해진 총액을 각 이사 사이에서 분배하는 것이어서 분배 여하에 따라 회사의 이익을 해할 염려가 없으므로 이사는 모두 특별이해관계인에 해당하지 않는다.

4) 퇴직금지급규정

퇴직금 또는 퇴직위로금의 경우 매번 한도에 포함시켜 승인받기가 번거러우므로 별도의 퇴직금지급규정을 승인받아도 된다. 보수와 동일하게 주주총회 보통결의에 의한다. 이렇게 보수승인과 별도로 퇴직금지급규정을 주주총회에서 승인받은 경우에는 승인받는 보수한도에 퇴직금지급액은 포함되지 않는다. 주주총회에서 승인받는 퇴직금지급규정에는 퇴직금 총액이나 한도가 규정되거나 구체적인 지급기준이 포함되어야 한다. 이러한 내용을 포함하고 있지 않으면 보수를 정한 것으로 볼 수 없다.

5) 영업년도 중간에 한도 초과가 예상되는 경우

주주총회에서 보수 총액이나 상한액을 승인 받은 후 다음 정기총회 전에 예상하지 못한 사유로 보수 집행금액이 한도를 초과할 것으로 예상되는 경우에는 임시 주주총회를 개최하여 보수 총액이나 상한액을 증액하는 결의를 하여야 한다. 만약, 증액하지 않고 보수를 집행하여 한도를 초과할 경우에는 상법 위반의 문제에 더하여, 이를 집행한 이사 및 보수를 수령한 이사는 형사상 및 민사상 책임을 질 수 있다.

6) 상장회사 특례

상장회사가 주주총회의 목적사항으로 감사의 보수 결정을 위한 의안을 상정하려는 경우에는 이사의 보수결정을 위한 의안과는 별도로 상정하여 의결하여야 한다(542조의12⑤).

(3) 주요 절차

이사·감사의 보수는 의제만 기재하여 소집통지하면 된다. 이에 따라 총회에서 이사회가 의안을 제안하기도 하지만 주주들이 제안하는 것도 가능하다. 이사회가 의안을 제안하는 경우에는 사전에 이사회 결의가 필요하다. 감사의 보수에 대해서도 동일하다. 다만, 사전에 보수를 통지한 경우에는 감액하자는 수정동의가 가능하다고 보나, 증액하자는 수정동의가 가능한지에 대하여는 논란이 있다.

총회에서 이사의 보수총액 또는 상한을 승인받고, 구체적인 집행은 이사회에 위임한 경우 이사회는 다음 정기총회에서 보수의 집행실적을 주주들에게 보고하여야 한다. 그렇게 해야지 보수가 적절하게 집행되었는지, 그리고 앞으로 승인할 보수한도 총액의 증감 필요성이 있는지 등을 주주들이 판단할 수 있기 때문이다.

7. 정관의 변경

(1) 의   의

정관의 변경은 주주총회 결의에 의하여야 한다(433조①). 정관변경결의는 출석한 주주의 의결권의 3분의 2 이상의 수와 발행주식총수의 3분의 1 이상의 수로써 하여야 한다(434조). 특별결의사항이다.

정관변경이란 회사의 동일성을 유지하면서 정관의 기재사항을 추가·삭제·

수정하는 것을 말한다. 정관변경은 실질적 의의의 정관(회사의 조직과 운영에 관한 근본규칙)과 형식적 의의의 정관(그 규칙을 기재한 서면) 중 실질적 의의의 정관을 변경하는 것을 의미한다(통설). 정관의 절대적 기재사항은 물론 임의적 기재사항도 변경의 대상이고, 정관의 기재사항이면, 실질적인 의미내용의 변경을 초래하는지 여부를 불문하고, 아무리 사소한 문구·구두점의 변경도 정관변경이다. 다만, 회사가 자기 의사에 따라 존재규범을 변경하는 것만 상법상 정관변경이고, 본점의 지번과 같이 사실에 기초를 둔 규정은 그 사실의 변경에 따라 정관의 기재사항이 변경되는 것으로 정관변경이 아니다.

정관변경의 범위에 관하여 아무런 제한이 없지만, 법령·사회상규·주식회사의 본질 등에 위반하는 내용으로 변경할 수 없고, 주주의 고유권을 침해하는 내용으로도 변경할 수 없다.

(2) 주주총회 결의

1) 의안의 병합·분리

정관 변경에 관한 의안은 하나의 안건에 여러 개의 의안이 병합되어 있는 경우이다. 따라서 조문별·내용별로 구분하여 의결하는 것이 가능하며, 의안을 병합하여 처리하는 것에 대하여 주주가 반대하는 경우에는 구분하여 상정, 의결하여야 한다. 정관 변경 안 중 특정사항에 대하여 반대가 있는 경우 해당 내용만 분리하여 상정, 의결하는 것도 가능하다.

2) 소급효, 조건부결의

정관변경에는 소급효가 인정되지 않는다(통설). 소급효는 이해관계자의 이익을 해치고 회사법률관계의 불안정을 초래하기 때문이다.

변경한 정관규정의 효력발생을 시기부(始期附) 또는 종기부(終期附)로 하는 것은 허용되나, 불확실한 사실의 발생을 해제조건부(解除條件附) 또는 정지조건부(停止條件附)로 하는 것은 회사법률관계의 불안정을 초래하므로 허용되지 않는다.

3) 상장회사 특례

(가) **정관변경과 의결권제한**   상장회사가 정관으로 집중투표를 배제하거나 그 배제된 정관을 변경하려는 경우에는 의결권 없는 주식을 제외한 발행주식

총수의 3%를 초과하는 수의 주식을 가진 주주는 그 초과하는 주식에 관하여 의결권을 행사하지 못한다. 다만, 정관에서 이보다 낮은 주식 보유비율을 정할 수 있다(542조의7③).

(나) **별도상정**　　상장회사가 주주총회의 목적사항으로 제3항에 따른 집중투표 배제에 관한 정관 변경에 관한 의안을 상정하려는 경우에는 그 밖의 사항의 정관 변경에 관한 의안과 별도로 상정하여 의결하여야 한다(542조의7④).

(3) 주요 절차

정관변경을 위한 주주총회의 소집통지·공고에는 정관 몇 조를 어떠한 내용으로 변경한다는 "의안의 요령"을 에 기재하여야 한다(433조②). 실무적으로 어떤 내용이 의안의 요령인지 판단하는 것은 쉽지 않다. 법률적 판단이 필요할 수 있으므로 가급적 모든 변경내용을 이유를 붙여 송부하는 것이 바람직하다.

정관변경은 별도의 시기나 조건을 정하지 않으면 주주총회결의에 의하여 즉시 효력이 발생한다. 주식회사의 원시정관은 공증인의 인증을 받음으로써 효력이 생기는 것이지만 일단 유효하게 작성된 정관을 변경할 경우에는 주주총회의 특별결의가 있으면 그때 유효하게 정관변경이 이루어지는 것이고, 서면인 정관이 고쳐지거나 변경 내용이 등기사항인 때의 등기 여부 내지는 공증인의 인증 여부는 정관변경의 효력발생에는 아무 영향이 없다.

> [대법원 2007. 6. 28. 선고 2006다62362 판결] "주식회사의 원시정관은 공증인의 인증을 받음으로써 효력이 생기는 것이지만 일단 유효하게 작성된 정관을 변경할 경우에는 주주총회의 특별결의가 있으면 그때 유효하게 정관변경이 이루어지는 것이고, 서면인 정관이 고쳐지거나 변경 내용이 등기사항인 때의 등기 여부 내지는 공증인의 인증 여부는 정관변경의 효력발생에는 아무 영향이 없다"(同旨: 대법원 1978. 12. 26. 선고 78누167 판결).

정관변경 자체는 등기할 필요가 없으나, 정관변경으로 등기사항이 변동한 때에는 변경등기를 하여야 한다(317조④, 183조).

8. 자본금의 감소

자본금감소 일정표(상장회사 기준)

순서	일정	내 용	대상처
1	D-16	자본감소/주총소집 기준일 설정 이사회 결의	
2	D-15	감자결정 주요사항보고서 제출(결의일 익일)	금융위
3	D-15	기준일설정 공고(기준일 2주 전까지)	신문사/홈페이지
4	D	기준일(권리주주 확정일)	
5	D+10	주주총회 소집통지/공고(주총일 2주 전까지)	주주
6	D+25	주주총회 개최	
7	D+26	채권자 이의제출(명목상 감자시 해당사항 없음) (주총일로부터 2주 이내 1개월 이상 기간을 정하여)	신문사/홈페이지
8	D+42	주식병합등 공고·통지(주주 및 질권자 대상) (병합등 기준일로부터 2주 전까지)	신문사
9	D+56	채권자 이의제출(명목상 감자시 해당사항 없음) (공고 후 1개월 이상 경과 시)	
10	D+57	자본감소 효력발생, 주식병합등 기준일	
11	D+60	자본감소 변경등기(효력발생 후 2주 이내)	법원

(1) 의 의

자본금증가는 이사회결의에 의하여 가능하지만, 자본금감소는 액면주식을 발행한 회사, 무액면주식을 발행한 회사 모두 주주총회 특별결의(減資決議)에 의하여야 한다(438조①). 자본금감소(reduction of capital, Herabsetzung des Grundkapitals)는 자본금의 금액을 축소하는 것이다. 즉, 회사가 보유할 재산액의 규범적 기준이 되는 자본금을 상법이 규정하는 절차에 의하여 감소시키는 것이 자본금감소이다.

(2) 주주총회 결의

1) 결의방법

자본금감소의 결의에서는 그 감소의 방법을 정하여야 한다(439조①). 액면주식의 경우 발행주식의 액면총액이 자본금이므로 자본금감소를 위하여는 발행주식수과 액면금액 중 적어도 하나를 줄여야 한다. 두 가지 방법을 병행하는 것도 가능하다. 액면주식의 발행주식수를 줄이는 방법으로는 주식의 소각과 주식의 병합이 있는데, 주식의 소각은 원칙적으로 자본금감소에 관한 규정에 따라야 하고, 주식병합은 자본금감소 외에 합병·분할·분할합병·주식교환·주식이전 등의 경우에도 볼 수 있다. 무액면주식은 액면이라는 것이 없고, 주식수와 자본금과의 관계가 단절되므로 단지 회계상 자본금 수치를 감소하는 결의만을 하면 된다.

주주총회 특별결의로 자본금감소를 결의하면서 구체적인 감소방법을 이사회에 일임하는 결의는 법령에 위반한 결의로서 무효이다. 다만, 주주총회가 자본금감소의 방법을 정하고 그 세부일정만을 이사회에 일임하는 것은 허용된다.

2) 결손보전을 위한 자본금감소

결손보전을 위한 자본금감소는 주주총회 보통결의에 의하고(438조②), 채권자보호절차는 요구되지 않는다(439조② 단서). 실질적으로 회사 순자산이 감소하지 않으므로 '명목상 자본금감소'라고 부르고, 실질적으로 회사 순자산이 감소하는 경우를 '실질상 자본금감소'라고 부른다. 그러나 이 경우에도 주주에게 미치는 영향이 크므로 자본금감소에 관한 의안의 요령은 주주총회의 소집통지에 적어야 한다(438조③). 자본금감소에 대하여 주주총회의 특별결의나 채권자보호절차를 요구하는 것은 자본금감소 과정에서 주주간의 불공정이 초래되는 것을 방지하기 위한 것인데, 결손보전을 위한 자본금감소는 주주에 대한 출자환급이 없으므로 이러한 절차적 규제가 필요 없기 때문에 이러한 특칙을 규정한 것이다.

(3) 주요 절차

1) 소집통지

자본금감소에 관한 의안의 요령은 주주총회의 소집통지에 적어야 한다(438조③). 의안의 요령은 자본금감소의 방법과 일정이 될 것이다.

2) 채권자보호절차

자본금의 감소는 회사 재산의 사외유출이 발생하므로 채권자보호절차를 거쳐야 한다. 회사는 회사채권자에 대하여 자본금감소에 이의가 있으면 일정한 기간 내에 제출할 것을 공고하고 알고 있는 채권자에 대하여는 따로따로 이를 최고하여야 한다(439조②, 232조). 이의제출기간 내에 이의가 없으면 자본금감소절차를 진행한다. 이의가 있는 경우 회사는 그 채권자에 대하여 변제 또는 상당한 담보를 제공하거나 이를 목적으로 하여 상당한 재산을 신탁회사에 신탁하여야 한다(232조③).

3) 액면주식의 주식수·액면금액 감소

(가) 발행주식수의 감소

가) 주식병합절차   주식을 병합할 경우에는 회사는 1월 이상의 기간을 정하여 그 뜻과 그 기간 내에 주권을 회사에 제출할 것을 공고하고 주주명부에 기재된 주주와 질권자에 대하여는 각별로 그 통지를 하여야 한다(440조). 회사는 주식을 병합하는 경우에 주권을 제출한 주주에게 신주권을 교부한다.

구주권을 회사에 제출할 수 없는 자가 있는 때에는 회사는 그 자의 청구에 의하여 3월 이상의 기간을 정하고 이해관계인에 대하여 그 주권에 대한 이의가 있으면 그 기간 내에 제출할 뜻을 공고하고 그 기간이 경과한 후에 신주권을 청구자에게 교부할 수 있다(442조①). 공고의 비용은 청구자의 부담으로 한다(442조②). 단주의 금액을 배분하는 경우에도 주권을 회사에 제출할 수 없는 자가 있는 때에는 같은 절차에 의한다(443조②).

나) 주식소각절차   주식병합절차에서 요구되는 주주에 대한 주권제출의 공고·통지절차 등이 요구된다. 제343조제2항은 자본금감소에 관한 규정에 따라 주식을 소각하는 경우 제440조 및 제441조를 준용한다. 다만, 제440조 및 제441조는 강제병합을 규정하는 규정이므로 임의소각에는 적용되지 않는다.

(나) 액면금액의 감소   상법에 액면금액의 감소방법에 관한 규정은 없지만, 주식의 병합과 같은 절차에 의한다. "액면주식을 발행하는 경우 1주의 금액"은 정관의 절대적 기재사항이므로(289조①4), 액면금액의 감소에 의한 자본금감소를 하려면 정관도 변경되어야 한다. 회사가 액면주식을 발행하는 경우 액면주식의 금액은 균일하여야 하므로(329조②), 자본금감소를 위한 액면금액의 감소의 경우에도 감소된 액면금액은 동일하여야 한다. 액면금액이 감소되는 경우에는 발행된 구주권의 액면금액을 변경하거나 신주권을 발행·교부하여야 한다. 그러나 이 경우에는 주권제출절차에 관한 제440조·제441조는 적용되지 않는다. 제440조·제441조는 주식의 소각·병합의 경우에만 적용되기 때문이다.

(다) 전자증권제도를 채택한 경우   회사는 전자등록된 주식을 병합하는

경우에는 상법 제440조에도 불구하고 회사가 정한 일정한 날(병합기준일)에 주식이 병합된다는 뜻을 그 날부터 2주 전까지 공고하고 주주명부에 기재된 주주와 질권자에게는 개별적으로 그 통지를 하여야 한다(전자증권법 65조①). 상법 제441조 본문에도 불구하고 전자등록된 주식의 병합은 병합기준일에 효력이 생긴다. 다만, 「상법」제232조의 절차가 종료되지 아니한 경우에는 그 종료된 때에 효력이 생긴다(전자증권법 65조②).

위 내용은 주식의 소각의 경우에도 준용한다(전자증권법 65조③)

4) 효력발생시기

액면주식의 경우 자본금감소는 주주총회 결의, 채권자보호절차, 자본금감소의 실행절차(주식의 소각·병합)가 모두 종료한 때에 그 효력이 발생한다. 자본금감소의 효력이 발생하기 전에는 주주총회 특별결의에 의하여 자본금감소의 결의를 철회할 수 있다.

무액면주식의 경우 자본금감소는 주주총회에서 자본금감소의 효력발생일을 별도로 정하여야 한다. 다만, 주주총회에서 정한 효력발생일에 채권자보호절차가 종료되지 아니한 때에는 채권자보호절차가 종료한 때에 효력이 발생한다.

━ 자본금감소시 채권자 이의 및 주권병합등 공고 문안(전자증권 채택시)

자본금감소에 따른 채권자 이의 제출 및 주식병합등 공고

○○주식회사는 20○○년 9월 10일 개최된 임시주주총회에서 자본금총액 ○○, ○○○, ○○○원을 ○○, ○○○, ○○○원으로 감소하고, 그 방법으로 주주가 가진 주식 2주를 1주로 병합하여 발행주식총수 ○○○, ○○○주를 ○○○, ○○○로 감소할 것을 결의하였음. 이 자본금감소에 이의가 있는 채권자는 본 공고 게재 익일부터 1개월 내에 이의를 제출하기 바라며, 만일 위 기간 내에 이의가 없으면 자본금감소를 승인한 것으로 간주하겠습니다.

아울러 자본금감소 결의에 따라 20○○년 ○월 ○일자에 주주님께서 가진 주식 2주가 1주로 병합된다는 사실을 알려드리며, 주주 및 질권자에 대하여는 개별적으로 통지하겠습니다.

20○○년 ○월 ○일

○○주식회사 □□□ 대표이사(직인생략)

---

5) 등기

자본금감소의 효력발생일로부터 자본금의 액, 발행주식의 총수, 그 종류와 각종주식의 내용과 수의 변동내용을 본점소재지에서 2주간 내, 지점소재지에서 3주간 내에 등기하여야 한다(317조, 183조).

9. 법정준비금의 감소

(1) 의   의

자본준비금은 매결산기의 영업이익 이외의 이익을 재원으로 적립하는 것이고, 이익준비금은 회사가 그 자본금의 2분의 1에 달할 때까지 매 결산기 이익배당액의 10분의 1 이상을 적립하는 것을 말한다. 이 둘을 합쳐서 법정준비금이라고 한다.

회사는 적립된 자본준비금 및 이익준비금의 총액이 자본금의 150%를 초과하는 경우에 주주총회의 보통결의에 따라 그 초과한 금액 범위에서 자본준비금 및 이익준비금을 감액할 수 있다(461조의2). 감소된 준비금은 미처분상태의 잉여금으로 환원되고 이에 따라 배당가능이익 산정을 위한 공제항목이 감소하므로 배당가능이익이 증가하게 된다.

(2) 주주총회 결의

1) 결의내용

준비금감소는 주주총회의 보통결의에 의한다. 반드시 정기총회에서의 결의일 필요는 없다. 정관에서 정하는 바에 따라 이사회 결의로 재무제표를 승인할 수 있는 경우(449조의2①)에도 준비금감소는 반드시 주주총회 결의에 의하여야 한다. 주주총회에서 감소되는 준비금의 종류와 금액을 정하는 외에 명문의 규정은 없지만 감소의 효력발생시기도 정하여야 할 것이다.

자본금감소는 특별결의에 의하고 준비금감소는 보통결의에 의하는 이유는 자본금감소는 준비금감소에 비하여 자본금충실에 미치는 영향이 크기 때문이다. 준비금감소에 의하여 회사재산에 실질적인 변동이 있는 것은 아니지만 준비금은 배당가능이익 산정시 공제항목이므로 준비금감소에 의하여 배당가능이익이 늘어나는 결과가 된다.

2) 요　　건

㈎ **감소대상 준비금**　　자본준비금 및 이익준비금의 총액이 자본금의 150%를 초과하는 경우의 자본준비금 및 이익준비금이 감소대상 준비금이다. 상법은 "자본준비금 및 이익준비금을 감액할 수 있다"고만 규정하므로, 자본준비금과 이익준비금 중 어느 것을 먼저 감액해도 된다.

㈏ **결손의 차감**　　준비금으로 반드시 결손을 보전하지 않아도 되지만, 자본준비금 및 이익준비금의 총액이 자본금의 150%를 초과하는지 여부를 판단함에 있어서는, 준비금의 단순 총액이 아니라 준비금에서 결손을 차감한 잔액을 기준으로 하여야 한다. 감소된 준비금은 배당재원으로 사용될 수 있으므로 결손을 방치한 채 배당이 이루어지는 것을 방지하기 위한 것이다. 준비금감소분의 일부는 결손을 보전하고 나머지만 미처분잉여금으로 전환하는 것도 가능하다.

㈐ **기준시점**　　영업연도 중간에는 결손의 규모를 알 수 없으므로 반드시 직전결산기의 재무상태표(대차대조표)에 의하여 확정된 준비금을 기준으로 하여야 한다. 준비금의 자본금전입과 마찬가지로, 영업연도 중간에 발생한 준비금은 자본금감소의 대상이 아니다.

3) 준비금의 감소액과 배당재원

준비금감소는 법정준비금으로서의 용도를 포기하고 미처분 상태의 잉여금으로 환원하는 것을 말하고, 이에 따라 배당가능이익의 산정을 위한 공제항목이 감소되어 결과적으로 배당가능이익이 증가하는 효과가 발생한다. 그런데 배당가능이익은 정기주주총회에서 재무제표가 확정되어야지만 산출되는 것이므로, 재무제표의 확정 없이 기중에 감소한 자본준비금을 이익배당 또는 중간배당의 재원으로 사용할 수 있는지가 문제된다.

이에 대하여 준비금감소 결의를 한 그 주주총회에서 이를 재원으로 이익배당을 할 수 있다는 견해도 있다.

그러나, ⅰ) 현행 상법은 이익배당과 중간배당 모두 직전 결산기의 대차대조표상 수치를 기준으로 배당가능이익을 산정하도록 규정하고, ⅱ) 중간배당의 배당가능이익도 직전 결산기의 자본금 및 준비금을 차감하고 있을 뿐, 기중에 변동한 자본금 또는 준비금을 반영하도록 하고 있지 않고, iii) 중간배당시 이사의 차액배상책임은 이사가 배당가능이익 한도(462조의3③)를 준수하여 배당하는 경우를 전제로 하고 있는바, 이를 위반하여 중간배당을 하는 경우에는 이사의 차액배상책임 규정이 적용될 여지가 없고 위법한 중간배당으로서 무효가 되고, iv) 명문의 규정이 없는 한 기중에 준비금이 감소되었다고 해서 재무제표의 확정도 없이 상법상 배당가능이익이 증가하는 것은 아니라는 점에서, 기중에 감소한 자본준비금을 이익배당 또는 중간배당의 재원으로 사용할 수는 없을 것으로 해석된다.

(3) 주요 절차

이사회결의를 통하여 주주총회에 상정할 준비금 감소 내용을 확정하고, 이를 주주총회에 상정하여야 한다. 소집통지시 '법정준비금 감소의 건'이라는 의제만 통지해도 된다. 이에 따라 총회장에서 주주가 동의 또는 수정동의를 통하여 회사가 제안하는 준비금 감소금액의 증액 또는 감액을 제안하는 것도 가능하다.

준비금은 채권자를 위한 책임재산이지만, 준비금의 유지한도를 150%로 정하였으므로 결국 자본금을 합산하면 자본금의 250%가 확보된다는 점을 고려하여, 상법은 준비금감소의 경우 채권자보호절차를 요구하지 않는다.

법정준비금 감소의 효력이 발생하게 되면 감소액은 기본적으로 미처분상태의 잉여금으로 환원된다. 다만, 준비금을 감소하는 결의에 따라 감소하는 준비금의 일부는 결손 전액을 보전하고, 나머지만 미처분 상태의 잉여금으로 환원될 수 있다.

10. 영업양도 등

— 영업양도 일정표(상장회사 기준)

순서	일정	내 용	대상처
1	D−36	외부평가계약 체결 및 평가	외부평가기관
2	D−16	이사회결의 및 영업양수도계약 체결	상대회사
3	D−15	주요사항보고서 제출(결의일 익일)	금융위
4	D−15	기준일설정 공고(기준일 2주 전까지)	신문사/홈페이지
5	D	기준일(권리주주 확정일)	

순서	일정	내 용	대상처
6	D+10	주총소집 통지·공고(총회 2주간 전까지)	대행사
7	D+10	주총 참고서류 제출·비치(총회 2주 전)	본점 등
8	D+10~24	영업양수도 반대의사 접수(총회 전일까지)	주주
9	D+25	영업양수도계약 승인 주주총회 개최	
10	D+26~45	영업양수도 반대매수 청구 접수 (주총 결의일 익일부터 20일 이내)	주주
11	D+58	주식매수대금 지급(매수청구 종료일후 1월 이내)	주주
12	D+58	계약 잔금 지급 등 계약 이행(계약서에서 정한 날)	거래상대방
13	D+59	영업양수도 기준일(※효력발생)	–
14	D+60	합병 등 종료보고서 제출(사실상 영업양수도 종료 시)	금융위
15	D+62	양수도 자산 이전 등기	법원

(1) 의   의

회사가 다음과 같은 행위를 함에는 주주총회 특별결의가 있어야 한다(374조①).

1. 영업의 전부 또는 중요한 일부의 양도
2. 영업 전부의 임대 또는 경영위임, 타인과 영업의 손익 전부를 같이 하는 계약, 그 밖에 이에 준하는 계약의 체결·변경 또는 해약
3. 회사의 영업에 중대한 영향을 미치는 다른 회사의 영업 전부 또는 일부의 양수

1) 영업양도의 의의

상법상 영업은 주관적으로는 상인이 수행하는 영리활동을 말하고, 객관적으로는 영리활동을 위한 조직적 재산의 총체를 말한다. 여기서 재산은 적극재산과 소극재산으로 구성된 영업용 재산과, 영업상 축적된 무형의 재산(소위 영업권)을 포함한다.

통설과 판례는 영업양도에 해당하려면 인적·물적 조직을 그 동일성은 유지하면서 일체로서 이전하는 것이라고 본다(대법원 2011. 9. 8. 선고 2009다24866 판결). 즉, 영업양도의 개념은 영업의 동일성과 양도의 일체성을 전제로 하는데, 영업의 동일성은 영업이 일체적으로 이전되어야 유지되는 것이므로 결국 양자의 개념은 상호 보완적이라 할 수 있다.

영업양도는 반드시 영업양도 당사자 사이의 명시적 계약에 의하여야 하는 것은 아니며 묵시적 계약에 의하여도 가능하다(대법원 2009. 1. 15. 선고 2007다17123 판결).

2) 중요한 영업양수도의 의미

상법은 "회사의 영업에 중대한 영향을 미치는 다른 회사의 영업 전부 또는 일부의 양수"를 특별결의의 대상으로 규정할 뿐, "중요성"의 구체적인 기준에 대하여는 규정하지 않는다. 결국 양도대상재산이 회사의 전재산에서 차지하는 비중을 중시하는 양적 판단과, 회사의 기본적인 사업수행에 미치는 영향을 중시하는 질적 판단 중 어느 것에 따를 것인지가 문제이다. 영업전부의 양도에 주주총회 특별결의를 요하는 취지에 비추어 이론적으로는 질적 판단에 의하는 것이 타당하다. 이에 따라 양도로 인해 회사의 기본적인 사업목적을 변경시킬 정도에 이를 경우를 영업의 중요한 일부라고 해석하는 견해도 있다. 그러나 이러한 기준에 의하면 실무상으로는 매우 어려운 문제에 봉착하게 된다. 즉, 영업의 일부를 양수도함에 있어서 질적 판단은 사후에 할 수 있지만, 거래 당시에는 불확실한 면이 있다. 따라서 원칙적으로는 자본시장법상 주권상장법인에 대한 특례규정에 따라, 해당 영업부문의 자산액, 영업부문의 매출액, 인수할 부채액 중 하나라도 최근 사업연도 말 현재 각 해당 금액의 10% 이상인 경우에는 중요성을 인정하되, 영업의 종류에 따라 구체적인 기준이 달라질 수 있다고 보는 것이 타당하다. 판례도 "주식회사가 사업목적으로 삼는 영업 중 일부를 양도하는 경우 상법 제374조제1항제1호 소정의 '영업의 중요한 일부의 양도'에 해당하는지는 양도대상영업의 자산, 매출액, 수익 등이 전체 영업에서 차지하는 비중, 일부 영업의 양도가 장차 회사의 영업규모, 수익성 등에 미치는 영향 등을 종합적으로 고려하여 판단하여야 한다."라는 입장이다(대법원 2014. 10. 15. 선고 2013다38633 판결).

3) 영업의 임대와 경영위임

영업 전부의 임대 또는 경영위임, 타인과 영업의 손익 전부를 같이 하는 계약, 그 밖에 이에 준하는 계약의 체결·변경 또는 해약 등은 주주총회 특별결의사항이다.

"영업 전부의 임대"는 영업에 대한 소유의 법적 관계에는 영향을 주지 않고 경영의 법적 관계가 전면적으로 임차인에게 이전되는 것이다. 영업임대인은 영업성과에 관계없이 약정된 임대료만 취득하고, 영업임차인은 영업활동에 의한 권리의무의 귀속자이며 영업의 손익의 귀속자가 된다.

"영업 전부의 경영위임"에는 수임인이 경영권행사의 주체로서의 지위만을 가지는 경영관리계약과, 수임인이 경영권행사의 주체 및 기업이윤의 귀속자로서의 지위를 가지는 경영위임계약이 있다. 경영위임은 위임인이 영업활동에 의한 권리의무의 귀속자가 되고 수임인은 이를 가지지 못한다는 점에서 영업의 임대와 다르다.

"타인과 영업의 손익 전부를 같이 하는 계약"은 수개의 기업이 법적 동일성을 유지하면서 일정 기간의 영업상의 손익에 관하여 공동관계를 설정하는 계약을 말한다.

4) 영업의 양수

다른 "회사의 영업"이라는 규정상 양수회사의 영업에 중대한 영향을 미치더라도 개인기업의 영업을 양수하는 경우에는 양수회사의 주주총회 특별결의가 요구되지 않는다.

종래에는 제3호에서 "다른 회사의 영업 전부의 양수"라고 규정하고 제4호에서 "회사의 영업에 중대한 영향을 미치는 다른 회사의 영업 일부의 양수"라고 규정하였다. 따라서 "다른 회사의 영업 전부의 양수"의 경우에는 "회사의 영업에 중대한 영향을 미치는" 것인지 여부를 불문하고 특별결의사항이었는데, 2011년 상법개정시 두 경우를 합하여 제3호에 함께 규정하였다. 이에 따라 다른 회사의 영업 전부의 양수도 영업 일부의 양수와 같이 "회사의 영업에 중대한 영향을 미치는" 경우에만 주주총회 특별결의사항이 되었다.

(2) 주주총회 결의

주주총회에서 승인해야 할 내용은 영업양도등의 계약서이다. 양도인이 양도상대상회사의 주주라면 그 주주는 특별한 이해관계가 있다고 보아야 하므로 의결권을 행사할 수 없다(368조③). 영업양도등의 승인을 위하여 임시주주총회를 개최할 수도 있지만 정기주주총회에서 영업양도등을 결의를 하는 것도 가능하다. 정기주주총회에서 영업양도등을 결의하는 경우 기준일 이후에 소집된 이사회가 영업양도등을 정기주주총회 안건으로 결정하게 되는데, 기준일 이후 이사회 결정일 이전에 주식을 취득한 자라 하더라도 기준일자에 주주가 아니므로 정기주주총회에서 의결권을 행사할 수 없다.

(3) 주요 절차

먼저, 이사회 결의를 통하여 영업양도등 계약서를 확정하고, 이를 주주총회에서 상정하게 된다. 영업양도등 계약의 체결은 이사회 결의 전 또는 결의 후 모두 가능하다. 다만, 상장회사의 경우에는 중요한 영업양도등 계약 체결 사실은 공시사항임에 따라 공시한 후 이를 번복하게 되면 공시위반이 될 수 있다(자법 161조①7, 자령 171조②). 따라서 이사회 결의 후 영업양도등 계약을 체결하는 것이 바람직하다.

영업양도등의 승인을 위한 주주총회 소집통시 의안의 요령을 통지할 필요가 없다. 영업양도등에는 주주총회 특별결의 외에 주주에게 주식매수청구권이 인정된다(374조②, 374조의2).

영업양도 등의 효력발생시기는 대상 영업을 이전하고 거래금액을 납부한 때 효력이 발생한다. 영업양도대상이 되는 자산에 대해서는 개별적인 권리이전절차(등기, 등록 등)를 밟아야 한다.

(4) 간이영업양도 등

1) 요   건

상법 제374조제1항 각 호의 어느 하나에 해당하는 행위를 하는 회사의 총주주의 동의가 있거나 그 회사의 발행주식총수의 90% 이상을 해당 행위의 상대방이 소유하고 있는 경우에는 그 회사의 주주총회의 승인은 이를 이사회의 승인으로 갈음할 수 있다(374조의3①).

"총주주"는 무의결권주의 주주를 포함한 주주 전원을 의미한다. 발행주식총수에는 무의결권주식도 포함하는지 여부에 관하여는 견해가 나뉘는데, 총주주 개념과의 통일적 해석상 무의결권주식수도 포함된다는 것이 보다 적정한 해석이다. 발행주식총수의 90%는 원칙적으로 단독 소유의 경우를 의미한다고 해석된다. 총주주의 동의에 관하여는 이사회결의만으로 합병절차를 진행한다는 의미의 동의라는 견해도 있지만, 합병계약에 대한 동의를 의미한다고 보는 것이 일반적인 해석이다.

발행주식총수의 90%는 영업양도에 관한 계약서 작성일까지 보유하면 되고,

만일 영업양도계약서상 이사회의 승인을 효력발생요건으로 정한 경우에는 그 효력발생일 전일까지 보유해야 할 것이다.

2) 절   차

간이영업양도 등의 경우, 회사는 영업양도·양수·임대 등의 계약서 작성일부터 2주 이내에 주주총회의 승인을 얻지 아니하고 영업양도·양수·임대 등을 한다는 뜻을 공고하거나 주주에게 통지하여야 한다. 다만, 총주주의 동의가 있는 때에는 그러하지 아니하다(374조의3②). 이러한 간이영업양도 등의 공고·통지를 한 날부터 2주 이내에 회사에 대하여 서면으로 영업양도·양수·임대 등에 반대하는 의사를 통지한 주주는 그 기간이 경과한 날부터 20일 이내에 주식의 종류와 수를 기재한 서면으로 회사에 대하여 자기가 소유하고 있는 주식의 매수를 청구할 수 있다. 이 경우 영업양도·양수·임대 등에 반대하는 주주의 주식매수청구권에 관한 제374조의2제2항부터 제5항까지의 규정을 준용한다(374조의2③).

(5) 상장회사 특례

1) 의   의

주권상장법인은 대통령령으로 정하는 중요한 영업 또는 자산의 양수 또는 양도를 하려면 자본시장법 시행령이 정하는 요건·방법 등의 기준에 따라야 한다(資法 165조의4).

2) 대상 거래

특례규정의 적용대상인 "대통령령으로 정하는 중요한 영업 또는 자산을 양수하거나 양도할 것을 결의한 때"란 다음과 같은 사항을 결의한 때를 말한다(資令 171조①).

1. 양수·양도하려는 영업부문의 자산액(장부가액과 거래금액 중 큰 금액)이 최근 사업연도 말 현재 자산총액(한국채택국제회계기준을 적용하는 연결재무제표 작성대상법인인 경우에는 연결재무제표의 자산총액)의 10% 이상인 양수·양도
2. 양수·양도하려는 영업부문의 매출액(한국채택국제회계기준을 적용하는 연결재무제표 작성대상법인인 경우에는 연결재무제표의 매출액)이 최근 사업연도 말 현재 매출액의 10% 이상인 양수·양도
3. 영업의 양수로 인하여 인수할 부채총액(한국채택국제회계기준을 적용하는 연결재

무제표 작성대상법인인 경우에는 연결재무제표의 부채총액)이 최근 사업연도 말 현재 부채총액의 10% 이상인 양수

4. 영업전부의 양수

5. 양수·양도하려는 자산액(장부가액과 거래금액 중 큰 금액)이 최근 사업연도 말 현재 자산총액(한국채택국제회계기준을 적용하는 연결재무제표 작성대상법인인 경우에는 연결재무제표의 자산총액)의 10% 이상인 양수·양도. 다만, 일상적인 영업활동으로서 상품·제품·원재료를 매매하는 행위 등 금융위원회가 정하여 고시하는 자산의 양수·양도는 제외한다.

3) 외부평가기관의 평가

주권상장법인이 중요한 영업 또는 자산의 양수·양도를 하려는 경우에는 영업 또는 자산의 양수·양도 가액의 적정성에 대하여 외부평가기관의 평가를 받아야 한다. 다만, 중요한 자산의 양수·양도 중 증권시장을 통한 증권의 매매, 자산의 경매 등 외부평가기관의 평가 필요성이 적은 자산의 양수·양도로서 금융위원회가 정하여 고시하는 경우에는 외부평가기관의 평가를 받지 아니할 수 있다(資令 176조의6③).

4) 준용규정

주권상장법인의 중요한 영업 또는 자산의 양수·양도에 관하여는, 금융위원회의 외부평가기관에 대한 제재규정(資令 176조의5⑪)과, 법률의 규정에 따른 합병에 관하여 시행령 제176조의5제1항부터 제9항까지의 규정을 적용하지 않는다는 규정(資令 176조의5⑫)이 준용된다(資令 176조의6④).

5) 정보의 공시

주권상장법인의 중요한 영업 또는 자산의 양수·양도에 관하여 자본시장법에 따라 주요사항보고서를 제출하여야 하고(資法 161조①6), 주권상장법인이 주요사항보고서를 제출한 이후 영업양도등을 사실상 종료한 때에는 지체 없이 이와 관련한 사항을 기재한 서면을 금융위에 제출하여야 한다(증권발행공시규정 5-15조).

11. 합   병

— 합병 일정표(상장회사 기준)

순서	목차	내 용	대상처
1	D−36	외부평가계약 체결 및 평가	외부평가기관
2	D−16	이사회 결의 및 합병계약	상대회사
3	D−15	합병 주요사항보고서 제출(결의일로부터 3일 이내)	금융위
4	D−15	증권신고서 제출(효력발생 7영업일 전)	금융위
5	D−15	기준일설정 공고(기준일 2주 전까지)	신문사/홈페이지
6	D	기준일(권리주주 확정일)	대행사
7	D+10	주총소집 통지·공고(총회 2주간 전까지)	대행사
8	D+10	합병계약서, 합병재무제표 등 비치·공시(주총 2주 전~합병일 이후 6월)	본점
9	D+10	주주총회 참고서류 제출·비치(총회 2주 전)	본점 등
10	D+11~24	합병반대의사 서면통지 접수(통지일~주총 전날까지)	주주
11	D+25	합병계약 승인 주주총회 개최	
12	D+26~45	합병반대주주의 주식매수청구 접수(주총 결의일 익일부터 20일 이내)	주주
13	D+27	채권자 이의제출 (주총일로부터 2주 이내 1개월 이상 기간을 정하여)	주주, 질권자
14	D+44	주식병합등 공고·통지(주주 및 질권자 대상) (주식병합등 기준일로부터 2주일 전까지)	신문사
15	D+58	주식매수대금 지급(매수청구종료일로부터 1월 이내 지급)	주주
16	D+58	채권자 이의제출(공고 후 1개월 이상 경과 시)	
17	D+59	합병기일, 주식병합등 기준일	
18	D+59~	합병관련 서류 사후공시(합병기일부터 6월간 비치)	본점
19	D+60	증권발행실적보고서 제출(모집완료 후 지체없이)	금융위
20	D+60,61	보고주총(신설주총) 갈음 이사회 및 공고	신문사/홈페이지
21	D+64	합병등기(※효력 발생, 합병공고일로부터 2주 내)	법원
22	D+65	합병등종료보고서 제출(증권발행실적보고서 미제출시)	금융위

(1) 의   의

회사가 합병을 하려면 합병계약서를 작성하여 주주총회의 승인을 받아야 한다(522조①). 주주총회에서의 합병승인결의는 특별결의에 의하여야 한다(522조③).

상법상 회사의 합병은, "상법의 절차에 따라 둘 이상의 회사가 그 중 하나의 회사를 제외하고 소멸하거나 전부 소멸하되 청산절차를 거치지 아니하고, 소멸하는 회사의 모든 권리의무를 존속회사 또는 신설회사가 포괄적으로 승계하고 사원을 수용하는 회사법상의 법률사실"이라고 정의할 수 있다.

흡수합병은 합병당사회사 중 하나(존속회사)만 존속하고 나머지(소멸회사)는 소멸하는 형태의 합병이고, 신설합병은 합병당사회사가 모두 소멸하고 새로운 회사를 설립하는 형태의 합병이다. 신설합병은 실제로는 그 사례가 거의 없고 거의 모든 합병은 흡수합병이다.

(2) 주주총회 결의

주주총회에서 승인 대상은 합병계약서이다. 합병계약의 일방당사자가 상대방당사자의 주식을 소유하는 경우 의결권이 제한되지 않는다. 통설인 개인법설에 의하면 이러한 경우의 합병당사회사는 특별이해관계인이 아니기 때문이다.

합병승인을 위하여 임시주주총회를 개최할 수도 있지만 정기주주총회에서 합병승인결의를 하는 것도 가능하다는 점은 영업양도등에서의 설명과 같다.

(3) 합병계약서 기재사항

회사가 합병을 하려면 합병계약서를 작성하여야 하는데, 상법은 흡수합병(523조)과 신설합병(524조)의 경우에 각각 합병계약서에 소정의 사항을 기재하도록 규정한다.

1) 흡수합병계약서

합병할 회사의 일방이 합병 후 존속하는 경우에는 합병계약서에 다음의 사항을 기재하여야 한다(523조).

1. 존속하는 회사가 합병으로 인하여 그 발행할 주식의 총수를 증가하는 때에는 그 증가할 주식의 총수, 종류와 수
2. 존속하는 회사의 자본금 또는 준비금이 증가하는 때에는 증가할 자본금 또는 준비금에 관한 사항
3. 존속하는 회사가 합병을 하면서 신주를 발행하거나 자기주식을 이전하는 경우에는

발행하는 신주 또는 이전하는 자기주식의 총수, 종류와 수 및 합병으로 인하여 소
멸하는 회사의 주주에 대한 신주의 배정 또는 자기주식의 이전에 관한 사항

4. 존속하는 회사가 합병으로 소멸하는 회사의 주주에게 그 대가의 전부 또는 일부로
서 금전이나 그 밖의 재산을 제공하는 경우에는 그 내용 및 배정에 관한 사항

5. 각 회사에서 합병의 승인결의를 할 사원 또는 주주의 총회의 기일

6. 합병을 할 날

7. 존속하는 회사가 합병으로 인하여 정관을 변경하기로 정한 때에는 그 규정

8. 각 회사가 합병으로 이익배당을 할 때에는 그 한도액

9. 합병으로 인하여 존속하는 회사에 취임할 이사와 감사 또는 감사위원회의 위원을
정한 때에는 그 성명 및 주민등록번호

2) 신설합병계약서

한편, 합병으로 인하여 회사를 설립하는 경우에는 합병계약서에 다음의 사항
을 적어야 한다(524조).

1. 신설회사에 대하여 제289조제1항제1호부터 제4호까지에 규정된 사항과 종류주식
을 발행할 때에는 그 종류, 수와 본점소재지

2. 신설회사가 합병당시에 발행하는 주식의 총수와 종류, 수 및 각 회사의 주주에 대
한 주식의 배정에 관한 사항

3. 신설회사의 자본금과 준비금의 총액

4. 각 회사의 주주에게 제2호에도 불구하고 금전이나 그 밖의 재산을 제공하는 경우
에는 그 내용 및 배정에 관한 사항

5. 각 회사에서 합병의 승인결의를 할 사원 또는 주주의 총회의 기일

6. 합병을 할 날

7. 신설회사의 이사와 감사 또는 감사위원회의 위원을 정한 때에는 그 성명 및 주민
등록번호

(4) 주요 절차

먼저, 이사회 결의를 통하여 합병계약서를 확정하고, 이를 주주총회에서 상
정하게 된다. 합병 계약의 체결은 이사회 결의 전 또는 결의 후 모두 가능하다.
다만, 상장회사의 경우에는 합병 계약 체결 사실은 공시사항임에 따라 공시한 후
이를 번복하게 되면 공시위반이 될 수 있다(자법 161조①6). 따라서 이사회 결의
후 합병 계약을 체결하는 것이 바람직하다.

주주총회의 소집통지를 할 때 합병계약의 요령을 소집통지에 기재하여야 한다(522조②). 합병계약의 요령이란 합병에 관한 주요 내용 및 일정을 말하며 합병계약서의 기재사항이라고 보면 된다.

이사는 합병승인을 위한 주주총회 회일의 2주 전부터 합병을 한 날 이후 6개월이 경과하는 날까지 합병관련 서류를 본점에 비치하여야 한다(522조의2①).

합병으로 인한 주식병합·주식분할의 경우에 자본금감소절차에 관한 상법 제440조부터 443조까지의 규정이 준용된다(530조③). 흡수합병의 경우 존속회사가 발행하는 신주를 소멸회사의 주주에게 배정하는 경우 두 회사 주식의 액면금액이 동일하지 않거나 액면금액이 동일하더라도 1:1의 대등관계에 있는 경우가 아니면 주식의 배정이 어렵게 된다. 따라서 이러한 경우 주식의 병합이나 분할을 통하여 1:1의 대등관계가 되도록 할 필요가 있다.

전자증권제를 채택한 경우에는 주식병합에 관한 특례가 합병으로 인한 주식병합·주식분할의 경우에 준용된다(전자증권법 65조③).

아울러 합병결의에 반대하는 주주에게 주식매수청구권이 인정되며(522조의3①), 채권자보호절차를 거쳐야 한다.

또한, 회사가 종류주식을 발행한 경우에 합병으로 인하여 어느 종류주식의 주주에게 손해를 미치게 될 경우에도 종류주주총회결의가 필요하다(436조).

위에서 기술한 절차를 모두 마치면 합병보고총회 또는 창립총회를 개최하여야 한다(526조①, 527조①). 다만, 이사회는 공고로써 합병보고총회 또는 창립총회를 갈음할 수 있다(526조③, 527조④).

이사는 채권자보호절차의 경과, 합병을 한 날, 합병으로 인하여 소멸하는 회사로부터 승계한 재산의 가액과 채무액 기타 합병에 관한 사항을 기재한 서면을 합병을 한 날부터 6월간 본점에 비치하여야 한다(527조의6①).

주식회사가 합병을 한 때에는 제526조의 주주총회가 종결한 날 또는 보고에 갈음하는 공고일, 제527조의 창립총회가 종결한 날 또는 보고에 갈음하는 공고일부터 본점소재지에서는 2주 내, 지점소재지에서는 3주 내에 존속회사에 있어서는 변경의 등기, 소멸회사에 있어서는 해산의 등기, 합병으로 인하여 설립된 회사에 있어서는 제317조에 정하는 등기를 하여야 한다(528조①).

존속회사 또는 합병으로 인하여 설립된 회사가 합병으로 인하여 전환사채 또는 신주인수권부사채를 승계한 때에는 합병등기와 동시에 사채의 등기를 하여야 한다(528조②).

　회사의 합병은 합병 후 존속하는 히사 또는 합병으로 인하여 설립되는 회사가 그 본점소재지에서 합병의 등기를 함으로써 그 효력이 생긴다(530조②, 234조). 흡수합병에서는 존속회사 외의 당사회사, 신설합병에서는 모든 당사회사가 청산절차를 거치지 않고 소멸한다. 합병으로 존속회사 또는 신설회사는 소멸회사의 모든 권리의무를 포괄적으로 승계한다(530조②, 235조).

(5) 간이합병·소규모합병

1) 의　　의

　주주총회의 승인을 이사회의 승인으로 갈음하는 제도로서 상법에 도입된 제도가 간이합병과 소규모합병이다. 간이합병과 소규모합병에서 모두 종류주주총회결의는 이사회결의로 갈음할 수 없다. 주주총회의 승인결의와 종류주주총회의 승인결의는 이를 요구함으로써 보호하려는 주주가 각각 다르기 때문이다. 간이합병과 소규모합병은 흡수합병의 경우에만 가능하다.

―― 합병에 따른 채권자 이의 제출 및 주식병합등 공고(전자증권 채택시)

합병에 따른 채권자 이의 제출 및 주식병합등 공고

　○○주식회사(이하 '갑'이라 한다)와 ○○주식회사(이하 '을'이라 한다)는 20○○년 9월 10일 개최된 각사의 임시주주총회에서 합병하기로 결의하고, 그 방법으로 '갑'은 주식 1주에 대하여 '을'의 주식 0.5의 비율로 합병하여 그 권리의무를 승계하고 '을'은 해산하기로 결의하였으므로, 이 합병에 이의가 있는 채권자는 본 공고 게재 익일부터 1개월 내에 관계회사에 이의를 제출하기 바라며, 만일 위 기간 내에 이의가 없으면 합병을 승인한 것으로 간주하겠습니다.

　아울러 위의 합병결의에 따라 20○○년 ○월 ○일자에 주주님께서 가진 '갑'의 주식 1주가 2주로 분할된다는 사실을 알려드리며, 주주 및 질권자에 대하여는 이 개별적으로 통지하겠습니다.

20○○년 ○월 ○일

○○주식회사 □□□ 대표이사(직인생략)

---

2) 간이합병의 요건

간이합병이란 합병할 회사의 일방이 합병 후 존속하는 경우에 소멸회사의 주주 전원의 동의가 있거나, 존속회사가 소멸회사 발행주식총수의 90% 이상을 소유하고 있는 경우이다(527조의2①). "주주 전원"은 무의결권주의 주주를 포함한 주주 전원을 의미한다. 주주 전원의 동의의 대상은 소멸회사의 주주총회의 승인을 이사회의 승인으로 갈음한다는 것에 대한 동의가 아니라, 합병계약서에 대한 동의를 의미한다.

존속회사가 소멸회사 발행주식총수의 90% 이상을 소유하는 경우에 대부분은 합병계약 체결시부터 합병등기일까지 90% 지분을 계속 보유하겠지만, 간이합병의 경우에도 존속회사 주주총회의 승인은 필요하므로 존속회사의 합병승인시부터 합병등기일까지는 90% 지분을 보유하면 간이합병의 요건을 충족한다고 본다.

3) 간이합병의 절차

소멸회사는 합병계약서를 작성한 날부터 2주 내에 주주총회의 승인을 얻지 아니하고 합병을 한다는 뜻을 공고하거나 주주에게 통지하여야 한다. 다만, 주주 전원의 동의가 있는 때에는 그렇지 않다(527조의2②). 합병계약서에 간이합병의 뜻을 기재할 필요는 없다.

소멸회사가 소규모회사이고 이사가 2인 이하인 경우에는 상법상 이사회가 존재하지 아니하므로 간이합병을 할 수 없다. 간이합병의 공고·통지를 한 날부터 2주 내에 회사에 대하여 서면으로 합병에 반대하는 의사를 통지한 주주는 그 기간이 경과한 날부터 20일 이내에 주식의 종류와 수를 기재한 서면으로 회사에 대하여 자기가 소유하고 있는 주식의 매수를 청구할 수 있다(522조의3②).

4) 소규모합병 요건

합병 후 존속하는 회사가 합병으로 인하여 발행하는 신주 및 이전하는 자기주식의 총수가 그 회사의 발행주식총수의 10%를 초과하지 아니하는 경우에는 그 존속하는 회사의 주주총회의 승인은 이를 이사회의 승인으로 갈음할 수 있다. 발행주식총수라고 규정하므로 무의결권주식도 포함된다고 해석된다. 10%는 합병등기일을 기준으로 판단하여야 할 것이다. 다만, 합병으로 인하여 소멸하는 회사의 주주에게 제공할 금전이나 그 밖의 재산을 정한 경우에 그 금액 및 그 밖의 재산의 가액이 존속하는 회사의 최종 대차대조표상으로 현존하는 순자산액의 5%를 초과하지 않아야 한다(527조의3①).

존속회사의 발행주식총수의 20% 이상에 해당하는 주식을 소유한 주주가 소규모합병의 공고·통지를 한 날부터 2주 내에 회사에 대하여 서면으로 합병에 반대하는 의사를 통지한 때에는 소규모합병을 할 수 없다(527조의3④).

5) 소규모합병의 절차

소규모합병의 경우에는 존속회사의 합병계약서에는 주주총회의 승인을 얻지 아니하고 합병을 한다는 뜻을 기재하여야 한다(527조의3②). 이는 존속회사의 주주와 채권자의 이익을 보호하기 위한 것이다. 존속회사는 합병계약서를 작성한 날부터 2주 내에 소멸하는 회사의 상호 및 본점의 소재지, 합병을 할 날, 주주총회의 승인을 얻지 아니하고 합병을 한다는 뜻을 공고하거나 주주에게 통지하여야 한다(527조의3③).

존속회사의 주주총회의 승인은 이를 이사회의 승인으로 갈음할 수 있고, 존속회사의 합병반대주주의 주식매수청구권도 인정되지 않는다(527조의3⑤). 간이합병의 경우와 같이, 존속회사가 소규모회사이고 이사가 2인 이하인 경우에는 상법상 이사회가 존재하지 아니하므로 소규모합병을 할 수 없다. 상법은 소규모합병의 경우에는 존속회사의 합병 전후의 상태에 큰 변화가 없으므로 주주에게 주식매수청구권을 인정하지 않는다.

(6) 상장회사 특례

1) 의   의

주권상장법인이 다른 법인과 합병을 하려면 자본시장법 시행령이 정하는 요건·방법 등의 기준에 따라야 한다(資法 165조의4).

2) 합병가액의 산정

주권상장법인이 다른 법인과 합병하려는 경우에는 자본시장법 시행령에서 정하는 방법에 따라 산정한 합병가액에 따라야 한다(資令 176조의5①).

3) 외부평가기관의 평가

주권상장법인은 합병 등을 하는 경우 투자자 보호 및 건전한 거래질서를 위하여 대통령령으로 정하는 바에 따라 외부의 전문평가기관("외부평가기관")으로부터 합병 등의 가액, 그 밖에 대통령령으로 정하는 사항에 관한 평가를 받아야 한다(資法 165조의4②). 다만, 법률의 규정에 따른 합병에 관하여는 시행령 제176조의5 제1항부터 제12항까지의 규정(삭제된 제6항 제외)을 적용하지 않는다. 다만, 합병의 당사자가 되는 법인이 계열회사의 관계에 있고 합병가액을 주권상장법인 간 합병에 관한 제1항제1호에 따라 산정하지 아니한 경우에는 합병가액의 적정성에 대하여 외부평가기관에 의한 평가를 받아야 한다(資令 176조의5⑬).

4) 정보의 공시

합병으로 인하여 증권을 모집·매출하는 경우 증권신고서를 제출하여야 한다(資法 119조①). 증권신고의 효력이 발생한 증권의 발행인은 그 발행실적에 관한 증권발행실적보고서를 제출하여야 한다(資法 제128조). 그리고 사업보고서 제출대상법인은 합병 사실이 발생한 경우에는 그 사실이 발생한 날부터 3일 이내에 그 내용을 기재한 주요사항보고서를 금융위원회에 제출하여야 한다(資法 161조①6). 주권상장법인이 합병 등의 사유로 주요사항보고서를 제출한 이후 합병 등을 사실상 종료한 때에는 지체 없이 이와 관련한 사항을 기재한 서면을 금융위에 제출하여야 한다(증권발행공시규정 5-15조). 다만, 증권발행실적보고서를 제출하는 경우에는 이러한 제출의무가 없다.

(7) 공정거래법상 기업결합신고

「독점규제 및 공정거래에 관한 법률」에 의하면 자산총액 또는 매출액의 규모가 대통령령이 정하는 기준에 해당하는 회사(기업결합신고대상회사) 또는 그 특수관계인이 자산총액 또는 매출액의 규모가 대통령령이 정하는 기준에 해당하는 다른 회사(상대회사)와 합병을 하거나, 기업결합신고대상회사 외의 회사로서 상대회사의 규모에 해당하는 회사 또는 그 특수관계인이 기업결합신고대상회사에 대하여 합병을 하는 경우에는 기업결합일(합병등기일)부터 30일 이내에 이를 공정거래위원회에 신고하여야 한다(同法 12조①). 합병당사회사 중 하나 이상의 회사가 대규모회사인 경우에는 합병계약을 체결한 날 등 대통령령이 정하는 날부터 기업결합일(합병등기일) 전까지의 기간 내에 이를 신고하여야 한다(同法 12조⑥). 이러한 신고 후 30일이 경과할 때까지 합병등기를 할 수 없고(同法 12조⑦), 이에 위반한 합병에 대하여는 공정거래위원회가 합병무효의 소를 제기할 수 있다(同法 16조②).

12. 분할 및 분할합병

━ 분할 일정표(상장회사 기준)

순서	일정	내 용	대상처
1	D−36	외부평가계약 체결 및 평가	외부평가기관
2	D−16	이사회 결의 및 분할계획서 작성	
3	D−15	주요사항보고서 제출(결의일로부터 3일 이내)	금융위
4	D−15	증권신고서 제출(효력발생 7영업일 전)	금융위
5	D−15	기준일설정 공고(기준일 2주 전까지)	신문사/홈페이지
6	D	기준일(권리주주 확정일)	주주
7	D+10	주총 소집 통지·공고	주주
8	D+10	분할대차대조표 등 비치·공시(주총 2주 전~분할등기 후 6월)	본점 등
9	D+10	주총 참고서류 제출·비치	본점 등
10	D+25	분할 승인 주주총회 개최	
11	D+26	채권자 이의제출 공고 및 최고 (승계채무 제한시, 주총일로부터 2주 내 공고)	주주, 질권자
12	D+43	주식병합등 공고·통지(주주 및 질권자 대상) (주식병합등 기준일로부터 2주일 전까지)	신문사/홈페이지
13	D+57	채권자 이의제출 만료(제출기간 1월 이상)	
14	D+57	구주권 제출기간 종료(제출기간 1월 이상)	
15	D+58	분할기일(기간종료일 익일), 주식병합등 기준일	
16	D+58~	분할관련 서류 사후공시(분할기일부터 6월간 비치)	본점
17	D+59	증권발행실적보고서 제출(모집완료 후 지체없이)	금융위
18	D+59,60	분할보고 주주총회 갈음 이사회 및 공고	신문사/홈페이지
19	D+63	분할등기 및 설립등기(공고일부터 2주 내)	법원
20	D+64	합병등 종료보고서 제출(증권발행실적보고서 미제출시)	금융위

━ 분할합병 일정표(상장회사 기준)

순서	일정	내 용	대상처
1	D−36	외부평가계약 체결 및 평가	외부평가기관
2	D−16	이사회 결의 및 분할합병계약 체결	상대회사

순서	일정	내 용	대상처
3	D-15	주요사항보고서 제출(결의일로부터 3일 이내)	금융위
4	D-15	증권신고서 제출(분할승계회사 해당사항)(효력발생 7영업일 전)	금융위
5	D-15	기준일설정 공고(기준일 2주 전까지)	신문사/홈페이지
6	D	기준일(권리주주 확정일)	대행사
7	D+10	주총 소집 통지·공고	대행사
8	D+10	분할대차대조표 등 비치·공시(주총 2주 전~분할등기 후 6개월)	본점 등
9	D+10	주총 참고서류 제출·비치	본점 등
10	D+11~24	분할합병반대의사 서면통지 접수 (주총소집 통지일~주총 전날)	주주
11	D+25	분할합병 승인 주주총회	
12	D+26~45	분할합병반대주주의 주식매수청구 접수(주총 결의일 익일부터 20일 이내)	주주
13	D+27	채권자 이의제출 공고 및 최고 (승계채무 제한시, 주총일로부터 2주 내)	주주, 질권자
14	D+44	주식병합등 공고·통지(주주 및 질권자 대상) (주식병합등 기준일로부터 2주일 전까지)	신문사/홈페이지
15	D+58	주식매수대금 지급(매수청구종료일부터 1월 이내 지급)	주주
16	D+58	채권자 이의제출 만료(제출기간 1월 이상)	
17	D+59	분할합병기일(구주권제출 종료일 익일), 주식병합등 기준일	
18	D+59~	분할합병관련 서류 사후공시(분할합병기일부터 6월간 비치)	본점
19	D+60	증권발행실적보고서 제출(모집완료 후 지체 없이)	금융위
20	D+60,61	분할합병보고 주주총회 갈음 이사회 및 공고	신문사/홈페이지
21	D+64	분할합병등기(공고일부터 2주 내)	법원
22	D+65	합병등 종료보고서 제출(증권발행실적보고서 미제출시)	금융위

(1) 의   의

회사가 분할·분할합병을 하는 때에는 분할계획서·분할합병계약서를 작성하여 주주총회의 특별결의에 의한 승인을 받아야 한다(530조의3①·②).

회사분할은 회사의 합병에 반대되는 제도로서, 분할회사의 적극·소극재산의 전부 또는 일부가 분리되어 적어도 하나 이상의 신설회사 또는 기존회사에 부분적으로 포괄승계되고, 그 대가로 신설회사 또는 기존회사의 주식이 원칙적으로 분할회사의 주주들에게, 예외적으로 분할회사 자신에게 부여되는 회사법상의 제도 내지 행위이다.

상법은 회사분할의 유형에 관하여, ⅰ) "회사는 분할에 의하여 1개 또는 수개의 회사를 설립할 수 있다"(530조의2①), ⅱ) "회사는 분할에 의하여 1개 또는 수개의 존립중의 회사와 합병(이하 "분할합병"이라 한다)할 수 있다"(530조의2②), ⅲ) "회사는 분할에 의하여 1개 또는 수개의 회사를 설립함과 동시에 분할합병할 수 있다"(530조의2③)고 규정하는데, ⅰ)은 단순분할을, ⅱ)는 분할합병을, ⅲ)은 단순분할과 분할합병의 병행을 규정하는 것이다.

(2) 주주총회 결의

승인의 대상은 분할계획서·분할합병계약서이다. 분할·분할합병승인결의를 위한 주주총회에서는 의결권이 배제되는 주주(344조의3①)도 의결권이 있다(530조의3③). 분할합병의 경우 분할회사의 주주총회결의 외에 분할승계회사의 주주총회특별결의도 요구된다. 주주총회의 승인은 분할계획서·분할합병계약서의 정지조건이라 할 수 있다.

수개의 회사와 분할합병을 하거나 단순분할과 분할합병을 병행할 경우, 수개의 분할합병계획서 또는 분할계획서와 분할합병계약서가 동시에 작성된다. 그런데 주주총회가 승인결의를 할 때 수개의 분할합병계획서 또는 분할계획서와 분할합병계약서를 각각의 안건으로 상정하여야 하는지, 하나의 안건으로 상정해도 되는지, 나아가 하나의 안건으로 상정하여야 하는지에 대하여 논란의 여지가 있다.

실제로는 그 발생가능성이 거의 없겠지만 만일 개별 안건으로 상정하는 경우, 일부 안건은 가결되고 일부 안건은 부결될 수도 있고, 가결된 결의 중에서도 하자 있는 결의와 하자 없는 결의가 있는 경우가 있을 수 있는데, 이때 가결된 결의 또는 하자 없는 결의만으로 당초 의도한 분할·분할합병이 적법하게 진행된다고 볼 수 있는지 의문이다. 따라서 수개의 분할계획서·분할합병계약서를 개별적으로 작성하여야 하는지의 문제는 별론으로 하고, 만일 별개로 작성된 경우에도 주주총회에서 단일 안건으로 상정하여야 할 것이고, 이사회도 주주총회 소집결정시 이와 같이 결정하면 될 것이다. 그러나 별개의 안건으로 상정하되 어느 하나의 안건도 부결되지 않는 것을 조건으로 의안을 상정하는 것도 가능할 것이다.

　　신설분할합병의 경우 복수의 당사회사가 하나의 분할합병계약서를 작성하여 각 당사회사 주주총회에서 승인을 받아야 하고, 어느 하나의 당사회사 주주총회에서 승인받지 못하면 해당 신설분할합병 전체가 불성립한다.

　　그러나 복수의 분할회사가 공동으로 동일한 분할승계회사와 흡수분할합병을 하는 경우에는 개별적으로 분할합병계약서를 작성하여 각 당사회사 주주총회에서 승인을 받아야 하고, 따라서 어느 하나의 당사회사 주주총회에서 승인받지 못하더라도 이를 특별히 분할합병의 불성립사유로 약정한 경우가 아니면 주주총회에서 승인을 받은 회사의 분할합병은 성립한다.

(3) 분할계획서 및 분할합병계약서 기재사항

　　회사분할에 의한 권리이전은 포괄적으로 이루어지므로 개별적 권리이전절차가 요구되지 않는다. 그러나 원래의 의미의 포괄승계와 달리, 포괄승계의 대상은 분할당사회사의 의사에 의하여 정해지는데, 분할계획서·분할합병계약서는 개별적인 재산이 어느 법인에 귀속되는지 특정할 수 있도록 구체적으로 작성되어야 한다. 다만, 개별적인 모든 권리와 의무를 기재할 필요는 없고, 분할대상인 영업부문을 특정할 수 있을 정도로 기재하면 될 것이다. 실무상으로는 분할계획서·분할합병계약서에 이전대상 재산목록을 직접 기재하지는 않고, 별지목록에 의한다. 분할계획서 및 분할합병계약서의 기재사항에 대하여 살펴본다.

1) 분할계획서

　　(가) **의의와 법적 성격**　　단순분할은 분할합병과 달리 분할계약이라는 것이 존재하지 않고 분할되는 회사(이하 "분할회사") 단독으로 분할계획서를 작성한다. 분할계획서는 회사분할이라는 단체법적 절차에서 상법이 규정하는 일정한 단체법적 효과를 발생시키는 특수한 법률요건이다. 분할계획서는 상대방의 수령을 요하지 않는 일방적 의사표시이므로, 주주총회의 분할 승인 후에도 다시 주주총회의 승인에 의하여 철회할 수 있다.

　　(나) **신설회사에 관한 사항**　　분할에 의하여 회사를 설립하는 경우(소멸분할·존속분할), 분할계획서에는 분할에 의하여 설립되는 회사(이하 "단순분할신설회사")에 관한 다음과 같은 사항을 기재하여야 한다(530조의5①). 소멸분할의 경우 분할회사는 청산절차 없이 소멸하므로 특별한 규정을 둘 필요가 없다.

1. 단순분할신설회사의 상호, 목적, 본점의 소재지 및 공고의 방법
2. 단순분할신설회사가 발행할 주식의 총수 및 액면주식·무액면주식의 구분
3. 단순분할신설회사가 분할 당시에 발행하는 주식의 총수, 종류 및 종류주식의 수, 액면주식·무액면주식의 구분
4. 분할회사의 주주에 대한 단순분할신설회사의 주식의 배정에 관한 사항 및 배정에 따른 주식의 병합 또는 분할을 하는 경우에는 그에 관한 사항
5. 분할회사의 주주에게 제4호에도 불구하고 금전이나 그 밖의 재산을 제공하는 경우에는 그 내용 및 배정에 관한 사항
6. 단순분할신설회사의 자본금과 준비금에 관한 사항
7. 단순분할신설회사에 이전될 재산과 그 가액
8. 연대책임배제의 정함이 있는 경우에는 그 내용
8의2. 분할을 할 날
9. 단순분할신설회사의 이사와 감사를 정한 경우에는 그 성명과 주민등록번호
10. 단순분할신설회사의 정관에 기재할 그 밖의 사항

(다) **존속분할의 분할계획서 기재사항**　　분할회사가 분할 후 존속하는 경우(존속분할), 분할계획서에는 위와 같은 단순분할신설회사에 관한 기재사항(530조의5①) 외에, 존속회사에 관하여 다음 사항을 기재하여야 한다(530조의5②).

1. 감소할 자본금과 준비금의 액
2. 자본금감소의 방법
3. 분할로 인하여 이전할 재산과 그 가액
4. 분할후의 발행주식총수
5. 회사가 발행할 주식의 총수를 감소하는 경우에는 그 감소할 주식의 총수, 종류 및 종류별 주식의 수
6. 정관변경을 가져오게 하는 그 밖의 사항

2) 분할합병계약서

(가) **의의와 법적 성격**　　분할합병계약서는 분할합병이라는 단체법적 절차에서 상법이 규정하는 일정한 단체법적 효과를 발생시키는 특수한 법률요건이다. 분할합병계약서는 주주총회의 분할합병 승인 후에도 분할합병당사회사 간의 합의와 주주총회의 승인에 의하여 해제할 수 있다.

(나) **흡수분할합병**　　분할회사의 일부가 다른 회사와 합병하여 그 다른 회사(이하 "분할합병의 상대방 회사")가 존속하는 경우, 즉 분할회사의 영업 일부를 다

른 회사가 흡수합병하는 경우(흡수분할합병)에는 분할합병계약서에 다음 사항을 기재하여야 한다(530조의6①). 소멸분할합병이든 존속분할합병이든 같다.

1. 분할합병의 상대방 회사로서 존속하는 회사("분할승계회사")가 분할합병으로 인하여 발행할 주식의 총수를 증가하는 경우에는 증가할 주식의 총수, 종류 및 종류별 주식의 수
2. 분할승계회사가 분할합병을 함에 있어서 신주를 발행하거나 자기주식을 이전하는 경우 발행하는 신주 또는 이전하는 자기주식의 총수, 종류 및 종류별 주식의 수
3. 분할승계회사가 분할회사의 주주에게 신주를 발행하거나 자기주식을 이전하는 때에는 분할승계회사의 신주의 발행 또는 자기주식의 이전에 관한 사항 및 주식의 병합 또는 분할을 하는 경우에는 그에 관한 사항
4. 분할승계회사가 분할회사의 주주에게 제3호에도 불구하고 그 대가의 전부 또는 일부로서 금전이나 그 밖의 재산을 제공하는 경우에는 그 내용 및 배정에 관한 사항
5. 분할승계회사의 자본금 또는 준비금이 증가하는 경우에는 증가할 자본금 또는 준비금에 관한 사항
6. 분할회사가 분할승계회사에 이전할 재산과 그 가액
7. 연대책임배제의 정함이 있는 경우에는 그 내용
8. 각 회사에서 분할합병승인결의를 할 주주총회의 기일
9. 분할합병을 할 날
10. 분할승계회사의 이사와 감사를 정한 경우에는 그 성명과 주민등록번호
11. 분할승계회사의 정관변경을 가져오게 하는 그 밖의 사항

(다) **신설분할합병**　　분할회사의 일부가 다른 분할회사의 일부 또는 다른 회사와 분할합병을 하여 회사를 설립하는 경우(신설분할합병)에는 분할합병계약서에 다음 사항을 기재하여야 한다(530조의6②). 대부분의 기재사항은 분할회사의 자본금감소와 신설회사의 설립절차에 관한 사항이다.

1. 제530조의5제1항제1호·제2호·제6호 내지 제10호에 규정된 사항
2. 분할합병을 하여 설립되는 회사(이하 "분할합병신설회사")가 분할합병의 때에 발행하는 주식의 총수, 종류 및 종류별 주식의 수
3. 각 회사의 주주에 대한 주식의 배정에 관한 사항과 배정에 따른 주식의 병합 또는 분할을 하는 경우에는 그 규정
4. 각 회사가 분할합병신설회사에 이전할 재산과 그 가액
5. 각 회사의 주주에게 지급할 금액을 정한 때에는 그 규정
6. 각 회사에서 분할합병승인결의를 할 주주총회의 기일

7. 분할합병을 할 날

(라) **분할합병을 하지 아니하는 부분**　　분할계획서의 기재사항에 관한 제
530조의5의 규정은 분할합병의 경우에 각 회사의 분할합병을 하지 아니하는 부분
의 기재에 관하여 이를 준용한다(530조의6③). 즉, 분할회사는 분할합병의 대상이 아
닌 나머지 재산을 가지고 소멸분할에 따른 분할계획서(530조의5①) 또는 존속분할에
따른 분할계획서(530조의5②)를 작성하여야 한다. 분할회사가 영업을 분할하여 둘
이상의 회사에 합병시키고 해산하는 경우에는 건별로 분할합병계약서만 작성하면
되고 분할계획서를 작성할 필요가 없다.

(4) 주요 절차

먼저, 이사회 결의를 통하여 분할계획서 또는 분할합병계약서를 확정하고,
이를 주주총회에서 상정하게 된다. 분할합병 계약의 체결은 이사회 결의 전 또는
결의 후 모두 가능하다. 다만, 상장회사의 경우에는 분할합병 계약 체결 사실은
공시사항임에 따라 공시한 후 이를 번복하게 되면 공시위반이 될 수 있다(자법
161조①6). 따라서 이사회 결의 후 분할합병 계약을 체결하는 것이 바람직하다.

분할계획 또는 분할합병계약의 요령은 주주총회의 소집통지 또는 소집공고
에 기재하여야 한다(530조의3④). 분할계획 또는 분할합병계약의 요령은 분할계획
서 또는 분할합병계약서의 주요 내용이지만 어느 부분을 넣고 뺄지에 관하여 법
률적 판단이 필요하므로 모두 포함하여 소집통지 또는 공고한다.

분할회사 및 분할승계회사는 분할승인 주주총회일 2주 전부터 분할합병 등기
후 6월간 분할계획서 또는 분할합병계약서 등의 서류를 본점에 비치하고, 주주
및 채권자의 열람 및 등·초본 교부 청구에 응해야 한다(530조의7).

회사가 종류주식을 발행한 경우, 분할·분할합병 등으로 인하여 어느 종류주
식의 주주에게 손해를 미치게 될 경우에는 종류주주총회결의도 필요하다(436조).
물적분할의 경우에는 종류주주총회결의가 요구되지 않는다. 물적분할의 경우에
는 신주가 분할회사의 주주가 아닌 분할회사에 직접 귀속하므로 주식의 배정에
관하여 특수하게 정할 수 없기 때문이다.

분할·분할합병으로 인하여 분할·분할합병에 관련되는 각 회사의 주주의 부
담이 가중되는 경우에는 주주총회결의 및 종류주주총회결의 외에 그 주주 전원의

동의가 있어야 한다(530조의3⑥).

　분할 또는 분할합병으로 인한 주식병합·주식분할의 경우에 자본금감소절차에 관한 상법 제440조부터 443조까지의 규정이 준용된다(530조③).

　전자증권제를 채택한 경우에는 주식병합에 관한 특례가 분할 및 분할합병으로 인한 주식병합·주식분할의 경우에 준용된다(전자증권법 65조③).

　분할의 경우 원칙으로 주주에게 주식매수청구권이 인정되지 않으며, 채권자보호절차를 거칠 필요가 없다. 다만, 분할(또는 분할합병)신설회사나 분할승계회사가 분할회사의 채무 중에서 "승계하기로 정한 채무"만을 부담할 것을 정할 수 있는데 이 경우에는 분할이라 하더라도 채권자보호절차를 거쳐야 한다(530조의9②~④). 그리고, 분할합병의 경우에는 합병과 동일하므로 주주에게 주식매수청구권이 인정되며, 채권자보호절차, 합병보고총회 또는 창립총회 등을 거쳐야 한다(530조의11 ①·②). 다만, 상장회사의 경우 일정한 경우 분할에 대하여도 주식매수청구권이 인정되는 경우가 있다.

　분할은 분할등기를 한 날에, 분할합병은 분할합병등기일에 효력이 발생한다. 분할의 효력이 발생하면 분할회사는 청산절차 없이 소멸하고, 분할에 의하여 회

━ 분할합병에 따른 채권자 이의 제출 및 주식병합등 공고(전자증권 채택시)

분할합병에 따른 채권자 이의 제출 및 주식병합등 공고

　○○주식회사(이하 '갑'이라 한다)와 ○○주식회사(이하 '을'이라 한다)는 20○○년 9월 10일 개최된 각사의 임시주주총회에서 '갑'의 전기공사업의 영업부분을 분할하여 그 분할된 재산으로 '을'과 분할합병하고, 상법 제530조의9제3항에 따라, 상법 제530조의3제3항 및 같은 조 제2항의 규정에 의한 결의로 분할합병에 따른 출자를 받는 존속 중의 회사가 분할회사의 채무 중에서 출자한 재산에 관한 채무만을 부담하는 것으로 정하였으므로, 위 분할합병에 이의가 있는 채권자는 본 공고 게재일로부터 1개월 내에 본 회사에 이의를 제출하기 바랍니다.

　아울러, 위의 분할합병결의에 따라 20○○년 ○월 ○일자에 주주님께서 가진 '갑'의 주식 2주 중 1주로 소각된다는 사실을 알려드리며, 주주 및 질권자에 대하여는 개별적으로 통지하겠습니다.

20○○년 ○월 ○일

○○주식회사 □□□ 대표이사(직인생략)

사가 신설되거나(단순분할, 물적분할, 신설분할합병), 분할당사회사의 주주구성과 자본구조에 변경이 있게 된다. 분할의 경우에는 합병과 달리 법인격이 승계되지 않고 권리의무를 부분적 포괄승계한다. 단순분할신설회사·분할승계회사·분할합병신설회사는 분할회사의 권리와 의무를 분할계획서·분할합병계약서가 정하는 바에 따라서 승계한다(530조의10).

(5) 간이분할·간이분할합병과 소규모흡수분할합병

1) 간이분할

상법은 분할합병의 경우에 간이합병에 관한 제527조의2의 규정과 소규모합병에 관한 제527조의3의 규정이 준용된다고 규정한다(530조의11②). 그러나 주주 전원의 동의에 의한 간이단순분할도 가능하다고 해석된다.

2) 간이분할합병

분할회사의 주주 전원의 동의가 있거나 흡수분할합병의 상대방회사가 분할회사의 발행주식총수의 90% 이상을 소유할 경우에는 분할회사의 주주총회의 승인을 이사회의 승인으로 갈음할 수 있다(530조의11②, 527조의2①). 흡수분할합병 상대방회사의 주주 전원의 동의가 있거나 분할회사가 흡수분할합병 상대방회사의 발행주식총수의 90% 이상을 소유할 경우에 흡수분할합병 상대방회사의 주주총회의 승인을 이사회의 승인으로 갈음할 수 있는지에 관하여는 논란의 여지가 있지만, 상법 제527조의2의 법문상 부정설이 타당하다.

3) 소규모흡수분할합병

흡수분할합병의 상대방회사가 합병으로 인하여 발행하는 신주 및 이전하는 자기주식의 총수가 그 회사의 발행주식총수의 10%를 초과하지 아니하는 때에는 그 회사의 주주총회의 승인은 이를 이사회의 승인으로 갈음할 수 있다. 다만, 소멸회사의 주주에게 지급할 금액을 정한 경우에 그 금액이 존속회사의 최종 대차대조표상으로 현존하는 순자산액의 5%를 초과하는 때에는 그렇지 않다(530조의11②, 527조의3①). 소규모합병규정이 흡수분할합병에 대하여서만 준용되므로 상법상 소규모단순분할이나 소규모신설분할합병은 인정되지 않는다.

⑹ 상장회사 특례

1) 의 의

주권상장법인이 다른 법인과 분할 또는 분할합병을 하려면 자본시장법 시행령이 정하는 요건·방법 등의 기준에 따라야 한다(資法 165조의4).

2) 분할에 대하여 주식매수청구권 인정하는 경우

원칙적으로 분할에 대하여 반대주주의 주식매수청구권은 인정되지 않는다. 그러나, 주권상장법인이 인적분할에 의하여 설립된 법인이 발행하는 주권이 증권시장에 상장되지 아니하는 경우(거래소의 상장예비심사결과 그 법인이 발행할 주권이 상장기준에 부적합하다는 확인을 받은 경우를 포함)에는 반대주주에게 주식매수청구권이 인정된다(자법 165조의5①, 자령 176조의7①).

3) 분할합병가액의 산정

분할합병에 관하여는 제176조의5제1항(분할되는 법인의 합병대상이 되는 부분의 합병가액 산정에 관하여는 같은 항 제2호 나목)을 준용한다(令 176조의6②).

4) 외부평가기관의 평가

분할합병을 하려는 경우 분할합병 비율의 적정성에 대하여 외부평가기관(제176조의5제9항·제10항에 따라 합병에 대한 평가를 할 수 없는 외부평가기관 제외)의 평가를 받아야 한다. 다만, 공정성에 문제가 없는 경우에는 외부평가기관의 평가를 받지 아니할 수 있다(令 176조의6③).

5) 준용규정

분할·분할합병에 관하여는, 금융위원회의 외부평가기관에 대한 제재규정(令 176조의5⑪)과, 법률의 규정에 따른 합병에 관하여 시행령 제176조의5제11항부터 제13항까지를 준용한다(令 176조의6④).

6) 정보의 공시

합병에서 설명한 바와 같이, 증권신고서 및 증권발행실적보고서 제출과 관련한 규정(資法 119조①, 128조)과 주요사항보고서 등에 관한 규정(資法 161조①6, 증권발행공시규정 5-15조)은 분할·분할합병에 대하여 동일하게 적용된다.

13. 주식의 포괄적 교환

— 주식의 포괄적 교환 일정표(상장회사 기준)

순서	일정	내 용	대상처
1	D−36	외부평가계약 체결 및 평가	외부평가기관
2	D−16	이사회결의 및 주식교환계약 체결	상대회사
3	D−15	주요사항보고서 제출(결의일 익일)	금융위
4	D−15	증권신고서 제출(효력발생 7영업일 전)	금융위
5	D−15	기준일설정 공고(기준일 2주 전까지)	신문사/홈페이지
6	D	기준일(권리주주 확정일)	
7	D+10	주총소집 통지·공고(총회 2주간 전)	신문사/홈페이지
8	D+10	주총 참고서류 제출·비치(총회 2주 전)	본점 등
9	D+10	주식교환계약서등 비치·공시(주총 2주 전~주식교환일 이후 6월 경과일)	본점 등
10	D+11~24	주식교환 반대의사 접수(총회 전일까지)	
11	D+25	주주총회 개최 및 주식교환계약 승인	
12	D+26~45	주식교환 반대매수 청구 접수(주총 결의일 익일부터 20일 이내)	
13	D+55	주식매수대금 지급(매수청구 후 1월 이내)	주주
14	D+56	주식교환일(※효력발생, 실효절차 종료일 익일)	
15	D+56~	주식교환관련 서류 사후 공시(주식교환일부터 6월간)	본점
16	D+57	증권발행실적보고서 제출(모집완료 후 지체없이)	금융위
17	D+60	주식교환등기(자본금변경 해당시 증자등기, 납입기일부터 2주 이내)	법원
18	D+61	합병등 종료보고서 제출(증권발행실적보고서 미제출시)	금융위

(1) 의 의

주식교환을 하고자 하는 회사는 주식교환계약서를 작성하여 완전모회사가 될 회사와 완전자회사가 될 회사에서 각각 주주총회 특별결의에 의한 승인을 받아야 한다(360조의3①).

주식의 포괄적 교환은 A회사(완전모회사가 되는 회사)가 B회사(완전자회사가 되는 회사)의 발행주식총수를 보유하기 위하여 B회사의 주주로부터 B회사주식 전부를 취득하면서 그 대가로 B회사의 주주에게 A회사의 신주를 발행하거나 자기주식을 교부함으로써 두 회사의 주식을 포괄적으로 교환하는 조직법상의 행위 내지 제도를 말한다.

회사는 주식의 포괄적 교환에 의하여 다른 회사의 발행주식총수를 소유하는 회사(완전모회사)가 될 수 있다. 이 경우 그 다른 회사를 "완전자회사"라 한다(360 조의2①).

(2) 주주총회 결의

주주총회 승인은 주식교환계약서에 대하여 하면 된다. 주식의 포괄적 교환도 임시주주총회뿐만 아니라 정기주주총회에서도 승인할 수 있다.

(3) 주식교환계약서 기재사항

주식교환을 하고자 하는 회사는 주식교환계약서를 작성하여 주주총회의 승인을 받아야 한다(360조의3①). 주식교환계약서에는 다음 사항을 적어야 한다(360 조의3③).

1. 완전모회사가 되는 회사가 주식교환으로 인하여 정관을 변경하는 경우에는 그 규정
2. 완전모회사가 되는 회사가 주식교환을 위하여 신주를 발행하거나 자기주식을 이전하는 경우에는 발행하는 신주 또는 이전하는 자기주식의 총수·종류와 종류별 주식의 수 및 완전자회사가 되는 회사의 주주에 대한 신주의 배정 또는 자기주식의 이전에 관한 사항
3. 완전모회사가 되는 회사의 자본금 또는 준비금이 증가하는 경우에는 증가할 자본금 또는 준비금에 관한 사항
4. 완전자회사가 되는 회사의 주주에게 제2호에도 불구하고 그 대가의 전부 또는 일부로서 금전이나 그 밖의 재산을 제공하는 경우에는 그 내용 및 배정에 관한 사항
5. 각 회사가 주식교환계약서 승인 결의를 할 주주총회의 기일
6. 주식교환을 할 날
7. 각 회사가 주식교환을 할 날까지 이익배당을 할 때에는 그 한도액
8. 〈삭제〉
9. 완전모회사가 되는 회사에 취임할 이사와 감사 또는 감사위원회의 위원을 정한 때에는 그 성명 및 주민등록번호

(4) 주요 절차

먼저, 이사회 결의를 통하여 주식교환계약서를 확정하고, 이를 주주총회에서 상정하게 된다. 주식교환 계약의 체결은 이사회 결의 전 또는 결의 후 모두 가능하다. 다만, 상장회사의 경우에는 주식교환 계약 체결 사실은 공시사항임에 따라 공시한 후 이를 번복하게 되면 공시위반이 될 수 있다(자법 161조①6). 따라서 이사회 결의 후 주식교환 계약을 체결하는 것이 바람직하다.

회사는 주주총회의 소집통지에 다음 사항을 기재하여야 한다(360조의3④).

1. 주식교환계약서의 주요내용
2. 주식매수청구권의 내용 및 행사방법
3. 일방회사의 정관에 주식의 양도에 관하여 이사회의 승인을 요한다는 뜻의 규정이 있고 다른 회사의 정관에 그 규정이 없는 경우 그 뜻

이사는 주식교환을 위한 주주총회 회일의 2주 전부터 주식교환의 날 이후 6월이 경과하는 날까지 다음 서류를 본점에 비치하여야 한다(360조의4①).

1. 주식교환계약서
2. 완전모회사가 되는 회사가 주식교환을 위하여 신주를 발행하거나 자기주식을 이전하는 경우에는 완전자회사가 되는 회사의 주주에 대한 신주의 배정 또는 자기주식의 이전에 관하여 그 이유를 기재한 서면
3. 주식교환계약서 승인을 위한 주주총회의 회일(간이주식교환의 경우에는 공고 또는 통지를 한 날) 전 6월 이내의 날에 작성한 주식교환을 하는 각 회사의 최종 대차대조표 및 손익계산서

반대하는 주주에게는 주식매수청구권이 인정된다(360조의5①).

회사가 종류주식을 발행한 경우에, 주식교환으로 인하여 어느 종류주식의 주주에게 손해를 미치게 될 경우에도 종류주주총회결의가 필요하다(436조).

주식교환으로 인하여 주식교환에 관련되는 각 회사의 주주의 부담이 가중되는 경우에는 주주총회결의 및 종류주주총회결의 외에 그 주주 전원의 동의가 있어야 한다(360조의3⑤). 예컨대 민법상 조합의 지분을 교환대가로 제공한다면 주주의 부담이 가중되는 결과가 된다. 또한 유한회사의 지분, 합자회사의 유한책임사원의 지분, 유한책임사원의 지분을 교환대로 제공하는 경우에도 사원의 유한책임에 불구하고 각종의 제약이 있으므로 주주의 부담이 가중되는 것으로 볼 수 있다.

주식교환계약서에 "주식교환을 할 날"을 적어야 하는데(360조의3③6), 바로 이

날 주식교환의 효력이 발생한다. 그리고 주식교환에 의하여 완전자회사의 주주가 가지는 그 회사의 주식은 주식을 교환하는 날에 주식교환에 의하여 완전모회사에 이전하고, 그 완전자회사의 주주는 그 완전모회사가 주식교환을 위하여 발행하는 신주의 배정을 받음으로써 그 회사의 주주가 된다(360조의2②). 신주발행으로 인한 자본금과 발행주식총수에 대한 변경등기는 하여야 한다. 그러나 이는 주식교환의 효력발생과는 무관하다. 즉, "주식교환을 할 날"에 실제로 주식이전행위를 하는 것이 아니라 주주의 입장에서는 아무런 주식이전행위 없이 소유 주식이 변경되는 것이다.

(5) 간이주식교환과 소규모주식교환

1) 간이주식교환

(가) 의   의   완전자회사의 총주주의 동의가 있거나 그 회사의 발행주식총수의 90% 이상을 완전모회사가 소유하고 있는 때에는 완전자회사의 주주총회의 승인은 이를 이사회의 승인으로 갈음할 수 있다(360조의9①). 그러나 이 경우에도 완전모회사의 주주총회결의는 필요하다.

(나) 절   차   완전자회사는 주식교환계약서를 작성한 날부터 2주 내에 주주총회의 승인을 얻지 아니하고 주식교환을 한다는 뜻을 공고하거나 주주에게 통지하여야 한다. 다만, 총주주의 동의가 있는 때에는 그렇지 않다(360조의9②).

(다) 주식매수청구권   소규모주식교환과 달리 간이주식교환의 경우에는 반대주주의 주식매수청구권이 인정된다(360조의5②).

2) 소규모주식교환

(가) 의   의   소규모합병의 경우와 같이 완전모회사에 비하여 완전자회사의 규모가 훨씬 작아서 완전모회사의 주주들에게 미치는 영향이 적은 경우, 완전모회사의 주주총회결의 없이 이사회결의만으로 주식교환이 가능하도록 하는 제도가 소규모주식교환이다. 그러나 이 경우에도 완전자회사의 주주총회결의는 필요하다.

(나) 요   건   완전모회사가 주식교환을 위하여 발행하는 신주 및 이전하는 자기주식의 총수가 그 회사의 발행주식총수의 10%를 초과하지 아니하는 경

우에는 그 회사에서의 주식교환을 위한 주주총회의 승인은 이를 이사회의 승인으로 갈음할 수 있다(360조의10① 본문).

다만, 완전자회사의 주주에게 제공할 금전이나 그 밖의 재산을 정한 경우에 그 금액 및 그 밖의 재산의 가액이 주식교환계약서의 승인결의를 할 주주총회의 회일(간이주식교환의 경우에는 주식교환의 공고 또는 통지를 한 날) 전 6월 이내의 날에 작성한 주식교환을 하는 각 회사의 최종 대차대조표에 의하여 완전모회사에 현존하는 순자산액의 5%를 초과하는 때에는 소규모주식교환절차에 의할 수 없다(360조의10① 단서).

(다) 절 차 소규모주식교환의 경우에는 주식교환계약서에 완전모회사에 관하여는 주식교환을 위한 주주총회의 승인을 얻지 아니하고 주식교환을 할 수 있는 뜻을 기재하여야 하며, 주식교환계약서 기재사항 중 "완전모회사가 주식교환으로 인하여 정관을 변경하는 경우에는 그 규정"은 기재하지 못한다(360조의10③).

완전모회사는 주식교환계약서를 작성한 날부터 2주 내에 완전자회사의 상호와 본점, 주식교환을 할 날 및 주식교환의 승인을 얻지 아니하고 주식교환을 한다는 뜻을 공고하거나 주주에게 통지하여야 한다(360조의10④).

완전모회사의 발행주식총수의 100분의 20 이상에 해당하는 주식을 가지는 주주가 제4항에 따른 공고 또는 통지를 한 날부터 2주 내에 회사에 대하여 서면으로 소규모주식교환에 반대하는 의사를 통지한 경우에는 소규모주식교환을 할 수 없다(360조의10⑤).

(라) **주식매수청구권** 소규모주식교환의 경우에는 반대주주의 주식매수청구권규정은 적용하지 않는다(360조의10⑦).

(6) 상장회사 특례

주권상장법인이 다른 법인과 주식의 포괄적 교환을 하려면 자본시장법 시행령이 정하는 요건·방법 등의 기준에 따라야 한다(資法 165조의4). 외부평가기관의 평가, 준용규정, 그리고 정보의 공시에 관한 설명은 분할합병에 관한 내용과 같다.

14. 주식의 포괄적 이전

— 주식의 포괄적 이전 일정표(상장회사 기준)

순서	일정	내 용	대상처
1	D−36	외부평가계약 체결 및 평가	외부평가기관
2	D−16	이사회결의 및 주식이전계획서 작성	
3	D−15	주요사항보고서 제출(결의일로부터 3일 이내)	금융위
4	D−15	증권신고서 제출(효력발생 7영업일 전)	금융위
5	D−15	기준일설정 공고(기준일 2주 전까지)	신문사/홈페이지
6	D	기준일(권리주주 확정일)	
7	D+10	주총소집 통지/공고(총회 2주간 전)	신문사/홈페이지
8	D+10	주식이전계획서등 비치·공시(주총 2주 전~주식교환일 이후 6월 경과일)	본점 등
9	D+10	주총 참고서류 제출·비치(총회 2주 전)	본점 등
10	D+11~24	주식이전 반대의사 접수(총회 전일까지)	
11	D+25	주주총회 개최 및 주식이전계획 승인	
12	D+26~45	반대주주 주식매수 청구 접수(주총 결의일 익일부터 20일 이내)	
13	D+55	주식매수대금 지급(매수청구 후 1월 이내)	
14	D+56	주식이전기준일(실효절차 종료일 익일)	
15	D+56~	주식이전관련 서류 사후 공시(주식이전일부터 6월간)	본점
16	D+57	증권발행실적보고서 제출(모집완료 후 지체없이)	
17	D+60	주식이전등기(※완전모회사 설립등기) 및 주식이전 효력 발생	법원
18	D+61	합병등 종료보고서 제출(증권발행실적보고서 미제출시)	금융위

(1) 의   의

주식의 포괄적 이전을 하고자 하는 회사는 주식이전계획서를 작성하여 주주총회 특별결의에 의한 승인을 받아야 한다(360조의16①).

주식의 포괄적 이전은 A회사(완전자회사가 되는 회사)가 그 주식을 포괄적으로 이전하여 B회사(완전모회사가 되는 회사)를 설립하고, A회사의 주주는 B회사가 발행하는 신주를 배정받아 B회사의 주주가 되는 조직법상의 행위를 말한다. 회사는 주식의 포괄적 이전에 의하여 완전모회사를 설립하고 완전자회사가 될 수 있다 (360조의15①). 완전자회사의 주식을 취득하는 주체가 기존회사이면 주식교환, 신설회사이면 주식이전에 해당한다. 주식이전에 있어서 상법은 "설립하는 완전모회사", "설립한 완전모회사", "완전자회사가 되는 회사"라고 규정하는데, 이하에서는 문맥상 문제가 없는 한 "완전모회사", "완전자회사"로 약칭한다.

(2) 주주총회 결의

주주총회 승인은 주식교환계약서에 대하여 하면 된다. 주식의 포괄적 교환도 임시주주총회뿐만 아니라 정기주주총회에서도 승인할 수 있다.

(3) 주식이전계획서의 기재사항

주식이전은 회사가 자신의 모회사를 신설하는 것이므로 주식교환과 달리 주식이전계약이라는 것이 존재하지 않는다. 주식이전계획서에는 다음의 사항을 기재하여야 한다.

1. 설립하는 완전모회사의 정관의 규정
2. 설립하는 완전모회사가 주식이전에 있어서 발행하는 주식의 종류와 수 및 완전자회사가 되는 회사의 주주에 대한 주식의 배정에 관한 사항
3. 설립하는 완전모회사의 자본금 및 자본준비금에 관한 사항
4. 완전자회사가 되는 회사의 주주에게 제2호에도 불구하고 금전이나 그 밖의 재산을 제공하는 경우에는 그 내용 및 배정에 관한 사항
5. 주식이전을 할 시기
6. 완전자회사가 되는 회사가 주식이전의 날까지 이익배당을 할 때에는 그 한도액
7. 설립하는 완전모회사의 이사와 감사 또는 감사위원회의 위원의 성명 및 주민등록번호
8. 회사가 공동으로 주식이전에 의하여 완전모회사를 설립하는 때에는 그 뜻

(4) 주요 절차

먼저, 이사회 결의를 통하여 주식이전계획서를 확정하고, 이를 주주총회에서 상정하게 된다.

회사는 주식의 포괄적 이전을 승인하기 위한 주주총회의 소집통지에 다음 사

항을 기재하여야 한다(360조의16③, 360조의3④).

1. 주식이전계획서의 주요내용
2. 주식매수청구권의 내용 및 행사방법
3. 일방회사의 정관에 주식의 양도에 관하여 이사회의 승인을 요한다는 뜻의 규정이 있고 다른 회사의 정관에 그 규정이 없는 경우 그 뜻

이사는 주식이전 승인을 위한 주주총회의 회일의 2주 전부터 주식이전의 날 이후 6월을 경과하는 날까지 다음 서류를 본점에 비치하여야 한다(360조의17①).

1. 주식이전계획서
2. 완전자회사가 되는 회사의 주주에 대한 주식의 배정에 관하여 그 이유를 기재한 서면
3. 주식이전계획서 승인을 위한 주주총회의 회일전 6개월 이내의 날에 작성한 완전자회사가 되는 회사의 최종 대차대조표 및 손익계산서

주식교환에 반대하는 주주의 주식매수청구권에 관한 규정(360조의5)은 주식이전의 경우에 준용된다(360조의22).

회사가 종류주식을 발행한 경우에, 주식이전으로 인하여 어느 종류주식의 주주에게 손해를 미치게 될 경우에도 종류주주총회결의가 필요하다(436조). 주식이전으로 인하여 주식이전에 관련되는 각 회사의 주주의 부담이 가중되는 경우에는 주주총회결의 및 종류주주총회결의 외에 그 주주 전원의 동의가 있어야 한다(360조의16④).

주식이전의 경우 주식교환과 유사하지만 회사설립절차가 필요하고 설립등기시 주식이전의 효력이 발생한다. 주식이전에 의하여 완전자회사가 되는 회사의 주주가 소유하는 그 회사의 주식은 주식이전에 의하여 설립하는 완전모회사에 이전하고, 그 완전자회사가 되는 회사의 주주는 그 완전모회사가 주식이전을 위하여 발행하는 주식의 배정을 받음으로써 그 완전모회사의 주주가 된다(360조의15②). 주식교환은 주식교환계약서의 "주식교환을 할 날"(360조의3③6) 그 효력이 발생하지만, 주식이전은 완전모회사의 설립등기에 의하여 그 효력이 발생한다. 따라서 "주식이전을 할 시기"는 주식이전의 효력발생일이 아니라 주권의 실효절차종료일에 해당한다.

(5) 상장회사 특례

주권상장법인이 주식의 포괄적 이전을 하려면 자본시장법 시행령이 정하는 요건·방법 등의 기준에 따라야 한다(資法 165조의4). 외부평가기관의 평가, 준용규정, 그리고 정보의 공시에 관한 설명은 분할합병에 관한 내용과 같다.

제 8 장

종류주주총회

I. 종류주주총회의 의의

상법 제435조제1항은 "회사가 종류주식을 발행한 경우에 정관을 변경함으로써 어느 종류주식의 주주에게 손해를 미치게 될 때에는 주주총회의 결의 외에 그 종류주식의 주주의 총회의 결의가 있어야 한다."고 규정한다. 위 규정의 취지는 주식회사가 보통주 이외의 종류주식을 발행하고 있는 경우에 보통주를 가진 다수의 주주들이 일방적으로 어느 종류의 주식을 가진 소수주주들에게 손해를 미치는 내용으로 정관을 변경할 수 있게 할 경우에 그 종류주식을 가진 소수주주들이 부당한 불이익을 받게 되는 결과를 방지하기 위한 것이고, 손해를 입게 되는 종류주식의 주주들의 호의적 양보를 확인하는 절차적 요건이라 할 수 있다.

종류주주총회는 주식회사의 독립한 기관이 아니다. 종류주주총회결의를 원래의 주주총회의 효력발생요건으로 보는 것이 다수설이지만, 판례는 주주총회결의의 대상인 행위의 법률효과가 발생하기 위한 또 하나의 요건으로 본다.

II. 종류주주총회결의가 요구되는 사항

상법상 종류주주총회결의가 요구되는 경우 외에, 정관에 종류주주총회결의 사항을 추가로 규정하는 것이 가능한지 문제된다. 이를 허용하는 견해도 있지만,

이는 주주총회결의에 대한 종류주주의 거부권을 인정하는 결과가 되므로 신중하게 검토해야 할 문제이다.

1. 정관변경

회사가 종류주식을 발행한 경우에 정관을 변경함으로써 어느 종류주식의 주주에게 손해를 미치게 될 때에는 주주총회결의 외에 그 종류주식의 주주의 총회의 결의가 있어야 한다(435조①). 이러한 규정은 강행규정이므로, 회사가 정관을 변경함으로써 어느 종류주식의 주주에게 손해를 미치게 될 경우에도 종류주주총회를 요하지 않는다는 규정을 정관에 둔 경우 그 규정은 무효로 보아야 한다.

"어느 종류주식의 주주에게 손해를 미치게 될 때"라 함은, 어느 종류주식의 주주에게 직접적으로 불이익을 가져오는 경우는 물론이고, 외견상 형식적으로는 평등한 것이라고 하더라도 실질적으로는 불이익한 결과를 가져오는 경우도 포함하며, 나아가 어느 종류주식의 주주의 지위가 정관의 변경에 따라 유리한 면이 있으면서 불이익한 면을 동시에 수반하는 경우도 포함한다(대법원 2006. 1. 27. 선고 2004다44575 판결). 보통주를 종류주식으로 보는 견해에 의하면, 정관변경으로 보통주의 주주가 손해를 입게 되는 경우에는 원칙적으로 보통주주만의 종류주주총회결의가 있어야 한다. 다만, 보통주주가 다수를 점하고 있어 종류주주총회 결의요건을 구비한 것으로 인정할 수 있다면 별도로 보통주주만의 종류주주총회는 없어도 될 것이다.

2. 주식의 종류에 따라 특수하게 정하는 경우

회사가 종류주식을 발행한 경우에 정관에 다른 정함이 없는 경우에도 주식의 종류에 따라 신주의 인수, 주식의 병합·분할·소각 또는 합병·분할로 인한 주식의 배정에 관하여 특수하게 정할 수 있다(344조③). 이와 같이 특수하게 정함으로 인하여 어느 종류의 주주에게 손해를 미치게 될 경우에는 상법 제435조가 준용되므로(436조), 종류주주총회결의가 필요하다.

3. 주식교환·주식이전, 합병, 분할·분할합병

회사가 종류주식을 발행한 경우 주식의 종류에 따라, 주식교환·주식이전, 합병, 분할·분할합병 등으로 인하여 어느 종류주식의 주주에게 손해를 미치게 될 경우에도 상법 제435조가 준용되므로(436조), 종류주주총회결의가 필요하다.

4. 주주부담의 가중

분할·분할합병으로 인하여 관련되는 각 회사의 주주의 부담이 가중되는 경우에도 종류주주총회결의 외에 그 주주 전원의 동의가 있어야 한다(530조의3⑥). 이 규정은 분할·분할합병과 관련하여 주주를 보호하기 위하여 마련된 규정이고 분할·분할합병으로 인하여 회사의 책임재산에 변동이 생기게 되는 채권자를 보호하기 위하여 마련된 규정이 아니므로, 회사의 채권자는 위 규정을 근거로 회사분할로 인하여 신설된 회사가 분할 전 회사의 채무를 연대하여 변제할 책임이 있음을 주장할 수 없다(대법원 2010. 8. 19. 선고 2009다92336 판결).

주식교환·주식이전으로 인하여 주식교환·주식이전에 관련되는 각 회사의 주주의 부담이 가중되는 경우에도 종류주주총회결의 외에 그 주주 전원의 동의가 있어야 한다(360조의3⑤, 360조의16④).

명문의 규정은 없지만 정관변경에 의하여 보통주를 포함한 기존 주식에 상환조항이나 전환조항을 추가하는 경우에는 해당 종류주주 전원의 동의가 요구된다고 보아야 한다. 정관변경에 의하여 기존 주식에 의결권제한조항을 추가하는 경우에도 마찬가지로 해석하여야 할 것이다.

Ⅲ. 종류주주총회의 소집과 결의방법

1. 주주총회 규정 준용

주주총회에 관한 규정은 의결권 없는 종류의 주식에 관한 것을 제외하고 종류주주총회에 준용된다(435조③). 그러나 통상의 주주총회에 참석할 주주와 종류주주가 동일하거나 이에 포함된다면 종류주주총회를 위한 소집통지는 별도로 할 필요 없이 통상의 주주총회를 위한 소집통지서에서 함께 해도 된다. 일반 주주총회를 위한 기준일, 주주명부폐쇄기간 공고 절차와 별도로 종류주주총회를 위한 기준일, 주주명부폐쇄기간 공고 절차를 이행하여야 한다.

2. 종류주주총회의 소집

통상의 주주총회와 종류주주총회는 별개의 총회이므로 소집통지도 별도로 하는 것이 원칙이나, 두 개의 총회를 한 자리에서 동시에 개최하는 경우에는 하나의 소집통지서 용지에 두 개의 주주총회의 소집통지를 동시에 할 수 있다.

3. 결의요건

종류주주총회결의는 출석한 주주의 의결권의 3분의 2 이상의 수와 그 종류의 발행주식총수의 3분의 1 이상의 수로써 하여야 한다(435조②). 정관에 의한 결의요건의 가중, 감경은 금지된다는 것이 통설이다. 의결권 없는 주식의 주주들도 그들의 종류주주총회에서는 당연히 의결권을 행사할 수 있다. 주주총회에 관한 규정은 의결권 없는 종류의 주식에 관한 것을 제외하고 종류주주총회에 준용된다(435조③).

Ⅳ. 종류주주총회결의의 하자·흠결

1. 종류주주총회결의의 하자

종류주주총회결의의 하자가 있는 경우, 주주총회결의의 하자에 관한 규정을 준용할 것인지에 대하여, 종류주주총회결의는 주주총회결의의 효력발생요건에 불과하고, 절차상 다시 주주총회결의의 하자를 다투는 소가 필요하게 되므로 실익도 없으므로, 독립된 형식의 소로 다툴 수 없다는 견해가 있다. 그러나 종류주주총회결의에 하자가 있더라도 주주총회결의 자체에는 아무런 하자가 없는 경우에는 하자 없는 종류주주총회결의만 갖추면 주주총회결의는 확정적으로 유효하게 되기 때문에, 주주총회결의의 효력을 다투는 소를 제기할 수 있다는 견해는 받아들이기 어렵다.

또한 주주총회에 관한 규정은 의결권 없는 종류의 주식에 관한 것을 제외하고 종류주주총회에 준용되므로(435조③), 주주총회결의의 하자에 관한 규정에 따라 종류주주총회결의의 하자에 대하여도 독립하여 다툴 수 있다는 해석이 타당하다.

2. 종류주주총회결의의 흠결

(1) 주주총회결의불발효설

주주총회결의불발효설은 종류주주총회결의는 주주총회결의가 유효하기 위한 요건이므로 종류주주총회결의가 없는 한 주주총회결의는 완전한 효력이 발생하지 아니한 부동적 무효인 상태 또는 불발효 상태에 있으며, 종류주주총회결의가 있으면 확정적으로 유효한 결의가 되고 주주총회결의에 대해 반대하는 종류주주총회결의가 있으면 확정적으로 무효인 결의가 된다고 본다. 이 견해에 의하면 종류주주총회 결의가 없는 경우 민사소송법에 의하여 주주총회결의불발효확인의 소를 제기하여야 할 것이다.

(2) 주주총회결의취소사유설

주주총회결의취소사유설은 정관변경무효확인의 소는 상법상 소송이 아니라 민사소송상 확인의 소에 해당한다는 판례의 취지에 반대하면서, 판결의 대세적 효력이 없으면 정관의 효력이 당사자마다 다르게 되어 회사법률관계의 안정을 해치므로 종류주주총회결의의 흠결은 주주총회결의의 취소사유로 보아야 한다는 견해이다.

(3) 정관변경효력요건설

판례는 정관변경과 관련하여 종류주주총회를 거치지 않은 사안에서 결의의 불발효 상태라는 관념을 인정하지 않고, 종류주주총회결의는 정관변경이라는 법률효과가 발생하기 위한 하나의 특별요건으로 보고, 정관변경에 관한 종류주주총회결의가 아직 이루어지지 않았다면 그러한 정관변경의 효력이 아직 발생하지 않는 데에 그칠 뿐이고, 그러한 정관변경을 결의한 주주총회결의 자체의 효력에는 아무런 하자가 없다고 본다. 나아가 판례는 정관변경에 필요한 특별요건이 구비되지 않았음을 이유로 하여 정면으로 그 정관변경이 무효라는 확인을 구하면 족한 것이지, 그 정관변경을 내용으로 하는 주주총회결의 자체가 아직 효력을 발생하지 않고 있는 상태(불발효 상태)에 있다는 것의 확인을 구할 필요는 없다는 입장이다.

> [대법원 2006. 1. 27. 선고 2004다44575 판결](삼성전자 정관변경 사건) "어느 종류 주주에게 손해를 미치는 내용으로 정관을 변경함에 있어서 그 정관변경에 관한 주주총회의 결의 외에 추가로 요구되는 종류주주총회의 결의는 정관변경이라는 법률효과가 발생하기 위한 하나의 특별요건이라고 할 것이므로, 그와 같은 내용의 정관변경에 관하여 종류주주총회의 결의가 아직 이루어지지 않았다면 그러한 정관변경의 효력이 아직 발생하지 않는 데에 그칠 뿐이고, 그러한 정관변경을 결의한 주주총회결의 자체의 효력에는 아무런 하자가 없다. 정관의 변경결의의 내용이 어느 종류의 주주에게 손해를 미치게 될 때에 해당하는지 여부에 관하여 다툼이 있는 관계로 회사가 종류주주총회의 개최를 명시적으로 거부하고 있는 경우에, 그 종류의 주주가 회사를 상대로 일반 민사소송상의 확인의 소를 제기함에 있어서는, 정관변경에 필요한 특별요건이 구비되지 않았음을 이유로 하여 정면으로 그 정관변경이 무효라는 확인을 구하면 족한 것이지, 그 정관변경을 내용으로 하는 주주총회결의 자체가 아직 효력을 발생하지 않고 있는 상태(이른바 불발효 상태)라는 관념을 애써 만들어서 그 주주총회결의가 그러한 '불발효 상태'에 있다는 것의 확인을 구할 필요는 없다."

이때의 정관변경무효확인의 소는 상법상 소송이 아니라 민사소송상 확인의 소에 해당한다. 따라서 제소권자·제소기간·주장방법 등에 대하여 아무런 제한이 없으나 상법상 소송이 아니므로 판결의 대세적 효력이 인정되지 않는다. 이와 같이 종류주주총회결의는 주주총회결의의 효력발생요건이 아니라 정관변경이라는 법률효과가 발생하기 위한 또 하나의 특별요건으로 보는 판례의 입장에 의하면, 종류주주총회결의의 흠결이 있더라도 이를 원인으로 주주총회결의의 취소나 무효확인을 구할 수 없다.

(4) 검   토

주주총회결의불발효설은 상법상 부동적 무효나 불발효 상태라는 개념을 인정할 근거가 없으므로 취하기 곤란하고, 주주총회결의취소사유설도 종류주주총회결의가 없더라도 주주총회결의 자체에는 아무런 하자가 없으므로 역시 취하기 곤란하다. 따라서 판례와 같이 정관변경효력요건설이 타당하다고 보는데, 다만 종류주주총회결의가 있을 때까지 주주총회결의는 계속 유효하다는 것은 결국 또 하나의 불발효 상태(정관변경의 불발효)를 창설하는 것과 다르지 아니하므로 완전한 논리라고 보기 어렵다.

　이와 관련하여, 정관변경효력요건설도 정관변경의 무효확인을 구하라는 것이므로, 주주총회결의불발효설과 정관변경효력요건설의 차이는 부동적 무효의 대상이 주주총회결의인지 정관변경인지의 차이밖에 없다. 따라서 종류주주총회결의가 있을 때까지 정관변경의 불발효 상태를 계속되게 함으로써 회사법률관계의 불확정성을 초래한다는 문제점을 지적하면서, 회사가 종류주주총회의 개최를 명시적으로 거부한 시점 이후에는 정관변경이 확정적으로 무효로 된다는 견해가 있는데, 주주총회결의불발효설과 정관변경효력요건설의 문제점을 해소할 수 있는 것으로서 타당하다고 본다.

제9장

주주총회결의의 하자

I. 상법상 주주총회결의하자 관련 소송

1. 소송의 종류와 소송의 대상인 결의

(1) 소송의 종류

상법상 주주총회결의하자 관련 소송으로는, 주주총회의 소집절차 또는 결의 방법이 법령 또는 정관에 위반하거나 현저하게 불공정한 때 또는 그 결의의 내용이 정관에 위반한 때 주주·이사·감사가 결의의 날부터 2개월 내에 제기할 수 있는 결의취소의 소(376조①), 주주총회결의의 내용이 법령에 위반하는 실질적 하자가 있는 경우의 결의무효확인의 소(380조), 총회의 소집절차 또는 결의방법에 총회결의가 존재한다고 볼 수 없을 정도로 중대한 하자가 있는 경우의 결의부존재확인의 소(380조), 주주가 특별이해관계인으로서 의결권을 행사할 수 없었던 경우에 결의가 현저하게 부당하고 그 주주가 의결권을 행사하였더라면 이를 저지할 수 있었을 때에는 그 주주가 그 결의의 날부터 2개월 내에 제기할 수 있는 결의의 취소의 소 또는 변경의 소(381조①) 등이 있다.

(2) 소송의 대상인 결의

모든 주주총회결의가 주주총회결의하자 관련 소송의 대상인 결의가 되는 것은 아니고, 상법이나 그 밖의 법령, 정관에 근거한 결의로서 단체법적 법률관계를 획일적으로 규율하는 결의가 소송의 대상인 결의이다. 따라서 회사와 주주 간의 계약을 변경하기 위한 주주총회결의는 주주총회결의하자 관련 소송의 대상인 결의가 아니다(대법원 2013. 2. 28. 선고 2010다58223 판결).

2. 결의취소의 소

(1) 소의 의의와 법적 성질

주주총회의 소집절차 또는 결의방법이 법령 또는 정관에 위반하거나 현저하게 불공정한 때 또는 그 결의의 내용이 정관에 위반한 때에는 주주·이사·감사는 결의의 날부터 2개월 내에 결의취소의 소를 제기할 수 있다(376조①). 결의무효확인의 소에 대하여는 확인소송설과 형성소송설이 대립하지만, 결의취소의 소가 형성의 소인 점에 대하여는 이견이 없다. 따라서 결의취소의 판결에 의하여 취소되지 않는 한 당해 결의는 유효하다.

> [대법원 1987. 4. 28. 선고 86다카553 판결] "정당한 소집권자에 의하여 소집된 주주총회가 아니라면 그 결의는 당연무효라 할 것이나 그렇지 아니하고 정당한 소집권자에 의하여 소집된 주주총회의 결의라면 설사 주주총회의 소집에 이사회의 결의가 없었고 그 소집통지가 서면에 의하지 아니한 구두소집통지로서 법정소집기간을 준수하지 아니하였으며 또한 극히 일부의 주주에 대하여는 소집통지를 빠뜨렸다 하더라도 그와 같은 주주총회소집절차상의 하자는 주주총회결의의 단순한 취소사유에 불과하다 할 것이고, 취소할 수 있는 결의는 법정기간 내에 제기된 소에 의하여 취소되지 않는 한 유효하다."

(2) 소송당사자

1) 원   고

㈎ 주   주

가) 단독주주권   주주의 결의취소의 소의 제소권은 단독주주권이다. 주주가 결의에 의하여 개별적으로 불이익을 입었을 것은 제소요건이 아니고, 다른 주주에 대한 소집절차의 하자를 이유로 결의취소의 소를 제기할 수도 있다.

> [대법원 2003. 7. 11. 선고 2001다45584 판결]【주식매수선택권부여결의등부존재확인】(국민은행 사건) "주주는 다른 주주에 대한 소집절차의 하자를 이유로 주주총회결의 취소의 소를 제기할 수도 있는 것이므로, 이와 달리 당초의 소집장소인 14층 회의실에 정식으로 출석하였거나 남아 있던 주주로서 그 참석권을 침해받은 주주만이 그와 같은 절차상의 하자를 이유로 결의 취소의 소를 제기할 수 있다는 전제하에 원고의 제소자격을 다투는 상고이

유의 주장은 받아들일 수 없다."

나) 제소 당시의 명부상의 주주　　결의 당시의 주주임을 요하지 않고 제소 당시에 주주명부상의 주주이면 된다. 명의개서 미필주주는 원고적격이 없다. 그러나 회사가 명의개서를 부당하게 거부하는 경우에는 신의칙상 주식의 취득자는 명의개서 없이 주주권을 행사할 수 있으므로(대법원 1993. 7. 13. 선고 92다40952 판결), 이러한 경우에는 예외적으로 명의개서 미필주주도 원고적격이 인정된다.

다) 결의찬성주주　　주주총회에 참석하여 결의에 찬성하였던 주주가 제소한다고 하여 신의성실의 원칙에 위배되는 것은 아니다.

[대법원 1979. 3. 27. 선고 79다19 판결] "피고의 항변 즉 위 주주총회에서 이사 보선시 원고자신도 투표에 참가하였는바, 개표결과 원고가 다시 이사로 선임되지 않고 원고 대신에 소외 최호길이 선임되자 자기에게 불리한 결의가 나왔다 하여 불만을 품고 이의 취소를 구함은 신의성실의 원칙과 금반언의 원칙에 위배되는 것이라는 취지의 주장에 대하여 원심은 위 설시와 같이 부의되어 결의된 이사해임 및 보선의안의 결의는 재적주주 전원의 동의가 없어 부적법하다 할 것이니 설사 원고가 위 주주총회에 참석하여 결의에 가담했다 해도 그로써 곧 그 결의의 취소를 구함이 신의성실의 원칙에 위배되거나 금반언의 원칙에 반한다고 볼 수 없다"(부존재확인의 소에 관하여는 뒤의 76다1440, 1441 판결 참조).

라) 의결권 없는 주식의 주주　　의결권 없는 주식의 주주가 결의취소의 소의 제소권자인지 여부에 관하여는 이를 부인하는 견해도 있지만, 주주의 결의취소권은 주주의 감독시정권에 속하므로 의결권과 직결되는 것은 아니다. 또한 결의 당시의 주주가 아닌 제소 당시의 주주도 제소권자이고, 나아가 결의에 찬성한 주주도 제소권자로 보는 이상 의결권 없는 주식의 주주도 제소권자로 보는 것이 타당하다. 이에 관한 판례는 아직 없다.

⑷ 이사 · 감사

가) 재임 이사 · 감사　　제소권자인 이사 · 감사는 제소 당시에 이사 · 감사의 지위에 있어야 한다. 직무집행이 정지된 이사 · 감사는 제소권도 행사할 수 없다. 그러나 해임결의의 취소를 구하는 소송에서는 해임된 이사 · 감사도 제소권이 있다(대법원 1982. 9. 14. 선고 80다2425 판결). 회사와 이사 간의 소에 관하여 감사가 회사를 대표한다는 상법 제394조제1항은 원칙적으로 재임 중의 이사가 소송당사자인 경우에 적용되지만, 제도의 취지상 해임이사가 제기하는 결의취소의 소에도 적용된다고 보아야 한다.

나) 퇴임 이사·감사   임기만료, 사임 등으로 원고적격이 없게 된 경우에도 후임 이사·감사의 취임시까지 지위가 유지되는 경우에는 제소할 수 있다. 청산중의 회사에서는 청산인·감사가 제소할 수 있다(542조②, 376조).

다) 이사회결의에 찬성한 이사   결의의 내용이 정관에 위반한 경우 이러한 안건을 회의의 목적사항으로 결정한 이사회에서 결의에 찬성한 이사도 이를 결의취소사유로 하는 소송의 제소권자로 보아야 한다. 본인의 업무상의 과오를 시정할 기회를 박탈할 필요가 없기 때문이다.

라) 일시이사   상법 제386조제2항에 의한 일시이사는 통상의 이사와 같은 권한을 가지므로(대법원 1968. 5. 22.자 68마119 결정), 법원의 허가 없이도 결의취소의 소를 제기할 수 있다. 일시이사에 관한 규정은 감사에 관하여 준용되므로(415조), 감사 외에 일시감사도 결의취소의 소를 제기할 수 있다.

⑷ 제소권자의 지위 변동

가) 지위의 상실   결의취소의 소를 제기한 주주·이사·감사는 변론종결시까지 그 자격을 유지해야 하고, 주주가 주식을 양도하는 경우, 이사·감사가 임기만료 해임·사임·사망 등으로 인하여 그 지위를 상실하는 경우에는 소각하판결의 대상이라는 것이 일반적인 견해이다. 결의취소의 소의 공익적 성격을 고려하여 다른 주주·이사·감사의 소송수계를 허용하여야 한다는 견해도 있지만, 판례는 주주총회결의의 취소소송 계속 중 원고가 주주로서의 지위를 상실하면 취소를 구할 당사자적격을 상실한다는 입장이고(대법원 2011. 2. 10. 선고 2010다87535 판결), 나아가 포괄적 주식교환 등으로 주주 자신의 의사에 반하여 주주의 지위를 상실한 경우에도 마찬가지로 본다[대법원 2016. 7. 22. 선고 2015다66397 판결(하나금융지주와 주식교환을 한 외환은행 주주들의 주식총회결의무효확인의 소에 대한 판결이다)].

나) 포괄승계   주주가 사망한 경우에는 민사소송법상 당연승계의 원인이 되므로, 소송대리인이 없는 경우에는 소송절차가 중단되고 상속인이 소송을 수계(受繼)하여야 하고(民訴法 237조①), 소송대리인이 있는 경우에는 소송절차는 중단되지 않고(民訴法 238조) 그 대리인은 상속인의 대리인이 된다.

⑸ 이사선임결의와 소의 이익   결의취소의 소를 제기하는 원고는 소의 이익이 있어야 하는데, 주주·이사·감사는 특별한 사정이 없는 한 소의 이익이 있는 것으로 인정된다. 종래의 판례는 이사가 사임한 경우에는 그 이사를 선임한

주주총회결의에 대한 취소의 소는 소의 이익이 없다는 입장이었다.

[대법원 2008. 8. 11. 선고 2008다33221 판결] "주주총회의 임원선임결의의 부존재나 무효확인 또는 그 결의의 취소를 구하는 소에 있어서 그 결의에 의하여 선임된 임원들이 모두 그 직에 취임하지 아니하거나 사임하고 그 후 새로운 주주총회결의에 의하여 후임임원이 선출되어 그 선임등기까지 마쳐진 경우라면 그 새로운 주주총회의 결의가 무권리자에 의하여 소집된 총회라는 하자 이외의 다른 절차상, 내용상의 하자로 인하여 부존재 또는 무효임이 인정되거나 그 결의가 취소되는 등의 특별한 사정이 없는 한 설사 당초의 임원선임결의에 어떠한 하자가 있었다고 할지라도 그 결의의 부존재나 무효확인 또는 그 결의의 취소를 구할 소의 이익은 없는 것이라고 보아야 한다"(同旨: 대법원 1995. 2. 24. 선고 94다50427 판결).

그러나 위 판례는 결의취소판결의 소급효가 인정되지 않던 시기의 사안에 관한 것이고, 1995년 상법 개정으로 결의취소판결의 소급효가 인정된 이상 이사가 사임한 경우에도 보수의 반환 등과 같은 문제가 발생할 수 있으므로 일률적으로 소의 이익을 부인할 것이 아니라 일정한 경우에는 소의 이익을 인정하여야 할 것이다.

2) 피   고

결의취소의 소는 회사를 피고로 하여야 하고, 회사 아닌 자를 피고로 한 경우에는 부적법한 소로서 각하된다(대법원 1982. 9. 14. 선고 80다2425 전원합의체 판결). 또한 주주총회결의는 행위의 주체가 회사이므로 회사의 기관에 불과한 주주총회·이사회 또는 회사의 임원인 이사·감사 등은 피고가 될 수 없다. 통상의 소송에서는 대표이사가 회사를 대표하나, 이사가 결의취소의 소를 제기한 경우에는 감사가 회사를 대표한다(394조①). 그러나 이사 외의 자가 제소한 경우에는 대표이사가 회사를 대표한다. 그 대표이사가 결의취소의 소의 대상인 결의에서 선임된 이사라 하더라도 이사가 원고인 경우가 아닌 한 회사를 대표할 수 있다(대법원 1983. 3. 22. 선고 82다카1810 전원합의체 판결). 이는 결의무효확인·부존재확인의 소에서도 마찬가지이다.

(3) 소의 원인

1) 대상 결의

상정된 의안에 대한 표결 결과 찬성하는 의결권의 수가 결의요건을 충족한 가결(可決)된 결의만 상법상 결의취소의 소의 대상이고, 그렇지 않은 경우인 부결

(否決)된 결의는 그 대상이 아니다. 부결된 결의를 취소하는 판결에 의하여 원고가 원하는 결의(可決)의 존재가 확정되는 것은 아니기 때문이다. 이러한 경우 민사소송법상 일반 확인의 소에 의하여 결의의 존재확인을 구하는 것이 가능한지는 확인의 이익과 관련하여 논란의 여지가 있다.

한편, 회사가 주주들과 체결한 임의적 약정에 따라 주주총회결의의 형식을 취하였더라도 회사와 그 기관 및 주주들 사이의 단체법적 법률관계를 획일적으로 규율하는 의미가 없으므로 상법상 주주총회결의하자에 관한 소의 대상이 될 수 없다.

[대법원 2013. 2. 28. 선고 2010다58223 판결] 상법상 주주총회결의의 하자를 원인으로 하는 소송의 대상은 상법상 주주총회결의이고, 회사가 일부주주들과 체결한 약정에 따라 주주총회결의를 하자, 주주회원들이 주위적으로 결의의 무효 확인과 예비적으로 결의의 취소를 구한 사안에서, 대법원은 "위 결의는 갑 회사와 개별 주주회원 사이의 계약상 법률관계에 해당하는 골프장 이용혜택의 조정에 관하여 갑 회사와 주주회원모임이 임의로 약정한 절차적 요건일 뿐이지 갑 회사와 그 기관 및 주주들 사이의 단체법적 법률관계를 획일적으로 규율하는 의미가 전혀 없어 상법 제380조에서 정한 결의무효확인의 소 또는 상법 제376조에서 정한 결의취소의 소의 대상이 되는 주주총회결의라고 할 수 없고, 갑 회사에 의한 골프장 이용혜택 축소가 효력이 없어 자신들의 종전 주주회원으로서 지위나 그에 따른 이용혜택이 그대로 유지된다고 주장하는 주주회원들은 직접 갑 회사를 상대로 그 계약상 지위나 내용의 확인을 구하면 충분하고 이와 별도로 위 결의 자체의 효력 유무의 확인을 구하는 것이 주주회원들의 법적 지위에 현존하는 불안·위험을 제거하기 위한 가장 유효·적절한 수단이라고 볼 수도 없어 일반적 민사소송의 형태로 위 결의의 무효 확인을 구할 소의 이익도 인정되지 않는다고 판시하였다.

2) 결의취소사유

㈎ 절차상의 하자

가) 소집절차의 하자

(a) 이사회결의의 하자   주주총회의 소집을 결정한 이사회결의에 하자가 있는 경우에는 주주총회결의의 취소사유가 인정된다. 이사회결의가 없이 주주총회가 소집된 경우에는 결의부존재사유로 보아야 한다는 취지의 판례가 있었다.

[대법원 1978. 9. 26. 선고 78다1219 판결] "주주총회결의취소의 소가 제기된 경우에 제379조에 의하여 법원이 재량기각을 함에 있어서는 먼저 주주총회결의의 자체가 법률상 존재함이 전제가 되어야 할 것이므로 주주총회소집이 이사회의 결정 없이 소집된 경우에는 주주총회결의 자체가 법률상 존재하지 않은 경우로서 제379조를 적용할 여지가 없다. 그런데 이건에서 주주총회소집이 이사회에서 결정된 것이 아님은 원심이 이미 인정한 바와 같고 이사회의 결정 없이 소집된 주주총회라면 주주총회자체의 성립을 인정하기 어렵고 주주총

회자체를 부인하는 이상 그 결의자체도 법률상 존재한다고 할 수 없다 할 것이다. 따라서 이 사건 소를 소송 판결로서 각하하여야 함에도 불구하고 원심이 실체 판결로써 원고의 청구를 기각하였음은 위법이라 아니할 수 없다. 이에 상고이유에 대한 판단은 생략하고 원심판결을 파기하여 사건을 원심법원으로 환송하기로 하여 관여법관의 일치된 의견으로 주문과 같이 판결한다"(이 판결은 원심의 재량기각판결을 파기한 것이다).

그러나 현재의 지배적인 판례는 이사회결의가 없다고 하더라도 외관상 이사회결의에 의한 소집형식을 갖추어 소집권한 있는 자가 적법하게 소집절차를 밟은 이상, 이렇게 소집된 주주총회에서 한 결의는 부존재한다고 볼 수는 없고, 이사회결의가 없었다는 등 사정은 그 주주총회결의의 취소사유가 됨에 불과하다고 본다.

[대법원 1980. 10. 27. 선고 79다1264 판결] "원래, 주주총회의 소집은 소집결정권이 있는 이사회의 결정에 따라 그 결정을 집행하는 권한을 가진 대표이사가 하는 것이고, 이사회의 결정이 없이는 이를 소집할 수 없는 것이지만, 이사회의 결정이 없다고 하더라도 외관상 이사회의 결정에 의한 소집형식을 갖추어 소집권한 있는 자가 적법하게 소집절차를 밟은 이상, 이렇게 소집된 총회에서 한 결의는 부존재한다고 볼 수는 없고, 이사회의 결정이 없었다는 사정은 취소사유가 됨에 불과하다고 할 것이다"(同旨: 대법원 2014. 11. 27. 선고 2011다41420 판결).

그러나 주주총회를 소집할 권한이 없는 자가 이사회의 소집결정도 없이 소집한 주주총회에서 이루어진 결의는 법률상 존재하지 않으므로 결의부존재사유로 보아야 한다(대법원 2010. 6. 24. 선고 2010다13541 판결).

(b) 소집통지의 하자　　　판례는 일반적으로 소집통지의 하자가 경미한 경우에는 취소사유로, 중대한 경우에는 부존재사유로 본다. 따라서 정당한 소집권자에 의하여 소집된 주주총회결의라면 설사 주주총회의 소집에 이사회결의가 없었고 그 소집통지가 서면에 의하지 아니한 구두소집통지로서 법정소집기간을 준수하지 않고 극히 일부의 주주에 대한 소집통지를 누락한 경우와 같이 하자가 경미한 경우는 주주총회결의의 단순한 취소사유에 불과하고, 취소할 수 있는 결의는 법정기간 내에 제기된 소에 의하여 취소되지 않는 한 유효하다(대법원 1987. 4. 28. 선고 86다카553 판결; 대법원 1993. 10. 12. 선고 92다21692 판결).

소집통지의 하자와 관련하여 결의취소사유와 결의부존재사유에 관한 확립된 기준은 없지만, 소집통지를 받지 못한 주주의 의결권 비율이 결의취소사유와 결의부존재사유를 구분하는 가장 중요한 기준이다.

판례는 대체로 소집통지를 받지 못한 주주의 의결권이 50%에 미달하는 경우에는 결의취소사유로 보고(대법원 2010. 7. 22. 선고 2008다37193 판결; 대법원 1993. 12. 28. 선고 93다 8719 판결; 대법원 1993. 1. 26. 선고 92다11008 판결), 그 이상인 경우에는 결의부존재사유로 본다(대법원 2002. 10. 25. 선고 2002다44151 판결; 대법원 1993. 7. 13. 선고 92다40952 판결; 대법원 1991. 8. 13. 선고 91다14093 판결). 예컨대 대법원 2010. 7. 22. 선고 2008다 37193 판결은 "발행주식의 9.22%를 보유한 소수주주들에게 소집통지를 하지 아니한 하자만으로 위 주주총회결의가 부존재한다고 할 수 없고 이는 결의취소사유에 해당한다."라고 판시한다.

다만, 판례는 법정기간을 준수한 서면통지를 하지 아니한 채 소집되었다 하더라도 정족수를 넘는 주주의 출석으로 결의를 하였다면 그 결의는 적법하다고 판시한 바도 있으므로[대법원 1991. 5. 28. 선고 90마6774 판결(다만, 결의무효확인사건의 상고심판결에서 방론으로 설시된 내용이라, 법원의 기본적인 입장이라고 볼 수 있는지는 의문이다)], 소집통지기간의 경미한 위반인 경우에는 특별한 사정이 없는 한 결의취소사유로 되지 않거나 결의취소사유가 되더라도 재량기각 사유가 될 가능성이 클 것이다.

주주총회가 법령 및 정관상 요구되는 이사회결의 및 소집절차 없이 이루어졌다 하더라도, 주주명부상의 주주 전원이 참석하여 총회를 개최하는 데 동의하고 아무런 이의 없이 만장일치로 결의가 이루어졌다면 그 결의는 특별한 사정이 없는 한 유효하다(대법원 2002. 12. 24. 선고 2000다69927 판결). 이와 같은 전원출석회의의 법리는 1인회사에도 적용된다[대법원 1993. 6. 11. 선고 93다8702 판결(형식적 1인회사인 경우); 대법원 2004. 12. 10. 선고 2004다25123 판결(실질적 1인회사인 경우)].

(c) 소집권한 없는 자의 소집   판례는 대표이사 아닌 이사가 이사회의 소집 결의에 따라서 주주총회를 소집한 것이라면 위 주주총회에 있어서 소집절차상 하자는 주주총회결의의 취소사유에 불과하고 그것만으로 바로 주주총회결의가 무효이거나 부존재가 된다고 볼 수 없다고 본다.

[대법원 1993. 9. 10. 선고 93도698 판결] "대표이사 아닌 이사가 이사회의 소집결의에 따라서 주주총회를 소집한 것이라면 위 주주총회에 있어서 소집 절차상의 하자는 주주총회결의의 취소사유에 불과하고(위 주주총회결의가 취소의 소에 의하여 취소되었다고 인정할 만한 증거가 없다) 그것만으로 바로 주주총회결의가 무효이거나 부존재가 되는 것이라고 볼 수는 없다 할 것이다. 원심이 원판시 1991. 8. 10.자 주주총회결의가 무효 내지 부존재임을 전제로 하여 피고인들에 대한 이 사건 범죄사실을 인정한 것은 심리미진 아니면 공정증서원본실기재죄에 관한 법리를 오해하여 판결에 영향을 미친 위법이 있다 할 것이므로 이 점에 관한 논지는 이유 있다"[그러나 권한이 없는 자가 소집한 주주총회는 사실상 총회결의가 있었다 하여도 그 총회의 성립에 현저한 하자가 있다 할 것이므로 누구나 언제든지 그 결의의 무효확인이 아닌 부존재확인을 구할 수 있다는 판례도 있다(대법원 1969. 9. 2.

선고 67다1705, 1706 판결)].

그러나 주주총회를 소집할 권한이 없는 자가 이사회의 소집결의도 없이(이사회의 소집결의가 정관에서 정한 소집절차 및 의결정족수에 위배되어 무효인 경우 포함) 소집한 주주총회에서 이루어진 결의는 1인 회사의 1인주주에 의한 총회 또는 주주 전원이 참석하여 총회를 개최하는 데 동의하고 아무런 이의 없이 결의가 이루어졌다는 등의 특별한 사정이 없는 한 그 하자가 중대하여 결의부존재사유가 된다고 본다. 즉, 판례는 소집권한 없는 자가 소집한 주주총회에서 이루어진 결의에 대하여, 이사회의 소집결의가 있었으면 결의취소사유로 보고, 이사회의 소집결의가 없었으면 결의부존재사유로 본다.

> [대법원 2010. 6. 24. 선고 2010다13541 판결] "임기만료로 퇴임한 이사 갑이 소집한 이사회에 갑과 임기만료로 퇴임한 이사 을 및 이사 병이 참석하여 정을 대표이사에서 해임하고 갑을 대표이사로 선임하는 결의를 한 다음, 갑이 곧바로 소집한 주주총회에 갑, 을, 병이 주주로 참석하여 정을 이사에서 해임하고 갑과 무를 이사로 선임하는 결의를 한 사안에서, 위 이사회결의는 소집권한 없는 자가 소집하였을 뿐 아니라 이사가 아닌 자를 제외하면 이사 1인만 참석하여 이루어진 것이 되어 정관에 정한 소집절차 및 의결정족수에 위배되어 무효이고, 위 주주총회결의는 소집권한 없는 자가 이사회의 소집결정 없이 소집한 주주총회에서 이루어진 것으로 그 하자가 중대하여 법률상 존재하지 않는다고 보아야 한다."

(d) 총회 장소 또는 시간의 하자　　　처음부터 주주들의 참석이 곤란한 장소나 시간을 정하여 주주총회를 소집하는 것은 주주들의 참석권을 침해하는 것으로서 주주총회의 소집절차가 현저히 불공정한 경우에 해당한다. 그리고 주주총회의 장소 또는 시간을 변경하는 경우에도 이와 같이 주주들의 참석권이 침해되지 않도록 하여야 한다. 주주총회의 개회시각이 부득이한 사정으로 당초 소집통지된 시각보다 지연되는 경우에도 사회통념에 비추어 볼 때 정각에 출석한 주주들의 입장에서 변경된 개회시각까지 기다려 참석하는 것이 곤란하지 않을 정도라면 절차상의 하자가 되지 아니할 것이나, 그 정도를 넘어 개회시각을 사실상 부정확하게 만들고 소집통지된 시각에 출석한 주주들의 참석을 기대하기 어려워 그들의 참석권을 침해하기에 이르렀다면 주주총회의 소집절차가 현저히 불공정한 경우에 해당한다.

> [대법원 2003. 7. 11. 선고 2001다45584 판결] "소집통지 및 공고가 적법하게 이루어진 이후에 당초의 소집장소에서 개회를 하여 소집장소를 변경하기로 하는 결의조차 할 수 없는 부득이한 사정이 발생한 경우, 소집권자가 대체 장소를 정한 다음 당초의 소집장소에 출석

한 주주들로 하여금 변경된 장소에 모일 수 있도록 상당한 방법으로 알리고 이동에 필요한 조치를 다한 때에 한하여 적법하게 소집장소가 변경되었다고 볼 수 있을 것이다."

(e) 명의개서미필주주에 대한 소집통지 하자   회사가 주식양수인의 명의개서청구를 부당하게 거부하고 소집통지를 하지 않은 경우에는 원칙적으로 취소사유에 해당한다. 만일 양수인의 소유주식이 발행주식의 대부분이라면 결의부존재사유에 해당한다. 원고에 대한 주식양도의 효력이 다투어져 주주권확인의 소 및 명의개서절차이행청구의 소가 제기되어 있는 경우에는, 피고회사가 원고의 명의개서 요구에 불응하고 주주명부에 등재되어 있는 자에 대하여만 소집통지를 하여 주주총회를 개최하였다고 하더라도 결의취소사유로 볼 수는 없다(대법원 1996. 12. 23. 선고 96다32768, 32775, 32782 판결).

나) 결의방법상의 하자   결의방법상의 하자는 결의방법이 법령·정관에 위반하거나 현저하게 불공정한 경우로서, 주주 아닌 자의 결의 참가, 의결권을 행사할 수 없는 자의 의결권 행사, 의결권 대리행사의 부당한 제한, 정족수·결의요건 위반, 의사진행의 현저한 불공정, 회의의 목적사항 외의 사항에 대한 결의 등이 있다.

(a) 주주 아닌 자의 결의 참가   주주명부상의 주주가 아니어서 의결권을 행사할 수 없는 자가 의결권을 행사한 경우는 결의방법이 법령 또는 정관의 규정에 위반하는 경우에 해당하여 결의취소의 소의 사유에 해당하고, 그가 의결권을 행사한 주식수를 제외하면 의결정족수에 미달하더라도 주주총회결의가 무효로 되는 것은 아니다(대법원 1983. 8. 23. 선고 83도748 판결).

(b) 의결권을 행사할 수 없는 자의 의결권 행사   상법상 의결권 행사가 제한되는 주주는, 총회의 결의에 관하여(특정 의안에 대하여) 특별한 이해관계가 있는 자(368조③), 감사선임시 대주주(409조②), 주주명부폐쇄기간 중 전환된 주식의 주주(350조②) 등이다.

(c) 의결권 대리행사의 부당한 제한   의결권의 대리행사를 부당하게 제한하여 이루어진 주주총회결의에는 결의방법상의 하자가 있다.

[대법원 1995. 2. 28. 선고 94다34579 판결]【신주발행무효】 "… 의결권의 대리행사를 부당하게 제한하여 이루어진 위 임시주주총회의 정관변경결의에는 결의방법상의 하자가 있다고 할 것이다. 그러나 위 임시주주총회가 정당한 소집권자에 의하여 소집되었고 그 주주총회에서 정족수가 넘는 주주의 출석으로 출석주주 전원의 찬성에 의하여 결의가 이루어졌

다면, 위와 같은 정도의 결의방법상의 하자는 주주총회결의의 부존재 또는 무효사유가 아니라 단순한 취소사유가 될 수 있을 뿐이다."

(d) 정족수·결의요건 위반　　주주총회결의가 정족수·결의요건에 위반하여 이루어진 경우는 결의취소사유에 해당한다(대법원 1996. 12. 23. 선고 96다32768, 32775, 32782 판결). 의결권 없는 자가 의결권을 행사하였으며 동인이 의결권을 행사한 주식수를 제외하면 의결정족수에 미달하여 총회결의에 하자가 있다는 주장은 주주총회결의방법이 법령 또는 정관에 위반하는 경우에 해당하여 결의취소의 사유에 해당한다.

(e) 의사진행의 현저한 불공정　　의안에 반대하는 주주만 거수하게 하여 반대하는 주주의 주식수만을 확인한 후 의안이 가결되었다고 선언한 경우는 의사진행의 현저한 불공정이 인정된다.

[대법원 2001. 12. 28. 선고 2001다49111 판결] "주주총회의 의장인 정○○이 정관변경의안의 표결에 앞서 반대하는 주주 이외에는 모두 의안에 찬성하는 것으로 간주하겠다고 일방적으로 선언한 다음 반대하는 주주만 거수하게 하여 반대하는 주주의 주식수만을 확인한 후 의안이 가결되었다고 선언한 데에는 주주의 의사표시를 왜곡하는 표결방식상의 하자가 있다고 할 것이나, 그와 같은 결의방식의 불공정은 원칙적으로 결의취소의 사유에 해당할 뿐 아니라, 정관변경의안에 반대거수하지 않은 주식수 중 99%에 해당하는 절대다수의 주주들이 그 의안에 찬성한 것으로 확인되었으므로 피고회사의 주주총회에서의 위와 같은 결의방식상의 하자 역시 결의자체가 존재한다고 볼 수 없을 정도로 중대한 하자에 해당하지 않는다."

다만, 반드시 엄격한 찬반투표방식이 요구되는 것은 아니고 참석 주주 중 아무도 이의를 제기하지 않고 동의를 한 상황에서 박수로써 의안을 가결한 것은 위법하다고 볼 수 없다.

[대법원 2009. 4. 23. 선고 2005다22701, 22718 판결]【합병철회·주주총회결의취소】(국민은행·한국주택은행 합병 사건) "원심판결 이유에 의하면, 원심은 이 사건 주주총회에서는 합병계약 승인의 의안에 대하여 합병 전 국민은행이 미리 통보받아 알고 있는 반대표 외에 참석주주 중 누구도 의안에 대한 이의를 제기하지 않았던 만큼 합병 전 국민은행으로서는 굳이 투·개표의 절차를 거칠 필요가 없이 반대표와 찬성표의 비율을 따져 의안을 통과시킬 수 있는 것이므로, 이 사건 주주총회 당일 의장이 합병계약 승인의 의안을 상정하고 합병계약의 주요 내용을 설명한 뒤 참석한 주주들에게 동의를 구하였는데, 참석 주주 중 아무도 이의를 제기하지 않고 동의를 한 상황에서 박수로써 합병계약 승인의 의안을 가결한 것은 위법하다고 볼 수 없다는 취지로 판단하였다. 기록에 비추어 살펴보면, 위와 같은 원심의 판단은 정당한 것으로 수긍할 수 있고, 거기에 상고이유에서 주장하는 바와 같은 이유모순, 주주총회에서의 표결방법에 관한 법리오해 등의 위법이 없다."

그러나 의안에 반대할 것으로 예상되는 주주의 주주총회 회의장 입장을 부당한 방법으로 지체시키고 가결시킨 경우는 결의방법은 신의칙에 반하는 것으로서 현저히 불공정한 의사진행이라 할 수 있다.

[대법원 1996. 12. 20. 선고 96다39998 판결] "원고를 제외한 피고회사의 사실상의 유일한 주주인 위 ○○○가 이 사건 주주총회의 의장으로서 위 주주총회의 의사를 진행함에 있어서는 주주총회 개최시각으로 통지된 10시 정각에 원고 측이 회의장에 입장하지 아니하였으면 먼저 원고 측의 의결권 행사가 그 안건의 의결에 영향을 미치지 아니하는 위 제1, 3, 4호 안건에 대하여 심의, 표결한 후 마지막으로 원고의 의결권 행사 여부가 그 안건의 의결에 영향을 미치고 원고와 나머지 주주들의 이해관계가 첨예하게 대립하는 위 제2호 안건에 대하여 심의, 표결하거나, 먼저 위 제1호 내지 제4호 안건에 대하여 심의만을 한 후 위 제1, 3, 4호 안건에 대하여 표결하고 마지막으로 위 제2호 안건에 대한 표결만을 하는 방법으로 의사를 진행하여 원고가 위 제2호 안건에 대하여 의결권을 행사할 기회를 최대한 보장하는 것이 신의칙에 부합하는 공정한 의사진행방식 내지 결의방식이라 할 것인데도 불구하고, 위 ○○○는 자신이 위 주주총회의 의장이고 원고를 대리한 위 ◇◇◇이 위 주주총회의 개최시각 무렵에 피고회사 건물에 도착하여 회의장 입장이 수분간 지체됨을 기화로 위와 같은 방법으로 의사를 진행하지 아니하고 안건 순서대로 심의, 표결하는 방법으로 의사를 진행하여 위 제2호 안건에 대한 원고의 의결권 행사의 기회를 봉쇄한 채 위 안건을 표결하여 가결처리하였으니, 위와 같이 피고회사 측이 위 ◇◇◇의 이 사건 주주총회 회의장 입장을 부당한 방법으로 지체시킨 점, 그 주주총회의 의사진행방식 내지 결의방식이 신의칙에 반하는 점 등을 종합하여 보면 이 사건 주주총회의 결의방법은 신의칙에 반하는 것으로서 현저하게 불공정한 것이라 할 것이다."

(f) 회의의 목적사항 외의 사항에 대한 결의   원칙적으로 주주총회 소집을 함에 있어서 회의의 목적사항으로 한 것 이외에는 결의할 수 없는 것이며, 이에 위배하여 목적사항 이외의 안건을 부의하여 결의하였다면 특별한 사정이 없는 한 총회의 소집절차 또는 결의방법이 법령에 위반하는 것으로서 결의취소사유가 된다(대법원 1979. 3. 27. 선고 79다19 판결).

(g) 의장 자격 없는 자의 회의진행   정관상 주주총회 의장 자격이 없는 자가 의장으로서 이사회를 진행한 경우, 정당한 의장의 의사진행을 제지하고 주주 중 1인이 스스로 의장이 되어 회의를 진행한 경우에는 결의취소사유가 인정된다.

[대법원 1977. 9. 28. 선고 76다2386 판결] "정관상 의장이 될 사람이 아닌 자가 정당한 사유 없이 주주총회의 의장이 되어 의사에 관여하였다고 하더라도 그 사유만으로는 주주총회에서의 결의가 부존재한 것으로 볼 수는 없는 것이고, 그러한 하자는 다만 그 결의방법이 정관에 위반하는 것으로서 주주총회의 결의취소사유에 해당하는데 지나지 않는 것으로 볼 수밖에 없다."

판례는 임시의장선임의 요건과 절차가 적법하지 않은 경우 정당한 사유 없이 선임된 임시의장이 주주총회의 의사를 진행한 경우에는 결의취소사유가 인정될 뿐 결의부존재사유로 볼 수 없다고 본다(대법원 2008. 12. 15.자 2007마1154 결정).

그러나 주주총회에서 의안에 대한 심사를 마치지 아니한 채 법률상으로나 사실상으로 의사를 진행할 수 있는 상태에서 주주들의 의사에 반하여 의장이 자진하여 퇴장한 경우에는 주주총회가 폐회되었다거나 종결되었다고 할 수는 없으며, 이 경우 의장은 적절한 의사운영을 하여 의사일정의 전부를 종료케 하는 등의 직책을 포기하고 그의 권한 및 권리행사를 하지 아니한 것이다. 따라서 퇴장 당시 회의장에 남아 있던 주주들이 임시의장을 선출하여 진행한 주주총회의 결의도 적법하다(대법원 2001. 5. 15. 선고 2001다12973 판결).

(h) 의결권 대리행사 권유절차의 하자   의결권 대리행사 권유자의 행위가 형사처벌의 대상인 경우, 그 위임장에 의한 의결권 행사가 결의취소사유가 되는지 여부에 대하여 확립된 이론이나 판례는 없다. 결국 이 문제는 의결권 대리행사 권유의 하자가 상법 제376조제1항이 규정하는 결의취소사유인 "주주총회 소집절차 또는 결의방법이 법령 또는 정관에 위반하거나 현저하게 불공정한 때"에 해당하는지 여부에 따라 결정될 것인데, 위 형사처벌 대상 행위 중 적어도 자본시장법 제154조의 허위기재 또는 누락에 의한 의결권 대리행사 권유는 의결권피권유자의 의결권 위임 여부 판단에 중대한 영향을 미칠 수 있는 것이므로 결의취소사유로 보아야 할 것이다.

(i) 의결권불통일행사   불통일행사의 통지가 주주총회 회일의 3일 전이라는 시한보다 늦게 도착하였다고 하더라도 회사가 스스로 총회운영에 지장이 없다고 판단하여 이를 받아들이기로 하고 이에 따라 의결권의 불통일행사가 이루어진 것이라면, 그것이 주주평등의 원칙을 위반하거나 의결권 행사의 결과를 조작하기 위하여 자의적으로 이루어진 것이라는 등의 특별한 사정이 없는 한, 그와 같은 의결권의 불통일행사를 위법하다고 볼 수는 없다(대법원 2009. 4. 23. 선고 2005다22701, 22718 판결). 따라서 의결권불통일행사에 관한 통지기간을 준수하지 못하였으나 회사가 이를 허용한 것은 결의취소사유가 될 수 없다. 다만, 이와 유사하게 의결권불통일 행사를 신청하지 않고 주주가 의결권을 불통일행사하였는데 회사가 스스로 이를 받아들인 경우에도 결의취소사유가 될 수 없다고 볼 수 있는지는 의문이다.

(j) 주주권행사 관련 이익공여   회사는 누구에게든지 주주의 권리행사

와 관련하여 재산상의 이익을 공여할 수 없다(467조의2①). 따라서 회사가 주주에게 제공하는 이익이 주주권행사와 관련되고 그 가액이 사회통념상 허용되는 범위를 넘어서는 경우에는 이러한 이익공여에 따른 의결권행사를 기초로 한 주주총회는 그 결의방법이 법령에 위반한 것으로서 결의취소사유가 된다.

[대법원 2014. 7. 11.자 2013마2397 결정] (이사직무집행정지가처분 사건의 피보전권리를 인정한 판례) "상법 제467조의2제1항은 "회사는 누구에게든지 주주의 권리행사와 관련하여 재산상의 이익을 공여할 수 없다."고 규정하고, 이어 제2항 전문은 "회사가 특정의 주주에 대하여 무상으로 재산상의 이익을 공여한 경우에는 주주의 권리행사와 관련하여 이를 공여한 것으로 추정한다."고 규정하고 있다. 이러한 규정에 비추어 보면, 이 사건 회사가 사전투표에 참여하거나 주주총회에서 직접 투표권을 행사한 주주들에게 무상으로 이 사건 예약권과 상품권을 제공하는 것은 주주의 권리행사와 관련하여 이를 공여한 것으로 추정된다. 뿐만 아니라 다음과 같은 사정, 즉 ① 기존 임원들인 채무자들과 반대파 주주들인 채권자들 사이에 이사건 주주총회결의를 통한 경영권 다툼이 벌어지고 있는 상황에서 대표이사인 채무자 1 등의 주도로 사전투표기간이 연장되었고, 사전투표기간의 의결권행사를 조건으로 주주들에게 이 사건 예약권과 상품권이 제공된 점, ② 이 사건 예약권과 상품권은 그 액수가 단순히 의례적인 정도에 그치지 아니하고 사회통념상 허용되는 범위를 넘어서는 것으로 보이는 점, ③ 이러한 이익이 총 주주의 68%에 달하는 960명의 주주들(사전투표에 참가한 주주 942명과 주주총회 당일 직접 투표권을 행사한 주주 18명)에게 공여된 점, ④ 사전투표기간에 이익공여를 받은 주주들 중 약 75%에 해당하는 711명의 주주가 이러한 이익을 제공한 당사자인 채무자 1에게 투표하였고, 이러한 사전투표기간 중의 투표결과가 대표이사 후보들의 당락을 좌우한 요인이 되었다고 보이는 점 등에 비추어 보면, 이러한 이익은 단순히 투표율 제고나 정족수 확보를 위한 목적으로 제공되기보다는 의결권이라는 주주의 권리행사에 영향을 미치기 위한 의도로 공여된 것으로 보인다. 따라서 이 사건 예약권과 상품권은 주주권행사와 관련되어 교부되었을 뿐만 아니라 그 액수도 사회통념상 허용되는 범위를 넘어서는 것으로서 상법상 금지되는 주주의 권리행사와 관련된 이익공여에 해당하고, 이러한 이익공여에 따른 의결권행사를 기초로 한 이 사건주주총회는 그 결의방법이 법령에 위반한 것이라고 봄이 상당하다. 그렇다면, 이 사건 주주총회결의는 정관에 위반하여 사전투표기간을 연장하고, 그 사전투표기간에 전체 투표수의 약 67%(전체 투표수 1411표 중 942표)에 해당하는 주주들의 의결권행사와 관련하여 사회통념상 허용되는 범위를 넘어서는 위법한 이익이 제공됨으로써 주주총회결의취소사유에 해당하는, 결의방법이 법령과 정관에 위반한 하자가 있다고 할 것이므로, 이 사건 가처분신청은 채무자들에 대한 직무집행정지가처분을 구할 피보전권리의 존재가 인정된다"(이 사건에서는 정관에 위반한 사전투표기간 연장도 결의취소사유로 인정되었다).

(나) **결의내용의 정관 위반**　　결의내용의 정관 위반은 결의내용상의 하자로서 실질적 하자인데, 종래에는 결의무효사유였으나 1995년 상법개정시 결의취소사유로 되었다. 자치법규로서 내부관계자에게만 효력이 있는 정관 위반을 법률위반과 같이 볼 이유가 없기 때문이다.

3) 결의의 추인과 철회

(가) **번복결의**   종전 결의의 효력을 부정하기 위한 무효선언 또는 취소의 결의는 허용되지 않고, 장래의 효과를 위한 철회결의는 가능하다. 다만, 철회결의는 본래의 결의요건 이상의 결의요건을 갖추어야 한다. 따라서 특별결의사항을 보통결의로 번복할 수 없다. 그리고 이사선임결의의 번복은 사실상 이사해임결의로 되는 결과이므로 허용되지 않고 반드시 이사해임결의를 거쳐야 한다.

(나) **추인결의**

가) 대상 결의   무효인 결의나 부존재인 결의를 추인하는 것은 불가능하고 취소사유가 있는 결의에 대해서만 추인결의가 인정된다고 설명하는 견해도 있으나, 판례는 취소사유가 있는 경우는 물론[대법원 2010. 7. 22. 선고 2008다37193 판결(결의의 하자가 추인결의에 의하여 치유됨을 전제로, 회사분할에 의한 주주구성의 변화라는 다른 쟁점에 의하여 추인이 불가하다고 판시하였다)], 무효인 결의도 사후에 적법하게 추인하는 것을 인정한다(대법원 2011. 6. 24. 선고 2009다35033 판결). 민법상 무효인 법률행위는 추인할 수 없지만 당사자가 그 무효임을 알고 추인한 때에는 새로운 법률행위로 보므로(民法 139조), 굳이 무효인 결의를 추인의 대상에서 제외할 근거는 없을 것이다. 나아가 결의부존재의 경우에도 추인결의의 대상이 된다고 해석하는 것이 타당하다. 결의부존재확인의 소는 총회의 소집절차 또는 결의방법에 총회결의가 존재한다고 볼 수 없을 정도로 중대한 하자가 있는 경우에 제기할 수 있고, 결의취소의 소는 주주총회의 소집절차 또는 결의방법이 법령 또는 정관에 위반하거나 현저하게 불공정한 때 제기할 수 있으므로, 결의취소사유와 결의부존재사유는 결국 하자의 양적 차이에 따라 다르다고 볼 수 있다.

나) 추인의 소급효   당사자가 무효임을 알고 무효행위를 추인한 때에는 새로운 법률행위로 본다(民法 139조). "새로운 법률행위로 본다."라는 것은 소급효가 없다는 의미이다. 그러나 취소할 수 있는 행위의 추인은 취소권의 포기로서 취소사유에 불구하고 확정적으로 유효한 것으로 보는 것이므로, 취소사유 있는 결의를 추인한 경우에는 소급적으로 유효한 것으로 된다(대법원 2000. 11. 28. 선고 2000다34242 판결).

다) 유효한 추인결의   하자 있는 결의를 추인하려면 추인결의 자체가 유효하여야 한다. 취소사유 있는 결의에 의하여 선임된 이사들로 구성된 이사회가

주주총회소집결의를 하고 이어서 개최된 주주총회에서 당초의 취소사유 있는 결의를 추인한 경우에는, 당초의 결의가 취소되면 후자의 총회는 적법하게 소집된 것이 아니므로 그 추인결의에는 취소·부존재사유가 있게 된다. 만일 당초의 결의에 대한 취소소송 계속 중에 추인결의에 대한 취소소송이 제기되면 두 개의 소송은 병합하여 심리하여야 한다. 그리고 당초의 이사선임결의가 취소되는 경우 이들로 구성된 이사회가 소집한 총회에서의 추인결의가 부존재로 되는지에 관하여, 판례는 외관상 이사회결의에 의한 소집형식을 갖추어 소집권한 있는 자가 적법하게 소집절차를 밟은 경우에는 이사회결의가 없었다는 사정은 그 주주총회결의의 취소사유가 됨에 불과하다고 본다(대법원 1980. 10. 27. 선고 79다1264 판결).

라) 재 결 의   당초결의에 대한 결의취소의 소의 계속 중, 당초의 안건과 동일한 안건을 다시 상정하여 결의한 경우에는, 당초의 결의를 추인한 것은 아니므로 당초의 결의취소사유는 존재한다. 그러나 이러한 경우에는 재량기각의 대상이 될 가능성이 크고, 실제로 결의취소의 소가 제기되는 경우 이러한 결의를 하는 예도 많다.

4) 관련문제

(가) **주주 의사표시의 하자**   주주총회에서 의결권을 행사한 주주는 의사표시상의 하자를 이유로 결의취소의 소를 제기할 수 없다. 그러나 주주의 의사표시가 무효·취소됨으로써 결의요건이 충족되지 못하는 경우는 결의취소사유가 된다.

(나) **대리인의 위임계약 위반**   대리인이 의결권을 대리행사함에 있어서 주주의 위임과 다르게 의결권을 행사한 경우에는 주주와 대리인 간의 위임계약위반문제가 발생할 뿐 주주총회결의에는 아무런 영향이 없다.

(4) 소송절차

1) 제소기간

(가) **결의의 날로부터 2개월**   결의취소의 소는 결의의 날로부터 2개월 내에 제기하여야 하고(376조①), 형성의 소의 특성상 위 제소기간을 도과하면 그 결의는 확정적으로 유효로 된다. 제소권자가 결의취소사유를 알지 못한 경우에도 마찬가지이다. 주주총회에서 여러 개의 안건이 상정되어 각기 결의가 행하여진

경우 제소기간의 준수여부는 각 안건에 대한 결의마다 별도로 판단되어야 한다 (대법원 2010. 3. 11. 선고 2007다51505 판결).

(나) **주장시기의 제한**　　판례는 이와 같은 단기의 제소기간은 복잡한 법률 관계를 조기에 확정하고자 하는 것이므로 결의취소원인의 주장시기에 대하여도 위 제소기간의 제한이 적용된다는 입장이다(대법원 2004. 6. 25. 선고 2000다37326 판결). 다만, 제소기간이 경과한 후에는 새로운 결의취소원인을 주장하지 못하는 것 이고, 종전의 결의취소원인을 보충하는 범위의 주장은 가능하다. 그리고 제소기 간은 제소권자가 제소원인을 알지 못한 경우에도 동일하므로 2개월 내에 결의취 소의 소를 제기한 경우에도 2개월이 경과한 후에는 새로운 결의취소원인을 추가 하여 주장할 수 없다. 판례의 취지에 따른다면, 원고는 소송절차 초기에 모든 노 력을 기울여 회사 내부의 사정을 파악하고, 다소 불확실하거나 가정적인 내용이 라도 일단 전부 결의취소원인으로 주장할 필요가 있다.

2) 관할법원 등

(가) **준용규정**　　결의취소의 소에 대하여는 합명회사 설립무효·취소의 소 에 관한 제186조부터 제188조까지의 규정과, 제190조 본문 및 제191조의 규정이 준용된다(376조②).

(나) **병합심리**　　결의취소의 소는 본점소재지의 지방법원의 관할에 전속한 다(376조②, 186조). 결의취소의 소는 비재산권을 목적으로 하는 소송으로서(민사소 송 등 인지규칙 15조②) 소가는 1억원이다(민사소송 등 인지규칙 18조의2 단서). 그러 나 사물관할에 있어서는 「민사소송 등 인지법」 제2조제4항에 규정된 소송으로서 대법원규칙에 따라 합의부 관할 사건으로 분류된다(민사 및 가사소송의 사물관할에 관한 규칙 2조).

(다) **공고·병합심리**　　소가 제기된 때에는 회사는 지체없이 공고하여야 한 다(187조). 수개의 결의취소의 소가 제기된 때에는 법원은 이를 병합심리하여야 한다(376조②, 188조). 모든 당사자에게 획일적으로 확정되어야 하기 때문이다. 병 합에 의하여 수개의 소는 합일확정의 필요는 있지만 소송공동이 강제되지 않는 유사필수적 공동소송의 형태가 된다.

동일한 주주총회결의에 대한 결의취소·결의무효확인·결의부존재확인의 소 가 각각 제기된 경우 명문의 규정은 없지만 이 경우에도 판결의 합일확정의 필요성이 있으므로 병합심리하여야 할 것이다.

3) 소송참가

(가) **이 사** 결의취소의 소에서는 회사만이 피고가 될 수 있다. 취소의 대상인 결의에 의하여 선임된 이사는 결의취소의 소의 당사자적격은 없지만 그 판결의 효력이 미치므로 소송의 결과에 이해관계를 가지는 제3자로서 소송참가를 할 수 있다. 이때 이사는 당사자적격이 없으므로 그의 소송참가는 공동소송적 보조참가에 해당한다.

(나) **다른 주주** 원고주주 외의 다른 주주도 결의취소의 소에 참가할 수 있는데, 주주는 원칙적으로 결의취소의 소의 당사자적격이 있으므로 그의 소송참가는 공동소송참가에 해당한다. 그러나 공동소송참가는 별소를 제기할 수 있는데 그에 대신하여 참가하는 것이므로, 제소기간이 도과한 경우에는 공동소송참가는 할 수 없고 공동소송적 보조참가만을 할 수 있다.

4) 제소주주의 담보제공의무

주주가 결의취소의 소를 제기한 때에는 회사는 주주가 악의임을 소명하여 주주의 담보제공을 청구할 수 있고(377조②, 176조④), 법원은 이 경우 상당한 담보를 제공할 것을 명할 수 있다. 이는 주주의 남소를 방지하기 위한 것이다. 따라서 상법은 그 주주가 이사 또는 감사인 때에는 담보제공의무가 적용되지 않는다고 규정한다(377조①). 악의란 취소사유가 없음을 알면서도 소를 제기하는 것을 말한다.

법원은 담보를 제공하도록 명하는 결정에서 담보액과 담보제공의 기간을 정하여야 하고, 담보액은 피고가 각 심급에서 지출할 비용의 총액을 표준으로 하여 정하여야 한다(民訴法 120조). 담보제공명령은 소제기로 인하여 회사가 받았거나 장차 받게 될 손해를 담보하기 위한 것이므로 회사가 받게 될 불이익을 표준으로 법원이 재량으로 정한다.

5) 청구의 인낙·화해·조정

결의취소의 소에서도 청구의 인낙, 화해·조정 등은 허용되지 않는다. 청구의 인낙 또는 화해·조정이 이루어졌다 하여도 그 인낙조서나 화해·조정조서는 효력이 없다(대법원 2004. 9. 24. 선고 2004다28047 판결). 그러나 소의 취하 또는 청구의 포기는 대세적 효력과 관계없으므로 허용된다. 이는 주주총회결의의 무효확인·

부존재확인의 소에서도 마찬가지이다.

(5) 판결의 효력

1) 원고승소판결

(가) **대세적 효력**　　설립무효·취소판결의 대세적 효력을 규정한 제190조 본문이 결의취소의 소에 준용되므로, 기판력의 주관적 범위에 관한 민사소송의 일반원칙과 달리, 결의취소판결은 소송당사자 외의 모든 제3자에게 그 효력이 있다(376조②, 190조).

> **(결의취소판결의 주문례)**
> ○○ 주식회사의 20 … 자 정기(또는 임시) 주주총회에서 한 별지 목록 기재와 같은 결의는 이를 취소한다.

따라서 소송당사자를 포함한 어느 누구도 결의의 유효를 주장할 수 없다. 기판력의 주관적 범위에 관한 민사소송의 일반원칙과 달리 판결의 효력이 소송당사자 아닌 제3자에게도 미치고, 이를 대세적 효력이라 한다.

주주총회결의는 그에 의하여 회사와 다수 주주 간에 동종의 법률관계를 형성하게 되는 단체법적 특성을 가지므로, 그 법적 효과가 이해관계인 모두에게 획일적으로 미쳐야 한다. 따라서 이를 취소하는 판결도 모두에게 획일적으로 미쳐야 하기 때문에 대세적 효력이 인정되는 것이다. 특정 결의가 어느 주주에게는 유효한 반면에 또 다른 주주에게는 무효로 된다는 것은 단체법적 법률관계에서는 허용되지 않는다.

(나) **소 급 효**　　결의취소판결은 민사소송의 일반원칙과 같이 소급효가 인정된다. 설립무효·취소판결의 소급효 제한을 규정한 단서규정은 준용되지 않기 때문이다(376조②). 따라서 이사선임결의취소판결이 확정되면 그 이사는 소급하여 이사의 지위를 상실하고 만일 대표이사였다면 대표이사의 지위도 소급하여 상실한다. 나아가 대표이사의 그 동안의 모든 대외적인 행위도 무효로 된다. 그러나 이 경우 상대방은 상법 제39조(불실등기의 효력), 제395조(표현대표이사)에 따라 보호받을 수 있기 때문에, 실제로 거래의 안전을 해치는 경우는 많지 않을 것이다.

[대법원 2004. 2. 27. 선고 2002다19797 판결]【부당이득금반환】(이사 선임의 주주총회결의에 대한 취소판결이 확정된 경우, 제39조에 의하여 회사의 부실등기책임을 인정한 사례) "[1] 이사 선임의 주주총회결의에 대한 취소판결이 확정된 경우 그 결의에 의하여 이사로 선임된 이사들에 의하여 구성된 이사회에서 선정된 대표이사는 소급하여 그 자격을 상실하고, 그 대표이사가 이사 선임의 주주총회결의에 대한 취소판결이 확정되기 전에 한 행위는 대표권이 없는 자가 한 행위로서 무효가 된다. [2] 이사 선임의 주주총회결의에 대한 취소판결이 확정되어 그 결의가 소급하여 무효가 된다고 하더라도 그 선임 결의가 취소되는 대표이사와 거래한 상대방은 제39조의 적용 내지 유추적용에 의하여 보호될 수 있으며, 주식회사의 법인등기의 경우 회사는 대표자를 통하여 등기를 신청하지만 등기신청권자는 회사 자체이므로 취소되는 주주총회결의에 의하여 이사로 선임된 대표이사가 마친 이사 선임 등기는 제39조의 부실등기에 해당된다."

다만, 등기신청권자 아닌 사람이 주주총회 의사록을 허위로 작성하여 주주총회결의의 외관을 만들고 이에 터잡아 대표이사 선임등기를 마친 경우에는 등기신청권자인 회사가 그 등기가 이루어지는 데 관여할 수 없었으므로 상법 제39조의 불실등기에 해당되지 않는다.

[대법원 2008. 7. 24. 선고 2006다24100 판결] "[1] 등기신청권자에 대하여 상법 제39조에 의한 불실등기(不實登記) 책임을 묻기 위하여는 원칙적으로 그 등기가 등기신청권자에 의하여 마쳐진 것임을 요하지만, 등기신청권자가 스스로 등기를 하지 아니하였다 하더라도 그 등기가 이루어지는 데 관여하거나 그 불실등기의 존재를 알고 있음에도 이를 시정하지 않고 방치하는 등 등기신청권자의 고의 또는 과실로 불실등기를 한 것과 동일시할 수 있는 특별한 사정이 있는 경우에는 그 등기신청권자에 대하여 상법 제39조에 의한 불실등기 책임을 물을 수 있다. [2] 등기신청권자 아닌 사람이 주주총회의사록 및 이사회의사록 등을 허위로 작성하여 주주총회결의 및 이사회결의 등의 외관을 만들고 이에 터잡아 대표이사 선임등기를 마친 경우에는, 주주총회의 개최와 결의가 존재는 하지만 무효 또는 취소사유가 있는 경우와는 달리, 그 대표이사 선임에 관한 주식회사 내부의 의사결정은 존재하지 아니하여 등기신청권자인 회사가 그 등기가 이루어지는 데 관여할 수 없었을 것이므로, 달리 회사의 적법한 대표이사가 그 불실등기가 이루어지는 것에 협조·묵인하는 등의 방법으로 관여하였다거나 회사가 그 불실등기의 존재를 알고 있음에도 시정하지 않고 방치하는 등 이를 회사의 고의 또는 과실로 불실등기를 한 것과 동일시할 수 있는 특별한 사정이 없는 한, 회사에 대하여 상법 제39조에 의한 불실등기 책임을 물을 수 없고, 이 경우 위와 같이 허위의 주주총회결의 등의 외관을 만들어 불실등기를 마친 사람이 회사의 상당한 지분을 가진 주주라고 하더라도 그러한 사정만으로는 회사의 고의 또는 과실로 불실등기를 한 것과 동일시할 수는 없다."

(다) 등   기   결의한 사항이 등기된 경우에 결의취소의 판결이 확정된 때에는 본점과 지점의 소재지에서 등기하여야 한다(378조).

2) 원고패소판결

(가) 대인적 효력   원고패소판결의 경우에 대하여는 대세적 효력이 인정

되지 않고, 기판력의 주관적 범위에 관한 민사소송법의 일반원칙에 따라 판결의 효력은 소송당사자에게만 미친다. 따라서 다른 제소권자는 새로 소를 제기할 수 있다. 다만, 이 경우 실제로는 제소기간이 도과할 것이므로 사실상 제소가 불가능할 것이다.

(나) 패소원고의 책임   결의취소의 소를 제기한 자가 패소한 경우에 악의 또는 중대한 과실이 있는 때에는 회사에 대하여 연대하여 손해를 배상할 책임이 있다(376조②, 191조). 재량기각판결도 원고패소판결로서 대세적 효력이 없다. 그러나 재량기각의 경우 결의취소사유는 존재하므로 원고의 악의 또는 중대한 과실로 인한 손해배상책임은 발생하지 않는다.

3) 재량기각

(가) 의의와 취지   결의취소의 소가 제기된 경우에 취소사유가 존재하더라도 결의의 내용, 회사의 현황과 제반사정을 참작하여 그 취소가 부적당하다고 인정한 때에는 법원은 그 청구를 기각할 수 있다(379조). 결의 취소의 소에서 법원의 재량에 의하여 청구를 기각할 수 있도록 한 것은 결의를 취소하여도 회사 또는 주주에게 이익이 되지 않거나 이미 결의가 집행되었기 때문에 이를 취소하여도 아무런 효과가 없는 경우에, 굳이 결의를 취소함으로써 회사에 손해를 끼치거나 일반거래의 안전을 해치는 결과가 되는 것을 막고 결의취소의 소의 남용을 방지하려는 취지이다(대법원 2003. 7. 11. 선고 2001다45584 판결; 대법원 1987. 9. 8. 선고 86다카2971 판결).

(나) 요   건

가) 결의취소의 소   재량기각은 결의취소의 소에서만 가능하고, 결의무효사유 또는 부존재사유가 있는 경우에는 법원이 청구를 재량기각할 수 없다.

나) 하자의 경중   재량기각은 주로 절차상의 하자를 대상으로 함에 따라 하자가 중대한 경우도 대상이 되는지 문제된다. 상법 제379조는 "결의취소의 소가 제기된 경우에 취소사유가 존재하더라도 결의의 내용, 회사의 현황과 제반사정을 참작하여 그 취소가 부적당하다고 인정한 때에는 법원은 그 청구를 기각할 수 있다."고 규정하므로, 재량기각 여부는 "결의의 내용, 회사의 현황과 제반사정"을 참작하여 결정하면 되고, 따라서 하자가 중대하더라도 "결의의 내용, 회사의 현황과 제반사정"을 참작하여 결의취소가 부적당하다고 인정한 때에는 법원은

그 청구를 기각할 수 있다고 할 것이다.

판례도 일찍부터 "주주총회결의취소의 소에 있어 법원의 재량에 의하여 청구를 기각할 수 있음을 밝힌 상법 제379조는 결의의 절차에 하자가 있는 경우에 결의를 취소하여도 회사 또는 주주의 이익이 되지 않든가 이미 결의가 집행되었기 때문에 이를 취소하여도 아무런 효과가 없든가 하는 때에 결의를 취소함으로써 오히려 회사에게 손해를 끼치거나 일반거래의 안전을 해치는 것을 막고 또 소의 제기로써 회사의 질서를 문란케 하는 것을 방지하려는 취지"라고 판시하였다(대법원 1987. 9. 8. 선고 86다카2971 판결).

다) 결의취소권의 남용   결의가 이미 집행되는 등의 사정으로 회사나 주주에게 아무런 이익이 없는 경우, 원고의 의결권이 결의의 결과에 영향을 미치지 않는 경우 등과 같이 결의취소권의 남용에 해당하는 경우에는 재량기각의 대상이 될 수 있다.

라) 대외적 영향을 고려해야 하는 경우   주주총회의 감자결의에 결의방법상의 하자가 있으나 그 하자가 감자결의의 결과에 아무런 영향을 미치지 아니하였고, 감자결의를 통한 자본금감소 후에 이를 기초로 채권은행 등에 대하여 부채의 출자전환 형식으로 신주발행을 하고 수차례에 걸쳐 제3자에게 영업을 양도하는 등의 사정이 발생하였다면, 자본금감소를 무효로 할 경우 부채의 출자전환 형식으로 발행된 신주를 인수한 채권은행 등의 이익이나 거래의 안전을 해할 염려가 있으므로 자본금감소를 무효로 하는 것이 부적당하다고 볼 사정이 있다고 판단한 판례도 있다.

> [대법원 2004. 4. 27. 선고 2003다29616 판결]【주주총회결의취소】 "법원이 감자무효의 소를 재량 기각하기 위해서는 원칙적으로 그 소제기 전이나 그 심리중에 원인이 된 하자가 보완되어야 한다고 할 수 있을 것이지만, 하자가 추후 보완될 수 없는 성질의 것으로서 자본감소 결의의 효력에는 아무런 영향을 미치지 않는 것인 경우 등에는 그 하자가 보완되지 아니하였다 하더라도 회사의 현황 등 제반 사정을 참작하여 자본감소를 무효로 하는 것이 부적당하다고 인정한 때에는 법원은 그 청구를 기각할 수 있다."

마) 하자의 보완 여부   상법 제379조에 의한 재량기각은 제189조에 의한 청구기각과 달리 하자의 보완이 요구되지 않는다. 나아가 결의취소의 소의 법적 성질상 이미 이루어진 주주총회결의의 하자를 보완하는 것 자체가 불가능하다. 판례도 하자가 보완되지 아니한 경우에도 청구를 기각하였다.

[대법원 2004. 4. 27. 선고 2003다29616 판결] "하자가 추후 보완될 수 없는 성질의 것으로서 자본감소 결의의 효력에는 아무런 영향을 미치지 않는 것인 경우 등에는 그 하자가 보완되지 아니하였다 하더라도 회사의 현황 등 제반 사정을 참작하여 자본감소를 무효로 하는 것이 부적당하다고 인정한 때에는 법원은 그 청구를 기각할 수 있다."

(다) **직권탐지주의** 법원은 제379조의 재량기각사유가 있는 경우 당사자의 재량기각 주장이 없더라도 직권으로 재량에 의하여 청구를 기각할 수 있다(대법원 2003. 7. 11. 선고 2001다45584 판결). 회사소송에는 직권탐지주의가 적용되지 않는다는 것이 통설인데, 상법 제189조와 제379조에 의한 청구기각의 경우에는 예외적으로 직권탐지주의가 적용된다.

(라) **재량기각판결의 효력** 재량기각판결도 원고패소판결로서 대세적 효력이 없다. 그러나 재량기각의 경우 결의취소사유는 존재하므로 원고의 악의 또는 중대한 과실로 인한 손해배상책임은 발생하지 않는다.

(마) **실무상 관련 문제** 종래에는 흔히 볼 수 있는 사례는 아니지만, 현 경영진이 전혀 예상하지 못하게 외부세력 또는 내부 경쟁자가 주식과 의결권을 확보하였고, 현경영진은 주주총회장에서의 투표결과를 집계하는 과정에서 비로소 이러한 의도와 이들이 확보한 지분을 알게 되는 일도 있다. 그러나 이러한 경우에도 주주총회의 진행을 담당하고 있는 현 경영진 측이 임의로 이들의 의결권 중 일부를 부인하고 인위적으로 자신들에게 유리한 결과가 나오도록 만든 집계결과에 의하여 투표결과를 발표해 버리는 경우도 있다. 물론 이러한 경우 의결권을 부인당한 측은 결의취소의 소를 제기할 수 있지만, 대개는 그 후 현 경영진 측이 추가로 주식과 위임장을 확보하고 동일한 안건에 대한 임시주주총회를 소집하여 결의를 하게 된다. 결의취소의 소가 계속 중에 이와 같이 동일한 안건에 대한 결의가 있게 되면 재량기각판결이 선고될 가능성이 있을 것이고, 재량기각되지 않더라도 현 경영진에 유리한 새로운 결의가 이루어지게 된다. 다만 종래에는 재량기각제도를 악용하여 위와 같이 주주총회 진행을 위법하게 진행하는 예가 드물지 않게 발생하였는데, 근래에는 법원도 이러한 상황을 고려하여 재량기각의 요건을 엄격히 적용하는 추세이다.

3. 결의무효확인의 소

(1) 소의 의의와 법적 성질

1) 소의 의의

주주총회결의의 내용이 법령에 위반하는 실질적 하자가 있는 경우 결의무효확인의 소를 제기할 수 있다(380조). 결의무효확인의 소를 규정한 상법 제380조는 합명회사 설립무효·취소의 소에 관한 제186조부터 제188조까지를 준용하고, 판결의 대세적 효력에 관한 제190조를 준용하지만, 결의무효확인의 소에 관하여는 제소권자와 제소기간에 관한 규정이 없다.

2) 소의 법적 성질

결의무효확인판결에 관하여 제190조 본문(판결의 대세적 효력)이 준용되는 점은 형성소송설의 근거로 볼 수 있지만, 한편으로는 제소권자 및 제소기간에 관한 규정이 없는 점은 확인소송설의 근거로 볼 수 있다. 형성소송설과 확인소송설을 구별하는 실질적인 의의는 결의의 하자를 소로써만 주장할 수 있는지(형성소송설) 아니면 다른 이행소송(위법배당금반환청구, 이사에 대한 손해배상청구)에서 결의무효를 청구원인이나 항변으로 주장할 수 있는지(확인소송설) 여부이다.

판례는 확인소송설의 입장에서, 주주총회결의의 효력이 그 회사 아닌 제3자 간의 소송에 있어 선결문제로 된 경우에는 당사자는 언제든지 당해 소송에서 주주총회결의가 처음부터 무효 또는 부존재하다고 다투어 주장할 수 있는 것이고, 반드시 먼저 회사를 상대로 제소하여야만 하는 것은 아니며, 이와 같이 제3자간의 법률관계에 있어서는 제380조, 제190조는 적용되지 않는다고 판시한다.

> [대법원 2011. 6. 24. 선고 2009다35033 판결] "주주총회결의의 효력이 그 회사 아닌 제3자 사이의 소송에 있어 선결문제로 된 경우에는 당사자는 언제든지 당해 소송에서 그 주주총회결의가 처음부터 무효 또는 부존재한다고 주장하면서 다툴 수 있는 것이고, 반드시 먼저 회사를 상대로 주주총회의 효력을 직접 다투는 소송을 제기하여야 하는 것은 아니다."

확인소송설에 의하면 단체법률관계를 획일적으로 확정하지 못하는 결과가 나올 수 있다는 문제가 있지만, 이는 판결의 증명효에 의하여 해결될 수 있을 것이다. 전소(前訴)에서의 소송물에 관한 판단이나 판결이유 중의 사실인정 또는 권리관계에 관한 법률판단은 후소(後訴)의 판단에서도 참고가 된다. 이와 같이 선행

소송의 판결이 후행소송에 미치는 사실상 영향, 특히 전소 판결이유 중에 나타난 사실인정이나 권리관계에 관한 법률판단이 후소의 판단에 대하여 가지는 사실상의 증명적 효과를 증명효라 한다. 판례도 이러한 증명효를 인정한다.

[대법원 2008. 6. 12. 선고 2007다36445 판결] "민사재판에 있어서는 다른 민사사건 등의 판결에서 인정된 사실에 구속받는 것은 아니라 할지라도 이미 확정된 관련 민사사건에서 인정된 사실은 특별한 사정이 없는 한 유력한 증거가 된다 할 것이므로, 합리적인 이유 설시 없이 이를 배척할 수 없다는 것이 당원의 확립된 견해이고, 특히 전 후 두 개의 민사소송이 당사자가 같고 분쟁의 기초가 된 사실도 같으나 다만 소송물이 달라 기판력에 저촉되지 아니한 결과 새로운 청구를 할 수 있는 경우에 있어서는 더욱 그러하다 할 것이다."

(2) 소송당사자

1) 원   고

(가) **확인의 이익이 있는 자**   확인소송은 즉시확정의 이익이 있는 경우, 즉 원고의 권리 또는 법률상 지위에 대한 위험 또는 불안을 제거하기 위하여 확인판결을 얻는 것이 법률상 유효적절한 경우에 한하여 허용된다. 결의무효확인의 소의 제소권자에 대하여는 상법상 아무런 제한이 없다. 따라서 민사소송법상 확인의 이익이 있는 자는 누구든지 결의무효확인의 소를 제기할 수 있다. 결의에 찬성한 주주도 결의무효확인의 소를 제기할 수 있다.

(나) **해임이사와 퇴임이사**   주주총회결의에 의하여 해임당한 이사는 주주인 여부에 관계없이 당해 해임결의의 부존재 또는 무효확인을 구할 법률상 이익이 있고(대법원 1982. 4. 27. 선고 81다358 판결), 그 결의의 내용이 이사의 해임결의가 아니라 그 이사의 임기만료를 이유로 후임이사를 선임하는 결의라고 할지라도 제386조에 의하여 후임이사 취임시까지 이사의 권리의무를 보유하는 경우에는 그 퇴임이사는 후임이사선임 결의의 하자를 주장하여 그 부존재 또는 무효확인을 구할 법률상 이익이 있다(대법원 1982. 12. 14. 선고 82다카957 판결).

판례는 이사가 주주총회의 이사 개임결의에 의하여 임기 만료 전에 해임당하고 후임이사가 선임된 경우, 그 후임이사가 그 후의 다른 주주총회결의에 의하여 적법하게 다시 선임된 경우에는, 당초 해임된 이사는 당초의 이사 개임결의가 무효라 할지라도 이에 대한 결의무효확인을 구하는 것은 과거의 법률관계 내지 권리관계의 확인을 구하는 것이므로 확인의 소로서의 권리보호요건을 결여한 것으로 본다.

> [대법원 1996. 10. 11. 선고 96다24309 판결]【결의부존재확인】 "이사가 임원 개임의 주주총회결의에 의하여 임기 만료 전에 이사직에서 해임당하고 후임 이사의 선임이 있었다 하더라도 그 후에 새로 개최된 유효한 주주총회결의에 의하여 후임 이사가 선임되어 선임등기까지 마쳐진 경우라면, 그 새로운 주주총회의 결의가 무권리자에 의하여 소집된 총회라는 하자 이외의 다른 절차상, 내용상의 하자로 인하여 부존재 또는 무효임이 인정되거나 그 결의가 취소되는 등의 특별한 사정이 없는 한, 당초의 이사개임 결의가 무효라 할지라도 이에 대한 부존재나 무효확인을 구하는 것은 과거의 법률관계 내지 권리관계의 확인을 구하는 것에 귀착되어 확인의 소로서의 권리보호요건을 결여한 것으로 보아야 한다."

그러나 후임 이사를 다시 선임한 주주총회결의가 부존재임이 인정되는 경우에는 후임이사를 선임한 당초 결의의 무효 여부는 현재의 임원을 확정함에 있어서 직접적인 이해관계가 있는 것이므로 이 경우 당초 해임된 이사는 당초의 선임결의의 무효확인을 구할 법률상의 이익이 있다고 한다.

> [대법원 1995. 7. 28. 선고 93다61338 판결](대법원 1992. 2. 28. 선고 91다8715 판결에 의한 환송 후 원심판결에 대한 상고심판결) "갑을 이사에서 해임한 당초 주주총회결의 이후 두 차례에 걸쳐 소집된 임시주주총회는 당시 회사의 발행주식 전부를 나누어 소유하고 있던 주주들인 갑 등은 전혀 참석하지 않은 가운데 정당한 주주도 아닌 자들만이 참석하여 임원선임의 결의를 한 경우라면, 이는 주주총회의 소집 절차와 결의방법에 총회결의가 존재한다고 볼 수 없을 정도의 중대한 하자가 있는 경우에 해당하여 주주총회의 결의가 부존재한다고 할 것이고, 따라서 당초에 을을 이사로 선임한 1차 임시주주총회결의의 무효 또는 부존재 여부는 여전히 회사의 현재 임원을 확정함에 있어서 직접적인 관계가 있는 것이므로, 회사 주주인 갑 등으로서는 그 선임결의의 무효확인을 구할 법률상의 이익이 있다."

결의에 반대한 이사는 물론, 결의의 내용이 법령에 위반한 경우 이러한 안건을 회의의 목적사항으로 결정한 이사회에서 결의에 찬성한 이사도 이를 결의무효 사유로 하는 소송의 제소권자로 보아야 한다. 본인의 업무상의 과오를 시정할 수 있는 기회를 박탈할 필요가 없기 때문이다.

(다) **회사채권자**　　　결의무효확인의 소는 확인의 이익을 가진 자는 누구라도 원고적격이 있으므로, 주식회사의 채권자라도 결의부존재확인의 소의 원고적격이 있지만, 이 경우 확인의 이익은 그 주주총회결의가 회사채권자의 권리 또는 법적 지위를 구체적으로 침해하고 또 직접적으로 이에 영향을 미치는 경우에 한하여 인정되므로, 실제로 채권자에게 확인의 이익이 있는 것으로 인정되기는 사실상 용이하지 않을 것이다.

⒜ 확인의 이익이 없는 경우

㉮ 주주자격 없는 자(명의대여주주, 명의개서 전 주식양수인)　　주주로부터 주식을 양도받은 자라 하더라도 주주명부에 명의개서를 하지 아니하여 그 양도를 회사에 대항할 수 없는 이상 그 주주에 대한 채권자에 불과하고, 또 제권판결 이전에 주식을 선의취득한 자는 위 제권판결에 하자가 있다 하더라도 제권판결에 대한 불복의 소에 의하여 그 제권판결이 취소되지 않는 한 회사에 대하여 적법한 주주로서의 권한을 행사할 수 없으므로 회사의 주주로서 주주총회 및 이사회결의 무효확인을 소구할 이익이 없다(대법원 1991. 5. 28. 선고 90다6774 판결).

㉯ 회사의 해산 이전에 해임된 이사　　주식회사에 대하여 법원의 회사해산판결이 선고·확정되어 해산등기가 마쳐졌고 아울러 법원이 적법하게 그 청산인을 선임하여 그 취임등기까지 마쳐진 경우에는, 해산 당시 이사가 설사 회사해산판결 선고 이전에 부적법하게 해임된 바 있어 주주총회의 이사해임 결의가 무효라 하더라도 주주총회결의나 이사회결의의 무효확인을 구할 법률상 이익이 없다.

> [대법원 1991. 11. 22. 선고 91다22131 판결]【임시주주총회결의무효확인】"가. 주식회사는 해산된 뒤에도 청산법인으로 되어 청산의 목적범위 내에서 존속하므로, 그 주주는 주주총회의 결의에 참여할 수 있을 뿐더러 잔여재산의 분배청구권 및 청산인의 해임청구권이 있고, 한편 해산 당시의 이사는 정관에 다른 규정이 있거나 주주총회에서 따로 청산인을 선임하지 아니한 경우에 당연히 청산인이 되고 해산 당시 또는 그 후에 임기가 만료되더라도 새로 청산인이 선임되어 취임할 때까지는 청산인으로서 권리의무를 가진다. 나. 주식회사가 해산되었다 하더라도 해산 당시의 이사 또는 주주가 해산 전에 이루어진 주주총회결의의 무효확인을 구하는 청구에는 청산인선임결의의 무효를 다투는 청구가 포함되어 있을 수 있고 이 경우 그 중요 쟁점은 회사의 청산인이 될 지위에 관한 것이므로 항상 소의 이익이 없다고 단정할 수 없다. 다. 주식회사가 법원의 해산판결로 해산되는 경우에 그 주주는 여전히 위 "가"항의 권리를 보유하지만 이사의 지위는 전혀 다른바, 그것은 상법상 이사는 당연히 청산인으로 되는 게 아니라 법원이 임원 기타 이해관계인 또는 검사의 청구에 의하여 또는 직권으로 청산인을 선임하도록 규정하고 있고, 청산법인에서는 이사에 갈음하여 청산인만이 회사의 청산사무를 집행하고 회사를 대표하는 기관이 되기 때문이다."

㉰ 선임된 임원의 사임　　주주총회의 임원선임결의의 부존재나 무효확인 또는 그 결의의 취소를 구하는 소에 있어서 그 결의에 의하여 선임된 임원들이 모두 그 직에 취임하지 아니하거나 사임하고 그 후 새로운 주주총회결의에 의하여 후임임원이 선출되어 그 선임등기까지 마쳐진 경우에는 그 새로운 주주총회결의가 무권리자에 의하여 소집된 총회라는 하자 이외의 다른 절차상, 내용상의 하

자로 인하여 부존재 또는 무효임이 인정되거나 그 결의가 취소되는 등의 특별한 사정이 없는 한 설사 당초의 임원선임결의에 어떠한 하자가 있었다고 할지라도 그 결의의 부존재나 무효확인 또는 그 결의의 취소를 구할 소의 이익은 없는 것이라고 보아야 한다(대법원 1982. 9. 14. 선고 80다2425 전원합의체 판결).

2) 피   고

주주총회결의는 회사의 의사결정으로서 그로 인한 법률관계의 주체는 회사이므로 회사를 상대로 하여 주주총회결의의 존부나 효력유무의 확인판결을 받음으로써만 그 결의로 인한 원고의 권리 또는 법률상 지위에 대한 위험이나 불안을 유효적절하게 제거할 수 있다. 즉, 회사가 아닌 이사 개인을 상대로 한 확인판결은 회사에 그 효력이 미치지 아니하여 즉시확정의 이익이 없으므로 그러한 확인판결을 구하는 소송은 부적법하다(대법원 1991. 6. 25. 선고 90다14058 판결; 대법원 1982. 9. 14. 선고 80다2425 전원합의체 판결).

> [대법원 1991. 6. 25. 선고, 90다14058 판결]【결의등무효확인】 "확인소송은 즉시확정의 이익이 있는 경우, 즉 원고의 권리 또는 법률상 지위에 대한 위험 또는 불안을 제거하기 위하여 확인판결을 얻는 것이 법률상 유효적절한 경우에 한하여 허용되는 것인바, 합명회사나 합자회사의 사원총회결의는 회사의 의사결정으로서 그로 인한 법률관계의 주체는 회사이므로 회사를 상대로 하여 사원총회결의의 존부나 효력유무의 확인판결을 받음으로써만 그 결의로 인한 원고의 권리 또는 법률상 지위에 대한 위험이나 불안을 유효적절하게 제거할 수 있는 것이고, 회사가 아닌 사원 등 개인을 상대로 한 확인판결은 회사에 그 효력이 미치지 아니하여 즉시확정의 이익이 없으므로 그러한 확인판결을 구하는 소송은 부적법하다."

또한 주주총회결의는 행위의 주체가 회사이므로 회사의 기관에 불과한 이사 및 감사는 회사와 공동피고도 될 수 없다.

회사의 이사선임 결의가 무효 또는 부존재임을 주장하여 그 결의의 무효 또는 부존재확인을 구하는 소송에서 회사를 대표할 자는 현재 대표이사로 등기되어 그 직무를 행하는 자이고, 그 대표이사가 무효 또는 부존재확인청구의 대상이 된 결의에 의하여 선임된 이사라고 할지라도 그 소송에서 회사를 대표할 수 있는 자이다(대법원 1983. 3. 22. 선고 82다카1810 전원합의체 판결).

(3) 소의 원인

1) 대상 결의

결의취소의 소와 같이 결의무효확인의 소도 적극결의(可決)만을 대상으로 한다. 부결한 결의의 내용상 위법이 있을 수 없기 때문이다.

2) 결의무효사유

결의의 내용이 법령에 위반하는 때에는 결의무효확인의 소를 제기할 수 있다(380조). 하나의 결의에 대하여 일부만 무효로 될 수 없고, 이는 결의취소의 소와 결의부존재확인의 소에서도 마찬가지이다. 다만, 수인의 이사 또는 이사와 감사를 일괄결의에 의하여 선임하는 경우와 같이 형식상 하나의 결의라 하더라도 실질적으로는 수개의 결의로 볼 수 있는 경우에는 실질적인 구분에 따라 일부의 결의만 무효로 될 수도 있다[대법원 1962. 10. 18. 선고 62다395 판결(이사 중 일부와 감사 중 일부에 대한 결의를 분리하여 무효확인판결을 한 사례이다. 제정 전 의용상법이 적용된 사례이므로 판결이유에는 이사와 감사가 아닌 취체역과 감사역이라는 명칭으로 표시되었다)].

(4) 소송절차와 판결의 효력

결의무효확인의 소의 소송절차와 판결의 효력은 다음 두 가지 외에는 결의취소의 소와 같다.

먼저 결의무효확인의 소는 결의무효사유를 원인으로 하는 소송이므로 단기제소기간을 정하는 것은 부적절하고, 따라서 상법은 제소기간에 대하여 아무런 제한을 두지 않는다. 다만, 결의무효사유가 있음에도 상당한 기간이 경과하도록 제소하지 않은 경우에는 실효의 원칙에 따라 소권이 실효될 수 있다. 소권의 실효는 상대방에 대하여 직접적으로 일정한 행위를 한 바 없지만 장기간의 경과로 상대방이 소제기를 전혀 기대할 수 없는 경우에 인정된다.

그리고 결의무효확인의 소에서는 재량기각이 인정되지 않는다.

4. 결의부존재확인의 소

(1) 소의 의의와 법적 성질

1) 소의 의의

총회의 소집절차 또는 결의방법에 총회결의가 존재한다고 볼 수 없을 정도로 중대한 하자가 있는 경우에는 결의부존재확인의 소를 제기할 수 있다(380조). 결의부존재확인의 소와 결의취소의 소는 그 하자의 유형이 기본적으로 절차상의 하자라는 점에서는 같고, 하자의 정도에 있어서 양적인 차이가 있다.

2) 소의 법적 성질

결의부존재확인의 소의 법적 성질에 관하여 형성소송설과 확인소송설이 있다. 판례는 결의부존재확인의 소의 법적 성질을 확인의 소로 보고, 그 부존재확인 판결도 확인판결이라고 본다(대법원 1992. 8. 18. 선고 91다39924 판결). 즉, 판례는 결의부존재확인판결에 관하여, "주주총회결의라는 주식회사 내부의 의사결정이 일단 존재하기는 하지만 그와 같은 주주총회의 소집절차 또는 결의방법에 중대한 하자가 있기 때문에 그 결의를 법률상 유효한 주주총회결의라고 볼 수 없음을 확인하는 판결을 의미하는 것"으로 해석한다(대법원 1992. 9. 22. 선고 91다5365 판결; 대법원 1992. 8. 18. 선고 91다39924 판결).

(2) 소송당사자

1) 원   고

㈎ **확인의 이익이 있는 자**   결의부존재확인의 소의 제소권자에 대하여는 상법상 아무런 제한이 없으므로 결의부존재의 확인에 관하여 정당한 법률상 이익이 있는 자라면 누구나 소송으로써 그 확인을 구할 수 있다(대법원 1980. 10. 27. 선고 79다2267 판결). 따라서 결의에 찬성한 주주도 결의부존재확인의 소를 제기할 수 있다.

> [대법원 1977. 4. 26. 선고 76다1440 판결] "주주총회결의 부존재확인의 소는 일반 민사소송에 있어서의 확인의 소인 사실은 소론과 같으나 원심이 주주총회의 결의는 합법적인 절차에 의하여 소집된 주주총회에서의 적법한 결의에 따라서만 할 수 있는 것으로서 이와 같은 규정은 상법상 강행법규라 할 것이므로 전혀 소집한 바도 없고 결의한 바도 없는 본건 주주총회의 결의를 피고의 주장과 같이 설사 원고가 이를 찬동, 추인하는 등 하였다고 하

더라도 원고의 그 결의의 부존재확인을 구하는 본소청구를 신의성실의 원칙에 위반되는 권리의 행사하고 할 수 없다.”

확인의 소에 있어서 확인의 이익은 원고의 권리 또는 법률상의 지위에 현존하는 불안·위험이 있고 그 불안·위험을 제거함에는 확인판결을 받는 것이 가장 유효·적절한 수단일 때에만 인정된다.

[대법원 2016. 7. 22. 선고 2015다66397 판결] “이 사건 주주총회결의 내지 그에 따른 배당금 지급이 그로부터 약 1년 10개월 후의 시장주가에 근거한 이 사건 주식교환비율의 결정에 영향을 미쳤다고 단정하기 어렵다. 그리고 설령 이 사건 주주총회결의가 이 사건 주식교환비율의 결정에 영향을 미쳤다고 하더라도 이 사건 주식교환비율의 불공정 또는 이 사건 주주총회결의 성립과정에서의 위법 등을 이유로 주식교환무효의 소 또는 손해배상청구의 소를 통하여 직접 다툴 수 있는 것이어서 이 사건 주주총회결의 부존재의 확인을 구하는 것이 이 사건 주식교환비율을 둘러싼 분쟁을 가장 유효·적절하게 해결하는 수단이 된다고 볼 수도 없다”(同旨: 대법원 2011. 9. 8. 선고 2009다67115 판결).

그리고 주식회사의 주주는 주식의 소유자로서 회사의 경영에 이해관계를 가지고 있다고 할 것이나, 회사의 재산관계에 대하여는 단순히 사실상, 경제상 또는 일반적, 추상적인 이해관계만을 가질 뿐, 구체적 또는 법률상의 이해관계를 가진다고는 할 수 없으므로 확인의 이익이 없다.

[대법원 2016. 7. 22. 선고 2015다66397 판결] “이 사건 주주총회결의가 부존재하는 것으로 확인이 되어 이 사건 주주총회결의에 근거한 배당액이 모두 피고에게 반환됨으로써 피고의 완전모회사인 하나금융지주에 이익이 된다고 하더라도, 이로 인하여 하나금융지주의 주주인 원고들이 갖는 이익은 사실상, 경제상의 것에 불과하다고 할 것이므로, 원고들은 이 사건 주주총회결의 부존재의 확인을 구할 법률상 이익을 가진다고 할 수 없다”(同旨: 대법원 2001. 2. 28.자 2000마7839 결정).

한편 배당에 관하여 결의부존재확인의 소를 제기한 원고가 의사에 반하여 주주 지위를 상실한 경우(예컨대 주식교환에 의한 주주 지위 상실), 결의부존재판결에 의하여 배당금이 반환된다 하더라도 원고의 이익은 사실상, 경제상의 것에 불과하고, 위법배당으로 주식교환비율 결정에 영향을 미쳤더라도 이는 주식교환무효의 소 또는 손해배상청구의 소를 통하여 다툴 수 있으므로 결의부존재확인을 구하는 것이 분쟁을 가장 유효, 적절하게 해결하는 수단이 될 수 없다는 이유로 역시 소를 각하한 판례가 있다(대법원 2016. 7. 22. 선고 2015다66397 판결).

(나) **회사채권자**　　　결의부존재확인의 소는 통상의 확인소송이므로 확인의 이익을 가진 자는 누구라도 원고적격이 있으므로, 주식회사의 채권자라도 제소할

수 있다. 그러나 이 경우 확인의 이익은 그 주주총회결의가 회사채권자의 권리 또는 법적 지위를 구체적으로 침해하고 또 직접적으로 이에 영향을 미치는 경우에 한하여 인정되므로, 실제로 채권자에게 확인의 이익이 있는 것으로 인정되기는 용이하지 않을 것이다.

> [대법원 1992. 8. 14. 선고 91다45141 판결] "주식회사의 채권자는 그 주주총회의 결의가 그 채권자의 권리 또는 법적지위를 구체적으로 침해하고 또 직접적으로 이에 영향을 미치는 경우에 한하여 주주총회결의의 부존재확인을 구할 이익이 있다는 것이 당원의 견해인데, 기록에 의하더라도 원고가 부존재확인을 구하는 피고회사의 주주총회결의나 이사회의 결의에 의하여 직접적이고 구체적으로 어떠한 침해를 받았다는 주장과 입증이 없기 때문이다."

(다) **이사·감사**　　　이사는 원칙적으로 결의부존재확인을 구할 법률상의 이익이 있고, 주주인지 여부는 불문한다(대법원 1982. 12. 14. 선고 82다카957 판결; 대법원 1982. 4. 27. 선고 81다358 판결). 이사·감사직을 사임하여 퇴임한 자라도 제386조 제1항 및 제415조에 의하여 새로 적법하게 선임된 이사·감사가 취임할 때까지 여전히 이사·감사로서의 권리의무를 보유하는 경우에는 후임 이사·감사 선임 결의의 하자를 주장하여 그 부존재확인을 구할 법률상의 이익이 있다.

> [대법원 1992. 8. 14. 선고 91다45141 판결] "사임 등으로 퇴임한 이사는 그 퇴임 이후에 이루어진 주주총회나 이사회의 결의에 하자가 있다 하더라도 이를 다툴 법률상의 이익이 있다고 할 수 없으나, 제386조제1항의 규정에 의하면, 법률 또는 정관에 정한 이사의 원수를 결한 경우에는 임기의 만료 또는 사임으로 인하여 퇴임한 이사는 새로 선임된 이사가 취임할 때까지 이사의 권리의무가 있다고 규정하고 있고, 이 규정은 제389조에 의하여 대표이사의 경우에도 준용되므로, 이사나 대표이사가 사임하여 퇴임하였다 하더라도 그 퇴임에 의하여 법률 또는 정관 소정의 이사의 원수를 결하게 됨으로써 적법하게 선임된 이사가 취임할 때까지 여전히 이사로서의 권리의무를 보유하는 경우에는 이사로서 그 후임이사를 선임한 주주총회결의나 이사회결의의 하자를 주장하여 부존재확인을 구할 법률상의 이익이 있다"(단, 특별사정 있어서 소의 이익 부인된 사례이다).

> [대법원 1991. 12. 13. 선고 90다카1158 판결]【주주총회결의취소】 "이사가 임원개임의 주주총회결의에 의하여 임기만료 전에 이사직에서 해임당하고 그 후임이사의 선임이 있었다 하더라도 그 후에 적법한 절차에 의하여 후임이사가 선임되었을 경우에는 당초의 이사개임결의가 부존재한다 할지라도 이에 대한 부존재확인을 구하는 것은 과거의 법률관계 내지 권리관계의 확인을 구하는 것에 귀착되어 확인의 소로서의 권리보호요건을 결여한 것이라 할 것이나, 후임이사 선임결의가 부존재하거나 무효 등의 사유가 있어 제386조제1항에 의하여 구이사가 계속 권리의무를 가지게 되는 경우에는 당초의 해임결의의 부존재확인을 구할 법률상의 이익이 있다."

(라) **주식양도인**　　　판례는 주식양도인의 제소에 대하여는 구체적인 사정에

따라서, 적법한 양도방법에 의하여 양도받지 아니한 주식양수인이 주주로서 참석한 주주총회에 대하여 주식양도인의 주주총회결의부존재확인의 소는 허용하면서, 주권교부의무를 불이행한 양도인의 주주총회결의에 대한 부존재확인소송에서는 제소를 허용하지 않았다.

> [대법원 1980. 1. 15. 선고 79다71 판결]【주주총회결의부존재확인】 "가. 기명주식의 양도방법에 의하여 양도받지 아니한 주식양수인은 회사에 대하여 주식양도의 효력이 있다고 주장할 수 없어서 동 회사의 주주가 될 수 없으므로 동인들에 의한 주주총회결의는 존재한다고 볼 수 없다. 나. 주식소유자가 주식을 양도하였으나 주식양도절차를 마치지 아니하고 있는 중에 주식양수인이 주주로서 참석한 주주총회에 대하여 주식양도인이 주주총회결의부존재확인을 구하는 것이 금반언의 원칙에 어긋난다고 볼 수 없다."

> [대법원 1991. 12. 13. 선고 90다카1158 판결] "주식양도인이 양수인에게 주권을 교부할 의무를 이행하지 않고 그 후의 임시주주총회결의의 부존재확인청구를 하는 것은, 주권교부의무를 불이행한 자가 오히려 그 의무불이행상태를 권리로 주장함을 전제로 하는 것으로서 신의성실의 원칙에 반하는 소권의 행사이다."

(마) **회사의 소유 및 경영을 양도한 지배주주**　　　사실상 1인회사인 주식회사의 주식 전부를 양도한 다음, 그 대표이사직을 사임함과 동시에 양수인이 회사를 인수함에 있어 어떠한 형태로 처리하더라도 이의를 제기하지 않기로 하였다면 양도인으로서는 그 이후에 위 회사의 주주총회결의나 이사회결의에 대하여 제389조, 제386조제1항에 의하여 그 대표이사로서의 권리의무를 계속 보유하고 있다는 이유로 부존재확인을 구하는 것은 신의성실의 원칙에 반한다(대법원 1992. 8. 14. 선고 91다45141 판결).

(바) **명의대여자**　　　단순한 명의대여자에 불과한 자는 피고회사의 주주로 볼 수 없으므로, 주주총회결의부존재확인을 구할 정당한 지위에 있지 않다.

> [대법원 1985. 12. 10. 선고 84다카319 판결] "실제로 주식을 인수하여 그 대금을 납입한 명의차용인만이 실질상의 주식인수인으로 주주가 된다고 할 것이고 단순한 명의대여자에 불과한 자는 주주로 볼 수 없다."

2) 피　　고

결의부존재확인의 소도 결의무효확인의 소와 같이 피고가 될 수 있는 자는 회사로 한정된다.

> [대법원 1982. 9. 14. 선고 80다2425 전원합의체 판결] "주주총회결의부존재확인의 소송은

일응 외형적으로는 존재하는 것같이 보이는 주주총회결의가 그 성립과정에 있어서의 흠결이 중대하고도 명백하기 때문에 그 결의자체가 존재하는 것으로 볼 수 없을 때에 법률상 유효한 결의로서 존재하지 아니한다는 것의 확인을 소구하는 것으로서 주주총회결의 무효확인의 소송과는 주주총회결의가 법률상 유효한 결의로서는 존재하지 않는다는 것의 확정을 구하는 것을 목적으로 한다는 점에서 공통의 성질의 가진다."

주식회사의 이사 및 대표이사 선임결의가 부존재임을 주장하여 생긴 분쟁 중에 그 결의부존재 등에 관하여 주식회사를 상대로 제소하지 아니하기로 하는 부제소 약정을 함에 있어서 주식회사를 대표할 자는 현재 대표이사로 등기되어 그 직무를 행하는 자이고, 그 대표이사가 부존재라고 다투어지는 대상이 된 결의에 의하여 선임되었다 하더라도 마찬가지이다(대법원 1985. 12. 10. 선고 84다카319 판결).

(3) 소의 원인

1) 대상 결의

(가) **적극결의**   결의취소의 소, 결의무효확인의 소와 같이 결의부존재확인의 소도 적극결의(可決)만을 대상으로 한다.

(나) **결의외관의 존재**   결의부존재확인의 소를 제기하려면 우선 주주총회결의 자체는 존재하지만 총회의 소집절차 또는 결의방법에 총회결의가 존재한다고 볼 수 없을 정도의 중대한 하자가 있는 경우이거나, 적어도 주주총회가 소집되어 그 결의가 있었던 것과 같은 외관이 남아 있는 결과 현재의 권리 또는 법률관계에 장애를 초래하므로 그 외관을 제거할 필요가 있는 경우라야 한다. 따라서 결의의 외관에 관하여 주주총회 의사록과 같은 징표가 전혀 없는 경우에는 확인의 이익이 없으므로 상법상 결의부존재확인의 소는 물론 민사소송법상 일반 확인의 소도 제기할 수 없다.

[대법원 1993. 3. 26. 선고 92다32876 판결]【주주총회결의부존재확인등】"원심판결 이유에 의하면, 원심은 원고의 피고 동아실업주식회사에 대한 주주총회 특별결의의 부존재확인을 구하는 소에 관하여, 무릇 주주총회결의부존재확인의 소를 제기하려면 우선 주주총회의 결의자체는 존재하지만 총회의 소집절차 또는 결의방법에 총회결의가 존재한다고 볼 수 없을 정도의 중대한 하자가 있는 경우이거나, 적어도 주주총회가 소집되어 그 결의가 있었던 것과 같은 외관이 남아 있는 결과 현재의 권리 또는 법률관계에 장애를 초래하므로 그 외관을 제거할 필요가 있는 경우라야만 할 것인데, 원고의 주장 자체에 의하더라도 이 사건 부동산의 매도에 관하여 주주총회 자체가 소집된 바도 없다는 것일 뿐만 아니라 결의서 등 그 결의의 존재를 인정할 아무런 외관적인 징표도 찾아 볼 수 없으니, 위 피고회사에 대한 원고의 소는 더 나아가 살필 것도 없이 그 확인의 이익이 없어 부적법하다고 하였다.

원심의 위와 같은 판단은 정당하고 원고 주장과 같은 법리오해 등의 위법이 있다고 할 수 없다. 논지는 이유 없다."

(다) **표현결의**　　결의부존재는 주주총회를 통한 회사의 내부적 의사결정은 일응 존재하지만 총회의 소집절차 또는 결의방법에 총회결의가 존재한다고 볼 수 없을 정도로 중대한 하자가 있는 경우를 말한다. 이와 달리 주주총회를 통한 의사결정 자체가 존재하지 않는 경우로서 회사와 관계없는 자가 주주총회 의사록을 위조하거나 전혀 주주총회를 소집한 사실도 없이 의사록만 허위로 작성한 경우를 강학상 표현결의라고 부른다.

> [대법원 1992. 9. 22. 선고 91다5365 판결] "제380조가 규정하는 주주총회결의부존재확인판결은 '주주총회결의'라는 주식회사 내부의 의사결정이 일단 존재하기는 하지만 그와 같은 주주총회의 소집절차 또는 결의방법에 중대한 하자가 있기 때문에 그 결의를 법률상 유효한 주주총회의 결의라고 볼 수 없음을 확인하는 판결을 의미하는 것으로 해석함이 상당하고, 실제의 소집절차와 실제의 회의절차를 거치지 아니한 채 주주총회의사록을 허위로 작성하여 도저히 그 결의가 존재한다고 볼 수 없을 정도로 중대한 하자가 있는 경우에는 제380조 소정의 주주총회결의부존재확인판결에 해당한다고 보아 제190조를 준용할 것도 아니다"(이 판결에서 "주주총회결의부존재확인판결에 해당한다고 보아 제190조를 준용하여서는 안 된다"는 "주주총회결의부존재확인판결에 해당한다고 볼 수 없으므로 제190조를 준용하여서는 안 된다."라는 취지이다)(同旨: 대법원 1992. 8. 18. 선고 91다39924 판결).

표현결의의 하자를 다투는 소송은 상법 제380조가 규정하는 소송이 아니고 민사소송법상 일반적인 무효확인소송이다. 다만, 표현결의에 관하여는 판례가 일관된 입장을 취하지 않고 있다. 뒤에서 보는 바와 같이 실제의 소집절차와 회의절차를 거치지 아니한 채 주주총회 의사록을 허위로 작성한 경우를 결의부존재사유로 본 판례도 있다.

2) 결의부존재사유

(가) **결의부존재사유로 인정된 경우**　　결의부존재사유는 총회의 소집절차 또는 결의방법에 총회결의가 존재한다고 볼 수 없을 정도로 중대한 하자이다 (380조).

7) 주주총회결의 없이 의사록만 작성된 경우　　실제의 소집절차와 회의절차를 거치지 아니한 채 주주총회 의사록을 허위로 작성하는 등 도저히 그 결의가 존재한다고 볼 수 없을 정도로 중대한 하자가 있는 경우에는 그 주주총회결의는 부존재한다고 보아야 한다.

[대법원 2004. 8. 16. 선고 2003다9636 판결] "원심판결 이유에 의하면, 원심은 그 채택 증거를 종합하여, 피고회사는 주주총회의 소집을 위한 각 주주에 대한 아무런 서면통지나 소집공고 없이, 또 실제 결의를 한 바 없이, 1999. 3. 30. 마치 주주 전원이 참석하여 원심판결 별지 제1목록 기재와 같은 주주총회의 결의를 한 것처럼 허위의 주주총회 의사록을 작성한 사실을 인정한 다음, 사정이 위와 같다면 위 주주총회는 그 절차상의 하자가 너무 중대하여 그 주주총회에서 하였다는 원심판결 별지 제1목록 기재 정관변경결의는 그 존재를 인정할 수 없고, 나아가 비록 이 사건 피고회사의 이사회결의나 그에 따른 전환사채발행의 효력을 부인할 수는 없다 하더라도, 위와 같은 정관변경결의가 있었던 것 같은 외관이 실제로 존재하고 있고, 앞으로 위와 같이 부존재한 정관변경결의의 내용에 따라 주주 이외의 자에 대하여 전환사채를 발행할 위험성이 계속 존재하는 이상, 원고의 이 사건 정관변경결의부존재확인 청구는 그 확인의 이익도 있다고 판단하였다. 위에서 본 법리와 기록에 비추어 살펴보면, 원심의 위와 같은 사실인정과 판단은 정당하고, … "

판례는 1인회사의 경우에는 실제로 총회를 개최한 사실이 없었다 하더라도 그 1인주주에 의하여 의결이 있었던 것으로 주주총회 의사록이 작성되었다면 특별한 사정이 없는 한 그 내용의 결의가 있었던 것으로 본다(대법원 1993. 6. 11. 선고 93다8702 판결; 대법원 2004. 12. 10. 선고 2004다25123 판결; 대법원 2014. 1. 23. 선고 2013다56839 판결). 그러나 1인회사가 아닌 경우에는 총 주식의 대부분을 소유한 지배주주에 의하여 의결이 있었던 것으로 주주총회 의사록이 작성되어 있는 경우라 하더라도 그 주주총회결의는 부존재한다고 보아야 한다.

[대법원 2007. 2. 22. 선고 2005다73020 판결]【손해배상(기)】 "주식회사에 있어서 총 주식을 한 사람이 소유한 이른바 1인 회사의 경우 그 주주가 유일한 주주로서 주주총회에 출석하면 전원 총회로서 성립하고 그 주주의 의사대로 결의가 될 것임이 명백하므로 따로 총회소집절차가 필요 없으며, 실제로 총회를 개최한 사실이 없었다 하더라도 그 1인주주에 의하여 의결이 있었던 것으로 주주총회 의사록이 작성되었다면 특별한 사정이 없는 한 그 내용의 결의가 있었던 것으로 볼 수 있고, 이 점은 한 사람이 다른 사람의 명의를 빌려 주주로 등재하였으나 총 주식을 실질적으로 그 한 사람이 모두 소유한 경우에도 마찬가지라고 할 수 있으나, 이와 달리 주식의 소유가 실질적으로 분산되어 있는 경우에는 상법상의 원칙으로 돌아가 실제의 소집절차와 결의절차를 거치지 아니한 채 주주총회의 결의가 있었던 것처럼 주주총회 의사록을 허위로 작성한 것이라면 설사 1인이 총 주식의 대다수를 가지고 있고 그 지배주주에 의하여 의결이 있었던 것으로 주주총회 의사록이 작성되어 있다 하더라도 도저히 그 결의가 존재한다고 볼 수 없을 정도로 중대한 하자가 있는 때에 해당하여 그 주주총회의 결의는 부존재한다고 보아야 한다."

나) 주주 아닌 자들만이 참석한 총회   정당한 주주도 아닌 자들만이 참석하여 임원 선임의 결의를 한 경우라면, 이는 주주총회결의가 존재한다고 볼 수 없을 정도의 중대한 하자가 있는 경우에 해당한다.

[대법원 1995. 7. 28. 선고 93다61338 판결]【주주총회결의무효확인】 "갑을 이사에서 해임한 당초 주주총회결의 이후 두 차례에 걸쳐 소집된 임시주주총회는 당시 회사의 발행주식 전부를 나누어 소유하고 있던 주주들인 갑 등은 전혀 참석하지 않은 가운데 정당한 주주도 아닌 자들만이 참석하여 임원 선임의 결의를 한 경우라면, 이는 주주총회의 소집 절차와 결의방법에 총회결의가 존재한다고 볼 수 없을 정도의 중대한 하자가 있는 경우에 해당하여 주주총회의 결의가 부존재한다고 할 것이고, 따라서 당초에 을을 이사로 선임한 1차 임시주주총회결의의 무효 또는 부존재 여부는 여전히 회사의 현재 임원을 확정함에 있어서 직접적인 관계가 있는 것이므로, 회사 주주인 갑 등으로서는 그 선임결의의 무효확인을 구할 법률상의 이익이 있다."

다) 대부분의 주주에 대한 소집통지 흠결   주주의 전부 또는 대부분의 주주에게 소집통지를 발송하지 아니하고 개최된 주주총회는 특별한 사정이 없는 한 그 성립과정에 있어 주주총회결의가 존재한다고 볼 수 없을 정도의 중대한 하자가 있는 경우에 해당한다[대법원 1978. 11. 14. 선고 78다1269 판결. 따라서 대부분의 주주가 아니라 발행주식총수의 9.22%를 보유한 소수주주들에게 소집통지를 하지 아니한 하자만으로 주주총회결의가 부존재한다고 할 수 없고 이는 결의취소사유에 해당한다(대법원 2010. 7. 22. 선고 2008다37193 판결)].

라) 일부 주주들만의 총회결의   주주총회의 원활한 진행이 불가능하여 사회자가 폐회를 선언한 후 일부 주주가 별도의 장소에 모여 결의를 하는 경우가 있다. 이러한 경우에 대하여, 판례는 그 주주들이 과반수를 훨씬 넘는 주식을 가진 주주라고 하더라도 나머지 일부 소수주주들에게는 그 회의의 참석과 토의, 의결권 행사의 기회를 전혀 배제하고 나아가 법률상 규정된 주주총회소집절차를 무시한 채 의견을 같이 하는 일부주주들만 모여서 한 결의는 법률상 결의부존재라고 보아야 하고, 이러한 주주총회결의에 기하여 대표이사로 선임된 자들은 적법한 주주총회의 소집권자가 될 수 없어 그들에 의하여 소집된 주주총회에서 이루어진 주주총회결의 역시 법률상 결의부존재라고 본다[대법원 1993. 10. 12. 선고 92다28235, 28242 판결(대표이사가 회사 사무실에서 임시주주총회를 개최한다는 통지를 하였으나 주주총회 당일 소란으로 인하여 사회자가 주주총회의 산회선언을 하였는데 그 후 주주 3인이 별도의 장소에 모여 결의를 한 사안이다)].

마) 이사회결의의 흠결 및 소집권한 없는 자의 소집   주주총회를 소집할 권한이 없는 자가 이사회의 소집결정도 없이(이사회의 주주총회소집결의가 정관에서 정한 소집절차 및 의결정족수에 위배되어 무효인 경우 포함) 소집한 주주총회에서 이루어진 결의는 1인 회사의 1인주주에 의한 총회 또는 주주 전원이 참석하여 총회를

개최하는 데 동의하고 아무런 이의 없이 결의가 이루어졌다는 등의 특별한 사정이 없는 이상 그 하자가 중대하여 법률상 존재하지 않는다.

> [대법원 2010. 6. 24. 선고 2010다13541 판결]【주주총회결의무효확인등】 "주주총회를 소집할 권한이 없는 자가 이사회의 주주총회 소집결정도 없이 소집한 주주총회에서 이루어진 결의는, 1인 회사의 1인주주에 의한 총회 또는 주주 전원이 참석하여 총회를 개최하는 데 동의하고 아무런 이의 없이 결의가 이루어졌다는 등의 특별한 사정이 없는 이상, 총회 및 결의라고 볼 만한 것이 사실상 존재한다고 하더라도 그 성립 과정에 중대한 하자가 있어 법률상 존재하지 않는다고 보아야 한다"(同旨: 대법원 1973. 6. 29. 선고 72다2611 판결; 대법원 1993. 10. 12. 선고 92다28235, 28242 판결; 대법원 2014. 1. 23. 선고 2013다56839 판결).

(나) **결의부존재사유로 인정되지 않는 경우**　　　주주총회가 정관상 요구되는 이사회결의 없이 소집되었고, 주식양도인과 양수인 간 주식양도의 효력에 대한 분쟁이 발생하여 주주권확인의 소가 계속 중이었으며 이에 따라 주주명부상의 명의개서가 되어 있지 않았던 주식양수인에게 소집통지를 하지 않았고 따라서 이들의 참석 없이 결의가 이루어진 경우에도, 이와 같은 하자는 결의취소사유에 불과하고 결의무효 또는 결의부존재사유로 볼 수 없다.

> [대법원 1996. 12. 23. 선고 96다32768, 32775, 32782 판결]【주주총회결의부존재확인등】 "주식을 취득한 자가 회사에 대하여 명의개서를 요구하였다 하더라도, 그 주식 취득자에 대한 주식양도의 효력이 다투어져 주주권확인소송 및 명의개서절차이행청구의 소가 제기되어 있었고, 그 주식 취득자가 명의개서를 청구할 수 있는 주식이 전체 주식의 43%에 불과한 경우에, 회사가 그 주식 취득자의 명의개서 요구에 불응하고 주주명부에 등재되어 있는 자에 대하여만 소집통지를 하여 주주총회를 개최하였다 하더라도 그러한 소집절차상의 하자는 주주총회결의의 무효나 부존재사유가 될 수 없다"(다만, 이 판결에서는 이러한 사유를 결의취소사유로 명시적으로 인정하지는 않았고, 정족수미달결의라는 다른 사유가 결의취소사유로 될 수 있다고 인정하였다).

공동대표이사 중 1인이 다른 공동대표이사와 공동으로 임시주주총회를 소집하지 않은 경우에도 결의취소사유가 될 뿐, 결의부존재사유는 되지 않는다.

> [대법원 1993. 1. 26. 선고 92다11008 판결]【가등기및본등기말소】 "2인의 공동대표이사 중 1인이 다른 공동대표이사와 공동으로 임시주주총회를 소집하지 않았다거나 다른 공동대표이사와 41%의 주식을 보유한 주주에게 소집통지를 하지 않았다는 등의 소집절차상의 하자만으로 임시주주총회의 결의가 부존재한다거나 무효라고 할 정도의 중대한 하자라고 볼 수 없다." 그러나 권한이 없는 자가 소집한 주주총회는 사실상 총회결의가 있었다 하여도 그 총회의 성립에 현저한 하자가 있다 할 것이므로 누구나 언제든지 그 결의의 무효확인이 아닌 부존재확인을 구할 수 있다는 판례도 있다(대법원 1969. 9. 2. 선고 67다1705, 1706 판결).

(4) 소송절차와 판결의 효력

1) 소송절차

⑺ **결의취소의 소와의 차이점**   결의부존재확인의 소에 관한 제380조는 합명회사 설립무효·취소의 소에 관한 제186조부터 제188조까지를 준용하고, 이 점에서는 결의취소의 소에 관한 제376조제2항과 같지만, 형성의 소인 결의취소의 소와 달리 제소권자와 제소기간에 관한 규정은 없다.

따라서 결의부존재확인의 소의 소송절차는 다음 두 가지 외에는 결의취소의 소와 같다. 먼저 결의부존재확인의 소는 결의부존재사유를 원인으로 하는 소송이므로 단기 제소기간을 정하는 것은 부적절하고, 따라서 상법은 제소기간에 대하여 아무런 제한을 두지 않는다. 그리고 결의부존재확인의 소에서는 재량기각이 인정되지 않는다.

⑻ **증명책임**   주주총회결의의 존부에 관하여 다툼이 있는 경우 주주총회결의 자체가 있었다는 점에 관해서는 회사가 증명책임을 부담하고, 그 결의에 이를 부존재로 볼 만한 중대한 하자가 있다는 점에 관해서는 주주가 증명책임을 부담한다(대법원 2010. 7. 22. 선고 2008다37193 판결).

2) 판결의 효력

결의부존재확인의 소에 관한 상법 제380조는 합명회사 설립무효·취소판결의 대세적 효력에 관한 제186조부터 제188조까지를 준용하고, 판결의 대세적 효력에 관한 제190조 본문, 패소원고의 책임에 관한 제191조를 준용한다.

5. 부당결의의 취소·변경의 소

(1) 소의 의의와 법적 성질

주주가 특별이해관계인으로서 의결권을 행사할 수 없었던 경우에 결의가 현저하게 부당하고 그 주주가 의결권을 행사하였더라면 이를 저지할 수 있었을 때에는 그 주주는 그 결의의 날부터 2개월 내에 결의의 취소의 소 또는 변경의 소를 제기할 수 있다(381조①). 이는 형성의 소에 해당한다.

(2) 소의 당사자

부당결의 취소·변경의 소의 원고는 총회의 결의에 관하여 특별한 이해관계가 있어서 의결권을 행사하지 못한 주주이고, 피고는 회사이다.

(3) 소의 원인

1) 결의에 관한 특별이해관계

제소권자는 총회의 결의에 관하여 특별한 이해관계가 있는 자로서 상법 제368조제3항의 제한으로 인하여 의결권을 행사하지 못한 자이다. 이에 주주가 개인사정으로 의결권을 행사하지 못한 경우에는 부당결의 취소·변경의 소를 제기할 수 없다.

2) 결의의 현저한 부당

결의의 현저한 부당은 반드시 법령이나 정관에 위반한 경우에 한정하지 않는다. 사회통념상 회사나 이해관계인의 이익을 현저하게 해치는 경우는 현저히 부당한 결의라 할 수 있다.

3) 결의저지가능성

특별이해관계 있는 주주가 의결권을 행사하였더라면 문제된 결의를 저지할 수 있었을 때라야 한다. 제소주주의 의결권을 출석주주의 의결권수에 산입하고 결의요건의 충족 여부를 판단해야 한다.

4) 재판절차와 판결의 효력

합명회사 설립무효·취소의 소에 관한 제186조부터 제188조까지, 제190조 본문, 제191조, 제377조와 제378조의 규정은 부당결의 취소·변경의 소에 준용되므로(381조②), 재판절차와 판결의 효력은 결의취소의 소와 동일하다. 다만, 결의취소의 소에 적용되는 재량기각규정(379조)은 준용대상에서 제외된다.

Ⅱ. 소송법상 문제

1. 후속행위 관련 소송과의 관계

(1) 상법상 소에 관한 규정이 있는 경우

1) 흡 수 설

주주총회결의에 기초하여 이루어진 후속행위에 대하여 상법상 그 효력을 다투는 소가 인정되는 경우(신주발행무효의 소, 자본금감소무효의 소, 합병무효의 소 등), 주주총회결의에 하자는 동시에 후속행위의 무효사유로 된다. 이때 후속행위의 효력이 이미 발생한 경우 주주총회결의의 하자에 관한 소와 후속행위의 효력을 다투는 소 중 어느 것을 제기할 수 있는지가 문제된다. 이에 대하여 통설·판례는 신주발행, 전환사채발행, 자본금감소, 회사합병, 회사분할 등에 관하여 후속행위의 무효를 주장하는 소만을 제기할 수 있다는 소위 흡수설의 입장이다. 따라서 후속행위의 무효를 주장하는 소에 의하지 않고 주주총회결의의 취소·무효확인·부존재확인을 구하는 소는 소의 이익이 없으므로 부적법 각하의 대상이다.

[대법원 2004. 8. 20. 선고 2003다20060 판결] "전환사채는 전환권의 행사에 의하여 장차 주식으로 전환될 수 있는 권리가 부여된 사채로서, 이러한 전환사채의 발행은 주식회사의 물적 기초와 기존 주주들의 이해관계에 영향을 미친다는 점에서 사실상 신주를 발행하는 것과 유사하므로, 전환사채발행의 경우에도 신주발행무효의 소에 관한 상법 제429조가 유추적용된다. 제429조는 신주발행의 무효는 주주·이사 또는 감사에 한하여 신주를 발행한 날로부터 6월 내에 소만으로 이를 주장할 수 있다고 규정하고 있으므로, 설령 이사회나 주주총회의 신주발행 결의에 취소 또는 무효의 하자가 있다고 하더라도 그 하자가 극히 중대하여 신주발행이 존재하지 아니하는 정도에 이르는 등의 특별한 사정이 없는 한 신주발행의 효력이 발생한 후에는 신주발행무효의 소에 의하여서만 다툴 수 있다. 원심판결 이유에 의하면, 원심은 그 채택 증거를 종합하여, 피고 보조참가인이 1999. 5. 12. 이 사건 전환사채 3억 원에 대하여 인수 청약을 하고, 피고회사와 사이에 그 대금은 피고 보조참가인의 피고회사에 대한 1999. 3. 19.자 대여금 3억 원으로 납입에 갈음하는 것으로 합의한 후 이를 인수하였고, 그 뒤 피고회사는 1999. 5. 17. 위와 같은 전환사채에 관하여 등기까지 마친 사실을 인정한 다음, 사정이 위와 같다면 위 전환사채발행의 효력이 이미 발생되었다 할 것이므로, 결국 직접 전환사채발행무효의 소에 의하지 않고 그 발행 과정의 하나인 이사회결의의 부존재 또는 무효 확인을 구하는 청구의 소는 부적법하다고 판단하였다. 위에서 본 법리와 기록에 비추어 살펴보면, 원심의 위와 같은 사실인정과 판단은 정당한 것으로 수긍이 가고, 거기에 상고이유의 주장과 같은 법리오해나 채증법칙 위배로 인한 사실오인 등의 위법이 없다."

[대법원 2010. 2. 11. 선고 2009다83599 판결]【감자무효】 "상법 제445조는 자본감소의 무효는 주주 등이 자본감소로 인한 변경등기가 있은 날로부터 6월 내에 소만으로 주장할 수 있다고 규정하고 있으므로, 설령 주주총회의 자본감소 결의에 취소 또는 무효의 하자가 있다고 하더라도 그 하자가 극히 중대하여 자본감소가 존재하지 아니하는 정도에 이르는 등의 특별한 사정이 없는 한 자본감소의 효력이 발생한 후에는 자본감소 무효의 소에 의해서만 다툴 수 있다."

[대법원 1993. 5. 27. 선고 92누14908 판결] "회사합병에 있어서 합병등기에 의하여 합병의 효력이 발생한 후에는 합병무효의 소를 제기하는 외에 합병결의무효확인청구만을 독립된 소로서 구할 수 없다."

흡수설에 의하는 한, 결의취소의 소의 제소기간이 경과한 후에도 후속행위무효의 소의 제소기간이 경과하기 전에는 후속행위무효의 소를 제기할 수 있다고 보아야 할 것이다.

2) 법원의 석명권

(개) 의   의   법원의 석명권은 소송관계를 분명하게 하기 위하여 당사자에게 사실상 또는 법률상 사항에 대하여 질문할 수 있고, 증명을 하도록 촉구하거나, 당사자가 간과하였음이 분명하다고 인정되는 법률상 사항에 관하여 당사자에게 의견을 진술할 기회를 주는 법원의 권능이다(民訴法 136조). 석명권은 법원의 권한인 동시에 의무이기도 하는 양면성을 가진다. 특히, 당사자가 부주의 또는 오해로 인하여 명백히 간과한 법률상의 사항이 있거나 당사자의 주장이 법률상의 관점에서 보아 모순이나 불명료한 점이 있는 경우 법원은 적극적으로 석명권을 행사하여 당사자에게 의견진술의 기회를 주어야 하고, 이를 강학상 법적 관점 지적의무라고 한다. 따라서 만일 법원이 이를 게을리한 경우에는 석명 또는 지적의무를 다하지 아니한 것으로서 위법하다.

(내) **후속행위의 무효를 주장하는 소와 석명의무**   법원의 석명의무와 관련하여, 주주총회결의에 기초하여 이루어진 후속행위에 대하여 상법상 그 효력을 다투는 소가 인정됨에도 불구하고, 후속행위의 무효를 주장하는 소를 제기하지 않고 주주총회결의의 취소·무효확인·부존재확인을 구하는 소를 제기한 경우에도, 변론의 전취지상 청구취지의 기재에도 불구하고 원고들의 진정한 의사가 후속행위의 무효를 주장하는 소를 제기한 것으로 볼 여지가 충분한 경우에는, 법원은 바로 소를 각하할 것이 아니라 원고들이 제기한 소가 후속행위의 무효를 주장

하는 소인지 아니면 주주총회결의의 하자를 주장하는 소인지를 분명하게 하고 거기에 알맞은 청구취지와 청구원인으로 정리하도록 석명한 다음 본안에 대하여 심리·판단하여야 한다.

> [대법원 2010. 2. 11. 선고 2009다83599 판결]【감자무효】 "민사소송법 제136조제4항은 "법원은 당사자가 명백히 간과한 것으로 인정되는 법률상 사항에 관하여 당사자에게 의견을 진술할 기회를 주어야 한다."고 규정하고 있으므로, 당사자가 부주의 또는 오해로 인하여 명백히 간과한 법률상의 사항이 있거나 당사자의 주장이 법률상의 관점에서 보아 모순이나 불명료한 점이 있는 경우 법원은 적극적으로 석명권을 행사하여 당사자에게 의견진술의 기회를 주어야 하고 만일 이를 게을리한 경우에는 석명 또는 지적의무를 다하지 아니한 것으로서 위법하다. (중략) 그런데 기록에 의하면, 원고들은 비록 소장의 청구취지에서 위 자본감소 결의의 무효확인을 구하였으나, 사건명을 "감자무효의 소"라고 표시하였을 뿐 아니라, 원고들과 피고 회사 모두 제1심과 원심의 변론과정에서 근거조문까지 명시하면서 상법 제445조의 자본감소 무효의 소를 제기한 것임을 전제로 상법 제446조, 제189조에 의한 재량기각 여부를 주된 쟁점으로 삼아 변론하였음을 알 수 있으므로, 원고들의 진정한 의사는 청구취지의 기재에도 불구하고 상법 제445조의 자본감소 무효의 소를 제기한 것으로 볼 여지가 충분하다. 그렇다면 원심으로서는 원고들이 제기한 이 사건 소가 '상법 제445조에 의한 자본감소무효의 소'인지 아니면 '위 자본감소 결의의 무효확인의 소'인지를 분명하게 하고 거기에 알맞은 청구취지와 청구원인으로 정리하도록 석명한 다음 본안에 대하여 심리·판단하였어야 마땅하다. 그럼에도 불구하고 원심은 이에 이르지 아니한 채 원고의 청구가 정당하다고하여 위 자본감소의 결의가 무효임을 확인한다는 판결을 선고하고 말았으니, 원심판결에는 소의 요건으로서의 확인의 이익에 관한 법리 또는 '상법 제445조에 의한 자본감소 무효의 소' 또는 '자본감소 결의의 무효확인의 소'에 관한 법리를 오해하였거나 석명의무를 다하지 아니하여 판결에 영향을 미친 위법이 있다고 할 것이다."

3) 청구의 변경

후속행위의 효력을 다투는 소송에 대하여 제소기간의 제한이 있는 경우, 예컨대 합병무효의 소는 합병등기 이후에만 제기할 수 있으므로 합병등기 전에는 합병승인결의의 효력을 다투는 소송을 제기할 수 있다. 이때 합병승인결의의 효력을 다투는 소송의 계속 중 합병등기가 경료되면 원고는 합병무효의 소로 청구를 변경할 수 있다.

(2) 상법상 소에 관한 규정이 없는 경우

정관변경과 같이 상법상 그 효력을 다투는 소가 인정되지 않는 경우에는 주주총회결의의 하자에 관한 소를 제기할 수 있는지에 대하여는 논란의 여지가 있다. 뒤에서 보는 바와 같이, 판례는 정관변경을 위하여 요구되는 종류주주총회결의의 흠결시 정관변경이 무효라는 확인을 구하면 족한 것이지, 그 정관변경을 내용으로 하는 주주총회결의 자체가 아직 효력을 발생하지 않고 있는 상태(불발효상태)에 있다는 것의 확인을 구할 필요는 없다는 입장이다(대법원 2006. 1. 27. 선고 2004다44575 판결). 그런데 이는 종류주주총회의 결의를 정관변경이라는 법률효과가 발생하기 위한 하나의 특별요건으로 보는 것을 전제로 한 것이어서, 종류주주총회가 요구되지 않는 경우에는 달리 해석될 여지가 있다.

(3) 주주총회결의가 부존재인 경우

주주총회결의부존재에 해당하는 경우에는 그 결의에 따른 후속행위도 부존재에 해당한다고 볼 수 있다. 판례는 정관변경을 위한 주주총회결의의 절차상의 하자가 너무 중대하여 결의부존재에 해당하는 경우, 정관변경결의가 있었던 것 같은 외관이 실제로 존재하고 있고 이와 같이 부존재한 정관변경결의의 내용에 따라 전환사채를 발행할 위험성이 계속 존재하는 이상, 정관변경결의부존재확인 청구는 그 확인의 이익도 있다고 판시한 바 있다.

> [대법원 2004. 8. 16. 선고 2003다9636 판결] "원심판결 이유에 의하면, 원심은 그 채택 증거를 종합하여, 피고회사는 주주총회의 소집을 위한 각 주주에 대한 아무런 서면통지나 소집공고 없이, 또 실제 결의를 한 바 없이, 1999. 3. 30. 마치 주주 전원이 참석하여 원심판결 별지 제1목록 기재와 같은 주주총회의 결의를 한 것처럼 허위의 주주총회 의사록을 작성한 사실을 인정한 다음, 사정이 위와 같다면 위 주주총회는 그 절차상의 하자가 너무 중대하여 그 주주총회에서 하였다는 원심판결 별지 제1목록 기재 정관변경결의는 그 존재를 인정할 수 없고, 나아가 비록 이 사건 피고회사의 이사회결의나 그에 따른 전환사채발행의 효력을 부인할 수는 없다 하더라도, 위와 같은 정관변경결의가 있었던 것 같은 외관이 실제로 존재하고 있고, 앞으로 위와 같이 부존재한 정관변경결의의 내용에 따라 주주 이외의 자에 대하여 전환사채를 발행할 위험성이 계속 존재하는 이상, 원고의 이 사건 정관변경결의부존재확인 청구는 그 확인의 이익도 있다고 판단하였다. 위에서 본 법리와 기록에 비추어 살펴보면, 원심의 위와 같은 사실인정과 판단은 정당하고, 거기에 상고이유의 주장과 같은 채증법칙 위배 또는 법리오해 등의 위법이 없으며, 피고보조참가인이 내세우는 당원 1993. 10. 12. 선고 92다21692 판결은 이 사건과 사안을 달리하는 것으로서 적절한 선례가 되지 못한다"(대법원 2004. 8. 20. 선고 2003다20060 판결도 같은 취지).

그리고 상법상 그 효력을 다투는 소가 인정되는 경우에 대하여도 대법원은, "주주총회의 자본감소 결의에 취소 또는 무효의 하자가 있다고 하더라도 그 하자가 극히 중대하여 자본감소가 존재하지 아니하는 정도에 이르는 등의 특별한 사정이 없는 한 자본감소의 효력이 발생한 후에는 자본감소 무효의 소에 의해서만 다툴 수 있다."라고 판시하였는데(대법원 2010. 2. 11. 선고 2009다83599 판결), 판시내

용 중 "그 하자가 극히 중대하여 자본감소가 존재하지 아니하는 정도에 이르는 등의 특별한 사정이 없는 한"이라는 문구로 보아, 이러한 특별한 사정이 있는 경우에는 결의부존재확인의 소를 제기할 수 있다는 취지로 해석된다.

2. 주주총회 관련 가처분

(1) 총   설

주주총회결의의 하자에 관하여 결의의 취소·무효확인·부존재확인 등의 소가 제기되는 경우 판결의 소급효가 인정되지만 사후구제보다는 사전구제가 이해관계인에게는 보다 효과적인 구제수단이다. 일단 주주총회결의가 성립하면 하자 있는 결의라 하더라도 결의의 하자에 관한 본안소송의 판결이 확정될 때까지는 사실상 유효한 결의로 취급되기 때문이다. 따라서 주주총회의 개최 또는 결의 이전에 이미 그 절차상·내용상의 하자로 인하여 결의를 하더라도 그 효력에 대한 다툼이 있을 것이 예상되는 경우, 본안소송 제소권자는 본안소송의 판결선고시까지 주주총회개최금지 가처분, 주주총회결의금지 가처분, 주주총회결의가 이루어진 후에는 주주총회결의효력정지 가처분 등을 신청할 필요가 있다.

(2) 주주총회개최금지 가처분

1) 의   의

주주총회개최금지 가처분은 주주총회결의의 하자로 인하여 그 효력이나 존부에 다툼이 있을 것임에도 불구하고 회사가 주주총회의 개최를 강행하는 경우에 해당 주주총회의 개최 자체를 금지하기 위한 것이다. 주주총회개최금지 가처분은 주주총회의 개최 자체를 금지하는 것이라는 점에서 주주총회는 개최하되 특정 안건에 대한 결의만 금지하는 주주총회결의금지 가처분과 다르다. 주주총회결의에 위와 같은 하자가 있는 경우는 물론 주주총회결의의 하자에 관한 소를 제기하여 해당 결의의 효력이나 존재를 부인할 수 있지만, 본안판결확정 전에는 그 결의가 계속 유효하거나 존재한 것으로 취급되므로 사전구제책으로서 주주총회개최금지 가처분이 필요하다. 회사가 부당하게 제안을 거부하고 이사회가 정한 안건만을 주주총회에 상정하려는 경우, 주주제안을 하였던 소수주주는 총회의 소집절차 또는 결의방법이 법령 또는 정관에 위반하거나 현저하게 불공정한 때에 해당한다는 이유로 주주총회개최금지 가처분을 신청하기도 하는데, 제안된 안건에 대응하는 안건에 대한 결의는 결의취소사유가 인정되지만, 나머지 다른 안건에 대한 결의는 하자가 없는 결의이므로 주주총회개최금지 가처분의 피보전권리, 보전의 필요성이 인정되기 곤란하고, 제안된 의안에 대응하는 특정 의안에 대한 주주총회결의금지 가처분도 뒤에서 보는 바와 같이 보전의 필요성이 인정되기 곤란할 것이다.

앞에서 본 바와 같이 이러한 경우에는 의안상정 가처분을 신청할 수도 있지만, 소집통지를 받고 비로소 주주제안이 거부된 것을 알게 되는데, 의안상정 가처분을 신청하여 가처분결정에 따라 다시 소집통지절차를 밟기에는 주주총회일을 변경하기 전에는 시간적 여유가 부족하므로 보전의 필요성이 인정되기 곤란할 것이다.

2) 당 사 자

주주총회개최금지 가처분은 아래와 같이 피보전권리에 따라 신청인과 피신청인이 달라지는데, 이에 관하여는 법원의 결정 주문례도 다양하므로 아직 확립된 실무례가 없다고 할 수 있다. 따라서 실무상으로는 가처분 신청시 관련되는 자를 모두 공동신청인과 공동피신청인으로 포함시키는 예가 많다. 신청인적격이 없는 자가 신청한 가처분은 부적법하여 각하된다.

> (서울중앙지방법원 2010. 7. 16.자 2010카합2003 결정의 주문: 신청인 A의 신청은 A가 대표이사의 자격을 다툴 법률상의 이해관계가 인정되지 아니하여 신청인적격이 없다는 이유로 각하되었고, 신청인 B의 신청은 피보전권리 또는 보전의 필요성에 대한 소명이 부족하여 기각됨)
> 1. 신청인 A의 신청을 각하한다.
> 2. 신청인 B의 신청을 기각한다.
> 3. 소송비용은 신청인들이 부담한다.

㈎ 소집권한 없는 자의 주주총회 소집

가) 신 청 인

(a) 대표이사   소집권한 없는 자가 주주총회를 소집하는 경우에는 본래의 소집업무의 집행권자인 대표이사가 방해배제청구권을 피보전권리로 하여 주주총회개최금지 가처분을 신청할 수 있다.

(b) 회   사   소집권한 없이 주주총회를 개최하는 것은 회사에 대한 업

무방해행위로서 회사도 방해배제청구권을 피보전권리로 하여 주주총회개최금지 가처분을 신청할 수 있다.

ⓒ 소수주주 　　소수주주가 법원으로부터 소집허가(366조②)를 얻어 소집하는 주주총회와 동일한 안건에 대하여 이사회가 그 소집허가 후에 주주총회 소집을 결정하는 것은 허용되지 않는다. 이러한 경우 소수주주도 방해배제청구권을 피보전권리로 하여 주주총회개최금지 가처분을 신청할 수 있다. 이 경우 주주총회개최금지 가처분의 피보전권리를 이사의 위법행위유지청구권으로 보기도 한다. 또한 대표이사 이외의 이사가 총회를 소집하는 경우에는 상법 제402조의 이사위법행위유지청구권을 피보전권리로 인정할 수 있고, 감사가 법원의 허가 없이 총회를 소집하는 경우에도 제402조를 유추적용하여 위법행위유지청구권을 피보전권리로 인정할 수 있다.

나) 피신청인 　　대표이사·회사가 소집권한 없는 자를 상대로 가처분을 신청하는 경우 피신청인은 주주총회개최의 사실행위를 하는 자이다. 소수주주가 가처분을 신청하는 경우에는 이사회결의에 따라 주주총회를 소집하는 대표이사를 피신청인으로 한다. 회사가 가처분 결과에 큰 영향을 받는다는 이유로 회사도 피신청인에 포함시켜야 한다는 견해도 있지만, 회사가 주주총회개최의 사실행위를 하는 것은 아니므로 이러한 사실행위를 하는 자를 피신청인으로 하는 것이 타당하다.

(나) 소집절차·결의방법·결의내용 등의 법령·정관 위반

가) 신 청 인

ⓐ 주　　　주 　　주주는 위법행위유지청구권을 피보전권리로 하여 가처분을 신청하는 경우에는 상법상 유지청구권을 행사하기 위한 소수주주로서의 지분을 소유하여야 하고, 주주총회결의의 하자에 관한 소를 본안소송으로 하여 가처분을 신청하는 경우에는 1주만 소유하면 된다. 주주제안권을 피보전권리로 하는 경우에는 주주제안권자로서의 지분을 소유하여야 하지만, 앞에서 본 바와 같이 주주제안권을 피보전권리로 하는 주주총회개최금지 가처분은 일반적으로는 허용되기 곤란할 것이다.

ⓑ 감　　　사 　　감사도 이사에 대한 유지청구권이 있으므로 유지청구권을 피보전권리로 하는 주주총회개최금지 가처분을 신청할 수 있다.

주주총회결의의 취소·무효확인·부존재확인 등의 소를 본안소송으로 하는 주주총회개최금지 가처분이 인정되는지에 관하여는 논란이 있지만, 만일 인정된다면 이사와 감사도 본안소송의 제소권자이므로 가처분의 신청인적격이 인정된다. 이 경우에는 이사회에서 주주총회소집결의에 찬성한 이사도 신청인이 될 수 있다. 본인의 업무상의 과오를 시정할 기회를 박탈할 필요가 없기 때문이다. 다만, 일반적으로 이사와 감사는 현경영진과 우호적인 관계에 있으므로 이들이 주주총회개최금지 가처분을 신청하는 경우는 드물 것이다.

　　나) 피신청인　　　위법행위유지청구권을 피보전권리로 하는 주주총회개최금지 가처분의 피신청인은 대표이사 기타 총회를 소집하려는 자이다. 그리고 위법행위유지의 소의 피고는 법령 또는 정관에 위반한 행위를 하려는 이사이고 회사는 피고가 아니지만, 회사도 주주총회개최금지 가처분의 피신청인이 된다. 본안소송의 당사자의 범위를 초과하는 것이지만 주주총회개최금지 가처분은 단순히 총회를 소집하려는 자 외에도 주주 및 이사 등 총회의 개최에 관여할 수 있는 회사의 기관에 대하여도 직접 효력이 미치게 할 필요가 있기 때문이다. 주주총회결의의 하자에 관한 소를 본안소송으로 하는 주주총회개최금지 가처분이 인정된다면, 본안소송의 피고인 회사는 당연히 가처분의 피신청인이 될 수 있다.

3) 피보전권리

　　주주총회개최금지 가처분은 이사회결의, 소집통지 또는 개최의 사실상의 행위 등에 의하여 개최가 예상되는 특정 주주총회를 대상으로만 허용되고, 일반적인 주주총회를 대상으로 하는 경우에는 비록 일정 기간을 정하더라도 피보전권리 및 보전의 필요성이 인정되지 않기 때문에 허용되지 않는다. 주주총회개최금지 가처분의 피보전권리는 소집권한 없는 자가 주주총회를 소집하는 경우와 소집절차·결의방법 또는 결의내용이 법령·정관 등에 위반하거나 현저하게 불공정한 경우로 나누어 볼 수 있다. 두 가지 경우에 모두 주주총회결의의 취소·무효확인·부존재확인 등의 소제기권을 피보전권리로 보는 견해도 있지만, 결의하자로 인한 소제기권은 결의 후에 발생하는 것이므로 결의를 사전에 방지하려는 주주총회개최금지 가처분의 피보전권리로 보는 것은 비논리적이라는 지적도 있다. 이에 관하여 아직은 법원이나 학계의 확립된 견해가 없는 것으로 보인다.

　　㈎ 소집권한 없는 자의 주주총회 소집　　　소집권한 없는 자가 주주총회를

소집하는 예로는, 대표이사 아닌 이사가 총회를 소집하거나, 소수주주가 법원의 허가 없이 총회를 소집하거나, 직무집행정지중인 대표이사가 총회를 소집하는 경우가 있다. 또한 소수주주가 법원으로부터 소집허가(366조②)를 얻어 소집하는 주주총회와 동일한 안건에 대하여 그 소집허가 후에 이사회가 주주총회 소집을 결정하는 것은 허용되지 않는다. 만일 이사회가 이러한 경우에 주주총회의 소집을 강행한다면 그 주주총회결의는 취소·부존재사유가 있는 결의로 된다. 다만, 이사회가 소집하는 주주총회에 소수주주가 소집하는 주주총회와 동일한 안건 외에 다른 안건도 포함된 경우에는 개최금지 가처분은 허용되지 않고 동일한 안건에 대한 결의금지 가처분만 허용된다. 소집권한 없는 자가 주주총회를 소집하는 경우 본래의 소집권자의 방해배제청구권은 주주총회개최금지 가처분의 피보전권리가 될 수 있다. 앞에서 본 바와 같이 대표이사 이외의 이사가 총회를 소집하는 경우에는 상법 제402조의 유지청구권을 피보전권리로 인정할 수 있고, 감사가 법원의 허가 없이 총회를 소집하는 경우에도 제402조를 유추적용하여 유지청구권을 피보전권리로 인정할 수 있다.

(나) **소집절차·결의방법·결의내용 등의 법령·정관 위반** 소집절차·결의방법 또는 결의내용이 법령·정관 등에 위반하거나 현저하게 불공정하여 본안소송을 거쳐서 결의가 취소·무효 또는 부존재한 것으로 될 것이 명백히 예상됨에도 불구하고 대표이사가 주주총회를 소집하는 것은 대표이사의 위법행위이고, 위법행위유지청구권은 주주총회결의금지 가처분의 피보전권리가 된다. 신청인이 이사의 위법행위유지청구권을 피보전권리로 하는 경우에는 상법 제402조의 "회사에 회복할 수 없는 손해가 생길 염려"의 존재를 소명하여야 하므로 방해배제청구권을 피보전권리로 하는 경우에 비하여 그 소명이 용이하지 않다고 할 수 있다. 다만, 이러한 요건이 충족되는 경우에는 보전의 필요성도 용이하게 인정될 것이다. 소집절차가 법령·정관에 위반한 경우에는 모든 결의에 하자가 있는 것이지만, 특정 안건의 내용이 법령·정관에 위반하거나 주주제안권을 침해한 경우에는 나머지 다른 안건에 대한 결의에는 하자가 없는 것이므로 이러한 경우에는 주주총회개최금지 가처분이 허용되지 않고 특정 안건에 대한 결의금지 가처분만 허용된다.

4) 보전의 필요성

주주총회결의에 대하여는 결의의 취소·무효확인·부존재확인 등의 본안소송에 의하여 그 결의의 효력을 다툴 수 있고, 주주총회결의의 효력정지나 하자 있는 주주총회에서 선임된 이사에 대한 직무집행정지 가처분 등과 같은 사후적인 권리구제방법이 있다. 반면에 피신청인의 입장에서 보면 사후에 소집절차나 결의 내용이 적법한 것으로 판명되더라도 일단 개최가 금지되면 이를 구제받을 길이 없기 때문에 본안 소송에 앞선 임시적, 잠정적 처분으로서의 보전목적을 초과하는 문제 등이 있으므로 고도의 보전의 필요성이 요구된다고 할 수 있다. 결의부존재사유가 있는 경우에는 어차피 법률상으로는 존재하지 않는 결의이므로 보전의 필요성이 없다는 의문이 있을 수 있지만, 결의부존재사유에 불구하고 결의부존재확인판결의 확정 전에는 결의가 적법하게 존재하는 것으로 취급되므로 개최금지 가처분을 신청할 보전의 필요성이 있다고 보아야 한다. 이상과 같은 이유로 실무상 주주총회개최금지 가처분은 극히 예외적으로 인용되고 있다.

5) 심리와 재판

주주총회개최금지 가처분은 통상 주주총회소집통지 후에 신청되기 때문에 개최일까지의 시간적 제약상 특별기일을 지정하여 심문기일을 열어 심문절차를 거친다(民執法 23조①, 民訴法 134조②). 이와 같이 단기간의 심리를 거친다는 점에서도 주주총회개최금지 가처분의 보전의 필요성은 매우 엄격한 기준에 의하여 인정하여야 할 것이다.

6) 주주총회개최금지 가처분 위반과 주주총회결의의 효력

회사가 주주총회개최금지 가처분에 위반하여 개최한 주주총회에서 결의가 이루어진 경우, 만일 주주총회개최금지 가처분이 회사의 주주총회개최권을 박탈하는 효력을 가지는 것이라면 가처분 위반 자체가 결의부존재 또는 최소한 결의취소사유가 될 것이다. 그러나 주주총회개최금지 가처분은 소집권자의 방해배제청구권 또는 이사의 위법행위유지청구권을 피보전권리로 하는 가처분인데, 이러한 피보전권리의 내용상 회사의 주주총회개최권을 박탈할 정도로 강력한 효력이 있다고 볼 수 없다.

(주주총회개최금지 가처분의 주문례)
피신청인이 2010 ··· 에 소집한 2010 ··· 10 : 00부터 피신청인 회사 본점 회의실(또는 서울 ○○구 ○○동 53 소재 피신청인회사의 공장 강당)에서 별지 목록 기재의 결의사항을 위한 임시주주총회를 개최를 금지한다.

또한 주주총회개최금지 가처분의 피보전권리의 존재가 본안소송에서 인정되지 아니한 경우에는 피신청인이 가처분을 위반하였더라도 가처분에 의하여 보전되는 피보전권리를 침해한 것이 아니다. 그리고 가처분 위반행위가 무효로 되는 것은 형식적으로 그 가처분을 위반하였기 때문이 아니라 가처분에 의하여 보전되는 피보전권리를 침해하는 것이기 때문이다[대법원 2010. 1. 28. 선고 2009다3920 판결 (의결권 행사금지 가처분과 동일한 효력이 있는 강제조정 결정에 위반하는 의결권 행사로 주주총회결의에 가결정족수 미달의 하자 여부가 문제된 사안이다)]. 즉, 가처분의 피보전권리의 존재가 본안소송에서 부인되는 경우에는 피신청인의 가처분 위반은 가처분에 의하여 보전되는 피보전권리를 침해한 것이 아니므로 가처분 위반과 결의의 하자는 아무런 관계가 없다.

주주총회개최금지 가처분의 본안소송은 결의의 하자를 다투는 소송인 경우도 있고, 다른 별개의 소송인 경우도 있다. 소집절차상의 하자를 이유로 하는 가처분의 본안소송은 바로 당해 결의의 하자를 다투는 소송이다. 그러나 다툼 있는 주주권에 기한 의결권 행사금지 가처분의 경우에도 별개의 본안소송에서 피보전권리의 존부가 결정될 것이다. 예를 들어, 대법원 2010. 1. 28. 선고 2009다3920 판결의 사안의 경우 의결권 행사금지가처분의 본안소송은 주권반환청구소송이다.

이상을 종합하여 보면 회사가 주주총회개최금지 가처분 또는 주주총회결의 금지 가처분에 위반하여 주주총회를 개최하거나 결의를 한 경우라 하더라도 가처분 위반은 그 자체가 결의의 취소 또는 부존재의 사유로 되는 것이 아니라, 결의 하자의 존부나 정도를 판단하는 여러 사정 중의 하나에 불과하다. 피보전권리의 원인사실은 일반적으로 상법상 결의의 하자에 해당하므로, 피보전권리의 존재가 본안소송에서 인정되는 경우에는 결의의 하자도 인정되고 그 하자의 종류와 정도에 따라 결의취소 또는 부존재사유로 될 것이다. 그러나 피보전권리의 존재가 본안소송에서 부정적으로 확정되는 경우에는 결의의 하자를 인정할 만한 다른 사유가 존재하지 않는 한 해당 결의는 유효한 결의로서 존재한다. 다만, 주주총회개최금지 가처분은 매우 엄격한 보전의 필요성 기준이 적용되므로 이를 위반한 경우에는 의결권 행사금지 가처분 위반의 경우에 비하여 결의의 하자가 인정될 가능성이 클 것이다. 실제로도 주주총회개최금지 가처분의 피보전권리의 원인이 되는 사유는 대부분 본안소송인 결의의 하자에 관한 소에서도 결의의 하자로 인정될 것이고, 따라서 대부분의 경우에는 본안소송절차에서 인정된 하자의 종류와 정도에 따라 결의의 존재나 효력을 부인하는 판결이 선고될 것이다. 주주총회개최금지 가처분 위반과 관련된 결의의 하자는 구체적으로 상법 제376조제1항의 결의취소사유인 "총회의 소집절차 또는 결의방법이 법령에 위반하거나 현저하게 불공정한 경우"와 제380조의 결의부존재사유인 "총회의 소집절차 또는 결의방법에 총회결의가 존재한다고 볼 수 없을 정도의 중대한 하자가 있는 경우"이다. 판례는 소집권한 없는 자가 소집한 주주총회결의의 효력에 대하여, 이사회의 소집결의가 있었는지 여부에 따라, 이사회의 소집결의가 있었으면 소집권한 없는 자가 주주총회를 소집한 경우는 결의취소사유에 불과하다고 보고(대법원 1993. 9. 10. 선고 93도698 판결), 소집권한 없는 자가 적법한 이사회의 소집결의도 없이 주주총회를 소집한 경우는 1인회사의 1인주주에 의한 총회 또는 주주 전원이 참석하여 총회를 개최하는 데 동의하고 아무런 이의 없이 결의가 이루어졌다는 등의 특별한 사정이 없는 한 그 하자가 중대하여 결의부존재사유가 된다고 본다(대법원 2010. 6. 24. 선고 2010다13541 판결). 주주총회개최금지 가처분 위반을 이사회의 소집결의 없는 경우에 버금가는 위법행위라고 보고, 이러한 판례의 취지에 따르면 피보전권리의 존재가 본안소송에서 인정되는 경우에는 실제로 소집행위를 한 자의 소집권한의 유무에 따라 결의취소사유와 결의부존재사유가 구별될 것이다.

(3) 주주총회결의금지 가처분

1) 의   의

주주총회결의금지 가처분은 주주총회결의 대상인 어느 특정 안건의 내용이 법령·정관에 위반하여 결의의 취소·무효 사유에 해당하는 경우, 사후에 결의취소의 소나 결의무효확인의 소를 제기하기 전에 사전 예방조치로서 해당 안건의 결의를 금지하는 가처분이다. 구체적으로 개최될 예정인 주주총회를 특정하지 않고 결의를 일반적으로 금지하는 주주총회결의금지 가처분은 허용되지 않는다. 개최금지 가처분은 해당 주주총회의 개최 자체를 금지한다는 점에서 주주총회는 개최하되 특정 안건에 대한 결의만 금지하는 주주총회결의금지 가처분과 다르다.

(주주총회결의금지 가처분의 주문례)
피신청인이 20… 에 소집한 20… 10 : 00부터 피신청인 회사 본점회의실에서 별지 목록 기재의 결의사항을 위한 임시주주총회에서 별지 목록 기재 제○항부터 제○항까지의 사항에 관하여는 결의를 하여서는 아니 된다.

그 외에 당사자, 피보전권리, 보전의 필요성 등에 있어서, 주주총회결의금지 가처분은 주주총회개최금지 가처분의 경우와 대체로 같다. 주주총회결의금지 가처분은 특정 의안을 주주총회결의의 대상으로 상정하는 것을 금지하는 가처분과 같은 목적을 가지므로, 주주총회결의금지 가처분과 의안상정금지 가처분을 함께 신청하기도 한다.

(서울중앙지방법원 2008카합859 의안상정금지등가처분 신청서의 신청취지)
1. 피신청인 ○○○는 2008년 3월 28일 개최할 2007 회계연도에 대한 주식회사 웹젠의 제8회 정기주주총회에서 별지 목록 기재 안건을 위 정기주주총회의 의안으로 상정하여서는 아니 된다.
2. 피신청인 주식회사 웹젠은 제1항 기재 정기주주총회에서 별지 목록 기재 안건에 관하여 결의하여서는 아니 된다.
라는 재판을 구합니다.

2) 당 사 자

⑺ **신 청 인**　　　위법행위유지청구권을 피보전권리로 하여 가처분을 신청하는 주주는 유지청구권을 행사하기 위한 소수주주로서의 지분을 소유하여야 한다. 주주제안권을 피보전권리로 하여 거부당한 의안에 대응하는 특정 의안에 대한 주주총회결의금지 가처분을 신청하는 주주는 주주제안권을 행사하기 위한 소수주주로서의 지분을 소유하여야 한다. 이사는 이사회에서 소집결의에 찬성하였는지 여부를 불문하고 신청인이 될 수 있다.

⑻ **피신청인**　　　주주총회결의금지 가처분의 피보전권리는 위법행위유지청구권이므로, 피신청인은 주주총회의 의장인 대표이사이다. 그리고 주주총회개최금지 가처분의 경우와 같은 이유로 회사도 피신청인으로 보아야 한다. 위에서 본 바와 같이 의안상정 가처분사건에서 회사를 피신청인으로 본 하급심 판례가 있다(서울북부지방법원 2007. 2. 28.자 2007카합215 결정).

3) 피보전권리

위법행위유지청구권은 주주총회결의금지 가처분의 피보전권리로 인정된다. 주주총회결의의 취소·무효확인·부존재확인 등의 소를 본안소송으로 하여 주주총회결의금지 가처분을 신청할 수 있는지에 관하여는 주주총회개최금지 가처분에서와 같은 문제가 있다. 그리고 회사가 부당하게 주주제안을 거부하고 이사회가 정한 의안만을 주주총회에 상정하는 경우, 제안된 의안에 대응하는 의안에 대한 결의는 결의방법에 하자가 있는 것으로서 결의취소사유가 인정된다. 따라서 주주제안을 하였던 소수주주는 주주제안권을 피보전권리로 하여 주주총회결의금지 가처분을 신청하기도 한다. 다만, 이러한 경우 주주총회결의금지만으로는 신청인이 원하는 의안의 가결이라는 결과가 나오는 것이 아니고, 신청인은 법원의 허가를 받아 임시주주총회를 소집하여 제안하였던 의안을 상정하여야 원하는 결의를 얻을 수 있다는 이유로 특별한 사정이 없는 한 보전의 필요성이 인정되기 어렵다는 견해도 있다.

4) 보전의 필요성

주주총회결의에 대하여는 결의의 취소·무효확인·부존재확인 등의 본안소송에 의하여 그 결의의 효력을 다툴 수 있고, 주주총회결의의 효력정지나 하자 있는 주주총회에서 선임된 이사에 대한 직무집행정지 가처분 등과 같은 사후적인 권리구제방법이 있으므로, 주주총회결의금지 가처분은 주주총회개최금지 가처분의 경우와 같이 고도의 보전의 필요성이 요구된다.

[전주지방법원 정읍지원 2007. 3. 15.자 2007카합31 결정] "임시의 지위를 정하기 위한 가처분은 현저한 손해를 피하거나 급박한 위험을 막기 위하여, 또는 그 밖의 필요한 이유가 있을 경우에 하여야 하는데, 이 사건에서는 … 주주총회결의를 금지할만한 보전의 필요성에 대한 소명이 부족하다."

5) 기타 문제

주주총회결의금지 가처분의 심리와 재판, 가처분 위반과 주주총회결의의 효력 등은 주주총회개최금지 가처분의 경우와 대체로 같다. 다만, 개최 자체를 금지하는 것이 아니고 개최될 주주총회에서의 특정 의안에 대한 주주총회결의금지를 구하는 것이므로 주주총회개최금지 가처분에 비하여 인용 가능성이 상대적으로 클 것이다. 회사가 결의금지 가처분에도 불구하고 결의를 한 경우 가처분 위반 자체가 결의취소·무효사유로 되는 것은 아니고, 본안소송인 결의취소·무효확인의 소에서 결의금지 가처분의 피보전권리의 존재가 인정되어야 결의취소·무효확인판결이 선고될 것이다. 그러나 결의취소·무효확인의 소에서 가처분의 피보전권리가 없음이 확정되면 그 가처분은 실질적으로 무효로 되므로, 피신청인이 가처분을 위반하였더라도 가처분에 의하여 보전되는 피보전권리를 침해한 것이 아니다. 그리고 가처분 위반행위가 무효로 되는 것은 형식적으로 그 가처분을 위반하였기 때문이 아니라 가처분에 의하여 보전되는 피보전권리를 침해하는 것이기 때문이다.

결국 회사가 주주총회결의금지 가처분에 위반하여 결의를 한 경우에도 결의의 효력은 가처분 위반 여부에 의하여 판단할 것이 아니라, 다른 제반 사정을 종합하여 결의취소·무효사유에 해당하는지 여부에 따라 판단할 것이다. 가처분결정은 증명이 아니라 소명에 의하여 발령되는 잠정적 재판에 불과하고, 가처분명령에 의하여 제3자에 대한 임대, 양도 등 처분행위의 사법상 효력이 부인되는 것은 아니고, 가처분채무자가 그 의무위반에 대한 제재를 받는 것에 불과하다는 것이 판례의 입장이다(대법원 1996. 12. 23. 선고 96다37985 판결). 따라서 주주총회결의금지 가처분 위반 자체를 결의의 하자로 보는 것은 가처분의 법리상 타당하지 않고, 가처분의 실효성은 간접강제, 손해배상청구, 이사해임청구 등에 의하여 확보될 것이다. 이와 관련하여 대법원은 의결권 행사금지 가처분에 관한 사건에서도 "가처분결정 또는 가처분사건에서 이와 동일한 효력이 있는 강제조정 결정에 위반하는 행위가 무효로 되는 것은 형식적으로 그 가처분을 위반하였기 때문이 아니라 가처분에 의하여 보전되는 피보전권리를 침해하기 때문인데, 이 사건 가처분의 본안소송에서 가처분의 피보전권리가 없음이 확정됨으로써 그 가처분이 실질적으로 무효임이 밝혀진 이상 이 사건 주식에 의한 의결권 행사는 결국 가처분의 피보전권리를 침해한 것이 아니어서 유효하고, 따라서 이 사건 주주총회결의에 가결정족수 미달의 하자가 있다고 할 수 없다."라고 판시한 원심판결을 유지하였다(대법원 2010. 1. 28. 선고 2009다3920 판결). 위와 같이 결의금지 가처분에 불구하고 회사가 결의를 하는 것을 사전에 방지할 수 없고, 이에 대한 구제책으로는 본안소송인 결의취소·무효확인의 소를 제기하는 방법뿐이므로, 근래에는 법원도 결의금지 가처분 사건에서 먼저 결의를 금지하고, 다소 가정적인 형식의 주문이지만 회사가 결의를 하는 경우에는 결의의 효력을 정지한다는 주문도 활용한다. 민사집행법상 임시의 지위를 정하기 위한 가처분은 장래의 집행보전이 아닌 현재의 위험방지를 위한 것이므로 그 피보전권리는 "현재의 다툼이 있는 권리관계"이어야 하는데, 법원은 결의가능성도 현재의 다툼으로 보는 것이다. 이는 가처분의 실효성이 현실적으로 부인되므로 법원이 가처분의 실효성을 구현하기 위하여 유연한 법적용을 하는 것이라 할 수 있다.

> (서울중앙지방법원 2011카합726 주주총회결의금지 가처분의 신청취지 기재례)
> 1. 피신청인 주식회사 핸디소프트가 2011. 3. 14.에 소집한 2011. 3. 29. 09:00부터 서울 송파구 방이 2동 41−3 지역사회교육회관 지하 2층 강당에서 별지목록 1 기재의 결의사항을 위한 정기주주총회에서 별지목록 1 기재 제2호 의안 자본금감소 승인 안건에 관하여 결의를 하여서는 아니 된다.
> 2. 피신청인 ○○○는 제1항 기재 일시·장소의 정기주주총회에서 별지목록 1 기재 제2호 의안 자본금감소 승인 안건을 의안으로 상정하여서는 아니 된다.
> 3. 신청비용은 피신청인들이 부담한다.

(4) 주주총회결의효력정지 가처분

1) 의   의

주주총회결의효력정지 가처분은 주주총회결의가 이루어진 후 그 결의의 효력을 정지시키기 위한 가처분이다. 다만, 주주총회결의효력정지 가처분에 의하여는 주주총회에서 이루어진 결의 자체의 집행 또는 효력정지를 구할 수 있을 뿐, 회사 또는 제3자의 별도의 거래행위에 직접 개입하여 이를 금지할 수는 없다.

> [대법원 2001. 2. 28.자 2000마7839 결정] "주식회사의 주주는 주식의 소유자로서 회사의 경영에 이해관계를 가지고 있다고 할 것이나, 회사의 재산관계에 대하여는 단순히 사실상, 경제상 또는 일반적, 추상적인 이해관계만을 가질 뿐, 구체적 또는 법률상의 이해관계를 가진다고는 할 수 없고, 직접 회사의 경영에 참여하지 못하고 주주총회의 결의를 통해서 또는 주주의 감독권에 의하여 회사의 영업에 영향을 미칠 수 있을 뿐이므로 주주는 일정한 요건에 따라 이사를 상대로 그 이사의 행위에 대하여 유지청구권을 행사하여 그 행위를 유지시키거나, 또는 대표소송에 의하여 그 책임을 추궁하는 소를 제기할 수 있을 뿐 직접 제3자와의 거래관계에 개입하여 회사가 체결한 계약의 무효를 주장할 수는 없다."

주주총회결의효력정지 가처분을 신청하는 경우 효력정지를 구하는 회의의 목적사항을 특정하여야 한다.

2) 요   건

주주총회결의효력정지 가처분의 당사자, 피보전권리, 보전의 필요성 등도 주주총회개최금지 가처분, 주주총회결의금지 가처분의 경우와 대체로 같다. 다만, 결의의 효력이 정지되더라도 대표이사가 이를 대외적으로 집행하면 사후에 거래의 효력에 대한 문제가 제기되므로 주주총회결의효력정지 가처분을 신청하는 경우 통상 대표이사도 피신청인으로 하여 대표이사의 결의집행금지도 함께 신청한다.

> (수원지방법원 안양지원 2013. 7. 8.자 2013카합37 결정 주주총회결의 효력정지가처분의 주문례)
> 1. 채권자의 채무자에 대한 주주총회결의취소 청구사건 본안판결확정시까지 채무자의 주주총회가 2013. 4. 8.에 한 별지 목록 기재 결의 중 제2호, 제4호, 제5호 의안에 대한 결의의 효력을 정지한다.
> 2. 채무자는 위 1항 기재 의안에 대한 주주총회결의를 집행하여서는 아니 된다.
> 3. 채권자의 나머지 신청을 기각한다.
> 4. 소송비용은 채무자가 부담한다.

주주총회결의효력정지 가처분도 고도의 보전의 필요성이 요구된다. 그리고 임시의 지위를 정하기 위한 가처분의 성질상 그 주장 자체에 의하여 신청인의 법률상 지위와 정면으로 저촉되는 지위에 있는 자를 피신청인으로 하여야 한다(대법원 1997. 7. 25. 선고 96다15916 판결). 이에 따라 하자 있는 결의에 의하여 이사가 선임된 경우에는 이사 개인을 상대로 직접 직무집행정지를 구하는 것이 합리적인 분쟁해결방법이라는 이유로 주주총회결의효력정지 가처분신청에 대하여 보전의 필요성을 부인한 하급심 판례도 있다.

> [서울고등법원 2010. 6. 21. 선고 2009라2534 판결] "임시의 지위를 정하기 위한 가처분에서 채무자가 될 수 있는 자는 채권자가 주장하는 법률상 지위와 정면으로 저촉되는 지위에 있는 자에 한정되므로, 단체의 대표자 선임결의의 하자를 이유로 한 직무집행정지 가처분에 있어서는 대표자 개인만이 채무자가 되고, 단체는 당사자 적격을 갖지 못한다고 보는데, 만일 이 사건과 같이 단체를 상대로 한 대표자 선임결의의 효력정지가처분을 허용한다면, 이는 사실상 단체를 상대로 한 직무집행정지가처분을 인정하는 것과 동일한 결과가 된다. 한편, 우리 민법은 채무자와 같은 민법상 사단법인의 이사 직무집행정지 가처분을 인용할 경우에는 법원에서 직무대행자를 선임하여 법인의 통상 사무에 속한 행위를 하도록 하고, 상무 외의 행위에 대해서는 법원의 허가를 얻도록 함으로써, 직무대행자로 하여금 해당 법인을 운영하게 하면서 법원의 허가를 얻어 사원총회를 개최하여 적법한 방식으로 새로운 이사를 선임할 수 있는 길을 열어두고 있는 반면, 이사 선임결의 효력정지가처분에 관해서는 직무대행자 선임에 관해 아무런 규정이 없으므로, 선임결의의 효력이 정지되더라도 누가 어떠한 방법으로 그 하자를 치유할 것인지에 관해 적법한 해결책을 상정하기 어렵고, 오히려 그로 인해 이사 선임을 둘러싼 법인 내부의 혼란이 가중될 개연성이 적지 아니하다. 또한, 민법상 법인의 이사 직무집행정지 및 직무대행자선임 가처분이 발령되면 법원의 촉탁에 의해 그 사항이 법인등기부에 등재되어 외부에 공시됨으로써 제3자에 대한 대항력을 갖추게 되고(민법 제52조의2, 제54조제1항, 민사집행법 제306조) 이로써 거래 안전의 보호를 도모할 수 있는데 반해, 이사 선임결의의 효력정지가처분에 관해서는 그에 대응하는 등기절차가 법문에 규정되어 있지 아니하여 이를 법인등기부에 공시할 수 없고, 따라서 법인과 거래하는 제3자의 안전을 해할 가능성이 높아지게 된다. 이러한 사정들을 종합해 보면,

민법상 법인의 이사 선임 결의에 하자가 있는 경우에는 당해 이사 개인을 상대로 한 직무집행정지 가처분을 통해 권리 구제를 꾀하여야 하고, 만연히 법인을 상대로 한 선임결의의 효력정지가처분을 허용하여서는 아니 될 것이다. 민사집행법 제300조제2항은 현저한 손해를 피하거나 급박한 위험을 막기 위하여, 또는 그 밖의 필요한 이유가 있을 경우에 한해서만 임시의 지위를 정하기 위한 가처분을 발령하도록 정하고 있는바, 이 사건과 같은 경우에는 앞서 본 바와 같이 채무자 법인을 상대로 선임결의의 효력정지를 구하는 것보다는 대표권 있는 이사 개인을 상대로 직무집행정지를 구하는 것이 더욱 합리적인 분쟁해결 방법이라 할 것이어서, 이 사건 가처분을 인용할 만한 보전의 필요성을 인정하기 어렵다고 하겠다"(민법상 법인의 총회에서 이사선임결의에 하자가 있다는 이유로 한 총회결의효력정지 가처분사건인데, 상법상 이사선임결의에 하자가 있는 경우에도 동일한 법리가 적용될 것이다).

3) 법원의 실무

주주총회개최금지 가처분이나 주주총회결의금지 가처분의 경우, 신청인 입장에서 보면 주주총회결의효력정지 가처분 결정을 받는 것만으로도 목적을 충분히 달성할 수 있는 반면, 주주총회개최금지 가처분이나 주주총회결의금지 가처분을 발령하는 경우 피신청인은 사실상 그 가처분결정에 대하여 불복할 수 있는 기회 자체를 잃을 수 있다는 문제가 있다. 실무상으로는 보전목적을 초과하는 가처분이라는 점을 고려하여 법원이 신청인의 주주총회개최금지 가처분 또는 주주총회결의금지 가처분 신청에 대하여 보전의 필요성이 인정되지 않는다고 판시하고, 다만 신청인의 이러한 신청취지에는 그 해당 결의가 이루어지는 것을 전제로 그 결의의 효력정지를 구하는 취지가 포함되어 있다고 보아 주주총회결의효력정지 가처분을 발령하기도 한다[서울중앙지방법원 2010. 12. 8.자 2010카합2598 결정; 서울중앙지방법원 2011. 1. 13.자 2011카합4 결정; 서울중앙지방법원 2011. 7. 5.자 2011카합1622 결정(신청취지는 주주총회개최금지, 주문은 "피신청인이 2011. 7. 5. 개최할 예정인 임시주주총회에서 별지 목록 기재 안건을 통과시키는 결의가 이루어지는 경우 그 결의의 효력을 정지한다")].

참고자료 　-각종 서식-

— 의결권 행사금지 가처분 신청서

의결권 행사금지 가처분 신청서

채권자 ○○○

채무자 ○○○ 외 2

피보전권리의 요지

가처분할 주식의 표시

신 청 취 지

1. 채무자는 20○○. ○○. ○○.에 개최되는 ○○주식회사의 ○○주주총회에서 별지 목록 기재 주식에 대한 의결권을 행사하여서는 아니된다.
2. 신청비용은 채무자가 부담한다.

신 청 이 유

1. 피보전권리의 존재
 − 채무자에게 의결권이 없거나 의결권을 행사할 수 없는 이유
 ex. 채무자는 자본시장법 제150조제2항에 따라 20○○. ○○. ○○까지 발행인의 주식 등을 추가로 취득할 수 없으나, 20○○. ○○. ○○ 이 사건 주식을 추가로 취득함으로써 이를 위반하였습니다.

2. 보전의 필요성
 − 채무자의 의결권 행사시 손해가 발생
 ex. 채무자들이 의결권을 행사하게 된다면 ○○주식회사가 심각한 법적 분쟁에 휘말림에 따라 막대한 손해가 발생할 것이 명백합니다.
 − 그 손해가 회복하기 어려움
 ex. 채무자의 의결권 행사시 발생하는 손해는 사후 금전적 배상에 의하여 보전하기 어려운 손해입니다.
 − 본안소송으로 해결할 시간적 여유가 없음
 ex. 주주총회일이 임박한 관계로 본안소송을 통해 이를 금지할 만한 시간적 여유가 없습니다.

20○○년 ○○월 ○○일
채권자 ○○○
○○ 지방법원 귀중

▬ 의결권 행사금지 가처분 신청에 대한 답변서

답 변 서

사　건 20○○카합○○○　　의결권행사금지 가처분
채권자 ○○○
채무자 ○○○ 외 2

신청취지에 대한 답변

1. 이 사건 신청을 모두 기각한다.
2. 신청비용은 채권자가 부담한다.

신청이유에 대한 답변

1. 채권자의 주장에 대한 반박
 － 이 사건 신청의 배경에 대한 설명
ex. 채권자는 채무자의 경영을 오랫동안 맡아 온 ○○○을 중심으로 XXX와 결탁하여 채무자의 경영권을 불법적으로 탈취하려 하고 있습니다.
 － 채무자가 의결권을 적법, 유효하게 보유한 점
 ex. 채권자는 … 라고 주장하나, 이는 전혀 사실이 아니며 채권자는 이를 소명할 자자료를 전혀 제출하지 못하고 있습니다.
 － 채무자가 의결권을 행사하더라도 별다른 손해가 발생하지 아니하거나 사후 손해 회복이 손쉬운 점
 ex. 이번 정기총회의 안건은 특수관계인인 C로부터 금전채권을 양수받는 것으로서, 사후 이를 원상회복하는 것이 어렵지 않습니다.
 － 현재 상황이 가처분을 인용할 정도로 급박한 상황이 아닌 점
 ex. 이번 정기총회의 안건은 D를 사외이사에 선임하는 것인데, 채무자는 어차피 위 안건에 대하여 부정적인 견해를 갖고 있으므로 이 사건 가처분을 인용할 실익이 없고, 달리 급박한 사정 또한 발견되지 않습니다.

2. 결론

20○○년 ○○월 ○○일
채무자 ○○○
○○ 지방법원 귀중

— 의결권 행사허용 가처분 신청서

<h2 style="text-align:center">의결권 행사허용 가처분 신청서</h2>

채권자 ○○○

채무자 ○○○

피보전권리의 요지

<h3 style="text-align:center">신 청 취 지</h3>

1. 채무자는 이 사건 가처분결정 이후 채권자와 채무자 사이의 ○○청구 사건의 본
   안판결 확정시까지 사이에 개최되는 주주총회에서 채권자가 보유한 별지 목록
   기재 주식에 대한 의결권을 행사할 수 있도록 허용하여야 한다.
2. 신청비용은 채무자가 부담한다.

<h3 style="text-align:center">신 청 이 유</h3>

1. 피보전권리의 존재
  - 채무자가 장차 의결권행사를 금지할 것이라는 점
  ex. 채권자는 20○○. ○. ○○. 채무자로부터 별지 목록 기재 ○○주의 주식을 매수
하였습니다. 그런데 채무자는 경영권 분쟁이 시작되자 채무자가 착오로 인하여 위 주
식매매계약을 체결하였다고 주장하면서 귀원에 주권반환소송 및 주식처분금지가처분
을 제기하고 20○○년도 정기주주총회에서 위 주식에 관한 의결권 행사를 불허할 것임
을 분명히 하였습니다.
  - 채무자의 의결권행사 금지가 부당한 이유
  ex. 채무자는 채권자의 주식 취득이 무효라고 주장하나, 소갑 제○호증에 의하면,
채권자의 주식 취득에 아무런 하자가 없다는 점이 충분히 소명됩니다.

2. 보전의 필요성
  - 채무자의 의결권이 불허되면 초래되는 손해가 금전적으로 회복하기 어렵고 가
처분을 인용하지 않을 경우 그 손해를 사후 구제하기 어려움
  ex. 위 20○○년도 정기주주총회는 20○○. ○. ○○. 개최 예정이고 그 안건은 별지
목록과 같은바(소갑 제○호증), 채권자가 위 주주총회에서 위 ○○주의 의결권을 행사
함에 따라 안건의 가부가 달라질 수 있으므로, 채권자의 의결권이 보전되어야 할 긴
급한 필요성이 인정됩니다.

20○○년 ○○월 ○○일

채권자 ○○○

○○ 지방법원 귀중

━ 의결권 행사허용 가처분 신청에 대한 답변서

답 변 서

사 건 20○○카합○○○○   의결권행사허용가처분
채권자 ○○○
채무자 ○○○

신청취지에 대한 답변

1. 채권자의 신청을 기각한다.
2. 소송비용은 채권자가 부담한다.

신청이유에 대한 답변

1. 피보전권리의 부존재
 ─ 채권자의 의결권행사의 위법, 부당한 점
 ex. 소갑 제○호증에 의하면, 채권자가 소외 A와 20○○. ○. ○○. 주식매매계약을 체결한 사실은 인정되나, 위 대상 주식은 의결권이 없는 주식임이 분명하게 소명됩니다.
 ─ 채무자의 의결권제한 조치가 적법, 타당한 점
 ex. 채권자는 의결권을 보유한 주주라고 주장하나, 소갑 제○호증은 채권자와 이해관계를 같이 하는 A가 임의로 작성한 문서에 불과하며, 달리 채권자가 의결권을 보유하였다고 볼 소명자료가 없어 채권자를 의결권을 보유한 주주로 인정할 수 없습니다.

2. 보전의 필요성 부존재
 ─ 채권자가 보전의 필요성을 충분히 소명하지 못함
 ex. 채권자는 채무자의 최대주주인 B가 20○○. ○. ○○. 개최예정인 정기주주총회에서 채무자의 이사진을 교체하는 등의 권한을 행사할 우려가 있다고 주장하나, 소을 제○호증에 의하면 위 정기주주총회의 안건에 이사진 교체 관련 안건은 없으므로 이 사건 가처분을 인용해야 할 긴급한 사정은 존재하지 않습니다.

20○○년 ○○월 ○○일
채무자 ○○○
○○ 지방법원 귀중

주주명부 열람 및 등사청구

문서번호:
수신:
발신:
제목: 주주명부 열람 및 등사청구의 건

1. 주주명부 열람 및 등사 청구의 자격
 ex. 청구인은 귀사의 주식 ○○주를 소유하고 있는 자입니다(첨부자료 제○호). 그런데 상법 제396조제1항은 주주명부를 본점 또는 명의개서대리인의 영업소에 각 비치하여야 하는 점, 동조 제2항은 주주가 영업시간 내에 언제든지 주주명부의 열람 또는 등사를 청구할 수 있다고 규정하고 있습니다.

2. 주주명부 열람 및 등사 청구 거부 사유
 ex. 귀사는 당사의 20○○. ○. ○○자 주주명부 열람 및 등사 요청에 대하여 정관 제X조에 명시된 개인정보 침해가 우려된다고 하며 위 요청을 거절하였습니다.

3. 회사의 거부 사유가 위법, 부당한 점
 ex. 그러나 당사가 ○○○를 통해 확인한 바에 의하면, 귀사의 주장은 전혀 사실이 아닙니다. 귀사의 정관 제X조에 의하면, 개인정보 침해가 우려되는 경우란 당사자의 주소, 연락처를 확인하는 경우로 제한되는데, 당사의 위 요청은 각 주주의 주소, 연락처 확인과 무관하며, 요청 당시에도 이러한 사실을 명시하였습니다(첨부자료 제○호증).
 ex. 귀사가 내세우는 주장에 의하면, 귀사의 주주 중 50% 이상의 주식을 보유한 주주만 주주명부 열람 및 등사 요청을 할 수 있고 나머지 주주들은 주주명부 열람 및 등사를 아예 할 수 없게 됩니다. 이것은 특정 주주에 대해서만 주주명부 열람 및 등사를 제공하는 것으로서 주주권 평등의 원칙에도 위반됩니다.

4. 주주명부의 열람 및 등사 청구
 ex. 이에 당사는 20○○. ○○. ○○자 정기주주총회에서 주주로서의 법적 권리를 행사하기 위하여 상법 제396조제2항에 근거하여 주주명부의 열람 및 등사를 청구하니, 20○○. ○○. ○○ 이전에 주주명부의 열람등사가 가능한 일자를 알려 주시기 바랍니다.

20○○년 ○○월 ○○일

청구인 ○○○

━ 주주명부 열람 및 등사 가처분 신청서

주주명부 열람 및 등사 가처분 신청서

채권자 ○○○
채무자 ○○○
피보전권리의 요지

신 청 취 지

1. 채무자는 채권자 또는 그 대리인에게 채무자의 본점 또는 영업소에서 그 영업시간 내에 한하여 채무자의 20○○. ○○. ○○자 주주명부(실질주주명부 포함)를 열람 및 등사(컴퓨터 파일의 형태로 보관하고 있는 경우에는 그 파일의 복사를 포함한다)하게 하여야 한다.
2. 채무자가 제1항 기재 의무를 위반하는 경우 채권자에게 위반행위가 발생한 1일당 금 ○억 원씩을 지급하라.
3. 소송비용은 채무자가 부담한다.

신 청 이 유

1. 피보전권리의 존재
 - 채권자가 주주로서 주주명부의 열람, 등사를 청구할 수 있는 점

2. 보전의 필요성
 - 채무자의 주주명부 열람, 등사 거부로 인하여 초래되는 손해
 - 해당 손해가 금전적으로 회복되기 어렵고 긴급하게 방지되어야 할 필요성
 ex. 만일 채권자가 이 사건 주주명부를 제공받지 못한다면, 기준일 현재 주주들에게 임시주주총회 소집 통지서를 발송할 수 없게 되어, 법적으로 정당한 임시주주총회를 개최하는 것이 불가능하게 됩니다.

3. 간접강제의 신청
 ex. 가처분명령의 실효성을 효과적으로 담보하기 위해서는 간접강제로써 가처분명령을 강제할 필요성이 절실합니다. 나아가, 실효성을 거두기 위해 간접강제금은 채무자의 위반행위 1일당 ○억 원 이상으로 정하여 주시기를 요청 드립니다.

20○○년 ○○월 ○○일
채권자 ○○○
○○ 지방법원 귀중

— 주주명부열람 및 등사 가처분 신청에 대한 답변서

답 변 서

사건   20○○카합○○○○○   주주명부열람등가처분
채권자 ○○○ 외 3
채무자 ○○○

신청취지에 대한 답변

1. 채권자들의 이 사건 신청을 모두 기각한다.
2. 소송비용은 채권자들의 부담으로 한다.

신청이유에 대한 답변

1. 피보전권리의 결여

ex. 상법 제396조제1항과는 달리 자본시장법 제316조제1항은 "제315조제3항에 따라 통지받은 발행인 또는 명의개서를 대행하는 회사는 통지받은 사항과 연월일을 기재하여 실질주주명부를 작성·비치하여야 한다"고 규정하고 있을 뿐, 실질주주명부의 열람등사청구권에 관하여는 전혀 규정하고 있지 않습니다. 즉, 현행 자본시장법상 실질주주명부에 대한 열람등사청구권에 관한 규정은 존재하지 않습니다.

특히, 상법상 주주에게 인정되는 여타의 권리가 대부분 소수주주권인 반면, 주주명부 열람등사청구권은 단독주주권이기 때문에 더욱더 내재적 제한이 있는 것으로 해석하여야 합니다. 가령 대법원은 위와 같은 점을 고려하여 주주명부 열람등사청구권의 경우에는 명문의 규정이 없음에도 불구하고 그 목적의 정당성을 요구하여, 주주명부 열람등사청구를 제한하고 있습니다(대법원 1997. 3. 19.자 97그7 결정 등 참조).

2. 보전의 필요성 결여
 – 손해가 발생하지 아니하거나 손해의 긴급성이 결여됨

ex. 채권자는 이 사건 열람등사청구가 거부됨에 따라, 임시주주총회를 개최하는 것이 불가능하다고 주장합니다. 그러나 채권자가 주장하는 임시주주총회의 안건 초안을 살펴 보면, 애초에 임시주주총회를 개최할 아무런 실익이 없습니다(소갑 제○호증).

20○○년 ○○월 ○○일

채무자 ○○○
○○ 지방법원 귀중

━ 명의개서절차이행청구의 소장

<h1 style="text-align:center">소　장</h1>

원고 ○○○
피고 ○○○

<h2 style="text-align:center">청 구 취 지</h2>

1. 피고는 별지 목록 기재 주식에 관하여 주주명의를 원고로 변경하는 명의개서절차를 이행하라.
2. 소송비용은 피고가 부담한다.

<h2 style="text-align:center">청 구 원 인</h2>

1. 원고들의 주식 매수 및 피고의 명의개서의무
   ex. 원고들은 별지 목록 주식에 대하여, 각 ○○주씩 주당 ○○○원에 소외 ○○주식회사로부터 매수하였고(갑 제○호증), 소외 ○○주식회사는 이러한 양도사실을 피고에게 통지하였습니다. 이처럼 원고들은 소외 ○○주식회사로부터 적법하게 별지 목록 주식을 매수하였으므로 피고는 원고들의 청구에 따라 이 사건 주식의 명의개서 절차를 이행할 의무가 있습니다.

2. 원고의 적법한 명의개서 청구 및 피고의 명의개서 거절
   ex. 원고들은 이 사건 명의개서 관련 업무를 양도인인 소외 ○○주식회사에 위임하였고, 소외 ○○주식회사는 양수인인 원고들을 대리하여 20○○. ○. ○○. 피고에게 명의개서 청구를 하였습니다(갑 제○호증).
   그런데 피고는, 과거에 소외 ○○주식회사가 자신에게 이 사건 주식을 주당 액면가인 ○○원 이상으로 팔기로 해 놓고 원고들에게 그 가격 이하인 ○○○원에 팔았으므로 위 명의개서청구를 받아들일 수 없다고 주장하며, 명의개서를 거부하였습니다.
   이에 소외 ○○주식회사는 20○○. ○. ○○. 피고 발행의 주권을 지참하고 명의개서를 재청구하였으나 피고들은 여전히 원고들의 명의개서를 거부하고 있습니다. 이처럼 피고가 부당하게 이 사건의 명의개서를 거절하고 있어 원고들로서는 피고의 임의 이행을 기대하기가 어려우므로 이 사건 소를 제기하기에 이르렀습니다.

20○○년 ○○월 ○○일
원고 ○○○
○○ 지방법원 귀중

— 명의개서절차이행청구에 대한 답변서

답 변 서

사건 20○○가단○○○○   명의개서절차이행
원고 ○○○
피고 ○○○

청구취지에 대한 답변

1. 이 사건 청구를 기각한다.
2. 소송비용은 원고가 부담한다.

청구원인에 대한 답변

1. 원고 청구의 부당성
 – 원고가 적법한 명의개서청구권자가 아님

 ex. 원고가 제출한 주식매매계약서에 의하면, 위 주식 매수인은 원고가 아니라 소외 A입니다. 원고는 A가 명의만 대여해 주었다고 주장하나, 이를 뒷받침할 증거자료는 전혀 존재하지 않습니다.
 – 주식의 매매가 위법하거나 무효임

 ex. 원고들은 소외 A 주식회사를 기망하여 이 사건 주식을 취득하였습니다. 이에 A 주식회사는 원고들을 상대로 주식매매계약의 취소를 청구하였고, 1심에서 승소한 상태입니다(소갑 제○호증).

 ex. 원고는 이 사건 주식의 매도인인 A를 협박하여 이 사건 주식을 넘겨 받은 혐의로 재판 중이며, 1심에서 유죄를 선고 받았습니다(소갑 제○호증). 당시 A는 자유로운 의사결정을 할 수 없는 상태였으므로, 이 사건 주식매매계약은 애초에 무효입니다.

 ex. 원고는 ○○법을 적용받는 자로서 원고의 정관 제○조에 의하면 피고의 주식을 취득할 수 없습니다. 그럼에도 불구하고 원고들은 소외 B로부터 이 사건 주식을 취득한바, 원고의 이 사건 주식 매수는 위법합니다.

2. 결론

20○○년 ○○월 ○○일
피고 ○○○
○○ 지방법원 귀중

— 임시총회소집청구에 대하여 소집거부시 답변

문서번호:

수신:

발신:

제목: 임시총회소집청구에 대한 답변

1. 임시주주총회 소집청구 경위

ex. 수신인은 발신인의 총 발행주식 ○○주 중 ○○주를 소유한 주주로서 사건본인의 경영진이 교체되어야 한다고 주장하며 기존 이사 및 감사의 해임, 신규 이사 및 감사의 선임을 위한 임시주주총회 소집을 청구하였습니다.

2. 임시주주총회 소집청구의 요건 결여 및 부당성

ex. 임시주주총회소집 허가청구의 경우 신청인은 사건본인의 주주들이 위 주주총회에서 결의할 사항이 무엇인지를 사전에 확인하여 위 주주총회에의 참석여부 및 찬반의사를 미리 준비할 수 있도록 주주총회의 목적사항을 구체적으로 특정하여야만 합니다. 특히, 이사 해임의 경우에는 그 대상자가 명확하게 특정이 되어야 하는 것이 원칙입니다.

수신인이 애초 사건본인에게 20○○. ○. ○○. 이사해임을 위한 임시주주총회 소집을 청구하면서 보낸 소집청구서에는 해임대상 이사로 이사 ○○○만 기재되어 있었습니다. 그런데 수신인은 그 후 해임대상 이사로 XXX 등을 추가하고 감사 OOO의 해임도 추가하겠다고 별도로 통지한 바 있습니다.

이에 따라 임시주주총회 소집청구의 안건과 수신인이 실제로 진행하고자 하는 안건이 불일치합니다. 따라서 수신인은 별도의 임시주주총회 소집청구신청 절차를 거치거나 안건을 좀 더 명확하게 할 필요가 있습니다.

발신인은 수신인에게 이 점을 지적하며 20○○. ○. ○○.까지 이 부분을 명확하게 특정해 줄 것을 요청하였습니다. 그럼에도 불구하고 수신인은 묵묵부답으로 일관하면서 이 사건 청구를 하였던바, 이는 부당합니다.

20○○년 ○○월 ○○일

○○ 주식회사

대표이사 ○○○

— 검사인선임 신청서

검사인선임 신청서

신청인 ○○○

사건본인 ○○○

신 청 취 지

1. 사건본인이 20○○. ○. ○○. 09:00 개최할 예정인 별지 1 기재 주주총회와 관련하여 별지 2 기재 각 사항을 조사하기 위하여 변호사 ○○○ 또는 이 법원이 지정하는 사람을 검사인으로 선임한다.
2. 신청비용 및 검사인의 보수는 사건본인이 부담한다.

신 청 이 유

1. 이 사건 신청에 이르게 된 경위

ex. 신청인은 사건본인의 주식 ○○주를 보유한 주주입니다.

신청인은 사건본인에게 임시주주총회소집을 요구하였으나 거절당한 후 귀원에 임시주주총회소집허가 청구를 하여 결국 20○○. ○. ○○ 임시주주총회가 개최되는 것으로 예정되었습니다.

2. 이 사건 신청의 필요성

ex. 그런데 신청인이 최근 파악한 바에 의하면, 사건본인은 현 경영진과 사이가 좋지 않은 A, B, C 주주에 대해서는 일부러 임시주주총회 소집 사실을 알리지 않은 것으로 확인되었습니다.

이것이 사실이라면 이는 위 임시주주총회의 소집절차 및 결의가 위법하게 진행되는 것을 의미합니다. 이에 신청인은 상법 제367조에 따라 위 총회의 소집절차나 결의 방법의 적법성을 조사하기 위하여 검사인의 선임을 청구하는 바입니다.

20○○년 ○○월 ○○일

채권자 ○○○

○○ 지방법원 귀중

— 검사인 선임신청에 대한 답변서

답 변 서

사 건 20○○비합○○○○   검사인선임
신청인 ○○○
사건본인 ○○○

신청취지에 대한 답변

1. 신청인들의 청구를 기각한다.
2. 신청비용은 신청인들이 부담한다.

신청이유에 대한 답변

1. 신청의 부당성

ex. 이 사건 신청은 객관적 사실관계에 반하는 허위의 주장과 사건본인 경영진에 대한 맹목적인 비난에 기초한 것에 불과합니다. 따라서 사건본인은 이와 같이 이유 없는 신청을 받아들이기 어렵습니다.

ex. 사건본인은 검사인의 선임 여부와 무관하게 이 사건 주주총회의 소집 및 결의 절차를 위법하게 진행할 어떠한 이유도 없습니다. 반면, 신청인들은 이 사건 주주총회를 계기로 분란을 일으켜 사회적 주목을 받고, 사건본인의 주가가 오르면 즉시 매도하여 차익을 실현하는 자들입니다(소을 제○호증).

ex. 신청인들은 임시주주총회의 소집절차 및 결의가 위법하게 진행되고 있다고 주장하나, 정작 이 부분에 관하여 아무런 소명도 이루어지지 않았다는 점에서 이 사건 신청의 필요성이 없으므로 이 사건 신청은 기각되어야 합니다.

2. 검사인 지정에 관한 의견

ex. 신청인이 추천하는 검사인 후보 변호사 ○○○은 신청인과 고문계약을 체결하고 신청인에게 법률 자문을 해 준 자이므로 후보가 될 수 없습니다(소을 제○호증).

ex. 신청인이 추천한 검사인 후보 ○○○은 검사인으로서의 공정한 직무를 수행하거나 전적으로 신뢰할 수 있다고 볼 아무런 이유도 없습니다. 따라서 귀원이 검사인 선임을 결정하게 된다면, 위 ○○○를 배제하고 귀원이 직접 검사인을 지정하여 주시기를 바랍니다.

20○○년 ○○월 ○○일
채무자 ○○○
○○ 지방법원 귀중

— 주식매수가격결정 신청서

<h1 style="text-align:center;">주식매수가격결정 신청서</h1>

채권자 ○○○
채무자 ○○○

신 청 취 지

1. 신청외 ○○주식회사를 20○○. ○. ○○. 흡수합병한 채권자의 주주인 채무자가 매수를 청구한 합병 전 채권자 발행 주식의 매수가격을 1주당 ○원으로 정한다.
2. 신청비용은 채무자가 부담한다.

신 청 이 유

1. 주식매수청구의 배경 사실 및 경위

ex. 채권자는 20○○. ○. ○○.자 이사회에서 신청외 ○○ 주식회사와의 합병계약 체결을 의결한 다음 20○○. ○. ○○.자 임시주주총회에서 위 흡수합병 승인 결의를 하였습니다. 그 후 채권자는 20○○. ○. ○○. 신청외 회사를 흡수합병하고, 20○○. ○. ○○. 합병등기를 경료하였습니다(소갑 ○호증).

2. 채무자의 매수 청구

ex. 합병 전 채권자의 주식 ○○○주를 보유하고 있던 채무자는 위 임시주주총회 전에 합병에 반대한 다음 200○. ○. ○○. 채권자에게 주식 ○○○주의 매수를 청구하였습니다(소갑 제○호증). 채무자의 위 청구 이후 현재까지 주식매수가격의 결정에 관한 합의가 이루어지지 않고 있습니다.

3. 채권자가 희망하는 주식매수가격

ex. 대법원은 회사의 합병 또는 영업양도 등에 반대하는 주주가 회사에 대하여 비상장 주식의 매수를 청구하는 경우, 그 주식에 관하여 객관적 교환가치가 적정하게 반영된 정상적인 거래의 실례가 있으면 그 거래가격을 시가로 보아 주식의 매수가액을 정하여야 한다고 판시하였습니다(대법원 2006. 11. 24.자 2004마1022 결정). 그런데 합병 전의 신청인 발행 주식은 실제로 다음과 같이 거래된 바 있습니다.

따라서 위와 같은 정상적인 거래의 실례에 비추어 보면 이 사건 합병에 관한 이사회결의 당시의 합병 전의 신청인 발행 주식은 1주당 금 ○원으로 봄이 상당합니다. 그러므로 채권자는 상법 제530조제2항, 제374조의2제4항에 의하여 귀원에 주식매수가격의 결정을 1주당 금 ○원으로 해 주실 것을 신청합니다.

20○○년 ○○월 ○○일
채권자 ○○○
○○ 지방법원 귀중

━ 주총회결의취소청구의 소장

소　장

원 고 ○○○

피 고 ○○○

청 구 취 지

1. 피고가 20○○. ○○. ○○자 ○○주주총회에서 ○○○한 결의를 취소한다.
2. 소송비용은 피고가 부담한다.

청 구 원 인

1. 주주총회결의의 존재

ex. 피고는 20○○. ○. ○○. 제○○회 정기주주총회를 개최하였습니다(갑 제○호증).

2. 주주총회결의에 취소사유가 존재함

ex. 이 사건 주주총회 소집통지가 발송된 20○○. ○. ○○.부터 피고의 주주명부는 폐쇄되므로 위 날짜 이후인 20○○. ○. ○○. 피고의 주식 ○○주를 이전받은 ○○○은 이 사건 주주총회에서 주주권을 행사할 수 없습니다. 그럼에도 불구하고 ○○○이 주주임을 전제로 이 사건 주주총회가 진행되어 이 사건 각 결의가 이루어졌습니다.

ex. 이 사건 주주총회 당일 ○○시에 의장 XXX는 폐회를 선언하였습니다. 그런데 ○○○는 폐회를 반대하며 폐회 선언이 무효라고 주장하였습니다. 이에 XXX가 자리를 피하자 ○○○는 스스로 임시의장이 되었다고 선언하며 이 사건 주주총회를 계속 진행하였습니다.

이처럼 이 사건 제○○회 정기주주총회에는 다수의 하자가 존재합니다. 이상과 같은 이유로 이 사건 주주총회결의는 위 하자로 인하여 취소되어야 할 것입니다.

20○○년 ○○월 ○○일

원고 ○○○

○○ 지방법원 귀중

— 주주총회결의취소청구에 대한 답변서

답 변 서

사 건 20○○가합○○○○   주주총회결의취소

원 고 ○○○

피 고 ○○○

청구취지에 대한 답변

1. 이 사건 청구를 기각한다.
2. 소송비용은 피고가 부담한다.

청구원인에 대한 답변

1. 주주총회결의의 적법, 유효성

– 주주총회결의가 적법함

ex. 피고의 주주명부가 20○○. ○. ○○. 폐쇄된 것은 맞습니다. 그러나 주주명부 폐쇄기간이더라도 회사에서 주주의 지위를 인정하여 주는 것은 가능하고, 원고는 이 사건 주주총회 이전에 해당 주식에 관하여 명의개서를 해 주었으므로 ○○○는 이 사건 주주총회에서 그 명의 주식에 관하여 적법하게 주주권을 행사할 수 있습니다.

– 주주 전원이 참석함

ex. 이 사건 주주총회 소집통지서에 제○호 안건이 안건으로 기재되지 아니하였다 하더라도, 이 사건 주주총회에 주주 전원이 참석한 사실은 당사자 사이에 다툼이 없는바, 이 사건 결의는 전원출석총회에서의 결의에 해당하므로 이 사건 결의는 유효합니다.

– 하자가 존재하더라도 치유됨

ex. 이 사건 주주총회 소집절차에 하자가 있다 하더라도 동일한 안건을 상정한 피고의 후속 주주총회결의가 20○○. ○. ○○. 이루어졌으므로 원고가 주장하는 하자는 치유되었다고 볼 것입니다.

2. 결론

20○○년 ○○월 ○○일

피고 ○○○

○○ 지방법원 귀중

— **주주총회결의무효확인청구의 소장**

소 장

원 고 ○○○

피 고 ○○○

청 구 취 지

1. 피고가 20○○. ○○. ○○자 ○○주주총회에서 별지 목록 기재 제○호 안건을 승인한 결의는 무효임을 확인한다.
2. 소송비용은 피고가 부담한다.

청 구 원 인

1. 주주총회결의 내용이 무효임

ex. 자본시장법 제165조의4제1항제1호, 동 시행령 제176조의5는 이 사건 합병과 같이 주권상장법인과 주권비상장법인이 합병하는 경우에는 각각 다음의 기준에 따라 합병가액을 산정하도록 규정하고 있습니다.

그런데 이 사건 합병비율에 대한 외부평가를 담당한 ○○회계법인은 위 기준과는 다른 방법으로 A 회사의 가치를 추정하고 추정하고 이를 전제로 수익가치를 ○○원으로 평가하여 이 사건 합병비율을 ○:○○로 산정하였습니다. 이는 현저하게 불공정하여 위 관련 규정에 위반한 것으로서 무효입니다.

그렇다면 이 사건 주주총회에서 한 이 사건 합병계약 승인결의 역시 무효입니다.

ex. 피고는 이 사건 주주총회에서 별지 목록 기재 제○호 안건이 찬성 ○○표, 반대 XX표, 기권 및 무효 ○○표로 집계되어 위 안건 승인 결의가 적법, 유효하게 이루어졌다고 주장합니다.

그런데 갑 제○호증에 의하면, 당시 찬반 결의를 집계하는 과정에서 실수로 찬성표와 반대표가 바뀌어 집계되는 일이 발생하였습니다. 따라서 이 사건 승인결의는 애초에 존재하지 않았던 것으로 무효입니다.

2. 결론

20○○년 ○○월 ○○일

원고 ○○○

○○ 지방법원 귀중

— 주주총회결의무효확인청구에 대한 답변서

답 변 서

사 건 201○가합○○○○   주주총회결의무효확인
원 고 ○○○
피 고 ○○○

청구취지에 대한 답변

1. 이 사건 청구를 기각한다.
2. 소송비용은 원고가 부담한다.

청구원인에 대한 답변

1. 주주총회결의 내용이 적법, 유효함
 – 관련 법령의 해석, 판례에 비추어 적법, 유효함
  ex. 피고가 이 사건 주주총회에서 한 임원선임결의는 새로운 임원선임결의가 아니라, 선행 주주총회에서 이루어진 임원선임결의를 추인하는 결의 혹은 조건부 결의로서 비록 선행 주주총회에서 선임된 이사, 감사 등이 사임하지 않은 상태에서 임원선임결의가 이루어졌다고 할지라도 적법, 유효한 것은 분명합니다. 그리고 주주총회에서 이사와 감사의 일괄선임을 금지하고 있는 상법 제542조의12 제5항은 상장회사에만 적용되는 것으로서 피고와 같은 비상장회사에는 위 규정이 적용되지 아니하므로 원고의 주장은 아무 이유 없습니다.
 – 원고의 주장에 근거가 없음
  원고는 이 사건 주주총회결의 당시 담당자의 실수로 찬성표와 반대표가 바뀌어 집계되었다고 주장하나, 이는 전혀 사실이 아닙니다. 원고는 아무 증거도 제출하지 못하고 있을뿐더러, 피고가 확인한 바에 의하면 당시 담당자는 아무 실수 없이 정확하게 표를 집계한 것으로 확인되었습니다(을 제○호증).

 2. 결론

20○○년 ○○월 ○○일
피고 ○○○
○○ 지방법원 귀중

— **주주총회결의부존재확인청구의 소장**

소 장

원 고 ○○○ 외 2

피 고 ○○○ 외 2

청 구 취 지

1. 피고가 20○○. ○○. ○○자 ○○주주총회에서 ○○○한 결의는 존재하지 아니함을 확인한다.
2. 소송비용은 피고가 부담한다.

청 구 원 인

1. 절차상 하자가 중대하여 주주총회가 부존재함
 – 주주총회 절차상 하자의 존재
 ex. 피고 ○○○는 20○○. ○. ○.자로 피고 회사의 임시주주총회를 개최하였습니다. 그런데 위 임시주주총회는 소집절차 및 안건 등에 중대한 하자가 있어 주주들 사이에 다툼이 있어 정상적인 총회 진행이 불가능하였습니다. 이에 의장은 임시총회의 종료를 선언하였습니다. 그럼에도 불구하고 피고들을 포함한 주주 5명이 무단으로 장소를 옮겨 원고들을 아예 배제한 채 임시총회(이하 '이 사건 임시총회'라고 합니다)를 실시하였고 이 사건 임시총회에서 이사 3인을 선임하였다면서 허위의 의사록을 작성하였습니다.
 – 해당 하자의 중대성
 ex. 이 사건 임시총회는 원고들을 처음부터 배제한 채 진행된 점, 임시주주총회가 종료되었음에도 불구하고 피고들은 아무런 권한도 없는 상태에서 임의로 이 사건 임시총회를 개최하여 동 총회의 개최 자체가 부적법하고 절차에 위반된 점 등을 감안하면, 이 사건 임시총회는 그 절차상 하자가 중대하여 아예 존재하지 않는 결의이므로 그 확인을 구합니다.

2. 결론

20○○년 ○○월 ○○일

원고 ○○○

○○ 지방법원 귀중

— 주주총회결의부존재확인청구에 대한 답변서

답 변 서

사 건 201○가합○○○○   주주총회결의부존재확인청구

원 고 ○○○ 외 2

피 고 ○○○ 외 2

청구취지에 대한 답변

1. 이 사건 청구를 기각한다.
2. 소송비용은 피고가 부담한다.

청구원인에 대한 답변

1. 원고의 청구에 대한 반박

– 주주총회에 절차상 하자가 존재하지 아니함

ex. 이 사건 임시총회는 원고들이 의사진행을 방해하고 총회장을 폐쇄하여 부득이 총회장소를 변경하여 적법하게 이루어졌습니다. 그 소집 및 결의 과정은 다음과 같습니다. (중략)

– 하자가 존재하더라도 중대하지 아니함

ex. 피고 ○○○은 원고의 부당한 총회 진행 방해행위를 마냥 방치할 수 없어 당시 남아있던 모든 주주들(원고들 포함)에게 총회 장소를 이동할 것을 고지하였고, 앞서와 같은 의결 절차를 다시 한 번 재확인하기 위하여 다시 개회를 하여 처음부터 총회를 진행하였습니다.

이 과정에서 원고들은 얼마든지 새 총회 장소로 이동하여 위 총회에 참석할 수 있었음에도 불구하고 스스로 기존 총회 장소에 남음으로써 자신들의 권리를 스스로 포기하였을 뿐입니다.

그 외 이 사건 임시총회는 그 결의가 존재하지 않는다고 할 만큼의 심각한 하자가 존재하지 않습니다.

2. 결론

20○○년 ○○월 ○○일

피고 ○○○

○○ 지방법원 귀중

━ 부당결의의 취소·변경의 소장

소 장

원 고 ○○○
피 고 ○○○

청 구 취 지

1. 주위적으로, 피고가 20○○. ○○. ○○자 ○○주주총회에서 ○○○한 결의를 취소한다.
2. 예비적으로, 피고가 20○○. ○○. ○○자 ○○주주총회에서 ○○○한 결의를 별지 목록과 같이 변경한다.
3. 소송비용은 피고가 부담한다.

청 구 원 인

1. 주주총회결의의 존재
ex. 피고는 20○○. ○. ○○. 제○차 정기주주총회를 개최하였습니다.

2. 원고가 상법 제368조제3항 규정에 의하여 의결권을 행사할 수 없었음
ex. 그런데 제○호 안건과 관련하여, 원고는 상법 제368조제3항의 이해관계인에 해당하여 의결권을 행사하지 못하였습니다(갑 제○호증).

3. 주주총회결의가 현저히 부당함
ex. 그런데 이를 빌미로 제○호 안건이 가결되었는데 위 안건은 원고의 주주권만 제약하는 내용으로서 주주평등의 원칙에 위반됩니다.

4. 원고가 의결권을 행사하였더라면 이를 저지할 수 있었음
ex. 원고는 피고의 주식 ○○주를 보유한 주주로서 총 주식 수의 ○○%의 지분을 갖고 있어서 원고가 의결권을 행사하였더라면 위 결의를 저지할 수 있었습니다.

5. 결의의 날로부터 2월 내에 소를 제기함
ex. 본건 제소가 위 주주총회일로부터 2월 내인 20○○. ○. ○○. 이루어진 것은 역수상 명백합니다.

6. 결론
ex. 원고는 주위적으로 위 결의를 취소하고, 예비적으로 위 결의를 별지 목록과 같이 변경할 것을 청구합니다.

20○○년 ○○월 ○○일
원고 ○○○
○○ 지방법원 귀중

— 부당결의의 취소·변경의 소에 대한 답변서

답 변 서

사 건 20○○가합○○○○　　　　부당결의의 취소 · 변경
원 고 ○○○
피 고 ○○○ 외 4

청구취지에 대한 답변

1. 이 사건 청구를 모두 기각한다.
2. 소송비용은 원고가 부담한다.

청구원인에 대한 답변

1. 주주총회결의의 적법 · 타당성
 – 주주총회결의 자체가 적법하고 타당함
　ex. 이 사건 주주총회결의 내용에는 아무런 문제가 없습니다. 제○호 안건은 사실은 원고뿐만 아니라 다른 주주인 A, B, C도 동등하게 적용받기 때문입니다. 그 이유는 다음과 같습니다. (중략)
 – 결의 내용에 일부 문제가 있다 하더라도 현저히 부당한 것이 아님
　ex. 가사 이 사건 제○호 안건에 대한 결의 내용에 다소 문제가 있다 하더라도 이는 현저히 부당한 것이 아닙니다. 원고로서는 주주권을 행사하는데 실제로는 아무런 영향도 받지 않기 때문입니다. 그 이유는 다음과 같습니다. (중략)
 – 원고가 의결권을 행사하였다 해도 어차피 동일한 결의가 이루어졌을 것임
　ex. 원고는 이 사건 주주총회결의 3개월 전에 보유 주식 ○%를 매도하여 주주총회결의 당시 불과 ○%의 주식만을 보유하고 있었습니다. 그런데 제○호 안건의 찬성 비율은 ○○%를 훨씬 뛰어넘는바, 원고가 의결권을 행사하였다 하더라도, 어차피 동일한 결의가 이루어졌을 것이 분명합니다.

　2. 결론

20○○년 ○○월 ○○일
피고 ○○○
○○ 지방법원 귀중

— 주주총회개최금지가처분 신청서

주주총회개최금지가처분 신청서

채권자 ○○○

채무자 ○○○

피보전권리의 요지

신 청 취 지

1. 채무자는 20○○. ○○. ○○. 개최하고자 하는 별지 목록 기재 안건을 회의의 목적 사항으로 하는 ○○주주총회를 개최하여서는 아니된다.
2. 신청비용은 채무자가 부담한다.

신 청 이 유

1. 피보전권리의 존재
 − 주주총회의 안건이나 절차가 위법함
 ex. 이 사건 임시주주총회는 무효인 이사회의 결의에 의하여 소집되었습니다. 그리고 이사회가 소수주주로부터 적법한 주주제안을 받고도 정당한 이유 없이 이를 의제나 의안으로 채택하지 아니하여 주주총회 소집절차가 위법합니다.
 − 주주총회결의취소의 소, 무효확인의 소, 부존재확인의 소를 제기할 예정임
 ex. 이에 따라 채권자는 이 사건 임시주주총회에서 결의가 이루어지더라도 결의취소의 소 또는 결의무효의 소를 통하여 사후적인 구제를 받기 앞서 주주총회의 개최를 가처분으로 금지시킬 필요가 있습니다.]

2. 보전의 필요성
 − 본안소송의 결과가 나올 때까지 기다리면 새로운 법률분쟁이 초래되거나 권리구제가 실현되지 아니함
 ex. 이 사건 임시주주총회가 개최되거나 그 총회에서 이사의 선임이 가결되는 경우 채권자들의 주주제안권 행사가 원천적으로 봉쇄될 우려가 있습니다. 나아가 이 사건 임시주주총회 결의의 부존재 혹은 결의의 무효 등의 여부에 대하여 새로운 법률 분쟁이 야기될 우려 또한 존재합니다. 따라서 가처분으로 이 사건 임시주주총회의 개최를 금지시킬 보전의 필요성은 넉넉히 인정됩니다.

20○○년 ○○월 ○○일
채권자 ○○○
○○ 지방법원 귀중

— 주주총회개최금지가처분 신청에 대한 답변서

답 변 서

사 건 20○○카합○○○○   주주총회개최금지가처분
채권자 ○○○
채무자 ○○○

신청취지에 대한 답변

1. 이 사건 신청을 모두 기각한다.
2. 신청비용은 채권자가 부담한다.

신청이유에 대한 답변

1. 피보전권리의 부존재
 — 주주총회의 안건이나 절차에 위법성 또는 하자가 존재하지 아니함
 ex. 이 사건 임시주주총회는 채권자들의 주주제안권을 침해하지 않았습니다. 이 사건의 경우, 채권자는 이 사건 임시주주총회 6주 전인 20○○. ○. ○○.까지 주주제안권을 행사하였어야 하나 위 기간을 준수하지 아니함으로써 주주제안권을 적법, 타당하게 행사하지 못하였기 때문입니다.

2. 보전의 필요성 부존재
 — 가처분결정이 없더라도 채권자의 권리를 해하지 아니함
 ex. 임시주주총회에 채권자의 안건이 상정되지 않는다 하더라도, 임시주주총회일로부터 불과 ○일만에 열리는 제○회 정기주주총회에서 채권자의 안건이 상정될 예정이므로 채권자는 이 때 의결권을 행사하면 충분합니다.
 ex. 이 사건 임시주주총회에서 다루어질 안건이 이 사건 정기주주총회에서 다루어질 안건의 효력을 제한하지도 아니하며 채권자들로서는 자신들의 의사를 정기주주총회에서도 얼마든지 관철시킬 수 있습니다. 그렇다면 임시주주총회의 개최 자체를 금지시킬 보전의 필요성은 전혀 존재하지 않습니다.

20○○년 ○○월 ○○일
채무자 ○○○
○○ 지방법원 귀중

— 주주총회결의금지가처분 신청서

주주총회결의금지가처분 신청서

채권자 ○○○

채무자 ○○○

피보전권리의 요지

신 청 취 지

1. 채무자가 20○○. ○○. ○○. 소집한 20○○. ○○. ○○부터 (장소)에서 별지 목록 기재의 결의사항을 위한 ○○주주총회에서 별지 목록 기재 ○○안건에 관하여 결의를 하여서는 아니된다.
2. 신청비용은 채무자가 부담한다.

신 청 이 유

1. 피보전권리의 존재
 － 주주총회 안건이 채권자의 권리를 해함
 ex. 채무자 회사가 미리 공고한 것처럼 자본감소결의를 하려는 것은 채권자의 지분 확보에 대하여 오로지 경영권을 방어하기 위해서인데, 이는 채권자의 지분을 의도적으로 낮추기 위한 것으로서 불공정합니다.

2. 보전의 필요성
 － 가처분이 인용되지 아니하면 채권자 권리구제가 사실상 불가능함
 ex. 이 사건 가처분이 인용되지 아니하면 경영진의 의도대로 채권자의 지분은 희석되어 제1대 주주에서 제2대 주주로 변경되어 불이익을 받게 됩니다. 그리고 이러한 불이익은 사후에 구제하는 것이 사실상 불가능합니다.
 － 채무자에게 부당한 불이익이 가해지지 아니함
 ex. 채무자 회사는 현 시점에서 자본감소결의를 할 필요성이 없고 오로지 최대주주인 채권자의 지분을 희석하기 위하여 이 사건 안건을 상정한바, 이 사건 가처분결정에 의하여 채무자 회사가 입게 되는 불이익은 존재하지 않습니다.
 ex. 채무자 회사는 이 사건 가처분신청이 인용되더라도 나중에 다시 기준일을 정하여 임시주주총회에서 동일한 결의를 할 기회가 있으므로, 이 사건 가처분신청이 인용되더라도 그로 인한 불이익은 거의 존재하지 않습니다.

20○○년 ○○월 ○○일
채권자 ○○○
○○ 지방법원 귀중

— 주주총회결의금지가처분 신청에 대한 답변서

답 변 서

사 건 20○○카합○○○○   주주총회결의금지
채권자 ○○○
채무자 ○○○

신청취지에 대한 답변

1. 이 사건 신청을 기각한다.
2. 신청비용은 채권자가 부담한다.

신청이유에 대한 답변

1. 피보전권리의 부존재
 – 채권자의 주장은 사실이 아님
 ex. 채권자들은 경영권 분쟁이 현실화되었다고 주장하나, 이는 전혀 사실이 아닙니다. 채권자는 20○○. ○. ○○. 기준 ○○%의 지분만을 보유하고 있는데, 채무자는 무려 ○○%의 지분을 보유하고 있어 애초에 그 차이가 상당합니다.
 – 주주총회결의 내용은 적법함
 ex. 채무자 이사회의 이 사건 자본감소결의는 채무자 회사의 재무구조를 개선하기 위한 것으로 채무자 회사에 꼭 필요한 것이고 적법, 타당합니다.

 2. 보전의 필요성 부존재
 – 주주총회결의가 진행되더라도 채권자 권리를 침해하지 아니함
 ex. 이 사건 가처분 신청이 기각되고 이 사건 자본감소결의가 그대로 진행된다 하더라도 채권자는 애당초 어떠한 불이익도 입지 않습니다. 따라서 이 사건 가처분 신청의 보전의 필요성 또한 인정되지 않습니다.
 – 본안소송만으로도 사후 구제 가능
 ex. 채권자는 가처분 신청이 아니라 본안소송에 의하여 종국적으로 권리를 구제받을 수 있습니다. 그런데 채권자에게 달리 급박한 위험이나 현저한 손해가 발생하지 않았으므로, 본안소송 제기로 충분합니다.

20○○년 ○○월 ○○일
채무자 ○○○
○○ 지방법원 귀중

— 주주총회결의효력정지가처분 신청서

주주총회결의효력정지가처분 신청서

채권자 ○○○

채무자 ○○○ 외 3

신 청 취 지

1. 채권자의 채무자 ○○에 대한 ○○소송의 본안판결 확정시까지 채무자가 20○○.
   ○○. ○○자 ○○총회에서 한 별지 목록 기재 각 결의의 효력을 정지한다.
2. 신청비용은 채무자가 부담한다.

신 청 이 유

1. 피보전권리의 존재
   - 채권자가 주주인 점
   ex. 채권자는 채무자 회사의 주식을 보유한 주주입니다(소갑 제○호증).
   - 주주총회에 결의취소사유 등이 존재하는 점
   ex. 채권자는 채무자 회사의 주주로서 주주총회결의에 하자가 있을 경우에는 그 취소를 구할 수 있습니다(상법 제376조). 그런데 이 사건 정기주주총회에는 채무자의 발행주식 총수 ○○주 중에서 ○○주를 보유한 채무자들만 참석하였고, 채권자는 결의에 참석하지 아니하였습니다. 그럼에도 불구하고 채무자 회사는 채권자가 보유한 주식은 의사정족수의 대상인 총 발행주식수 산입대상에 포함되지 않는다면서 이 사건 정기주주총회의 진행과 결의를 강행하였습니다. 이는 명백히 위법한 총회로서 그 결의에 취소사유가 존재합니다.

2. 보전의 필요성
   - 주주총회결의의 효력을 정지하지 아니할 경우 채권자가 손해를 입음
   ex. 이 사건 결의의 효력을 정지하지 않고 채무자들이 채무자 회사의 사내이사 또는 기타 비상임이사로서의 직무를 계속 집행하게 할 경우에는 채권자 및 정당한 주주들의 주주권이 침해됩니다.
   - 해당 손해는 사후 구제가 어려우며 긴급히 구제될 필요가 있음
   ex. 채권자로서는 이 사건 정기주주총회 결의취소의 소를 제기하는 등으로 본안소송에 의하여 다투려고 하더라도 오랜 시간과 노력이 필요한 상태이며, 본안판결의 확정에 의하여 위 채무자들의 이사선임을 무효화하더라도 이미 회복할 수 없는 손해가 발생한 이후가 될 것입니다. 따라서 이 사건 가처분을 인용할 필요가 있습니다.

20○○년 ○○월 ○○일

채권자 ○○○

○○ 지방법원 귀중

— 주주총회결의효력정지가처분 신청에 대한 답변서

답 변 서

사 건 20○○카합○○○○   주주총회결의효력정지가처분
채권자 ○○○
채무자 ○○○ 외 3

신청취지에 대한 답변

1. 이 사건 신청을 기각한다.
2. 신청비용은 채권자가 부담한다.

신청이유에 대한 답변

1. 피보전권리의 부존재
 – 주주총회결의에 취소사유 등이 존재하지 아니함
ex. 채권자와 소외 ○○○는 이 사건 정기주주총회일 한참 전인 20○○. ○○. ○○. 채무자 ○○○에게 보유주식 ○○주를 매도하였습니다(소을 제○호증). 이에 따라 채권자와 소외 ○○○가 이 사건 정기주주총회 당시 보유하고 있던 주식은 총 ○○주로서 위 주식 수를 제외하더라도 의사정족수에는 아무 영향이 없고 이 사건 정기주주총회에는 어떠한 무효 또는 취소사유가 존재하지 않습니다.

2. 보전의 필요성 부존재
 – 현저한 손해의 부재
ex. 이 사건 정기주주총회 결의에는 무효 또는 취소사유가 존재하지 않고, 소수주주에 불과한 채권자들에게 어떠한 손해도 발생하지 않았습니다.
 – 급박한 위험의 부재(본안소송만으로도 사후 구제 가능)
ex. 이 사건 가처분 신청의 취지는 피보전권리에 관한 본안 소송의 판결 확정시까지 이 사건 주주총회 결의의 효력을 정지해 달라는 것입니다. 그런데 지분율이 극히 미약한 소수주주들에 불과한 채권자들에게 도대체 어떠한 현저한 손해나 급박한 위험이 있다는 것인지 아무런 소명도 이루어지지 않았습니다.

20○○년 ○○월 ○○일
채무자 ○○○
○○ 법원 귀중

부 록

상장회사 표준주주총회 운영규정

사단법인 한국상장회사협의회

제정 1991. 12. 23.

개정 1999. 2. 9. 2000. 2. 10. 2012. 4. 2.

제1장 총 칙

제1조(목적) 이 규정은 ○○○주식회사(이하 "회사"라 한다)가 주최하는 주주총회(이하 "총회"라 한다)의 적정하고도 효율적인 운영을 위하여 필요한 사항을 규정함을 목적으로 한다.

제2조(적용범위) 이 규정은 총회에 출석하는 주주, 그 대리인 및 그 밖의 모든 총회 출석자에게 적용한다.

제2장 회의장의 준비 등

제3조(회의장의 준비) 회사는 총회가 원활하게 개최될 수 있도록 회의장을 준비하고, 접수 사무, 회의에 관한 모든 기록, 집계 기타의 사무 및 회의장의 경비 등을 충실하게 수행하여야 한다.

제4조(직원의 배치) 회사는 제3조에 의한 사무의 수행을 위하여 필요한 직원들을 회의장에 배치하여 의장, 이사, 주주들의 활동을 보조하고 그들에게 모든 편의를 제공하도록 하여야 한다.

제3장 주주 등의 출석

제5조(주주본인의 출석) 총회에 출석하려는 주주는 본인을 증명하는 신분증을 제시하거나 그 밖의 방법으로 그 자격을 증명하여야 한다.(개정 2012.4.2)

제6조(주주의 대리인의 출석) ①총회에 출석하는 주주의 대리인은 대리권을 증명하는 서면을 회사에 제출하여야 한다.(개정 1999.2.9)
②주주의 법정대리인이나 그 밖의 자격에 의하여 당연히 주주를 대리할 권한이 있는 사람은 그 자격을 증명하는 자료를 회사에 제출하여야 한다.

제7조(법인주주의 대표자 등의 출석) ①법인 기타 단체의 대표자가 출석하는 경우에는 제6조 제2항에 따른다.
②법인 기타 단체의 임·직원은 제6조 제1항에 따른다.

제8조(개회전후의 주주들의 출석) 주주(대리인을 포함한다. 이하 같다)는 총회의 개회 전에 회의장에 입장하는 것을 원칙으로 한다. 그러나 개회 후에도 총회가 진행되는 동안에는 회의장에 입장하여 의사진행에 참가할 수 있다.(개정 2012.4.2)

제9조(이사 등의 출석) ①이사와 감사는 부득이한 사정이 없는 한 총회에 출석하여야 한다.(개정 2012.4.2)
※ 감사위원회를 설치하는 경우에는 감사를 삭제하여야 함.
②검사인, 외부감사인은 법령에 의한 경우 이외에 의장이나 대표이사의 요청이 있을 경우에는 총회에 출석할 수 있다.(개정 2012.4.2)
③법률고문, 공증인, 회사의 관계직원 기타의 사람은 의장이나 대표이사의 요청이 있을 경우 총회에 출석할 수 있다.

제10조(방청) 다음의 사람은 회사의 허가를 얻어 회의장에 입장할 수 있다.
  1. 신체장애자의 거동을 보좌하는 자(개정 2012.4.2)
  2. 외국인 주주의 통역인(개정 2012.4.2)
  3. 언론관계자
  4. 그 밖에 방청을 희망하는 자

제11조(유해물의 소지금지) 누구라도 총회의 평온을 해칠 위험이 있는 물건을 소지하고 회의장에 입장하여서는 아니된다.

제12조(입장자격 등의 조사) 회사는 회의장의 접수처 및 회의장에서 입장자격 및 제11조의 위반유무을 조사할 수 있다.(개정 2012.4.2)

제4장 의 장

제13조(의장이 되는 자) ①총회의 의장은 정관 제○조에 정해진 자가 된다.

②상법 제366조 제2항에 의하여 소수주주가 소집한 총회에서는 이를 소집한 주주 또는 그 대표자가 임시의장으로서 총회를 개회하고 즉시 그 총회에서 당일의 의장을 선출한다. 다만, 법원에 의하여 임시의장으로 선임된 자가 있는 경우에는 그 자가 임시의장이 된다.(개정 2012.4.2)

제14조(의장의 질서유지권) 의장은 회의장의 질서를 유지하기 위하여 직원과 경비원에게 적절한 조치를 지시하고 나아가 경찰관에게 협조를 구하는 등 필요한 조치를 취할 수 있다.

제15조(퇴장명령) 의장은 다음의 사람에게 퇴장을 명할 수 있다.
1. 주주 또는 그 대리인이라고 하여 출석한 자가 실제로는 그 자격이 없는 것으로 밝혀진 때
2. 의장의 지시에 따르지 않는 자
3. 고의로 의사진행을 방해하기 위한 발언·행동을 하는 등 현저히 회의장의 질서를 문란하게 하는 자(개정 2000.2.10)

제16조(의장에 대한 불신임) ①주주는 아래의 사유가 있는 경우에 의장에 대한 불신임의 동의를 제기할 수 있다.
1. 의장이 심의할 또는 심의중인 의안에 대하여 특별한 이해관계를 가지고 있는 때
2. 의장의 의사진행이 법령, 정관 또는 이 규정에 어긋날 때
3. 의장의 의사진행이 심히 불공정한 때

②의장은 당해 불신임동의의 심의에 대하여도 의장의 직무를 행할 수 있다.

③의장에 대한 불신임동의가 총회에서 가결된 때에는 정관 제○조에 의한 다음 순위의 사람이 의장이 된다.

④의장에 대한 불신임동의가 총회에서 부결된 때에는 그 이후에 생긴 사유에 의하지 아니하고는 다시 의장에 대한 불신임동의를 제기할 수 없다.

제5장 개   회

제17조(개회의 선언) ①예정된 개회시각이 되면 의장은 총회의 개회를 선언한다. 그러나 부득이한 사정이 있는 때에는 개회시각을 늦추어 그 사유가 해소되는 즉시 개회를 선언할 수 있다.(개정 1999.2.9)

②예정된 개회 시각보다 상당한 시간이 지나도 개회할 수 없는 경우 의장은 출석한 주주들에게 그 사유를 알리고 그 사유에 따라 총회의 불성립을 선언한다.(개정 2012.4.2)

제18조(출석주식수 보고) 의장은 개회 선언 후 의사일정에 들어가기 전에 총회에 출석주주 및 그 주식수를 보고하여야 한다.(개정 2012.4.2)

제6장 의사진행

제19조(의안상정의 순서) ①의장은 소집통지서에 기재된 순서에 따라 의안을 총회에 상정한다. 그러나 상당한 이유가 있는 때에는 의장은 그 이유를 말하고 그 순서를 바꾸어 상정할 수 있다.

②의장은 효율적인 심의를 위하여 복수의 의안을 일괄하여 상정할 수도 있고, 1개의 의안을 분할하여 상정할 수도 있다.

제20조(의사 등의 보고, 설명) ①의장은 총회의 보고사항과 의안에 관하여 담당이사 또는 감사에게 보고와 설명을 하도록 요청할 수 있다. 이 경우 이사감사는 자신이 이를 설명하거나 그 보조자로 하여금 이를 대신하게 할 수 있다.

※ 1. 감사위원회를 설치하는 경우에는 "감사"를 "감사위원회 대표"로 변경하여 규정하여야 함.

2. 집행임원을 설치한 경우 "담당이사"를 "담당집행임원"으로, "이사"를 "집행임원"으로 변경하여 규정하여야 함.(주석변경 2012.4.2)

②의장은 주주제안을 한 주주의 청구가 있는 때에는 주주총회에서 당해 의안을 설명할 기회를 주어야 한다.(신설 1999.2.9)

제21조(발언의 허가) 주주는 의장에게 발언권을 요청하여 의장의 허가를 얻은 후에 발언하여야 한다.

제22조(발언권의 부여순서) ①주주들에 대한 발언권 부여의 순서는 의장이 결정한다.

②의장은 위의 순서를 결정함에 있어서 아래의 사항을 참작하여야 한다.

1. 발언권을 요청한 순서

2. 발언횟수(1회라도 발언한 자인지 여부)(개정 2012.4.2)

3. 찬반 균형(직전 발언자와 같은 의견을 가진 자인지 반대의견을 가진 자인지 여부)(개정 2012.4.2)

제23조(발언의 방법) ①주주는 먼저 주주번호와 자기성명(또는 상호)을 밝히고 발언하여야 한다.

②주주는 의제와 관련된 내용을 중심으로 간단명료하게 발언하여야 한다.(개정 2012.4.2)

제24조(발언의 제한) 의장은 원활한 의사진행을 위하여 다음과 같이 주주들의 발언을 제한할 수 있다.

1. 1의제에 1회
2. 1회의 발언시간 5분 이내

제25조(발언의 금지 등) 의장은 다음과 같은 발언에 대하여는 그 금지 또는 취소를 명할 수 있다.

1. 중복된 발언
2. 의제와 관계없는 발언
3. 공서양속에 어긋나는 발언
4. 의장의 지시에 따르지 않는 발언
5. 그 밖에 총회의 의사진행을 방해하는 발언

제26조(설명담당자의 지명) 주주로부터 특정이사·감사에 대하여 질문이 있을 때라도 의장은 당해 질문에 적절한 설명을 할 수 있는 자를 지명하여 응답하게 할 수 있다.(개정 2012.4.2)

※ 감사위원회를 설치하는 회사는 "감사"를 "감사위원회 대표"로 변경하여 규정하여야 함.(주석변경 2012.4.2)

제27조(설명의 거절) 주주의 질문이 다음 사유에 해당하는 경우에는 설명을 거절할 수 있다.

1. 질문사항이 회의의 목적사항에 관한 것이 아닐 때
2. 설명을 함으로써 주주공동의 이익을 현저하게 해하는 경우
3. 설명을 하기 위해서는 조사를 필요로 하는 경우
4. 질문이 중복되는 경우
5. 그 외 정당한 사유가 있을 때

제28조(수정동의) ①주주는 상정된 의안에 관하여 그 동일성을 해치지 않는 범위 내에서 수정동의를 제출할 수 있다.

②수정동의가 성립한 때에는 의장은 총회에 이의 채택여부를 묻는다. 그러나 의장은 이 절차를 생략하고 바로 그 동의를 심의에 부칠 수 있다.

③의장은 수정안과 원안을 일괄하여 총회의 심의에 부칠 수 있다.

제29조(의사진행에 관한 동의) ①주주는 의사진행과 관련하여 다음의 동의를 제출할 수 있다.

1. 총회의 연기, 속행
2. 검사인의 선임

3. 외부감사인의 출석 요구

4. 의장의 불신임

②제1항의 동의가 제출된 경우 의장은 총회에 그 동의의 채택여부를 묻는다.

③제1항에서 정한 이외의 의사진행에 관한 동의가 제출된 경우에 그 채택여부는 의장이 결정한다.

제30조(동의의 각하) 의장은 다음 각호에 해당되는 동의는 채택하지 아니한다.(개정 2012.4.2)

1. 당해 수정동의에 관한 의안이 심의에 들어가지 아니하였거나 심의를 종료한 경우

2. 이미 부결된 동의와 동일한 내용인 경우(개정 2012.4.2)

3. 총회의 의사를 방해할 목적으로 제출된 경우(개정 2012.4.2)

4. 부적법하거나 권리남용에 해당되는 경우

5. 그 이외에 합리적 이유가 없는 것이 명백한 경우

제31조(연기 또는 속행) ①총회의 연기 또는 속행은 총회의 결의에 의하여야 한다.

②제1항의 연기 또는 속행을 결의하는 경우에는 그 연회 또는 계속회의 일시, 장소를 정하여야 한다.

③연회 또는 계속회의 회일은 총회일로부터 2주간 이내이어야 한다.

④연기 또는 속행의 결의가 이루어진 때에는 의장은 그 뜻을 말하고 그 날의 총회의 산회를 선포한다.

제32조(휴식) 회장은 의사진행상 필요하다고 인정되는 경우에는 짧은 시간동안 휴회를 선언할 수 있다.

제33조(질의, 토론의 종료) 의장은 의안에 대하여 충분한 질의와 토론이 이루어졌다고 인정되는 때에는 질의와 토론을 종료하고 총회에 의안에 대한 가부를 물을 수 있다.

제34조(의사진행의 일반원칙) 의사진행에 관하여 이 규정에서 정하고 있지 아니한 사항은 의사진행의 일반원칙과 관례에 따른다.

제7장 표 결

제35조(일괄표결) 의장은 복수의 의안에 대하여 일괄해서 표결에 부칠 수 있다.

제36조(표결의 순서) 의안에 대해 수정동의가 제출된 경우에는 먼저 수정동의에 대하여 가부를 묻는다. 복수의 수정동의가 제출된 경우에는 원안의 내용과 거리가 먼 것부터 순차로 가부를 묻는다. 그러나 일괄 심의한 경우에는 원안을 수정동의보다 먼저 표결에 부칠 수 있다.

제37조(표결의 방법) 의안에 대한 가부를 묻는 방법은 기립, 거수, 투표, 기타의 방법 중에

서 총회의 특별한 결의가 없는 한 의장이 정한다.(개정 2012.4.2)

제37조의2(집중투표) ①상법 제382조의2에 의하여 2인 이상의 이사의 선임을 목적으로 하는 총회에서 집중투표의 방법으로 이사를 선임하는 경우에는 의장은 결의에 앞서 집중투표의 방법에 의한 이사선임 청구가 있었다는 취지를 알려야 한다.

②집중투표의 방법으로 이사를 선임하는 경우에는 투표의 최다수를 얻은 자부터 순차적으로 이사에 선임되는 것으로 한다.

※ 집중투표제를 채택하는 경우에만 해당되는 조항임.(본조신설 1999.2.9)

제38조(의결정족수) ①총회의 모든 결의는 법령 또는 정관에 특별한 규정이 있는 경우를 제외하고는 출석한 주주의 의결권의 과반수와 발행주식총수의 4분의 1 이상의 찬성에 의한다.(개정 1999.2.9)

②이때에 기권표, 무효표는 모두 출석한 주주의 의결권수에 포함한다.

제39조(표결결과의 선포) 의장은 의안에 대한 표결이 종료된 때에는 즉시 그 결과를 선언하여야 한다. 이 경우 의장은 그 의안의 결의에 필요한 찬성수를 충족한다는 것 또는 충족하고 있지 않다는 것을 선언하는 것으로 족하며, 찬부의 수를 선언하는 것을 필요로 하지 아니한다.

제40조 (삭제 1999.2.9)

제8장 폐　회

제41조(폐회선언) 의장은 의사일정을 모두 마친 다음 총회의 폐회를 선언한다.

제9장　의사록 등

제42조(의사록의 작성) ①의장은 총회를 마친 뒤 지체 없이 총회의사록을 작성한다.

②의장이 이를 지체할 때에는 대표이사가 이를 작성한다.

※ 집행임원을 설치한 경우 제2항의 "대표이사"를 "대표집행임원"으로 변경하여 규정하여야 함.(주석신설 2012.4.2)

제43조(의사록 등의 비치·공시) ①총회의 의사록은 작성된 직후부터 계속하여 회사의 본·지점에 비치하고 주주와 회사채권자들의 열람·등사에 응하여야 한다.

②총회의 참석장·위임장 그 밖의 총회에 관한 서류는 총회의 종료시부터 1년간 회사에 보존하고 주주 또는 그 밖의 이해관계자의 요구가 있을 때에는 이들의 열람·등사에 응하여야 한다.

제10장 규정의 개정

제44조(규정의 개정) 이 규정의 개정은 총회의 결의에 의한다.

부   칙

이 규정은 19 년 월 일부터 시행한다.

부   칙

이 규정은 1999년 2월 9일부터 시행한다. 다만, 제37조의2는 1999년 6월 29일부터 시행한다.

부   칙

이 규정은 2000년 2월 10일부터 시행한다.

부   칙

이 규정은 2012년 ○월 ○일부터 시행한다. 다만, 제13조 제2항의 개정내용은 2012년 4월 15일부터 시행한다.

상장회사 영업보고서 표준예시

사단법인 한국상장회사협의회

제정 1985. 10. 11.

개정 2013. 1. 3.

○○○○주식회사

제○○기(20○○년 1월 1일부터 20○○년 12월 31일까지)

1. 회사의 개황

1) 회사의 목적

①

②

주) 회사의 목적은 원칙적으로 정관에 규정된 사업목적을 기재한다.

2) 중요한 사업의 내용

주) 정관에 규정된 사업내용 중에서 회사경영에 비중이 큰 중점사업의 내용과 그 현황 및 경과 등을 간략하게 기술한다.

3) 영업소 및 공장현황

영업소 및 공장의 명칭	중요 사업내용 또는 제품	소　재　지

주) 사업 또는 제품의 비중 및 중요도에 따라 순차적으로 기재한다.

4) 종업원 현황

년 월 일 현재

구　분	사 무 직	기 술 직	기　타	계
남녀				
계				

주) 종업원 현황은 사업년도 종료일 현재 인원을 기준으로 한다.

5) 회사의 기구도표

주) 회사의 기구도표(편제표)는 법정의무사항은 아니나 회사의 조직관리체계에 대한 이해를 돕기 위하여 가급적 기재한다.

6) 주식에 관한 사항

① 발행한 주식의 종류와 수

(단위 :   )

주식의 종류	주 식 수	금 액	구 성 비	비 고
보통주식				
○○○주식				
ㅁㅁㅁ주식				
…				
계				

주) 1. "주식의 종류"는 보통주식 외에 복수의 종류주식을 발행하는 경우 '○○○주식'으로 구분하
　　여 기재한다.
　　2. 금액에는 액면주식의 경우에는 액면총액을, 무액면주식의 경우에는 자본금으로 계상하는
　　총액을 기재한다.
　　3. 비고란에는 해당 주식의 주요 권리내용을 기재한다.
　　　Ex) 기명, 무의결권, 배당우선, 존속기한부, 주주전환

② 자본금 변동 상황

(단위 :   )

년월일	주식의 종류	주 식 수	증(감)자금액	증(감)자후자본금	증(감)자내용

주) 1. 최근 5년간의 증(감)자 내역을 기재한다.
　　2. "주식의 종류"는 보통주식 외에 복수의 종류주식을 발행하는 경우 '○○○주식'으로 구분하
　　여 기재한다.
　　3. 증자내용은 유상증자, 준비금의 자본금전입, 주식배당 등으로 구분하고, 감자내용은 실질감
　　자, 명목감자 등으로 구분하여 기재한다.

③ 주식사무

결 산 일		월 일		
주주명부 폐쇄기간		~ 부터 ~ 까지	기 준 일	월 일
공고방법		www.○○○.… / ○○ 신문		
주권의 종류				
주식업무 대행기관	대리인의 명칭			
	사무취급장소			

주) 1. 주주명부폐쇄기간과 기준일을 병행하는 경우 양자를 모두 기재한다.
　　2. 공고방법이 상법에 따른 전자적 방법에 의한 경우 회사 인터넷 홈페이지 주소를 기재하고,
　　관보 또는 일간신문 등의 예비적 공고방법을 부기한다.

7) 사채에 관한 사항

(단위 :   )

사채의 종류	발행일자	발행금액	이 자 율	발행잔액	상환일자	지급보증기관

주) 결산일 현재 미상환사채의 경우에는 보증기관을, 전환사채의 경우에는 전환의 조건 등을 비고
란 또는 별도 주석사항으로 기재한다.

2. 영업의 경과 및 성과

1) 영업의 개황

주) 1. 영업의 개황에는 국내·외 영업환경과 동종업계의 현황 및 회사가 업계에서 차지하는
지위와 비중 등과 함께 회사의 당해년도 영업실적을 간략하게 기술한다.
2. "5. 회사가 대처할 과제"(본 예시 7면 참조)에 관한 보고내용이 필요한 경우 본 영업의
개황에 연속하여 기재하여도 무방하며 이 경우에는 그 사항을 당해 항목에 주기한다.

2) 주요사업부문 또는 제품의 생산현황

(단위 :   )

생산상황 / 사업부문별 또는 주요제품별	생 산 실 적			
	수 량		금 액	
	제 ○○ 기	제 ○○ 기	제 ○○ 기	제 ○○ 기
합 계				

주) 생산실적은 최근 2개년도분의 결산실적을 비교하여 기재한다.

3) 제품 판매실적

(단위 :   )

생산상황 / 사업부문별 또는 주요제품별	판 매 구 분	판 매 실 적			
		수 량		금 액	
		제 ○○ 기	제 ○○ 기	제 ○○ 기	제 ○○ 기
	내 수				
	수 출				
	계				
합 계	내 수				
	수 출				
	계				

주) 판매실적은 최근 2개년도분의 결산실적을 비교하여 기재한다.

4) 주요설비 신설 및 확장과 자금조달상황

(단위 :   )

주요설비	주요내용 (신설 및 확장)	금 액	자금조달
합 계			

주) 1. 당기 중에 주요한 설비확장의 진행경과 또는 설비의 신설현황 등을 기재한다.
　　2. 자금조달상황은 당기 중 주요설비확장 또는 설비에 소요된 자금의 조달방법 즉 증자, 사채
　　　발행 또는 차관 등 충당재원의 내역을 기재한다.

3. 모회사, 자회사 및 기업결합 사항 등

1) 모회사 현황

(단위 :   )

모 회 사 의 상 호			
모 회 사 의 주 소			
자 　 본 　 금		주 요 사 업	
소 유 주 식 수		소 유 비 율	
모회사와의 주요거래상황			

주) 1. 모회사는 당회사 발행 주식총수의 50%를 초과하여 소유하고 있는 법인 대주주를 말한다.
　　2. 모회사와의 거래관계는 원료나 제품의 구입, 판매상황 등을 기재한다.

2) 자회사 현황

(단위 :   )

자	회	사	당사와의 관계		
상 호	소 재 지	자본금 (원)	주요업종	소유주식수(주)	소유비율 (%)	거래관계

주) 1. 자회사는 당사가 타회사 발행주식의 50%를 초과하여 소유하고 있는 경우 그 타회사를 말
　　　한다.
　　2. 소유주식수와 비율은 당회사가 자회사주식을 소유하고 있는 내용을 기재한다.
　　3. 거래관계는 주요제품 원료 등의 판매나 구입내용을 기재한다.

3) 모·자회사에 대한 임원 겸직상황

겸 직 임 원		겸 직 회 사			비 고
성 　 명	직 　 위	회 사 명	직 　 위	담 당 업 무	

4. 최근 3년간 영업실적 및 재산상태

  1) 영업실적

　　주) 영업실적은 개별(별도)기준으로 작성하되, 손익계산서를 요약하여 기재한다. 다만, 연결대
　　　상회사의 현황은 '11. 기타 영업에 관한 중요한 사항'에 부기할 수 있다.

  2) 재산상태

　　주) 재산상태는 개별(별도)기준으로 작성하되, 재무상태표를 요약하여 기재한다. 다만, 연결대
　　　상회사의 현황은 '11. 기타 영업에 관한 중요한 사항'에 부기할 수 있다.

5. 회사가 대처할 과제

  주) 1. 현재의 경영환경에서 기업의 유지발전을 위한 대처방안과 신제품의 개발, 판매전략, 자금계
　　　　획 등 향후의 주요경영계획에 대하여 기재한다.
　　　2. 본 보고항목은 편성상 "2. 영업의 경과 및 성과" 항목 중 "1) 영업의 개황(본 예시4면 참조)"
　　　　에 포함시켜 기재할 수 있다. 이 경우에는 그 사실을 본란에 주기하여야 한다.

6. 이사 및 감사 등의 현황

상근·비상근	성 명	직 위	담당업무 또는 주 된 직 무	회사와의 거래관계	비 고

주) 1. "직위"에서 이사의 등기유형(사내이사, 사외이사, 기타 비상무이사) 및 감사위원 여부를 구분
　　　하여 기재한다. Ex) 대표이사 사장(사내이사), 감사위원(사외이사)
　　2. "비고"란에는 사외이사, 기타 비상무이사 및 비상근감사의 주된 직업, 사업년도 중에 퇴임한
　　　이사 및 감사의 퇴직시기, 다른 회사의 임직원을 겸임·겸직하는 경우 그 내용을 기재한다.
　　3. 상법상 집행임원제도를 도입한 회사는 개별 집행임원의 현황도 기재한다.

7. 대주주 현황

(단위 :   )

주 주 명	소유주식수(주)	소유비율(%)	회사와의 거래관계	비 고

주) 대주주는 당회사 소유주식수 상위 5인까지를 기재하며, 각 대주주의 지분은 상법상 특수관계인의
　소유주식수를 합산하여 기재한다.

8. 회사, 회사 및 자회사 또는 회사의 자회사의 타회사에 대한 출자현황

(단위 :   )

타회사 명칭	투자 및 출자회사 (당사 또는 자회사)	다른 회사에 출자한		당사에 출자한 타회사의	
		소유주식수 (주)	소유비율 (%)	소유주식수(주)	소유비율(%)

주) 1. 당사가 단독으로, 당사와 자회사가 공동으로 또는 자회사가 단독으로 다른 회사가 발행한 주식
　　의 10%를 초과하여 소유하는 경우 그 소유주식수와 소유비율 및 회사명을 기재한다.
　　2. 타회사가 당사의 주식을 소유하고 있을 경우 그 주식수와 소유비율도 기재한다.

9. 주요채권자 등

(단위 :　　)

채 권 자 명	채권액(백만원)	소유주식수(주)	소유비율(%)	비　　고

주) 주요채권자가 당사의 주식을 소유하고 있는 경우에는 그 소유주식수와 소유비율을 기재한다.

10. 결산기 후에 생긴 중요한 사실

주) 결산일 이후 경영상에 중요한 영향을 미치는 사실이 발생된 경우에 그 내용을 기재한다.

11. 기타 영업에 관한 중요한 사항

주) 1. 지금까지 열거한 이외의 사항으로서 회사의 영업상황을 이해하는 데 필요한 정보를 기재한다.
　　2. 본 보고항목은 "4. 최근 3년간 영업실적 및 재산상태" 중 "1) 영업실적 및 2) 재산상태"에 관하
　　여 연결재무제표 작성대상회사의 현황을 포함하여 기재할 수 있다. 이 경우에는 그 사실을 본
　　란에 주기하여야 한다.

상장회사 감사보고서 표준예시

사단법인 **한국상장회사협의회**

제정 1985. 8.

개정 2003. 1. 22. 2012. 4. 30.

【일러두기】

1. 본 상장회사 감사보고서 표준예시는 상법 제447조의4제2항의 규정에 의한 "감사보고서"의 표준이 될 수 있는 작성형식과 기재예를 제시한 것임.

2. 감사 또는 감사위원회는 상법 제447조의4제1항의 규정에 의하여 대표이사로부터 재무제표 등 서류를 제출받은 날로부터 4주간 이내에 감사보고서를 작성하여 이사에게 제출하여야 함. 다만 상법 제542조의12 제6항에 의거 상장회사의 감사 또는 감사위원회는 상법 제447조의4제1항의 규정에도 불구하고 이사에게 감사보고서를 주주총회일의 1주전까지 제출할 수 있음.

3. 본 감사보고서 예시는 상법 제413조의 규정에 의하여 감사가 주주총회에의 의견진술을 위한 조사·보고용으로도 이용할 수 있는 것임.

4. 주식회사의 외부감사에 관한 법률 부칙 제9408호(2009.2.3.) 제8조에 따라 본 표준예시에서는 대차대조표를 재무상태표로, 손익계산서를 포괄손익계산서로 함.(신설 2012.4.30)

Ⅰ. 지적사항이 없는 경우

가. 회계방침의 변경이 없는 경우

감 사 보 고 서

본 감사(감사위원회)는 제××기 사업연도(20××년 ×월 ×일부터 20××년 ××월 ××일까지)의 회계 및 업무에 대한 감사를 실시하고 그 결과를 다음과 같이 보고합니다.

※ 복수의 감사를 설치한 경우에는 "본 감사는" 대신 "본 감사들은"을 사용함.

1. 감사방법의 개요

회계감사를 위하여 회계에 관한 장부와 관계서류를 열람하고 재무제표 및 동 부속명세서를 검토하였으며 필요하다고 인정되는 경우 대조·실사·입회·조회, 그 밖에 적절한 감사절차를 적용하였습니다.(개정 2012.4.30)

※ 연결재무제표를 작성하여야 하는 회사는 '재무제표'를 '재무제표·연결재무제표'로 하여야 함. (신설 2012.4.30.)

업무감사를 위하여 이사회 및 그 밖의 중요한 회의에 출석하고 필요하다고 인정되는 경우 이사로부터 영업에 관한 보고를 받았으며 중요한 업무에 관한 서류를 열람하고 그 내용을 검토하는 등 적절한 방법을 사용하였습니다.(개정 2012.4.30)

2. 재무상태표 및 포괄손익계산서에 관한 사항(개정 2012.4.30)

※ 연결재무제표를 작성하여야 하는 회사는 '재무상태표'를 '재무상태표·연결재무상태표'로, '포괄손익계산서'를 '포괄손익계산서·연결포괄손익계산서'로 하여야 함.(신설 2012.4.30.)

재무상태표와 포괄손익계산서는 법령 및 정관에 따라 회사의 재무상태와 경영성과를 적정하게 표시하고 있습니다.(개정 2012.4.30)

※ 연결재무제표를 작성하여야 하는 회사는 '재무상태표'를 '재무상태표·연결재무상태표'로, '포괄손익계산서'를 '포괄손익계산서·연결포괄손익계산서'로 하여야 함.(신설 2012.4.30)

3. 이익잉여금처분계산서(결손금처리계산서)에 관한 사항

이익잉여금처분계산서(결손금처리계산서)는 법령 및 정관에 적합하게 작성되어 있습니다.

4. 영업보고서에 관한 사항

영업보고서는 법령 및 정관에 따라 회사의 상황을 적정하게 표시하고 있습니다.(개정 2012.4.30)

20××년 ×월 ×일

○○○○ 주식회사

〈감사설치회사〉

감사 ○○○ (인)

(감사 ○○○ (인))

〈감사위원회설치회사〉

감사위원회 위원장 ○○○ (인)

나. 정당성이 인정되는 회계방침의 변경이 있는 경우

감 사 보 고 서

본 감사(감사위원회)는 제××기 사업연도(20××년 ×월 ×일부터 20××년 ××월 ××일까지)의 회계 및 업무에 대한 감사를 실시하고 그 결과를 다음과 같이 보고합니다.

※ 복수의 감사를 설치한 경우에는 "본 감사는" 대신 "본 감사들은"을 사용함.

1. 감사방법의 개요

회계감사를 위하여 회계에 관한 장부와 관계서류를 열람하고 재무제표 및 동 부속명세서를 검토하였으며 필요하다고 인정되는 경우 대조·실사·입회·조회, 그 밖에 적절한 감사절차를 적용하였습니다.(개정 2012.4.30.)

※ 연결재무제표를 작성하여야 하는 회사는 '재무제표'를 '재무제표·연결재무제표'로 하여야 함. (신설 2012.4.30.)

업무감사를 위하여 이사회 및 그 밖의 중요한 회의에 출석하고 필요하다고 인정되는 경우 이사로부터 영업에 관한 보고를 받았으며 중요한 업무에 관한 서류를 열람하고 그 내용을 검토하는 등 적절한 방법을 사용하였습니다.(개정 2012.4.30.)

2. 재무상태표 및 포괄손익계산서에 관한 사항(개정 2012.4.30.)

※ 연결재무제표를 작성하여야 하는 회사는 '재무상태표'를 '재무상태표·연결재무상태표'로, '포괄손익계산서'를 '포괄손익계산서·연결포괄손익계산서'로 하여야 함.(신설 2012.4.30.)

재무상태표와 포괄손익계산서는 법령 및 정관에 따라 회사의 재무상태와 경영성과를 적정하게 표시하고 있습니다.(개정 2012.4.30)

※ 연결재무제표를 작성하여야 하는 회사는 '재무상태표'를 '재무상태표·연결재무상태표'로, '포괄손익계산서'를 '포괄손익계산서·연결포괄손익계산서'로 하여야 함.(신설 2012.4.30)

3. 회계방침의 변경에 관한 사항

재무제표(연결재무제표) 주석××에 기재된 바와 같이 이 사업연도중 ○○○에 관한 회계방침은 ×××로부터 △△△으로 변경하였는데 이 변경은 ……… 등의 이유로 타당한 것으로 인정됩니다.(개정 2012.4.30)

4. 이익잉여금처분계산서(결손금처리계산서)에 관한 사항

이익잉여금처분계산서(결손금처리계산서)는 법령 및 정관에 적합하게 작성되어 있습니다.

5. 영업보고서에 관한 사항

영업보고서는 법령 및 정관에 따라 회사의 상황을 적정하게 표시하고 있습니다.(개정 2012.4.30)

20××년 ×월 ×일

○○○○ 주식회사

〈감사설치회사〉

감사 ○○○ (인)

(감사 ○○○ (인))

〈감사위원회설치회사〉

감사위원회 위원장 ○○○ (인)

Ⅱ. 지적사항이 있는 경우

가. 부당한 회계처리가 있는 경우

감 사 보 고 서

본 감사(감사위원회)는 제××기 사업연도(20××년 ×월 ×일부터 20××년 ××월 ××일까지)의 회계 및 업무에 대한 감사를 실시하고 그 결과를 다음과 같이 보고합니다.

※ 복수의 감사를 설치한 경우에는 "본 감사는" 대신 "본 감사들은"을 사용함.

1. 감사방법의 개요

회계감사를 위하여 회계에 관한 장부와 관계서류를 열람하고 재무제표 및 동 부속명세서를 검토하였으며 필요하다고 인정되는 경우 대조·실사·입회·조회, 그 밖에 적절한 감사절차를 적용하였습니다.(개정 2012.4.30)

※ 연결재무제표를 작성하여야 하는 회사는 '재무제표'를 '재무제표·연결재무제표'로 하여야 함.
(개정 2012.4.30)

업무감사를 위하여 이사회 및 그 밖의 중요한 회의에 출석하고 필요하다고 인정되는 경우 이사로부터 영업에 관한 보고를 받았으며 중요한 업무에 관한 서류를 열람하고 그 내용을 검토하는 등 적절한 방법을 사용하였습니다.(개정 2012.4.30)

2. 회계장부 및 재무상태표와 포괄손익계산서 및 부속명세서에 관한 사항(개정 2012.4.30)

※ 연결재무제표를 작성하여야 하는 회사는 '재무상태표'를 '재무상태표·연결재무상태표'로, '포괄손익계산서'를 '포괄손익계산서·연결포괄손익계산서'로 하여야 함.(신설 2012.4.30)

회계장부에는 다음과 같은 사항이 부실기재되어 있습니다. 따라서 재무상태표와 포괄손익계산서 및 그 부속명세서는 회사의 재무상태와 경영성과를 적정하게 표시하지 못하고 있습니다.(개정 2012.4.30)

※ 연결재무제표를 작성하여야 하는 회사는 '재무상태표'를 '재무상태표·연결재무상태표'로, '포괄손익계산서'를 '포괄손익계산서·연결포괄손익계산서'로 하여야 함.(신설 2012.4.30)

※ ① 본 2호의 기재사항에 잘못이 있으면 당연히 3호 항목의 이익잉여금처분계산서(결손금처리계산서)에 관한 사항에도 영향을 미치게 되므로 그 내용을 다음 3호에서와 같이 표시하여야 함.
② 회계장부 이외(예 : 재무상태표, 포괄손익계산서, 부속명세서)에 부실기재 등 잘못된 사항이 있는 경우에는 그 내용을 기재하여야 함. (개정 2012.4.30)
※ 연결재무제표를 작성하여야 하는 회사는 '재무상태표'를 '재무상태표·연결재무상태표'로, '포괄손익계산서'를 '포괄손익계산서·연결포괄손익계산서'로 하여야 함. (신설 2012.4.30)

3. 이익잉여금처분계산서(결손금처리계산서)에 관한 사항

위와 같은 사유로 인하여 당기순이익은 ×××원, 전기이이월이익잉여금은 ×××원 과대(과소)계상되어 있습니다.

따라서 당기말미처분이익잉여금이 ×××원만큼 과대(과소) 계상되어 있는 바 이를 기초로 한 이익처분계획은 법령 및 정관에 적합하지 아니합니다.

4. 영업보고서에 관한 사항

영업보고서는 법령 및 정관에 따라 회사의 상황을 적정하게 표시하고 있습니다.(개정 2012.4.30)

20××년 ×월 ×일

○○○○ 주식회사

〈감사설치회사〉

감사 ○○○ (인)

(감사 ○○○ (인))

〈감사위원회설치회사〉

감사위원회 위원장 ○○○ (인)

> ※ 상법 제447조의4제2항제10호 및 제3항에 관한 사항에는 잘못이 없는 것을 전제로 하여 이 예시에서는 생략되었으나 동조 제2항제10호 및 제3항의 사항이 잘못이 있다면 반드시 그 내용을 기재하여야 함.(개정 2012.4.30)

나. 부당한 회계방침의 변경이 있는 경우

감 사 보 고 서

본 감사(감사위원회)는 제××기 사업연도(20××년 ×월 ×일부터 20××년 ××월 ××일까지)의 회계 및 업무에 대한 감사를 실시하고 그 결과를 다음과 같이 보고합니다.
※ 복수의 감사를 설치한 경우에는 "본 감사는" 대신 "본 감사들은"을 사용함.

1. 감사방법의 개요

회계감사를 위하여 회계에 관한 장부와 관계서류를 열람하고 재무제표 및 동 부속명세서를 검토하였으며 필요하다고 인정되는 경우 대조·실사·입회·조회, 그 밖에 적절한 감사절차를 적용하였습니다.(개정 2012.4.30)
※ 연결재무제표를 작성하여야 하는 회사는 '재무제표'를 '재무제표·연결재무제표'로 하여야 함. (신설 2012.4.30)

업무감사를 위하여 이사회 및 그 밖의 중요한 회의에 출석하고 필요하다고 인정되는 경우 이사로부터 영업에 관한 보고를 받았으며 중요한 업무에 관한 서류를 열람하고 그 내용을 검토하는 등 적절한 방법을 사용하였습니다.(개정 2012.4.30)

2. 회계장부 및 재무상태표와 포괄손익계산서 및 부속명세서에 관한 사항

※ 연결재무제표를 작성하여야 하는 회사는 '재무상태표'를 '재무상태표·연결재무상태표'로, '포괄
손익계산서'를 '포괄손익계산서·연결포괄손익계산서'로 하여야 함.(신설 2012.4.30)

재무제표(연결재무제표) 주석××에 기재된 바와 같이 이 사업연도중 ○○○에 관한 회
계방침은 ×××으로부터 △△△으로 변경하였는데, 이 변경은 ……… 등의 이유로 타당
하다고 인정할 수 없습니다.(개정 2012.4.30)

그러므로 재무상태표와 포괄손익계산서 및 부속명세서는 위와 같은 부당한 회계방침의
변경으로 인하여 당기순이익이 ×××원만큼 과대(과소)표시되고 있습니다.(개정 2012.4.30)

※ 연결재무제표를 작성하여야 하는 회사는 '재무상태표'를 '재무상태표·연결재무상태표'로, '포괄
손익계산서'를 '포괄손익계산서·연결포괄손익계산서'로 하여야 함.(신설 2012.4.30.)

※ 연결재무제표를 작성하여야 하는 회사는 "당기순이익이 ×××원만큼 과대(과소)표시되고 있습
니다"를 "당기순이익이 ×××원만큼 과대(과소), 연결당기순이익이 ×××원만큼 과대(과소)표
시되고 있습니다."로 하여야 함.(신설 2012.4.30)

3. 이익잉여금처분계산서(결손금처리계산서)에 관한 사항

위와 같은 사유로 인하여 당기말미처분이익잉여금은 ×××원 과대(과소) 계상되어 있
습니다.

따라서 이를 기초로 한 이익처분계획은 법령 및 정관에 적합하지 아니합니다.

4. 영업보고서에 관한 사항

영업보고서는 법령 및 정관에 따라 회사의 상황을 적정하게 표시하고 있습니다.(개정
2012.4.30)

20××년 ×월 ×일

○○○○ 주식회사

〈감사설치회사〉

감사 ○○○ (인)

(감사 ○○○ (인))

〈감사위원회설치회사〉

감사위원회 위원장 ○○○ (인)

다. 영업보고서에 표시가 정확하지 않은 경우

감 사 보 고 서

본 감사(감사위원회)는 제××기 사업연도(20××년 ×월 ×일부터 20××년 ××월 ××일까지)의 회계 및 업무에 대한 감사를 실시하고 그 결과를 다음과 같이 보고합니다.
※ 복수의 감사를 설치한 경우에는 "본 감사는" 대신 "본 감사들은"을 사용함.

1. 감사방법의 개요

회계감사를 위하여 회계에 관한 장부와 관계서류를 열람하고 재무제표 및 동 부속명세서를 검토하였으며 필요하다고 인정되는 경우 대조·실사·입회·조회, 그 밖에 적절한 감사절차를 적용하였습니다.(개정 2012.4.30)
※ 연결재무제표를 작성하여야 하는 회사는 '재무제표'를 '재무제표·연결재무제표'로 하여야 함. (신설 2012.4.30)

업무감사를 위하여 이사회 및 그 밖의 중요한 회의에 출석하고 필요하다고 인정되는 경우 이사로부터 영업에 관한 보고를 받았으며 중요한 업무에 관한 서류를 열람하고 그 내용을 검토하는 등 적절한 방법을 사용하였습니다.(개정 2012.4.30)

2. 재무상태표 및 포괄손익계산서에 관한 사항(개정 2012.4.30)

※ 연결재무제표를 작성하여야 하는 회사는 '재무상태표'를 '재무상태표·연결재무상태표'로, '포괄손익계산서'를 '포괄손익계산서·연결포괄손익계산서'로 하여야 함.(신설 2012.4.30)

재무상태표와 포괄손익계산서는 법령 및 정관에 따라 회사의 재무상태와 경영성과를 적정하게 표시하고 있습니다.(개정 2012.4.30)
※ 연결재무제표를 작성하여야 하는 회사는 '재무상태표'를 '재무상태표·연결재무상태표'로, '포괄손익계산서'를 '포괄손익계산서·연결포괄손익계산서'로 하여야 함.(신설 2012.4.30.)

3. 이익잉여금처분계산서(결손금처리계산서)에 관한 사항

이익잉여금처분계산서(결손금처리계산서)는 법령 및 정관에 적합하게 작성되어 있습니다.

4. 영업보고서에 관한 사항

영업보고서의 기재내용 중 다음 사항은 법령 및 정관의 규정에 비추어 회사의 상황을 적정하게 표시하지 못하고 있습니다.

20××년 ×월 ×일

○○○○ 주식회사

〈감사설치회사〉

감사 ○○○ (인)

(감사 ○○○ (인))

〈감사위원회설치회사〉

감사위원회 위원장 ○○○ (인)

라. 위법한 이사의 직무수행이 있는 경우

감 사 보 고 서

본 감사(감사위원회)는 제××기 사업연도(20××년 ×월 ×일부터 20××년 ××월 ××일까지)의 회계 및 업무에 대한 감사를 실시하고 그 결과를 다음과 같이 보고합니다.

※ 복수의 감사를 설치한 경우에는 "본 감사는" 대신 "본 감사들은"을 사용함.

1. 감사방법의 개요

회계감사를 위하여 회계에 관한 장부와 관계서류를 열람하고 재무제표 및 동 부속명세서를 검토하였으며 필요하다고 인정되는 경우 대조·실사·입회·조회, 그 밖에 적절한 감사절차를 적용하였습니다.(개정 2012.4.30)

※ 연결재무제표를 작성하여야 하는 회사는 '재무제표'를 '재무제표·연결재무제표'로 하여야 함. (신설 2012.4.30.)

업무감사를 위하여 이사회 및 그 밖의 중요한 회의에 출석하고 필요하다고 인정되는 경우 이사로부터 영업에 관한 보고를 받았으며 중요한 업무에 관한 서류를 열람하고 그 내용을 검토하는 등 적절한 방법을 사용하였습니다.(개정 2012.4.30)

2. 재무상태표 및 포괄손익계산서에 관한 사항(개정 2012.4.30.)

※ 연결재무제표를 작성하여야 하는 회사는 '재무상태표'를 '재무상태표·연결재무상태표'로, '포괄
손익계산서'를 '포괄손익계산서·연결포괄손익계산서'로 하여야 함.(신설 2012.4.30)

재무상태표와 포괄손익계산서는 법령 및 정관에 따라 회사의 재무상태와 경영성과를
적정하게 표시하고 있습니다.(개정 2012.4.30)

※ 연결재무제표를 작성하여야 하는 회사는 '재무상태표'를 '재무상태표·연결재무상태표'로, '포괄
손익계산서'를 '포괄손익계산서·연결포괄손익계산서'로 하여야 함.(신설 2012.4.30.)

3. 이익잉여금처분계산서(결손금처리계산서)에 관한 사항

이익잉여금처분계산서(결손금처리계산서)는 법령 및 정관에 적합하게 작성되어 있습니다.

4. 영업보고서에 관한 사항

영업보고서는 법령 및 정관에 따라 회사의 상황을 적정하게 표시하고 있습니다.(개정
2012.4.30)

5. 이사의 직무수행에 관한 사항

이사의 직무수행에 있어서 다음과 같은 부정한 행위 또는 법령이나 정관의 규정에 위반
하는 중대한 사실이 있었습니다.

20××년 ×월 ×일
○○○○ 주식회사

〈감사설치회사〉

감사 ○○○ (인)
(감사 ○○○ (인))

〈감사위원회설치회사〉

감사위원회 위원장 ○○○ (인)

Ⅲ. 감사를 위하여 필요한 조사를 할 수 없었던 경우

감 사 보 고 서

본 감사(감사위원회)는 .... 의 사유로 인하여 필요한 조사를 실시할 수가 없었습니다.

※ 복수의 감사를 설치한 경우에는 "본 감사는" 대신 "본 감사들은"을 사용함.

※ 조사를 할 수 없었던 사유를 구체적으로 기재

따라서 본 감사(감사위원회)는 감사의견을 표명할 수 없습니다.

20××년 ×월 ×일

○○○○ 주식회사

〈감사설치회사〉

감사 ○○○ (인)

(감사 ○○○ (인))

〈감사위원회설치회사〉

감사위원회 위원장 ○○○ (인)

2020년 상장회사 주주총회 시나리오 예시

사단법인 한국상장회사협의회

회   순

Ⅰ. 개회선언 및 국민의례

Ⅱ. 출석주식수 보고

Ⅲ. 의장인사

Ⅳ. 회의의 목적사항

   1. 보고사항

     가. 감사보고

     나. 영업보고

     다. 내부회계관리제도 운영실태보고

   2. 의결사항

     제1호 의안 : 제○○기 재무제표(이익잉여금처분계산서 포함) 및
                    연결재무제표 승인의 건

     제2호 의안 : 정관 일부 변경의 건

     제3호 의안 : 이사 선임의 건

     제4호 의안 : 감사 선임의 건

     제5호 의안 : 이사 보수한도 승인의 건

     제6호 의안 : 감사 보수한도 승인의 건

Ⅴ. 폐 회 선 언

회 순	발언자	발 언 내 용	해 설
Ⅰ. 개회 선언 및 국민 의례	사 회 자	이제 주주총회가 시작될 예정이오니 주주 여러분께서는 모두 자리에 앉아 주시기 바랍니다. 저는 오늘 주주총회의 사회를 맡게 된 총무부장 ○○○입니다. 오늘 주주총회가 원활하게 진행되도록 적극적인 협조를 부탁드리며 아울러 회의진행에 방해가 되지 않도록 갖고 계신 휴대폰을 묵음이나 진동으로 설정해 주시기를 부탁드립니다. 의장께서 개회선언을 하시겠습니다.	– 사회자의 안내에 따라 의장이 자기소개와 함께 개회선언을 하고, 국민의례를 진행하는 것으로 하였다. – 이때 사회자는 의장의 회의진행을 단순히 보조하는 역할(진행보조자, 회순에 따른 진행안내 등)만을 할 수 있다(의장주도형).
	의 장	(대표이사 사장이 의장석에 등단)	
	의 장	당사 대표이사 사장 ○○○입니다. 당사 정관 제21조의 규정에 따라 제가 오늘 총회의 의장을 맡게 되었습니다. 총회의 의장으로써 오늘 ○○주식회사 제○○기 정기주주총회의 개회를 선언합니다. (의사봉 3타 ●●●)	– 정관규정에 따라 의장자격이 있는 대표이사 사장이 총회 의장의 직무를 맡게 되었다는 것을 회의 시작과 함께 주주에게 알려 줄 필요가 있다. – 총회의 개회선언과 폐회선언시, 보고사항의 종결시, 의안 상정시와 표결결과 선포시 등에 의사봉 3타를 하는 것으로 하였다. '의사봉 3타'는 법적요건이 아니지만 의사진행의 관행상 행해지고 있는 바, 실무적으로 ① 의안 상정시 해당안건에 대한 심의 개시를 알리고 해당안건 외의 불필요한 논의는 제지한다는 의미로, ② 표결 결과 선포시에는 사실상 의안 심의의 종료와 함께 의안 가결·부결의 확정을 알리는 의미에서 이루어지고 있다. – 의장은 정회나 속회 등 회의 진행에 필요한 경우 '의사봉 3타' 여부를 자유로이 결정할 수 있다.
	사례예시 : 1	**의장인 대표이사가 유고일 경우** 사 회 자 : 의장께서 개회선언을 하시겠습니다. 오늘 의장은 당사의 대표이사 사장께서 건강상 이유로 참석할 수 없기에 대표이사 부사장께서 맡아 주시겠습니다.	– '유고'란 의장이 와병이나 해외출장 등 사고로 부득이하게 의사진행을 할 수 없을 경우를 뜻한다. – 의장의 유고시에는 정관에서 정한 차순위 직무대행자가 의장의 직무를 수행한다. 다만 차순위 직무대행자가 모두 유고이거나

회 순	발언자	발 언 내 용	해 설
	의 장	주주 여러분 안녕하십니까? 본인은 당사의 대표이사 부사장 ○○○입니다. 당사 정관 제○○조와 제○○조의 권한위임 규정에 따라 본인이 오늘 총회의 의장을 맡게 되었습니다. 그러면 지금부터 ○○주식회사 제○○기 정기주주총회를 시작하겠습니다. (의사봉 3타 ●●●)	정관에 직무대행순서가 정해져 있지 않은 경우에는 총회결의(보통결의)로 임시의장을 선임해야 한다. – 임시의장을 선임하기 위해서는 먼저 회사의 집행부의 1인(의장 자격이 없는 이사 등)이 의장석에 등단하여 의장의 유고사실을 설명하고, 임시의장 선임동의를 제출하여(또는 주주로부터 임시의장 선임동의를 제출받아) 임시의장을 선임한다. – 의장의 유고시에는 <예시>에서와 같이 정관에서 정하는 순서에 따라 의장의 자격이 있는 자가 의장의 직무를 맡게 되었음을 고지하면 된다. – 한편, 소수주주가 소집청구한 주주총회의 의장은 법원이 이해관계인의 청구나 직권으로 선임할 수 있다. – 법원이 의장을 선임한 경우라도 의장의 권한과 역할에는 변화가 없으므로 법령과 정관에 따른 적법한 의사진행이 이루어지도록, 또한 공정하고 효율적 진행이 되도록 사전에 의장과 실무진 간에 충분한 협의와 시나리오 검토가 이루어져야 할 것이다.
	사례예시 2 : 의장 불신임동의안 제출		
	의 장	(일부 주주들 '지금 대표이사는 의장자격 없어요' 등 큰소리로 외치며 소란, 계속해서 '긴급동의요' 등 의사진행발언 요청에 따라 의장 발언권 부여) 발언할 주주께서는 먼저 성함을 말씀하시고 발언하시기 바랍니다.	– 의장 불신임동의가 제출되고 이에 대한 재청이 있으면, 의안 심의중이라도 이를 먼저 총회에 부의하여 가부 결정을 해야 한다. – 의장 불신임동의의 요건 1. 의장이 의안에 대하여 특별이해관계가 있는 때 2. 의장의 의사진행이 법령 정관에 위배될 때 3. 의장의 의사진행이 심히 불공

회 순	발언자	발 언 내 용	해 설
	주 주 :	주주 ○○○입니다. 제가 말씀드리고자 하는 것은 지금 의장은 의장으로서 자격이 없다는 것입니다. 현 대표이사인 ○○○사장은 얼마 전 언론에 보도된 것처럼 공정거래법 위반으로 검찰의 조사를 받고 있을 뿐만 아니라, 이번에 임기가 끝나 3호 안건인 이사선임후보자로서 의안에 특별한 이해관계를 가지고 있어서 공정한 의사진행이 불가능하다고 생각합니다. 이런 분은 의장자격이 없습니다. 따라서 본 주주는 이 자리에서 바로 임시의장을 선임할 것을 제안합니다. (일부 주주들 '재청이오', '옳소' 등)	정할 때 - 의장 불신임동의가 제출되었을 경우라도 의장은 그 직무를 상실하지 아니하고 계속하여 의장직을 수행할 수 있으며, 의장 불신임안이 가결된 경우에도 임시의장을 반드시 선출할 필요는 없다. 이는 유고에 해당되므로 정관에 정한 순서에 따라 다음 순위의 자가 의장의 직무를 수행하면 된다.
	의 장 :	조용히 해주시기 바랍니다. ○○○주주님께서 의장의 자격과 관련하여 의장불신임동의를 제출하셨고 일부 주주께서 재청하셨는데 회의 진행의 공정성과 효율성을 위하여 의장불신임의 건을 곧바로 가부표결에 부치도록 하겠습니다. 표결에 앞서 주주님들의 이해를 돕기 위해 지금 발언을 하신 ○○○주주님께서 의장의 자격에 관하여 오해가 있으신 것 같아서 잠시 말씀을 드리겠습니다.	- 의장 불신임동의가 의사를 방해할 목적이거나 또는 부적법한 것일 때에는 의장의 재량(의사정리권)으로 신속히 각하할 수 있다. - 의장 불신임동의는 대부분 법률에 대한 오해나 의안통과에 불만을 가진 소수주주들이 회의진행을 어렵게 할 목적으로 제기하는 예가 많다. <예시>에서처럼 의사진행의 공정성을 기한다는 입장에서 총회에 부의하여 표결할 수도 있다.
		당사 정관에는 이사의 임기가 주주총회 종결시까지로 되어있습니다. 그러므로 오늘 총회 종결시까지는 대표이사로서의 권한을 가지고 있어 의장으로서의 자격에는 아무런 법적 문제가 없습니다. 또한 검찰조사와 관련하여 의장자격이 없다는 주장은 아직 조사가 진행되는 사안으로서 의장의 자격과는 아무런 연관성이 없습니다. 아울러 의장이 이사선임 후보자이더라도 의장의 직무를 수행하는 데 법률상으로 아무런 문제가 없다는 점을 말씀드립니다. 다만, 일부 주주의 동의와 재청이 있어 회의의 공정성을 도모한다는 차원에서 의장불신임동의에 대하여 주주님들의 뜻을 묻겠습니다. 바로 표결에 들어가도록 하겠습니다. 의장 불신임동의에 찬성하는 주주께서는 기립하여 주시기 바랍니다. (일부 주주들 기립함)	

회 순	발언자	발 언 내 용	해 설
	의　　장	진행요원들은 기립주주의 의결권수를 확인해 주시기 바랍니다. (진행요원들이 기립주주들의 주식수를 확인) 의　　장 : 투표결과를 말씀드리겠습니다. 의장불신임 동의에 대한 표결 결과 찬성 ○○주, ○.○%인 것으로 집계되었습니다. 따라서 의장불신임 동의는 부결되었음을 선포합니다. (의사봉 3타 ●●●)	
	사 회 자	다음으로 국민의례가 있겠습니다. 모두 자리에서 일어나서 국기를 향해 주시기 바랍니다. 국기에 대하여 경례. (애국가만 연주) 바로. 자리에 앉아주시기 바랍니다.	− 회의의 집중도를 높이기 위해 국민의례를 약식으로 실시하는 것으로 하였다. 국민의례에는 국기에 대한 경례, 애국가 제창, 묵념 등이 포함되어 있으나 주주총회는 국가공식행사가 아니므로 약식으로 진행하거나 생략하여도 무방하다. ◎ **국민의례 정식절차** − 각급 행정기관 및 산하단체 등에서 각종 의식(행사)을 거행할 때 실시하는 국민의례는 정식절차에 따르는 것을 원칙으로 한다. (1) 국기에 대한 경례 − 개식선언 후 가장 먼저 "국기에 대한 경례"를 실시하며, 이때 국기에 대한 경례곡을 연주하고 '국기에 대한 맹세문'을 낭송(녹음설비 이용 가능)토록 함. (2) 애국가 제창 − "국기에 대한 경례" 다음 절차로서 참석자 전원이 애국가를 제창토록 하며, 의식의 성격·여건 등으로 인하여 부득이 한 경우를 제외하고는 가급적 4절까지 제창토록 함. (3) 순국선열 및 호국영령에 대한 묵념 − "애국가 제창" 다음 절차로서 순국선열과 호국영령들의 숭고한 희생정신과 애국애족정신을 기리기 위하여 "순국선열 및 호국

회 순	발언자	발 언 내 용	해 설
			영령에 대한 묵념"(묵념곡 연주)을 실시토록 함. ◎ **국민의례 약식절차** – 약식절차는 국기에 대한 경례(무전주 애국가)와 순국선열 및 호국영령에 대한 묵념으로 이루어진다. 기관 내부회의 등에 있어서 의식의 규모·성격이나 여건상 국민의례의 정식절차에 따르는 것이 곤란하다고 판단될 때에는 약식으로 국민의례를 실시할 수 있다. 이 경우 "국기에 대한 경례"만을 실시하되, 국기에 대한 경례시 애국가 연주 도중에 맹세문을 낭송하던 것을 애국가만 연주하고 맹세문 낭송은 하지 않는다. * 국기에 대한 맹세는 아래와 같다. "나는 자랑스러운 태극기 앞에 자유롭고 정의로운 대한민국의 무궁한 영광을 위하여 충성을 다할 것을 굳게 다짐합니다."
II. 출석 주식수 보고	사 회 자	다음은 출석주주 및 주식수를 보고드리겠습니다. 지난 12월 31일 기준일 현재 당사가 발행한 주식의 총수는 ○○주, 주주총수는 ○○명이며, 이 중 의결권 있는 주식의 총수는 ○○주입니다. 오늘 총회에 출석하신 주주는 위임주주를 포함하여 ○○명이며, 그 의결권 있는 주식수는 ○○주입니다. 이는 의결권 있는 주식총수의 ○○%에 해당함을 보고드립니다.	– 출석주식수의 보고를 일반적인 사례에 따라 사회자가 보고하고 의장이 이를 확인하는 형식을 취하는 것으로 하였다. 의장이 진행요원의 도움을 받아 직접 보고할 수도 있다. – 총회성립요건(과반수 참석)이 폐지된 이후 출석주식수 등의 보고는 단지 보통결의(출석 의결권수의 과반수와 발행주식총수의 4분의 1이상) 또는 특별결의(출석 의결권수의 3분의2 이상과 발행주식총수의 3분의 1이상)의 결의요건을 충족할 수 있는지 여부를 사전에 회의참석자들이 알 수 있도록 하는데 의의가 있다.

회 순	발언자	발 언 내 용	해 설
	의 장	이상 보고드린 바와 같이 의결권 있는 주식총수의 ○○%가 출석함으로써 본 총회는 보통결의사항 뿐만 아니라 특별결의사항까지도 적법하게 결의할 수 있는 요건을 갖추고 있음을 말씀드립니다.	− 출석주주 및 주식수를 본인 출석과 위임 출석으로 구분하여 보고할 필요는 없다. 의결권수 계산시 아무런 의미가 없을 뿐만 아니라, 오히려 실무상 혼란을 야기할 수 있기 때문이다. − 정관으로 서면투표제 또는 전자투표제를 도입한 회사의 경우 ① 서면투표를 위해 의결권행사서를 회사에 송부하거나, ② 전자투표관리기관의 전자투표시스템을 통해 전자투표한 의결권수는 본인출석으로 계산한다. − 주주총회장에는 주주총회의 구성원인 주주만을 참석토록 할 수 있다. − 아울러 의장은 이른바 변호사(공증인), 외부감사인, 기자(언론), 통역(진행보조) 등 참관인은 재량으로 총회장에 참석토록 할 수 있다. − 또한 의장은 주주가 아닌 자에 대하여 퇴장을 요구할 수도 있다. − 외국인 기관투자자 등 외국인주주가 직접 출석한 경우 기관투자자 등의 출석주식수를 별도로 보고할 필요는 없으며, 의사진행시 통역할 의무는 없다. 다만 개별적 통역원을 배려할 수는 있을 것이다.
사례예시 3		**출석주식수 현황(소유자별 분포와 3%초과 주식수 등)에 대한 답변요구** (출석주식수를 보고한 이후에 주주가 의사진행발언 요청)	
	의 장	발언할 주주께서는 먼저 성함을 말씀하시고 발언해 주시기 바랍니다.	
	주 주	주주 ○○○입니다. 오늘 회의안건에는 감사선임의 건이 들어 있습니다. 감사 선임시에는 3%초과 주식은 의결권이 없는 걸로 아는데 표결의 정확성을 기하기 위하여 오늘 총회에 참석한 주주 중에서 3% 이상 보유한 주주의 수와 그 의결권수를 밝혀주시기 바랍니다.	− '출석주식수'와 관련하여 소유자별현황(최대주주, 외국인주주, 기관투자자주주 등)이나 3%초과 주식수 현황 등에 대한 답변요구가 있다하더라도, 사전에 출석주주수나 주주분포사항을 일일이 보고할 필요는 없다.

회 순	발언자	발 언 내 용	해 설
			− 출석주식수는 안건 중 투표에 의한 표결이 있을 경우에 이를 확인하여 선포하면 충분하다.
	의 장	아울러 참석주주를 최대주주, 외국인주주 기타 기관투자자주주 등으로 세분하여 출석주식수를 밝혀줄 것을 요청합니다. 방금 ○○○ 주주께서 요청하신 감사의 선임시 의결권 행사가 가능한 주식수 등에 대하여는 주주총회 개회선언 이후에 뒤늦게 참석하는 주주님 등 각 주주의 개별 사정으로 참석주식수의 변동 가능성이 있으므로 해당 안건 심의시 밝혀드리겠습니다. 또한 참석 주주의 종류별로 의결권수를 밝히는 것은 주주총회 의사진행, 특히 표결절차에 아무런 관련이 없고 실무적으로 당장 확인하기도 어려우므로 주주님께서는 이 점을 양해해 주시기 바랍니다.	
Ⅲ. 의장 인사	사 회 자	다음은 의장 인사말씀이 있겠습니다.	
	의 장	주주 여러분, 안녕하십니까? 바쁘신 중에서도 오늘 우리 회사 주주총회에 참석해 주신 것에 대해 먼저 감사의 인사를 드립니다. 되돌아 보면 지난 해에는 대외적으로 미·중 무역분쟁과 일본의 수출규제, 북핵 리스크 등에 영향에 따라 수출 의존도가 높은 우리나라로서는 교역위축 효과로 인해 GDP가 역성장 하는 악재가 나타나기도 하였습니다. 또한 대내적으로는 국내 부동산 가격 급등 및 정부의 부동산 규제대책 발표, 최저임금 인상폭과 300인 이상 사업장의 주 52시간 근무제 적용 등에 따른 내수 위축, 저성장·저물가 외에도 주주총회 내실화를 위한 상법시행령 개정안 입법예고와 함께 외부감사인법 개정 등 많은 변화가 있었으며, 이로 인해 그 어느 때 보다도 기업의 부담	− 의장 인사말은 영업보고서상의 인사말을 그대로 사용하거나 별도로 작성하기도 한다. − 인사말 작성요령은 참석에 대한 인사, 경영환경 변화의 전망, 영업실적 개요, 이번 주주총회의 의의, 주주총 회의 진행원칙과 협조당부 등의 내용을 각 회사의 실정에 맞게 작성하는 것이 일반적이다. − 협조당부 중에 주주의 의사진행 방해를 위한 고의적인 발언이나 행동 등으로 장내가 소란스러워지는 경우 의장은 주주총회의 질서유지를 위해 발언의 정지나 퇴장을 명할 수 있음을 언급할 필요가 있다.

회 순	발언자	발 언 내 용	해 설
		이 가중되고 어려움을 겪었던 한 해였습니다. 이러한 경제여건과 대외변수 속에서도 우리 회사는 변화된 경영환경을 면밀히 분석하여 선제적으로 대응책을 강구하여 왔습니다. 또한 전 임직원이 합심하여 생산활동과 영업활동 등 각 분야에 걸쳐 진취적이고 적극적인 경영전략을 실천하였습니다. 그 결과 전년과 비교해서 크게 떨어지지 않은 실적을 달성할 수 있었습니다. 먼저 지난해 자산상태를 살펴보면 무수익자산의 처분 및 악성부채의 상환 등을 통해 지속적으로 재무구조를 개선하여 왔고 고금리의 부채를 해소하고 국공채에 자금을 운용하는 등 비교적 보수적인 자산운용을 하였습니다. 이런 노력의 결과, 이번 세계적 경기침체에도 커다란 손실 없이 잘 견딜 수 있었습니다. 지난해 말 자산총계는 생산설비의 보강 등으로 전기대비 ○% 증가한 ○조 ○○○억원이며, 부채는 전기대비 ○○% 증가한 ○○○억원으로 부채비율은 ○○%로서 동종업계 평균인 ○○%를 하회하고 있어 비교적 건실한 재무안정성을 유지하고 있습니다. 다음으로 지난해 실적을 보면 당사도 국내 소비부진으로 인한 판매시장의 위축으로 영업활동에서 매우 고전하였습니다. 그러나 적극적인 영업전략과 오랜 연구개발 끝에 지난해 출시한 신제품의 판매 호조 등으로 전년도 실적을 유지할 수 있었습니다. 당기 당사의 별도재무제표를 기준으로 할 때, 매출액은 전기 대비 ○% 소폭 감소한 ○○○억원이며 당기순이익은 ○○억원으로서 전기 대비 ○% 소폭 감소하였습니다. 또한 연결종속회사 ○개사를 포함한 연결매출액은 전기 대비 ○% 소폭감소한 ○○○억원이며, 연결당기순이익은 ○○억원으로 전기대비 ○% 소폭 감소하였습니다. 이러한 실적은 동종 업종내 타 회사와 비교해보면 상당히 양호한 실적이라 할 수 있으며 경쟁관계에 있는 세계 유수의 기업과 비교하더라도 크게 뒤떨어지지 않는 성과라 할 수 있습니다. 이러한 성과는 주주님을 비롯한 많은 투자자들의 협조와 성원에 힘입은 바가 크다고 생각합니다.	– 연결재무제표 작성회사인 경우는 매출액과 당기순이익 발표시에 연결실적을 언급하는 것이 바람직하다.

회 순	발언자	발 언 내 용	해 설
		이에 당사는 영업실적이 다소 부진하였지만 당기 순이익의 일정 부분을 주주에게 배당기로 결정하고, 1주당 ○○○원을 배당금으로 지급하기로 하였습니다. 이는 액면배당률로는 ○%이며 연말 주가대비 시가배당률로는 시중금리와 큰 차이가 없는 ○.○%로서 전년도 시가배당률 ○.○%를 훨씬 웃도는 수치입니다. 아울러 자금조달이 매우 어려운 최근 자본시장 현황을 감안하여 충분한 유동성을 확보, 위기상황에 대비할 수 있도록 사내유보를 확대했다는 점을 양지해 주시기 바랍니다. 금년에도 미국의 보호무역주의 정책과 북한 관련 지정학적 리스크 증대 등 위기가 지속될 것으로 예견되어 있어 매우 어려운 한 해가 될 것으로 생각됩니다. 당사에서는 모든 임직원이 비상경영체제로 전환하여 새로운 시장개척과 차세대 신제품 개발을 위한 끊임없는 노력을 경주하여 이 난관을 돌파해 나가고자 합니다. 오늘 주주총회는 여러 주주님을 모시고 이러한 성과를 평가하고 향후 회사의 발전을 위하여 올바른 방향을 모색하는 자리라고 할 수 있습니다. 아무쪼록 오늘 주주총회가 원만히 진행되어 좋은 결정을 내릴 수 있도록 주주님들의 적극적인 협조를 기대하는 바입니다. 오늘 회의는 의안에 대한 제안설명 이후에 질의응답, 찬반토론, 표결 순으로 회의를 진행코자 합니다. 따라서 의제와 관련 없는 발언이나 중복된 발언은 삼가하시어 원활한 의사진행에 적극 협조해 주시기를 다시 한번 당부드립니다.	
IV. 회의의 목적 사항	사 회 자	다음 회순은 회의의 목적사항 중 보고사항입니다.	
1. 보고 사항	의 장	오늘 부의안건 심의에 들어가기에 앞서 보고사항부터 말씀드리겠습니다. 오늘 보고사항은 감사보고와 영업보고 및 내부회계관리제도 운영실태 보고가 있겠습니다. 먼저 감사보고를 드리겠습니다.	- 주주는 각종 보고에 대하여 듣기만 하는 것이므로 찬성·반대의 의견진술이나 각종 동의의 제출은 인정되지 않으며, 단지 질문과 의사진행발언만 허용된다. - 이사의 영업보고에 앞서 감사의 감사보고를 듣도록 하는 것이 관행이다. 감사의 감사보고를 앞서

회 순	발언자	발 언 내 용	해 설
		○○○감사님, 감사보고를 부탁드립니다.	하는 것은 ① 감사의 감사보고가 총회 부의안건이나 총회 제출서류에 대한 사전조사를 통해 이를 보증하는 의미가 있고, ② 감사보고서에는 이미 영업보고서의 기재내용에 대한 감사결과, 의견이 표명되어 있어 형식논리적인 면에서 합리적이기 때문이다.
가. 감사보고	감 사	상근감사 ○○○입니다. ○○○ 감사의 의견도 저와 같으므로 제가 대표하여 감사보고를 드리겠습니다.	– 현재 상장회사에서 사용하고 있는 일반적인 감사보고 양식은 1985년 8월 한국상장회사협의회가 제정·공표한 「감사보고서 표준예시」를 따르고 있다. 동 표준예시는 상법개정에 따라 일부 내용을 개정하였는바(12.4.30자 최종개정) 개정된 표준예시에서는 재무제표 용어를 외감법에 따라 재무상태표와 포괄손익계산서로 표현하고 있다.
		1. 본 감사들은 제○○기 사업연도(2019년 1월 1일부터 12월 31일까지)의 회계 및 업무에 대한 감사를 실시하고 그 결과를 다음과 같이 보고합니다.	– 연결재무제표가 주주총회 승인대상 재무제표에 포함되었으므로 감사보고시 연결재무제표를 감사하였음을 밝히는 것으로 하였다. – 연결재무제표를 작성하지 않는 회사의 경우에는 종전과 같이 개별재무제표를 감사하였음을 표명해야 한다.
		1) 감사방법의 개요	– 감사의 의견이 각각 다른 경우에는 감사는 독임제 기관이므로 그 의견을 따로 보고해야 한다.
		회계감사를 위하여 회계에 관한 장부와 관계서류를 열람하고 재무제표·연결재무제표 및 동 부속명세서를 검토하였으며 필요하다고 인정되는 경우 대조·실사·입회·조회, 그 밖에 적절한 감사절차를 적용하였습니다.	– 감사위원회를 설치한 경우에는 위원장이 감사위원회를 대표하여 감사보고를 할 수 있다. 감사위원회는 회의체 기관이므로 감사위원회 위원은 개별 의견을 별도로 보고할 수 없다.
		업무감사를 위하여 이사회 및 기타 중요한 회의에 출석하고 필요하다고 인정되는 경우 이사로부터 영업에 관한 보고를 받았으며 중요한 업무에 관한 서류를 열람하고 그 내용을 검토하는 등 적절한 방법을 사용하였습니다.	– 재무제표에 관하여는 외부감사인(○○회계법인)의 감사의견과 동일한지 여부를 밝히는 것이 바람직하다.

회 순	발언자	발 언 내 용	해 설
		2) 재무상태표 및 포괄손익계산서에 관한 사항	－ 실무에서는 감사가 첨부된 감사보고서를 그대로 낭독하는 것이 관행이다. 회사의 형편에 따라 요약하여 보고할 수 있다.
		재무상태표·연결재무상태표와 포괄손익계산서·연결포괄손익계산서는 법령 및 정관에 따라 회사의 재무상태와 경영성과를 적정하게 표시하고 있습니다.	－ 의안 및 서류에 대한 의견표명은 상법 제413조의 규정에 의한 것이다. － 여기서 '의안'이라 함은 주주총회 결의사항인 제1호 의안에서 제7호 의안까지를 말하고, '서류'라 함은 영업보고서, 정관 변경의 요령, 합병요령 등 법률상 작성이 요구되는 서류를 말한다.
		3) 이익잉여금처분계산서에 관한 사항 이익잉여금처분계산서는 법령 및 정관에 적합하게 작성되어 있습니다. 참고로 재무제표에 대하여는 외부감사인인 ○○회계법인도 외부감사결과 적정의견을 표명하였음을 알려 드립니다.	－ 감사가 감사보고서 작성 후 부득이한 사정으로 주주총회에 참석하지 못하는 경우에는 다른 사람으로 하여금 감사보고서를 대독하게 할 수 있지만 감사는 임무해태로 책임을 추궁당할 수 있다 (주주총회 효력과는 무관). － 감사위원회를 설치한 경우에는 위원장 유고시에는 다른 감사위원이 감사보고를 할 수 있다.
		4) 영업보고서에 관한 사항 영업보고서는 법령 및 정관에 따라 회사의 상황을 적정하게 표시하고 있습니다.	* 총회검사인제도 － 현행 상법 제367조는 회사 또는 소수주주(발행주식총수의 100분의 1 이상에 해당하는 주식을 가진 주주)가 주주총회 총회 소집절차나 결의방법의 적법성을 조사하기 위하여 총회 전에 법원에 검사인의 선임을 청구할 수 있도록 하고 있다.
		또한 본 감사들은 또한 오늘 주주총회에 제출된 의안 및 서류에 대하여도 조사를 하였습니다. 조사 결과 그 내용에 법령 또는 정관에 위반하거나 현저하게 부당한 사항은 없었습니다.	－ 검사인제도 도입을 통해 총회 소집절차나 결의방법의 적법성뿐만 아니라 위임장의 유·무효 조사, 투표 및 개표의 조사 등을 통해 공정성을 확보하여 주주총회 결의의 하자에 관한 소송 감소를 유도함으로써 회사의 불필요한 시간과 비용을 절약할 수 있도록 하였다.

회 순	발언자	발 언 내 용	해 설
		이상 감사보고를 마치겠습니다.	
	의 장	감사보고와 관련하여 다른 질문이 없으십니까?	
	주 주 들	("예", "없습니다" 등 발언)	
	의 장	이상으로 감사보고를 마치겠습니다. (의사봉 3타 ●●●)	
		사례예시 : 감사의 요약보고 예 4 감 사 : 상근감사(감사위원회 위원장) ○○○입니다. ○○○ 감사의 의견도 (모두) 저와 같으므로(감사위원회의 의견을) 제가 대표하여 감사보고를 드리겠습니다. 우리(본 감사위원회)는 제○○기 사업연도에 있어 이사의 직무집행 전반에 대하여 감사를 실시하였으며, 그 감사방법 및 감사결과는 영업보고서 ○○페이지에 기재되어 있는 감사보고서의 기재내용과 같습니다. 회계에 관하여는 회사가 작성한 재무제표는 관련사항을 적정하게 표시하고 있다고 인정합니다. 참고로 외부감사인인 ○○회계법인도 외부감사결과 적정의견을 표명하였음을 알려 드립니다. 회계 이외의 업무에 대한 감사결과 이사의 부정한 행위 또는 법령이나 정관의 규정에 위반하는 중대한 위법행위는 발견하지 못하였습니다. 또한 오늘 주주총회에 제출된 의안 및 서류에 대하여도 조사를 하였습니다만 법령 또는 정관에 위반하거나 현저하게 부당한 사항은 없었습니다. 이상 보고를 마치겠습니다.	- 감사의 의견진술은 구두에 의하는 것이 원칙이나, 그 내용이 많을 경우 미리 의견서를 만들어 주주들에게 배부하고 그 요지만 진술하여도 무방하다.
		사례예시 : 감사관련 질문에 대한 답변방법 5 ("의장!"하는 소리 있음) 의 장 : 먼저 성함을 말씀하시고 발언하시기 바랍니다. 주 주 : 주주 ○○○입니다. 방금 감사님께서 감사결과가 다 적정하다고 보고하셨는데요. 지난해 실무자들이 공시 위반을 해서 불성실공시법인으로 지정되고 주가하락을 초래하여 주주들이 심각한 손해를 입은 적이 있습니다. 여기 계신 분들 모두가 다 아는 사실입니다. 이런 것을 지적하고 다시는 이런 일이 발생치 않도록	

회 순	발언자	발 언 내 용	해 설
		예방하는 것이 감사본연의 임무라고 생각하는데, 감사보고에는 한마디 언급도 없습니다. 따라서 본 주주는 불성실공시법인으로 지정받은 경위와 그 대책에 대해 답변해 주실 것을 요청하는 바입니다.	
	의　　장 :	담당 직원의 업무관련 부적정행위는 주주총회 보고사항이 아니지만, 이번 사안은 ○○○ 감사님께서 간략하게 답변해주시겠습니까?	
	감　　사 :	좋은 지적을 감사하게 생각합니다. 당사에서는 지난해 8월 초순경 부설연구소에서 2년여 기간동안 연구개발한 신기술을 특허출원하게 되었는 바, 이 과정에서 부서간 의사전달이 원활히 이루어지지 않고 공시담당자의 출장 등으로 신기술 개발 관련 언론보도가 먼저 나간 뒤 공시하게 되었으며, 이로 인해 공정공시위반으로 불성실공시법인으로 지정받은 바 있습니다. 이에 본인은 경영진측에 적법한 공시업무수행을 위한 내부공시통제시스템의 구축과 공시관련 임직원들을 대상으로 관련 교육을 실시할 것을 요청하였습니다. 이에 따라 경영진측에서는 사내규정으로 '공시정보관리규정'을 제정하고 관계기관의 전문가를 초빙하여 교육을 실시하였으며, 현재 전사적인 내부공시통제시스템을 구축하고 있는 등, 또 다시 업무미숙 등으로 공시위반이 일어나지 않도록 만전의 태세를 갖추고 있습니다.	
	사례예시 6	**임시주주총회에서의 감사 보고**	
	감　　사 :	상근감사(감사위원회 위원장) ○○○입니다. ○○○ 감사(감사위원)의 의견도 (모두) 저와 같으므로(감사위원회의 의견을) 제가 대표하여 감사보고를 드리겠습니다.	− 감사위원회를 운영하는 회사도 감사의 진술의무가 준용(상법 제415조의2 제7항 → 제413조)되므로, <예시>에서와 같이 감사위원회의 의견을 위원장이 대표로 보고를 하여야 한다. 다만, 감사위원장의 유고시에는 다른 감사위원이 보고하여도 무방하다.
		오늘 주주총회에 제출된 의안 및 서류에 대하여 조사를 하였습니다만 법령 또는 정관에 위반하거나 현저하게 부당한 사항은 없었습니다. 이상 보고를 마치겠습니다.	

회 순	발언자	발 언 내 용	해 설
		사례예시 : 외부감사인의 총회 출석요청 7	
		("의장!"하는 소리 있음)	－ 감사의 감사보고시 외부감사인의 의견에 대하여 외부감사인의 출석 및 직접 답변을 요구하는 경우가 발생할 수 있다.
	의　　장	먼저 성함을 말씀하시고 발언하시기 바랍니다.	－ 외부감사인(또는 소속 공인회계사)은 이사의 부정이나 법률, 정관에 위반된 중대한 사실을 발견한 때 주주총회에 이를 보고해야 하며, 주주총회의 요구가 있는 때에는 출석하여 의견을 진술하거나 주주의 질문에 답변하여야 한다(외감법 제10조, 제11조).
	주　　주	주주 ○○○입니다. 외부감사인인 ○○회계법인도 외부감사결과가 적정하다는 의견을 표명하였다고 하는데 직접 나와서 말씀해 줄 것을 요청하는 바입니다.	－ 그러나 외부감사인의 보고의무는 반드시 구두보고를 필요로 하는 사항이 아니므로 총회의 요청이 없는 한 주주총회에 반드시 참석할 의무는 없다.
	의　　장	주주님의 요구는 충분히 알겠습니다. 그러나 외부감사인은 총회출석의무가 없으므로 금일 참석하지 않았습니다. 또한 외부감사인의 감사의견은 별첨자료로 첨부되어 있으므로, 신속한 의사진행을 위해서 주주님께서 양해해 주시기 바랍니다.	
나. 영업 보고	의　　장	다음은 제○○기 영업보고서의 내용을 간략하게 보고드리도록 하겠습니다. 주주 여러분께서는 배부해드린 영업보고서 ○쪽부터 ○○쪽을 보아주시기 바랍니다. 우선 회사의 개황중 주요변동내용을 말씀드리자면 ….	－ 본 시나리오와 달리 영업보고 내용에 대한 주주들의 이해를 높이기 위해 주주들의 발언을 제한하고 영업보고를 마친 후 질문을 받는 것으로 할 수도 있다. － 현재 상장회사에서 사용하고 있는 영업보고의 양식은 1985년 10월 11일 한국상장회사협의회가 제정·공표한 「영업보고서 표준예시」를 따르고 있다. － 동 표준예시는 상법시행령 제17조에서 영업보고서의 기재사항으로 정하고 있는 사항에 대하여 관련서식을 예시하고, 기재방식을 설명하고 있으므로 세부내용은 이를 참고하면 될 것이다(최

회 순	발언자	발 언 내 용	해 설
			근개정 : 2013.1.3.자) – 영업보고서의 기재사항은 결산기 말을 기준으로 작성하고 결산기 이후 주주총회 개최일까지의 변동 사항에 대하여는 주석으로 변동사 항을 기재하는 것이 바람직하다.
	주 주 A	(이때 "의장!"하는 소리와 함께 의사진행발언 요청)	
	의 장	아직 영업보고가 끝나지 않았으니 조금만 기다렸 다가 보고가 끝난 후 발언을 신청해 주시기 바랍 니다.	
	주 주 A	효율적인 회의진행을 위한 의견을 말씀드리고자 합니다. 발언권을 주시기 바랍니다.	
	의 장	발언할 주주께서는 먼저 성함을 말씀하시고 발언 해 주시기 바랍니다.	
	주 주 A	주주 ○○○입니다. 제○○기 영업보고서의 내용 은 방금 전 의장 인사말에도 중요사항에 대한 언 급이 있었고 또한 우리 주주들에게 미리 배부해 주신 유인물에 상세히 수록되어 있습니다. 따라서 효율적이고 신속한 의사진행을 위해서 영 업보고는 미리 배부한 유인물로 갈음해 주시고, 의장께서는 이것으로 영업보고를 마치고 다음 사 항을 진행해 주시기 바랍니다.	
	주 주 들	("찬성이오", "그렇게 합시다"등 발언)	
	의 장	방금 ○○○주주께서 영업보고는 유인물로 갈음 하지는 회의진행에 관한 의견을 말씀하였는데, 주주 여러분 그렇게 하여도 괜찮겠습니까?	
	주 주 들	("괜찮습니다", "이의 없습니다", 찬성합니다" 등)	
	의 장	감사합니다. 그러면 제○○기 영업보고는 유인물 로 갈음하고 영업보고를 마치도록 하겠습니다. (의사봉 3타 ●●●)	
	사례예시 : 영업보고서상 재무제표에 대한 질문 8		
	주 주 :	주주 ○○○입니다. 본 주주는 영업보고서상 재무 제표에 대하여 의문이 있어 질문을 하고자 합니다. 당사는 최근 몇 년간 매출액은 꾸준히 증가한 것 에 비해 당기순이익은 감소한 것으로 나타났는데,	– 주주는 각종 보고에 대하여 듣기 만 하는 것이므로 찬성·반대의 의견진술이나 각종 동의의 제출 은 인정되지 않으며, 단지 질문 과 의사진행발언만 허용된다. – 영업보고에 대하여 다양한 질문 이 나올 수 있다. 재무제표 등에

회 순	발언자	발 언 내 용	해 설
		그 이유가 매우 궁금하지 않을 수 없습니다. 이런 결과는 방만한 경영에 있는 것이 아닌가 생각하는데, 그 이유를 자세히 설명해 주시기 바랍니다.	관련된 질문은 재무제표 승인에 관한 의안 심의시 한꺼번에 하도록 하는 것이 효율적이며 바람직하다.
	의　장 :	회의의 원활한 진행을 위하여 영업보고서중 재무사항에 대한 질문은 재무제표승인의 건 처리시 일괄적으로 답변토록 하겠으니 이 점 양지해주시기 바랍니다.	
		사례예시 : 의안 심의전 절차에서 불규칙발언의 처리 **9**	
		(영업보고 중)	
	주　주 :	의장! 당기순이익에 관해 질문이 있습니다. 발언기회를 주십시오.	
	의　장 :	주주님의 동 발언요청은 받아들일 수 없습니다. 현재 영업보고 중입니다. 당기순이익은 재무제표 승인과 관련된 사항입니다. 해당 목적사항의 심의시 질문해 주시면 발언기회를 드리겠으니 양해해 주시기 바랍니다.	－ 의장은 의안심의전 절차에서 주주의 발언을 받지 않도록 한다. 즉, 의안의 심의에 들어간 것이 아니므로 발언을 받는 것은 실질적으로 큰 의미가 없으며, 이러한 발언을 받기 시작하면 무의미한 발언들이 양산되어 총회가 지연될 수 있다.
	의　장 :	(보고사항 등 의사진행중)	－ 의안 심의전 절차에서 특히 총회꾼 등 문제주주들이 동의나 의사진행발언 등을 요청하는 경우가 있으나, 이러한 경우에 의장은 발언을 허락하지 않고 의사를 진행하도록 한다.
	주　주 :	의장! 발언을 요청합니다.	－ 감사보고나 영업보고시 주주가 발언을 요청하여 질문을 하는 경우가 있으나, 재무제표 승인 등 관련 의안 심의시 질문·응답이 이루어지도록 진행한다.
	의　장 :	주주님의 발언요청은 받아들일 수 없습니다. 발언은 목적사항의 심의시에 하여 주시기 바랍니다. 잠시 기다려 주십시오.	－ 의장의 허락을 받지 않고 발언하거나 발언정지 요청에도 계속적으로 발언을 하는 주주가 있는 경우에는 질서유지권 발동을 경고하고 장내정리를 위하여 정회를 하는 것이 바람직하다.
	주　주 :	긴급동의 있습니다. 의사진행발언 있습니다. 본 주주는 의장의 의사진행에 ………	－ 그럼에도 불구하고 계속적으로 발언을 하는 경우에는 퇴장을 명령하는 등 강력한 대처를 하는 것

회 순	발언자	발 언 내 용	해 설
			이 효율적인 의사진행을 위해 필요할 수 있다. 다만, 퇴장명령은 주주의 총회참석권, 질문권, 의결권 등을 박탈하는 극단적인 조치이므로 부득이한 경우에 한하여 제한적으로 행사하여야 한다.
	의　　장	주주님, 발언은 목적사항의 심의시에 하시기 바랍니다. 의장의 허가를 얻지 않은 발언은 금지되어 있습니다. 정숙하여 주시기 바랍니다(의사진행).	* 총회장소가 넓은 경우에는 주주가 발언을 계속하더라도 육성에 불과하여 의장이 진행순서에 따라 의사를 진행하는 데 문제가 없으므로 퇴장명령 등을 하는 대신 주주의 발언을 무시하고 의사를 진행하는 방법이 바람직하다.
	주　　주	(계속하여 발언)	
	의　　장	주주님, 발언을 중지하십시오. 의장은 상법 제366조의2에 의거 의사진행을 원활히 해야 할 의무가 있고 이를 위해 의장의 지시에 따르지 않는 자에 대해 퇴장을 명할 수 있음을 말씀드립니다(의사진행). (주주의 발언이 계속되는 때에는 장내정리를 위하여 정회를 하거나 퇴장*을 명함)	
	사례예시 : 개인적인 고충처리 요구에 대한 대응 　　10		
		(주주가 의사진행발언 요청)	
	의　　장	발언할 주주께서는 먼저 성함을 말씀하시고 발언해 주시기 바랍니다.	
	주　　주	주주 ○○○입니다. 저는 당사의 △△지점과 거래를 하는데, 어떤 종업원으로 인해 막대한 손실을 얻었습니다. 어떻게 이런 일이 발생할 수 있습니까? 이 회사의 종업원의 관리체계는 어떻습니까? 고객응대에 대해 충분한 교육이 실시되고 있습니까?	
	의　　장	○○○주주님의 질문에 대하여는 ○○○ 이사님께서 답변드리겠습니다.	
	○○○ 이　　사	종업원의 관리와 교육은 다양한 연수를 실시하고 있고, 업무 및 컴플라이언스 매뉴얼을 작성하여 대응하고 있습니다. 이상입니다.	
	주　　주	그 말은 사실이 아닌 것 같고 그러한 답변을 납득할 수 없습니다. 종업원으로 인한 손실을 회사가 배상해야 하는 거 아닙니까?	

회 순	발언자	발 언 내 용	해 설
	의　　장	: 주주 ○○○님께서 말씀하신 △△지점의 거래와 관련하여서는 현재 법원에 소송이 제기되어 진행 중인 사항으로 그와 관련한 질문을 하시는 것으로 생각됩니다만, 오늘 이 자리는 우리 회사의 중요 사항을 결정하기 위한 주주총회 자리이지 개인의 문제를 해결하기 위한 자리가 아닙니다. 오늘 회의의 목적사항과 관련없는 사항이므로 답변을 마치도록 하겠습니다. 다른 질문을 받도록 하겠습니다.	
	주 　 주	: 답변해 주십시오. 저는 주주의 자격으로서 듣고자 하는 것입니다.	
	의　　장	: 다시 한번 말씀드립니다. 방금 질문은 개인의 문제로서 이 자리에서 논의에 부칠 수 없는 사항입니다. 주주님께서 본 사항 이외에 다른 질문이 없으시다면, 다른 주주님의 발언을 받도록 하겠습니다.	
	사례예시	**: 정기총회에서 외부감사인 선임보고를 하는 경우 11**	
	의　　장	: 다음은 외부감사인 선임에 관하여 보고 드리겠습니다. 주식회사의 외부감사에 관한 법률에 따라 그 동안 우리 회사의 외부감사인이었던 ○○회계법인과 계약기간이 만료되었기에 지난 ○월 ○○일에 개최된 감사인선임위원회(감사위원회)에서는 ○○회계법인을 외부감사인으로 선정하였습니다. ○○회계법인은 서울특별시 영등포구 여의도동 ○○번지에 소재하고 있으며, 19○○년 ○월 ○일 설립되었고, 자본금은 ○○○억원입니다. 그 구성인원은 대표사원 ○명 포함 공인회계사 ○○○명 등 총 ○○○명으로 되어 있습니다.	− 감사인선임위원회에서 감사인을 선정하는 경우 ① 감사인을 선임한 사업연도 중에 소집되는 정기총회에 보고하는 방법, ② 최근 주주명부 폐쇄일의 주주에게 서면 또는 전자문서로 통지하는 방법, ③ 감사대상 사업연도 종료일까지 회사의 인터넷 홈페이지에 공고하는 방법 중 택일하여 감사인 선임사실을 주주에게 안내하여야 한다. − 증권선물위원회(금융감독원 위탁)에서 감사인 지정 통지를 받은 경우에, 회사는 원칙적으로 지정통지를 받은 날로부터 2주 이내에 지정감사인과 감사계약을 체결해야 한다. − 이 경우 감사계약 체결에 따른 공시사항과 금융감독원에 대한 감사인 선임 보고의무는 없지만, 주주에게 외부감사인 선임사실을 아래 3가지 방법 중 하나로 보고하여야 한다.

회 순	발언자	발 언 내 용	해 설
			① 외부감사인을 선임(계약) 이후 소집되는 정기총회에 보고 ② 문서(서면 또는 전자문서)로 주주(최근 주주명부 폐쇄일 기준)에게 통지 ③ 회사의 인터넷 홈페이지(상장회사 외부감사계약기간인 3년간(감사계약 종료일까지))에 공고
		이번에 선임된 외부감사인은 특별한 사정이 없는 한 앞으로 3회계년도에 걸쳐 감사를 하게 되겠습니다. 이상으로 외부감사인 선임보고를 마치겠습니다. (의사봉 3타 ●●●)	– 회사는 감사인을 선임할 때에는 감사(監事) 또는 전문성과 독립성이 확보된 감사인선임위원회의 승인을 받아야 한다. 다만, 상장회사는 감사인선임위원회의 승인을 받아야 하며, 감사위원회를 설치한 경우에는 이를 감사인선임위원회로 본다(외감법 제4조제2항).
사례예시 12		최대주주등과의 거래내용 보고 예시(자산총액 2조원 이상인 상장회사에만 적용)	
	의 장:	다음은 최대주주등과의 거래내용에 대하여 보고 드리겠습니다. 주주 여러분께 이미 전자공시 등을 통해 안내 드린 바와 같이 상법에 따라 최대주주 및 특수관계인과 일정 규모 이상 거래를 하는 경우에는 이사회의 승인을 받고 주주총회에 보고토록 되어 있습니다. 당사에서는 회사와 대주주등과의 거래시 마다 그 구체적인 사항에 대하여 회사에 이익이 되는 지 여부를 검토하여 이사회의 승인을 받았습니다. 그리고 동 내용을 공시 및 신고하였으며, 최대주주 등과의 거래목적과 조건, 기간, 총 거래금액등 자세한 내용은 배부해 드린 유인물내용을 참조해 주시기 바랍니다. 이상으로 최대주주등과의 거래	– 최근 사업년도말 현재 자산총액이 2조원 이상인 상장회사(이하 '대규모 상장회사')가 최대주주, 그의 특수관계인 및 그 상장회사의 특수관계인(이하 '최대주주 등')과 거래를 할 경우 미리 이사회의 승인을 얻고 이사회 승인결의 후 처음으로 소집되는 정기주주총회에 관련사항을 보고하여야 한다(상법 제542조의9 제3항). – 보고대상이 되는 거래는 ① 단일 거래규모가 최근 사업년도말 현재 자산총액 또는 매출총액의 1% 이상인 거래, ② 해당 사업년도 중 특정인과 해당거래를 포함한 거래총액이 최근사업년도말 현재 자산총액의 5% 이상인 거래인 경우이다. – 최대주주등과의 거래내용 보고에 대하여는 주주들의 질의가 많을 수 있으니 유의할 필요가 있다. – 그러나 최대주주등과의 거래내

회 순	발언자	발 언 내 용	해 설
		내용 보고를 마치겠습니다. (의사봉 3타 ●●●)	용은 공시 및 신고사항이므로, 사소한 내용을 일일이 답변할 필요는 없으며, 총 거래금액등 자세한 내용은 법적 공시사항을 기재한 유인물 내용을 참조토록 하는 것이 합리적이다.
13		**사례예시 : 재무제표(이익잉여금처분계산서 포함) 및 연결재무제표 승인 보고**	
	의 장 :	다음은 재무제표 및 이익배당에 대하여 보고드리겠습니다. 주주 여러분께서 이미 알고 계시는 바와 같이 당사는 상법에 따라 정관을 개정하여 재무제표 승인 및 이익배당 결정을 이사회에서 하도록 되어 있습니다.	— 상법은 정관이 정하는 바에 따라 ① 외부감사인의 적정의견과 ② 감사(또는 감사위원회 위원) 전원의 동의를 요건(이하 '감사요건')으로 하여, 이를 충족한 경우에 이사회에서 재무제표를 승인할 수 있도록 하고 있다. 다만, 이러한 승인 후 그 승인한 내용을 주주총회에 보고하여야 한다(상법 제449조의2).
		이사회 승인을 위해서는 당사의 감사 전원동의와 외부감인의 감사의견이 적정일 것이 요구되는 데, 금번 당사의 외부감사의견이 법상 주주총회 소집통지 기한인 주주총회 2주간 전까지 제출되지 않았습니다.	— 즉, 정관으로 재무제표를 이사회의 결의로 승인할 수 있도록 한 경우라도 ① 및 ②의 감사요건을 모두 충족하지 못하면 주주총회의 승인을 얻어야 한다.
		이에 이사회에서는 일단 "재무제표(이익잉여금처분계산서 포함) 및 연결재무제표 승인의 건"을 오늘 총회의 의결사항으로 정하되, 외부감사인의 의견이 주주총회일 전에 제출되고 동 의견이 적정의견이며 감사 전원이 동의한 경우에는 "재무제표(이익잉여금처분계산서 포함) 및 연결재무제표 승인의 건"이 보고사항으로 변경될 수 있음으로 소집통지서 등을 통해 주주님들께 사전에 안내해 드린 바 있습니다.	— 배당결정은 주주총회의 권한이나, 정관으로 재무제표 승인을 이사회 결의로 할 수 있도록 한 회사는 이사회에서 배당*을 결정하고 주주총회에 보고하도록 하였다. 이 경우 의결사항으로 재무제표 승인(이익잉여금처분계산서 포함) 및 이익배당의 건은 상정할 필요가 없다.
		당사의 외부감사인은 금일 총회일의 1주간 전인 ○월 ○일 금기 당사의 결산내용에 대해 적정의견을 제출하였으며, 당사 감사○○○, 감사 ○○○등 전원이 동의하였으므로, 당사는 이에 ○월 ○일 이사회를 개최하여 상법과 정관에 따라 재무제표(이익잉여금처분계산서 포함) 및 연결재무제표를 승인하였으며, 소집통지시 안내해 드린 대로, 금일 주주총회에서는 이에 대한 보고를 드리고자 합니다.	* 재무제표와 함께 이사회에서 승인할 수 있는 배당은 현금배당과 현물배당에 한정되며, 주식배당의 경우에는 주주총회를 결의를 요함. — 한편, ① 및 ②의 요건을 충족하였더라도 재무제표의 승인을 주주총회의 안건으로 상정하여 승인받을 수 있다.

회 순	발언자	발 언 내 용	해 설
		이사회에서 승인받은 재무제표에 의하면 지난해 말 자산총계는 전기대비 ○% 증가한 ○조 ○○○억원이며, 부채는 전기대비 ○○% 증가한 ○○○억원으로 부채비율은 ○○%로서 비교적 건실한 재무안정성을 유지하고 있습니다. 아울러 당기 매출액은 전기 대비 ○% 증가한 ○○○억원이며 당기순이익은 ○○억원으로서 전기 대비 ○% 소폭 증가하였습니다. 그 자세한 내용은 배부해 드린 유인물내용을 참조해 주시기 바랍니다. 금기에는 당기순이익의 ○○%를 배당금으로 지급키로 하고 1주당 ○○○원씩 배당하기로 결정하였습니다. 액면가기준 배당률로는 ○○%, 연말 주가대비 시가배당률은 ○%입니다. 이는 동종업계 평균 배당성향인 ○○%를 상회하고 있는 수치입니다. 배당금은 ○월 ○일부터 지급을 개시할 계획임을 알려드립니다. (의사봉 3타 ●●●)	− 주주총회의 소집통지 시점에 ① 및 ②의 감사요건이 충족되지 못한 경우, 회사는 재무제표가 감사요건의 충족 이후 별도 이사회의 승인을 거쳐 확정되면 보고사항으로 전환된다는 조건을 붙여 재무제표의 승인을 주주총회의 의결사항으로 소집통지하여야 한다. − 재무제표 및 이익배당 보고사항에 대하여는 원칙적으로 찬성·반대의 토론은 가능하지 않으며 단지 질문만 허용된다. − 재무제표 및 이익배당 보고시에 주주들의 질문이 많을 수 있으니 유의할 필요가 있다. 재무제표에 대한 질문은 영업보고에서의 질문과 유사할 것이지만 재무제표 승인에 관한 의안 심의가 없으므로 일일이 답변해야 할 것이다.
사례예시 14		배당결정을 이사가 한 경우 배당액의 산정근거 등 보고	
의 장		다음은 이익배당과 관련하여 배당액의 산정근거와 함께 직전년도와 비교하여 배당성향이 크게 변동됨에 따라 그 변동내역 및 사유 등에 대하여 보고 드리겠습니다. 주주 여러분께서 알고 계시는 바와 같이 당사는 상법에 따라 재무제표 승인 및 이익배당 결정을 이사회에서 하였습니다. 이 경우 자본시장법에 따라 주주총회에 재무제표 승인 보고 외에도 배당액의 산정근거, 직전 회계연도와 비교하여 배당성향이 현저히 변동한 경우 그 변동내역 및 사유 등 일정한 사항을 보고하여야 합니다.	− 자본시장법에 의하면 이익배당의 특례로서 상장회사가 이사회 결의로 이익배당을 정한 경우, 주주총회에 재무제표 승인 보고와 함께 이익배당과 관련하여 배당액의 산정근거 등 일정한 사항을 보고하여야 한다(제165의12 제9항). − 이익배당에 관한 보고사항은 ① 배당액의 산정근거 ② 직전 회계연도와 비교하여 당기순이익 대비 배당액 비율이 현저히 변동한 경우 변동 내역 및 사유 ③ 기타 이익배당에 관한 주주의 권익보호를 위한 것으로서 금

회 순	발언자	발 언 내 용	해 설
			융위 고시 사항(미고시)(자본시장법 시행령 제176의14 제1항)
		당사의 배당액은 상법 제462조에 따라 산정한 배당가능이익을 근거로 산출하였으며, 그동안 회사가 유지해온 적정수준의 내부 유보율을 고려하여 중간(분기)배당과 연말배당을 합쳐 00~00% 수준의 배당성향을 유지하는 것으로 결정하였습니다. 당기의 배당성향은 직전년도 대비 중간배당과 연말배당을 합쳐 00%에서 00%로 0%P 감소되었습니다. 이는 금년도 실적악화로 적자전환(또는 추진해온 고위험 사업에 대한 투자가 집중되어 내부유보율이 낮아진 것 등)됨에 따라 배당가능이익의 감소에 따른 것임을 보고 드립니다. (의사봉 3타 ●●●)	
다. 내부 회계 관리 제도 운영 실태 보고	의 장	다음은 주식회사 등의 외부감사에 관한 법률 제8조에 의거 대표이사인 본인이 내부회계관리제도 운영실태를 보고드리겠습니다. 자세한 내용은 배부해드린 의안설명서 ○○쪽의 내부회계관리제도 운영실태보고서를 참조하여 주시기 바라며, 보고는 이를 요약하여 간략하게 보고 드리도록 하겠습니다. 본 대표이사의 내부회계관리제도 운영실태 평가 결과, 2019년 12월 31일 현재 당사의 내부회계관리제도는 '내부회계관리제도 설계 및 운영 개념체계(다른 기준을 사용한 경우 그 기준의 명칭)'에 근거하여 볼 때, 중요성의 관점에서 효과적으로 설계되어 운영되고 있다고 판단됩니다.	– 내부회계관리제도의 설계 및 운영에 대한 책임은 대표이사 및 내부회계관리자를 포함한 회사의 경영진에 있으며, 외부감사법에서는 회사의 대표자는 사업년도마다 주주총회에서 해당 회사의 내부회계관리제도 운영실태를 직접 보고하도록 하고 있다(외부감사법 제8조 제4항). – 다른 대표이사가 내부회계관리제도의 설계 및 운영을 담당하는 경우에 해당 대표이사가 보고하게 할 수 있다. – 내부회계관리제도 운영위원회에서 제·개정한 '내부회계관리제도모범규준의 신·구 모범규준은 적용시기 및 적용대상 회사 규모, 중요한 취약점의 유무에 따라 운영실태보고가 달라지므로 동 운영위원회가 발표한 표준예시를 참고하여 보고할 수 있다. – 의안설명서에 첨부된 내부회계관리제도 운영실태보고서를 그대로 낭독할 수 있으나, 실무상 주주총회의 원활한 운영을 위하여 간략하게 요약하여 보고하는 것으로 하였다.

회 순	발언자	발 언 내 용	해 설
		이상 내부회계관리제도 운영실태보고를 마치겠습니다.	
	의 장	내부회계관리제도 운영실태보고와 관련하여 다른 질문이 없으십니까?	
	주 주 들	("예", "없습니다" 등 발언)	
	의 장	이상으로 내부회계관리제도 운영실태보고를 마치겠습니다. (의사봉 3타 ●●●)	
2. 의결 사항	의 장	다음은 부의안건 심의에 들어가겠습니다. 그러면 제1호 의안 제○○기 재무제표(이익잉여금처분계산서 포함) 및 연결재무제표 승인의 건을 상정합니다.	− 부의의안의 심의절차는 ① 의안 상정, ② 제안설명, ③ 질의응답, ④ 찬반토론, ⑤ 표결의 순서로 이루어진다. − 상법에서 이사가 주주총회에 제출하여 승인을 얻어야 하는 재무제표는 '대차대조표', '손익계산서' 및 '그 밖에 회사의 재무상태와 경영성과를 표시하는 것으로서 시행령이 정하는 재무서류'이다(제447조 1항). − 외감법에서는 재무제표를 재무상태표와 포괄손익계산서로 표현하고 있으나, 본 시나리오에서는 상법 및 일반적인 상장회사의 사례를 반영하여 종전과 같이 대차대조표와 손익계산서로 표현하기로 한다.
제1호 의안 : 제○○ 기 재무 제표 (잉여금 처분 계산서 포함) 및 연결 재무 제표 승인의 건	의 장	(의사봉 3타 ●●●) 상법과 상법 시행령에 따라 외감법을 적용받는 회사에는 재무제표로서 대차대조표, 손익계산서, 이익잉여금처분계산서 이외에 자본변동표, 현금흐름표, 주석이 포함되어 있습니다. 더불어 당사는 연결재무제표를 작성해야하는 회사이므로 오늘 주주총회에서는 재무제표와 함께 연결재무제표도 승인받아야 함을 알려드립니다. 참고로 당사의 연결대상 종속회사는 회의자료에 있는 대로 총 ○○개사입니다.	− 시행령에서는 '재무제표에 해당되는 서류'로서 '자본변동표', '이익잉여금 차분계산서(또는 결손금 처리계산서)', '현금흐름표' 및 '주석(註釋)'으로 정하고 있다(시행령 제16조 1항). − 상장회사가 외감법상 지배회사에 해당하는 경우에는 연결재무제표도 작성하여야 한다(제447조 2항). 이 경우 재무제표 범위에 연결재무제표가 포함되어 있음을 주주에게 상기시킬 필요가 있다.

회 순	발언자	발 언 내 용	해 설
		이들 재무제표 및 연결재무제표를 심의하고 승인하여 주시기 바랍니다.	– 상법 제447조에 따라 작성하는 주석은 주석사항 본문 전체를 포함하는 것이며, 중요 주석 사항만을 뜻하는 것은 아니다. – 주석의 분량 및 내용이 많기 때문에 전문을 배포하는 데에는 무리가 따르므로 주석 인쇄본을 총회장에 비치하고 유인물은 요약본으로 갈음할 수 있다고 본다. – 결손 등의 이유로 이익배당을 하지 않는 회사의 경우라도 배당관련 주주제안이나 배당관련 질문은 제1호 의안에 이익잉여금 처분계산서(또는 결손금처리계산서)가 포함되어 있으므로 가능하다고 본다.
		사례예시 : 이익배당안의 구분상정과 병합심리 15	
	의 장	상법은 배당을 주주총회에서 결정하도록 별도로 규정함으로써 종전과는 달리 재무제표 승인의 건과 구분하여 이익의 배당을 별도의 안건으로 상정할 수 있도록 하고 있습니다. 다만 제1호 의안인 재무제표의 범위에 이익배당이 관련된 이익잉여금 처분계산서가 포함되어 있으므로 제2호 의안인 이익의 배당 안건을 같이 상정하여 병합 심리하는 것이 중복심리를 방지하여 효율적이라 생각합니다. 이에 제2호 의안인 이익의 배당의 건을 제1호 의안인 재무제표 승인의 건과 동시에 상정하고자 합니다. 그러면 제1호 의안 제○○기 재무제표 승인의 건과 제2호 의안 이익 배당의 건을 동시에 상정하겠습니다 (의사봉 3타 ●●●)	– 상법은 배당을 주주총회에서 결정하도록 규정함으로써 종전과는 달리 이익의 배당을 별도의 안건으로 상정할 수 있도록 하였다. 법무부는 유권해석을 통해 이익배당은 재무제표 중 '이익잉여금 처분계산서'에 포함되어 있지만, 배당은 주주 등 이해관계자에게 중요한 사안이므로 회사는 이익배당 안건을 별도 안건으로 구분하여 상정하는 것이 바람하다고 해석하고 있다. – 본 시나리오 예시에서는 굳이 이익배당 안건을 별도로 구분하지 않아도 된다는 해석과 주주총회의 간소화를 위하여 종전대로 이익잉여금 처분계산서 승인으로 충분하다는 의견에 따라 작성하였다. – 총회에 제출하여 승인받아야 하는 재무제표의 범위에 이익잉여금 처분계산서(또는 결손금처리계산서)가 포함되어 있으므로 제

회 순	발언자	발 언 내 용	해 설
			1호 의안과 제2호 의안의 이익배당 결정은 중복된다. 따라서 제1호 의안과 제2호 의안을 같이 상정하여 병합 심리하는 것이 한번 결정된 내용을 또다시 결정해야 하는 중복결정의 모순을 방지할 수 있는 효율적이고 적법한 방법이라 하겠다. — 의안의 동시 상정, 병합심리는 의장의 권한이므로 총회의 의사를 구하지 않아도 무방하다.
사례예시 16		**정관상 재무제표(이익잉여금처분계산서 포함)를 이사회에서 승인하도록 한 회사가 그 결정을 주주총회에 위임하는 경우**	
	의 장	제1호 의안 제○○기 재무제표(이익잉여금처분계산서 포함) 및 연결재무제표 승인의 건을 상정하겠습니다 (의사봉 3타 ●●●) 먼저 이번 안건을 상정하게 된 배경을 간단히 말씀드리겠습니다. 현행 상법은 감사의 동의와 외부감사인의 적정의견 등 결산의 정확성이 요건이 확보되는 경우 기업경영의 효율성을 제고한다는 취지에서 재무제표(이익잉여금처분계산서 포함)를 이사회에서 승인할 수 있도록 하고 있습니다. 당사 또한 이러한 상법취지에 따라 지난 제○○기 주주총회에서 정관을 개정하여 재무제표(이익잉여금처분계산서 포함)를 이사회의 결의로 승인할 수 있도록 하고 있습니다. 그러나 이러한 정관개정 내용이 시행된지 불과 ○년밖에 되지 않았고, 상당수의 주주님들이 이러한 변경내용에 익숙하지 않은 경우가 있습니다. 이에 당사 이사회에서는 금번 주주총회까지는 과거와 같이 재무제표(이익잉여금처분계산서 포함) 승인을 주주총회 의안으로 상정하여 승인받는 것이 여러 주주님들의 혼선을 최소화하는 것이라 판단하여 금일 주주총회의 의안으로 상정하게 되었습니다.	— 정관상 재무제표를 이사회에서 승인하도록 규정한 경우에도 이사회 결의를 통해 다시 재무제표 승인을 주주총회에 위임할 수 있으며, 법무부도 이와 같은 취지로 유권해석을 하고 있다.

회 순	발언자	발 언 내 용	해 설
		사례예시 : 의안의 상정 또는 설명중 발언요청 17	
	의 장	(의안설명 중)	– 주주의 발언을 내용별로 ① 질문, ② 찬반의견 표시, ③ 동의(수정동의와 의사진행에 관한 동의) 3가지로 구분할 수 있다.
	주 주 B	의장!	– ① '질문'은 의안의 내용에 불명확한 점이 있을 때 하는 것이고, ② '찬반의견'은 그 의안에 대하여 찬성 또는 반대의 의견을 표명하는 것이며, ③ '동의'는 그 의안에 대하여 수정의견을 제출하거나 회의진행의 원활화를 위하여 발언하는 것이다.
	의 장	(발언 요청자 쪽을 바라보며) 지금 발언권을 요청하신 주주님은 본 상정의안에 대한 집행부측의 제안 설명이 끝난 다음에 발언신청을 해 주시면 고맙겠습니다.	– 의안에 대하여 주주의 발언이 가능한 시점은 이사의 제안 설명이 끝난 후이다. 따라서 의사진행발언을 제외하고는 의안에 대해 제안 설명이 끝나기 전에는 주주의 발언을 허용하지 않는 것이 효율적이다.
	주 주 B	알겠습니다. (주주 이해)	– 의안설명 중의 발언요청은 의안 설명후에 하도록 진행한다(이때, 의장은 당해 주주를 기억하였다가 발언접수시 우선발언권을 주도록 하는 것이 바람직함).
		(의안 설명 종료 후 주주의 발언을 접수하였으나 주주가 다른 의안에 관한 발언을 함)	– 발언 접수 후 주주의 발언 내용이 해당 의안이 아닌 다른 의안에 관한 발언인 경우에는 발언을 중지시키거나, 해당 안건의 심의시에 발언을 접수하는 것으로 한다(이 경우에도 당해 주주의 주주번호, 이름 등을 메모하여 두었다가 해당 안건의 심의시 우선적으로 지명하는 등의 배려를 하는 것이 바람직함).
	의 장	○○○주주님! 발언중 죄송합니다만 주주님의 지금 발언은 오늘 회의목적사항 중 제○호 의안에 관한 사항으로 본 안건과 상관이 없는 발언입니다. ○○○주주님께는 해당 의안에 관한 심의시 우선적으로 발언할 기회를 드리도록 하겠으니 해	

회 순	발언자	발 언 내 용	해 설
		당 의안 심의시에 발언하여 주시기 바랍니다. (의사봉 3타 ●●●)	
		사례예시 : 연결재무제표를 작성하지 않는 회사의 경우 의안 **18 상정요령**	
	의 장	그러면 제1호 의안 제○○기 재무제표 승인의 건을 상정하겠습니다 (의사봉 3타 ●●●)	
	의 장	주주님들께서 이미 잘 알고 계신대로 당사는 종속회사가 없는 회사이므로 오늘 주주총회에서는 당사 개별재무제표를 승인받으면 충분하다는 점을 알려드립니다. 상법과 상법 시행령에 따라 외감법의 적용받는 회사에는 재무제표로서 대차대조표, 손익계산서, 이익잉여금처분계산서 이외에 자본변동표, 현금흐름표, 주석이 포함되어 있습니다. 이들 재무제표를 심의하고 승인하여 주시기 바랍니다.	– 당사는 연결재무제표를 작성하지 않는 회사라는 점을 주주에게 안내하는 것이 바람직하다.
	의 장	제1호 의안 중 이익잉여금처분계산서에 관하여 주주제안권을 가지는 주주들로부터 배당관련 안건이 제출되어 있습니다. ○○○주주 외 ○명의 주주가 주주제안을 하셨습니다. 동 주주제안을 해주신 주주님들은 총 ○.○%의 지분을 가지고 있습니다. 그 주주제안은 이미 주주님들께 통지해 드렸습니다. 우선 제1호 의안의 배당에 대한 담당이사의 제안 설명을 먼저 들은 후, 주주제안 안건을 제출한 주주들로부터 주주제안에 대한 설명을 듣도록 하겠습니다. 그러면 관리본부장이 집행부의 배당에 대해 제안 설명을 드리겠습니다.	– 의안을 상정한 이후 우선적으로 의안에 대한 설명을 하는 것이 보통이다. 의안에 대한 설명은 의장이 하거나 의장이 지명하는 자가 할 수 있다. – 제안 설명 및 답변 의무는 제안자(회사제안인 경우는 이사회에서 정한 자, 주주제안인 경우는 제안주주)에게 있는 것이다. 의장이 제안설명을 하는 경우는 의장으로서가 아니라 집행부를 대표하는 대표이사의 자격으로 설명을 하는 것이다. – 의장은 회의장의 질서를 유지하고 의사정리를 하는 것이 본래의 임무이지만, 의장이 집행부의 수장으로서 설명과 답변을 하는 것이 원만한 회의진행에 도움이 될 수 있다. – 주주제안이 있는 본 시나리오에서는 제안설명을 의장이 지명하는 자와 주주제안을 한 주주가 하는 것으로 하였고, 제안 설명의 일반적 형식 내지 방법을 제

회 순	발언자	발 언 내 용	해 설
	관 리 본 부 장	관리본부장 ○○○입니다. 주주 여러분이 가지고 계시는 영업보고서 ○○쪽 이하를 참조해 주시기 바랍니다. 앞서 의장님께서 말씀하신대로 당사는 최근의 경기침체에 따라 매출액이 전년도 보다 ○%나 감소하고 당기순이익은 ○○억원으로 전기 대비 소폭 감소하는 것으로 나타났습니다. 또한 연결종속회사 ○개사를 포함한 연결매출액도 전기 대비 ○% 소폭 감소하였고, 연결당기순이익도 ○○억원으로 전기대비 ○% 소폭 감소하였습니다. 현행 상법상 배당은 당사의 별도재무제표를 기준으로 하여야 하며, 당사는 금기에도 당사의 배당성향 중심의 배당정책에 따라 당기순이익의 ○○%를 배당금으로 책정하여 1주당 ○○○원씩 배당하기로 결정하였습니다. 액면가기준 배당률로는 ○○%, 연말주가대비 시가배당률은 ○%입니다. 이는 동종업계 평균 배당성향인 ○○%를 상회하고 있는 수치입니다. 주주 여러분께서 이런 점을 충분히 양지해 주시기 바라며 앞으로 좀더 많은 배당이 가능하도록 수익위주의 경영에 힘쓸 것을 약속드리겠습니다.	시하는 수준으로 작성하였다. 그 구체적인 내용은 기업에 따라 천차만별일 것이므로 회사의 특성에 따라 주요한 내용을 설명하면 될 것이다. – 연결재무제표 작성회사인 경우에는 매출액과 당기순이익 발표 시에 연결결과를 언급하는 것이 바람직하다.
	의 장	담당이사로부터 배당금에 관한 사항을 포함한 제1호 의안에 관한 제안 설명을 들었습니다.	– 상법은 소수주주권으로 주주제안 제도를 규정하고 있다(제363조의 2). 의결권없는 주식을 제외한 발행주식총수의 100분의 3 이상 소유주주는 회일의 6주전에 서면 또는 전자문서로 주주총회 목적사항을 제안할 수 있으며, 그 제안내용이 법령 또는 정관에 위반하는 경우와 그 밖에 대통령령으로 정하는 경우를 제외하고는 이를 주주총회 목적사항으로 하도록 하고 있다. 이 경우 주주제안을 한 자의 청구가 있는 때에는

회 순	발언자	발 언 내 용	해 설
		이에 대하여 질의하실 주주님이 계시겠지만, 주주제안 안건에 대한 설명을 들은 후 질의할 기회를 드리겠습니다. 주주제안 안건을 제출하신 주주님들을 대표하여 코스모사모펀드 대표께서 그 배경과 내용을 설명하여 주십시오.	주주총회에서 당해 의안을 설명할 기회를 주어야 한다. - 상장회사의 경우 주주제안 행사요건으로 ① 주식의 최소보유기간요건(6개월)과 ② 의결권 없는 주식을 제외한 발행주식총수의 1천분의 10(최근 사업연도말 현재 자본금이 1천억원 이상인 상장회사는 1천분의 5) 이상 보유라는 요건을 규정하고 있다(상법 제542조의6). 한편, 상장회사의 경우에는 임기 중에 있는 임원의 해임에 관한 사항에 대하여는 주주제안이 인정되지 않는 것으로 하고 있다(상법시행령 제12조).
	주 주 C	방금 소개받은 코스모사모펀드 대표 ○○○라고 합니다. 우리 펀드는 ○○○국에 본사를 두고 있는 세계적 자산운용회사에서 직접 운용하는 펀드로서 국내외에서 조달된 자본으로 한국을 비롯한 세계 각국의 유망기업에 투자하고 있습니다. 우리 펀드를 비롯한 양식 있는 여러 주주들이 모여 이익배당에 관한 주주제안을 제출하게 된 이유는 회사가 배당가능이익이 충분히 있는데도 불구하고 그 중 극히 적은 부분만을 주주에게 배당하는 그릇된 배당관행을 시정코자 이렇듯 번거롭고 소란함을 무릅쓰고 투자자 이익보호를 위하여 주주제안을 하게 된 것입니다. 다시 말씀드리면 배당성향 위주의 배당정책을 유지한다는 명분으로 그동안 회사에 쌓아둔 배당가능이익은 전혀 고려하지 않고 당해년도에 벌어들인 수익 중 제반비용을 다 제하고 남은 순이익 중에서 일정 부분, 그것도 ○○% 정도만 선심 쓰듯 배당하여 왔던 것입니다. 이에 본 주주들은 그동안 회사에서 적립해온 임의적립금 등 배당가능이익이 무려 ○○○억원에 달하고 있어 이를 배당재원으로 하여 배당금을 주당 ○○○원으로 할 것을 제안하는 바입니다.	

회 순	발언자	발 언 내 용	해 설
	의 장	주주님 말씀 잘 들었습니다. 그러면 원안과 주주 제안 안건에 대한 몇 분의 질문을 먼저 받고 이후에 찬반토론을 진행토록 하겠습니다. 질의하실 주주님 계시면 질의하여 주십시오.	
	주 주 B	("의장!"하는 소리 있음)	
	의 장	예! 말씀하십시오.	
	주 주 B	주주 ○○○입니다. 의장님의 재무제표에 대한 설명은 잘 들었습니다. 우선 본 주주는 지난 1년간 유럽의 재정위기로 인한 극심한 경기침체 속에서도 회사의 생존과 발전을 위해 불철주야 노고를 아끼지 않으신 사장 이하 임직원 여러분께 깊은 감사의 말씀을 드리고 싶습니다. 그러나 재무제표의 승인에 앞서 본 주주는 실적에 대하여 의문이 있어 한 가지만 질문하고자 합니다. 당사는 최근의 경기침체에 따라 매출액이 전년도 보다 0%나 감소하고 당기순이익은 ○○억원으로 전기 대비 소폭 감소하는 것으로 나타났는데, 그 이유를 자세히 설명해 주시기 바랍니다.	
	의 장	○○○주주님께서 좋은 질문을 해 주셨습니다. 이 부분에 대해서는 관리본부장인 ○○○ 부사장이 답변을 해드리겠습니다.	
	관 리 본 부 장	지난해 전반적인 업계 불황속에서 당사는 과감한 공격적 마케팅 전략으로 매출액을 증대시키고자 하였으나 세계적으로 소비시장이 급격히 위축되어 매출액이 오히려 감소했음을 송구스럽게 생각합니다. 더욱이 국제원유가격의 일시적 급등을 비롯한 국제원자재 가격의 전반적 상승으로 원가부담이 대폭 늘어났으며 아울러 물가상승으로 인한 각종 비용이 증가하여 영업이익이 전년에 비해 크게 감소되고, 당기순이익도 유가증권매각익등 영업외 이익이 늘어났음에도 불구하고 다소 감소하였습니다. 이런 점을 양해해 주시기 바랍니다.	- 주주 ○○○의 질문에 대하여는 관리본부장인 부사장을 지명하여 답변하는 것으로 하였다. - 주주로부터의 질문에 대한 답변은 대표이사 또는 그가 지명하는 임직원이 설명한다. 주주가 특정 이사를 지명하여 답변을 요구하는 경우 대표이사인 의장은 이러한 요구에 따르지 않아도 된다. 본인 또는 가장 정확하게 설명할 수 있는 자로 하여금 답변토록 하는 것으로 충분하다. - 질의에 대한 답변은 통상의 상식을 가진 일반인이 이해할 수 있을 정도의 설명이면 충분하다. - 영업보고서의 내용보고 및 재무제표 승인과 관련하여 나올 수 있

회 순	발언자	발 언 내 용	해 설
			는 질문은 광범위하다. 이에 대하여는 사전에 예상 질의응답 자료를 작성하여 의장 및 관계 임원이 충분히 숙지할 필요가 있다.
19		**사례예시 : 주주의 장광설에 대한 처리**	
	의 장	더 질문이나 토론할 주주님이 계십니까? ("의장!"하는 소리 있음)	
	주 주	의장!	
	의 장	발언할 주주께서는 먼저 성함을 말씀하시고 발언하시기 바랍니다.	
	주 주	저는 주주 ○○○입니다 본 주주는 오늘 주주총회를 통해 당사의 경영정책에 대해 말씀드리고자 합니다. 오늘 경영실적을 발표한 것을 보면 당사는 명실상부한 우리나라 중견기업으로 성장했음을 실감하게 합니다. 이는 그동안 임직원 모두의 끊임없는 노력의 결과라고 생각합니다. 그러나 다만 당사는 경영정책에 있어 여러 가지 문제가 있는 것 같아 이를 지적코자 합니다. 최근 기업경영에 있는 큰 화두는 '투명경영', '윤리경영'이라고 생각합니다. 그런데 우리 회사는 투명경영을 잘했다고 주는 상 한번 받지 못하고……	− 주주의 장광설이나 의제와 관련 없는 발언으로 회의의 원활한 진행에 방해가 된다고 판단될 경우에는 의장이 이를 지적하고, 그래도 시정되지 않을 경우에는 경고 후에 질서유지권을 발동하여 발언의 정지나 퇴장을 명할 수 있다. − 고의로 주주총회 의사진행을 방해하기 위한 발언이나 돌발행동을 하는 등 질서를 문란하게 하는 자에 대해서는 우선 그 발언을 정지시키거나 행동자제를 요구하고 장내정리를 위하여 정회 등을 하는 것이 바람직하다. 그럼에도 불구하고 계속적으로 총회 진행을 도저히 어렵게 하거나 다른 주주의 발언을 방해하는 행위를 하는 경우에는, 주주권리를 박탈하는 극단적 방법인 퇴장을 명하는 것도 고려할 수 있다.
	의 장	(중간에 주주의 발언을 제지하며) ○○○주주님, 발언을 잠시 중단시키겠습니다. 본 주주총회의 원활한 진행을 위해서 의안과 관계없는 발언은 삼가해 주시고 되도록 질문의 요지만을 간략히 말씀해주시기 바랍니다.	− 실무적으로 회의진행요원이 의장의 퇴장명령 및 회의장 내 혼란사태 발생에 대비하는 것이 바람직하다. 물리적 충돌이 예상되는 예외적인 경우에는 의장의 권한으로 관할 경찰서에 경찰관의 임석을 요청할 수도 있다. 경찰관이 임석한 경우 의장은 총

회 순	발언자	발 언 내 용	해 설
			회의 적법한 진행 등을 위하여 의장의 요청으로 경찰관이 임석하였음을 회의 전에 고지토록 한다.
	주　　주 :	잘 알겠습니다. 간략히 말씀드리자면 요즘 기업경영에 있어 큰 화두가 '투명경영', '윤리경영'이라고 하는데 실제로 국내 모 대기업이 '기업윤리헌장'을 선포하고 윤리경영을 적극 실천하여 소비자를 비롯한 관계회사, 투자자들로부터 큰 호응을 얻어 기업이미지 제고뿐만 아니라 주식시장에서 좋은 평가를 받고 있습니다. 그런데 우리 회사는 훌륭한 경영실적에도 불구하고, 문제가 있어 그런 건지 경영진이 게을러서 그런 건지, 각종 경제단체에서 주는 상 하나 못받고 있어서 주주로서 매우 서운한 감이 있습니다. 우리 기업이 이런 정도로 커지고 사회적 비중도 높아졌으니 이제는 단순히 경영실적에만 연연해하지 말고……	
	의　　장 :	주주님, 발언을 중지하십시오.　주주님의 발언은 의제와 관련없는 발언이므로 발언을 중단시키겠습니다.	
	사례예시 : 배당금 증액 요청에 대한 답변 　20		
		(이때 "의장"하는 소리가 있음)	
	의　　장 :	예, 말씀하십시오.	
	주　　주 :	주주 ○○○입니다. 우리 주주들도 세계적 불황과 경기침체 등 열악한 국내외 경제환경 속에서 회사의 발전을 위하여 불철주야 노력하신 경영진과 종업원 여러분의 노고를 치하하는 바입니다. 그런데 의장께서 앞서 말씀하신 시가에 의한 배당률이 공금리수준에도 못미치는 점을 감안하여 적어도 은행금리 수준의 투자수익률만이라도 보장될 수 있도록 배당금을 증액해야 한다고 생각합니다. 또한 앞서 집행부에서 강조하신대로 주주중시경영이라는 대국적 입장에서 배당금을 증액해 주실 것을 요청하며 의장께서 직접 답변해주시기 바랍니다.	
	의　　장 :	○○○ 주주님의 말씀을 잘 들었습니다. 현재 당사 이익은 현금흐름표에서 보시는 바와 같이 유가증권 평가이익이나 지분법 평가이익이	

회 순	발언자	발 언 내 용	해 설
		포함되어 있어 이른바 장부상에서만 시현된 미실현이익이어서 배당가능이익에는 포함되지 않으며 실제 가용자금은 그리 많지 않습니다.	
		특히 금년도 경기회복에 따른 시설투자 확대를 감안하면 배당률을 높이는 경우에는 새로운 자금계획을 수립해야 할 상황입니다.	
		자칫 무리하게 배당을 하게 될 경우 유동성 부족을 초래하게 되고 결국은 적정한 부채비율과 유동비율에 영향을 주게 될 것이며, 이로 인하여 금융기관 등에 대한 당사의 대외신인도도 나빠져 앞으로의 원활한 자금조달에 악영향을 주게 될 뿐만 아니라 주가에도 좋지 않은 영향을 주게 될 것이 우려됩니다.	
		당사는 종전의 배당률 수준을 유지토록 하기 위하여 방금 설명해 드린대로 고심 끝에 이번 주당배당금을 ○○○원으로 결정하게 되었으며 전체 순이익 중에서 주주 몫으로 돌아가는 배당금을 나타내는 배당성향 측면에서 따져 볼 때는 오히려 작년에 비해 대폭 인상된 것이며 경쟁사들과 비교해 보아도 동종업계의 수위수준이라 할 수 있습니다.	
		이는 당사가 지속적으로 추진하고 있는 주주중시 경영정책의 일환이며 앞으로도 주주 여러분의 이익극대화를 위하여 배당우대정책을 지속해 나갈 계획입니다.	
	사례예시 : 매출액과 당기순이익이 감소한 이유에 대한 답변		
	21		
		("의장!"하는 소리 있음)	
의 장		예! 말씀하십시오	
주 주		주주 ○○○입니다. 의장님의 재무제표에 대한 설명은 잘 들었습니다.	– 영업보고서의 내용보고 및 재무제표 승인과 관련하여 나올 수 있는 질문은 광범위하다.
		재무제표의 승인에 앞서 본 주주는 실적에 대하여 의문이 있어 한 가지만 질문하고자 합니다. 당사는 최근의 경기회복세에도 불구하고 매출액과 당기순이익이 감소한 것으로 나타났는데 그 이유를 자세히 설명해 주시기 바랍니다.	– 이에 대하여는 사전에 예상 질의응답 자료를 작성하여 의장 및 관계 임원이 충분히 숙지를 해 놓을 필요가 있다.
의 장		○○○주주님께서 좋은 질문을 해 주셨습니다. 이 부분에 대해서는 관리본부장인 ○○○ 부사장이 답변을 해드리겠습니다.	

회 순	발언자	발 언 내 용	해 설
	관 리 본 부 장	관리본부장 ○○○입니다. 지난해 전반적인 경기 회복세 속에서 당사는 과감한 공격적 마케팅 전략으로 매출액을 증대시키고자 하였으나, 세계경기의 더딘 회복으로 여의치 못했음을 송구스럽게 생각합니다. 더욱이 국제 유동성의 팽창으로 인한 원자재가격의 상승으로 원가부담이 대폭 증가하였고, 이에 우리 제품의 채산성이 예상에 비해 매우 열악하였습니다. 또한 향후 새로운 시장을 선점할 수 있는 신제품 개발과 출시를 위해 매출이익 중 상당부분을 연구개발투자 및 공장시설 증설에 충당함에 따라 당기순이익 규모가 줄어들었습니다. 즉 당사의 전년도 당기순이익이 다소 줄어든 것은 방만한 경영 때문이 아니라 대외경제 여건의 악화에 일부 원인이 있고 경제환경 변화에 적극 대처하여 미래의 경쟁력을 향상시키려는 선제적이고 능동적인 경영전략에 있었다는 사실을 말씀드립니다. 기타 비용증가의 요인은 경기변동에 의한 일반적인 요인이기 때문에 설명을 생략하겠습니다. 이상 설명을 마칩니다.	
사례예시 22		**사외이사(기타 특정인)를 답변자로 지명하여 답변 요구** (주주가 발언 요청)	– 사외이사가 회사의 업무집행보다는 회사업무의 감시·감독자로서 역할을 수행하므로 비상근임을 전제로 하고 있다.
	의　　　장	발언할 주주께서는 먼저 성함을 말씀하시고 발언해 주시기 바랍니다.	– 그러나 최근에는 사외이사의 활동내역이나 보수 등이 공개되고 있는 등 관심이 증대되는 경향에 따라 주주총회에서도 주주들이 사외이사를 답변자로 지명하여 질문을 하는 사례가 나타나고 있음을 유의할 필요가 있다.
	주　　　주	주주 ○○○입니다. 당사 배당가능이익의 감소가 미실현이익의 증가에 그 원인이 있다고 들었는데 어떠한 미실현이익의 증가에 의하는지 말씀하여 주십시오. 사외이사인 ○○○이사님께서 답변해 줄 것을 요청합니다.	– 답변자를 지명하는 것은 의장의 재량사항이지만 질문주주에게 양해를 구하는 방식이 바람직하다.

회 순	발언자	발 언 내 용	해 설
	의 장	: 우선 주주님께 양해말씀을 드리겠습니다. 주주님께서는 ○○○ 이사님을 답변자로 지명하셨지만, 본 질문은 당사의 재무상황에 관련된 사항이며 지명하신 ○○○이사님은 현재 당사의 사외이사로서 이사회 구성원으로만 활동하고 계십니다. 의장의 판단으로는 재무담당임원이신 △△△ 이사님께서 답변을 드리는 것이 주주님의 질문에 충실한 답변을 드릴 수 있을 것으로 판단됩니다. 이 점 주주님께 양해를 부탁드리고 질문에 대하여는 △△△ 이사님께서 답변드리도록 하겠습니다.	◎ **사외이사에게 질문가능한 사항(예)** ① 주된 활동상황 ② 부당한 업무집행이 있었던 경우 이에 대한 대책과 예방책 ③ 사업내용에 대한 사외이사의 의견 ④ 사외이사의 업무내용에 관한 사항
	의 장	더 이상 발언하실 분이 없으십니까?	
	주 주 D	(이때 "의장"하는 소리가 있음)	
	의 장	예, 말씀하십시오.	
	주 주 D	주주 ○○○입니다. 아까 보고하신 바와 같이 배당성향 위주의 배당정책을 채택하여 회사가 벌어들인 당기순이익 중에서 일정비율인 ○○% 수준에서 우리 주주들에게 배당금으로 지급하는 것으로 알고 있습니다. 이는 주주의 입장에서 보면 미흡하다고 생각합니다. 회사가 1년 동안 영업을 해서 제반비용을 제하고 순수하게 벌어들인 이익은 당연히 주주에게 대부분을 돌려줘야 하며 적어도 ○○% 정도를 배당하는 게 마땅하다고 생각합니다. 따라서 본 주주는 주당 배당금을 ○○○○원으로 하여 액면가 대비 배당률을 ○○%로 높이자는 주주제안에 전적으로 찬성하는 바입니다. 또한 회사의 경영활동을 통해 쌓아 놓은 임의적립금 등은 결국 주주의 재산이며 배당가능이익에도 포함되어 있습니다. 상법에 의하면 적립된 법정준비금의 총액이 자본금의 1.5배를 초과하는 경우 주주총회 결의로 법정준비금을 감액할 수 있도록 하고 있는바 이는 배당재원 확대를 통한 주주 이익을 도모하자는 취지라 생각됩니다. 이에 과도하게 적립된 현재의 법정준비금을 감액하여 배당가능이익을 확대해야 합니다. 이렇게 하여 회사에 적립해 놓은 배당가능이익을 본래 주인인 주주에게 돌려주는 것이 마땅하다고 생각합니다.	
	주 주 들	(옳소 등 다수 있음)	

회 순	발언자	발 언 내 용	해 설
	의　장	○○○주주님의 말씀을 잘 들었습니다. 주주님께서도 말씀하셨듯이 당사는 어려운 대내외 경제여건에도 불구하고 합리적이고 투명한 경영으로 약간 저조하지만 예년의 실적을 유지할 수 있었습니다.	− 표결방법에는 음성, 거수, 기립, 좌석이동, 투표지에 의한 표결 등 여러가지가 있다. 표결방법의 선택은 의장이 회의 진행상황이나 분위기를 판단하여 직권으로 결정할 수 있다. 단 주주들이 다른 방법에 의하자는 동의를 제출하여 그 동의가 가결되면 그에 따라야 한다.
		이를 바탕으로 당사는 종전의 배당률 수준을 유지토록 하기 위하여 방금 설명해 드린대로 고심 끝에 이번 주당배당금을 ○○○원으로 결정하게 되었으며 전체 순이익 중에서 주주 몫으로 돌아가는 배당금을 나타내는 배당성향 측면에서 따져볼 때는 오히려 작년에 비해 대폭 인상된 것이며 경쟁사들과 비교해 보아도 동종업계의 수위수준이라 할 수 있습니다.	− 표결방법에 대한 상법상 규정이 없으므로 의장이 가부를 확인할 수 있는 적당한 방법을 사용하면 된다. 별다른 반대나 이의가 없어 보일 때에는 통상 음성(이의 없습니다), 또는 박수를 사용한다. 찬반의견이 팽팽하여 외견상 판단하기 어려운 경우에는 투표용지에 의한 표결방식에 의하는 것이 적절하다. 주주수가 적을 경우에는 거수 또는 기립방식을 사용할 수도 있다.
		세계적인 금융위기와 전반적 경기침체로 기업 생존을 위해 비상경영체제로 돌입하고 있는 회사의 어려운 사정을 이해하시어 이번 배당방침을 양해하여 주시기 바랍니다. 당사는 앞으로도 주주 여러분의 이익극대화를 위하여 배당우대정책을 지속해 나갈 계획입니다.	− 수정동의가 제출된 경우 표결의 순서는 수정동의에 대하여 먼저 가부를 묻고 복수의 수정동의가 제출된 경우에는 원안의 내용과 거리가 먼 것부터 가부를 묻는 것이 원칙이다(주주총회운영규정 제36조).
		더 이상 의견이 없으시면 토론을 종결하고 제1호 의안에 대하여 표결에 들어가도록 하겠습니다. 투표용지에 의한 투표방식으로 진행하며 우선 회의 진행 편의상 집행부가 제시한 배당안이 포함된 제1호 의안에 대해 투표를 실시하도록 하겠습니다.	− 그러나 수정안과 원안을 일괄하여 심의한 경우에는 원안을 수정안보다 먼저 표결에 부칠 수도 있다. 원안과 수정안에 대하여 모두 질의와 토론을 마쳤으므로 주주가 어느 의안에 대하여도 찬성·반대를 결정할 수 있어서 수정안을 무시했다거나 부당하게 취급했다고 할 수 없기 때문이다. − 주주총회에서는 거의 예외없이 수정안과 원안을 일괄하게 심의하게 되므로 결국 의장은 어떤

회 순	발언자	발 언 내 용	해 설
			안을 먼저 표결에 부칠지 재량으로 정하면 된다. 이 때 원안을 먼저 표결에 부쳐 가결되면 원안이 총회의사로 확정되고 수정안은 자동 부결되며, 만약 원안이 부결되면 다음으로 수정안을 표결에 부치게 된다.
		만약 집행부안이 가결되면 주주제안 안건은 자동으로 부결되며, 집행부안이 부결되면 다음으로 주주제안 안건에 대하여 투표를 실시하도록 하겠습니다.	
	의 장	그럼 표결을 시작하기에 앞서 투·개표과정의 공정한 진행을 확인하기 위하여 주주 여러분들 중에서 감표위원을 지명하겠습니다.	– 최근 상법시행령이 일부 개정됨에 따라 '전자투표를 한 주주는 해당 주식에 대하여 그 의결권 행사를 철회하거나 변경하지 못한다.'는 내용이 삭제되었다(상법시행령 제13조 제3항 삭제(2020. 1. 29.)). 따라서 회사가 이사회의 결의로 전자투표제도를 도입한 경우에도 총회에 참석한 주주는 이미 전자투표로 행사한 의결권 행사내용을 철회하거나 변경할 수 있다.
		감표위원은 개인주주님 중에서 2명, 기관투자가 1명, 그리고 대행기관에서 오신 주주님들 중에서 1명을 지명하겠습니다. 개인 주주님중에서 ○○○주주님, ○○○주주님과 기관투자가이신 ○○○주주님, 그리고 ○○○주주님께서 감표위원을 맡아 주시기 바랍니다. 이분들을 감표위원으로 지정하는데 이의 없습니까?	
	주 주 들	("예!", "이의 없습니다" 등 전원 찬성)	
	의 장	감사합니다. ○○○주주, ○○○주주, ○○○주주, ○○○주주 네 분께서 감표위원을 맡아주시겠습니다. 주주님께서는 미리 배부해드린 투표용지에 가부를 표시하여 진행요원이 들고 있는 투표함에 넣어주시기 바랍니다. (주주들 투표실시)	
	의 장	개표를 위해 상당한 시간이 소요될 것으로 생각됩니다. 이를 위하여 잠시 정회를 하겠습니다. 회의를 속개하는 경우 사전에 구내방송을 통해 안	– 표결결과 집계에 상당한 시간이 걸리는 경우 의장은 주주들의 편의를 위해 정회를 선포하는 것이

회 순	발언자	발 언 내 용	해 설
		내하겠사오니 총회장 주변에 가급적 머물러 주시면 감사하겠습니다. 그럼 정회를 하겠습니다. (의사봉 3타 ●●●)	바람직하다.
	사 회 자	주주님들께 알려드립니다. 개표가 완료되어 잠시 후에 회의가 속개될 예정이오니 주주님들께서는 속히 자리에 앉아 주시기 바랍니다.	
	의 장	오래 기다리셨습니다. 지금부터 회의를 속개하겠습니다. (의사봉 3타 ●●●)	
	의 장	이익배당에 관한 집행부안이 포함된 제1호 의안에 대한 투표결과를 말씀드리겠습니다. 당사의 의결권있는 발행주식총수 ○○주 중 오늘 주주총회장에 참석한 ○○주가 투표에 참여하였습니다. 집행부안이 포함된 제1호 의안에 대하여 찬성 ○○주로 ○○%, 반대 ○○주로 ○○%, 기권 ○○주로 0%로 집계되었습니다. 이로써 제1호 의안 집행부안이 가결되고 주주제안 안건은 자동적으로 부결되었습니다. 이상으로 제1호 의안 제○○기 재무제표 승인의 건은 출석의결권수의 과반수와 발행주식총수의 4분의 1 이상의 찬성으로 집행부안대로 승인되었음을 선포합니다. (의사봉 3타 ●●●)	− 표결결과의 선포는 표결이 종료된 즉시 의안에 대한 표결결과 그 가부를 분명히 밝히는 것이다. 즉, 의안이 결의에 필요한 찬성 주식수를 충족하는지 또는 충족하지 못하는지를 선언하는 것이며, 이 경우 찬반주식수를 구체적으로 밝혀서 선언할 필요는 없다(주주총회운영규정 제39조). − 단순히 가결되었음을 선포하는 것으로는 부족하고 의결정족수를 구체적으로 충족했음(출석의결권의 과반수와 발행주식총수의 4분의 1 이상의 찬성, 출석의결권의 3분의 2 이상의 찬성과 발행주식총수의 3분의 1 이상의 찬성)을 표명해야한다.
	사례예시 23	**서면투표 또는 전자투표를 실시한 경우 표결결과 발표**	
	의 장:	이익배당에 관한 집행부안이 포함된 제1호 의안에 대한 투표결과를 말씀드리겠습니다. 당사의 의결권있는 발행주식총수 ○○주 중 사전에 서면투표(또는 전자투표)를 한 주식과 오늘 주주총회장에 참석한 주식을 합하여 ○○주가 투표에 참여하였습니다. 집행부안이 포함된 제1호 의안에 대하여 찬성 ○○주로 ○○%, 반대 ○○주로 ○○%, 기권 ○○주로 0%로 집계되었습니다. 이로써 제1호 의안 집행부안이 가결되고 주주제안 안건은 자동적으로 부결되었습니다. 이상으로 제1호 의안 제○○기 재무제표 승인의	− 서면투표 또는 전자투표를 통해 사전에 투표한 주식수를 명시하여 표결결과를 선포하는 것도 가능하다. − 다만, 이는 본인출석에 해당하는 것으로 굳이 별도로 명시하지 않고, 출석한 주식수에 포함하여 발표하더라도 문제되지 않는다. − 전자투표를 한 주주는 서면투표

회 순	발언자	발 언 내 용	해 설
		건은 출석의결권수의 과반수와 발행주식총수의 4분의 1 이상의 찬성으로 집행부안대로 승인되었음을 선포합니다. (의사봉 3타 ●●●)	를 한 주주와 마찬가지로 의결권을 행사한 후 이를 철회, 변경하는 것이 가능하다(2020.1.29. 상법 시행령 제13조 제3항 삭제).
		사례예시 : 기립에 의한 표결절차 **24**	
	의　　장 :	그러면 이상으로 토론을 종결하고 표결에 들어가겠습니다. 제○호 의안에 대하여 가부를 묻겠습니다. 반대하시거나 기권하시는 주주가 몇 분인지 먼저 묻겠습니다. 반대하시거나 기권하시는 주주님께서는 기립하여 주시기 바랍니다. (3~4명의 주주가 기립하자 진행요원이 주주명과 주식수를 확인하여 의장에게 전달)	− 표결방법으로서 음성, 거수, 기립, 좌석이동, 투표지에 의한 표결 등 여러 가지 방법 중 음성은 만장일치로 가결될 경우에 이용할 수 있다. 거수, 기립, 좌석이동, 투표지에 의한 표결들 사이에는 어느 것이 더 효과적이거나, 어느 것이 더 공정하다고 말할 수 없다. 회의 진행상황이나 분위기에 따라 적절한 방법을 선택할 수 있다.
	의　　장 :	감사합니다. 앉아주시기 바랍니다. 나머지 주주분께서는 찬성하십니까.	− 상법상 당해 안건에 찬성하는 주식수가 일정수 이상이어야 결의가 성립하는 것이므로 표결을 위하여 거수, 기립 등을 할 경우에는 당해 안건에 찬성하는 주주에게 거수, 기립 등을 하도록 하고 그 주식 수를 산정하는 것이 원칙이다. 다만, 대부분의 주주는 당해 안건에 찬성하는데 극히 소수주주가 진행방해 등의 목적으로 표결을 요구하는 것으로 보이는 예외적인 경우에는 본 사례와 같이 반대 또는 기권하는 주주에게 거수, 기립하도록 하여 그 주식수를 산정하고, 나머지 주주들은 찬성하는지를 묻는 방법으로 표결절차를 진행할 수도 있다.
	주 주 들 :	('찬성합니다' 등)	
	의　　장 :	방금 반대 또는 기권하시는 주주의 주식수와 위임장에 의하여 반대의사를 표시한 주식수를 합한 결과 ○만주입니다. 오늘 참석주식수의 1.5%에 지나지 않습니다. 제○호 의안인 △△△의 건은 원안대로 출석의결	

회 순	발언자	발 언 내 용	해 설
		권수의 3분의 2 이상과 발행주식총수의 3분의 1 이상의 찬성으로 가결되었습니다. (특별결의일 경우) (의사봉 3타 ●●●)	
25		**사례예시 : 음성에 의한 표결절차**	
	의 장	방금 ○○○주주님께서 원안대로 승인하자는 동의와 재청이 있었는데 주주 여러분 이의 없으십니까?	
	주 주 들	("이의 없습니다." "그렇게 하세요" 등 발언)	
	의 장	감사합니다. 그럼 제○호 의안 △△△승인의 건은 출석의결권수의 과반수와 발행주식총수의 4분의 1 이상의 찬성으로 원안대로 통과되었음을 선포합니다. (의사봉 3타 ●●●)	– 설령 총회장에 실제 출석한 주주들은 전원 이의가 없다고 하여도 전자투표, 서면투표, 위임장에 의하여 반대의사를 표시한 주주가 있는 경우에는 "만장일치로 통과되었다"고 하는 것은 부적절하고, 사례예시에서와 같이 결의요건을 충족하여 가결되었다고 하는 것이 적절하다.
26		**사례예시 : 법정준비금 감액의 건 처리**	
	의 장	다음은 제○호 의안인 법정준비금 감액의 건을 상정하겠습니다. (의사봉 3타 ●●●)	– 상법에서 회사는 적립된 자본준비금 및 이익준비금의 총액이 자본금의 1.5배를 초과하는 경우에 주주총회의 결의에 따라 그 초과한 금액 범위에서 자본준비금과 이익준비금을 감액할 수 있다고 규정하고 있다.
	의 장	상법에서 적립된 법정준비금의 총액이 자본금의 1.5배를 초과하는 경우 주주총회 보통결의로 그 초과한 금액 범위에서 준비금을 감액 가능하도록 하고 있습니다.	– 준비금제도는 회사 재산의 사외유출을 억제하여 장래 경기침체, 영업성적의 부진 또는 불시의 재난 등에 대비하고 또한 사업의 장기적인 계획을 할 수 있게 하는 기능을 하는 것으로서, 자본결손의 전보에 충당하거나(제460조 제1항) 자본전입 또는 무상증자(제461조) 등의 경우 이외에는 처분할 수 없다.

회 순	발언자	발 언 내 용	해 설
		이에 당사에서는 세계적 경기침체와 유럽의 재정 위기로 인한 금융시장의 불확실성과 자금조달이 매우 어려운 최근 자본시장 현황을 감안해 볼 때 충분한 유동성을 확보해 놓지 않으면 자금경색에 빠질 우려도 있다는 점에서 유동성확보를 위한 다각적인 노력을 하고 있습니다.	− 상법은 준비금의 운용에 다소간의 자율성을 부여하여 자본준비금과 이익준비금의 사용용도 구별을 폐지하고, 자본금의 150%를 초과하는 법정준비금(자본준비금＋이익준비금)은 주주총회 보통결의를 통해 배당 등 자본결손 전보 이외의 용도로 사용할 수 있도록 허용하여, 준비금의 운용을 현실에 맞도록 개선하였다.
		그 일환으로 최근 도입된 법정준비금 감액제도를 활용하여 회사가 가용할 수 있는 자금을 확보하여 신축적인 재무관리와 효율적인 자산운용을 도모하고자 합니다. 즉 법정준비금의 총액중 자본금의 3.5배를 초과하는 ○○○원을 감액하고자 합니다. 주주님들은 어떻게 생각하십니까?	− 참고로 무상감자 결의는 자본결손의 보전을 위한 경우에는 보통결의이며, 결손보전의 경우 자본감소라 하더라도 주주에 대한 출자반환의 문제가 발생하지 않아 채권자보호문제가 발생하지 아니하므로 채권자보호절차도 필요하지 않다.
	주　　주	(이때 "의장"하는 소리가 있음)	
	의　　장	예, 말씀하십시오.	
	주　　주	주주 ○○○입니다. 주주입장에서 보면 법정준비금의 감액은 가용재원의 확보라는 차원과 함께 배당가능이익의 증대라는 면에서 환영할만한 일이라고 생각합니다. 다만 주가에 나쁜 영향이 미치지 않도록 만전을 기해줄 것을 당부드리며 회사가 제시한 원안대로 통과할 것을 동의합니다.	
	주 주 들	("재청이오.", "찬성합니다." 등)	
	의　　장	네, 감사합니다. 방금 ○○○주주님께서 원안대로 승인하자는 재청이 있었는데 주주 여러분 이의 없으십니까?	
	주 주 들	("이의 없습니다", "그렇게 하세요" 등)	
	의　　장	감사합니다. 그럼 제○호 의안 법정준비금 감액의 건은 만장일치로 원안대로 통과되었음을 선포합니다. (의사봉 3타 ●●●)	
제2호 의안: 정관	의　　장	다음 제2호 의안인 정관 일부 변경의 건을 상정하겠습니다.	− 정관 일부변경의 건은 1개의 의안에 수십 개의 서로 다른 사항이 포함될 수 있는 의안 중 대표

회 순	발언자	발 언 내 용	해 설
일부 변경의 건		(의사봉 3타 ●●●)	적인 것이다. 사업목적, 상호, 본 점소재지, 공고방법, 주식 및 사 채에 관한 사항, 기관, 회계에 관한 규정 등 정관의 조문수 만큼 많은 사항이 포함될 수 있다.
	의 장	의안설명서 ○쪽 이하를 보아주시기 바랍니다. 이번 정관 변경안의 주요 내용을 말씀드리면 유 인물에서 보시는 바와 같이 첫째는 상법에 따라 재무제표승인과 배당결정을 이사회에서 할 수 있 도록 정관에 근거규정 신설하려는 것이고, 둘째 는 이사 또는 감사 등의 책임감경 근거규정을 신 설하려는 것들입니다.	― 정관변경안을 총회에 제출할 때에 는 소집통지서에 회의의 목적사항 으로서 의제뿐만 아니라 그 의안 의 요령까지 기재하도록 상법이 요구하고 있다(상법 제433조 제2 항). 이것은 정관변경안의 중요성 에 비추어 의안의 요령을 사전에 주주에게 알려줌으로써 이에 대비 하도록 하자는 취지이다.
		이에 대하여 주주님들께서 질문이나 의견이 있으 시면 말씀해 주시기 바랍니다.	― 일반적으로 의안의 요령은 정관 변경내용을 망라하여 기재하고 그 변경취지를 간략하게 기재하 는 것이다. 실무에서는 개정이유 를 비고란에 기재한 신·구조문 대비표를 만들어 소집통지서와 함께 발송하고 있다.
	주 주 F	(이때 "의장"하는 소리가 있음)	
	의 장	예, 말씀하십시오.	
	주 주 F	주주 ○○○입니다. 재무제표승인과 배당결정을 이사회에 일임하려는 것과 관련하여 의문이 있어 질의코자 합니다. 주주총회의 주요 기능이 재무제표를 확정하고 배 당을 결정하는 일이었는데 이렇게되면 주주총회 는 무의미해지고 주주의 권리가, 특히 배당받을 권리가 침해당할 수 있다고 생각하는데 이에 대 한 답변을 부탁드립니다.	
	의 장	이번 정관변경안에 재무제표승인과 배당결정을 이사회에 일임하려는 뜻은 회사의 업무효율성을 제고하고 실질적인 주주이익을 도모하려는 것임 을 말씀드립니다.	― 상법은 미국, 영국, 독일, 일본 등의 입법례를 따라, 정관에서 이사회가 배당을 결정할 수 있도 록 회사의 선택에 맡기고 있다. 즉 정관의 정함에 의하여 재무제 표 확정의 승인을 이사회 결의로 할 수 있게 하고(제449조의2) 이 러한 회사에 한하여 이사회에서 배당을 결정하도록 하고 있다(제 462조 제2항 단서).

회 순	발언자	발 언 내 용	해 설
		매우 전문적이고 기술적인 재무제표를 주주가 단 시간에 판단하기 쉽지 않고 주주총회 승인이 매우 형식적이라는 현실을 감안하면 주주에게 결정권을 부여하는 것보다 전문적인 이사회에 결정권을 맡기는 것이 합리적이라 생각합니다.	
		특히 이익배당에 있어서 이사회가 이익배당을 결정하는 것이 세계적인 추세이며, 이사회가 이익배당을 결정하기 위해서는 재무제표가 회사의 재무상태 및 경영성과를 적정하게 표시하고 있다는 외부감사인의 의견이 있고, 감사전원의 동의가 있어야 하며, 이사에게 재무제표에 관한 내용을 주주총회에서 보고하도록 하고 있어서 주주의 이익이 침해당하지 않도록 제도적 장치가 마련되어 있습니다.	– 배당에 관한 결정은 실제 투자 및 자본조달정책과 같은 재무관리상의 결정이므로 회사의 투자와 자금조달을 담당하는 이사회가 여유자금의 반환에 대한 결정권도 함께 갖는 것이 타당할 것이다. 채권자보호의 관점에서도 채권자의 이익이 직접적으로 상충되는 주주에게 결정권을 부여하는 것보다 중립적이고 전문적인 이사에게 결정권을 맡기고 책임을 부과하는 것이 더 나을 수 있다.
		배당에 관한 결정은 실제 투자 및 자본조달정책과 같은 재무관리상의 결정이므로 회사의 투자와 자금조달을 담당하는 이사회가 여유자금의 반환에 대한 결정권도 함께 갖는 것이 타당하다는 점도 이해하여 주시기 바랍니다.	– 상법은 일정한 요건 하에서 이사회가 재무제표를 승인할 수 있게 하였는데, 일정한 요건이란 재무제표가 회사의 재무상태 및 경영성과를 적정하게 표시하고 있다는 외부감사인의 의견과 감사(감사위원회설치회사의 경우에는 감사위원) 전원의 동의이다.
주 주 G		(이때 "의장"하는 소리가 있음)	
의 장		예, 말씀하십시오.	
주 주 G		주주 ○○○입니다. 본 주주는 이사·감사 등의 책임감경 근거규정 신설과 관련하여 몇 가지 걱정스러운 부분이 있어 질의코자 합니다.	
		정관 개정안에서처럼 이사의 과도한 책임부담을 덜어주고 전문경영인의 적극적인 기업경영을 도모하기 위해서 필요한 면은 있다고 생각합니다.	
		다만 이로 인해 이사들의 도덕적 해이가 조장되고 그 손해는 고스란히 주주에게 전가될 수 있다는 우려도 제기됩니다. 이를 방지할 수 있는 대책 등에 대한 답변을 부탁드립니다.	
의 장		이사의 책임감면제도는 미국 등 선진국에서도 널리 인정되고 있는 제도로서 그 유용성이 검증된 제도입니다.	– 상법은 주주 전원(총주주)의 동의에 의한 이사책임의 면제는 종전과 같이 제400조 제1항에서 유지하면서, 이사의 책임을 일부

회 순	발언자	발 언 내 용	해 설
		우리 상법에서도 이사의 고의·중과실로 인한 경우와 경업금지, 회사기회유용금지, 자기거래금지 규정을 위반하는 경우에는 책임을 감면하지 못하도록 하고 있어서 남용될 여지는 없다고 생각합니다.	감경하는 경우로서 이사의 회사에 대한 배상책임 중 최근 1년간의 보수액의 6배(사외이사의 경우는 3배)를 초과하는 부분에 대해서는 정관의 규정으로 면제할 수 있도록 하고 있다. − 이사의 책임을 총주주의 동의로만 면제할 수 있도록 하는 조항은 실효성이 없고, 이사의 과도한 책임부담은 경영진의 적극적인 기업경영을 어렵게 하고 있어서 이를 보완할 책임감면제도를 도입한 것이다. − 단서에서 이사의 고의·중과실로 인한 경우와 경업금지(제397조), 회사기회유용금지(제397조의2), 자기거래금지(제398조) 규정을 위반하는 경우에는 책임을 감면하지 못하도록 하였다.
주 주 H		(이때 "의장"하는 소리가 있음)	
의 장		예, 말씀하십시오.	
주 주 H		주주 ○○○입니다. 정관변경안에 대해서 더 이상 토론이 필요하지 않다고 생각합니다. 의장께서는 토론을 종결하고 표결에 들어갈 것을 동의합니다.	− 토론종결동의는 즉시 심의중의 의안에 대한 토론을 종결하고 이를 표결에 부치자는 동의이며 이 동의는 충분한 토론의 기회가 부여되었다고 판단되는 경우 제출될 수 있다. − 의장은 토론종결동의가 없어도 당해 안건에 대한 질의답변과 의견표명이 충분히 이루어졌다고 판단하면 직권으로 토론을 종결하고 채부절차를 진행할 수 있다.
의 장		네, 잘 알겠습니다. 방금 제2호 의안에 대한 토론종결동의와 재청이 있었습니다. 주주 여러분들도 찬성하십니까?	
주 주 들		("네", "그렇게 하세요", "찬성합니다", 박수 등 있음)	
의 장		그러면 이상으로 토론을 종결하고 표결에 들어가겠습니다. 제2호 의안에 대하여 가부를 묻겠습니다. 반대하시는 주주 및 기권하는 주주가 몇 분인지 먼저 묻	− 의안의 가부를 묻는 방법에는 음성, 기립, 거수, 투표 등의 방법이 있다 그 중에서 어떤 방법에 의할지는 의장이 정한다(주주총

회 순	발언자	발 언 내 용	해 설
		겠습니다. 반대하시거나 기권하시는 주주님께서는 기립하여 주시기 바랍니다.	회운영규정 제37조). 어떤 방법에 의하여도 무방하다. 단 총회의 결의로 그 중 어떤 방법에 의할 것을 정한 때에는 그 방법에 의하여야 한다.
		(3~4명의 주주가 기립하자 진행요원이 주주명과 주식수를 확인하여 의장에게 전달)	
	의 장	감사합니다. 앉아주시기 바랍니다. 나머지 주주분께서는 찬성하십니까.	
	주 주 들	('찬성합니다')	
	의 장	방금 반대하시거나 기권하신 주주의 주식수와 위임장에 의하여 반대의사를 표시한 주식수와 기권한 주식수를 합한 결과 ○만주입니다. 이는 오늘 참석주식수의 ○%에 지나지 않습니다. 제2호 의안인 정관 일부변경의 건은 원안대로 출석의결권수의 3분의 2 이상과 발행주식총수의 3분의 1 이상의 찬성으로 가결되었습니다. (의사봉 3타 ●●●)	
	사례예시 27	**정관 변경안 중 일부에 대한 통과 요령**	
		(찬반토론 중에 "의장"하는 소리가 있음)	
	의 장	예, 말씀하십시오.	
	주 주	주주 ○○○입니다. 이번 정관개정안의 이사의 책임감면제도는 이사의 도덕적 해이와 업무태만을 조장할 수 있고 우리 고객들에게 불필요한 오해만 살 수 있는 제도이므로 도입하면 안된다고 생각합니다. 따라서 이번 정관개정에서 이사의 책임감면제도를 제외할 것을 정식으로 동의합니다. ("재청" 있음)	
	의 장	방금 ○○○주주님께서 이사의 책임감면제도를 정관개정안에서 제외하자는 동의와 이에 대한 재청이 있었습니다. 정관개정안에서 일부 조항을 제외하자는 동의는 수정동의입니다. 그렇기 때문에 오늘 주주총회에서 원안과 수정안에 대한 찬반토론과 표결을 진행하도록 하겠습니다. ("의장"하는 소리가 있음)	
	의 장	예, 말씀하십시오.	

회　순	발언자	발 언 내 용	해 설
	주　　주	주주 ○○○입니다. 이사의 책임감면제도를 당사 차원에서 보자면 창사이래 이사가 책임질만한 불미스러운 사안이 한번도 발생한 사실이 없었던 것을 감안하면 전혀 실효성이 없을뿐더러 경업금지, 회사기회유용금지, 자기거래금지 규정을 위반하는 경우에는 책임을 감면하지 못하도록 하고 있는 등 이사 당사자에게 그 유용성마저 없다고 생각합니다. 　특히 당사는 임원책임보험이 잘 정비되어 있어 집행부가 안심하고 경영할 수 있도록 하고 있습니다. 　반면에 이사의 책임감면제도로 인해 책임져야 할 사안이 자주 발생하고 이를 선심쓰듯 구제해주려는, 도덕적으로 뭔가 결함있는 기업이나 경영진으로 일반인에게 오해받을 가능성이 있습니다. 　어찌하여 과거에도 사례가 없었고 장래에도 발생가능성이 적은 담당이사가 책임질 일들에 대하여 대비책이라고 해서 주주에게 조금이라도 손해를 끼칠 수 있는 이사의 책임감면제도를 도입하여 주주들의 오해를 사고 우리 회사의 평판만 나빠지게 하려는지 납득이 되지 않습니다. 　본주주는 이사의 책임감면제도 도입을 전적으로 반대하며 집행부에서 즉각 철회해 줄 것을 동의합니다. 　("옳소", "그렇게 합시다" 등 소란)	
	의　　장	잠시 정숙해 주십시오. 이사의 책임감면제도 도입에 주주님들의 약간의 오해가 있는 것 같습니다. 　이사의 책임감면제도를 도입하려는 취지는 이사가 자기책임을 일부라도 모면하려는 것이 아니고 맡은 업무에 따라 적정한 책임을 질 수 있도록 하여 유능한 인재를 당사에 영입하여 안심하고 경영에 매진토록 하자는 취지입니다. 　주주님들의 의견에 대해 협의하기 위해 잠시 정회하겠습니다. 　(의사봉 3타 ●●●) 　(정회후 임시이사회 소집하여 협의)	
	의　　장	회의를 속개하겠습니다. 당사 이사전원이 참석한 임시이사회에서는 주주님들의 뜻을 존중하고 주주님들의 이익을 보다 두텁게 보호한다는 측면에	

회 순	발언자	발 언 내 용	해 설
		서 아직 그 실효성과 유용성이 확인되지 않은 이사의 책임감면제도 도입을 보류하고 이번 정관개정안에서 제외하는 것으로 결정하였습니다. 따라서 원안을 철회하고 원안의 일부조항, 이사의 책임감면제도가 제외된 수정안에 대하여 표결토록 하겠습니다.	
	주 주 :	(이때 "의장"하는 소리가 있음)	
	의 장 :	예, 말씀하십시오.	
	주 주 :	주주 ○○○입니다. 우리 회사와 주주를 위해 결단을 내려주신 경영진에 감사하며 본 주주는 이번 안건을 총회가 박수로써 통과시킬 것을 동의합니다. ('찬성합니다', '이의없어요' 등)	
	의 장 :	잘 알겠습니다. 그러면 정관개정 수정안에 대하여 이의가 없으시면 박수로서 동의해 주시기 바랍니다. ('박수 요란' 등)	
	의 장 :	제3호 의안인 정관 일부변경의 건은 이사의 책임감면제도가 제외된 수정안이 출석의결권수의 3분의 2 이상과 발행주식총수의 3분의 1 이상의 찬성으로 가결되었음을 선포합니다. (의사봉 3타 ●●●)	− 본 사례의 경우 원안에 대하여 찬성한 위임장의 처리가 문제된다. 원칙적으로 원안에 찬성한 위임장은 수정안에 대하여는 반대로, 원안에 반대한 위임장은 수정안에 대하여는 기권으로 처리하는 것이 원칙이다. 그러나, 본 사례에서의 수정안은 "정관 일부변경의 건"이라는 1개의 의안에 포함된 여러 개의 서로 다른 사항 중 하나가 철회된 것이라고 보는 것은 타당하고, 진정한 의미에서의 수정안이라고 하기는 어렵다. − 이 같은 경우에 본 의안의 원안에 찬성한 것은 각 조항의 변경에 찬성한 것이고, 그 중 하나의 사항이 제외되었다고 해도 나머지 사항에 대하여는 여전히 찬성을 한 것으로 보는 것이 위임의 취지에 부합하는 것이므로 원안에 대하여 찬성한 위임장을 수정안에 대하여도 찬성한 것으로 처리할 수 있다.

회 순	발언자	발 언 내 용	해 설
		사례예시 : 정관 추가 개정 요청과 답변 28	
	의 장	예, 말씀하십시오.	
	주 주	주주 ○○○입니다. 이번 정관개정안에 추가할 내용이 있어 제안코자 합니다. 다른 회사의 예를 보면 분기배당제를 채택하여 분기나 반기에도 주주들에게 배당을 실시하고 있습니다.	– 정관변경안에 대한 수정동의는 소집통지된 의안과 관련성이 있는 수정안에 한하여 허용된다. 즉 새로운 조문에 대한 변경 제안은 허용되지 않는다.
		당사도 주주들의 이익을 좀더 고려한다는 차원에서 분기배당제를 정관개정안에 추가할 것을 정식으로 동의합니다. ("재청" 있음)	– 즉 수정동의는 의안과 관련성을 지니는 범위 내에서 변경한다는 뜻이며 보완적인 것, 경쟁적인 것, 적대적인 것이 있다. 수정동의가 의안과 관련성을 지니지 아니할 때는 의장은 부적법한 동의라는 이유로 이를 각하하여야 한다.
	의 장	방금 ○○○주주님께서 분기배당제를 정관에 도입하자는 동의와 이에 대한 재청이 있었습니다. 그러나 정관에 새로운 내용의 조항을 추가하자는 동의는 새로운 의안입니다.	– 참고로 다음 총회시 어떻게 하겠다고 약속하는 것은 법적으로 전혀 의미가 없는 것이다. 왜냐하면 전총회와 후총회는 동일성이 없기 때문이다.
		사전에 주주에게 통지되지 아니한 의안은 주주총회가 심의 가결할 수 없습니다. 그렇기 때문에 오늘 주주총회에서 심의할 수 없습니다. 혹시 수정동의로서 오늘 심의할 수 있지 않을까 생각하실지 모르나, 오늘 심의할 정관개정안의 내용과 관련성이 없기 때문에 수정동의로서도 채택될 수 없음을 양지해 주시기 바랍니다. 따라서 ○○○주주님께서 제안하신 내용은 배당정책에 관한 건의로서 받아들여 향후 회사 정관에 반영할 것인지 여부를 신중히 검토해 볼 것을 약속드립니다.	
제3호 의안 : 이사 선임의 건	의 장	다음은 제3호 의안 이사 선임의 건을 상정하겠습니다. (의사봉 3타 ●●●)	
	의 장	현재 당사의 총 이사 수는 본인을 포함하여 12명이며, 오늘 주주총회를 끝으로 임기가 만료되는 이사는 본인 포함하여 5명입니다.	– 종전에는 이사 선임을 위한 주주총회 소집통지 또는 공고시 이사 후보자가 예정되지 아니한 경우

회 순	발언자	발 언 내 용	해 설
		주주님께 이미 통지·공고한 바와 같이 기업경영에 필요한 전문가 두 분을 이번에 사외이사로서 영입하려합니다. 이 두 분을 포함하여 모두 5명의 이사를 오늘 선임코자 합니다.	에는 「이사 선임의 건」이라고 그 안건만을 기재하였으나, 상장회사는 상법 특례상 주주총회 소집통지 또는 공고시 반드시 이사후보자를 선정하여 그 성명, 약력 등을 통지·공고토록 하고 있다. – 따라서 총회장에서는 의사진행의 효율성 등을 고려하여 이사후보자에 대한 약력 등을 상세히 소개하지 않아도 무방하다. – 본 시나리오에서는 이사후보 전원에 대한 선임의 건을 하나의 의안으로 상정하는 것으로 하였다. 그러나 각 이사 후보에 대한 선임의 건을 별도 의안으로 상정하는 사례가 늘고 있는 추세이다. 주주에게 각 이사 후보에 대하여 개별적으로 찬반을 표시할 기회를 부여한다는 측면에서 후자가 보다 바람직하다고 하겠다. ◎ **대규모 상장회사의 사외이사 선임** – 최근 사업년도 말 자산총액 2조원 이상의 대규모 상장회사는 사외이사가 이사총수의 과반수 및 총 3명 이상이어야 하며 '사외이사후보추천위원회'의 추천을 거쳐서 선임되므로, 의장은 그 후보자가 사외이사후보추천위원회의 추천을 통해 후보자가 되었음을 알려주는 것이 바람직하다. – 사외이사후보추천위원회는 이사회내 위원회로서 그 구성원중 사외이사가 과반수가 되도록 해야 하며, 일정한 지분을 보유한 소수주주가 주주총회일의 6주 전에 추천한 자는 반드시 사외이사 후보에 포함시키도록 하고 있다. – 또한, 대규모 상장회사는 감사위원회 구성이 의무화되어 있는 바, 사외이사인 감사위원의 선임시 결의요건을 별도로 정하고 있다.

회 순	발언자	발 언 내 용	해 설
			− 상법 제542조의12 제2항에 따라 회사는 감사위원을 주주총회에서 선임할 때 먼저 이사로서 선임하고, 선임된 이사 중에서 감사위원회 위원을 선임하여야 한다(일괄선출방식). − 자산총액의 기준은 '연결'기준이 아니라 '별도'기준이며, '자산총액 2조원 이상'이 된 때는 '최근 사업년도 말 현재'이므로 주주총회에서 재무제표를 승인하여 자산규모가 확정되는 시점을 기준으로 산정한다. − 다만, 이사회에서 재무제표를 승인하면서 자산이 2조원이 넘는 것으로 나왔다면 주주총회 승인을 염두에 두고 미리 준비를 하는 것이 바람직하다. − '사외이사 후보추천위원회'의 최초 적용시에는 정관 변경과 사외이사후보추천위원회 구성이 실제로 불가능하므로 종전처럼 이사회에서 추천하여 승인해도 무방할 것으로 본다.
	주 주 I	("의장"하는 소리가 있음)	
	의 장	예, 말씀하십시오	
	주 주 I	주주 ○○○입니다. 본 의안과 관련하여 회사에서 사전에 통지해 준 참고자료를 잘 받아 보았습니다. 각 이사후보자의 면면을 살펴보면 그 경륜과 전문적 지식이 우리 회사를 이끌어 가기에 충분하다고 보며 우리 주주들의 이익을 증대시키리라 믿고 있습니다.	− 최근 상법시행령이 개정(2020. 1. 29.)됨에 따라 이사, 감사 후보자에 대하여 주주총회 개최일 기준 최근 5년 이내에 후보자가 「국세징수법」 또는 「지방세징수법」에 따른 체납처분을 받은 사실이 있는지 여부, 최근 5년 이내에 후보자가 임원으로 재직한 기업이 「채무자 회생 및 파산에 관한 법률」에 따른 회생절차 또는 파산절차를 진행한 사실이 있는지 여부, 법령에서 정한 취업제한 사유 등 이사·감사 결격 사유의 유무에 대하여 통지,공고 하도록 하고 있다(상법 시행령

회 순	발언자	발 언 내 용	해 설
			제31조 제3항 제3호~제5호)
		따라서 본 주주는 이들 이사후보자들이 불철주야 회사 발전을 위해 애써주시기를 당부하며 본 총회가 박수로써 선임할 것을 동의합니다.	
	주 주 들	('찬성합니다', '이의없어요' 등)	
	의 장	잘 알겠습니다. 그러면 이사선임에 대하여 이의가 없으시면 박수로서 선임하여 주시기 바랍니다.	
	주 주 들	('찬성합니다' 등)	
	의 장	제3호 의안 이사 선임의 건은 출석의결권수의 과반수와 발행주식총수의 4분의 1 이상의 찬성으로 원안대로 이사 선임이 되었음을 선포합니다. (의사봉 3타 ●●●)	
	사례예시 29	**이사 해임 및 새로운 이사 선임 요청**	
	주 주 :	주주 ○○○입니다. 저는 긴급의안을 제출하고자 합니다. 아시다시피 당사는 수 십년의 전통을 계승해온 대내외적으로 높은 평판을 받아온 유망한 중견기업입니다. 그런데 전문인력의 도움을 얻고자 영입한 ○○○ 사외이사가 대학교수임에도 불구하고 언론에 보도된대로 논문 표절사건에 휩싸여 당사의 명예와 신용을 심대하게 실추시켰으며, 이사회 출석 현황을 살펴봐도 50%에도 미치치 못하는 등 매우 불성실해서 당사에 아무런 도움이 되지 않고 오히려 누가 된다고 판단됩니다. 따라서 본 주주는 ○○○ 사외이사를 해임해야 마땅하다고 생각하고, 그리고 그 후임으로 학문적으로도 유명한 ○○○ 교수를 새로운 사외이사로 선임할 것을 정식으로 동의하는 바입니다.	– 상장회사가 주주총회에서 이사를 선임하려는 경우에는 사전에 통지하거나 공고한 후보자 중에서 선임하여야 한다(상법 제542조의5). 따라서, 이사 선임시 통지된 이사 후보자 이외에 다른 후보를 제안하는 것은 부적법하다. – 또한 이사 해임의 건은 사전에 주주에게 통지·공고한 의안이 아니므로 부적법하다.
	주 주 등 :	(옳소, 재청이요 등등)	
	의 장 :	주주 여러분, 정숙해 주십시오. 방금 ○○○ 주주님께서 이사 해임 및 선임 동의를 해주셨습니다. 그러나 주주총회는 원칙으로 소집통지서에 회의의 목적사항으로 들어있는 의안만을 심의할 수 있습니다. 사전에 주주에게 통지·공고한 의안만을 심의·의결할 수 있다는 말입니다. 거기에 들어 있지 아니한 의안을 채택하여 심의하는 것은	

회 순	발언자	발 언 내 용	해 설
		절차상 부적법합니다. 방금 주주님께서 제출하신 동의는 새로운 의안입니다. 그러므로 오늘 의안으로 채택하여 심의할 수 없습니다. 그리고 ○○○ 사외이사는 언론 보도는 사실과 다르다는 해명자료를 내어 관련 기관에서 현재 조사가 진행 중인 것으로 알고 있습니다. 미확정 사실을 가지고 어떤 판단을 내리는 것은 옳지 못하다고 생각합니다. 또한 사외이사를 선임함에는 사전에 그 후보자의 약력 등을 주주에게 통지·공고해야 합니다. 사외이사의 선임에 관한 소수주주의 제안권도 엄격한 법적 요건 및 절차에 따라 행사하여야 합니다. 따라서 ○○○ 주주님의 오늘 제안은 법적으로 유효하지 않음에 따라 의안으로 채택할 수 없습니다. 이점 양지하시기 바랍니다.	
	사례예시 : 집중투표에 의해 이사를 선임할 경우		
	30		
의 장		다음은 제3호 의안 이사 선임의 건을 상정하겠습니다. (의사봉 3타 ●●●)	– 2인 이상 이사의 선임을 목적으로 하는 총회의 소집이 있는 때에는 의결권없는 주식을 제외한 발행주식총수의 100분의 3 이상(대규모상장회사의 경우 의결권 없는 주식을 제외한 발행주식총수의 100분의 1 이상)에 해당하는 주식을 가진 주주는 정관에서 달리 정하는 경우를 제외하고는 회사에 대하여 집중투표의 방법으로 이사를 선임할 것을 청구할 수 있다(상법 제382조의2, 제542조의7).
의 장		현재 당사의 총 이사 수는 7명이며, 이중 오늘 주주총회를 끝으로 임기가 만료되는 사외이사는 2명입니다. 이에 주주님들께 이미 통지·공고한 바와 같이 기업경영에 필요한 전문가 두 분을 이번에 사외이사로서 영입하려 합니다. 그런데 ○○○ 주주 외 ○명의 주주가 상법 제382조의2 및 제542조의7에 의해 집중투표의 방법으로 이사를 선임할 것을 청구하였고, 아울러 주	– 집중투표의 청구는 주주총회일의 7일 전까지(상장회사에 대하여는 주주총회일(정기주주총회의 경우에는 직전 연도의 정기주주총회일에 해당하는 그 해의 해당일)의 6주 전까지) 서면 또는 전자문서로 하여야 한다. – 집중투표의 청구가 있는 경우에 이사의 선임결의에 관하여 각 주주는 1주마다 선임할 이사의 수

회 순	발언자	발 언 내 용	해 설
		주제안권을 행사하여 ○○○ 후보를 추천하셨습니다. 참고로 동 주주제안을 해주신 주주님들은 총 ○.○%의 지분을 가지고 있습니다.	와 동일한 수의 의결권을 가지며, 그 의결권은 이사 후보자 1인 또는 수인에게 집중하여 투표하는 방법으로 행사할 수 있으며, 의장은 의결에 앞서 그러한 청구가 있다는 취지를 알려야 한다.
		따라서 이번 사외이사 후보에는 집행부에서 추천한 ○○○후보, ○○○후보와 ○○○주주 외 ○명의 주주가 주주제안권을 행사하여 추천한 ○○○후보가 올라와 있습니다. 오늘 주주총회에서는 집중투표의 방법으로 2명의 이사를 선임코자 합니다.	− 집중투표를 정관으로 배제하지 않은 회사는 소집통지 및 공고에 선임할 이사후보자의 수를 반드시 기재하여야 한다.
		먼저 집행부에서 추천한 ○○○후보, ○○○후보는 이미 통지·공고해드린 참고자료에 상세히 적시되어 있으며, 의안설명서 ○쪽을 참고하시기 바랍니다.	− 집중투표에 의한 방법으로 이사를 선임하는 경우에는 투표의 최다수를 얻은 자부터 순차적으로 이사에 선임되는 것으로 한다(보통결의요건을 충족하지 않아도 된다).
		주주제안으로 추천된 ○○○후보에 대하여는 주주제안을 하신 ○○○소액주주대표께서 추천배경을 설명해 주시겠습니다. 참고로 ○○○후보는 사외이사 결격사유가 없음을 말씀드립니다.	
	주 주 :	주주 ○○○입니다. 이번에 사외이사후보를 주주제안으로 추천한 배경을 말씀드리겠습니다. 최근 기업경영의 투명성은 상당히 중요한 화두로 등장하고 있습니다. 회사의 경영투명성은 주주이익의 극대화와 직결되어 있습니다. 경영투명성을 위하여 경영진을 감시 감독하는 감사가 제기능을 다해야하고 무엇보다도 사외이사의 독립성이 보장되어야 한다고 생각합니다.	
		대부분의 사외이사선임이 대주주의 영향력하에서 이루어져 왔다는 것은 주지의 사실입니다. 따라서 사외이사가 제대로 독립적으로 업무수행을 하려면 무엇보다도 현 집행부와 무관한 사람이 선임되어야 한다고 생각합니다.	
		이에 우리 소액주주들은 사외이사로서 충분한 자질을 갖추고 또 소신껏 업무수행을 할 수 있는 사람이 사외이사로 선임될 수 있도록 주주제안에 의해 ○○○후보를 사외이사로 추천하게 되었습니다.	
		이상으로 설명을 마치겠습니다.	

회 순	발언자	발 언 내 용	해 설
	의 장 :	그럼 지금부터 집중투표에 의해 사외이사를 선임하도록 하겠습니다.	
		아시다시피 집중투표에 의해 이사를 선임하는 경우에 있어서는, 각 주주는 1주마다 선임할 이사의 수와 동일한 수의 의결권을 가지며, 그 의결권은 이사 후보자 1인 또는 수인에게 집중하여 투표하는 방법으로 행사할 수 있습니다.	
		따라서 오늘 표결에서는 각 주주는 그 소유주식 수에 대하여 2배의 의결권을 1인에 집중하여 또는 수인에게 나누어 행사할 수 있습니다. 아울러 집중투표의 방법으로 이사를 선임하는 경우에는 투표의 최다수를 얻은 자부터 순차적으로 이사에 선임된다는 것을 말씀드립니다. 주주님들께서는 배포해드린 집중투표 행사요령을 다시 한번 충분히 양지하시어 투표에 임해 주시기 바랍니다.	
	의 장 :	그러면 투표를 시작하기에 앞서 투·개표과정의 공정한 진행과 의결권 있는 주식 등을 확인할 수 있도록 이전에 지명했던 감표위원과 달리 새로운 감표위원을 지명하겠습니다. 감표위원은 개인주주님 중에서 1명, 기관투자가 1명, 그리고 주주제안을 해 주신 주주님들 중에서 2명을 지명하겠습니다. 개인 주주님중에서 ○○○주주님과 기관투자가이신 ○○○주주님, 그리고 주주제안을 해주신 ○○○주주님, ○○○주주님께서 감표위원을 맡아 주시기 바랍니다. 괜찮으시겠습니까?	
	지명받은 : 주 주 들	예! 괜찮습니다	
	의 장 :	그럼 지금부터 사외이사 선임에 관한 투표를 실시하도록 하겠습니다. 주주 여러분께서는 미리 배부해 드린 투표용지에 각 후보에 대한 의결권 수를 표시해 주시기 바랍니다. 그럼 시작하겠습니다.	
		(이후 배부된 투표용지 회수 후 개표·집계등 투표절차가 진행되고, 감표위원이 투·개표과정을 감시함)	
		(표결집계를 위한 정회 절차)	
	의 장 :	투표결과를 발표하겠습니다. 오늘 주주총회장에 참석한 ○○주가 투표에 참여하여 ○○○ 후보가 ○○표로 가장 많으며, ○○○ 후보가 ○○표로 두 번째를 차지하였고 ○○○ 후보가 ○○표로 가장 적었습니다. 따라서 ○○○ 후보, ○○	

회 순	발언자	발 언 내 용	해 설
		○ 후보가 사외이사로 선임되었습니다. (의사봉 3타 ●●●)	
사례예시 31		**금융회사지배구조법 적용대상 법인이 감사위원이 되는 사외이사 1명 이상을 분리선임하는 경우**	
	의　　장	: 다음은 제3호 의안 감사위원이 되는 사외이사 선 임의 건을 상정하겠습니다. (의사봉 3타 ●●●)	– 금융회사지배구조법을 적용받는 금융회사는 감사위원이 되는 사 외이사를 선임할 경우 1인 이상 은 다른 이사 선임의안과 분리하 여 선임해야 함에 따라 이사 선 임 의안과 분리하여 별도로 의결 권 제한규정을 적용해 선임하여 야 한다(금융회사지배구조법 제 19조 제5항).
	의　　장	: 당사는 금융회사지배구조법을 적용받는 금융회사 로서 감사위원이 되는 사외이사를 1인 이상을 다 른 이사와 분리하여 선임해야 함에 따라 회사는 사전에 통지·공고해 드린바와 같이 회사 경영에 꼭 필요한 　○○○ 후보를 영입하여 감사위원이 되는 사외이사로 선임하려고 합니다. 금융회사지배구조법상 감사위원이 되는 사외이사 의 선임에서 3% 초과보유 주주는 그 초과주식에 대하여 의결권을 행사할 수 없습니다. 그리고 최 대주주는 그 특수관계인의 주식을 합산하여 3% 초과하는 주식에 대하여는 의결권을 행사할 수 없습니다.	– 감사위원이 되는 이사 또는 상근 감사의 선임시에는 상법 제409조 제2항 및 제3항을 준용함에 따라 의결권 없는 주식을 제외한 발행 주식의 3%를 초과하여 주식을 보유한 자는 그 초과분에 대해 의결권이 제한되며(금융회사지배 구조법 제19조 제6항, 제9항),
			– 최대주주는 그 특수관계인, 최대 주주·특수관계인의 계산으로 주 식을 보유하는 자, 최대주주·특 수관계인에게 의결권을 위임한 자가 소유한 주식을 합산하여 3% 초과 주식의 의결권을 제한 받는다(금융회사지배구조법　제 19조 제7항).
		3%가 초과되어 의결권이 제한되는 주식의 내역 을 구체적으로 말씀드리면 당사의 의결권 있는 총발행주식 ○○주 중 3% 초과로 의결권 없는 주 식수는 ○○주로서, 이를 제외한 의결권 있는 주 식수는 ○○주입니다. 이 중 오늘 주주총회에 참 석한 주주의 주식수는 ○○주입니다.	– 감사위원이 되는 사외이사 선임 시 회사가 발행한 주식의 총수는 의결권행사가 가능한 주식총수 (3% 초과 주식 제외)가 그 기준 이 된다. 따라서 출석주식수의 과반수 찬성이 있고, 그 찬성주

회 순	발언자	발 언 내 용	해 설
			식수가 위 기준의 4분의 1 이상이 되어야 한다.
	주 주	("의장"하는 소리가 있음)	– 상법상 의결권수를 계산할 때 의결권 있는 발행주식총수의 3%를
	의 장	예, 말씀하십시오	초과하는 주식으로서 의결권을
	주 주	주주 ○○○입니다. 본 의안의 후보자에 관한 구체적인 내용은 통지된 주주총회 참고서류를 통해 알고 있습니다. 후보자의 면면을 살펴보면 오랜 기간 금융 대기업에서 임원으로 재직하여 충분한 자격과 전문적 소양을 충분히 갖췄다고 생각합니다. 따라서 본 주주는 앞으로 주주 중시경영과 회사발전을 위해 힘써 주실 것을 당부하며, 앞서 이사 선임과 마찬가지로 본 총회가 박수로써 선임할 것을 동의합니다.	행사할 수 없는 주식에 대하여 출석한 주주의 의결권수에 산입하지 아니하도록 규정하고 있다 (제371조 제2항). 그러나, 판례는 이를 의결권 있는 발행주식총수에서도 제외해야 하는지 여부에 대하여 상법 제371조 제1항에도 산입되지 않는다고 판시하여 합리적 해결을 도모하고 있다 (대법원 2016. 8. 17. 선고 2016다222996 판결).
	주 주 들	('찬성합니다', '이의없어요' 등)	
	의 장	잘 알겠습니다. 그러면 감사위원이 되는 사외이사의 선임에 대하여 이의가 없으시면 박수로써 선임하여 주시기 바랍니다.	
	주 주 들	('찬성합니다' 등)	
	의 장	감사합니다. 그러면 제3호 의안 감사위원이 되는 사외이사 선임의 건은 원안대로 승인하자는 동의와 재청이 있었으므로 만장일치로 원안대로 선임되었음을 선포합니다. (의사봉 3타 ●●●)	
제4호 의안 : 감사 선임의 건	의 장	다음은 제4호 의안인 감사 선임의 건을 상정하겠습니다. (의사봉 3타 ●●●)	– 종래에는 감사의 선임을 임원선임의 건 또는 이사·감사 선임의 건과 같이 하나로 묶어 상정하고 일괄 심의후 일괄 표결하는 것이 관행이었다. 그러나, 상법에서 감사 선임에 관한 의안을 이사 선임의 의안과 분리하여 상정토록 함에 따라(상법 제542조의12 제5항) 별개의 의안으로 상정해야 한다.
	의 장	당사에는 감사가 두 분 계십니다. 그런데 그 중 한 분이 이번 총회를 끝으로 임기가 만료됩니다. 상법상 자산총액 1천억원 이상인 상장회사는 1인 이상의 상근감사를 두어야 합니다.	– 이는 감사 보수의 분리결정과 함께 집행부로부터 감사의 독립성을 보장하기 위한 것이다.

회 순	발언자	발 언 내 용	해 설
		당사는 자산규모가 총 1조 5천억원을 넘고 있으므로 1인 이상의 상근감사를 두어야 합니다. 오늘 선임하는 한 분은 상근감사로서 업무수행을 할 분입니다. 당연히 그 자격요건을 갖춘 사람이라야 하겠습니다.	◎ **대규모 상장회사의 감사위원회 설치** – 감사위원회는 이사회내 위원회의 하나이므로 감사위원회 위원의 선임 및 해임은 이사회 결의에 의하는 것이 원칙이다(상법 제393조의2 제2항 3호, 제415조의2 제3항).
		이미 통지해 드린 바와 같이 이번 상근감사 후보에는 집행부에서 추천한 ○○○후보와 주주제안권을 가지는 ○○○ 외 ○인의 주주가 추천한 ○○○후보가 올라와 있습니다.	– 그러나, 자산총액 2조원 이상의 대규모 상장회사의 경우에는 감사위원회의 독립성을 보장하기 위하여 그 선임에 관한 특칙을 두고 있다. 즉, 이사로 선임된 자 중에서 주주총회에서 선임하여야 하며, ① 감사위원회 위원 중 사외이사가 아닌 감사위원의 선임에는 최대주주(특수관계인 주식 포함)의 의결권을 3%로 제한하고(상법 제542조의12 제3항), ② 사외이사인 감사위원의 선임에는 3%를 초과하는 주식을 가진 주주의 그 초과하는 주식에 관하여 의결권을 제한하고 있다(제542조의12 제4항).
		참고로 위 주주님들이 가지고 있는 주식의 비율을 말씀드리면 총 ○.○%입니다. 먼저 집행부에서 추천한 ○○○후보는 공인회계사로서 실무경험을 가지고 있을 뿐 아니라 경영학 박사학위 소지자로서 전문적 지식을 겸비하고 있습니다. 그 이상의 이력은 의안설명서 ○쪽을 참고하시기 바랍니다. 주주제안으로 추천된 ○○○후보에 대하여는 주주제안을 하신 ○○○소액주주대표께서 추천배경을 설명해 해주시겠습니다.	– 한편, 자산총액 1천억 이상으로서, 상근감사를 의무적으로 선임하여야 하는 상장회사가 감사위원회를 두는 경우에는 자산총액 2조원 이상 대규모 상장회사의 감사위원회 구성방법에 따라야 한다(상법 제542조의10 제1항 단서).
	주 주 J	주주 ○○○입니다. 이번에 주주제안권을 가지는 저희 주주들이 감사후보를 추천한 배경을 말씀드리겠습니다. 최근 기업경영의 투명성은 상당히 중요한 화두로 등장하고 있습니다. 회사의 경영투명성은 주주이익의 극대화와 직결	

회 순	발언자	발 언 내 용	해 설
		되어 있습니다. 경영투명성을 위하여 경영진을 감시 감독하는 감사가 제 기능을 다해야하고 무엇보다도 감사의 독립성이 보장되어야 한다고 생각합니다. 대부분의 감사선임이 대주주의 영향력하에서 이루어져 왔다는 것은 주지의 사실입니다. 따라서 감사가 제대로 독립적으로 감사를 하려면 무엇보다도 현 집행부와 무관한 사람이 선임되어야 한다고 생각합니다. 이에 우리 소액주주들은 감사로서 충분한 자질을 갖추고 또 소신껏 감사를 할 수 있는 사람이 감사로 선임될 수 있도록 주주제안권을 가지는 주주들로서 ○○○후보를 감사로 추천하게 되었습니다. ○○○후보는 현재 ○○대학 겸임교수로서 재무부, 국세청등에서 지난 30여 년간 청렴결백한 공직생활을 수행하였으며, 세무학 박사학위 등 전문적인 식견을 겸비하고 있는 분으로서, 본인과 함께 주주제안을 하신 주주들의 판단으로는 우리 회사의 감사로서 충분한 자격을 갖추고 있어서 공정하고 독립적인 감사업무 수행에 가장 적임자라고 생각합니다. 이상으로 설명을 마치겠습니다.	
	의 장	추천된 감사후보자가 2명이기 때문에 투표로 결정하도록 하겠습니다. 아시다시피 감사선임에 있어서는 3% 초과보유 주주는 그 초과주식에 대하여 의결권을 행사할 수 없습니다. 그리고 상법에 의해 최대주주 및 그 특수관계인의 주식을 포함하여 3% 초과주식은 의결권을 행사할 수 없습니다. 3%가 초과되어 의결권이 제한되는 주식내역을 구체적으로 말씀드리면 당사의 의결권 있는 총 발행주식 ○○주 중 3% 초과로 의결권 없는 주식수는 ○○주로서, 이를 제외한 의결권 있는 주식	– 감사 선임에 있어서는 대주주의 의결권이 제한된다. 즉, 의결권 있는 발행주식총수의 100분의 3을 초과하는 주식을 가진 주주는 그 초과하는 주식에 대하여 의결권을 행사하지 못한다(상법 제409조 제2항). – 이것은 감사 선임에 있어서는 대주주의 영향력을 배제하자는 것이다. 상장회사는 최대주주 및 그 특수관계인의 주식(이들에 위임된 주식 포함)까지 포함하여 3%를 초과하는 주식의 의결권을 배제하고 있다(상법 제542조의12 제3항).

회 순	발언자	발 언 내 용	해 설
		수는 ○○주입니다. 이 중 오늘 주주총회에 참석한 주주의 주식수는 ○○주입니다.	
	의 장	그럼 지금부터 투표를 진행하겠습니다. 투표방식은 추천된 후보 2명에 대하여 일괄하여 찬·반 여부를 묻는 방식으로 진행하겠습니다. 과반수의 찬성을 얻은 후보가 감사로 선임되며, 이에 미달하는 찬성을 얻은 후보는 자동적으로 탈락하게 됩니다. 이런 회의절차를 이해하시지요.	– 하나의 직에 여러 후보가 입후보하거나 추천되어 총회가 그 중 한 사람을 선출하는 방법으로는 일괄표결과 순차표결이 있다. 공직선거에 있어서와 같이 여러 후보를 기재한 투표용지를 만들어 이에 기표토록 하는 것이 일괄표결이고, 후보들을 적당한 순서로 한 후보씩 찬반표결에 부쳐 어느 한 후보가 과반수를 득표하면 그를 당선자로 결정하는 것이 순차표결이다. 순차표결에 부쳐 어느 한 후보가 과반수를 득표하여 당선자로 결정되면, 다른 후보는 자동 탈락한다. 그런데, 순차표결을 하게 되면 일부 후보에 대하여는 아예 표결이 이루어지지 않는 경우도 있는데, 주주들이 반드시 선임할 수와 같은 수의 후보에게만 찬성을 하고 나머지 후보에게는 반대를 할지의 여부가 불분명하고, 회의진행의 공정성에 대하여 주주들이 문제를 제기할 가능성이 높다는 점 등을 감안하면 순차표결보다는 일괄표결 방식이 바람직하다고 본다. 표결방법에 대하여는 주주들의 이의 여부를 물을 필요가 없다. 주주들이 이해하고 있는지 묻는 것만으로 족하다.
	주 주 들	("네", "잘 알고 있습니다."등 다수)	
	의 장	그러면 투표를 시작하기에 앞서 투·개표과정의 공정한 진행과 의결권 있는 주식 등을 확인할 수 있도록 이전에 지명했던 감표위원과 달리 새로운 감표위원을 지명하겠습니다. 감표위원은 개인주주님 중에서 1명, 기관투자가 1명, 그리고 주주제안을 해 주신 주주님들 중에서 2명을 지명하겠습니다. 개인 주주님중에서 ○○○주주님과 기관투자가	

회 순	발언자	발 언 내 용	해 설
		이신 ○○○주주님, 그리고 주주제안을 해주신 ○○○주주님, ○○○주주님께서 감표위원을 맡아 주시기 바랍니다. 이분들을 감표위원으로 지정하는데 이의 없습니까?	
	주 주 들	("예!", "이의 없습니다" 등 다수)	
	의 장	감사합니다. ○○○주주, ○○○주주, ○○○주주, ○○○주주 네 분께서 감표위원을 맡아주시겠습니다. 그럼 지금부터 감사 선임에 관한 투표를 실시하도록 하겠습니다. 주주 여러분께서는 미리 배부해 드린 투표용지에 ○○○후보와 ○○○후보 각각에 대한 찬·반의사를 표시해 주시기 바랍니다. 그럼 시작하겠습니다. (이후 배부된 투표용지 회수 후 개표·집계등 투표절차가 진행되고, 감표위원이 투·개표과정을 감시함)	
	의 장	투표결과를 발표하겠습니다. 당사의 의결권 있는 총 발행주식 ○○주 중 최대주주포함 3% 이상 의결권이 제한된 주식을 제외한 총 ○○주 중에서 오늘 주주총회장에 참석한 ○○주가 투표에 참여하여 ○○○후보가 ○○표로 78.4%를 얻었으며, ○○○후보가 ○○표로 21.6%를 얻었습니다. 이로서 ○○○후보가 감사로 선임되었고, ○○○후보는 탈락되었습니다. (의사봉 3타 ●●●)	− 감사 선임시 회사가 발행한 주식의 총수는 의결권행사가 가능한 주식총수(3% 초과 주식 제외)가 그 기준이 된다. 따라서 출석주식수의 과반수 찬성이 있고, 그 찬성주식수가 위 기준의 4분의 1 이상이 되어야 한다. − 상법상 의결권수를 계산할 때 의결권 있는 발행주식총수의 3%를 초과하는 주식으로서 의결권을 행사할 수 없는 주식에 대하여 출석한 주주의 의결권수에 산입하지 아니하도록 규정하고 있다 (제371조 제2항). 그러나, 판례는 이를 의결권 있는 발행주식총수에서도 제외해야 하는지 여부에 대하여 상법 제371조 제1항에도 산입되지 않는다고 판시하여 합리적 해결을 도모하고 있다 (대법원 2016. 8. 17. 선고 2016다222996 판결). − 예를 들어 1인의 대주주가 80%

회 순	발언자	발 언 내 용	해 설
			의 지분을 가지고 있고 나머지는 소액주주의 지분이라고 하면, 감사선임에 있어 회사가 발행한 의결권있는 주식총수는 23%에 해당하는 주식수가 된다. 이 중 출석주식수의 과반수 찬성과 위 의결권 있는 주식총수의 4분의1 이상이 되어야 감사선임의 결의 요건을 충족하게 된다.
	사례예시 32	**감사위원 선임시 표결결과 발표(자산총액 1천억원 이상인 상장회사에만 적용)**	
	의 장	투표결과를 발표하겠습니다. 당사의 의결권 있는 총 발행주식 ○○주 중 최대주주포함 3% 이상 의결권이 제한된 주식을 제외한 총 ○○주 중에서 오늘 주주총회장에 참석한 ○○주가 투표에 참여하여 ○○○후보가 ○○표로 78.4%를 얻었으며, ○○○후보가 ○○표로 21.6%를 얻었습니다. 이로서 ○○○후보가 감사위원으로 선임되었고, ○○○후보는 탈락되었습니다.	– 감사위원회는 이사회 내 위원회의 하나이므로 감사위원회 위원의 선임 및 해임은 이사회 결의에 의하는 것이 원칙이다(상법 제393조의2 제2항 3호, 제415조의2 제3항). – 그러나 대규모 상장회사(상근감사 의무설치법인이 감사위원회를 설치하는 경우 포함)의 경우에는 감사위원회의 독립성을 보장하기 위하여 그 선임에 관한 특칙을 두고 있다.
	의 장	(의사봉 3타 ●●●)	– 즉, 이사로 선임된 자 중에서 주주총회에서 선임하여야 하며, 감사위원회 위원 중 사외이사가 아닌 감사위원의 선임에는 최대주주(특수관계인 주식 포함)의 의결권을 3%로 제한하고(상법 제542조의12 제3항), 사외이사인 감사위원의 선임에는 3%를 초과하는 주식을 가진 주주의 그 초과하는 주식에 관하여 의결권을 제한하고 있다(제542조의12 제4항). – 따라서, 감사위원 선임결과 선포시 이러한 내용을 반영하여 의결권제한된 주식수를 발행주식총수에서 제외하고 발표하면 된다.

회 순	발언자	발 언 내 용	해 설
사례예시 33		**감사선임시 의결권 현황과 상세내역 명시 요청**	
	주　주	: 질문이 있습니다.	
	의　장	: 발언하십시오.	
	주　주	: 주주 ○○○입니다. 방금 사회자가 보고한 주식 수는 의결권이 제한된 전체 주식총수만을 발표한 것으로서 그 정확성을 믿기 어렵습니다. 본 주주는 3% 초과주식을 가진 개별주주 모두에 대해 의결권 제한주식과 행사가능주식을 밝혀주기를 요구하는 바입니다. 본 주주는 이 요구가 받아들여지지 않으면 이 투표가 무효임을 선언합니다. ('옳소', '재청이오' 등 어수선)	− 실무적으로는 회사에서 회의장에서의 혼란을 예방하기 위하여 사전에 개별주주의 의결권수를 계산해 준비하는 것이 보통이다. 주주제안 등이 있을 경우에는 반대파 주주대표 등과 사전에 그 의결권수를 확인하는 경우도 있다. 표결의 공정성과 관련한 분쟁이 발생할 우려가 있는 경우에는 주주총회 검사인 선임을 고려하는 것이 바람직하다. 주주총회 참석장, 위임장, 투표용지 등에 대한 증거보전신청이 제기되는 경우도 있으며, 분쟁 발생 우려가 있는 경우에는 설령 증거보전 신청이 없는 경우에도 이들 자료를 봉인해 두는 것이 적절한 경우도 있다. − 표결시 의결권수에 대한 개별주주별 상세내역 명시 요청이 있는 경우에 감표위원 등을 통해 사후확인이 가능하므로 총수 등만을 밝혀도 무난하다고 하겠다.
	의　장	: 개별 주주별로 의결권 수를 상세히 밝혀달라는 요구는 회의진행상 매우 어렵다는 것을 말씀드립니다. 개별주주의 의결권 수는 각 투표용지에 기재되어 있으며 사전에 실무진들이 일일이 확인하고 주주제안한 주주측 확인도 거쳐 작성된 것임을 알려드립니다.	
사례예시 34		**감사 후보자 추가 요청**	
	주　주	: 주주 ○○○입니다. 저는 감사 후보자를 추가하는 제안을 하고자 합니다. 지금 추천된 감사 후보의 면면을 살펴보면 ○○○후보는 집행부측에서 추천하여 집행부의 입장을 대변할 것이 자명하고, 주주제안된 ○○○후보는 일부 펀드의 이익을 대	− 감사 선임시에도 이사 선임시와 마찬가지로 주주총회 소집통지 또는 공고시 반드시 감사후보자를 선정하여 그 성명, 약력 등을 통지·공고토록 하고 있다. 또한

회 순	발언자	발 언 내 용	해 설
		변할 것으로 추측됩니다.	상장회사가 주주총회에서 감사를 선임하려는 경우에는 미리 통지하거나 공고한 후보자 중에서 선임하여야 한다.
		따라서 본 주주는 이해관계를 떠나 독립적으로 진실로 다수 소액주주의 이익을 대변할 감사가 필요하다고 생각합니다. 그런 감사로 너무나 잘 알려진 ○○○ 인권변호사가 적합하다고 생각하며 정식 감사 후보로 추가할 것을 제안합니다.	− 따라서 새로운 감사 후보자 추가 제안은 일반 주주의 예측가능성을 일탈한 부적법동의로서 각하하여야 한다.
	주 주 들 :	(옳소, 박수 등)	
	의 장 :	주주님, 말씀 잘 들었습니다. 잘 아시다시피 주주총회에서 안건으로 채택되기 위해서는 법적 절차에 따라 이사회에서 결정하여 주주에게 통지·공고하거나, 소수주주의 제안권에 의하여야 합니다. 상법에서 감사후보의 약력을 이사와 마찬가지로 사전 통지·공고토록하고 있음을 감안하면, 새로운 후보의 제안은 법률상으로 유효하지 않습니다. 따라서 ○○○주주의 오늘 제안은 의안으로 채택하기 어렵다는 말씀을 드립니다.	
제5호 의안 : 이사 보수 한도 승인의 건	의 장	그러면 다음은 제5호 의안 이사 보수한도 승인의 건을 상정하겠습니다. (의사봉 3타 ●●●)	− 상법 제542조의12 제5항은 이사의 보수와 감사의 보수를 구분하여 총회에서 승인을 받도록 하고 있으며, 이는 감사의 독립성 확보취지에서 도입되었다.
	의 장	당사에는 사외이사를 포함하여 12명의 이사가 선임되어 있으며 이 중 세 분이 사외이사입니다. 참고로 전기에 책정해 주신 이사 보수한도액을 말씀드리면 ○○억원이었으며 이중 ○억 ○천만원을 집행하였습니다. 금기에는 경기침체의 영향에 따라 임원 보수를 동결한다는 의미에서 전기와 같이 보수한도를 ○○억원으로 책정해 주시면 그 범위 내에서 이사회가 적절히 집행하도록 하겠습니다. 다른 의견이 계시면 말씀해 주시기 바랍니다.	− 참고로 이사나 감사의 인원수에 변동이 없고, 보수총액한도의 변경이 없더라도 주주의 동일성 여부 등을 감안한다면 임원의 보수에 대하여는 매년 주주총회의 승인을 받는 것이 바람직하다. − 임원퇴직금도 보수의 일종이므로 정관에 규정이 없으면 주주총회의 승인을 받아야 한다.
	주 주 K	(이때 "의장"하는 소리가 있음)	
	의 장	예, 말씀하십시오.	
	주 주 K	주주 ○○○입니다. 먼저 지난 한 해 동안 수고해 주신 의장 이하 여러 임원들의 노고에 감사드립니다.	

회 순	발언자	발 언 내 용	해 설
		본 주주는 회사의 여러 실적들을 검토해 보았습니다. 그 결과 임원 여러분이 쌓으신 업무성과와 대비하여 집행된 보수실적은 적절하다고 보입니다. 금기에는 경영환경의 악화로 이사보수 총액을 동결한다고 하니 미안한 마음이 있으나 합리적인 판단이라 생각됩니다. 따라서 본 주주는 의장을 비롯하여 여러 임원님들이 잘 해 주실 것으로 믿고 회사가 제시한 원안대로 이사보수한도는 ○○억원으로 승인하되 그 집행에 있어서는 이사회가 결정하도록 위임할 것을 동의합니다.	
	주 주 들	("재청이오.", "찬성합니다." 등)	
	의 장	○○○주주님께서 저희 임원진을 칭찬해 주시고 격려해 주셔서 대단히 감사합니다. 앞으로 우리 임직원 일동은 더욱 분발하여 회사를 발전시키고 보다 나은 경영성과를 올리도록 노력하겠습니다. 방금 ○○○주주님께서 원안대로 승인하자는 동의와 재청이 있었는데 주주 여러분 이의 없으십니까?	– 주주의 격려발언에 대하여 의장이 집행부의 대표로서 먼저 감사의 표시를 하는 것이 바람직하다.
	주 주 들	("이의 없습니다." "그렇게 하세요" 등 소리 큼)	
	의 장	감사합니다. 그럼 제5호 의안 이사보수한도 승인의 건은 만장일치로 원안대로 통과되었음을 선포합니다. (의사봉 3타 ●●●)	– 일부 반대주주가 있는 경우에는 '만장일치'라는 말 대신에 '과반수의 찬성으로'와 같이 상황에 맞는 적절한 표현을 사용해야 한다. 특히, 특별결의사항인 경우에는 3분의 2 이상의 찬성과 같이 확실한 용어를 사용하여 그 결의요건이 충족되었음을 선언해야 한다.
		사례예시 : 이사보수 증액 요청 **35**	
	주 주	(이때 "의장"하는 소리가 있음)	
	의 장	: 예, 말씀하십시오.	
	주 주	: 주주 ○○○입니다. 본 주주는 지난 한 해 동안 당사가 좋은 실적을 낼 수 있었던 것은 이사회의 역할이 매우 컸다고 봅니다.	– 이사나 감사의 보수한도에 대한 수정동의와 관련하여 감액동의가 가능하다는 점에 대하여는 의문이 없으나(감액동의는 일부분만을 부결하고, 일부는 가결시키는 것이기 때문에 당연히 허용된다고 본다), 증액동의가 가능한지에 대하여는 논란이 있다.

회 순	발언자	발 언 내 용	해 설
		얼마 전 언론에 보도된 내용을 보면 당사의 이사회가 자유토론형식의 회의 운영을 통해 효율적으로 운영되고 있으며, 특히 사외이사의 역할이 매우 두드러져 토론 형식이 자유로운 비판을 유도할 뿐만 아니라 경영자문, 조언의 기능까지 수행하고 있다는 기사를 보고 주주의 한사람으로 매우 흡족했습니다.	− 감액동의만 가능하다는 입장을 취하는 견해는 주주총회는 이사회가 제기한 의안에 대하여 가부만을 결정할 수 있을 뿐인데 임원보수를 증액하는 수정안은 이사회가 제기하지 아니한 의안을 주주총회가 결의하려는 것이 되기 때문에 허용되지 않는다고 함에 반하여, 증액동의도 가능하다는 입장을 취하는 견해는 감액이든 증액이든 '이사 보수한도 승인의 건'과 의안의 동일성이 인정되므로 무방하다는 것이다.
		그런데 사외이사의 보수에 대해 알아보니 거의 거마비 내지는 활동비 수준의 보수만 지급되고 집행임원 보수의 거의 10분의 1 수준이라는 얘기를 들었습니다. 본 주주는 사외이사의 보수를 현실화해야 한다고 보며 이를 위해 이사보수한도를 20%쯤 늘려야 한다고 생각하는데 집행부 의견은 어떠하십니까?	
		아울러 지난해 ○○ 사업부분의 실적은 매우 저조했던 것에 비해 ○○사업부분 실적은 비약적으로 증가했는데 이에 따라 담당임원들의 보수도 차별화하여 지급하도록 주주총회에서 구체적으로 그 금액을 정할 것을 정식으로 제안합니다.	
		('옳소', '재청이오' 등)	
	의 장 :	먼저 저희들 노고를 인정해 주신 주주님께 감사인사를 드립니다. 더구나 사외이사의 보수 증액을 위해 이사보수한도를 증액하자는 제안은 매우 고무적이라 생각됩니다.	
		그러나 이사나 감사의 보수한도에 대하여는 감액하자는 수정동의는 가능하지만 증액하자는 수정동의는 주주의 이익을 해치므로 허용되지 않는다는 견해도 있음을 감안하여 다소 아쉬운 점이 있지만 이사회에서 개별이사들의 구체적인 보수금액을 정할 때 승인된 보수한도내에서 사외이사보수가 적절하게 증액될 수 있도록 보수를 조정하도록 하겠습니다.	
		다만 더 잘하라는 부탁으로 알아듣고 더욱 열심히 정진해 나갈 것을 약속드립니다. 또한 각 이사들의 개별보수를 주주총회에서 정하고 실적에 따	

회 순	발언자	발 언 내 용	해 설
		라 이사보수를 차등 지급하라는 제안과 관련하여서는 이를 위해서는 이사들에 대한 정확한 성과평가시스템이 전제되어야 하는 바 이를 주주총회에서 정하기는 무리가 있다고 생각됩니다. 그러므로 이사들의 개별보수는 현행과 같이 이사회에서 정하되 성과와 연계될 수 있도록 성과평가시스템을 좀더 보완하여 시행될 수 있도록 하겠습니다.	
사례예시 36		**개인별 이사보수집행내역 공개 요청**	
	주 주	주주 ○○○입니다. 본인이 알기에는 이사의 보수는 본래 우리 주주들을 대신해서 회사를 경영한 대가이어서 주주총회의 승인을 받아 집행하는 것입니다. 그런데 오늘 그 집행결과를 보니까 집행총액만 나와있지 누구에게 얼마가 지급되었는 지에 관한 내용이 없습니다. 사실 업무성과가 뛰어난 이사는 더 주어야 할 것이고 뭔가 잘못한 이사는 깎아야 할 것인데 그 구체적 내용을 알 수가 없습니다. 따라서 본 주주는 각 이사별 구체적 지급내역을 공개할 것을 요청하는 바입니다.	
	의 장	○○○주주님의 말씀 잘 들었습니다. 현행 법규에서는 개별보수 총액으로 5억원 이상의 이사 및 감사의 개별보수를 사업보고서 등에 공개하도록 의무화되어 있고, 당사도 법규에 따라 사업보고서 등에 공시할 예정입니다. 그러나 법규상 개인별 보수공개가 의무화되어 있지 않은 이사 등의 보수가 공개된다면 이는 개인정보를 침해하는 결과를 초래합니다. 이점 주주님의 양해를 부탁드리며, 개인별 보수는 향후 제출되는 사업보고서를 참조하여 주시기 바랍니다. 앞서 말씀드린대로 당사는 전기 보수한도인 18억원 중 15억 6천만원을 집행하였으며 총 이사 8명의 1인당 평균 보수는 1억 3,000만원 정도였음을 알려드립니다.	
사례예시 37		**단순의견 표명에 대한 처리**	
		(주주가 의사진행발언 요청)	
	의 장	발언할 주주께서는 먼저 성함을 말씀하시고 발언	

회 순	발언자	발 언 내 용	해 설
	주 주	해 주시기 바랍니다. 주주 ○○○입니다. 임원진의 적극적인 경영의욕을 고취시키고 동시에 회사의 실적향상을 위해 임원의 보수는 주식으로 보상하는 것이 어떨까 생각합니다. 이후에는 이와 같은 사항을 고려하여 주시기 바랍니다.	◎ **단순 의견에 대한 처리** – 주주총회에 참석하여 발언하는 자들 중에는 질문보다는 의견의 표명을 목적으로 하는 경우가 있는 바, 단순한 의견표명의 경우에는 별도의 답변없이 의견접수로 마무리하는 것이 의사진행에 효율적이다.
	의 장	감사합니다. 주주님의 의견에 대하여는 충분한 검토를 거쳐 차후에 경영정책수립 등에 참고토록 하겠습니다. 그러면 다음 주주님께서 발언하여 주시겠습니까?	– 의견표명인지 질문인지의 여부가 모호한 경우에는 주주에게 다시 한번 확인하여 의견접수나 답변여부를 결정하는 것이 바람직하다.
제6호 의안 : 감사 보수 한도 승인의 건	의 장	다음은 제6호 의안인 감사보수한도 승인의 건을 상정하겠습니다. (의사봉 3타 ● ● ●)	– 종래에는 총회가 승인한 임원연간보수한도액 내에서 구체적 집행(이사 및 감사의 개별보수 결정)은 이사회에 위임하는 것이 보통이었다. – 그러나 감사보수를 이사회가 결정하는 것은 감사의 독립성을 침해할 소지가 있으며, 상법에서 감사의 보수결정을 위한 의안을 상정하려는 경우에는 이사의 보수결정을 위한 의안과는 별도로 상정하여 의결하도록 한 취지와도 배치된다(상법 제542조의12 제5항). 이러한 점을 감안할 때 주총에서 복수 감사의 감사보수한도액을 정한 경우에 구체적 집행(감사의 개별보수 결정)은 감사간 상호협의에 의하는 것이 타당하다.
	의 장	당사에는 상근감사를 포함 두 분의 감사가 있습니다. 전기 감사보수한도는 ○억 ○천만원이었으며 이 중 ○억 ○천만원을 집행하였습니다. 금기에는 어려운 회사 경영에 동참한다는 측면에서 감사보수한도를 전기와 같은 ○억 ○천만원으로 책정하고 구체적인 집행은 감사간 상호협의에 의하여 정하도록 하겠습니다. 주주님들은 어떻게 생각하십니까?	

회 순	발언자	발 언 내 용	해 설
	주 주 L	(이때 "의장"하는 소리가 있음)	
	의 장	예, 말씀하십시오.	
	주 주 L	주주 ○○○입니다. 지난 한 해동안 감사활동을 잘 해주신 두분 감사님의 노고에 감사드립니다. 금년에도 경영투명성을 위해 감시·감독을 잘 해주시기 바라면서 회사가 제시한 원안대로 결정하고 그 집행은 감사간 협의로 정하도록 할 것을 동의합니다.	
	주 주 들	("재청이오", "찬성합니다" 등)	
	의 장	네, 감사합니다. 방금 ○○○주주님께서 원안대로 승인하자는 재청이 있었는데 주주 여러분 이의 없으십니까?	
	주 주 들	("이의 없습니다", "그렇게 하세요"등)	
	의 장	감사합니다. 그럼 제6호 의안 감사보수한도 승인의 건은 만장일치로 원안대로 통과되었음을 선포합니다. (의사봉 3타 ●●●)	
	사례예시 38	**임원퇴직금지급규정 개정의 건을 상정하는 경우**	
	의 장	다음은 제○호 의안인 임원퇴직금지급규정 변경의 건을 상정하겠습니다. (의사봉 3타 ●●●)	- 임원퇴직금도 보수의 일종이므로 정관에 규정이 없으면 주주총회 승인을 받아야 한다. 그러나 퇴직금은 사망, 사직 등 예측 불가능한 요소에 의해 발생하므로
	의 장	의안설명서 ○쪽을 참조해 주시기 바랍니다. 현재 당사의 임원퇴직금지급규정은 상근감사와 비상근감사의 구분이 없는 퇴직금의 지급기준이었습니다. 그러나, 이번에 상근감사에 대한 퇴직금의 지급기준을 조정하여 상근감사의 퇴직금 지급률을 종전의 상무이사 수준인 년 ○.○개월에서 전무이사 수준인 년 ○.○개월로 조정하고자 합니다. 이상 의안에 대한 설명을 마치고 주주님들의 의견을 듣도록 하겠습니다. 의견 있으시면 말씀해 주십시오.	사전에 누구의 퇴직금을 얼마로 계상해 놓는다는 것이 사실상 곤란하기 때문에 일정 지급율 등을 정한 퇴직금지급규정을 마련해 놓는 것이 효율적이다. - 회사가 만약 임원퇴직금지급규정을 마련하여 주주총회에서 이사 및 감사의 보수와 별도로 승인받게 되면 임원에 대한 퇴직금은 주주총회에서 승인받은 보수한도에도 불구하고 별도로 집행된다. - 회사가 임원퇴직금지급규정을 작성하여 주주총회에서 승인받게 되면 그 개정시에만 주주총회의 승인을 받으면 된다.

회 순	발언자	발 언 내 용	해 설
	주 주	(이 때 "의장!"하는 주주 있음)	
	의 장	예! 말씀하십시오.	
	주 주	주주 ○○○입니다. 이번에 상근감사의 퇴직금 지급률을 전무이사의 수준에 맞춘 것은 상근감사의 경력을 감안할 때 매우 적절한 조치라고 생각합니다. 따라서 본 주주는 신임 상근감사님과 기존의 감사님께 배전의 노력을 당부 드리면서 제○호 의안은 집행부가 제시한 원안대로 승인할 것을 동의합니다.	– 임원 보수 승인은 주주총회 보통결의사항이므로 임원퇴직금지급규정의 제·개정도 주주총회 보통결의를 얻으면 된다. – 임원퇴직금지급규정에는 퇴직금 산정을 위한 구체적인 기준 및 내용을 포함하여야 한다.
	의 장	○○○주주님의 말씀 잘 들었습니다. 최근 기업 경영환경이 매우 어려워지고 있다는 것은 저희 집행부도 잘 알고 있습니다. 그리고 개별 이사의 보수가 5억원 이상인 경우에는 이를 공개하도록 하고 있으나 저희 회사에는 보수가 5억원 이상인 이사는 한명도 없으며, 앞서 말씀드린대로 당사는 전기 보수한도인 ○○억원 중 ○억 ○천만원을 집행하였으며 총 이사 ○명의 1인당 평균 보수는 1억 2,000만원 정도로 비교적 낮게 집행하고 있음을 알려드립니다. 또 다른 의견이나 질문 있습니까?	
	주 주 들	("찬성합니다." 등)	
	의 장 :	방금 ○○○주주님의 말씀, 대단히 고맙게 생각합니다. 앞으로 우리 임직원은 보다 열심히 노력해서 주주 여러분의 성원에 보답하겠습니다. 더 이상 질의나 토론이 없으시면 임원퇴직금 지급규정 변경안을 표결하겠습니다. 원안에 대하여 이의 없으십니까?	
	주 주 들 :	("이의 없습니다." "그렇게 하세요" 등 소리 큼)	
	의 장 :	감사합니다. 그러면 제○호 의안 임원퇴직금 지급규정 변경의 건은 만장일치로 원안대로 승인되었음을 선포합니다. (의사봉 3타 ●●●)	
	사례예시 : 주식매수선택권 부여의 건을 상정하는 경우 39		
	의 장 :	다음은 제7호 의안 주식매수선택권 부여의 건을 상정하겠습니다.	

회 순	발언자	발 언 내 용	해 설
		(의사봉 3타 ●●●) 의 장：의안설명서 ○○쪽 이하를 참고해 주시기 바랍니다. 주식매수선택권 제도는 기업의 임직원에 대하여 경영성과의 향상 등에 기여하도록 하는 동기를 부여하거나 또는 경영성과에 공로가 있는 임직원에 대한 보상제도의 하나로서 최근 우리나라에서도 널리 확산되는 추세에 있습니다. 당사도 이러한 경영환경 변화에 부응하여 이번에 정관 조항에 따라 총회결의로써 일부 임직원에 대하여 주식매수선택권을 부여하려는 것입니다. 그 내용을 말씀드리면, 먼저 주식매수선택권의 행사로 발행하거나 양도할 주식의 종류와 수는 기명식 보통주식 ○○만주로 발행주식총수 대비 ○.○%에 해당합니다. 이 주식매수선택권을 부여받을 자의 성명은 대표이사인 본인을 포함하여 모두 ○○명의 임직원으로서 그 명단은 별지와 같습니다. 주식매수선택권의 부여방법은 신주발행방식을 채택하였으며, 주식매수선택권의 행사기간은 총회결의일 이후 2년 경과한 날로부터 5년간으로 하였습니다. 또한, 주식매수선택권의 행사가격 및 그 조정에 관한 사항도 의안설명서 ○○쪽에 나와 있는 바와 같습니다. 특히 금년부터는 주식매수선택권을 부여받은 임직원에 대해 회사에서 별도로 마련한 성과평가시스템에 따라 성과를 측정하여 행사수량을 제한할 수 있도록 하는 성과연동제를 도입하여 주식매수선택권제도가 경영성과와 주주이익 증대에 기여할 수 있도록 하였습니다. 주 주：주주 ○○○입니다. 의장께서도 잠시 설명이 있었지만 주식매수선택권제도는 경영성과에 크게 기여할 수 있는 주요 인력에 대한 인센티브로서 기업의 중장기 발전을 위해 도움이 되어야 한다고 본 주주는 믿고 있습니다. 주주 입장에서 보더라도 경영을 보다 잘해서 이익이 증가하고 주가가 상승하면 많은 혜택을 받게 될 것입니다. 문제는 주식매수선택권의 부여가 지나치게 임직원에게 유리하여 주주의 이익을	◎ **주식매수선택권관련 주주총회 특별결의를 요하는 사항** ① 주식매수선택권을 부여받을 자의 성명 ② 주식매수선택권의 부여방법 ③ 주식매수선택권의 행사가격과 그 조정에 관한 사항 ④ 주식매수선택권의 행사기간 ⑤ 주식매수선택권을 부여받을 자 각각에 대하여 주식매수선택권의 행사로 발행하거나 양도할 주식의 종류와 수

회 순	발언자	발 언 내 용	해 설
		해하는 것이 아닌가 하는 점인데 이번 의안을 본 주주가 점검해 본 바로는 상법과 세법이 요구하는 사항을 모두 갖추고 있어 가장 공정하고 합리적인 안이라고 생각합니다. 　특히 경영성과와 연동하여 주식매수선택권을 부여토록 한 것은 주주의 입장에서는 매우 환영할 만 하다고 하겠습니다. 따라서 본 주주는 경영진의 안에 전적으로 공감을 표시하면서 다른 질문이나 의견이 없으면 원안대로 승인할 것을 정식으로 동의하는 바입니다.	
의　장	:	감사합니다. 다른 질문이나 의견이 없으십니까?	
주　주	:	(이때 "의장"하는 소리가 있음)	
의　장	:	예, 말씀하십시오.	
주　주	:	주주 ○○○입니다. 다 아시는 바와 같이 당사는 최근 경제여건이 크게 악화되어 매출액이 형편없이 줄어들었으며, 경영성과도 미미한 것으로 나타났습니다. 　이에 주주에게 줄 배당금도 대폭 축소하기로 이미 결정된 바 있습니다. 특히 당사의 주가는 지난해 년초에 비해 절반 수준에 머물러 있어 주주의 피해가 매우 심각한 지경에 이르고 있습니다. 　이런 상황에서 경영부진에 대한 책임을 져야 할 경영진을 포함한 임직원들에게 막대한 스톡옵션을 부여하는 것은 실로 부당하다고 하겠습니다. 따라서 본 주주는 주식매수선택권 부여를 반대하는 바입니다.	
주　주	:	("옳소." 박수 등)	
의　장	:	더 이상 다른 의견이 없다면 본 의안에 대하여 찬반여부를 표결토록 하겠습니다. 　우선 원안에 대하여 반대하시거나 기권하시는 주주께서는 기립하여 주시기 바랍니다.	– 법상 당해 안건에 찬성하는 주식수가 일정수 이상이어야 결의가 성립하는 것이므로 표결을 위하여 거수, 기립 등을 할 경우에는 당해 안건에 찬성하는 주주에게 거수, 기립 등을 하도록 하고 그 주식 수를 산정하는 것이 원칙이다. 다만, 대부분의 주주는 당해 안건에 찬성하는데 극히 소수 주주가 진행방해 등의 목적으로 표결을 요구하는 것으로 보이는 예외적인 경우에는 본 사례와 같이

회 순	발언자	발 언 내 용	해 설
			반대 또는 기권하는 주주에게 거수, 기립하도록 하여 그 주식수를 산정하고, 나머지 주주들은 찬성하는지를 묻는 방법으로 표결절차를 진행할 수도 있다.
		(일부 주주들 기립함) 의　장 : 진행요원들은 기립주주의 의결권수를 확인해 주시기 바랍니다. 　　　　(진행요원들이 기립주주들의 주식수를 확인) 의　장 : 투표결과를 말씀드리겠습니다. 원안에 반대하거나 기권하는 주주가 ○○○주, 0%인 것으로 집계되었습니다. 나머지 주주께서는 원안에 찬성하는 것으로 보아도 되겠습니까? 주　주 : ("이의 없습니다.""찬성합니다" 등) 의　장 : 감사합니다. 그러면 제7호 의안 주식매수선택권 부여의 건은 출석의결권의 3분의 2 이상과 발행주식총수의 3분의 1 이상의 찬성으로 원안대로 통과되었음을 선언합니다. 　　　　(의사봉 3타 ●●●)	
V. 폐회 선언	의　장	이상으로 오늘의 의안심의를 모두 마치었습니다. 오늘 총회 이후에도 회사에 관심을 가지고 지켜봐 주실 것을 부탁드리며 저를 비롯한 경영진은 배전의 노력을 다하여 주주이익의 극대화를 위해 노력하겠습니다. 주주 여러분께 배당금 지급일정을 알려드리겠습니다. 당사에서는 오는 ○월 ○일부터 배당금 지급을 개시할 계획이오며, 자세한 세부일정은 사전에 우편을 통하여 개별적으로 통보해드릴 예정입니다. 총회 종료 후에 저희 직원이나, 추후에 저희 회사로 연락을 주시더라도 자세히 안내해 드리겠으니 참고하시기 바랍니다. 주주 여러분! 바쁘신 중에도 장시간 회의진행에 협조해 주셔서 대단히 감사합니다. 이로써 ○○주식회사 제○○기 정기주주총회를 폐회합니다. (의사봉 3타 ●●●) 안녕히 돌아가십시오.	

판례색인

사항색인

저자약력

[임재연]

서울대학교 법과대학 졸업(1980), 13기 사법연수원 수료(1983), Kim, Chang & Lee 법률사무소(1983), Research Scholar, University of Washington School of Law (1993~1995), 법무법인 나라 대표변호사(1995~2005), 경찰청 경찰개혁위원(1998~1999), 삼성제약 화의관재인(1998~1999), 재정경제부 증권제도선진화위원(1998~1999), 사법연수원 강사(1998~2005), 인포뱅크 사외이사(1998~2005), 금융감독원 증권조사심의위원(2000~2002), 공정거래위원회 정책평가위원(2000~2003), 한국종합금융 파산관재인(2001~2002), 한국증권거래소 증권분쟁조정위원(2001~2003), 한국증권법학회 부회장(2001~2014), KB자산운용 사외이사(2002~2006), 증권선물위원회 증권선물조사심의위원(2002~2004), 한국증권선물거래소 증권분쟁조정위원(2003~2006), 서울중앙지방법원 조정위원(2003~2006), 서울지방변호사회 감사(2005~2006), 경찰청 규제심사위원회 위원장(2005~현재), 성균관대학교 법과대학·법학전문대학원 교수(2005~2010), 제48회 사법시험 위원(상법)(2006), 법무부 상법쟁점사항 조정위원(2006~2007), 법무부 상법특례법 제정위원(2007), ICC Korea 국제중재위원회 자문위원(2006~현재), 재정경제부 금융발전심의위원회 증권분과위원(2007~2008), 한국금융·법학회 부회장(2008~2011), 한국경영법률학회 부회장(2008~현재), 한국상사법학회 부회장(2009~현재), 대한상사중재원 중재인(2010~현재), 금융위원회 금융발전심의위원회 자본시장분과위원(2011~2013), 금융감독원 제재심의위원(2012~2014), 코스닥협회 법률자문위원(2013~현재), 법무부 증권관련 집단소송법 개정위원회 위원장(2013~2014), 한국증권법학회 회장(2015~2017), 한국상장회사협의회 자문위원(2017~현재)

[현재 : 법무법인 율촌, jylim@yulchon.com]

저   서

미국회사법 (박영사, 초판 1995, 수정판 2004)
증권규제법 (박영사, 초판 1995)
증권거래법 (박영사, 초판 2000, 전정판 2006)
회사법강의 (성균관대학교 출판부, 초판 2007)
증권판례해설 (성균관대학교 출판부, 초판 2007)
미국기업법 (박영사, 초판 2009)
미국증권법 (박영사, 초판 2009)
회사소송 (박영사, 초판 2010, 개정2판 2018)
자본시장법과 불공정거래 (박영사, 개정판 2019)
자본시장법 (박영사, 초판 2010, 2020년판 2020)
회사법 Ⅰ, Ⅱ (박영사, 초판 2012, 개정7판 2020)

[김춘]

성균관대학교 법과대학 졸업(1994), 한국상장회사협의회(1996~현재), 금융감독원 공시체계정비T/F(2008),
성균관대학교 대학원 졸업(2012, 법학박사), 금융위원회 개정자본시장법 해설서 제작T/F(2015)
[현재: 사단법인 한국상장회사협의회 정책연구실장, chkim@klca.or.kr]

저서 / 논문

안전한 자본시장 이용법 (경성문화사, 2015)
2017 상장회사 실무해설집(공저) (한국상장회사협의회, 2017)
금융분쟁조정제도의 개선방안에 관한 연구:영국의 금융옴부즈맨제도와 우리나라에 대한 시사점, 증권
법연구 제11권 제2호(2010.8.), 한국증권법학회
상법상 회사회계규정에 대한 소고 : 개정상법의 문제점 및 보완과제" (공저), 성균관법학 제23권 제2호
(2011.8), 성균관대학교 법학연구소
주식회사의 이익분배에 관한 법적 연구 (2012, 박사학위 논문)
신용공여가 허용되는 계열사 판단기준, 상장 제480호(2014.12.), 한국상장회사협의회
상법상 이사의 종류, 어떻게 구분한 것인가?, 상장 제489호(2015. 9.) 한국상장회사협의회

제2판
주주총회실무

초판발행   2018년 1월 30일
제2판발행   2020년 4월 30일

지은이   임재연·김춘
펴낸이   안종만·안상준

편 집   김선민
기획/마케팅   조성호
표지디자인   이미현
제 작   우인도·고철민·조영환

펴낸곳   (주) 박영사
            서울특별시 종로구 새문안로3길 36, 1601
            등록 1959. 3. 11. 제300-1959-1호(倫)
전 화   02)733-6771
f a x   02)736-4818
e-mail   pys@pybook.co.kr
homepage   www.pybook.co.kr
ISBN   979-11-303-3649-7   93360

정 가   49,000원